Paul Frischauer

Knaurs
Sittengeschichte der Welt

Mit rund 100 Abbildungen

Der Text dieser illustrierten Neuausgabe basiert auf der dreibändigen Originalausgabe aus dem Jahr 1968. Sie beinhaltet treffende Beispiele, die sich in bezug auf Persönlichkeiten oder Ereignisse an der Entstehungszeit des Buches orientieren und damit nicht den gegenwärtigen Gegebenheiten entsprechen mögen, aufgrund ihrer Pointiertheit jedoch bewußt nicht durch Beispiele mit aktuellem Bezug ersetzt wurden.

Paul Frischauer: Knaurs Sittengeschichte der Welt

Genehmigte Lizenzausgabe für area verlag gmbh, Erftstadt

Einbandgestaltung: Oliver Wirth, Paderborn
Einbandabbildung: Kolorierte Radierung aus der Mappe »Der verliebte Flamingo« aus dem Jahr 1923 von Hans Pellar (1886–1971); Sammlung Hans-Jürgen Döpp
Abbildungen Innenteil: Alle Bilder auf den Seiten 11, 13, 19, 54, 83, 92, 106, 111, 112, 126, 131, 144, 165, 172, 180, 195, 200, 210, 219, 250, 254, 258, 269, 275, 282, 289, 303, 311, 315, 329, 342, 346, 352, 355, 363, 365, 374, 377, 382, 384, 386, 393, 400, 406, 410, 415, 424, 433, 436, 439, 443, 452, 460, 462, 467, 472, 477, 484, 487, 490, 496, 503, 508, 514, 517, 519, 521, 525 stammen aus der Sammlung von Hans-Jürgen Döpp; Bild auf Seite 65 von picture-alliance/akg-images
Satz & Layout: Bernhard Heun, Rüssingen
Printed in Czech Republic 2006

ISBN-13 978-3-89996-797-5
ISBN-10 3-89996-797-6

www.area-verlag.de

INHALT

Teil 1 – Vom Paradies bis Pompeji

Teil 2 – Von Rom bis zum Rokoko

Teil I

Vom Paradies bis Pompeji

Zeittafel

Vor 3 Milliarden Jahren älteste Lebensspuren

vor mehr als 3 Millionen Jahren treten die Hominiden in das Tier-Mensch-Übergangsfeld ein

vor ca. 2,8 Millionen Jahren erste Gerätehersteller (Australopithecinen = Prähomininen in Afrika)

vor ca. 2,5 (?) Millionen Jahren Beginn des Pleistozäns (»Eiszeitalter«)

vor ca. 400 000 Jahren Feuerbenutzung (Pekingmensch; Mensch von Vértesszöllös in Ungarn)

vor ca. 100 000 Jahren taucht der Neandertaler auf

vor ca. 40 000 Jahren tritt während der letzten Vereisung die Homo-sapiens-Gruppe mit typischen Vertretern auf (Vorformen älter als Neandertaler)

um 25 000–10 000 v. d. Z. Späte Altsteinzeit (Jungpaläolithikum): Ritzzeichnungen, »Venus«-Statuetten, Höhlenmalereien

um 10 000 Ende der Eiszeit in Mitteleuropa

um 8000 erste jungsteinzeitliche dörfliche Siedlungen im Nahen Osten (z. B. Jericho), Domestikation von Hund und Ziege

um 7000 Beginn des Ackerbaus im Nahen Osten

6500–5500 Erfindung der Keramik im Nahen Osten; größere Städte in Süd-Anatolien

um 5500 Beginn der frühen Kupferzeit (Anatolien und Iran)

um 3500 Beginn der frühen Bronzezeit; älteste Bilderschrift in Mesopotamien

um 3000 Beginn der geschriebenen Geschichte in Sumer und Ägypten; Beginn der Megalithen-Kultur (Großsteinsetzungen) in Westeuropa

1 »Die Lust zu leben«

Die ersten und die frühen Menschen

Die Sittengeschichte der Menschheit beginnt nicht im Paradies. Adam war nicht der erste Mann und Eva nicht das erste Weib. In der Deutung der Naturwissenschaft unserer Zeit hat Gott den Menschen nicht so erschaffen, wie es geschrieben steht. Ihr ist der Mensch auch nicht die »Krone der Schöpfung«, sondern nicht mehr und nicht weniger als ein mit freilich ganz besonderen Eigenschaften ausgestattetes bisheriges Endergebnis einer Entwicklungsreihe durch die Äonen. Aufzeichnen läßt sich diese Entwicklung im Bild eines Stammbaums, dessen Wurzeln tief hinabreichen dorthin, wo vor Hunderten von Jahrmillionen mit einzelligen, merkwürdig »zwischen Pflanze und Tier« stehenden Wesen in der Weite der Ozeane alles Lebendige seinen Anfang genommen hat. Durch unaufhörliche Spaltung und Vereinigung, Teilung und Vermischung zeugten und erzeugten diese Urwesen immer neue Gestalten, und durch nie endende Wandlungen des Erbgefüges, die stets neue Anpassungen an die Wandlungen der Umwelt gestatteten, formte sich alles irdische Leben, entstanden alle die Pflanzen und Tiere im Wasser und auf dem Lande – in einer endlosen Kette von Generationen, deren jedes neue Glied aus dem vorangegangenen erwuchs, weil die Lust zu leben mit unbändiger Kraft zu immer neuem Leben drängte.

Eine der vielfältigen Verästelungen des Stammbaums alles Lebendigen brachte die Wirbeltiere hervor mit Fischen und Lurchen, Echsen, Vögeln und Säugetieren. Und zu den Säugetieren gehört der unmittelbar von Ahnen aus dem Affengeschlecht abstammende Mensch: der Homo sapiens, der das Rätsel seiner Herkunft gelöst hat. So behaupten es die Biologen, denen die Lehre von der Evolution, von der stetigen Entwicklung alles Seins, zum Credo geworden ist. Mit seiner Evolution aber hat der Mensch von seinen tierischen Vorfahren her die Lust zu leben übernommen – jene Lust zu leben, auf daß neues Leben entstehe – und sie weit über das animalisch Ererbte hinaus gesteigert und verfeinert.

Die Entwicklungslehre als naturwissenschaftliche Disziplin ist jetzt wenig mehr als hundert Jahre alt. Eine sehr viel jüngere Wissenschaft, die Ethologie, die auch auf den Menschen angewandte Lehre vom Verhalten der Tiere, begnügt sich nicht mit der Feststellung der Zoologen, daß die anatomischen Unterschiede zwischen dem Menschen und den Nachfahren der gemeinsamen

Vorväter aus dem Tierreich nur geringfügig sind. Die auf sorgfältigster Beobachtung und experimenteller Bestätigung des Beobachteten beruhende Verhaltensforschung der Ethologen hat an einer Fülle von Beispielen bewiesen, daß die grundlegenden Triebe bei Mensch und Tier die gleichen sind: Wie beim Tier gründet sich das Dasein des Menschen auf den Selbsterhaltungstrieb und seine Lust zu leben auf den Geschlechtstrieb.

Vor allem eines haben die Ethologen mit ihren Forschungen erwiesen: daß der Instinkt – der angeborene, also ererbte, durch Impulse des Nervensystems und durch Hormonwirkungen geleitete Antrieb zu lebenswichtigen und lebenslustigen Handlungen – der Lehrmeister und Lenker aller Wirbeltiere und Säugetiere ist und daß auch der Mensch den gleichen naturgegebenen, instinktgeleiteten Sittengesetzen der Natur unterworfen ist. Der Mensch habe, so sagen die Verhaltensforscher, seine grundlegenden Sitten von und mit den Tieren erworben, bevor er sich durch den aufrechten Gang, die besondere Beweglichkeit des Kopfes, die Brauchbarkeit der Greifhände, die Vergrößerung und Verfeinerung seines Hirns, insbesondere des Großhirns, von den ihm so nahe verwandten Affen unterschied und zu »denken« begann.

Welche Lebensbedingungen, welche äußeren oder inneren Einflüsse dazu geführt haben mochten, daß die ersten Menschen »dachten«, daß sie sich zielbewußt Werkzeuge und Geräte schufen, daß sie die Urlaute ihrer Kehle zur Sprache ausbildeten und ihre Instinkthandlungen mit bewußtem Tun koppelten – diese Frage konnte von der biologischen Forschung bisher nicht befriedigend beantwortet werden. Eines freilich ist offenbar klar: Es begann dies auf jener Entwicklungsstufe, die man das »Tier-Mensch-Übergangsfeld« nennt. Irgendwann einmal waren die ersten »Noch-nicht-Menschen« nicht mehr in der Lage, sich mit ihren menschenäffischen Vorfahren zu paaren. Grundlegende Veränderungen im Erbgut und durch sie bedingte Veränderungen in der Zusammensetzung des männlichen Samens und der Beschaffenheit des zu befruchtenden weiblichen Eies sowie nicht minder wesentliche Veränderungen im Verhalten beschränkten die Fortpflanzung auf die eigene Art, die sich von den »Vorvätern« absonderte und von nun an ihre eigenen Wege ging. Entscheidend wichtig war dabei eine im Anatomischen erfolgte Veränderung: Die Lage der Geschlechtsorgane hatte sich verschoben – höchstwahrscheinlich infolge des aufrechten Ganges. Das Weib des »Beinahe-Menschen« unterschied sich vom Affenweibchen dadurch, daß es den Geschlechtsakt nicht gewissermaßen »blind« vollzog. Es konnte die Lust »sehend« empfangen: Ebenso wie der Mann war die Frau dem Geschlechtstrieb nun nicht mehr »blind«, nicht mehr »gedankenlos« unterworfen.

Biologen, Sexualforscher und Psychologen unserer Zeit haben auch versucht, und zwar mit bemerkenswertem Erfolg, das Sexualverhalten der Menschen und der Tiere zu beobachten, zu vergleichen und zu analysieren. Dabei hat sich herausgestellt, daß die Menschen von Sexualhormonen weniger abhängig sind als die ihnen in der Entwicklungsreihe nahestehenden Säugetiere. Die Groß-

Das verlorene Paradies – Zeichnung aus den 20er Jahren, anonym

hirnrinde des Menschen hat die Lenkung seines gesamten Verhaltens und damit auch des Sexualverhaltens übernommen.

Solche Lenkung heißt nun allerdings nicht, daß alles Instinktive kontrolliert, beherrscht oder gar ausgeschaltet sei. Wohl aber hat die wachsende Bedeutung der steuernden Einflüsse des Großhirns eine Lockerung der Herrschaft des vegetativen Nervensystems und der Hormone über die sexuellen Instinktreaktionen des Menschen verursacht. Dadurch können die Formen seiner sexuellen Äußerungen wandelbarer und beweglicher sein, sofern er nicht durch Sittengesetze genötigt ist, seine Triebe zu beherrschen, etwa angeborene oder anerzogene gleichgeschlechtliche Neigungen zu unterdrücken und als »abwegig« gekennzeichnete Liebkosungen zu vermeiden – die in der Tierwelt durchaus gebräuchlich sind.

Auf jeden Fall aber ist das Liebesspiel der Menschen vor der körperlichen Vereinigung mannigfaltiger, vielseitiger und abwechslungsreicher als die Annäherungen und Zärtlichkeiten der Tiere vor der Begattung. Die Menschen haben variable Stellungen zur Steigerung ihres Lustempfindens erdacht. Sie genießen nicht nur die durch die Zweibeinigkeit ermöglichte und begünstigte Rückenlage des Weibes, die den vierbeinigen Tieren versagt ist, sondern sie können auch die ihren vierbeinigen Vorfahren zur Fortpflanzung natürliche Stellung des Geschlechtsaktes einnehmen, und es ist ihnen um der Lust willen darüber hinaus noch vielerlei anderes eingefallen.

Allen Kennern des Alten Testaments ist der Schauplatz der Erschaffung des Menschen vertraut. Im Garten Eden, dessen blühenden Wachstums sich der erste Mann im sprichwörtlich paradiesischen Zustande erfreute, gab es »allerlei Tiere auf dem Feld und allerlei Vögel unter dem Himmel«. Der Mann unterschied sich von den Tieren dadurch, daß er zweibeinig und der Sprache mächtig war. Die ganze Schöpfung war ihm dargeboten mit einer Ausnahme: Es war ihm verboten, von dem »Baum der Erkenntnis des Guten und Bösen« zu essen. Er hatte alles, doch es fehlte ihm eines: Er war einsam. Da sprach der HErr: »Es ist nicht gut, daß der Mensch allein sei; Ich will ihm eine Gehilfin machen, die um ihn sei.«

In keiner anderen gläubigen Schilderung der Erschaffung der Menschen sind die ersten Menschen mit Namen benannt. In allen anderen Religionen werden die von Gottheiten geformten und in die Welt gestellten ersten Menschen der Zahl nach nicht beschränkt. Es wird nicht erwähnt, ob sie nur ein Mann und ein Weib oder ob sie mehrere Paare waren. Sie bleiben anonym. Von ihrem Leben ist nicht mehr bekannt als die Tatsache und manchmal auch der Anlaß ihrer Erschaffung. Adam und Eva hingegen haben ein persönliches Schicksal, das der Menschheit als Beispiel dienen und als Warnung wirken sollte. Sie sind tragische Personen. Die erste Handlung, die sie zwar mit freiem Willen vollzogen, aber doch auch vollziehen mußten, da es ja ihre Bestimmung war, »ein Fleisch« zu werden, ließ sie schuldig werden. Die Nichtbefolgung eines Gebotes, dessen tiefere Bedeutung sie nicht ermaßen, hatte eine Strafe zur Folge, die als exemplarisch gelten sollte für alle Menschen, die sich nicht an die Gebote Gottes hielten. Durch Adam und Eva kam der Begriff der »Sünde des Geschlechts« in die Welt, und er erhielt sich im Bewußtsein all der Menschen, die im Sinne der Bibel erzogen wurden, lebten oder sie kannten, über der Zeiten Lauf hinweg.

Die nur allzu menschliche Verfehlung Evas, die als Urbild der Verführung gelten sollte, fand nach ihrer Erschaffung statt. Es heißt von dem ersten Menschenpaar: »Und sie waren beide nackt, der Mensch und sein Weib, und schämten sich nicht.« Erst der von Gott verbotene Genuß der Frucht des Baumes, den die listige Schlange als »lustigen« Baum gekennzeichnet hatte, machte den Mann und das Weib sehend und sündig. Es steht geschrieben: »Da wurden ihrer beider Augen aufgetan, und sie wurden gewahr, daß sie nackt waren, und flochten Feigenblätter zusammen und machten sich Schurze.« Aus Scham, einer Empfindung, die der Mann und das Weib bis zu diesem »Augen-Blick« nicht gekannt hatten, schufen sie die erste schriftlich festgehaltene Mode, die den Zweck hatte, die Geschlechtsteile von Mann und Weib zu verbergen, damit der Anblick sie nicht zur Wiederholung des verbotenen Genusses verführe.

Nach allen theologischen und philologischen Auslegungen des Alten Testaments symbolisiert der Genuß der Frucht des »lustigen« Baumes den bewußt ausgeübten, auf Lust hinzielenden Geschlechtsverkehr zwischen Mann und Weib. Da Gott aber den Menschen den Genuß der Frucht des »lustigen« Baumes verboten hatte, wurde Adams und Evas geschlechtliche Vereinigung in den auf dem Alten Testament beruhenden Glaubenslehren als »Erbsünde« verdammt und zum »Sündenfall« erklärt, die von der Schlange angestiftete erste Frau als die ursprünglich Sündige dargestellt und der Mann als das Opfer ihrer Verführung.

Adam und Eva – Kupferstich aus dem Jahr 1536 von Hans Sebald Beham (1500–1550)

Diese religiöse Überlieferung beeinflußte sowohl die soziale Stellung der Frau als auch die moralische Einstellung der beiden Geschlechter zueinander: die Vorsicht des männlichen Geschlechts gegenüber dem weiblichen aus der Angst vor der eigenen Sinnlichkeit und vor den Folgen der Verführung und die Einsicht der Frauen, daß sie die Männer bedenkenlos und mit allen nur erdenklichen Mitteln verführen müßten, um sie für den Geschlechtsverkehr zu gewinnen, sich dabei aber den Anschein zu geben hätten, als seien sie selbst verführt worden – wenn nicht von den Männern, so doch von der Schlange, die nicht nur in den »damaligen Vorstellungen« als phallisches Symbol galt, sondern auch von den Anthropologen unserer Zeit als das Sinnbild des erregten männlichen Gliedes gedeutet worden ist.

Die Charakterisierung des ersten Geschlechtsaktes als Übertretung eines göttlichen Verbotes und daher als unverzeihliche Sünde wirkte sich in den sittlichen Anschauungen der Geschlechterfolgen bis in die Gegenwart aus – und dies um so mehr, als die Erbsünde im Alten Testament unmittelbar mit der Erkenntnis und Unterscheidung von Gut und Böse in Zusammenhang gebracht und vor allen anderen Sünden verdammt wurde. Erst nach dem »Sündenfall«, nach Adams und Evas Vertreibung aus dem Paradies, nach Abels Ermordung durch Kain entstand das Gebot: »Du sollst nicht töten.«

Der Talmud, in dem die ursprünglichen Triebe der menschlichen Natur und auch ihre unterschwelligen Wünsche, sofern sie nicht durch Sittengesetze ausdrücklich verpönt waren, mit weiser

Nachsicht beurteilt wurden, verzieh den ersten Menschen die »Erbsünde« mit der Erklärung: Es gebe kein Gutes ohne Böses. Obwohl die geschlechtliche Begierde verwerflich sei, könne der Mensch sich ohne sie nicht fortpflanzen: »Wir wollen unseren Vorfahren dankbar sein; denn hätten sie nicht gesündigt, so wären wir nicht geboren worden.«

Das »Erkennen« seines Weibes durch Adam sollte nicht die im Alten Testament immer wieder unverblümt gebrauchten Worte »beiwohnen« oder »beischlafen« ersetzen, um die geschlechtliche Vereinigung zu umschreiben, die der Schwangerschaft Evas und der Geburt eines Kindes vorangegangen sein mußte. Das Wort »erkennen« ist kein Sinnbild; es bedeutet, was es sagt, und sollte einen entscheidenden Wendepunkt in der sittlichen Entwicklung der Menschheit kennzeichnen: Das Erkennen der Frau, mit der sich der Mann geschlechtlich vereinigt hatte, beinhaltete ihre Anerkennung als Mutter des Kindes, das in dieser Vereinigung gezeugt worden war. Wenn Adam auch nicht der biologische Urvater aller Menschen gewesen sein sollte, so war er, der »sein Weib Eva erkannte«, doch der erste als Vater gekennzeichnete Mann der Glaubensgeschichte.

Der Begriff »Vater« war den vorbiblischen Menschen nicht bekannt. Sie glaubten an die fruchtbare Paarung von Himmel und Erde, noch bevor sie erkannten, daß die Folge ihrer eigenen Paarungen Fruchtbarkeit war.

In der chinesischen Schöpfungsgeschichte steht geschrieben: »Die ersten Menschen waren wie Tiere, kleideten sich in Felle, ernährten sich von rohem Fleisch und kannten wohl ihre Mütter, aber nicht ihre Väter.« Missionare und Anthropologen haben festgestellt, daß auch noch Naturvölker der Gegenwart den Zeugungsakt in keine Beziehung zur Erzeugung neuen Lebens bringen: Die Männer wohnen den Frauen ihres Stammes aus der Freude am Geschlechtsverkehr bei, und die Frauen genießen die Lust, ohne die dadurch entstandene Schwangerschaft auf das gestillte Verlangen ihres Triebes zurückzuführen.

Die Unkenntnis der Folgen des physiologischen Vorganges, durch den sich Menschen und Tiere fortpflanzen, bestimmte auch bei den frühen Menschen die Beziehung des Mannes zur Frau: Da er nicht erfaßte, daß das Kind, das der Schoß der Frau gebar, durch den Samen gezeugt war, mit dem er sie während der geschlechtlichen Vereinigung befruchtet hatte, galt ihm das Neugeborene als Kind der Horde, der er angehörte, und nicht als das seine. Er betrachtete sich nicht als »Vater«, auch wenn das wunderbare Ereignis der Geburt sich nach jahrelangem Geschlechtsverkehr mit derselben Frau mehrfach wiederholte. Dies um so weniger, als es selten geschah, daß ein Mann mit derselben Frau nur ein einziges Mal in den neun Monaten ihrer Schwangerschaft die Lust der Vereinigung suchte und er nur in seltenen Ausnahmefällen der einzige Mann war, der ihr beiwohnte.

Manche Anthropologen stellen es nämlich als Gegebenheit hin, daß die frühen Menschen in schrankenlosem Geschlechtsverkehr neben- und nicht miteinander lebten. Diese Promiskuität, die wahllose Vermischung der Geschlechter zu jeder Zeit und bei jedem Anlaß, der den Trieb stimulierte, sei die ursprüngliche Form der geschlechtlichen Beziehungen von Mann und Frau gewesen. Jede Frau gehörte jedem Mann und jeder Mann jeder Frau. Die Frauen hätten sich wohl gewaltsamer Umarmungen erwehren können, aber es habe nicht der in der Promiskuität geltenden Sitte entsprochen, daß sich eine Frau dem Zugriff oder Angriff eines sie begehrenden Mannes ohne ausreichenden Grund widersetzte. Das einzige, was die Frau davor bewahrte und schützte, waren »ihre Tage«: das Monatsblut. Denn vor diesem offensichtlichen, ihm unverständlichen und daher abschreckenden Zustand scheute der Mann zurück. Es war ihm unheimlich, daß die Frau aus sich heraus blutete, und er beherrschte seine Sinnlichkeit.

Die Ethologen, die das sittliche Verhalten der Menschen als »Säugetiererbe« beurteilen, sind davon überzeugt, daß die frühen Menschen ursprünglich nicht in Horden und schon gar nicht in Promiskuität miteinander lebten, sondern nebeneinander in abgesonderten, in sich geschlossenen Einzelfamilien. Sie meinen, daß die den Menschen so nahe verwandten Schimpansen und Gorillas, die sich in Gruppen von einem Männchen, einem Weibchen und einem oder mehreren Jungen zusammentun, nicht nur die »Begründer« der als eheliche Gemeinschaft gekennzeichneten Beziehung zwischen Mann und Frau, sondern auch der Familie seien. Auch bei anderen höherentwickelten Wirbel- und Säugetieren gebe es ursprünglich nur zwei Formen des geschlechtlichen Zusammenlebens: Paarbildung in Einehe oder Vielweiberei; erst wenn sich mehrere Paare zu einer Horde vereinigten, hörten diese Regelungen auf, für die Geschlechtsbeziehungen bindend zu sein, und es komme zu wahlloser Paarung.

Diese Auffassung wird von den Anthropologen nicht grundsätzlich bestritten; sie erklären jedoch, daß sich die frühen Menschen, die über keine natürlichen Waffen zur Abwehr gegen die feindliche Umwelt verfügten, in Einzelfamilien nicht hätten behaupten können. Nur in Horden seien sie fähig gewesen, sich reißender Tiere zu erwehren und Frauen und Kinder zu schützen. Nur mit vereinten Kräften und durch gemeinsame Leistungen hätten sie zu überleben, erfolgreich zu jagen und die Jagdbeute sicherzustellen vermocht. Die eheähnliche Verbundenheit einzelner Paare sei innerhalb der Horde undenkbar, in der alle Männer, die mit allen Frauen geschlechtlich verkehrten, für alle Mütter und Kinder gemeinschaftlich sorgten oder sich, wenn es nötig war, von ihnen versorgen ließen. Diesen Brauch der Urzeiten hätten sich die Naturvölker bewahrt.

Wir haben uns hier weder für die eine noch für die andere Meinung zu entscheiden, sondern können nur feststellen, daß die voneinander abweichenden Erkenntnisse der vergleichenden Wissenschaften, ob sie nun auf Beispielen aus der Tierwelt oder auf der Beobachtung von Naturvölkern beruhen, keine eindeutigen Schlußfolgerungen auf das Sittenverhalten der frühen Menschen zulassen. Auch die Untersuchungen der von den Paläontologen aufgefundenen und durch die angewandte Atomphysik zeitlich bestimmten menschlichen Überreste ermöglichen nur Vermutungen.

Auf Grund geophysikalischer und astronomischer Berechnungen hat die Wissenschaft festgestellt, daß etwa 98 Prozent der Zeit, die vergangen ist, seit die ersten Menschen Feuer gebrauchten und Werkzeuge herstellten, Eiszeiten waren, die freilich immer wieder durch wärmere Zwischenzeiten unterbrochen wurden. Der Lebensraum der Säugetiere und der ihnen artverwandten Menschen war in Europa und Asien durch die gewaltigen Gletschervorstöße von Norden und von den Gebirgen her eingeschränkt. Die Funde menschlicher Überreste, Geräte und Behausungen, die aus den Eiszeiten stammen und vielfältige Hinweise auf die Entwicklung zum Homo sapiens bieten, lassen ebenfalls nur Vermutungen auf die Beziehungen der Frauen und Männer zu, die in diesen Jahrhunderttausenden lebten.

Eine erste Andeutung auf eine wahrscheinliche Verschiedenheit in der Lebensführung von Frauen und Männern ergaben die Ausgrabungen von Fossilien des Neandertalers, der etwa hunderttausend Jahre in Europa, Asien und Afrika gelebt hat. Die Knochenfunde dieses flachstirnigen Beinahe-Menschen (der freilich kein echter Ahn des Homo sapiens war und dann von diesem verdrängt oder ausgerottet worden ist) bezeugen, daß die etwa 1,60 Meter großen Männer um sechs Zentimeter größer waren als die Frauen. Die Knochen ihrer Arme und Beine waren länger und dicker, die Schultern breiter. Auch der Gesichtsausdruck scheint gröber gewesen zu sein, insoweit aus den erhaltenen Schädelformen auf die Gesichtszüge geschlossen werden kann. Die körperlichen Größenunterschiede zwischen Mann und Frau sind nicht die einzigen Hinweise auf die Lebensgewohnheiten und Bräuche des Neandertalers. Wir wissen, daß er in Höhlen lebte und nicht nur Tiere tötete, sondern auch seinesgleichen. Aß er das Gehirn der von ihm Erschlagenen, weil er glaubte, sich dadurch ihre Kraft einzuverleiben?

Während der letzten Eiszeit (die zehn- bis fünfzehntausend Jahre vor unserer Zeitrechnung zu Ende ging) erscheint dann der Homo sapiens – vor rund vierzig- oder fünfzigtausend Jahren. Auch er jagt Rentier, Mammut und Wildpferd, Auerochs, Wisent und Bär. Auch er schlägt sein Lager unter Felsüberhängen auf und bewohnt Höhlen. Aber nicht immer und nicht überall: Wir wissen, daß er sich im Sommer auch Zelte baute, im Winter Hütten, ja geradezu feste Häuser.

Noch immer dienen Feuerstein und Knochen zur Herstellung von Waffen und Werkzeug. Aber nun gibt es Nähnadeln und Lampen, Mörser und Reibschalen, dazu vielerlei Schmuck aus Schnecken, Muscheln, Bernstein, Elfenbein oder Tierzähnen in

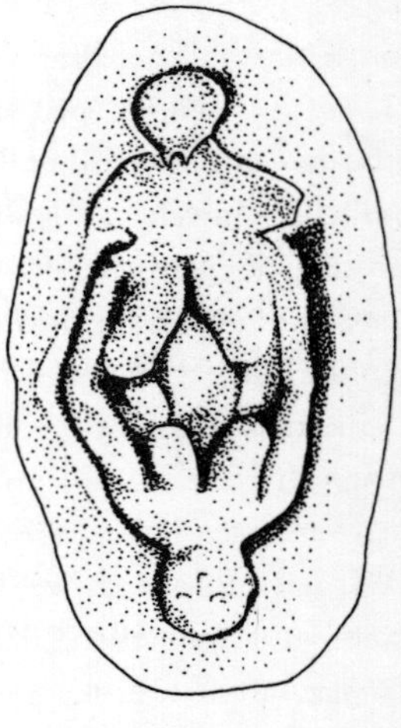

Ritzzeichnung mit dem ältesten Bild einer Paarung aus dem Abri von Laussel in Südfrankreich

Form von Ketten, Anhängern oder als Besatz der Kleidung – wir wissen nicht, ob es Frauen oder Männer waren, die all die mit diesen Dingen verbundenen häuslichen Tätigkeiten ausübten. Die Höhlenbewohner, die ihre Felswände mit ausdrucksvollen Ritzzeichnungen und großartigen farbigen Malereien schmückten, stellten Frauen nur als Geschlechtswesen dar.

Diese der Natur nachgezeichneten oder aus der Erinnerung wiedergegebenen nackten Frauen sind Einzelgestalten. In den anderen Höhlenzeichnungen, die bewaffnete, zur Jagd bereite Männer darstellen, gibt es keine Frauen. Sie wurden von den Männern nicht in die magischen Bezauberungen einbezogen, mit denen sie den Ausgang eines bevorstehenden Kampfes beeinflussen wollten.

Etwa aus der gleichen Zeitspanne stammen Figuren nackter Frauen, die zumeist an Lagerplätzen von Mammutjägern gefunden wurden. Diese aus Tierzähnen und Knochen geschnitzten Figuren sind ebenso wie die an anderen Fundstellen entdeckten, aus nachgiebiger Tonerde geformten oder aus porösem Sandstein geschälten Gestalten Nachahmungen der Wirklichkeit oder Verkörperung des geschlechtlichen Verlangens der Männer, die diese Frauen begehrten. Die Bildnisse sind gesichtslos, die Köpfe nur knaufartig geschnitzt oder modelliert. Es ging den frühen Künstlern offenbar lediglich um die Darstellung, Betonung, wenn nicht Überbetonung der unverkennbaren Merkmale des weiblichen Geschlechts: Sie stellten die Frauen dar mit gewaltigen Hängebrüsten, überaus breiten Hüften, mächtigen Wölbungen des Bauches und übermäßig ausgebildeten, mit Fett gepolsterten Gesäßen. Das aus der Bauchfalte und den Umrissen der Schenkel oft übertrieben gebildete Schamdreieck, die Pforte der Lust, ist von Archäologen und Anthropologen als magisches Sinnbild gedeutet worden, als geistige Inbesitznahme eines Weibes, das sich dem Manne schon gegeben hat oder nach dem er verlangt.

In der Phantasie der Männer, die diese plastischen Darstellungen schufen, lebten die von ihnen geformten Frauen so, als seien sie lebendige Frauen aus Fleisch und Blut. Sie waren bildhaft gewordene Wirklichkeit – und so kann man eigentlich gar nicht von Ironie sprechen, wenn die Urgeschichtsforscher diese Bildwerke als »Venus«-Figuren bezeichnen: Der Altsteinzeitmann sah in diesem Bilde *seine* Venus!

Die Felszeichnungen nackter Frauen und die mit weiblichen Geschlechtsmerkmalen so ansehnlich ausgestatteten Figuren sind die ersten gegenständlichen Hinweise auf die geschlechtlichen Verhaltensweisen der frühen Männer und Frauen. Die Männer der ausgehenden Eiszeit scheinen die Frauen umworben zu haben, ebenso wie die meisten Männchen der Tierwelt die Weibchen umwerben. Diese Annahme wird dadurch bestärkt, daß an den gleichen Fundstellen keine phallischen Symbole aufgefunden wurden, die für die Einbildungskraft der Frauen die gleiche Bedeutung gehabt hätten wie die Nachbildung ihres Geschlechts für die Männer. Wenn Frauen die erregte Männlichkeit, die ihren Trieb ausgelöst oder befriedigt hatte, nachzubilden gewünscht hätten, wäre es ihnen möglich gewesen, die Tonerde, aus der sie auch wohl schon Gefäße herstellten, in die Form zu kneten, die ihrem Lustverlangen entsprach.

Die Frauen waren die Gebenden, die sich hingebend Gewährenden, die Männer die Nehmenden, die sich den Frauen gefällig erweisen mußten, um sie sich gefügig zu machen, und den Geschlechtsgenuß als Beute bewerteten wie das Fleisch der Tiere, die sie erlegten. Sie verbanden den Geschlechtsverkehr sinnbildlich mit der Jagd und vollzogen ihn vor der Jagd wie eine magische Handlung, um die Jagd erfolgreich werden zu lassen.

Wo aber der Spaten der Vorgeschichtsforscher an den Fundstätten der endenden Altsteinzeit phallische Darstellungen zutage gefördert hat, dürfen wir unterstellen, daß auch sie allein von den Männern geschaffen wurden. Ob sich in ihnen die Lust zu leben manifestiert, ob der Phallus schon damals ein Symbol der Zeugungskraft ist oder ob es sich, wie manche Verhaltensforscher annehmen, um die bildhafte Gestaltung eines nichtsexuellen Verhaltens handelt – eines aggressiven Drohverhaltens, wie es bei Affenmännchen üblich ist, die als Wächter an der Grenze des Reviers ihrer Horde mit erigiertem Glied fremde Artgenossen vor dem Eindringen in das bewachte Territorium warnen –, ob der Phallus vielleicht auch ein Signal sozialer Überlegenheit in der Gruppe darstellt – wir wissen es nicht.

Und wir wissen nicht, sondern können nur ahnen, warum manche Venusstatuetten ganz offensichtlich doppelgeschlechtliche Symbole sind: Der obere Teil des Figürchens gibt eindeutig die Formen der Frau wieder, der untere Teil aber stellt mit dem doppelkugeligen Gesäß und den spitz zulaufenden »Beinen« zugleich ein männliches Glied dar. Vielleicht haben jene Forscher gar nicht einmal unrecht, die der Ansicht sind, derlei doppelgeschlechtlicher »Venusphalli« habe man sich bei der rituellen Entjungferung der herangewachsenen Mädchen bedient. Die Venusstatuetten und Ritzzeichnungen von Frauen in ersehnter Gestalt, die Phalli und die merkwürdig bisexuellen Statuetten aber lehren uns eines: Jene frühen Menschen waren zutiefst beeindruckt von der Geschlechtslust als der Lust zu leben – sie zog sie buchstäblich magisch in ihren Bann. Und die vielen Frauendarstellungen beweisen uns, wie sehr die Gedanken der Männer (und wohl auch ihre rituellen Handlungen) um das Weib kreisten.

Alle wissenschaftlichen Versuche, die Entstehung des menschlichen Glaubens zu erforschen, führten zu der Annahme, daß die Sinneseindrücke, die das unaufhörliche Zusammenspiel des vielfältigen Geschehens am Himmel und auf Erden in den frühesten Menschen weckte, feste Vorstellungen in ihrem Bewußtsein entstehen ließen. Die Beobachtung der Natur in ihren wesentlichen Erscheinungsformen, jedes Betrachten der Umwelt des täglichen Lebens wurde eine Quelle des Glaubens. Tiere, Pflanzen und Bäume, Sonne, Mond und Sterne, Bäche, Flüsse und Berge, Wolken und Nebel, alles, was die Menschen sahen, und alles, was unsichtbar auf sie einwirkte, regte sie zu abschirmender Anbetung oder furchterfüllter Bewunderung an.

Der römische Dichter Lukrez hat die Angst als die »Mutter der Götter« bezeichnet, aber es war vermutlich nicht so sehr die Angst vor dem Leben als die Angst vor dem Tod. Schon die frühen Menschen müssen voller Schrecken erfahren haben, daß die Toten nicht für immer verschwunden

Faunus – Terrakotta, Öllämpchen aus dem Jahr 100 n. Chr., Pompeji

waren, auch wenn sie nicht mehr leibhaftig lebten. Die Toten lebten im Geiste der Überlebenden weiter: in ihrer Einbildungskraft. Denn was immer ein Mensch und auch ein Tier mit seinen Sinnen wahrgenommen hat, wird im Gehirn gespeichert. Was einmal war, behält die Erinnerung zurück. Es wird im Traum lebendig. Es ist vor dem geistigen Auge nicht tot.

Das leibhaftig wirkende Auftauchen Verstorbener als Traumgestalt oder als Sinnestäuschung im Wachtraum führte schon die frühen Menschen dazu, die Toten entweder zu meiden oder zu verehren. Sie waren furchterregende Gespenster, die durch Beschwörungen beschwichtigt oder gehindert werden mußten, Unheil zu stiften, oder aber Geister des Guten, deren Wohltaten auch nach dem Ableben wirksam sein würden. Die Leichen Verstorbener wurden deshalb entweder sich selbst überlassen, damit sie nach dem Tod ungestört für sich sorgen könnten, oder aber so bestattet, daß ihnen nichts von dem vorenthalten wurde, was unmittelbar in ihrem Gebrauch gestanden hatte. Die Toten wurden mit den notwendigen Gegenständen begraben, die ihnen fehlen könnten, wenn sie an den Ort ihres Todes zurückkehren würden. Sie wurden mit Wegzehrung bedacht für die Wanderung ins Unbekannte, die sie angetreten hatten – schon die Neandertaler hatten es so gehalten, als sie ihre Toten liebevoll bestatteten.

Die Scheu vor der Erscheinung der Toten, vor dem überirdisch Geisterhaften des körperlich nicht Faßbaren, das doch innerlich so geschaut werden konnte, als sei es körperlich, führte zum Totenkult, der den Glauben der Menschheit und ihre Sitten entscheidend beeinflußte. Grabstätten, hochaufragende Steinblöcke, kreisförmig angeordnete Steinhaufen oder Monolithen, gewaltige, tischförmig übereinandergetürmte Steinplatten – all das hat man in so weit entfernten Gegenden wie Ostasien und England als Überreste von Gräbern, Altären oder Kultstätten erkannt, aber es fehlt so gut wie jede Spur, die erkennen ließe, welchem Glauben und welchen Sitten sich die Menschen ergaben, die an diesen Stätten zusammentrafen.

Für die meisten war die Erde die Große Mutter, die uns vielleicht schon in den üppigen Statuetten der Altsteinzeit begegnet, und die Sonne die zeugende Kraft alles irdischen Lebens. Der Himmel, der Spender oder Vorenthalter des Regens, beherbergte alle Gottheiten. Auch die Sterne, die am Nachthimmel funkelten, waren überirdisch waltende Wesen. Das vom Menschen gebändigte Feuer verlor um so weniger von seinem urgewaltigen Geheimnis, als es als Kind der Sonne galt, des leuchtenden, glühenden Balles, der an jedem Morgen aufstieg, Licht und Wärme schenkte, um dann dem zunehmenden oder abnehmenden Mond Platz zu machen. Den Mond stellten sich die frühen Männer als Verführer vor, der den Frauen in den Nächten der monatlichen Blutung beiwohnte, während sie selbst sich die Lust mit den Frauen versagten. Die Frauen verehrten den Mond als Schutzgott, da er ihnen Schonzeit vor den Männern bescherte.

Der Glaube, daß alle Frauen und Männer einer Horde ihr Leben einer unerklärlichen, überirdischen Zeugungskraft verdankten, war die ursprüngliche Voraussetzung ihrer Zusammengehörigkeit. Aber außer dem angebeteten Totem, das die Mütter ihren Kindern vererbten und das sich in der Vorstellung von Generationen als Schutzgeist lebendig erhielt, wirkten überall, wo immer sie auch waren, zu jeder Tages- und Nachtzeit, die geheimnisvollen Mächte der Natur auf sie ein und verursachten Lust oder Unlust. Um sie zu verstehen und sich ihnen verständlich zu machen, vermenschlichten schon die frühen Menschen diese Kräfte des Guten und Bösen und statteten sie mit übernatürlich gesteigerten menschlichen Eigenschaften aus: Sie erhoben die Naturgewalten zu Gottheiten.

Die Sitten des Zusammenlebens in der Horde, die im wesentlichen dem Zusammenleben von Säugetierrudeln entsprochen hatten, erfuhren dadurch eine bedeutsame Wandlung. Die Lebensgewohnheiten und Bräuche der Menschen wurden nun nicht mehr nur durch die unmittelbaren instinktiven und rationalen Reaktionen auf die erfaßlichen, natürlichen Gegebenheiten ihrer Umgebung gelenkt, sondern auch durch die Rücksicht auf übernatürliche Kräfte, durch die Vorsicht, diese Kräfte nicht zu verstimmen, und die Einsicht, daß das Glück oder Unglück der Sippe oder der Horde, ihr Wohlbefinden oder Schlechtergehen von der Gnade oder Ungnade göttlicher Gewalten abhängig waren.

Wie Frauen und Männer sich zu verhalten hätten, damit sie der Gunst der Übersinnlichen teilhaftig würden und nicht ihre Mißgunst oder ihr Mißfallen auf sich zögen, lernten sie durch gute oder schlechte Erfahrungen, die sie durch die Wiederkehr erfreulicher oder unerfreulicher Erlebnisse gewannen. Auf solchen Erfahrungen beruhten ihre Gewohnheiten, ihre Bräuche, ihre Sitten.

So wie im Rudel der Leitwolf, so hatte in der Horde ein Mann das Vorrecht der Führung errungen. Er mußte nicht nur im Kampf und auf der Jagd der Umsichtigste und Mutigste sein, mußte Lagerplätze auskundschaften und ihre Eignung beurteilen; er hatte darauf zu achten, daß Frauen, Männer und Kinder nicht vom Wege abwichen, sich nicht unnötig bemerkbar machten und dadurch Überfälle wilder Tiere oder fremder Horden verursachten. Und er, der Häuptling, mußte die Horde auch zur Beschwörung oder Anrufung der Gottheiten vereinigen, die sie in ihrer Vorstellung geschaffen hatte. Er war der Wortführer, der die Gottheiten hörte und den sie erhörten.

Aus der Summe der Verantwortungen, die der Häuptling auf sich nahm, leitete er eine bevorzugte Stellung ab, die ihm von den anderen Männern um so weniger streitig gemacht wurde, als er schon vor dem Erringen seiner bevorrechtigten Stellung hatte beweisen müssen, daß er sie verteidigen könne. Er machte von seiner Gewalt in der Horde auch den Frauen gegenüber Gebrauch. Da er der mächtigste Mann war und sie und ihre Kinder schützte, suchten sie freiwillig seine Nähe und waren seinen Annäherungen nur allzu gern zugänglich – konnten sie doch aus dem Gefallen, das er an ihnen fand, Nutzen ziehen.

In der vaterlosen Gesellschaft nahmen die Mütter ihren Kindern gegenüber eine ähnliche Stellung ein wie der Häuptling gegenüber den Angehörigen der Horde. Die Söhne und Töchter, die sie geboren, ernährt und erzogen hatten, waren so lange an sie gebunden, bis sie fähig wurden, selbständig für sich zu sorgen. Die Nestwärme der Zugehörigkeit zur Mutter, die den Kindern nicht nur ihre eigene Milch, nicht nur Pflanzen und Kräuter, sondern auch ihre Anteile an der Jagdbeute der Männer zur Nahrung gab, schuf die ersten Familien, in die der Mann nur einbezogen wurde, wenn er sich dem von den Müttern und ihren Kindern geschlossenen Kreis einfügte.

Der zunehmende Einfluß der Mütter schränkte die Freiheiten der Promiskuität ein, obwohl selbst nächste Verwandtschaft kein Hinderungsgrund für die geschlechtliche Vereinigung war – von Müttern und Söhnen etwa oder von Brüdern und Schwestern. Die Triebe wurden hemmungslos ausgelebt und genossen. Aber ein der Familie nicht zugehöriger Mann, der einer Mutter oder einer der von ihr behüteten Tochter gegen ihren Willen beiwohnen wollte, sah sich den heranwachsenden oder herangewachsenen Söhnen und Brüdern gegenüber, die jeden unliebsamen Einbruch in ihre Familie eifersüchtig verteidigten.

Der Zusammenhalt der von einer Mutter abstammenden Familienmitglieder bezog auch die Kindeskinder und ihren Nachwuchs ein. Die so erweiterten Familiengruppen verbanden sich erst innerhalb der Horde zu einer Sippe, die das gleiche Totem verehrte, und bildeten dann aus Sippen selbständige Horden, aus Horden Stämme.

Wenn sich die Sippen in Frieden und Freundschaft voneinander getrennt hatten, hielten sie die freundschaftliche Verbindung zueinander dadurch aufrecht, daß sie Männer und Frauen miteinander austauschten, wie es auch heute noch bei Naturvölkern üblich ist: Eine Gruppe von Männern schließt sich »ehelich« einer Anzahl von Frauen an, die zu einer anderen Gruppe gehören. Ist der Zusammenschluß vollzogen, so pflegt jeder Mann mit jeder Frau der anderen Gruppe geschlechtlichen Umgang – als eine den Männern wie den Frauen durchaus willkommene Bestätigung der Eintracht.

Soweit die Deutung der frühmenschlichen Sitten in der Sicht jener Völkerkundler und Anthropologen, die meinen, in frühen Zeiten habe anfangs Promiskuität und dann das Matriarchat geherrscht. Nimmt man hingegen mit den Verhaltensforschern an, bereits der Noch-nicht-Mensch habe nicht in wahlloser Vermischung der Geschlechter gelebt, sondern in Einehe schon deshalb, weil es wegen der lebensnotwendigen Zusammenarbeit bei der Jagd auf wehrhaftes Wild keine Streitereien der Männer um die Frauen geben durfte, so läßt sich dennoch vorstellen, daß es im Lager oder in der Wohnhöhle, wo die Mütter ihre Kinder gebaren und großzogen, während die Männer die meiste Zeit jagend abwesend waren, auf ähnliche Weise zur Mutterfamilie und zum Mutterrecht kam. Aber wie immer sich damals die Gewohnheiten und Bräuche herausgebildet haben mögen – es war die Lust zu leben und aus dieser Lust neues Leben werden zu lassen, die bewirkte, daß der frühe Mensch sich in feindlicher Umwelt nicht nur zu behaupten vermochte, sondern ihr mehr und mehr seinen Willen aufzwang und sie nach seinen Vorstellungen umgestaltete.

Etwa zehntausend Jahre vor unserer Zeitrechnung schufen sich vereinzelte Sippen und Familien, die bis dahin »allesfressende« Pflanzensammler, Jäger und Fischer gewesen waren, in der Gemeinschaft dörflicher Siedlungen eine künstliche Umwelt. Sie ließen sich nicht nur auf der Hochebene und im Flachland als Pflanzer und Ackerbauern nieder, sondern säten auch in der feuchten Nachbarschaft fischreicher Seen als Pfahlbauern Weizen, Hirse, Roggen, Gerste und Hafer, pflanzten Fruchtbäume und polierten die Steine, bevor sie diese zu Geräten und Werkzeugen vielerlei Art verarbeiteten.

Wo die Menschen erlernt haben, daß das Säen des Samens die Fruchtbarkeit der Erde zur Folge hat, wissen wir ebensowenig, wie wann sie erstmals Tiere, die sie zuvor gejagt hatten, zähmten und züchteten und es lernten, die Zeitspanne zwischen der Befruchtung und der Geburt ihrer nunmehrigen Haustiere zu ermessen. Knochenfunde aus dem achten Jahrtausend vor unserer Zeitrechnung zeigen, daß Hunde bereits Hausgenossen von seßhaft gewordenen Menschen waren; rund zweitausend Jahre später hatten die vorgeschichtlichen Menschen außerdem Ziege, Schaf, Schwein und Rind in ihren Dienst gestellt, bald darauf auch das Pferd. Sie waren nun Ackerbauern und Viehzüchter, je nach den örtlichen Gegebenheiten. Dadurch, daß sie nicht mehr auf das Aufspüren oder das zufällige Auffinden von Beute und Nahrung angewiesen waren, um ihren Lebensbedarf zu decken, sondern durch das Bearbeiten der Erde und das Züchten von Tieren die Nahrung erzeugen konnten, die sie für ihren Unterhalt brauchten, unterschied sich ihre Lebensführung grundsätzlich von den artverwandten Tieren, die auf die Freigebigkeit der Natur angewiesen blieben. Mit seiner eigenen Welt und in ihr machte der Mensch sich selbständig.

In diesem Zeitabschnitt ihrer Entwicklung begannen die Menschen die ihnen bis heute eigentümlichen Sitten zu formen. Durch die Seßhaftigkeit änderte sich nicht nur die Arbeitsteilung der Geschlechter, es änderten sich auch die Beziehungen von Mann und Frau. Wie die Mütter auf den Lagerplätzen und in den Höhlen ihre Kinder betreut und versorgt hatten, so taten sie es nun in den Hütten und Häusern, die in der Nähe fruchtbarer Äcker, und in den Zelten, die bei ergiebigen Weiden errichtet wurden. Die Männer aber, die das Geheimnis ihrer eigenen Zeugungskraft erfaßt hatten, »erkannten« die Frauen, die sich mit ihnen im engen Raum der Behausung gepaart und Kinder geboren hatten. Sie machten ihre Vaterschaft als Recht geltend und beanspruchten nicht nur die Kinder, die sie gezeugt hatten, sondern auch die Mütter der Kinder, ihre Frauen, als Eigentum.

Die Frauen, die das Lager der Männer teilten und ihnen den Nachwuchs gaben, den sie zur Bewältigung der zunehmenden Arbeitsleistung so dringend brauchten, wurden ein ebenso kostbares Eigentum wie der Ackerboden, den die Männer bestellten, und das Vieh, das sie betreuten. Die Männer wollten die Frauen an sich binden, um sie zu behalten. So schufen sie (falls die Anthropologen recht haben, die in der Ehe nicht ein altes Säugetiererbe sehen) jetzt die Einrichtung der Ehe und unterstellten die Frauen dem »Vaterrecht«, und dieses Patriarchat gestalteten sie nach ähnlichen Grundsätzen wie das Eigentumsrecht, das sie zur ungestörten Wahrung und zum Schutz ihres gegenständlichen Besitzes für nötig befanden.

Die Formen der Ehe, die in allen geltenden Sittengesetzen der Menschheit als selbstverständliche, von den Göttern oder von Gott gebotene Grundlage der Zusammengehörigkeit von Mann und Frau gekennzeichnet wird, waren freilich zu verschiedenen Zeiten und in verschiedenen Gegenden ebenso verschieden, wie es die sittlichen Anschauungen oder die wirtschaftlichen Voraussetzungen gewesen sind, die zur Entstehung der Ehe – und des Eigentums – geführt haben.

Es gibt freilich heute noch Stämme von Naturvölkern, die in eheloser Gemeinschaft leben, so daß keine Frau ausschließlich einem Mann angehört, und andere Stämme, bei denen es üblich ist, daß jede Frau eine bestimmte Zeit jedem Mann ihres Stammes beischläft und dieser Reigen fortgesetzt wird, solange die Männer geschlechtsfähig und die Frauen begehrenswert sind. Bei diesen Stämmen gilt weder das Vaterrecht, noch gibt es Eigentumsrechte.

Einige Sexualforscher unserer Zeit vertreten überhaupt die Meinung, daß die Ehe nicht auf erotischen und sexuellen Voraussetzungen beruhe. Die Freiheit, den oder die Geschlechtspartner uneingeschränkt nach Belieben zu wählen, sei weder von den Männern noch von den Frauen freiwillig aufgegeben worden. Solange es nicht die durch die Ehe auferlegten Beschränkungen gegeben habe, hätten Frauen und Männer ihren Trieben ohne weiteres nachgehen und das als »natürlich« anzunehmende Verlangen nach geschlechtlicher Abwechslung ungehindert erfüllen können.

War der Selbsterhaltungstrieb, war der Wunsch nach Erhaltung und Vermehrung des Eigentums zur erhöhten Sicherung des notwendigen Lebensunterhalts wichtiger als der Geschlechtstrieb und seine lustvolle, ungehemmte Erfüllung?

Die Dauer des Zusammenlebens des vorgeschichtlichen Mannes mit der Frau, die er »erkannt« hatte und durch die Ehe zu seinem Eigentum machte, hing nicht von der Geschlechtslust ab, die sie einander gaben, sondern von der Fruchtbarkeit der Frau. Der Mann schloß die Ehe erst zur Probe, um sich zu vergewissern, daß die Frau arbeitsam war und ihm den Kindersegen bescheren konnte, den er zur Erhaltung und Erweiterung seines Eigentums brauchte. Weder für sie noch für ihn war es schädlich oder schändlich, wenn der Versuch mißlang. Sowohl sie als auch er konnte das Glück in einer anderen Probeehe suchen.

Die Frauen waren durch die Ehe zwar entrechtet, nicht aber entwertet worden. Sie waren eine unentbehrliche Arbeitskraft, deren befruchteter Leib neue Arbeitskräfte gebar. Sie waren ein Besitz, für dessen Erwerb der um sie werbende Mann Gegenleistungen erbringen mußte. Geschlechtsreife, gebärfähige Mädchen wurden zur Handelsware. Sie mußten ihren Vätern von den Männern abgekauft werden. Aber wer den Kaufpreis bezahlte, wollte auch die richtige Ware – vor allem wollte er gewiß sein, mit der Braut nicht die Nachkommenschaft eines anderen Mannes in sein Haus aufzunehmen. So wurde in manchen Gegenden die voreheliche Keuschheit der Frau eine Bedingung

zum vorteilhaften Abschluß des Geschäftes, das die Ehe war. Aber diese Bedingung wurde nicht überall gestellt. Sie galt nicht als unerläßlich, wenn dem Ehemann die durch die Befruchtung von einem anderen Mann zu erwartende Arbeitskraft wichtiger erschien als die Unberührtheit der Braut.

Die Jungfräulichkeit war vermutlich den Vätern von Töchtern wichtiger als den Männern, die diese zu Frauen begehrten. Die Makellosigkeit der Ware, die im wahren Sinne des Wortes »an den Mann gebracht« werden sollte, erhöhte ihren Marktwert. Die Zurückhaltung, die ein Mädchen sich vor der Ehe auferlegt hatte, war ein gutes Vorzeichen für seine künftige eheliche Treue. Um die Mädchen daran zu hindern, ihre Jungfräulichkeit zu verlieren, schloß man sie bei manchen Völkern ab und hielt sie Männern fern, durch die sie eine »Wertminderung« erfahren konnten. Man brachte sie auch dazu, sich zu »schämen«, ihre Geschlechtsteile, die »Scham«, zu verhüllen, damit der Anblick ihrer Nacktheit nicht etwa männliche Familienangehörige in Versuchung führe.

Die Männer ahmten die Frauen nach. Auch sie verhüllten ihr Geschlecht. Aber sie gingen weder die Verpflichtung vorehelicher Keuschheit ein noch die Verpflichtung ehelicher Treue. Denn sie waren ja die Herren!

Für die Frau galt der Ehebruch als Verbrechen. Aber es war kein Verbrechen gegen die Sittenordnung, sondern gegen das Eigentumsrecht des Mannes, der seiner Frau gegenüber für sich sogar das Recht beanspruchte, sie einem Gast zu »leihen«, da er doch über sie mit Leib und Seele verfügte. Bis weit in die geschichtliche Zeit hinein hat sich dieser Rechtsanspruch des Mannes erhalten.

Die einzelnen Phasen dieser Umwälzung in den Beziehungen der Männer und Frauen zueinander sind vorgeschichtlich. Dennoch bezeichnen die Soziologen sie als »die weltgeschichtliche Niederlage des weiblichen Geschlechts«, die wettzumachen sich die Frauen im Laufe der Jahrtausende immer wieder bemüht haben. Die Frauen kämpften nicht so sehr gegen die Institution der Ehe an als gegen ihre zunehmende Rechtlosigkeit den Männern gegenüber und gegen die sich daraus ergebende »doppelte Moral«, deren Opfer sie bleiben mußten, solange die Sittengesetze, denen sie unterworfen waren, nicht von Frauen erlassen wurden, sondern von Männern – im Namen des Glaubens, den die Männer als Bevollmächtigte der Götter, als deren Priester verwalteten.

Gesetze wurden erlassen. Gesetze wurden übertreten. Gesetze wurden verworfen. Doch eines blieb, was an allem Anfang schon gewesen war: die Lust zu leben.

Zeittafel

5. Jt. v. d. Z. Die Sumerer in Mesopotamien
um 3500 älteste Bilderschrift
um 3000 Beginn der geschriebenen Geschichte in Sumer
ca. 2350–2295 Sargon von Akkad
um 2000 Gilgamesch-Epos
1728–1686 Hammurabi von Babylon
um 1200 Assyrien Großmacht
um 900 Neuassyrisches Reich
668 bis ca. 627 Assurbanipal
612 Ninive niedergebrannt
605–562 Nebukadnezar II.
586–538 Babylonische Gefangenschaft
um 550 (?) Zarathustra
559–530 Kyros der Große, Gründer des Perserreichs

2 »Freue dich in den Armen des Weibes«

Die Völker des Zweistromlandes

Die älteste Liebesgeschichte der Historie ist die Sage von der leidenschaftlichen Liebe der heiteren Erdgöttin Innini zu ihrem Bruder Tammuz, dem Gott des Wachstums.

Bevor sich die Schwester in Tammuz verliebte, hatte er seine den Menschen unsichtbare Herde unter dem schattenspendenden Baume Erida in den überirdischen Gefilden geweidet und nicht nur die Tiere des Himmels, sondern auch die der Erde vor den gefährlichen Strahlen der Mittagssonne geschützt. Inninis Liebkosungen erweckten die Sinnlichkeit des herangewachsenen Hirten. Durch sie zum Mann geworden, wollte er ihr seine Männlichkeit nicht nur auf dem »Lager der Wonne« beweisen, sondern auch als Jäger. Doch bei der Jagd wurde Tammuz von einem wilden Eber tödlich verwundet und mußte nach Arallu, in die Unterwelt, wo Ereschkigal herrschte, seine und Inninis strenge Schwester.

Vor ihrer Liebschaft mit Tammuz hatte Innini ihren unersättlich lüsternen Schoß allen kraftstrotzenden männlichen Lebewesen der Erde angeboten. Jetzt wollte sie nur noch den einen Mann, in dessen Armen sie Liebe empfunden hatte – dieses ihr neue Gefühl der Erfüllung und beseligenden Ergänzung des eigenen Ich, das nur den Frauen und den Männern zuteil wird, die füreinander geschaffen sind.

Innini schuf den Mythos der Liebe und bezeugte durch ihre Bereitschaft zu jedem Opfer, daß eine liebende Frau nichts unterlassen dürfe, um den geliebten Mann für sich zu gewinnen und zu behalten, daß sie ihm zuliebe vor nichts zurückscheute, auch nicht vor dem Tod. Um Tammuz durch heilende Waschungen im heiligen Brunnen zum Leben wiedererwecken, um ihn wieder für sich haben zu können, machte sich Innini auf den Weg in die Unterwelt. Ereschkigal gewährte ihr Einlaß mit den Worten: »Auch ich weine um die Männer, die ihre Frauen verlassen haben; auch ich weine um die Frauen, die der Umarmung ihrer Gatten entrissen wurden.« Trotz des Mitleids, das aus diesen ihren Worten sprach, konnte Ereschkigal der Schwester nicht die beschämende Peinlichkeit ersparen, daß sie »nach dem alten Gesetz« die Unterwelt nackt betrete.

Ein Wächter entkleidete Innini. Er nahm ihr den Schmuck, den Gürtel und den Lendenschurz ab. Doch ihre entblößte Schönheit erregte die Eifersucht der über die Unterirdischen herrschenden

Schwester. Sie befahl, Innini in einem Gelaß ihres Palastes einzusperren und ihre Reize durch alle nur erdenklichen Krankheiten zu vernichten: »Augenkrankheit gegen ihre Augen … Fußkrankheit gegen ihren Fuß … Kopfkrankheit gegen ihren Kopf …« Aus Liebe zu Tammuz nahm Innini alle die schmerzhaften Leiden auf sich. Aber nicht nur sie litt. Seit sie in der Unterwelt war, hatte die Fortpflanzung alles Lebens auf Erden aufgehört. Weder Tiere noch Menschen paarten sich: »den Mädchen folgte kein Mann … es schliefen alle Frauen allein.« Alle Lust der Vereinigung war erloschen.

Die Götter bekamen es mit der Angst, daß die Menschheit aussterben würde. Und wer sollte sie dann anbeten, wer ihnen Opfer darbringen? Sie zwangen Ereschkigal, ihre Schwester freizulassen. Aber die Erdgöttin war nur bereit, ins Leben zurückzukehren, wenn auch Tammuz von den Toten auferstehe und sie ihn lebendig zurückbekam. Und so geschah es. Als das liebende Paar wieder in Liebe vereint war, begann die Erde von neuem zu blühen, Tiere und Menschen drängte es, sich wieder zu paaren, und wie Innini und Tammuz holten sie in unermüdlichem Eifer alle Umarmungen nach, die sie versäumt hatten.

Die Sumerer, das älteste Volk der Geschichte, feierten in jedem Frühjahr nach der Aussaat in die empfangsbereiten Äcker das Fest der Auferstehung des Tammuz, den sie als Gott des Wachstums verehrten, als Sinnbild der Mannbarkeit, nach der die Göttin der Erde verlangt. Bei diesen Fruchtbarkeitsfesten vereinigten sich die Ehefrauen nicht nur mit ihren Ehemännern, sondern sie hatten die freie Wahl der Liebe, das ihnen von den Männern zugestandene Recht, mit und bei dem Mann zu schlafen, den sie begehrten. Sie mußten allerdings darauf achten, daß der Same des außerehelichen Liebhabers auf die Erde fiel und sie selbst nicht befruchtete. Sonst hätten sie sich gegen die Pflichten der Ehe vergangen.

Die heitere Innini, die in der Vorstellung der Landbevölkerung die temperamentvolle, lustspendende Erdgöttin blieb, verlor in den umwallten Städten, die an Euphrat und Tigris entstanden und das Fruchtland und die Viehweiden zwischen den Strömen beherrschten, ihre ursprüngliche Bedeutung und ihren Namen: Die Göttin der geschlechtlichen Liebe wurde in den sumerischen Städten Ischtar genannt und von den Frauen mit Andacht, von den Männern mit Mißtrauen verehrt.

Aber auch die männlichsten Männer konnten der Gunst Ischtars als »der Öffnerin des Schoßes aller Frauen« nicht entraten. Sie durften die große Göttin, die freundliche Helferin der Liebe, nicht schmähen. Sie mußten ihr opfern, wenn sie die Sinnlichkeit ihrer Ehefrauen wecken und im Ehebett statt Gleichgültigkeit Gegenliebe finden wollten. Den Kindersegen jedoch, den die Männer sich wünschten, hatten sie nicht allein Ischtar zu verdanken, sondern auch der Gunst der anderen großen Gottheiten, die mithalfen, die Erde ergiebig zu machen.

Vom harmonischen Zusammenspiel in der Natur, deren Erscheinungen durch göttliche Symbole gekennzeichnet waren, hingen die reichen Ernten der Sumerer ab. Und so glaubten und hofften sie, daß sie die allmächtigen Gottheiten dazu bewegen könnten, ihnen gnädig zu sein. Sie erbauten Tempel, damit die Himmlischen ein ihrer würdiges Heim auch auf Erden hätten und ihren Anbetern so nahe wären, daß sie sich mit ihnen verständigen könnten. In diesen auf Hügeln errichteten Tempeln, die mit ihren stufenförmig gebauten Turmanlagen die an den Hängen und am Fuße des Hügels sich ausbreitenden Städte überragten, wohnten die Priester- und Stadtkönige von Sumer mit und neben den Gottheiten.

Sumerische Rollsiegel zeigen Ischtar, die große Göttin der Liebe, mit geöffnetem Schoß.

Ursprünglich war jede Stadt eine Tempelstadt. Rings um die erhabene Behausung der Stadtgottheiten, in deren überirdischer Ausstrahlung die Priesterkönige lebten, standen Paläste, Häuser und Hütten innerhalb der hohen Mauern der Städte. Und wie die Götter erhaben über die Gläubigen, so walteten die Könige über die Stadt und das sie umgebende Gebiet als Stellvertreter der von ihnen bevorzugten Gottheiten, Pächtern gleich, deren Pachtzins aus den Opfern bestand, die von den Gläubigen dargebracht wurden.

Anfangs hing der Rang der Stadtkönige vom Ansehen der Gottheiten ab, deren Priester sie waren. Bald aber bestimmte die Macht der Stadtkönige die irdische Bewertung der Götter, deren Wirkungsbereich und Benennung beliebig verändert wurden, wenn ein Stadtkönig den andern im Krieg überwand und sich der Stadtgottheit des Besiegten als Beute bemächtigte, um die Stärke der geraubten Gottheit mit der Macht der seinen zu vereinigen und damit den eigenen Rang zu erhöhen.

Nie jedoch ging die Willkür der sumerischen Stadtkönige gegenüber den Gottheiten so weit, daß sie an die grundlegenden Glaubensvorstellungen des Volkes rührten. Das hätte die bestehende Ordnung gefährdet und damit die geltenden Sitten verändert, die von den Herrschern als göttliche Gebote und Verbote verkündet worden waren und mit den überlieferten Lebensgewohnheiten und Bräuchen übereinstimmten, die sich bewährt hatten.

Die Bevölkerung in den Städten von Sumer gliederte sich nach Klassen: Da waren als erste die Amelu, die unmittelbaren Gehilfen der Stadtkönige in der Verwaltung, die Priester und die Krieger, die die ausübende Macht der Könige aufrechterhielten, wenn diese sich nicht nur auf ihre geistliche Macht stützen konnten, und sie gegen Angriffe fremder Herrscher verteidigten. Die zweite

Klasse war die der Muschkenu, der Kaufleute, Handwerker und selbständigen Grundbesitzer, die zwar als freie Bürger galten, aber zu den Amelu aufschauen mußten. Die dritte Klasse waren die in Kriegen gefangenen, gekauften oder im Hause geborenen unfreien Männer und Frauen. Diese Sklaven und Sklavinnen waren wertvolles Eigentum, und wer sie besaß, sorgte auch dafür, daß sie sich vermehrten: Die Fortpflanzung der Sklaven war ebenso wichtig wie die der Haus- und Herdentiere, denn mit den zunehmenden Lebensbedürfnissen der Sumerer nahm der Bedarf an Arbeitskräften zu. Trotz der gesellschaftlichen Schichtung in drei unterschiedliche Klassen gelang es den sumerischen Stadtkönigen, das Zusammenleben der Frauen und Männer durch Gebote, Verbote und Gesetze zu regeln, die so grundlegend waren, daß die auf ihnen beruhenden sittlichen Anschauungen ihre Geltung zum großen Teil bis in unsere Gegenwart bewahrt haben.

Lebensziel und Lebenszweck der Sumerer waren Wohlstand und Wohlleben. Sie häuften Reichtümer an und waren betriebsam darauf bedacht, ihr Dasein zu verschönern und zu genießen. Aus dem, was an Bildwerken erhalten ist, läßt sich deutlich erkennen, wie sich ihre Lebensformen im Laufe der Jahrhunderte verfeinert hatten.

Körperliche Arbeiten verrichteten weder die Frauen noch ihre Ehemänner. Sie waren Stadtmenschen, Herren und Herrinnen der Sklavinnen und Sklaven, die nur mit Lendenschurzen bekleidet den Haushalt besorgten, das Vieh hüteten und die Felder bestellten, deren Ertrag die Vorratskammern füllte und es den Sumerern ermöglichte, Handel mit dem Überschuß ihrer Ernten zu treiben.

Sie tauschten nicht nur landwirtschaftliche Erzeugnisse gegen Handelswaren naher und ferner Nachbarvölker oder -stämme ein, sie waren die frühesten Kaufleute der Geschichte, die auch den »Tageswert« handwerklicher Erzeugnisse erkannten und schriftlich festlegten. Sie förderten den Ausbau der Werkstätten, um aus den Handfertigkeiten der Handwerker Nutzen zu ziehen. Weber, Töpfer, Schmiede, Wagen- und Schiffbauer, Korbmacher, Steinmetzen und Siegelschneider wurden erbliche Nutznießer der von den Stadtkönigen verliehenen Grundstücke. Um diese Lehen behalten zu dürfen, mußten die Söhne der Handwerker bei der Ausübung der väterlichen Berufe bleiben; wenn sie ihre Kunstfertigkeit verbesserten, wurden ihre Lehen vergrößert.

Die Bevölkerung der sumerischen Städte hauste innerhalb der Stadtmauern so dicht nebeneinander, daß die über Jahrtausende hin zeitgemäße, in eine Steinplatte eingemeißelte Klage nur allzu verständlich ist: »von der Stadt, wo das Getöse der Menschen ist …«

Die Armen lebten in flach gedeckten Hütten, die gleichzeitig die Ställe ihrer Ziegen und Schweine waren. Die Wohlhabenden hatten geräumige Wohnhäuser mit schattigen Innenhöfen, deren Ausstattung, ebenso wie der Schmuck der Frauen, dem Rang und dem Vermögen der Eigentümer entsprach.

Die Erziehung der Kinder, die in der Horde und den frühen Siedlungen den Müttern überlassen gewesen war, wurde in den städtischen Gemeinschaften Aufgabe der Väter, die für die Belehrung der Kinder durch die Gemeinschaft sorgten, um Nachwuchs in ihren Berufen heranzuziehen. Sie schickten ihre Kinder zur Schule, damit sie sich von klein auf in der Keilschrift übten, der großen Erfindung des sumerischen Volkes, und rechnen lernten, um sich, wenn möglich, für den kaufmännischen Beruf vorzubereiten, der als der einträglichste galt. Wer nicht lesen und schreiben konnte, war im bürgerlichen Leben Sumers behindert. Alle Käufe und Verkäufe, alle Schenkungen und Verträge mußten urkundlich aufgezeichnet und durch ein Siegel bestätigt werden, damit sie rechtskräftig würden.

Wie für die Ordnung aller Lebensverhältnisse durch Gebote und Verbote gesorgt war, so auch für das sittliche Verhalten. Und für die Ehe. Sie wurde durch den Kauf der Frau geschlossen und war, wie jeder andere Kauf, vertraglich geschützt. Die Einehe war in allen Königsstädten Sumers die Grundlage der Familie. Aber es galt nicht für ungehörig oder unsittlich, wenn sich ein Ehemann außer seiner Ehefrau eine Nebenfrau hielt oder sich mit den für den Geschlechtsverkehr besonders geschulten »Tempelfrauen« vergnügte, die einen eigenen Berufsstand bildeten.

Ein Mann, der ein Mädchen verführt hatte, mußte es zur Frau nehmen oder, wenn er schon eine Ehefrau hatte, dem Vater des Mädchens oder dem Familienältesten eine angemessene Entschädigung für den »Raub der Unschuld« bezahlen. Unschuld freilich bedeutete in Sumer nicht Jungfräulichkeit, denn es war Sitte, daß die Mädchen ihre Jungfräulichkeit im Tempel des Stadtgottes opferten. Welche Ehe hätte auch von den Priesterkönigen und ihren Gehilfen gutgeheißen werden können, wenn sie nicht vorher von den Stellvertretern der Gottheiten auf Erden vollzogen und dadurch gesegnet worden wäre?

Das Blut der Jungfrauen war ein gottgefälliges Opfer. Es mußte vor oder unter den Altären vergossen werden. Das gehörte zum Gottesdienst. Der geschlechtliche Verkehr mit den Stellvertretern der Gottheiten war aber auch eine Schule der Liebe: Die Priester lehrten die Frauen, die Lust zu empfinden und zu erzeugen, die in keiner Ehe fehlen durfte, wenn sie glücklich sein sollte. Vor ihnen gab es keine jungfräuliche Scham. Sie waren die geheiligten Verkörperungen des männlichen Geschlechts, und damit nicht der geringste Zweifel daran aufkommen könne, wurde auch die Liebesgöttin Ischtar als bärtige, zweigeschlechtliche Gottheit dargestellt. Ihre nackten Brüste, die sich zum Säugen anboten, kennzeichneten sie als Weib. Aber daß Ischtar auch ein Mann war, bezeugte nicht nur ihr Bart.

Ischtar hatte sich in jeder Hinsicht zu einer paradoxen Gottheit entwickelt. Sie war zwar nun auch die Schutzherrin der Ehe, vermied aber selbst jede eheliche Bindung trotz ihres brünstigen Liebesverlangens, das sie nicht nur durch die Vereinigung mit Tammuz befriedigte. Und so war sie das einzige weibliche Wesen, dem die sumerischen Priester und Männer geschlechtliche Freizügigkeit zugestanden. Ihre mannigfaltigen Liebesabenteuer erlebte sie in der Vorstellung der Männer und Frauen als Stellvertreterin der Frauen, die sich selbst alle außerehelichen Liebesabenteuer versagen mußten. Da Ischtar keine Ehe geschlossen hatte und daher nicht vertraglich gebunden war, durfte sie jedem Mann untreu sein, mit dem sie geschlechtlich verkehrte.

Als Göttin der geschlechtlichen Liebe war Ischtar nicht nur die Schutzherrin der Ehe, sondern auch der »Tempelfrauen«, der Hierodulen, wie die Griechen sie später nannten. Auch diese Priesterinnen der Liebe waren einer Rangordnung unterworfen. Die Entu, die als die rechtmäßige erste Frau der Gottheit und daher auch des Stadtkönigs galt, hatte die höchste Stellung im Tempel inne. Ihr Lebenswandel mußte untadelig sein; es war ihr sogar ausdrücklich verboten, ein Weinhaus zu betreten, damit sie nicht durch den Genuß berauschender Getränke in Versuchung komme, ihre Makellosigkeit einzubüßen. Wenn sie einer unziemlichen Handlung schuldig erkannt wurde, bestrafte der Stadtkönig sie mit dem Tod durch Verbrennen.

König Assurnasirpal II. (883–859 v. Chr.) bringt an Ischtars Lebensbaum ein Opfer dar.

Die Sal-me, die Zikru und die Kadischtu, die der Entu im Rang nachfolgenden Hierodulen, mußten nicht nur den Priestern gefügig sein; sie hatten die Pflicht, mit allen Männern geschlechtlich zu verkehren, die dem Tempel ihren Tribut dafür zahlten. Aber Tempelfrau zu sein war durchaus keine Schande. Die Sal-me wurden als Nebenfrauen der Götter geachtet, ihre körperliche Vereinigung mit unbekannten Männern bewertete man als mystische Eheschließung. Die Kinder, die solchen geheimnisvollen Verbindungen entsprangen, führten den Namen ihrer Mutter und wurden mit Vorliebe von den Amelu an Kindes Statt angenommen.

Was als sexueller Tempeldienst begonnen hatte, wurde im Lauf der Zeiten zu gewerbsmäßiger Unzucht in den Tempeln, und dieser dienten nicht nur Frauen. Daß die Homosexualität in Sumer nicht verboten, sondern üblich war, beweist die in einem Fragment des Gilgamesch-Epos erhaltene Aufforderung einer Hierodule an den legendären Tiermenschen Engidu, nach Uruk zu den Männern zu kommen, die »herrlich mit Gürteln bekleidet« sind. »Täglich wird dort ein Fest gefeiert ... wo Buhlknaben sind, um Freude zu schaffen ... Lust ruht auf ihnen, sie sind voller Wonne.«

Die handelnden Personen des Gilgamesch-Epos, dieser uralten Sammlung sumerischer Sagen, sind nicht nur Gottheiten, sondern auch Menschen. Die Bewertung ihres Tuns und Lassens erleichtert das Verständnis der Gedankenwelt der Sumerer und der Sitten, die in den Städten Sumers in Geltung waren, als die Dichtung entstand.

Ihr Held war ein mythischer Stadtkönig von Uruk, dessen Eigenschaften in der Einleitung des Epos beschrieben sind: »Ein Drittel in Gilgamesch ist Mensch, zwei Drittel sind Gott. Voll Staunen und Furcht schauen die Menschen das Bild seines Leibes. Nie seinesgleichen sah man an Schönheit und Fülle der Kraft ... Er brachte geheime, verborgene Dinge ans Licht. Der Weisheit abgründige Tiefe wurde ihm offenbar ...« Besessen von dem Wunsch, daß Uruk, seine Stadt, »vor allen Städten der Länder strahlen solle«, hielt Gilgamesch alle Männer, »jung und alt, die Gewaltigen und die Geringen«, zur Arbeit an. Er ließ nicht »die Mädchen zu ihren Liebhabern und nicht die Frauen zu ihren Männern«. Das Wehklagen der Töchter und Gattinnen rührte die Götter des Himmels. Anu, das unbewegliche Firmament, befahl Aruru, der Göttin des Formens, ein Lebewesen zu erschaffen, das dem Gilgamesch gewachsen sei und ihn bekämpfen könne, damit das gestörte Liebesleben in Uruk seinen natürlichen Fortgang nehme.

Aruru schuf in ihrem Herzen ein Ebenbild Anus, wusch ihre Hände und formte Engidu aus Lehm. Er bekam Leben dadurch, daß Aruru ihn mit »muttergöttlichem Speichel« befeuchtete. Engidu war nicht ein Mensch wie die von Marduk aus den Knochen der Erde geformten anderen Menschen, in deren Adern das böse Blut des bösen Kingu floß. Er war ein Tiermensch, sein ganzer Körper war mit Haaren bedeckt, und »er trug das Haupthaar wie ein Weib«. Engidu hatte die Kraft eines Wildschweins und konnte sich so schnell bewegen wie ein Vogel. Er lebte unbeschwert mit den Tieren und kümmerte sich nicht um die Menschen. Mit den Gazellen graste er die Kräuter des Feldes, trank mit dem Vieh an der gemeinsamen Tränke und tummelte sich im »Gewimmel des Wassers«.

Ein Jäger, der vergeblich versucht hatte, Engidu mit Netzen und Fallen zu fangen, bat den König von Uruk um Rat. »Der starke, herrliche, weisheitskundige« Gilgamesch rief ein blühendes Weib aus dem heiligen Tempel der Ischtar und befahl dem Jäger: »Führe diese Frau zu ihm. Wenn er mit den Tieren zur Tränke kommt, soll sie ihr Gewand abwerfen. Wenn er sie sieht, wird er ihr nahen. Das wird ihn dem Vieh entfremden.« Der Jäger zog mit der Hierodule zur Tränke und rief, als er Engidu sah: »Da ist er, Weib! Mach deine Brüste frei, tu auf deinen Schoß. Er schwelge in deiner Lust. Scheue dich nicht. Nimm hin seinen Atemstoß. Wird er dich sehen, so wird er dir nahen. Begierde errege in ihm. Lock ihn ins Fangwerk des Weibes. Fremd wird ihm werden das Vieh, das mit ihm aufwuchs auf dem Feld. Seine Brust wird fest auf dir ruhen … Da machte das Weib die Brüste frei, tat auf den Schoß … nahm wahr seine Lust. Begierde erregte sie ihm, das Fangwerk des Weibes. Er warf sie zu Boden. Fest ruhte seine Brust auf der geheiligten Dienerin der Göttin.«

Nach sechs Tagen und sieben Nächten war Engidu von des Weibes »Schönheit und Fülle« gesättigt. Er wollte sich wieder den Tieren gesellen, aber jetzt scheuten die Tiere vor ihm zurück. Enttäuscht wandte sich Engidu erneut der Tempelfrau zu, die seine Sinne befriedigt hatte. Sie forderte ihn auf, sein Leben zu ändern: »Warum willst du mit wildem Tier herumjagen über die Felder? Komm mit mir nach Uruk, in die umfriedete Stadt! … Dir, Engidu, der du das Leben nicht kennst, will ich Gilgamesch zeigen … an Männlichkeit schön ist er … Lust ruht auf ihm an seinem ganzen Leibe …«

Nachdem die Hierodule dem Tiermenschen Brot zu essen gegeben hatte mit den Worten: »Das gehört zum Leben« und ihn ermuntert hatte: »Trink den Rauschtrank, wie's Brauch ist im Lande«, war Engidu bereit, nach Uruk zu kommen. Aber nicht friedlich. Er wollte Gilgamesch zum Kampf herausfordern. Und so verlegte er ihm in Uruk den Weg zum Schlafgemach. Gilgamesch besiegte Engidu zuerst mit seiner Kraft, dann mit seiner Herzlichkeit. Die beiden wurden Freunde. Gilgamesch füllte für Engidu einen »Napf aus Rotstein mit Honig und einen Napf aus Lapislazuli mit Butter« und ließ seinen Gast »die Sonne sehen«, den Gott Schamasch.

Die beiden Freunde, der Gottmensch und der Tiermensch, überwältigten gemeinsam Humbala, den Wächter des Waldes »vor dem Zedernberg, der Wohnstätte der Götter«. Zur Feier des Sieges schmückte sich Gilgamesch. Ischtar entbrannte in Lust, als sie ihn in seiner männlichen Schönheit sah. Sie bat ihn: »Sei mein Geliebter, schenke mir deinen Samen, ach, schenke ihn mir … Du sei mein Mann, ich sei dein Weib.« Aber Gilgamesch ließ sich weder durch Ischtars Reize verführen noch durch ihre Versprechungen. Er wollte nicht, daß es ihm ergehe wie Tammuz, dem Gott des Wachstums, dem sie »Jahr für Jahr das Weinen bestimmte«, wenn er im Herbst in die Unterwelt mußte und sie ihm nicht treu blieb, wie Innini es gewesen war, sondern sich während seiner Abwesenheit mit anderen Männern »ergötzte«, bevor sie ihn im Frühjahr aus der Unterwelt holte, um sich wieder mit ihm zu vereinigen. Gilgamesch rief Ischtar zu: »Und jetzt begehrst du meine Liebe und willst mich wie jenen behandeln?«

Die Zurückweisung durch Gilgamesch versetzte Ischtar in Wut. Ihre Eitelkeit war verletzt. Die »Öffnerin des Schoßes aller Frauen« wollte sich für alle Frauen an dem Mann rächen, der sich ihr versagt hatte und seiner Freundschaft mit dem Tiermenschen lebte. Sie bat Anu, einen Wunderstier zu erschaffen, der Gilgamesch töten sollte. Aber erst als Ischtar gegen Anu aufbegehrte und ihm drohte, daß sie, die den Trieben der Menschen und Tiere gebot, jegliche Liebesregung auf Erden verhindern und so alles neue Leben dort unmöglich machen werde, erschuf er das furchtbare Untier, das mit seinem feuerschnaubenden Atem Hunderte Männer tötete und das Land der Königsstadt Uruk verwüstete. Gemeinsam mit Engidu erschlug Gilgamesch den Wunderstier. Ischtar verfluchte ihn. Erzürnt darüber schleuderte Engidu ihr den abgerissenen Geschlechtsteil des getöteten Untiers ins Gesicht. Aus Rache für diese Verhöhnung und in der Absicht, die Männerfreundschaft, die ihr so zuwider war, zu beendigen, sandte Ischtar Engidu eine tödliche Krankheit.

Angesichts der Leiche seines Freundes, den er mehr als eine Frau geliebt hatte, drängte es Gilgamesch, das Geheimnis des Todes zu ergründen. Gilgamesch bat die Götter, den toten Engidu, wenn auch nur für einen Augenblick, wieder ins Leben zurückkehren zu lassen. Engidu erschien seinem Freund und erwiderte auf Gilgameschs eindringliche Fragen über den Tod: »Ich kann es dir nicht sagen. Wenn ich vor dir die Erde öffnen und dir sagen müßte, was ich gesehen habe, so würde Schrecken dich umwerfen.«

Die Göttin Sabitu, der Gilgamesch klagte: »Den Tod, den ich fürchte, möchte ich nicht schauen«, beschwichtigte den Verzagten: »Das ewige Leben, das du suchst, wirst du nicht finden. Als die Götter die Menschen schufen, setzten sie den Tod ein für die Menschheit. Das Leben behielten sie in ihrer Hand. Drum, Gilgamesch« – und nun riet sie ihm, wie er leben solle: »Iß und trink. Sei Tag und Nacht vergnügt. Mache jeden Tag dir ein Freudenfest. Genieße bei Tag Harfen, Flöten und Tanz. Zieh reine Kleider dir an, wasche und salbe dein Haupt und bade den Leib in frischem Wasser. Sieh froh die Kinder an, die nach deinen Händen greifen. Freue dich in den Armen des Weibes.«

Diese durch das Gilgamesch-Epos im Lande Sumer weit verbreitete Ermahnung zur Lebensfreude aus Angst vor dem Tod beeinflußte die Sitten der Frauen und Männer so sehr, daß sie ihre gläubige Anhänglichkeit an Ischtar unverändert bewahrten. Sie verwanden es, daß ihre anderen Gottheiten aus den Tempeln verstoßen wurden, wenn ihre Stadtkönige die Macht verloren, aber die Göttin der geschlechtlichen Liebe wollten sie nicht vermissen – weder in kriegerischen noch in friedlichen Zeiten.

Das irdische Leben ging weiter, auch das überirdische. Die Gottheiten veränderten wohl ihre Namen, aber sie blieben in ihrer Bedeutung unverändert: Sinnbilder für alles geheimnisvolle Walten der Natur im Himmel und auf Erden. Und da die Götter die gleichen blieben, wurden die Sittengesetze, die in ihrem Namen erlassen worden waren, nur unwesentlich abgewandelt – auch von Hammurabi, jenem König von Babylonien, dem es gelang, das ganze Zweistromland unter seine Botmäßigkeit zu bringen und der als »König der Gerechtigkeit« eine einheitliche Gesetzgebung schuf, »um das Schlechte und Böse zu vernichten, damit der Starke dem Schwachen nicht schade«.

Das Schlechte und Böse, dem Hammurabi den Kampf ansagte, waren alle jene Handlungen, die sich gegen die bestehende Ordnung richteten und die Lebensformen und Bräuche der Gemeinschaft gefährdeten, die sich im Laufe der Jahrtausende entwickelt hatten. Böse war, wer sich an dem

Eigentum seines Mitmenschen verging, wer ihn hinterging, stahl, raubte und tötete. Der Grundsatz der Wiedervergeltung »Auge um Auge, Zahn um Zahn« bestimmte die Art der Strafen, die jedoch nicht von den Betroffenen selbst oder von ihren Angehörigen, sondern von den königlichen Gerichten verhängt wurden.

In der Erkenntnis, daß die Ehe die Grundlage der Familie und dadurch im weiteren Sinne auch des Staates war, gewährte Hammurabi nicht nur den Ehemännern, sondern auch den Ehefrauen Rechtsschutz. Notzucht, Blutschande, Gattenmord und Vergewaltigung der Braut eines freien Mannes, Geschlechtsverkehr mit der Schwiegertochter oder mit der verwitweten Mutter unterlagen strengen Strafen.

Die grundlegenden Sittengesetze des Zweistromlandes behielten ihre Geltung über die Jahrtausende hinaus. Auch der Gottesdienst blieb unverändert. Unter der allerhöchsten Aufsicht der jeweiligen Könige versah eine Hohepriesterin als symbolische Gattin der Gottheit ihr geheiligtes Amt. Sie durfte keine Ehe eingehen. Es blieb im Ablauf der Zeiten dabei, daß die höheren Priesterinnen zwar heiraten, aber keine Kinder gebären durften und daß sich die Hierodulen im Tempel ihrer Schutzgöttin der käuflichen Liebe ergaben und als notwendige und nützliche Berufstätige angesehen wurden. Es blieb dabei, daß die babylonischen Mädchen sich ihrer Jungfräulichkeit in den Tempeln entledigten, bevor sie eine Liebschaft begannen oder die Ehe schlossen. Der Glaube, daß die »Öffnung des Schoßes« der Jungfrauen eine geheiligte Handlung sei, die in unmittelbarer Nähe der Göttin der geschlechtlichen Liebe vollzogen werden müsse, überdauerte die Herrschaft aller Machthaber, die sich das Zweistromland untertänig machten und die eingeborenen Gottheiten durch andere göttliche Symbole ersetzten. Sie sandten zwar weder ihre eigenen Töchter und Schwestern noch die ihrer Gefolgsleute zu den Altären Ischtars, um sie an geheiligter Stätte zu Frauen machen zu lassen, aber sie verboten den uralten Volksbrauch nicht.

Diese babylonische Sitte – sie ist vielleicht darauf zurückzuführen, daß es nicht genug mannbare Priester gab, um die zunehmende Zahl geschlechtsreifer Mädchen zu entjungfern – kam den Tempeln zugute, die sich zu wahren Jahrmärkten entwickelten und den vielfältigsten Bedürfnissen entgegenkamen.

Der Erfindungsreichtum der Priester begnügte sich nicht mit der Auswertung des Glaubens, den sie verwalteten. Sie züchteten den Aberglauben, die Angst vor feindlichen Dämonen, die jeden unerbittlich verfolgten, der sich nicht an die Sittengesetze hielt. Nur mit Hilfe der Priester könnten sie, so hieß es, gebannt und vertrieben werden. Und so wurden in den Tempeln magische Amulette und Talismane zum Schutz gegen die überall lauernden bösen Geister zum Verkauf angeboten. Wer einen von Priestern verfertigten Ring oder einen von einer Jungfrau gesponnenen, vom Priester geweihten Faden erwarb, war gegen die Dämonen gefeit, die Krankheit und Wahnsinn hervorriefen, oder konnte seiner Mannbarkeit sicher sein. Ein am Körper getragenes Bild des Gottes bannte den

»bösen Blick«. Und stets war es am verläßlichsten, sich den Priestern anzuvertrauen, die die Dämonen durch Zauberei dazu zwingen konnten, sich zu verflüchtigen.

So wohnten die Lust zu leben und die Furcht vor den bösen Geistern nahe beieinander. Nach außen hin freilich überwog die Daseinsfreude. Die in vielfarbige, bis zu den Füßen reichende Leinenkittel gekleideten Frauen und Männer Babylons liebten es, ihre Sinnenlust offen zu zeigen.

Die Frauen schmückten sich mit Halsketten und Armbändern, flochten Perlenschnüre ins Haar und ließen an Festtagen die Schultern frei. Die Männer hüllten sich bei feierlichen Anlässen in Mäntel und trugen Stäbe mit geschnitztem Knauf. Die Priester aber bedeckten ihre Köpfe mit hohen, kegelförmigen Hüten, um sich von gewöhnlichen Sterblichen augenfällig zu unterscheiden. Sie mußten ja ihre irdische Überlegenheit mit allen ihnen zu Gebote stehenden Mitteln kundtun, um ihren Einfluß behaupten zu können. Sie konnten den Gläubigen für ihre guten Taten keine Belohnung nach dem Tode versprechen, denn der Himmel stand nur den Göttern offen.

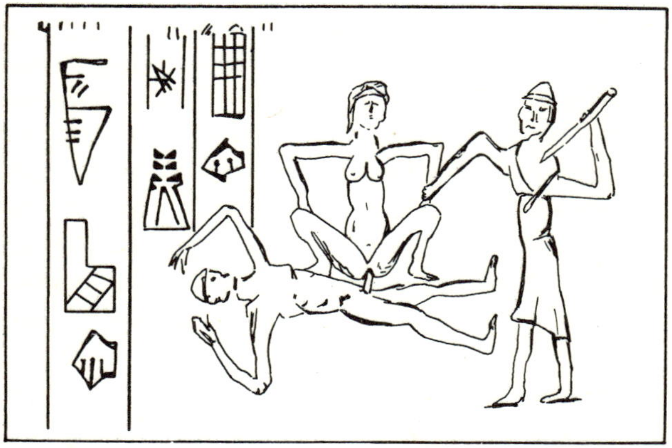

Dieses babylonische Rollsiegel zeigt einen Schlafenden, der von einem weiblichen Dämon heimgesucht wird.

Aber die Angst, daß der Totengeist der Verstorbenen ruhelos umherirren könne, wie schon Gilgamesch es befürchtet hatte, veranlaßte die Babylonier, die Leichen würdig zu bestatten. Den Frauen wurden Riechfläschchen, Kämme und Schminke ins Grab gelegt, damit sie auch im Tode ihren Duft und ihr Aussehen bewahren könnten, den Männern kostbare Kleider und die Insignien ihres Ranges, damit sie sich den Dämonen gegenüber ausweisen könnten. Am sichersten aber war es, sich schon zu Lebzeiten durch die Fürsprache der Priester zu vergewissern, daß die Götter sich derer, die mit Opfern nicht geizten, auch im Tode gnädig erwiesen, ihnen Gespenster fernhielten und dafür sorgten, daß sie nach dem Tode nicht grausige Qualen erlitten.

Auch nachdem Babylon schon lange nicht mehr die Hauptstadt des Zweistromlandes war, blieb es der »Sündenpfuhl«, die Stadt der Sinnenlust und des Wohllebens. Die babylonischen Lebensgewohnheiten und Bräuche beeindruckten die assyrischen Könige so, daß sie beim Bau ihrer Hauptstädte sich an das Vorbild des von den Assyrern eroberten Babylon hielten. Eine dieser Residenzen war Ninive – so benannt nach Nina, der assyrischen Göttin der geschlechtlichen Vereinigung, die sich von Ischtar kaum unterschied. In dieser Stadt der Liebe sollten sich die Assyrer »in den Armen des Weibes freuen«, aber nur, wenn sie sich in der Kriegskunst vervollkommneten und ihrem König zu blutigen Siegen verhalfen.

Denn der Grundsatz der Könige Assyriens war: Gewalt geht vor Recht. Nur die Krieger genossen in ihrem Reich Bevorzugung. Sie durften sich prachtvolle Bauten errichten und mit allen Bequemlichkeiten ausstatten, die ihrer begünstigten Stellung entsprachen. Vielfarbige Gewebe schmückten die Wände ihrer Häuser, die Einrichtungsgegenstände waren aus kostbaren Edelhölzern oder aus Bronze hergestellt, die Gefäße aus farbig geblasenem Glas, aus buntglasiertem Ton oder aus Edelmetall.

In so verschwenderisch üppiger Umgebung lebten die assyrischen Ehefrauen beinahe wie Gefangene. Sie durften sich nicht ohne Schleier in der Öffentlichkeit zeigen und mußten sich damit abfinden, daß sich ihre Männer so viele Nebenfrauen hielten, wie sie nur wollten, während die Frauen zu bedingungsloser Treue verpflichtet waren. Im Tempel der Nina wurde die käufliche Liebe zu einem noch einträglicheren Geschäft für die Priesterschaft als im babylonischen Tempel der Ischtar. Der assyrischen Göttin der geschlechtlichen Vereinigung wurde zwar nicht die Jungfräulichkeit der Töchter und Schwestern der Krieger geopfert, aber die Priester der Nina konnten alle Frauen der unterworfenen Gebiete zum Tempeldienst anfordern und dort bis an ihr Lebensende gefangenhalten. Die Tempel waren der Liebesmarkt des Königs. Die Frauen, die er persönlich beanspruchte, wurden in seinem Palast in einem Frauenhaus untergebracht. Er war der einzige Ehebrecher des Landes, der von einem betrogenen Ehemann nicht straflos getötet werden durfte. Sein Königreich war eine unerbittlich männliche Welt, von dem einzigen Ehrgeiz beherrscht, das assyrische Großreich zu erweitern.

Die Macht des mit gnadenlosem Despotismus, härtester Disziplin und bestialischem Terror geschaffenen Militärstaates verfiel unter schwachen Königen, doch dann wurde das Assyrische Reich, inzwischen weithin unterwandert von einstigen Nomaden, den semitischen Aramäern, wiederhergestellt. Und es blieb, wie es gewesen war. Nur die Persönlichkeiten, die in den Palästen wohnten, wurden durch andere abgelöst. Die Aramäer, die »zahllos waren wie der Sand am Meer«, verschmolzen mit den Eingeborenen und nahmen ihre Sitten an, schwächten jedoch die Stellung der Frauen noch mehr.

Um die Macht des Reiches mit Waffengewalt aufrechterhalten zu können, brauchte es mehr und mehr Krieger. Dafür hatten die Frauen zu sorgen – sie mußten gebären, einerlei, welche Männer sie begattet hatten. Jede Schwangerschaftsunterbrechung wurde als schwerstes Verbrechen bestraft. Und jede Frau, der das Unglück einer Fehlgeburt widerfuhr, wurde, selbst wenn sie dabei gestorben war, zum abschreckenden Beispiel öffentlich gepfählt. Es wurde Sitte, daß die Ehefrauen der Männer, die in den Krieg zogen, im Hause ihrer Väter lebten; nur gelegentlich kamen die Männer auf Urlaub und nur zu dem Zweck, ihre Frauen zu schwängern. Und jetzt wurden selbst die Töchter aus bevorzugten Kriegerfamilien zu Haremsfrauen.

König Assurbanipal, der die erste große Bibliothek der Weltgeschichte anlegte, ließ in einer Tontafel aufschreiben, wie er, der in einem königlichen Frauenhaus aufgewachsen war, seinen Harem erbaute: »... Ich legte eine Terrasse an; aber aus Achtung vor den Tempeln der großen Götter, meiner Herren, errichtete ich das Gebäude nicht sehr hoch. In einem guten Monat, an einem günstigen Tag, setzte ich den Grundstein auf jener Terrasse und begann, die Ziegel zu legen. Ich sprengte Sesamwein und Traubenwein über den Keller aus und goß auch Wein auf die irdene Mauer ... Mit Freuden und Frohlocken baute ich den Harem von den Grundsteinen bis zu seinem Dach. Ich legte darauf lange Zedernbalken ... Ich bedeckte mit Kupfer die angenehm riechenden Türen ... Ich pflanzte ringsum einen Hain mit allen möglichen Bäumen und ... mit Früchten jeder Art ... Ich vollendete das Werk, brachte den Göttern, meinen Herren, köstliche Opfer dar und betrat den Bau unter einem prächtigen Baldachin.« Die Grabschrift Assurbanipals, der in seinem Harem nicht nur schöne Frauen, sondern auch reizvolle Knaben geliebt hatte, lautete: »Sterblich bist du. Vergiß es nicht. Freue dich des Lebens und stille des Herzens Gelüst; kein Wohlgefühl gibt es für die Toten. Staub nun bin ich, obwohl einst König des prächtigen Ninive. Nur was mir der Gaumen, mutwilliger Scherz und die Liebe an Genüssen gewährten, ist mein, alle anderen Güter ließ ich zurück.«

Vierzehn Jahre nach seinem Tod wurde Ninive in Brand gesteckt, die Bevölkerung der Stadt niedergemetzelt und der von Assurbanipal erbaute Harem dem Erdboden gleichgemacht. In den Ruinen seines Palastes fanden sich 20 000 mit Keilschrift beschriebene Tontafelbruchstücke, deren Entzifferung und Deutung den Rückblick in die geschichtliche Vergangenheit des Zweistromlandes und auf seine Sitten ermöglichten.

Das assyrische Reich Assurbanipals wurde unter den Eroberern aufgeteilt. Es waren ungleiche Bündnispartner: im Osten die Meder, kriegerische Nomadenstämme, die sich im Iranischen Hochland niedergelassen und Ekbatana, den »Treffpunkt vieler Wege«, zu ihrer königlichen Hauptstadt gemacht hatten, im Westen aramäische Chaldäer, denen es gelungen war, das Königreich Babylonien wieder selbständig zu machen.

Um nach dem mit vereinten Kräften erfochtenen Sieg ihre in ihren Lebensgewohnheiten und Bräuchen so unterschiedlichen Völker voneinander abzugrenzen, errichteten die Eroberer im Einverständnis miteinander eine gewaltige Mauer, die nördlich von Babylon sich vom Euphrat bis zum Tigris erstreckte. Diese Medische Mauer, in übersichtlichen Abständen von Truppen bewacht, machte es den Einwohnern des einen wie des anderen Landes unmöglich, miteinander Umgang zu pflegen, Nachrichten auszutauschen oder überzulaufen. Familienbande, Freundschafts- und Geschäftsbeziehungen wurden rücksichtslos zerschnitten. Die Zweiteilung Mesopotamiens, dieser menschlichen Gemeinschaft, die in Jahrtausenden, wenn auch immer wieder unter veränderter Herrschaft, durch die gleichen Sitten verbunden gewesen war, brachte es mit sich, daß diesseits und jenseits der Mauer verschiedene Lebensgewohnheiten und Bräuche entstanden.

Dem chaldäischen König von Babylon, Nebukadnezar II., diente die Mauer als Rückendeckung. Er stellte nicht nur die vergangene Größe Babylons wieder her. Es gelang ihm auch, seinen Machtbereich nach Südwesten zu erweitern. Er zerstörte Jerusalem und führte das jüdische Volk in die »Babylonische Gefangenschaft«. Er war der Erbauer des sprichwörtlich gewordenen »Turmes von Babel«, eines Hochtempels, den er Marduk weihte, dem von ihm wieder zur höchsten Gottheit erhobenen babylonischen Stadtgott. Da die meisten Volksstämme, die sich im Zweistromland angesiedelt hatten oder angesiedelt worden waren, ihre ursprüngliche Sprache bewahrt hatten und die gewaltsam verschleppten »Kinder Israel« sich in dem »Sprachenbabel« nicht zurechtfinden konnten, wurde das 91 Meter hohe, dem »Schirmherrn der Ordnung« gewidmete Bauwerk zum alttestamentlichen Sinnbild der »Sprachverwirrung«.

Nicht nur die Sprachverwirrung befremdete die Gefangenen. Nicht umsonst nannten ihre Priester und Propheten diese Stadt des ausschweifenden Wohllebens und der lockeren Sitten die »Babylonische Hure«. Alles, was hier geschah, widersprach den Lebensgewohnheiten und Bräuchen, die sie bewahren mußten, wenn sie vermeiden wollten, den Zorn und die Rache Gottes auf sich zu ziehen, der sie ohnehin für ihre Sünden schwer genug bestraft hatte. Sich im Tempel der Ischtar mit fremden Frauen zu vergnügen, bei üppigen Gelagen sich zu berauschen und zuzulassen, daß sich die Töchter Israels ebenso schamlos schmückten und schminkten wie die leichtlebigen Frauen Babylons, war gegen die Gebote, denen sie gehorchen mußten, wenn Gott sie wieder heimführen sollte in das Gelobte Land. Die Kinder Israel bewahrten ihre Sprache und ihre Sitten ebenso wie die Frauen und Männer Babylons, die sich der wiedererstandenen Macht ihrer Götter erfreuten.

Jenseits der Mauer, im Osten des Zweistromlandes und in dem sich weit in den asiatischen Raum ausbreitenden Königreich der Meder, hatte die Offenbarung eines Mannes zu einer grundlegenden Veränderung der Sittengesetze geführt. Der Glaube, daß der göttliche Seher Zarathustra vom »Herrn des Lichts«, Ahuramazda, das »Buch der Gesetze« während des Aufleuchtens eines Blitzes unter rollendem Donner empfangen habe, bestimmte die Lebensführung der Meder. Es war ein Volksglaube, der, ursprünglich von Mund zu Mund weitergegeben, den Kampf des Guten und Bösen im Menschen dem Kampf der übernatürlichen Mächte im Weltall gleichsetzte. Ahuramazda war »der gute Geist«, der Himmelsgott, dessen Augen die Sonne und der Mond waren. Sein Gegenspieler war Ahriman, der Herr des Dunkels, das Sinnbild des Bösen in der Welt, des Häßlichen im Leben und aller Untugenden, deren die Menschen sich schuldig machen.

Ahriman war der Vater der Sünde, auch des Unglaubens. Wer ihm durch böse Taten half, wurde von Astivihad, dem Gott des Todes, dem niemand entging, in die Feuerbrände der Unterwelt, der

»Hölle«, gestürzt und erduldete Qualen bis ans Ende der Zeiten. Wer hingegen Ahuramazda durch gute Taten diente, so wie es im »Buch der Gesetze« geschrieben stand, wer gottesfürchtig im rechten Handeln lebte, der brauchte den Tod nicht zu fürchten Er würde guten Mutes vor das Letzte Gericht treten können, in dem Ahuramazda sein Urteil über Ahriman sprach und alle Kräfte des Bösen vernichtete. Er würde, wie Zarathustra verhieß, mit den guten Geistern am Jüngsten Tag auferstehen: »Das Leben wird in die Körper zurückkehren … die ganze Welt wird frei werden von Alter und Tod, von Fäulnis und Verfall, immer und ewig.«

Die Unterscheidung zwischen Gut und Böse, zwischen Erlaubt und Verboten war den »Magi« vorbehalten, die das Avesta auslegten, das »Buch des Wissens und der Weisheit«. Diese im Rufe der Heiligkeit stehenden Priester, die auch Berater der Könige waren, unterschieden sich von ihren Mitmenschen durch völlige Verachtung irdischer Freuden und Vergnügungen. In ihrer bescheidenen Kleidung ergaben sie sich einem feierlichen, gottesdienstlichen Reinlichkeitskult, sie enthielten sich der Fleischspeisen und aller Sinnlichkeit. Ihre durch Abgeklärtheit und durch unaufhörliches Versenken in das Geistige vermehrten Kenntnisse befähigten die Magi zu erfolgreicher Weissagung und zu wunderbaren Handlungen, die als geheiligte Zauberei gewertet wurden. Als Stern- und Traumdeuter genossen sie bei den Königen und in der Bevölkerung grenzenloses Ansehen.

Zarathustras Lehre wurde zum Glauben des Großreiches, das die persischen Großkönige errichteten, nachdem sie die Meder entmachtet und auch Babylonien erobert hatten. Die Medische Mauer wurde so gründlich niedergerissen, als sei sie nie erbaut worden. Ein neuer Menschenschlag und seine Sitten beherrschten nun das Zweistromland und die umliegenden Gebiete.

Es waren aufrechte, kräftige Männer mit langen Bärten und gelockten, bis auf die Schultern reichenden Haaren. Wie die Frauen benutzten auch die Männer Schönheitsmittel; es gab sogar einen besonderen Beruf, den der »Schmücker«, die von den zeitgenössischen Griechen »kosmetai« genannt wurden (wie denn ja auch unser Wort Kosmetik aus dem Griechischen kommt). Selbst in der sommerlichen Hitze trugen die persischen Männer und Frauen die Trachten, an die sie sich in den kalten Gebirgsgegenden ihres iranischen Herkunftslandes gewöhnt hatten: dreifache Unterhosen und Unterkleider, die sich unter den wollenen Kitteln bauschten.

Die sittlichen Gebote, denen sie sich bedingungslos unterwarfen, festigten die Stellung der persischen Frauen nach außen hin: Sie konnten sich unverschleiert frei bewegen und ihr eigenes Vermögen verwalten, ja sogar die Geschäfte ihrer Ehemänner in deren Namen führen. Die Ehen wurden von den Eltern vereinbart, wenn die Kinder die Geschlechtsreife erreicht hatten. Frauen konnten nur einen Mann heiraten. Die Vielweiberei der Männer jedoch galt nicht als Unzucht – im Gegenteil: Ein Mann, der viele Frauen hatte, konnte dem »König der Könige« viele Krieger geben. Das Avesta empfahl: »Der Mann, der ein Eheweib hat, steht hoch über dem, der in Keuschheit lebt … Wer Kinder hat, steht hoch über dem, der keine hat« – wobei die Magi selbstverständlich von dieser Wertung ausgenommen waren. Ob die Kinder von der Ehefrau oder von den Nebenfrauen geboren wurden, war nicht so wichtig; die Neugeborenen sollten Söhne sein. »Die Männer beten nicht um Töchter«, stand im Avesta. Es war eine Ehre und einträglich, für den König Söhne gezeugt zu haben. Wer viele Söhne hatte, bekam alljährlich ein Geschenk des Herrschers, der so erhaben war, daß sein Angesicht von gewöhnlichen Sterblichen nicht erblickt werden durfte. Wer nicht so viel Land oder Einkommen hatte, daß er sich eine große Familie leisten konnte, mußte danach streben. Sein Lebensziel sollte sein, einen Hof zu gründen »mit einem Priester darin, mit Vieh, mit einer Frau, mit Kindern und guten Herden darin; wo sodann das Vieh gedeiht, die Frau gedeiht, das Kind gedeiht, das Feuer gedeiht und aller Segen des Lebens gedeiht«. Denn: »Wer ein Haus hat, steht hoch über dem, der keines hat … Wer Reichtum besitzt, steht hoch über dem, der keinen besitzt.«

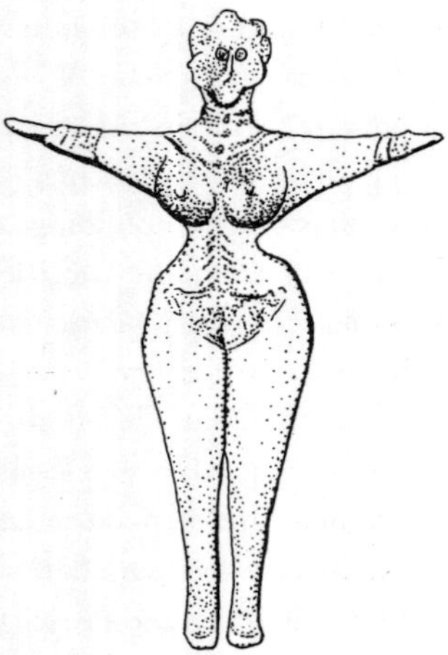

Terrakottastatuette einer weiblichen persischen Gottheit aus dem 3. Jh. v. Chr.

Viele Söhne für den Mann, viele Krieger für den König – kein Wunder, daß es als schlimmstes Verbrechen einer Frau galt, wenn sie ihre Schwangerschaft unterbrach, schlimmer, als wenn sie Unzucht oder Ehebruch beging. Die Sünden des Fleisches konnten vergeben werden, aber eine die Schwangerschaft unterbrechende Frau konnte die Vermehrung des königlichen Heeres um einen Krieger verhindert haben. Dafür mußte sie mit dem Leben bezahlen. Die Verschwendung des Samens durch Selbstbefriedigung eines Mannes wurde mit Prügeln geahndet. Denn auch er konnte durch die Vergeudung seines Samens die Vermehrung des königlichen Heeres verhindert haben. Männer und Frauen, die sich für den Geschlechtsverkehr bezahlen ließen, »sollten getötet werden, mehr noch als kriechende Schlangen und heulende Wölfe«. Herodot berichtet, daß sich auch die Perser der Knabenliebe ergaben. Im Avesta aber, dessen Lehren aus sehr viel früherer Zeit stammten, wurde die gleichgeschlechtliche Liebe als Abwegigkeit verdammt und als Missetat so streng verurteilt, daß es keine Vergebung für diese Tat gab: »Nichts kann sie wegwaschen.«

Alles, was verboten war und als böse galt, war »unrein« – es beschmutzte die Seele. Was nicht weggewaschen werden konnte, war unverzeihlich. Das klare Wasser der Berge, in dem sich die Vorfahren der Meder und Perser gereinigt hatten, war zum Sinnbild eines Glaubens geworden, dessen

Priester lehrten, daß die körperliche Sauberkeit die unerläßliche Vorbedingung der sittlichen Reinheit sei. Für jede alltägliche Handlung waren Waschungen vorgeschrieben. Es war ungehörig, auf offener Straße zu essen und zu trinken, in Gegenwart anderer zu spucken, sich die Nase zu putzen, Fingernägel und Haare zu schneiden oder gar die Notdurft zu verrichten. Was ungehörig war, war häßlich und damit ein Teil Ahrimans, des Bösen.

Anstand und gutes Benehmen als Grundlage des sittlichen Verhaltens lernten die Söhne der vornehmen Perser schon als Kinder. Nicht von ihren Müttern, die die Töchter nach alter Sitte im Haus belehrten, sondern in Schulen. Nach dem fünften Lebensjahr kamen die Söhne aus der Obhut der Mutter für zwei Jahre in die Zucht des Vaters; er hatte sie für die harte Schulung vorzubereiten, die ihnen dann in den Häusern der Magi zuteil wurde. Die Magi unterrichteten ihre Zöglinge im Glauben. Um die »Wahrheit« in sich aufzunehmen, mußten sie die wichtigsten Stellen des Avesta auswendig lernen. Aber ebenso wichtig war es, daß sie sich im Reiten, im Bogenschießen und in Wettbewerben sonstiger körperlicher Ertüchtigung bewährten. Sie mußten jagen und schwimmen, Hitze und Kälte, Hunger und Durst ertragen, um jeder Anstrengung gewachsen zu sein. Sie sollten auch beurteilen können, was Landarbeiter leisten könnten, und mußten Äcker bestellen, das Vieh betreuen und Bäume pflanzen.

Zu alldem, was die Schüler der Magi lernten, gehörte auch die Kenntnis des Rechts, damit sie nicht nur selbst nach den Gesetzen lebten und kein Unrecht täten, sondern auch niemals duldeten, daß von anderen Unrecht begangen werde. Wer in der Schule log, fluchte oder betrog, verlor das Anrecht auf eine erfolgversprechende Stellung im Verwaltungsdienst oder in den Heeren des Königs. Er galt als unrein ebenso wie die Schüler, die in der »Heilkunst« versagten und sich nicht sauberhielten.

Die Reinlichkeit der Zöglinge, die so lange in den Schulen blieben, bis sie für das Leben reif waren, überwachten die »priesterlichen Verwalter der Heilkunst«. Die Heilkunde war mehr ein Brauch als eine Wissenschaft, aber sie gehörte zu den wichtigsten Obliegenheiten des Glaubens, denn vom bösen Ahriman waren, wie Zarathustra verkündet hatte, 999 999 Krankheiten erschaffen worden, die mit ihrer Fäulnis den Körper verunreinigen konnten. Gegen diese Heimsuchungen der Finsternis kämpften mit selbsterzeugten Heilmitteln die priesterlichen Lehrer und ihre Schüler, mit ihren Messern priesterliche Chirurgen, deren Bezahlung je nach dem Vermögen der Kranken gesetzlich festgelegt war.

Die »Kunst des Heilens« war ein einträglicher und geachteter Beruf. Allerdings nicht ganz so einträglich und geachtet wie das Amt eines königlichen Statthalters oder Befehlshabers. Ein solches Amt setzte die Kunst des Schreibens und Lesens voraus und berechtigte zur Teilnahme an der Lebensführung der Vornehmen und Reichen, die üppig geworden war wie vordem in Babylon. Denn die anfangs so sittenstrengen Perser hatten sich sehr bald die weniger strengen Sitten der Unterworfenen zu eigen gemacht. Wer im Verwaltungsdienst oder im Heer des Großkönigs zu Amt und Ehren gekommen war, schmückte Wohnhaus oder Palast mit den kostbarsten Erzeugnissen fremder Länder. Blumen und seltene Pflanzen wuchsen in den Gärten, die sich um die prächtigen Gebäude breiteten. Musik begleitete die Genüsse der Tafel, die mit erlesenen Speisen bestellt war. Der Großkönig und seine Höflinge genossen alle nur erdenklichen Freuden des Lebens, auch wenn sie sich dadurch gegen die Gesetze des Avesta vergingen. Sie unterhielten Frauenhäuser in der Hauptstadt Susa und in den Hauptstädten der unterworfenen Länder, in denen die Satrapen residierten. Und es wurde zum Brauch, daß nur Frauen, die sich besonders bewährt hatten, das Bett der hohen Herren mehr als einmal teilen durften.

So nimmt es nicht wunder, wenn die persischen Frauen ihre Freiheit verloren. Noch bevor sie die Geschlechtsreife erreicht hatten, wurden jetzt ihre Ehen von den Eltern vereinbart. Sie lebten in vollkommener Abgeschiedenheit in Frauenhäusern, bewacht von Eunuchen und allein zu dem Zweck, ihren Ehemännern Söhne zu schenken. Sie durften sich nicht in Gesellschaft fremder Männer zeigen. Es war ihnen sogar verboten, ihre nächsten männlichen Verwandten, Väter und Brüder, zu sehen. Wenn sie Mütter von Söhnen wurden, blieben sie den Nebenfrauen gegenüber bevorrechtet. Aber auch das Ausmaß ihrer Vorrechte hing vom Gutdünken der Ehemänner ab.

Je vornehmer eine Ehefrau war, desto strenger war die Zucht, der sie sich fügen mußte. Es war »Ehrensache« vornehmer Ehemänner, untadlige Frauen ihr eigen zu nennen, sich mit der Ausschließlichkeit ihres Besitzes zu brüsten und sie in den verschwenderisch geschmückten Frauenhäusern als Gefangene ihrer Lust zu halten. Wenn die Ehefrauen nicht völlig vereinsamen wollten, waren sie auf die Unterhaltung mit den Nebenfrauen angewiesen. So wurde es üblich, daß die vom Hausherrn vernachlässigten Frauen »lesbische« Liebesbeziehungen miteinander eingingen. Derlei war im Avesta nicht verboten, und es verletzte auch die Eitelkeit der Männer nicht, die eine Liebe zwischen Frauen als lediglich harmlos-vergnügliches Spiel duldeten.

Die Frauen der Männer, die sich keine Nebenfrauen und Frauenhäuser leisten konnten, durften sich frei bewegen, aber daß sie ihr »Gesicht zeigten«, setzte sie in den Augen der Männer herab. Sie galten als untergeordnete Wesen und besaßen keinerlei Rechte. Den Männern gegenüber konnten sie sich nur durch ihre Reize behaupten.

Zeittafel

ca. 5000–4000 v. d. Z. Jungsteinzeit
ca. 4000–3200 Kupfersteinzeit
3200–2780 Frühgeschichtliche Zeit (1. und 2. Dynastie)
2780–2280 Altes Reich (Zeit der Pyramiden, 3.–6. Dynastie)
um 2400 Ptahhotep
2280–2052 Erste Zwischenzeit (7.–10. Dynastie)
2052–1778 Mittleres Reich (11. und 12. Dynastie)
1778–1567 Zweite Zwischenzeit (13.–17. Dynastie)
1567–1085 Neues Reich (Zeit der Großmacht, 18.–20. Dynastie; Totenbücher)
1504–1483 Hatschepsut regiert als weiblicher Pharao
1372–1354 Amenophis IV. = Echnaton
1085–715 Dritte Zwischenzeit (21.–24. Dynastie)
715–330 Spätzeit (25.–30. Dynastie)
330–30 Griechische Zeit (Ptolemäer)

3 »Die Schwester dir zur Seite«

Die Ägypter

Die frühesten Einwohner Ägyptens nannten ihr Land Quemt, das »Schwarze Land«, um es von dem gelben Sandmeer der Wüste zu unterscheiden, von der es im Osten und Westen umgeben war. Quemt war eine Oase, die ihre Fruchtbarkeit den alljährlich überquellenden Fluten des Nil verdankte; er düngte das »Schwarze Land« mit dem Schlamm, den er in seiner Strömung mit sich brachte.

Der Nil war eine geliebte und gefürchtete Gottheit. Die Besiedler von Quemt nannten ihn Hapis und stellten ihn als zweigeschlechtliches Wesen dar, wie man es im Zweistromland mit Ischtar tat. Hapis' Männlichkeit war kräftig entwickelt. Er hatte einen Bart, aber auch Brüste. Seine weiblichen Geschlechtsmerkmale waren ein Hinweis auf die übernatürliche Fähigkeit des Gottes, sich in jedem Jahr selbst zu befruchten und sich selbst zu gebären, bevor sein Strom aus den schäumenden Wasserfällen seines Ursprungs dem Norden zufloß, das Land Quemt nährend wie eine Amme.

Die ersten Besiedler des Niltales bezeichneten sich selbstbewußt als »die Männer«. Sie schützten ihr Glied in steifen Hüllen, um zu verhindern, daß es verletzt werde, und um ihre kräftig entwickelte Männlichkeit prahlerisch zur Schau zu stellen. Erst allmählich wurde es Sitte, daß Männer und Frauen ihr Geschlecht unter Lendenschurzen verbargen. Die Angehörigen anderer Volksstämme jenseits der Wüste und des Oberen Nil benahmen sich auch wie Männer, aber die Ägypter waren anders: Sie hielten sich für etwas Besseres, waren stolz darauf, daß sie in einer besonderen Weise lebten – und starben.

Die Eigentümlichkeit der Sitten im Niltal entwickelte sich aus der Abgeschiedenheit des Landes, aus den innerhalb von Quemt örtlich verschiedenen Glaubensvorstellungen und aus den natürlichen Gegebenheiten Ägyptens: An den Wüstenrändern von Quemt verwesten die Toten nicht. Geheimnisvoll erhielten der Wüstenwind und »die Ausatmung des Nil« die Körper der Verstorbenen. Sie sahen im Tode so aus, als seien sie noch am Leben. Diese körperliche Unveränderlichkeit der Dahingeschiedenen ließ die Hinterbliebenen fragen: War der Tote wirklich tot? Oder war nur sein Leib leblos geworden, weil ihn die »lebendige Kraft« verlassen hatte, die mit ihm geboren worden war und ihn auf seinem Lebensweg begleitet und geleitet hatte?

Wann der mystische Begriff der allen Menschen innewohnenden lebendigen Kraft, die die Ägypter den »Ka« nannten, entstanden ist, hat man ebensowenig feststellen können wie die Herkunft der ersten Besiedler von Quemt. Die Annahme, daß sie, dem Lauf des Nil folgend, aus dem Süden oder von »Sonnenaufgang« gekommen waren, liegt näher, als daß sie von »Sonnenuntergang« den Weg über die westliche Wüste genommen haben. Im Westen lag für sie »das Reich des Todes«, in dem die Sonne versank – das Ende der irdischen Welt. Die Ähnlichkeit ihrer Sitten mit den Bräuchen afrikanischer Naturvölker der Gegenwart bestärkt die Vermutung, daß sie den Nil von seinen Ursprüngen her abwärts bis zur Mündung gezogen und seßhaft geworden waren, als sich ihnen die Fruchtbarkeit des von der Sonne gesegneten Tales angeboten hatte. Aus übersinnlich anmutenden Erscheinungen, aus Eindrücken, die zur Besinnlichkeit zwangen, und aus den Erfahrungen mit den Toten hatte sich in der Einbildungskraft der Menschen von Quemt nach und nach der Begriff des Ka gebildet, der ihr Dasein im Diesseits, ihre Hoffnungen auf ein Jenseits und ihre Sitten formte.

In der Phantasie der Ägypter war der Ka der Geist jedes Menschen, der Inhalt des geistigen Lebens aller Männer und aller Frauen. Er vermittelte das Wissen und war das Gewissen. Er beherrschte den Körper, seine Triebe und Handlungen. Durch ihn empfing das Bewußtsein Schmerz und Trauer, Freude und Lust. Der Ka war aber nicht nur die Summe der fünf Sinne jedes Menschen, er war auch das Übersinnliche im Menschen: sein geheimnisvoller Vermittler zu den überirdischen Mächten, den Gottheiten des Alls, dessen unendlich kleiner Teil er gewesen war und das ihn wieder gnädig in sich aufnehmen würde, wenn der Ka das Leben nach dem Tode des Körpers gewann. Das aber konnte er nur, wenn sein Tun und Lassen im irdischen Dasein den Sittengesetzen der Gottheiten entsprach, die ihm die Wiedervereinigung mit dem All ermöglichen oder verweigern konnten.

Außer dem Ka, seinem unsichtbaren zweiten Ich, besaß jeder Mensch auch noch eine Seele. Die stellten die Ägypter sich als flatternden Vogel mit einem Menschenkopf vor oder als unstetes Scheinwesen, das die Körperbeschaffenheit von Tieren, Pflanzen und Mensch unheimlich in sich vereinigte.

Nahezu alle Verkörperungen der ägyptischen Götterwelt zeigen Spuren oder Kennzeichen tierischen Ursprungs. Die Gesichter der Gottheiten sind mit Tiermasken bedeckt. Die Götter tragen Krallen an Händen und Füßen, die Mähnen von Löwen oder den dünnen, geringelten Schwanz eines Schakals. Die Angst der Vorväter vor den drohenden Untieren der Wildnis, in der sie gelebt hatten, und vor den Tieren, die sie im Niltal bekämpft und ausgerottet hatten, war der Erinnerung aller ägyptischen Männer und Frauen so stark eingeprägt, daß sie sich über den Wechsel der Zeiten und der Orte hinaus im Gedächtnis erhielt und mit den Glaubensvorstellungen unlöslich verknüpft blieb. Das Krokodil war der gefürchtetste Dämon in Tiergestalt, der Stier der beliebteste. Seine geschlechtliche Leistungsfähigkeit war das erstrebte, aber unerreichte Vorbild der Männer.

Wer nicht hoffte, einem Stier gleichen zu können, huldigte in bescheidener Selbsterkenntnis dem Ziegenbock. Stiere, die auf dem Hals einen Fleck in der Form des zunehmenden Mondes hatten, waren als Apis-Stiere heilig. Auf den geweihten Weiden der Tempelhaine wurden dem Erkorenen Färsen zugeführt, damit er sich mit ihnen belustigen und den Gläubigen seine Zeugungskraft dartun könne. Der Apis-Stier war das Sinnbild vollkommener Manneskraft, der vergöttlichte Spender der geschlechtlichen Fähigkeiten von Mensch und Tier.

Als sich die dörflichen Siedlungen im Niltal zusammenschlossen, um in gemeinsamer Arbeit das jährliche Hochwasser des Stromes nutzbar zu machen und durch Bewässerungsanlagen neues Ackerland zu gewinnen, unterstellten sie sich der Leitung von Häuptlingen, deren Einfluß wuchs, wenn sich ihre Maßnahmen bewährten.

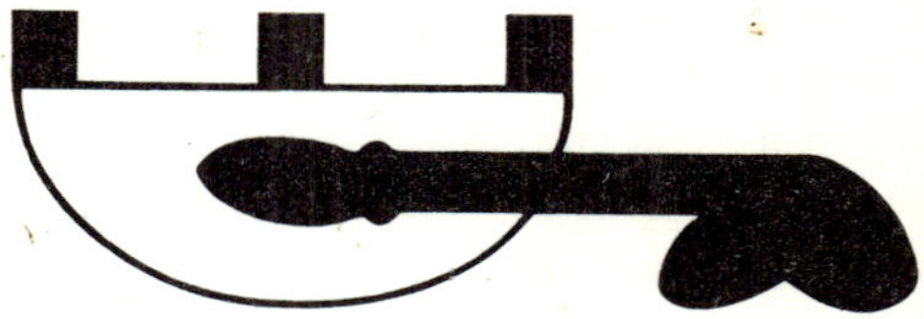

Altägyptische Zeichen für das weibliche Schamdreieck und das männliche Glied

Die Zunahme der Bevölkerung und des Wohlstandes veranlaßte die Häuptlinge, denen es gelungen war, die »Geheimnisse der Natur« zu ergründen, sich im »Großen Haus« zusammenzufinden, um ihre Kenntnisse zu ihrem Wohl und zum Wohle aller auszutauschen und gemeinsam zu verwerten. Das »Große Haus« hieß Pharao, und Pharao wurde der ursprünglich sinnbildliche Rang und spätere Titel des obersten Häuptlings, der vermöge seiner überragenden Leistungen nicht nur als Herrscher, sondern auch als Gott anerkannt und verehrt wurde. Der Pharao war der »Hauptbewahrer der Himmelskunde und der Sterne« und als »der Oberste derer, die wußten«, die irdische Verkörperung der Gottheiten, von denen das Leben der Bevölkerung auf Erden abhing und auch ihr Leben nach dem Tode, dessen nur diejenigen teilhaftig werden konnten, die sich den Sittengesetzen unterwarfen, die im Namen des Pharao verkündet wurden.

Trotz ihrer schrankenlosen Macht waren die Pharaonen nicht unabhängig von den Gottheiten, die sich ihrer königlichen Körper bedienten, um sich auf Erden zu zeigen. Sie hielten sich auch in ihren Ehen an den gottesdienstlichen Brauch, der dem Grundgedanken des ägyptischen Schöpfungsmythos entsprach: Es war die Glaubenspflicht der Pharaonen, eine Schwester zur Ehefrau zu nehmen; denn auch das erste göttliche Paar, der Luftgott Schu und die Göttin der Feuchtigkeit Tephnut, waren Geschwister gewesen. Und deshalb war es dem Nun, dem Ursprung aller Dinge, gefällig, daß der Pharao eine Schwester zu seiner Ehefrau hatte. Jede von einem Pharao gezeugte Prinzessin aus dem »Großen Haus« galt ursprünglich als Königin von dem Tag ihrer Geburt an. Ihr Bruder, der sich ihr vermählte, erwarb Titel und Rang erst durch die Krönung zum Pharao und dadurch, daß er der Ehemann einer Prinzessin aus dem »Großen Haus« wurde.

Die Geschwisterehe war auch im Volke üblich. Die Worte »Bruder« und »Schwester« hatten im Sprachgebrauch die gleiche Bedeutung wie »Geliebter« und »Geliebte«. Es war auch nicht verboten, daß ein Vater seiner Tochter beiwohnte. Dieser von den meisten Völkern der Erde als Inzest verurteilte Brauch hat sich noch bis in die Gegenwart bei manchen afrikanischen Stämmen erhalten, deren Sitten Ähnlichkeiten oder Übereinstimmungen mit den frühen ägyptischen Bräuchen aufweisen. Diese Ähnlichkeiten könnten die Annahme stützen, daß die frühesten Bewohner des Niltals aus dem Innern Afrikas eingewandert seien. Manche Ethnologen behaupten jedoch das Gegenteil: Die afrikanischen Eingeborenen hätten die Sitten der Ägypter übernommen, so auch die Initiationsfeierlichkeiten anläßlich der Beschneidung der herangewachsenen jungen Männer, die bei den Ägyptern vorgenommen wurden, um die Geschlechtsreife festlich zu begehen.

Auch die Pharaonen wurden beschnitten. Das wissen wir aus Inschriften, in denen ein Pharao über sich selbst berichtet, er sei Herrscher über Ägypten geworden, als er »noch ein heranwachsender Knabe und noch nicht beschnitten war«. Und in der Grabinschrift eines anderen Herrschers heißt es, daß sein Vater das Land wie »ein noch nicht beschnittenes Kind« regiert habe. Daß die Beschneidung nicht nur die gebräuchliche Bestätigung der Mannbarkeit war, sondern auch eine gottgefällige Handlung, der sich selbst die Götter trotz der Schmerzhaftigkeit des Eingriffes unterziehen mußten, beweisen die erhaltenen phallischen Symbole des Gottes Osiris und des Gottes Amun-Ra sowie kleine Obelisken aus farbiger Terrakotta, die zur Aufbewahrung des Phallus Verstorbener dienten.

Buntbemalter Terrakottaschrein in Obeliskenform, in dem Witwen den Phallus des verstorbenen Gatten aufbewahrten

Das Geschlecht unverhüllt zur Schau zu stellen, galt den Ägyptern nicht als schamlos. Das aufgerichtete männliche Glied war in ihrer Glaubensvorstellung ein natürliches Symbol der Entstehung allen Seins. Warum sollte es verborgen werden, da auch die Götter es offen zeigten und es das Urbild ihrer Sinnenlust war? Schon Nun, das Chaos, das sich die Ägypter als leblose, flüssige Masse vorstellten, hatte in dem von den Priestern des Tempels von Heliopolis verkündeten Schöpfungsmythos den Sonnengott Ra durch Selbstzeugung hervorgebracht: Ra hatte durch Vereinigung mit sich selbst, durch Selbstverstümmelung seiner Geschlechtsteile und durch Selbstbefriedigung das erste göttliche Paar gezeugt, empfangen und geboren. Der Luftgott Schu und die Göttin der Feuchtigkeit Tephnut waren aus den Blutstropfen entstanden, die aus dem Phallus des Ra gequollen waren, und aus dem Samen der Befruchtung seiner selbst – der Annahme entsprechend, daß der Sonnengott nicht nur männliche, sondern auch weibliche Anlagen hatte und ihm so die Zeugung und die Geburt des ersten Götterpaares möglich waren.

Durch den Inzest des Luftgottes Schu mit seiner Schwester Tephnut kam es zur Geburt des Erdgottes Geb und der Himmelsgöttin Nut. Auch sie paarten sich in göttlicher Weise. Nut legte sich zärtlich auf Geb, aber der Vater Schu trennte die vereinigten Körper. Er hob Nut nach oben: eine nackte, zu einem Bogen gekrümmte Frau, die mit den Spitzen der Hände und Füße die Erde berührte, während Geb hilflos am Boden liegend zu ihr aufsah.

Der Sonnengott Ra verbot der Erde und dem Himmel, sich an allen 360 Tagen, aus denen das ägyptische Jahr ursprünglich bestand, geschlechtlich zu vereinigen. Aber Toth, der Gott der Schreiber und Schutzherr der Wissenschaften, war gerührt über die verlangende Liebe von Geb und Nut. Er fühlte mit dem Geschwisterpaar, das unter der erzwungenen Enthaltsamkeit litt, und erfand fünf Tage, die bis dahin in der Jahresrechnung gefehlt hatten, damit Himmel und Erde, ohne den Wunsch des Sonnengottes Ra zu mißachten, fünf Tage und Nächte lang die entbehrte Lust genießen konnten. Geb und Nut zeugten Osiris und seine Schwester Isis sowie Set und seine Schwester Nephthys. Isis wurde die Frau ihres Bruders Osiris, Set heiratete Nephthys.

Osiris, der in der Deutung der Priester und in der Vorstellung der Gläubigen im Laufe der Jahrtausende verschiedene Gestalten annahm, war ursprünglich der Gott des Mondes. Dann hatte »das Licht seines geheiligten Namens« den Nilgott Hapis in den Schatten gestellt, und Osiris galt als Gott des gütigen Nil, dessen Steigen und Fallen mit seinem Tod und seiner Wiederauferstehung in sinnbildlichen Zusammenhang gebracht wurde. Diese feierliche Symbolisierung war auf den zum Glauben erhobenen Mythos zurückzuführen, in dem Osiris als Gott »des Lebens im Tode« verklärt und als »Gott der Fortsetzung all des Ewigen«, als »Gott der ewigen Veränderung der Dinge« angebetet wurde.

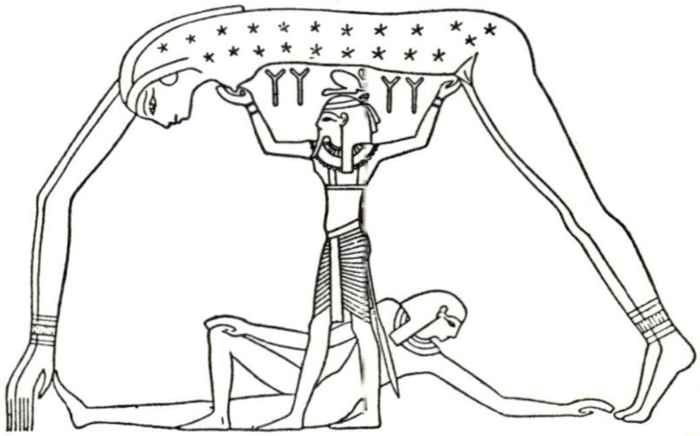

Der Luftgott Schu hebt über den Erdgott Geb die Himmelsgöttin Nut empor.

Die in seinen Tempeln zur Schau gestellten Verkörperungen seiner »vollkommenen Erhabenheit« zeigten Osiris mit großem, steil aufragendem Phallus, um eindrucksvoll darzutun, daß er die

Kraft zur Zeugung auch im Leben nach dem Tote gewährleisten konnte. Die geschlechtliche Leistungsfähigkeit des Stiers und des Ziegenbocks wurde Osiris zuerkannt. Er war die treibende Kraft jeder Mannbarkeit, der Spender der berauschenden Lust, der nicht nur den Männern Sinnenfreude bescherte, sondern auch den Frauen, wenn sie Nachbildungen seines göttlichen Gliedes als Amulette unter dem Lendenschurz trugen.

Da Osiris, der Herr »jenes Lebens, das nicht im Grabe endigt …«, auch als Schutzherr des Geschlechtslebens nach dem Tode galt, wurde er so volkstümlich, daß er als einzige Gottheit unverändert im Mittelpunkt der Andacht blieb, auch dann, als sich die Bewertung der anderen Gottheiten Ägyptens änderte.

Die Dichtung von Tod und Auferstehung des Osiris war göttlich und menschlich in einem. Und sie war dadurch, daß sie die göttlichen Handlungen vermenschlichte und in den Kreis des täglichen Lebens einbezog, so faßlich, daß ihre wenn auch überirdische Wahrhaftigkeit überzeugend wirkte: Osiris war das harmlos unschuldige Opfer bösartiger Mißgunst und häßlicher Eifersucht. Sein Leben, das ihm ein Meuchelmord nahm, wurde ihm durch die Liebe seiner Frau für alle Ewigkeit wiedergegeben. So wurde Osiris der beliebteste Gott.

Sein Bruder Set, der Gott der Finsternis und der Dürre, konnte es Osiris nicht verzeihen, daß er ihn durch die wohltätigen Überflutungen des Nil zu ertränken drohte. Er neidete Osiris nicht nur sein irdisches und himmlisches Ansehen und seine unvergleichliche Mannbarkeit, sondern auch die stets empfängnisbereite, willige Liebe der Isis. Um den makellosen, von Kraft strotzenden Bruder zu einem Fehltritt zu verführen, überredete Set seine Schwestergattin Nephthys, das duftende Kleid der Isis zu stehlen und sich auf das Bett des Osiris zu legen. Der werde sie, die Isis doch so ähnlich sehe, in ihrer Verkleidung für Isis halten und sich, verblendet von seinem stets drängenden Trieb, mit ihr geschlechtlich vereinigen. Und es geschah, wie Set es geplant hatte. Nach dem Beischlaf mit der unersättlichen Nephthys, die sich angefühlt und geduftet hatte wie Isis, schlummerte Osiris beseligt ein. Jetzt konnte Set den bis zur Bewußtlosigkeit Ermatteten töten und seine Leiche zerstückeln. Isis sammelte die von Set verstreuten Leichenteile des geliebten Brudergatten und fand alle – bis auf den Phallus, der im Nil versunken und von einem Nilaal verschlungen worden war. (Daher war es den ägyptischen Priestern verboten, Fisch zu essen.) So war es Isis nicht möglich, den Körper des toten Gottes zu bestatten. Es fehlte das männliche, das zur Fortpflanzung unerläßliche Glied, das »Bindeglied zwischen den Zeiten«. Nach den von Osiris selbst erlassenen Vorschriften aber mußte der Körper eines Toten eins sein und eins bleiben, wenn das Leben nach dem Tode fortdauern sollte. Der verzweifelten Isis half der von Osiris im Beischlaf mit Nephthys gezeugte und nach dem Tode seines Vaters geborene Sohn Anubis. Er setzte die Leichenteile seines Vaters Osiris so sorgfältig zusammen, daß der Tote wie lebendig aussah, und ersetzte den verlorenen Phallus durch einen künstlichen. Vor dem so wieder vervollständigten, in Leinen gewickelten, durch Bänder festgehaltenen, von Anubis gestützten Körper des geliebten Brudergatten kniete Isis und belebte den künstlichen Phallus dadurch, daß sie ihn in den Mund nahm und ihm ihren göttlichen Atem einhauchte. Diese liebevolle Belebung eines kraftlosen männlichen Gliedes galt als zärtliche und natürliche Handlung im ägyptischen Liebesleben. Sie empfing ihre Weihe dadurch, daß Isis dem toten Osiris so die Kraft gegeben hatte, mit ihr Horus zu zeugen, der als falkengleicher Sonnengott Tag für Tag aufstieg, die Finsternis Sets mit der Macht seiner Strahlen besiegte und seinen Vater rächte. Anubis aber wurde zum Schutzgott der Einbalsamierer, die durch ihre Kunst für die rituelle Vollkommenheit der Körper der Verstorbenen sorgten.

Verdankte Isis ihr Ansehen als liebende Gattin und liebevolle Mutter den ägyptischen Frauen, die sie zu ihrer Schutzherrin erhoben hatten? Oder kam die durch den Isis-Mythos geförderte Erkenntnis der Männer, daß sie den Frauen ihre Sinnenfreude und heimische Behaglichkeit verdankten, den Frauen so zugute, daß die Männer die Gleichberechtigung anerkannten? Der Osiris- und Isis-Kult versinnbildlichte jedenfalls die gute, die vollkommene Ehe.

So blieben die ägyptischen Frauen Nutznießerinnen des vorgeschichtlichen Mutterrechts, dessen letzte Spuren im Zweistromland verwischt worden waren. Erhaltene, in Stein gemeißelte Szenen stellen bildhaft dar, daß die Frauen des Niltals am öffentlichen Leben teilnahmen, mit den Männern aßen und tranken, Gewerbe betrieben und sich in Dörfern und Städten frei bewegten. Sie standen den Haushalten vor, hatten Eigentumsrechte in ihrem Namen und konnten ihr Vermögen an ihre Töchter vererben.

Die Ehe war nicht nur durch sittliche Anschauungen geschützt, sie erschien den vernünftigen Ägyptern auch als das erstrebenswerte Ziel des herangewachsenen Mannes. Bei der Eheschließung mußte der Bräutigam einen Eid leisten, daß er seiner Frau die Mitgift zurückzahlen und einen Teil seiner Besitztümer übereignen werde, falls er sie verlassen sollte, entweder weil seine Zuneigung zu ihr vergangen sei oder weil er eine andere Frau liebe. Der unvermeidliche Zusatz solcher Ehedokumente lautete: »… ausgenommen der Fall der Großen Sünde, die sich bei den Frauen findet.«

Die »Große Sünde« war die Unfruchtbarkeit; sie war ebenso wie der Ehebruch der Frau ein Scheidungsgrund. Wenn ein Mann seiner Frau Ehebruch nachwies, durfte er sie ohne Entschädigung aus dem Hause jagen. Aber es galt nicht als Ehebruch, wenn eine Frau dem Ehemann ihre Absicht, einem anderen Mann angehören zu wollen, in gebührender Form mitteilte und ihn wissen ließ, wie sie ihn für den Verlust ihrer Person entschädigen werde.

Um nicht der »Großen Sünde« der Unfruchtbarkeit schuldig zu werden, nahmen die Frauen an Kulthandlungen teil, die sowohl die Anbetung und das Berühren eines geweihten Phallus vorschrieben als auch den Besuch des geheiligten Apis-Stiers in Memphis. Vor dem als Sinnbild der Zeugungskraft göttlich verehrten Stier hoben sie die Röcke und entblößten den Schoß, um dem heiligen Stier und ihren Ehemännern ihre Bereitschaft zur geschlechtlichen Vereinigung und zur

Empfängnis zu bekunden. Es geschah aber auch, daß sich Ehefrauen armer Feld- oder Bauarbeiter in ihrer verzweifelten Angst, der »Großen Sünde« zu verfallen, mit Ziegenböcken paarten. Sie hofften, befruchtet zu werden und dadurch zu verhüten, daß ihre Ehemänner anderen Frauen beiwohnten, um Kinder zu zeugen.

Was uns in Bild und Wort von den Lebensgewohnheiten und Bräuchen der ägyptischen Frauen und Männer überliefert ist, bezieht sich nur selten auf die ärmeren oder armen Schichten der Bevölkerung. Ob sie die Sitten der Wohlhabenden und Mächtigen nachahmten, ob sie in ihren strohgedeckten, aus Lehmziegeln errichteten, engen Hütten den natürlichen Trieben folgten oder sie nach den geltenden sittlichen Anschauungen lenkten, konnte um so weniger festgestellt werden, als die Minderbemittelten nicht in der Lage waren, die hohen Kosten der Einbalsamierung zu tragen und sich Grabstätten zu kaufen, deren Inschriften der Nachwelt die Lebensformen der Verstorbenen vermittelt hätten.

Wie hingegen die Paläste und Häuser der Reichen gebaut und ausgestattet waren, ist uns aus zahlreichen Funden bekannt. In den weiträumigen Gebäuden gab es Kästen aus Ebenholz, mit Elfenbein eingelegt, und kostbar mit Metallen verzierte Betten und Stühle, Schemel und Tische, deren Gediegenheit die Jahrtausende überdauert hat. Welche Nahrung die vermögenden Ägypter genossen, erfahren wir aus den Grabkammern, in deren Wände die Wünsche der Toten für die Verpflegung ihres Ka eingemeißelt sind. Sie verlangten für das Jenseits das, was sie auch im Diesseits gegessen und getrunken hatten: zehn verschiedene Arten Fleisch, fünf Arten Geflügel, sechzehn Arten Brot und Kuchen, fünf Arten Wein, vier Arten Bier, verschiedenerlei Früchte und Süßigkeiten. Und sie wollten auch die bevorzugten Gegenstände des täglichen Gebrauchs nicht missen: Kleider, Schmuck und die kosmetischen Behelfe, die sie im Leben benützt hatten.

In keiner Grabstätte jedoch fanden sich die Überreste jener Zäpfchen, die den ägyptischen Frauen von den Ärzten schon 2000 Jahre vor unserer Zeitrechnung zur Empfängnisverhütung empfohlen wurden. Die Frauen, denen daran gelegen war, die Folgen ihrer vorehelichen oder außerehelichen Beziehungen zu verhindern, haben es vermutlich vermieden, ihren Ka mit einer solchen Sünde zu belasten und dadurch im Leben nach dem Tode mit Unfruchtbarkeit bestraft zu werden. An die geschlechtlichen Verfehlungen, deren sie sich im Diesseits schuldig gemacht hatten, wollten sie im Jenseits, das doch nur reine Triebe kannte, nicht erinnert werden, auch wenn sie sie mit dem Wissen und der Zustimmung der Göttin Hathor begangen hatten.

Hathor war die Schutzherrin der geschlechtlichen Anziehungskraft und der freien Liebe. Frauen, die sich im Vertrauen auf die Göttin gegen die eheliche Liebe und Treue vergangen hatten, nahm sie mit redegewandten Entschuldigungen vor Isis in Schutz. Der Name Hathor bedeutete: »Wohnsitz des Horus«. Sie war die Göttin, die den falkenköpfigen Horus nach seinem Sonnenflug jede Nacht

Polyphallischer Merkur aus dem Jahr 100 n. Chr.

in sich aufnahm. Ihr Symbol war eine Kette, der Menat. Wer immer eine in ihrem Tempel geweihte Kette besaß oder berührte, ob Frau oder Mann, empfing durch den Besitz oder die Berührung die Fähigkeit zur geschlechtlichen Lust.

Die Anbeterinnen der Hathor gaben ihren Trieben hemmungslos nach. Es gab keine Vorschrift für Mädchen, jungfräulich in die Ehe zu treten. Sie lernten und übten die Liebe nach freiem Ermessen und warteten nicht geduldig darauf, umworben zu werden. Wenn das Spiel ihrer Augen nicht genügte, warben sie in Liebesgedichten und -briefen um die Männer, die sie als Liebhaber oder Ehemänner besitzen wollten: »Mein Gott, mein Geliebter. Es ist süß, vor dir ins Wasser zu springen und zu baden. So zeige ich dir meine Schönheit in dem Gewand aus feinstem königlichen Linnen, wenn sie naß geworden ist. Ich steige mit dir ins Wasser und kehre zu dir zurück. Glänzend schlüpft ein roter Fisch zwischen meinen Fingern hindurch. Komm, sieh mich an.«

Ein von einem Mädchen solchermaßen angeregter Liebhaber, der die Einladung zum gemeinsamen Bad angenommen hatte, erzählt: »Wenn ich sie umarme und sie mir ihre Arme öffnet, dann bin ich … wie durchtränkt von Wohlgerüchen. Wenn ich sie umarme und sie mir ihre Lippen öffnet, dann bin ich trunken auch ohne Bier.« Und er fügt hinzu: »Die Burg meiner Geliebten hat die Tür in der Mitte mit geöffneten Flügeln.«

Vor dem Leichtsinn der Mädchen, vor ihrer Willigkeit und ihren Verführungskünsten warnten Väter und Lehrer. Solche Warnungen und Lehren bezogen sich aber nur auf verheiratete Frauen und heiratslustige Mädchen. Den ägyptischen Männern bot sich ja die Möglichkeit, ihre Sinnlichkeit in den Armen von »Tanzmädchen« auszuleben. Diese »Freudenspenderinnen« wurden Tanzmädchen genannt, um ihre Anwesenheit bei festlichen Zusammenkünften harmlos erscheinen zu lassen. Aber die nur mit schmalen Hüftgürteln bekleideten Mädchen, die tanzten und musizierten, wurden nicht mit den Gästen als Gäste geladen; sie gehörten zum Haus, und die Herrin des Hauses in ihrem wallenden Gewand, das mit einer edelsteingeschmückten Schnalle unter der rechten Brust zusammengehalten war, fand es in Ordnung, daß die Männer nicht nur den Anblick der geschmeidigen, nackten Körper genossen. Wenn sich die Gäste – und auch der Ehemann – mit den Tanzmädchen zurückzogen, war das eine vornehme Zerstreuung, ein Spiel mit der Lust, das zu einem gelunge-

Pharao Sethos I. berührt den Menat, die Kette der Göttin Hathor, die geschlechtliche Lust verkörperte.

nen Gelage ebenso gehörte wie der Wein und das Bier und die aus farbigen Federn verfertigten duftenden Fächer, deren rhythmisches Schwingen den Erhitzten angenehme Kühlung schenkte.

Was und wie es die hohen Herren in ihren Häusern trieben, war – wie konnte es anders sein? – Nachahmung dessen, was der Herrscher tat: Der unmäßige Aufwand des »Großen Hauses« und die Sitten der Pharaonen waren ihr Vorbild.

Wohl war es bei dem ursprünglichen gottgewollten Brauch geblieben, daß die Ehe mit einer Schwester den erkorenen Sohn des Großen Hauses zum Pharao machte. Aber die Herrscher begnügten sich nicht mit einer einzigen Schwester. Sie sicherten die Nachkommenschaft der königlichen Familie durch den Beischlaf mit mehreren Schwestern und außerdem mit ihren Töchtern. Das göttliche Blut des königlichen Stammes wurde rein erhalten, wenn sich die Frauen und Männer des Großen Hauses paarten. Den Ägyptern aber erschien es nur allzu verständlich, daß die Pharaonen, ihre Schwestern und Töchter durch den Geschlechtsverkehr miteinander Lust empfanden: Was innerhalb der geheiligten Mauern ihrer Paläste geschah, war erhaben. Es galt nicht als Unzucht oder Schande.

Das königliche Frauenhaus war sorgsam von der Umwelt abgeschlossen. Oberaufseher wachten darüber, daß die »Eingeschlossenen«, wie die dem Pharao vorbehaltenen Frauen genannt wurden, keinerlei Verbindung zur Außenwelt aufrechterhalten konnten. Diese Oberaufseher führten Titel wie: »Der die Konkubinen eingeschlossen hält« oder: »Der dem König den Harem vorstellt und den Tänzen zugesehen hat.« Oft wurden Konkubinen mit hohen Titeln ausgezeichnet. Sie hießen: »Zierat des Pharao« oder: »Die das Herz des Pharao jederzeit erfreut.«

Solche Künstlerinnen der Liebe, die sich oft jahrelang bewährt hatten, wurden mit reicher Mitgift ausgestattet und bevorzugten oder verdienten Freunden des Pharao als Ehefrauen zuerkannt. So königlich Beschenkte rühmten sich in ihren Grabinschriften, daß sie mit einer Konkubine des Pharao in Ehegemeinschaft gelebt hatten; sie gaben der Hoffnung Ausdruck, daß diese Ehrung ihrem Ka vor dem Letzten Gericht hoch angerechnet werden würde.

Nur wenige auserwählte Vertraute des Pharao hatten Zutritt zum Frauenhaus. Es gibt daher nur spärliche Berichte. Aus einem erhaltenen Papyrus wissen wir, daß ein Pharao Wasserspiele auf dem Nil veranstalten ließ: »Zwanzig noch jungfräuliche Mädchen, schön von Gestalt, mit fester Brust und geflochtenem Haar« mußten die Kleider abstreifen, Netzhemdchen anziehen und ein Boot mit Rudern aus vergoldetem Ebenholz vorantreiben.

Die Kleidung des Pharao und der Frauen bestand im Hause lediglich aus einer Kopfbedeckung und Sandalen, wie wir in Stein gemeißelten Darstellungen entnehmen können. Der Pharao liebte es, sich nackt mit den nackten Frauen zu unterhalten, Würfel- und Brettspiele zu spielen und sie zu liebkosen.

Nicht nur die Konkubinen wohnten im Frauenhaus, sondern auch die Kinder, die sie den Pharaonen geboren hatten. Für ihre Erziehung gab es eigene Lehrer, die sie für hohe Ämter im Großen

Haus oder in den Tempeln vorbereiteten. Ramses II. hat mehr als 200 Kinder in seinem Frauenhaus gezeugt. Weniger als die Hälfte waren Mädchen, die zu Ehefrauen angesehener Würdenträger herangebildet wurden.

Allein für die Besetzung der Hofämter im Großen Haus und für die persönliche Betreuung des Pharao war eine große Anzahl hochgestellter Beamter erforderlich. Da sie sich in seiner unmittelbaren Nähe aufhielten, wollte er sich ihrer Ergebenheit durch familiäre Bande vergewissern und verheiratete sie mit seinen im Frauenhaus gezeugten Töchtern.

Es galt sogar für Feldherren, Statthalter und die Inhaber der höchsten Hofämter als besondere Ehre, wenn es ihnen gestattet wurde, dem Pharao bei seiner Körperpflege behilflich zu sein. Sie erlernten die Kunstfertigkeit des Haarschneidens und Rasierens, um ihren achtungsgebietenden Titeln den eines »Königlichen Schönheitspflegers« hinzufügen zu können. Sie übten sich im Schneiden und Polieren von Finger- und Fußnägeln und wetteiferten um das Vorrecht, die königlichen Finger und Füße berühren zu dürfen. Sie erfanden und vermischten wohlriechende Essenzen, damit die Körperhaut und die Ausatmung des Pharao so dufteten wie die »Blumen der Gärten«. Sie ließen sich von Malern unterweisen, seine Augenbrauen im kühnen Falkenschwung nachzuzeichnen, seine Wangen in zart schattiertem Rosa und seine Lippen tiefrot zu färben.

Wenn der Pharao ihre liebedienerischen Handfertigkeiten nicht beanspruchte, sondern es vorzog, seine Toilette hauptberuflichen Körperpflegern anzuvertrauen, waren die Höflinge stolz, als »Oberaufseher der Toilette des Pharao« ihm bei der Garderobe behilflich zu sein oder ihm die Krone aufsetzen zu dürfen. Mit jeder Verrichtung war ein Amt verbunden, dessen sich die von den Pharaonen Bevorzugten in ihren Grabinschriften rühmten. Es gab: »Aufseher der Schatulle der Schönheitspflege«, »Aufseher des Stiftes der Schönheitspflege« und »Sandalenträger des Pharao, der in den Angelegenheiten der königlichen Sandalen in Erfüllung des Gesetzes handelt«.

Trotz der hochtrabenden Titel für die Angehörigen der mit der zunehmenden Macht der Pharaonen auch selbst immer mächtiger und reicher gewordenen Oberschicht und trotz des Aufwandes, den diese oft den königlichen Lenden entsprungenen, sich ihres Geblüts rühmenden Frauen und Männer trieben, konnten sie den Glanz der Lebenshaltung der Pharaonen und ihre Würde im Tod nie erreichen. Es fehlte ihnen die eine Voraussetzung: der Beweis unmittelbarer Abstammung von einer Gottheit.

Wie wesentlich diese Beweisführung war, geht aus einer in Stein gemeißelten Darstellung eines Geschlechtsaktes hervor, dessen Bedeutung schriftlich erklärt ist. Die Tochter Thutmosis' I. und Gattin ihres Halbbruders Thutmosis II., Hatschepsut, die Ägypten als selbständige Königin beherrschte, wollte ihre göttliche Herkunft eindeutig außer Zweifel stellen. Sie ließ daher ihre Mutter Ahmasis darstellen, wie sie sich mit dem Gott Amun-Ra auf einem Prunkbett mit verschlungenen Beinen liegend paarte. Der Gott hatte die Gestalt des tatsächlichen Gatten der Ahmasis, des Vaters der Hatschepsut, angenommen; die Inschrift aber erklärte: »Hier ist, was Amun-Ra, der König der Götter, sagte, als er die Gestalt dieses Mannes, des Königs von Ober- und Unterägypten, Thutmosis' I., annahm. Er fand die Königin ausgestreckt im Glanz ihres Palastes liegen; sie erwachte vom Duft des Gottes und wunderte sich, als seine Majestät sich ihr näherte, sie besaß, sein Herz auf sie legte und sich ihr als Gott offenbarte. Und gleich nach seinem Kommen ergriff sie ein überschwengliches Gefühl beim Anblick seiner Schönheit. Sein Duft sowie der Hauch seines Atems waren angefüllt mit Wohlgerüchen ... Und hier ist, was die Gattin des Pharao, die Königin Ahmasis, zu Amun-Ra sagte: ›Wie groß sind deine Seelen. Es ist edel, dich von vorne zu sehen, wie du dich voller Anmut meiner Majestät vermählst. Dein Tau durchtränkt alle meine Glieder.‹ Später, nachdem die Majestät dieses Gottes all sein Begehren nach ihr gestillt hatte, sagte Amun-Ra zu ihr: ›Jene, die sich Amun vermählt, die Erste der Edlen, dieses wird gewiß der Name der Tochter sein, die dir den Bauch aufschließen wird, weil es die Reihenfolge der Wörter war, die aus deinem Mund kamen. Sie wird eine Herrschaft reich an guten Werken über dieses ganze Land ausüben, weil meine Seele ihr gehört, mein Herz ihr gehört, mein Wille ihr gehört, meine Krone ihr gehört, auf daß sie die zwei Reiche regiere, auf daß sie alle die Ka der Lebenden leite‹ ...«

Die Ka der Lebenden ließen sich leiten, wenn die Einbildungskraft der Ägypter bildhaft berührt wurde und die Bilder mit den überlieferten Vorstellungen übereinstimmten.

Durch Jahrtausende hatte der Glaube an alle die Naturerscheinungen, die zu Gottheiten erhoben und in Menschen- oder Tiergestalten sichtbar gemacht worden waren, das Leben der Ägypter beherrscht und sie auf die große Reise vorbereitet, die ihr Ka nach dem Tode antreten müsse. Auf dieser Reise bedrohten den Ka unfaßbare Ausdünstungen des Bösen, Dämonen aller Art, unheimliche Wesen, die Beauftragten der Göttin Maati, der »Hüterin von Ordnung und Sitte«. Sie erwartete den Ka in der Halle der zweiundvierzig Richter, damit er über sein irdisches Dasein aussage und alle Handlungen im Leben rechtfertige, so wie es den zweiundvierzig grundlegenden Sittengesetzen entsprach.

Maatis Scharfblick durchschaute alle Heimlichkeiten. Ihre Kenntnis des menschlichen Lebens und ihr Verstand waren durch die Erfahrungen, die sie in der Ausübung ihres göttlichen Amtes in den Jahrtausenden gesammelt hatte, so umfassend geworden, daß ihr keine menschliche Regung fremd war. Sie hatte überdies den Vorzug und Vorteil, in der überirdischen Welt in ehelicher Gemeinschaft mit Toth zu leben, dem Gott der Wissenschaften und der Schreiber, die ihrem Schutzherrn jedes Bild- und Schriftzeichen anvertrauten, das sie in Stein meißelten oder auf Papyrus zeichneten.

Maati war mit Anubis verschwägert, sie war die Vertraute des Sohnes, den Nephthys dem Osiris geboren hatte und der für die Hilfe, die er Isis bei der Zusammensetzung des Körpers seines Vaters geleistet hatte, Schutzherr der Einbalsamierer geworden war. Er wußte über die Beschaffenheit des Gehirns, des Herzens, der Leber, der Niere und der Eingeweide Bescheid, die seine Schutzbefohlenen kunstvoll aus den Leichen hervorholten, bevor sie diese zur Beisetzung als Mumie präparierten.

Über jeden Zweifel erhaben war der Ruf der als »Braut des Gottes« oder »göttliche Anbeterin« bezeichneten Hohenpriesterinnen des Tempels. Sie waren im Großen Haus geborene Töchter oder Enkelinnen des Pharao und überwachten bei festlichen Anlässen die Musikantinnen und Sängerinnen des Gottesdienstes. Außer einer kleinen Statue, die eine sinnliche Umarmung des Gottes Amun-Ra mit der auf seinen Knien sich an ihn schmiegenden Prinzessin Amenardis zeigt, gibt es nur Hinweise auf die zärtliche Ausweitung der bräutlichen Beziehungen der Hohenpriesterinnen zu den Göttern und ihren Priestern.

Im Tempel des Amun-Ra in Theben lebten »Eingeschlossene«, Musikantinnen und Sängerinnen; sie waren von den Priestern in einem Frauenhaus untergebracht, das ebenso wie der Harem des Pharao streng bewacht wurde. Die heuchlerische Unzucht der Priester des Amun-Ra entrüstete den Pharao Amenophis IV. Er erhob die Sonne zur einzigen Gottheit, verbot die Verehrung aller anderen Götter in seinem Königreich und änderte seinen Namen in Echnaton: »Es ist dem Aton angenehm.«

»Aton«, die Bezeichnung für die (in Ägypten als männlich geltende) Sonne, die lebenschaffende Glut, sollte in Echnatons Glaubensbekenntnis das Wort »Gott« ersetzen, den einen Schöpfer und Lenker allen Lebens. Die kurze Herrschaft des streng sittlich denkenden Königs, der ein vorbildliches Eheleben mit der schönen Nofretete führte, konnte die überlieferten Lebensgewohnheiten und Bräuche nicht ändern. Der jahrtausendealte Glaube an die Fortsetzung des irdischen Daseins dadurch, daß der Ka im Jenseits »eins mit Osiris« wurde und weiterlebte, »wie Osiris nicht starb«, zog immer weitere Kreise, als die Priester die bis dahin in Stein gemeißelten Verhaltensmaßregeln für den Ka durch auf Papyrus gezeichnete Hieroglyphen volkstümlich machten. Wer im Besitz einer solchen Papyrusrolle gestorben war, eines »Totenbuchs«, das mit der Mumie, der durch Einbalsamierung vor Verwesung geschützten Leiche, begraben wurde, dessen Ka hatte einen Wegweiser für die weite Reise zu Osiris bei sich und dadurch die Gewißheit des Lebens nach dem Tod. Der Ka mußte sich nur so verhalten, wie es im Totenbuch geschrieben stand. Er mußte die Anweisungen, wie er die Hindernisse überwinden könne, die von den Dämonen tückisch vorbereitet würden, genauestens befolgen.

Das Totenbuch enthielt auch den Wortlaut der Prüfung vor dem allerhöchsten, dem Letzten Gericht Maatis und der zweiundvierzig Richter, vor denen der Ka aussagen mußte, bevor er eins werden konnte mit Osiris, dem »Un-Efer, der ewig lebt«. Es war kein Kreuzverhör, der Ka des Verstorbenen mußte nicht Rede und Antwort stehen. Er mußte keine Übeltaten gestehen, deren er sich im Leben schuldig gemacht hatte. Er mußte jedoch feierlich erklären, welche verwerflichen Handlungen er nicht begangen hatte.

Die Priester, die mit dem Totenbuch einen einträglichen Handel trieben, rieten ihren Abnehmern, dafür zu sorgen, daß in der Grabkammer auch zauberkräftige, unheilabwendende Gegenstände aufgestellt oder verborgen würden, wie Fische und Schlangen und der Skarabäus, der wegen seiner vermeintlichen Fähigkeit, sich selbst zu befruchten, als Sinnbild des auferstandenen Ka galt. Der Verkauf der Totenbücher und der wundertätigen Talismane bereicherte die Tempel, in denen sie hergestellt wurden. Die Pharaonen begünstigten das Geschäft mit dem Leben nach dem Tod. Ihre Macht beruhte ungestört auf den sittlichen Grundgesetzen, die die menschlichen Beziehungen an allen Orten Ägyptens regelten.

Da der Tod durch den Glauben sein Grauen verloren hatte und sich der Aberglaube verbreitete, daß die Lebensform des Ka nach dem Tod der Lebensform des Verstorbenen auf Erden entsprechen werde, waren die ägyptischen Frauen und Männer bestrebt, das irdische Dasein, das dem überirdischen als Vorbild dienen würde, so genußreich wie nur möglich zu gestalten. Wer für die Ausstattung seiner Grabkammer vorgesorgt hatte und sich mit den Priestern gutstand, konnte sich den erlaubten Freuden ohne Hemmung ergeben und jeden Tag zum Feiertag machen. Das taten die mit Blumen bekränzten, mit köstlichen Ölen gesalbten Frauen und Männer, die farbenfroh gekleidet an Festen und Belustigungen teilnahmen, Bier und Wein tranken und einander mit Gaben beschenkten.

Die Männer wurden im wachsenden Wohlstand weibischer. Sie trugen Schmuck an den Hand- und Fußgelenken, am Hals und auf der Brust. Sie schmückten sich bei feierlichen Anlässen mit prächtigen Perücken, während die Frauen ihr Haar kurz schnitten.

Das Wohlleben gefährdete die Gesundheit. Aber auch gegen die Völlerei gab es Mittel. Die Priester halfen nicht mehr nur mit magischen Beschwörungen. Sie vertrieben Krankheiten nicht mehr nur mit dem Ruf: »Geh fort auf den Estrich, stinke, stinke!« Sie hatten sich, vielleicht durch die Kunst des Einbalsamierens, nicht nur eine gute Kenntnis der Anatomie, sondern auch der Funktionen des Körpers angeeignet und sie zu verwerten gelernt. Sie entwickelten sich zu Chirurgen, die sogar Schädeloperationen vornahmen, und zu Internisten, die Krankheitssymptome erkannten, Diagnosen stellten und Methoden der Behandlung erforschten. Sie fanden und erfanden Arzneien, deren Wirkung sie erprobten. Sie kannten die meisten Erkrankungen und benannten sie mit Namen, um sie zu charakterisieren, wenn sie sie auch nicht bekämpfen konnten und wußten, daß sie tödlich sein würden. Sie kannten auch vorbeugende Maßnahmen, die, wie der Gebrauch der Klistierspritze, zur Volkssitte wurden. Herodot berichtet, daß die Ägypter jeden Monat drei Tage hintereinander Abführmittel einnähmen und ihre Gesundheit durch Brechmittel und Magenspülungen zu erhalten versuchten. »Denn sie glauben, alle Krankheiten, denen die Menschen ausgesetzt sind, haben ihre Ursache in der Nahrung, die sie zu sich nehmen.«

Die ägyptischen Frauen und Männer aßen viel und liebten gerne: Jeder gab seinem Ka das gute Beispiel für die Lust zu leben – nach dem Tod.

Zeittafel

2500–1500 v. d. Z. Indus-(Drawida-)Kultur (Mohenjo-daro)
um 1500 Einbruch der Arya (Indoarier)
um 1500 Gesetzbuch des Mani (schriftlich fixiert im 3. Jh. v. d. Z.)
8. Jh. schriftliche Fixierung der Veden
um 600 Beginn des Jainismus (Lehre vom Ahimsa)
563–480 Buddha
3. *Jh. n. d. Z.* Das Kamasutra des Mallanaga Vatsyayana

4 »In der Umarmung der Liebsten«

Die Inder

Mohenjo-daro bedeutet in Sindhi, einer der vielen indischen Sprachen, »Ort der Toten« und ist eine weit sich dehnende Ruinenstätte am Unterlauf des Indus. Wie die Stadt, die dort von Archäologen unseres Jahrhunderts ausgegraben wurde, wirklich hieß, als vor viereinhalb Jahrtausenden kräftig das Leben in ihr pulsierte, wissen wir nicht. Genannt wird sie nach der Fundstätte: Mohenjo-daro.

Wir wissen nicht, in welcher Gesellschaftsordnung die Einwohner Mohenjo-daros lebten. Weder die mit Schriftzeichen bedeckten Bruchstücke von Inschriften noch die Schriftbilder der Siegel und Amulette, die in den Trümmern gefunden wurden, konnten bisher gedeutet werden. Manche Schriftbilder stellen Ornamente dar, Kreuze, Hakenkreuze, Gitter und Räder, andere drohende Wald- und Flußungeheuer oder Tiere des Landes wie Buckelrinder, Nashörner, Elefanten, Krokodile und Tiger, die auch im Kampf miteinander gezeigt werden. In den Schriftbildern und als Statuette kehrt in verschiedener Haltung die »Große Mutter« wieder: das ganz offensichtlich archaische Sinnbild der als göttlich verehrten Weiblichkeit, die den Männern gebot und durch ihre Priesterinnen das lustvolle Opfer ihres Samens empfing.

Das Geheimnis der Sitten der Indusleute, die schon in vorgeschichtlicher Zeit mit überlegener Handfertigkeit Gold und Silber, Kupfer und Bronze verarbeiteten, konnte auch nicht durch Vergleiche mit Ausgrabungen an anderen Fundorten Indiens gelüftet werden. Aber es wird vermutet, daß mit den Städten und Siedlungen der Induskultur, die etwa im fünfzehnten Jahrhundert vor unserer Zeitrechnung zerstört wurden, die göttliche Verehrung der »Großen Mutter« in Indien ein Ende fand. In den Dorfkulturen freilich hat sie sich erhalten.

Um die Kultur und die Selbständigkeit der Drawiden, der Ureinwohner Indiens, war es geschehen, als aus dem Norden brandschatzende Horden über sie herfielen. Die gewalttätigen, mit Pfeil und Bogen, Streitäxten und Speeren bewaffneten und Streitwagen in den Kampf führenden Eroberer des »Landes der Ströme« nannten sich Arya, Arier. Das bedeutete in ihrer Sprache »Edelleute«. Aber als solche galten sie erst, nachdem sie, die nomadische Hirtenkrieger gewesen waren, die sich auf ihren Wanderungen durch räuberische Überfälle und durch Diebstähle bereichert hatten, im Wohlstand der Seßhaftigkeit lebten. Ihr ursprüngliches Wort für Krieg, das den Sinn gehabt hatte: »Wunsch nach mehr Kühen«, gewann nunmehr den Sinn: »Wunsch nach mehr Grund und Boden.«

Die Arier nahmen wohl vieles vom Glauben und Wissen der Unterworfenen an, aber sie vermischten sich nicht mit ihnen. Sie blieben »Herrenmenschen«, Krieger und Grundherren, die den eingeborenen Kaufleuten ihren Handel, den Handwerkern ihre Werkstätten überließen und den arbeitslosen Ertrag als eines der Vorrechte ihrer Herrschaft genossen. Um diese Herrschaft für alle Zeiten zu sichern, wurde die Bevölkerung streng nach Kasten gegliedert: Obenan standen die Krieger, unter ihnen die Bauern und Gewerbetreibenden, dann kamen die Angehörigen der dienenden Berufe und schließlich ganz unten die verachteten »Unberührbaren«.

Ebensowenig wie ihre Handelsgeschäfte hatten die Drawiden ihr Wissen schriftlich festgehalten. Sie hatten die Weisungen, die ihren Glauben und ihre Sitten regelten, so befolgt, als ob sie der Buchstabenschrift schon mächtig gewesen wären. Was die Arya von diesen Weisungen übernommen hatten, wurde noch lange Zeit ebenfalls nur mündlich weitergegeben, als »Veda«, Wissen. Die Veden, die »Bücher des Wissens«, wurden erst zu Büchern, als sie im Sanskrit aufgezeichnet wurden, in der Schriftsprache der Eroberer.

Die meisten arischen Stämme waren von lebensbejahender Gewalttätigkeit, von der Freude am eigenen Dasein und dem Vernichten des anderen erfüllt. Das klingt auch in den Veden an, insbesondere im ältesten Teil, der beispielsweise den Götterkönig Indra als gewaltigen Recken, »Vertilger der Feinde« und »Drachentöter« preist. Sonst aber spricht aus den Veden qualvoller Weltschmerz, der alle Lebensfreude verneint und das Verständnis der Weltenzusammenhänge durch den Austausch von Gedanken und die Versenkung in sich selbst zu erforschen versucht.

Das Mutterrecht und die Gleichstellung der Frauen waren in den Veden kaum noch erwähnt. Nur wenige unverkennbare Sätze, die den nomadischen Sitten der Eroberer widersprechen, erhielten sich in den heiligen Büchern, so eine Weisung des Rigveda, des »Wissens von den Lobeshymnen«: »Die Ehefrau sei die absolute Herrin ihres Schwiegervaters, die absolute Herrin ihrer Schwiegermutter, sie sei die Herrin über die Schwestern des Ehemannes und die Herrin über die Brüder des Ehemannes.«

Mit den Rechten und Vorrechten der Frauen war es vorbei, als die Radschas – die Häuptlinge der einzelnen Horden und nun die Fürsten – den bei den nomadischen Stämmen üblichen Ehegesetzen Geltung verschafften, so dem Brauch, der gebot, Ehefrauen durch gewaltsame Entführung zu erobern oder durch Kauf zu erwerben. Den Frauen der Arier erschien das ehrenvoll – sie wollten gekauft oder geraubt werden. Und es galt als anzuerkennende Leistung, wenn ein Mann mehrere Frauen kaufte oder entführte: Wer mehr Frauen hatte, konnte seine Fähigkeit, sich fortzupflanzen, besser beweisen. Die Radschas und ihre vornehmsten Gefolgsleute besaßen das Eigentumsrecht über Frauen und Kinder und konnten sie, wenn es ihnen beliebte, verkaufen oder verstoßen. In der vorarischen Zeit hatte es der Ehefrau, wenn sie Witwe wurde, freigestanden, ob sie sich wieder verheiraten wolle oder nicht. Nun heiratete nicht mehr der Mann in die Familie der Frau, sondern die Frauen in die Familie der Männer, und dort unterstanden sie dem strengen Vaterrecht, das die Arier mit sich gebracht und der Bevölkerung aufgezwungen hatten.

Eine neue Kaste sorgte dafür, daß diese Sitten sich durchsetzten. Es war die der Brahmanen, der »wissenden Priester«, die sich zugleich mit der Formalisierung der Religion herausbildete: Als

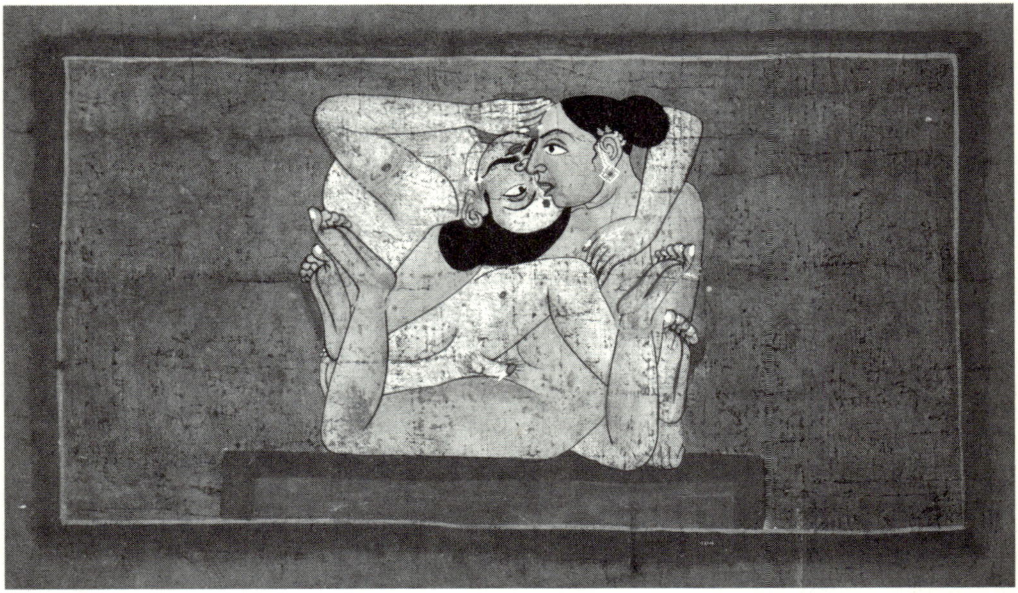

Liebespaar in der im Kamasutra beschriebenen Stellung »Cakra asana« (das Rad) – indische Buchmalerei aus dem 18. Jh.

Hüter, Deuter und Erweiterer des Glaubensgutes wurden sie nicht nur die Mittelsmänner zwischen den Gottheiten und den Radschas (und damit zur obersten Kaste), sondern auch die Vermittler zwischen der Fürsten- und Kriegerkaste und den unteren Schichten der Bevölkerung.

In ihrer priesterlichen Eigenschaft versahen die Brahmanen den Opferdienst, der noch von jenem Glauben der Urzeit beherrscht war, daß der Mensch den Gottheiten Gaben darbringen müsse, damit diese sich ihm erkenntlich zeigten, indem sie ihn schonten und schützten. Das Gebet allein genügte nicht. Die Gottheiten wünschten, durch Greifbares besänftigt oder günstig gestimmt zu werden.

Die Vorstellung, daß ein früher Vorfahre, eine Pflanze oder ein Tier, das als Stammeszeichen der Sippe gewissermaßen als verbindendes »Familienwappen« galt, mit übernatürlichen Kräften über den Sippenangehörigen waltete, hatte sich im Bewußtsein der Inder ebenso erhalten wie der Glaube, daß die Götter Naturmächte seien, wie Agni, das Feuer, »der Geist der Welt«, oder der regenspendende Gewittergott und spätere Götterkönig Indra. Und überall bedrohten Geister in der Gestalt von geheimnisvollen Erscheinungen, von Schlangen und unüberwindlichen Tieren, den Menschen. Nur seine Zeugungskraft bewahrte ihn vor dem völligen Vernichtetwerden. Es galt daher als Zeichen der persönlichen Abwehr gegen die überirdischen Gewalten, wenn Männer und Frauen sich fortpflanzten, sich paarten, wie die Mutter Erde mit dem Himmel, aus dem Blitz und Regen kamen.

Doch gerade die geschlechtliche Vereinigung, das »Vergnügen der Armen«, wurde von den Brahmanen, die eine heilige Schnur als sichtbares Zeichen ihrer göttlichen Herkunft trugen und alle Bräuche im Lande regelten, immer strengeren Geboten unterworfen. Da sie aber begreiflicherweise die Triebe auch nicht durch Androhung von Gewalt hemmen konnten, stellten sie Satzungen für das Geschlechtsleben auf, wie sie es zum Vorteil ihrer geistigen und geistlichen Herrschaft für richtig befanden. Sie allein wußten ja, was den Göttern gefiel und den Menschen zugute kam.

Das Wissen der Brahmanen erstreckte sich auch auf das Leben nach dem Tod, den Glauben an das gespenstische Fortleben der Seele in der Umgebung der einstigen Wohnstätte. Seit eh und je hatte die Menschen die Angst gequält, daß die Toten zur Strafe für eine Schuld ruhelos umherirrten. Die Furcht vor der »Wiederholung des Sterbens« dessen, der die »Welt der Väter« nicht findet und »wieder und wieder des Todesgottes Speise wird«, hatte zur qualvollen Vorstellung des »Wiedertodes« geführt, des sich unaufhörlich wiederholenden Verlusts geliebten Besitzes, des immer wieder erneuten Zerreißens vertrauten Zusammenhangs, denn: »Wer in jene Welt hinausgeht, ohne sich vom Tod befreit zu haben, der wird in jener Welt wieder und wieder geboren und wieder und wieder getötet werden.«

Vom beängstigenden Begriff des Wiedertodes leitete sich der unheimliche Begriff des »Kharma« ab, des unabänderlichen Gesetzes, daß jede Tat in diesem Leben oder in einer Wiederverkörperung belohnt oder bestraft werde. Weder Macht noch Reichtum halfen dem, der sich vom Wiedertod loskaufen wollte. Der Opferwilligkeit des Menschen blieb nur eine Möglichkeit offen: »... Welches Opfer er in dieser Welt darbringt, das wird in jener Welt sein Selbst sein, sein Atman ... Wenn der also Wissende aus dieser Welt scheidet, so ruft sein dargebrachtes Opfer, hinter seinem Rücken folgend, ihm zu: ›Komm, hier bin ich, dein Selbst.‹«

Die geistliche und geistige Autorität der Brahmanen, ihr nie angezweifelter Einfluß auf die Bevölkerung, erlaubte es den Radschas und ihren Kriegern, ihre Gebiete in eigenmächtiger Willkür zu beherrschen. Sie lebten in fürstlichen Hofhaltungen und prächtigen Palästen. Sie kannten keine sittlichen Beschränkungen; Blutschande und Knabenliebe galten ihnen als erlaubte Vergnügen, denen sie sich ergaben, wann immer die Lust sie dazu ankam. Da sie auch ihre Ehefrauen in eleganten Jagdausflügen geraubt oder mit gutem Gold gekauft hatten, erschien es ihnen nur selbstverständlich, Frauen oder Knaben, nach denen sie verlangten, zu rauben oder zu kaufen. Sinnenfreude in jeder Form war der Zweck und das Ziel ihres Daseins, die Lust jeder Art mit allen nur erdenklichen Mitteln.

Wenn ihre Phantasie nicht hinreichte, die Ausschweifungen, für die sie lebten, zu variieren, wandten sie sich an die Brahmanen, die den fürstlichen Herren um so williger mit Vorschlägen für neue lasterhafte Spiele zur Verfügung standen, als sie diese dadurch vom Ernst des Lebens und Regierens abhalten konnten. So überließen die Radschas es den Brahmanen, die Gesetze zu verfassen, die über die Lebensgewohnheiten und Bräuche der Bevölkerung bestimmten. Die Priester beriefen sich dabei auf das »Gesetzbuch des Manu«, eines legendären Sohnes des Gottes Brahma (der erst in nachvedischer Zeit als Allgott galt). Manu, verkündigten die Brahmanen, habe das »Dharma« von seinem himmlischen Vater empfangen; das Dharma verlangte nicht nur die gewissenhafte Befolgung der religiösen und weltlichen Pflichten, sondern es begrenzte auch die Ausübung jeder Tätigkeit, jedes Handwerks und Gewerbes auf eine in sich geschlossene Kaste oder Unterkaste, deren Pflichten und Rechte sich wie das Brahmanentum vom Vater auf die Söhne vererbten. Wer einer Kaste zugehörte und dem ihm vererbten Beruf nachging, konnte ihn nicht mit einem andern vertauschen; jede andere Beschäftigung war ihm versagt.

Das in Versen verfaßte Gesetzbuch des Manu sollte aber auch die menschlichen Beziehungen innerhalb der einzelnen Kasten und zwischen den Kasten mit den sittlichen Vorschriften in Einklang bringen, die die Brahmanen für richtig befanden. Es sollte Eheschließungen verhindern, die dem Sinne der Kasteneinteilung widersprachen: Jeder Mann mußte seine Frau innerhalb seiner Kaste wählen. Wer jedoch mehrere Frauen hatte, mußte einer einzigen seiner Kaste angehörigen Frau den Vorrang vor allen anderen geben.

Die Raubehe bezeichnete Manu als die vornehmste Art der Eheschließung; er ließ aber auch die Kaufehe gelten. Als die »weiseste« aber bezeichnete er die Ehe, die von den Eltern unter Berücksichtigung des Dharma vereinbart worden war. Die Liebesehe hingegen war im Gesetzbuch des Manu verworfen; körperliche oder seelische Liebe sollte kein Ehepaar verbinden. Das mußte zur Sinnenfreude führen, dem Gegenteil der Entsagung, die die Brahmanen den Gläubigen predigten und anpriesen.

Den Brahmanen freilich gestattete das Gesetz des Manu, »sich zu erfreuen« – es geschah ja im Dienste des Glaubens. So beschäftigten sie in den Tempeln »Mägde Gottes«, die vor den Götterbildern tanzten und sangen. Wenn diese geweihten Mädchen von den Priestern zur Liebe erzogen wurden, um den Radschas und ihren Kriegern gefällig zu sein (denn bei denen drückte man hinsichtlich der Entsagung ein Auge zu), so war das eine den Göttern gefällige Handlung. In manchen Gegenden hatten die Brahmanen auch das »Recht der ersten Nacht« mit allen Bräuten. Und sie konnten auch die Frauen, die eine Nacht im Tempel verbrachten, um ihre Unfruchtbarkeit zu verlieren, nach allen Regeln der Liebeskunst von ihrer Unfruchtbarkeit heilen.

Das Strafrecht des Manu beruhte wie der Kodex des Hammurabi auf der Vergeltung. Aber die Strafen waren grausamer: Hände, Füße, Nasen oder Ohren wurden abgehackt, Augen ausgerissen, Hand- und Fußknochen mit hölzernen Hämmern zermalmt, Nägel in Hände, Füße und in die Brust getrieben, Sehnen durchschnitten, bevor der Tod des Verurteilten durch Verbrennen bei lebendigem Leib, Zerstampfen durch Elefanten oder durch die Bisse ausgehungerter Hunde herbeigeführt wurde. Und dieser Tod war nicht das Ende der Strafe, nicht die endgültige Sühne. Die so grauenhaft Hingerichteten mußten vor ihrem Tode die Grundsätze für die »endliche Vergeltung« aller menschlichen Handlungen erfahren, wie es im Gesetzbuch des Manu geschrieben stand. Sie wußten daher, daß sie zur Seelenwanderung verdammt waren, zur Wiedergeburt in niedrigster Gestalt, und immer wieder die Wiedergeburt und den Wiedertod erleiden würden. Die »Frucht der Taten dieser Welt« war der Reihe nach aufgezählt: Es gab keine Tierart, kein abscheuliches Insekt, kein Raubtier, keine Art Wurm oder Schlange, Vogel oder Pflanze, die nicht die sündige Seele bis zum nächsten Wiedertod in sich aufnehmen und den ruhelosen schuldigen Geist zu abscheulicher Wiedergeburt aufgeben würde – zu endloser Wanderung der verdammten Seele.

Ein Brauch jedoch war im Gesetzbuch des Manu nicht erwähnt: die Verbrennung der Witwe auf dem Scheiterhaufen des Ehegatten. Im Atharvaveda aber, dem »Buch des Wissens von den magischen Formeln«, wurde die Witwenverbrennung als uralte Sitte bezeichnet: Die Frau sollte durch den freiwilligen Tod ihrem Mann für immer angehören und mit ihm auch in allen Wiedergeburten verbunden sein. Ihre Asche sollte, mit der seinen vermischt, gemeinsam beerdigt werden. Das indische Wort für Witwenverbrennung, »sati«, bedeutete »die« (ihrem Gatten und in ihr Schicksal) »ergebene Frau«.

Schon bevor Buddha die »höchste Seligkeit im Nirwana«, im Glück des geläuterten Nichtmehrseins im Nichtsein, im »Nichts«, also die Befreiung von den Qualen der Wiedergeburt predigte und seine Jünger auf die »vier heiligen Wahrheiten« verwies, daß das Leben keineswegs der Freude diene, sondern nichts sei als eine Kette von Leiden, waren in vielen Gemeinschaften Indiens unabhängige »Weise« aufgetreten und hatten das Volk gegen die Brahmanen und ihre Lehren von der Entsagung in Wort und Schrift aufzuwiegeln versucht.

Diese »Nastikas« (das Wort bedeutet Neinsager) erklärten, die von den Priestern verkündeten Veden seien nicht Bücher des Wissens, sondern des Unwissens, die Lehren der Brahmanen unwahr und falsch; sie hätten nur den Zweck, das Volk zu verdummen und die Brahmanen zu bereichern. Diese Aufrührer des Geistes gegen das Geistliche wurden an den Fürstenhöfen der Radschas und den Herrensitzen ihrer Krieger gastfreundlich aufgenommen. Ihre ketzerische Bejahung hemmungsloser Lebensfreude fand Anklang bei den hohen Herren, denen jede Zerstreuung und schon gar jede Rechtfertigung ihres vergnüglichen Nichtstuns nur recht sein konnte.

Ihr äußerstes Mißfallen hingegen erregte die Lehre von der vollkommenen Entsagung, vom »Ahimsa«, die Vardhamana Mahavira, ein zum Asketen gewordener Königssohn aus der Landschaft Bihar, seinen Jüngern predigte.

Wie konnte eine solche Lehre auch denen zusagen, die in üppigem Luxus lebten und ihre erlöschende Männlichkeit dadurch belebten, daß in ihren Frauenhäusern an jedem Tag der Woche eine andere Lieblingsfrau bereit sein mußte, sie zu umarmen. Es gefiel ihnen gar nicht, daß dieser von seinen Jüngern, den Jainas, als Jina, als »Eroberer«, gefeierte Asket es nicht ablehnte, sich »großer Held« nennen zu lassen, den Selbstmord guthieß und die von ihm vorgeschriebenen Gelübde auch noch gewissenhaft einhielt. Wer das Ahimsa auf sich nahm, durfte nichts Lebendiges töten, auch nicht die Käfer, die in der Luft schwirrten; er durfte die Erde nicht beackern, um die Würmer nicht um ihr Leben zu bringen; er mußte den Boden fegen, auf dem er schritt, damit sein nackter Fuß nicht ein Leben zerdrücke; er durfte kein Tier schlachten oder opfern, ja nicht einmal Honig durfte er essen, da dieser aus dem Leben der Bienen entstanden war.

Die Lebensgewohnheiten und Bräuche der durch die Gliederung nach Kasten voneinander getrennten Radschas und Krieger, Brahmanen und Reichen blieben im wesentlichen unverändert. In ihrer durch Mauern und Gärten behüteten Abgeschlossenheit verfeinerten sie verschwenderisch die Annehmlichkeiten ihres Daseins und erhoben das Wohlleben zur Kunst. Daß die Lehren Buddhas auch nach seinem Tod immer mehr Anhänger gewannen, da immer mehr den niedrigeren Kasten angehörige Frauen und Männer es erlernten, ihre Begierden zu unterdrücken und dem »Durst nach Lüsten«, dem »Durst nach Werden« und dem »Durst nach Macht« freiwillig zu entsagen, gefährdete ihre eigene Lebensführung keineswegs. Im Gegenteil: Die Massen, die nach Buddhas Grundsätzen lebten, waren friedlich. Sie stellten keine Ansprüche. Sie begnügten sich mit der geringsten Entlohnung. Die Entbehrung war ein Teil ihres Bekenntnisses zum Entsagen. Sie litten, ohne zu klagen, weil das Leiden sie der Läuterung näherbrachte, hofften sie doch, so die Glückseligkeit des Nirwana gewinnen zu können.

Als Hüter der Veden hatten die Brahmanen im Laufe der Jahrhunderte die Wirkung heiliger Gesänge und erhebender Hymnen von Generation zu Generation erprobt. Durch die kunstvolle Auslegung des geheimnisvoll Unverständlichen hatten sie die unwissenden Gläubigen im Bann gehalten. Nun, da die Zeiten sich gewandelt hatten, wandelten die Brahmanen ihre Methode. Jetzt erschien es ihnen richtig und wichtig, die Legenden der Vorzeit wieder aufleben zu lassen: Diese ehemals so beliebten Dichtungen würden an den Höfen der Fürsten erzählt und gesungen und vom Volk wiederholt werden.

Durch die Verse des Ramayana und des Mahabharata, jener beiden großen Epen, die von mehreren brahmanischen Dichtern verfaßt wurden, konnten die Brahmanen ihren Hörern und Lesern den Glauben der Vorväter und die Gesetze des Manu vermitteln – nicht in der Form von trockenen Lehren und Vorschriften, sondern in Sagen von Göttern und Helden, Königen und Riesen, in Märchen, Fabeln und Liebesgeschichten eingekleidet, so daß sie sich dem Gedächtnis einprägten und die Einbildungskraft erregten.

Buddha hatte auf die Frage seines Lieblingsschülers: »Wie sollen wir uns zum weiblichen Geschlecht verhalten?« geantwortet: »Als ob ihr die Frauen nicht sehen würdet.« Im Gegensatz zum »Erleuchteten« stellten die brahmanischen Dichter die Frauen so liebreizend dar, daß die Warnungen Manus vor ihrer gefährlichen Verführungskunst in Vergessenheit gerieten.

Die Verherrlichung auserwählter, edler Frauen, die nicht nur bedingungslos anhängliche Lebensgefährtinnen ihrer Ehemänner waren, sondern sie auch durch ihre zärtliche Liebe entzückten, wurde so volkstümlich, daß die »Wissenden« sich eines uralten Spruches aus den Veden entsannen: »In der Umarmung seiner Liebsten vergißt der Mann die ganze Welt – alles in ihr und außer ihr ...«

Aber die beseligende Umarmung der Liebsten setzte Liebe voraus, nicht nur des Mannes, sondern auch der Frau. Die Brahmanen, in Ausübung ihres priesterlichen Berufes gewohnt, die Lebensgewohnheiten und Bräuche ihrer Mitmenschen zu beobachten und die Beweggründe ihres Tuns und Lassens zu erforschen, waren zu der Erkenntnis gekommen, daß die Gesetze des Manu zwar die äußere Form der Beziehungen von Mann und Frau geregelt hatten, nicht aber die innere Beziehung, nicht die Art ihres innigen Beisammenseins. Sie selbst hatten nur allzu oft erfahren, daß die willkürliche Inbesitznahme sogar einer willigen Frau freudlos war, wenn die Liebesfreude fehlte, das »Kama«.

Um die durch die mangelnde Vorbereitung auf die Ehe nicht mit-, sondern nebeneinander lebenden Frauen und Männer einander so näherzubringen, daß sie die von den Göttern gebotene glückliche Einheit bilden könnten, verfaßten brahmanische Sachverständige der Liebe ausführliche Handbücher für Ehe- und Liebesleute, Anleitungen, die durch bezügliche Anekdoten verständlich gemacht wurden und eindeutige unverhüllte Anweisungen enthielten, wie der Geschlechtsverkehr ausgeübt werden solle, um dem göttlichen Begriff des Kama, der vollkommenen Liebe zu entsprechen.

Die Namen einiger dieser Lehrer der freudigen Zärtlichkeit im Geschlechtsleben sind uns überliefert. Der große Meister der Liebe, Mallanaga Vatsyayana, verwendete ihre Texte in seinem Kamasutra. Das Wort »Sutra« bedeutet sowohl Leitfaden als auch Bericht und Aphorismus. Das Kamasutra des Vatsyayana ist mehr. Es ist eine übersichtliche Zusammenfassung und unvoreingenommene Darlegung von Theorie und Praxis des Liebeslebens und überdies ein aus zahllosen Mosaikstücken zusammengesetztes farbiges Sittenbild.

Vatsyayana brach mit dem Vorurteil, daß den Frauen, denen die Kenntnis der Veden vorenthalten war, auch das Wissen vom Kama verwehrt sein solle. Dies sei um so weniger sinnvoll, als doch die Männer den Frauen Gelegenheit gäben, Erfahrungen durch die tätige Ausübung des Geschlechtsverkehrs zu sammeln. Allerdings genüge diese unvollkommene, zumeist unbeholfene Praxis nicht für den gesunden Genuß der vielfältigen Freuden des Körpers. Theoretische Erziehung und aufklärende Schulung seien nötig, um das Empfindungsvermögen zu steigern und die Natürlichkeit der körperlichen Vereinigung in allen nur möglichen Formen vom Verruf der Anstößigkeit oder Unsittlichkeit zu befreien.

Vatsyayana nahm an, daß manche Frauen, etwa die Töchter von Fürsten und Kriegern und auch die Kurtisanen, »bewandert« seien. Er schlug daher vor, daß die vierundsechzig Künste, die anmutigen Vorbedingungen der gepflegten Liebesempfänglichkeit, oder wenigstens ein Teil davon den Frauen, die sich in der Liebe ausbilden wollten, von vertrauten Gefährtinnen beigebracht werden sollten. Am besten wäre es, wenn eine verheiratete Freundin, eine Tante, eine alte Dienerin oder eine Bettlerin, die früher in der Familie gedient hatte, oder die eigene, schon erfahrene Schwester sie unterrichte.

Bestimmt war das Kamasutra für die Angehörigen gehobener Kasten, für Frauen, die in wohlhabenden Haushalten lebten und es sich leisten konnten, die Freuden der Liebe in einer liebevoll ausgestatteten Umgebung zu genießen und sich mit allem vertraut zu machen, was nötig ist, das Interesse der Männer zu wecken, denen sie begegnen könnten, und ihre Gunst zu gewinnen.

Eine Frau, die sich darauf verstand, »Parfüms und Wohlgerüche zu bereiten, den Körper mit duftenden Salben zu behandeln, das Haar zu salben, zu parfümieren und zu flechten«, eine Frau, die es erlernt hatte, die Zähne, die Haare, die Nägel zu färben, hatte damit nur die ersten grundsätzlichen Bedingungen erfüllt. Sie mußte auch singen, Musikinstrumente spielen und tanzen lernen. Sie mußte mit Blumen umzugehen wissen, um sie zu Girlanden zu winden, um Götterbilder, Betten und zum Lager aufgeschichtete Kissen geschmackvoll zu schmücken. Sie mußte die Geschicklichkeit ihrer Finger vervollkommnen, um Ohrgehänge, Federstöße und Haarknoten und Nadelarbeiten aus Wolle oder Seide verfertigen zu können. Sie mußte sich mit Rätsel- und Geduldspielen vertraut machen, Geheimsprachen kennen, um sich mit dem Liebsten verständigen zu können, ohne daß es ein anderer verstand. Sie mußte Geheimschriften lesen und schreiben, Gedichte verfassen, Fruchtsäfte und kühlende Getränke mischen. Sie mußte die Kenntnis der gesellschaftlichen Umgangsformen beherrschen, Bescheid wissen, wie man anderen Ehrerbietung und Aufmerksamkeit erweist, um ihrem Ehemann als Herrin des Hauses Ehre zu machen. All dies und noch viel mehr mußte sie erlernen, um dem Mann, der die vierundsechzig Künste kannte und ein Mann von Welt war, zu gefallen und nicht von Kurtisanen ausgestochen zu werden. Denn sogar einer Kurtisane, die sich durch ihre Kenntnisse in den Künsten der Frauen auszeichnete, gebührte in einer Versammlung von Männern ein Ehrenplatz.

Den Frauen machte das Kamasutra Vorschriften. Den Männern gab es Ratschläge. Die Ausübung des Kama mit Frauen einer höheren Kaste und mit Frauen, die schon anderen Männern angehört hatten, war den Männern untersagt, auch wenn sie aus der gleichen Kaste stammten. Wohl aber stand es ihnen frei, sich mit Kurtisanen zu vergnügen und sich mit Frauen niedrigerer Kasten oder mit solchen zu vereinigen, die aus ihren Kasten ausgestoßen oder wiederverheiratet waren. Ein Mann, der sich zu verheiraten beabsichtigte – selbstverständlich mit einer Frau seiner eigenen Kaste –, sollte sich vergewissern, daß er nicht um ein Mädchen anhielt, das etwa »eine eingedrückte Nase, aufgeworfene Nasenlöcher, gekrümmte Schenkel oder einen krummen Rücken« hatte. Und er sollte sich nur ja nicht um ein Mädchen bewerben, das Reinlichkeit nicht liebte oder von einem anderen Mann befleckt worden war.

Gelegenheit, das jungfräuliche Mädchen, das er heiraten wollte, zu beobachten, boten Opferfeste und sportliche Veranstaltungen. Hier konnte er sich davon überzeugen, daß es ihm körperlich zusagte und daß ihn sein Benehmen ansprach. Die Eltern und Verwandten des Mannes sowie seine Freunde sollten sich dann nach Möglichkeit bemühen, die Ehe mit einem solchen Mädchen zustande zu bringen.

Allerdings mußte ein Weltmann sich nicht nur im Brautstand um die Erwählte bewerben, sondern auch nach der festlich begangenen Hochzeit – bevor er sich im Kama mit ihr vereinte. Vor allem galt es, ihr Vertrauen zu gewinnen. Er durfte sich ihr weder gewaltsam nähern, um ihre Empfindsamkeit nicht zu verletzen, noch gar zu sehr zurückhaltend sein, um sie nicht glauben zu machen, daß er sie nicht begehre. Es war zwar Sitte, daß er die ersten drei Nächte neben der ihm Vermählten auf dem Boden schlief und beide sich aller Liebesfreuden enthielten, doch hatten sie untertags Gelegenheit, miteinander vertraut zu werden, ohne daß die Braut durch eine Zudringlichkeit abgestoßen oder erschreckt werden konnte.

An den folgenden sieben Tagen nahmen Mann und Frau die Mahlzeiten gemeinsam ein und besuchten Verwandte und Freunde, die an der Hochzeitsfeier teilgenommen hatten. In der Gegenwart anderer kam es jetzt darauf an, sich nicht wie Liebende zu benehmen, sondern wie gut miteinander Bekannte. Wenn die Jungverheirateten aber wieder allein waren, mußten sie miteinander baden, denn es war für die bevorstehende eheliche Vereinigung unerläßlich, daß sie die Scham voreinander verloren und ihre Körper entblößt kennenlernten. Der Klang glückverheißender Musik sollte sie entspannen, während sie ihre Nacktheit begehrlich oder schüchtern betrachteten.

Frauen, die durch das Kamasutra für die Liebe vorbereitet waren, wußten, daß die Sinnenlust, die sie erwartete oder sich ihnen versagen würde, von ihrem eigenen Körperbau und von der körperlichen Beschaffenheit des Mannes abhängig war, dem sie sich hingeben würden. Sie hatten gelernt, wie sie und er Mängel ausgleichen könnten, falls die Formen ihres Geschlechts nicht zueinander paßten: Der Natur konnte nachgeholfen werden, damit der zur Kunst erhobene Geschlechtsakt die Ehebande so festigte, daß beide Partner einander die höchste Lust schenkten, die sie zu vergeben hatten.

Falsche Scham gab es im Kamasutra nicht. Die mit seinem Inhalt vertrauten Frauen kannten die Einteilung der Männer in drei Gruppen – nach der Größe ihres männlichen Gliedes, des »Lingam«, waren sie als »Hase«, als »Stier« oder als »Hengst« gekennzeichnet. Die Frauen wurden je nach der Tiefe oder Weite ihrer Scheide – der »Yoni« – als »Gazelle«, als »Stute« oder als »Elefantenkuh« bewertet.

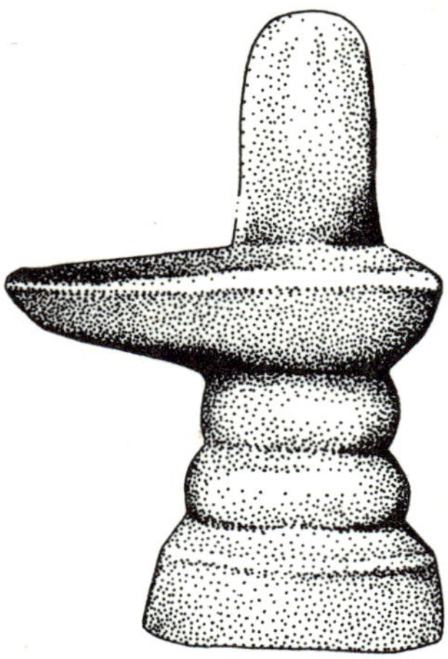

Lingam aus schwarz gebranntem Ton, vereinigt mit der weiblichen Yoni

Ein »Hase« paßte zur »Gazelle«, ein »Stier« zur »Stute«, ein »Hengst« zur »Elefantenkuh«. Aber weder der Mann noch die Frau brauchte sich durch ein Nichtzueinanderpassen entmutigen zu lassen, hatte man doch naturgegebene und künstliche Möglichkeiten genug, körperliche Unzulänglichkeiten auszugleichen. Wesentlich war die Heftigkeit der Leidenschaft und die Begierde der beiden Partner, vor allem die Fähigkeit des Mannes, den Geschlechtsakt so zu verlängern, daß nicht nur er sein Verlangen durch den Samenerguß stillte, sondern auch die Frau den Höhepunkt ihrer Sinnlichkeit erreichte: Das Glücksempfinden der Frau durch den Orgasmus herbeizuführen, war die eheliche Pflicht des Mannes. Ihre Pflicht war es, »Gutes mit Gutem« zu vergelten und sich von ihm in allen Variationen unterweisen zu lassen, die das Kama vollkommen machten.

Die Ratschläge des Kamasutra sollten dem Manne beistehen, Widerstreben und furchtsames Bedenken der jungfräulichen Braut zu überwinden. Wenn er sie durch zärtliche Worte und Küsse, durch sanftes Streicheln ihrer Schenkel und Hüften davon überzeugt hatte, daß er weder mit seinen Lippen und seiner Zunge noch mit seinen Fingern Unlust oder Unbehagen in ihr aufkommen lassen wolle, und wenn er sie mit List und Liebe dazu gebracht hatte, daß sie keine Scheu mehr vor seiner Berührung verspürte, dann werde sie sich ihm nicht lange verweigern. Der Widerstand, der sie abgehalten haben mochte, sich ihm schon zu geben, könne durch einladende Schilderungen der »Künste der geschlechtlichen Vereinigung« herabgemindert werden, vielleicht auch durch die Beteuerung des Mannes, wie sehr er sich nach ihr sehne. Die Neugier ihres durch seine Zärtlichkeiten erregten Körpers und ihre angeregte Phantasie würden sie empfänglich und bereit für die Liebe machen. Und dann hatte die Frau Küsse empfangen und Küsse erwidert, so wie es im Kamasutra vorgeschrieben war. Sie hatte intime Gespräche mit ihrem Mann geführt und ihm die Berührung ihrer Brüste, die »berührende Umarmung«, nicht verwehrt. Sie hatte sich eng an ihn gelehnt, ihn damit mit ihren Brüsten gleichsam durchbohrt und so die »durchbohrende Umarmung« vollzogen. Ihr Körper hatte sich an seinem gerieben und die »reibende Umarmung« genossen. In der »pressenden Umarmung« hatte sie seinen Kopf im Verlangen nach einem Kuß zu dem ihren herabgezogen: Er war »wie von einer Schlingpflanze umwunden«. Es gab keine Hemmungen mehr. Die Arme und Schenkel der Liebenden umschlangen einander. Sie drängten sich aneinander, Mund an Mund, Aug in Auge, Stirn an Stirne gedrückt, und nun, da für beide und in den beiden »das Rad der Leidenschaft in Bewegung gesetzt ist, gibt es kein Lehrbuch und keine Reihenfolge mehr«.

Dieser Satz des Kamasutra, der den Abschnitt »Die Kunst der Umarmung« beschloß, sollte zum Ausdruck bringen, daß die Leidenschaft von Liebenden ihre eigenen Wege im Kama finde und keiner Anweisungen bedürfe, um die körperliche Vereinigung zu den höchsten Gipfeln vollendeter Lust zu erheben.

Aber: »Die Leidenschaft vergeht, und die Ehe bleibt.« Eheleute brauchten Belehrungen, damit die Liebe wach und lebendig erhalten bleibt. Solche Anleitungen bot das Kamasutra im Abschnitt »Von den Arten des Geschlechtsverkehrs«. Sie wiesen die Frauen an, wie peinliche Schwierigkeiten zu verhindern seien, die durch die Verschiedenheit der Körperformen entstehen können. So solle eine »Gazelle« den Mann in »gähnender Lage« erwarten, mit weit geöffneter Scheide, falls er kein »Hase« war. Die »geschlossene Lage«, die es der »Stute« ermöglichte, einen »Hasen« in sich festzuhalten, wurde »Schenkelklammer« genannt. Für jede Stellung, die eine Steigerung der Lust während des Geschlechtsaktes hervorrief, gab es eine eigene Bezeichnung. Wenn eine Frau die Beine kreuzte, wurde dies die »lotosähnliche Lage« genannt. Wenn eine Frau sich, gegen eine Wand oder eine Säule gestützt, mit dem Mann im Stehen vereinigte, so hieß dies die »gestützte Lage«; empfing sie den Mann kniend nach vorne gebeugt, dann war sie »die Kuh«.

Eingehende Anweisungen unterrichteten die Frau auch, was sie zu tun habe, wenn sie im Liebesakt die Rolle des Mannes übernahm, er also auf dem Rücken lag: Sie solle ihn »in die Zange« nehmen oder durch die »Schaukel« erfreuen, wenn er den Rumpf hob. Die »Mundvereinigung«, das Küssen der »Yoni« durch den Mann und des »Lingam« durch die Frau, war im Kamasutra nicht vorgeschrieben, aber insofern erwähnt, als gesagt wurde, es entspreche dem jeweiligen Geschmack, »solche Dinge zu tun oder nicht zu tun«. Sie geschähen im geheimen.

»Die verschiedenen Arten des Liebesgenusses eignen sich nicht zu jeder Zeit und nicht für jedermann, sondern nur im rechten Augenblick und am rechten Ort.« Alle nur möglichen Stellungen der geschlechtlichen Vereinigung waren im Kamasutra beschrieben und wurden durch den Vers kommentiert: »Erfinderische Frauen und Männer können die Arten der Vereinigung nach Art der verschiedenen Tiere und Vögel vervielfältigen … je nach Geschmack eines jeden einzelnen …

Diese verschiedenen Arten der Vereinigung … fördern Liebe, Freundschaft und Achtung in den Herzen der Frauen.«

Wenn die Gatten einander in »inniger Liebe« angehört hatten, sollten sie sich züchtig und ohne einander anzublicken getrennt in den Waschraum begeben und dann entweder wieder im Bett oder auf der Terrasse des Hauses Süßigkeiten naschen, frische Fruchtsäfte trinken und angenehme Gespräche führen. »Der Mann kann der Frau, die den Kopf in seinen Schoß gebettet hat, die verschiedenen Planeten und Sternbilder zeigen, den Morgenstern und den Polarstern … oder den Großen Bären.«

Vatsyayana hatte nicht nur die Texte des Liebesunterrichts gesammelt, der den Ehefrauen zugute kommen sollte. In seinem Sutra war auch das gegenseitige Verhalten liebesbedürftiger Frauen und liebeshungriger Männer außerhalb der Ehe beschrieben. Es enthielt Anleitungen und Ermunterungen für jeden Mann und für jede Frau, die des Kama teilhaftig werden wollten. Und es sprach auch von den Kurtisanen. Von ihnen, die von der Liebe lebten, wurde vorausgesetzt, daß sie das Wesentliche ihres Berufs in allen Formen beherrschten, in den einfachsten ebenso wie in den hoch verfeinerten. Sie waren ja »bewandert«. Aber für sie wie für ihre Kunden war es wichtig, daß sie auch die Formen ihres Umgangs vervollkommneten. Die kluge und gewandte Kurtisane sollte sowohl »gute Eigenschaften an anderen Menschen schätzen« als auch »Vorliebe für Reichtum haben«. Wichtig sei, daß sie sich so verhalte, als werde ihre Freude an der geschlechtlichen Vereinigung durch Sinnlichkeit und nicht durch Habgier hervorgerufen. Mit Personen, die ihr nützlich oder behilflich sein könnten, solle sie Freundschaft halten und sie nicht ausbeuten. Auch gemeine Reden und lautes Lachen müsse sie unterlassen, und auf jeden Fall solle sie vermeiden, sich mit kranken oder mit groben Männern abzugeben, mit Mißtrauischen, Mitleidlosen, Habsüchtigen oder mit Dieben.

Die Liebesdienste einer Kurtisane habe der Mann seinem Vermögen und ihren Leistungen entsprechend zu entlohnen; anderen Frauen aber, die er sich zugetan machen wolle, solle er sich mit Vorsicht nähern und ihre Absichten und Gedanken aufmerksam beobachten. Junggesellen oder Ehemänner, die Liebesabenteuer suchten, fanden im Kamasutra eine Liste von Frauen, »die leicht zu gewinnen sind«, aber auch eine Liste von Frauen, die zu meiden seien, besonders, wenn die Männer, zu denen sie gehörten, Mängel aufwiesen – vom Schmutz bis zur Eifersucht, von der Feigheit bis zum Leichtsinn, von der geschlechtlichen Unfähigkeit bis zur Übererregbarkeit, die »den Frauen zuwider ist«.

Wenn Frauen die Annäherungsversuche von Männern abwiesen, so geschah das dem Kamasutra zufolge nicht nur, weil die Zuneigung zu ihren Ehemännern und Rücksichten auf ihre Familie und die Kinder sie hemmten, sondern auch aus Furcht vor Entdeckung und aus der Angst, daß die Männer, die sich ihnen näherten, von ihren Gatten dazu angestiftet worden sein konnten, ihre Keuschheit auf die Probe zu stellen.

Die Texte, die Vatsyayana als Unterlage oder Vorlage benutzt hatte, waren von Brahmanen für Brahmanen verfaßt worden. Das Kamasutra aber sollte alle Kasten erreichen, um den Lehren Buddhas von der freudlosen Nichtigkeit des irdischen Daseins entgegenzuwirken

Wer sich vom Kamasutra leiten ließ, verging sich nicht gegen den Glauben. Die Brahmanen segneten den Geschlechtsverkehr, sofern er nicht in der Nähe eines Tempels oder gar in einem Tempel vollzogen wurde. Sie hießen es gut, auf höfliches Benehmen zu achten und aus der Verschönerung des Daseins auch und gerade durch die Lust der Liebe eine Tugend zu machen.

Die strenge Kasteneinteilung, die sie geschaffen hatten und auf deren strikter Einhaltung sie unerbittlich bestanden, war dadurch, daß die Frauen und Männer sich beim Ausüben der Liebe an das Kamasutra hielten, nicht gefährdet. Die Priester forderten die göttliche Verehrung des Kama so, daß Lingam und Yoni die beliebtesten Idole des Volkes wurden. Lingam-Steine säumten die Landstraßen, und an den Fassaden der großen Tempel wurden die Belehrungen über den lustvollen Geschlechtsverkehr als bildhafte Darstellungen in Stein gemeißelt, damit sie allen Wißbegierigen und neugierigen Gläubigen weithin sichtbar und zugänglich seien – zur Festigung des Glaubens an den göttlichen Ursprung der Paarung und ihre göttliche Bestimmung.

Zeittafel

um 2000 (?) v. d. Z. Abrahams Auszug aus Ur
um 1350 Mose: Auszug aus Ägypten, Offenbarung am Sinai
um 1250 Einzug in Kanaan
11. Jh. Der Prophet Samuel
um 1000 David
1000–450 Die Propheten
um 950 Salomon
8. Jh. Der Prophet Jesaja
587–538 Babylonische Gefangenschaft

5 »Deine Liebe ist lieblicher als Wein«

Die Kinder Israel

Vor ihrem Auszug aus Ägypten waren die »Kinder Israel« kein Volk. Sie waren die Angehörigen einer Familie, die sich im Laufe von Jahrhunderten vermehrt und in Stämme unterteilt hatte. Aber ihr Zusammenhalt beruhte weniger auf ihrer leiblichen Verwandtschaft als auf dem ihnen allen gemeinsamen Glauben, daß sie auserwählt seien, ein »großes Volk« mit einem »großen Namen« zu werden, das der Eine Gott gesegnet hatte und durch das »alle Geschlechter auf Erden« gesegnet werden würden.

Diese Verheißung, die dem Stammvater Abraham zuteil geworden war und von Generation zu Generation überliefert wurde, verband seine Kinder und Kindeskinder inniger als ihre schwankenden Lebensgewohnheiten und Bräuche, die oft genug von äußeren Einflüssen abhängig waren. Abraham selbst und seine Söhne und Enkel waren in ihren sittlichen Anschauungen durchaus nicht gefestigt. Sie wußten weder, was gut und böse und daher erlaubt und verboten war, noch, was sie tun oder lassen müßten, um sich richtig, und das bedeutete in der Sprache des Alten Testaments: um sich »gottgefällig« zu verhalten. Ihre zaghaft tastenden Versuche, nach eigenem Ermessen das Rechte zu tun, erwiesen sich beinahe immer als sündig. Was aber war Sünde? Bis zur Verkündung der Zehn Gebote und der für alle Zeiten gültigen Sittengesetze durch Mose wurde das sittliche Verhalten der Kinder Israel durch die Rücksprache ihrer Stammesväter mit Gott dem Herrn gelenkt. Durch die Weisungen, die Er ihnen erteilte und die sie befolgten, begannen sie sich nicht nur in ihrem äußeren Gehaben, sondern auch in ihrem geistigen Erleben von den Mitmenschen zu unterscheiden, die nicht wie sie an Ihn glaubten und Ihm widerspruchslos gehorchten.

Es gibt keine zusammenfassende Darstellung, wie Er in Seiner Allmacht und Allgegenwärtigkeit wirklich war und durch welche mit menschlichen Maßen zu erfassenden Eigenschaften sich das göttliche Bild Seiner Einheitlichkeit und Einzigkeit in der Vorstellung der Gläubigen vervollständigte. Er war nicht sichtbar. Von Angesicht zu Angesicht hatte Ihn niemand geschaut. Er hatte kein Standbild wie die anderen Gottheiten. Er lebte in der Einbildungskraft: im Geiste.

Seine im Alten Testament geschilderten Wesenszüge und Äußerungen sind widerspruchsvoll wie die Natur der Menschen, die Ihn anbeteten. Er war jähzornig und sanft, blutdürstig und friedfertig, eigensinnig, launisch und unbarmherzig. Wer Seiner Stimme nicht gehorchte, über den, so ließ Er verkünden, würden alle diese Flüche kommen und ihn treffen: »Verflucht wirst du sein in der Stadt, verflucht auf dem Acker … Verflucht wird sein die Frucht deines Leibes, die Frucht deines Landes … Der HErr wird dich schlagen mit Dürre, Fieber, Hitze, Brand … Der HErr wird dich schlagen … mit Feigwarzen, mit Grind und Krätze, daß du nicht kannst heil werden. Der HErr wird dich schlagen mit Wahnsinn, Blindheit und Rasen des Herzens … dazu alle Krankheiten und Plagen … wird der HErr über dich kommen lassen, bis du vertilgt werdest.« Diese und andere grausame Verwünschungen des »schrecklichen Gottes« waren Abraham nicht bekannt, wenn er auch gewußt haben mag, daß Gott die Verruchtheit der Menschen mit der »Sintflut« bestraft hatte und sein Vorvater Noah und die Seinen nur gerettet worden waren und überlebt hatten, weil Noah ein »Gerechter« gewesen war.

Maßstäbe des Tuns und Lassens waren anfangs die Lebensgewohnheiten und Bräuche in den Gegenden, die Abraham und seine Familie bewohnten oder in die sie zogen, nachdem Gott ihm befohlen hatte: »Gehe aus deinem Vaterlande … in ein Land, das Ich dir zeigen will.« Abraham und seine Angehörigen paßten sich den Landessitten nach Möglichkeit an und suchten und fanden ihren Lebensunterhalt in der gleichen Weise und mit den gleichen Mitteln wie die Bewohner der Landstriche, in die sie friedlich eingewandert waren. Abraham war Viehzüchter. Er und sein Neffe Lot trieben Schaf- und Rinderherden mit sich auf der Wanderung. Aber als sie in Kanaan angekommen waren und eine Teuerung über das Land kam, verließ Abraham den Boden, den Gott ihm zugedacht hatte, und zog nach Ägypten.

Anmutende Frauen bedienen den Pharao im königlichen Garten.

Es war der Brauch in Mesopotamien, dem von Abraham verlassenen Heimatland, daß vornehme Würdenträger und Priester schöne Frauen für sich beanspruchten. Jeder Widerstand der Ehemänner war zwecklos, das wußte Abraham. Und er nahm an, daß es in jedem Lande so sei. Deshalb sagte er zu seinem bis dahin unfruchtbaren Weib Sarai, als sie sich den Grenzen Ägyptens näherten: »Siehe, ich weiß, daß du ein schönes Weib von Angesicht bist. Wenn dich nun die Ägypter sehen werden, so werden sie sagen: Das ist sein Weib, und werden mich erwürgen und dich leben lassen. So sage doch, du seiest meine Schwester, auf daß mir's wohl gehe um deinetwillen und meine Seele am Leben bleibe um deinetwillen.«

Abraham hatte richtig vorausgesehen. Nicht nur die ägyptischen Grenzwächter, sondern auch die »Fürsten des Pharao« sahen Sarai und priesen sie vor dem Herrscher. Nachdem Sarai in des Pharaos Haus gebracht worden war, tat der König der Ägypter Abraham »Gutes um ihretwillen«. Abraham, der vermeintliche Bruder Sarais, bekam »Schafe, Rinder, Esel, Knechte und Mägde, Eselinnen und Kamele«.

Wenn der HErr nicht über den Pharao und sein Haus große Plagen verhängt hätte, »um Sarais, Abrahams Weibes willen«, hätte der vorsichtige und nachsichtige Ehemann, der seine Frau als Schwester ausgegeben hatte, um sein Leben zu retten, ungehindert in Ägypten verweilen können. Aber da der Pharao es mit einer höheren Gewalt, die sich als so übermächtig erwies, nicht verderben wollte, machte er dem entlarvten Ehemann den Vorwurf: »Warum sagtest du mir's nicht, daß es dein Weib wäre? Warum sprachst du denn, sie wäre deine Schwester, derhalben ich sie zum Weibe nehmen wollte? Und nun siehe, da hast du dein Weib. Nimm sie und ziehe hin.« Und er befahl, daß seine Leute Abraham geleiteten »und sein Weib und alles, was er hatte«. Abraham war sehr reich an Vieh, Silber und Gold, als er »mit Sarai und mit allem, was er hatte, und Lot auch mit ihm« Ägypten verließ.

Dieses Zwischenspiel im Leben des friedfertigen Abraham, der sich von Lot trennte, weil es Zank zwischen ihren Hirten gab, ist ebenso kennzeichnend für die Bräuche der Zeit wie die Aufforderung Sarais an ihren Ehemann, dem sie sagte: »Siehe, der HErr hat mich verschlossen, daß ich nicht gebären kann. Gehe doch zu meiner Magd, ob ich vielleicht aus ihr mich aufbauen möge.« Das bedeutete, daß Sarai als mustergültige Ehefrau die gleiche Haltung einnahm wie die vorbildlichen Ehefrauen des Zweistromlandes, in dem sie geboren und aufgewachsen war: Sie legten ihrem Ehemann nahe, mit einer Nebenfrau Nachwuchs zu zeugen, denn es war für den Mann wichtig, Kinder zu haben – Söhne vor allem.

Abraham gehorchte der »Stimme Sarais« und nahm die ägyptische Magd Hagar zum Weibe. Als Hagar von Abraham schwanger wurde, achtete sie seine Ehefrau »gering gegen sich«. Die gekränkte Sarai beklagte sich bei Abraham. Er erwiderte: »Siehe, deine Magd ist unter deiner Gewalt. Tu mit ihr, wie dir's gefällt.« Dieses Geschehen vollzog sich ganz und gar im Sinne des Kodex des Hammurabi, zu dessen Zeit Abraham aus dem Königreich Babylonien ausgewandert sein soll.

Hagar gebar Abraham den Sohn Ismael, über den ein Engel des HErrn ihr gesagt hatte: »Er wird ein wilder Mensch sein, seine Hand wider jedermann und jedermanns Hand wider ihn; und wird gegen alle seine Brüder wohnen.« Ismael wurde der Stammvater von »Zwölf Fürsten über ihre Leute«, die in Höfen und Zeltdörfern lebten.

Dreizehn Jahre nach der Geburt Ismaels sprach Gott zu Abraham: »... Ich bin der Allmächtige Gott, wandle vor Mir und sei fromm ... Du sollst ein Vater vieler Völker werden, darum sollst du nicht mehr Abram heißen, sondern Abraham soll dein Name sein ... und Ich will dich gar sehr fruchtbar machen, und Ich will von dir Völker machen, und sollen auch Könige von dir kommen ... Das ist aber Mein Bund, den ihr halten sollt zwischen Mir und euch und deinem Samen nach dir: Alles, was männlich ist unter euch, soll beschnitten werden. Ihr sollt aber die Vorhaut in eurem Fleisch beschneiden, das soll ein Zeichen sein des Bundes zwischen Mir und euch. Ein jegliches Knäblein, wenn es acht Tage alt ist, sollt ihr beschneiden bei euren Nachkommen. Desgleichen auch alles Gesinde, das daheim geboren oder erkauft ist von allerlei Fremden, die nicht eures Samens sind ...« Abraham beschnitt »die Vorhaut an seinem Fleisch und am gleichen Tag seinen Sohn Ismael und alle Knechte, die daheim geboren, und alle, die erkauft«. Dadurch unterschied sich »alles, was männlich war, in seinem Hause«, von den Nachbarn.

Dem nun schon neunundneunzigjährigen Abraham befahl Gott: »Du sollst dein Weib Sarai nicht mehr Sarai heißen, sondern Sara soll ihr Name sein. Denn Ich will sie segnen, und auch von ihr will Ich dir einen Sohn geben « Abraham lachte und sprach: »Soll mir, hundert Jahre alt, ein Kind geboren werden und Sara, neunzig Jahre alt, gebären?«

Abraham hatte ungläubig gelacht, aber in seiner Gottesfurcht glaubte er doch, daß Sara ihm einen Sohn gebären werde, denn Gott hatte ihm erklärt: »Den sollst du Isaak heißen, denn mit ihm will Ich Meinen ewigen Bund aufrichten und mit seinem Samen nach ihm.«

Alles, was Gott ihm befahl, tat Abraham, aber Sara erlauschte hinter der Tür ihrer Hütte ein Gespräch Abrahams mit drei von Gott gesandten Männern, die er gastfreundlich bewirtet hatte. Einer der Männer hatte gesagt: »Ich will wieder zu dir kommen über ein Jahr; siehe, so soll Sara, dein Weib, einen Sohn haben.« Sara, der es nicht mehr »ging nach der Weiber Weise«, lachte bei sich selbst und sprach: »Nun ich alt bin, soll ich noch Wollust pflegen, und mein Herr ist auch alt.« Aber als Abraham sie zur Rede stellte, leugnete sie, gelacht zu haben. »Denn sie fürchtete sich.«

In dem Jahr, in dem Gott die Ehe Abrahams und Saras segnete, hielt Er Gericht über die Städte Sodom und Gomorrha, denn es gab ein »Geschrei«, daß ihre Sünden sehr schwer seien. Abraham bat, daß der HErr die Städte schone und nicht die Gerechten mit den Gottlosen vernichte. Er flehte Ihn an, Sodom zu vergeben, wenn fünfzig Gerechte in dem Orte wären. Er handelte mit Gott und erreichte, daß Er sich mit zehn Gerechten in Sodom begnügen und die Stadt nicht verderben würde »um der zehn willen«.

In Sodom hatte sich Abrahams Neffe Lot angesiedelt. Zu ihm kamen zwei Engel. Als er sie sah, stand er auf »... und bückte sich mit seinem Angesicht auf die Erde«. Er nötigte die »lieben Her-

»Amusements des Satires« – Lithographie aus dem Jahr 1830, anonym

ren«, seine Gäste zu sein: »Lasset eure Füße waschen … Und er machte ihnen ein Mahl und buk ungesäuerte Kuchen.« Aber ehe die himmlischen Gäste sich niederlegten, um die Nacht in Lots Haus zu verbringen, kamen die Leute der Stadt, »jung und alt«, und sprachen drohend zu Lot: »Wo sind die Männer, die zu dir gekommen sind diese Nacht? Führe sie heraus zu uns, daß wir ihnen beiwohnen.« Lot ging hinaus zu den Wüstlingen vor die Tür und sprach: »Ach, liebe Brüder, tut nicht so übel. Siehe, ich habe zwei Töchter, die hat noch kein Mann erkannt … Tut mit ihnen alles, was euch gefällt; allein diesen Männern tut nichts. Denn darum sind sie unter den Schatten meines Daches eingegangen.«

Die Gastfreundschaft wurde in Sodom höher geachtet als die Jungfräulichkeit der Mädchen. Aber Lot hätte sich und seine Gäste vor der gleichgeschlechtlichen Gewalttätigkeit der Männer von Sodom trotz seines Angebots nicht bewahren können, wenn die Engel nicht ihn und sich selbst geschützt und die Angreifer mit Blindheit geschlagen hätten, so daß diese »die Tür nicht finden konnten«. Dann rieten die Himmlischen Lot, mit seinem Weibe und seinen beiden Töchtern Sodom zu verlassen. Lot wollte auch seine Eidame mitnehmen, die Männer, die seine Töchter ehelichen sollten, »aber es war ihnen lächerlich«, daß die Stadt zur Strafe für die Sündhaftigkeit ihrer Einwohner vernichtet werden sollte.

Da nun die Morgenröte aufging, ergriffen die Engel »Lot und sein Weib und seine zwei Töchter bei der Hand … und ließen ihn draußen vor der Stadt«. Einer der Engel befahl: »Rette deine Seele und sieh nicht hinter dich.« Das besagte, daß die Flüchtlinge den Verlust ihres Besitzes und den Verzicht auf die Bräuche von Sodom nicht bedauern und nicht verlangen sollten nach dem, was sie hinter sich ließen.

Als Gott Schwefel und Feuer vom Himmel herab auf Sodom und Gomorrha regnen ließ und »die ganze Gegend und alle Einwohner der Städte und was auf dem Lande gewesen war, umkehrte«, sah das Weib Lots hinter sich und »ward zur Salzsäule«. Lot flüchtete mit seinen beiden Töchtern in eine Höhle auf dem Berg. »Da sprach die ältere zu der jüngeren: Unser Vater ist alt, und ist kein Mann mehr auf Erden, der zu uns eingehen möge nach aller Welt Weise. So komm, laß uns unserem Vater Wein zu trinken geben und bei ihm schlafen, daß wir Samen von unserem Vater erhalten … Also gaben sie ihrem Vater Wein zu trinken in derselben Nacht, und die erste ging hinein und legte sich zu ihrem Vater, und er ward's nicht gewahr, daß sie sich legte, noch daß sie aufstand. Des Morgens sprach die ältere zu der jüngeren: Siehe, ich habe gestern bei meinem Vater gelegen. Laß uns ihm diese Nacht auch Wein zu trinken geben, daß du hineingehst und legest dich zu ihm, daß wir Samen von unserem Vater erhalten … Also wurden die beiden Töchter Lots schwanger von ihrem Vater.«

Der Sohn, den die ältere gebar, hieß Moab, »von dem kommen her die Moabiter bis auf den heutigen Tag«. Der Sohn, den die jüngere gebar, hieß Ammi, »von dem kommen die Kinder Ammon bis auf den heutigen Tag«. Weder die Moabiter noch die Ammoniter wurden von dem Auserwählten Volk geachtet. Sie waren »Kinder der Unzucht«, des Inzests.

Die im Alten Testament geschilderten Erlebnisse des Stammvaters Abraham und seines Neffen Lot sollten nicht ihre Sündhaftigkeit anprangern. Die geheiligte Erzählung sollte den Gläubigen eindeutig zu Bewußtsein bringen, daß Gott unzüchtige Sitten verdammte oder unerbittlich bestrafte, wie: die Preisgabe der Ehefrau, die gleichgeschlechtliche Sinnlichkeit und den Geschlechtsverkehr zwischen Vätern und Töchtern.

Abraham wurden seine Sünden verziehen, denn er war immer wieder in Demut bereit, jedem Gebot des HErrn ohne Verzug zu gehorchen und auch das Unglaubwürdige zu glauben, wenn es ihm durch Gott kundgetan wurde. Er war sogar willens, seinen Sohn Isaak zu töten, da der HErr ihm befohlen hatte, den einzigen ehelich geborenen Sohn, den er liebhatte, als Brandopfer auf einem Berge zu schlachten. Als schon das Holz auf dem von Abraham erbauten Altar geschichtet war und er das Messer ergriff, befahl ihm die Stimme eines Engels: »Lege deine Hand nicht an den Knaben und tue ihm nichts. Denn nun weiß ich, daß du Gott fürchtest und hast deines einzigen Sohnes nicht verschont …«

Als Abraham die Augen hob, sah er einen Widder hinter sich in der Hecke. Den nahm er und »opferte ihn zum Brandopfer an seines Sohnes Statt«. Nicht nur der bedingungslose Gehorsam Abrahams wurde so dargetan, sondern auch, daß es Gott nicht gefiel, wenn Väter ihre Söhne auf Altären opferten, wie es bei den Volksstämmen üblich war, in deren Mitte Abraham lebte. Ein Widder oder ein Lamm sollte das gottesdienstliche Menschenopfer ersetzen.

Abraham wünschte nicht, daß sein »Sohn Isaak ein Weib nehme von den Töchtern der Kanaaniter, unter welchen ich wohne«. Deshalb sandte er seinen ältesten Knecht auf Brautschau in das Zweistromland zu seinem Neffen Bethuel, der eine Tochter namens Rebekka hatte. Erst als das Mädchen sich als gastfreundlich erwies und nicht nur dem Knecht zu trinken gab, sondern auch seinen Kamelen, warb der Knecht um sie und legte einen Reif an ihre Stirne und Armringe an ihre Hände zum Zeichen des Verlöbnisses. Nachdem Rebekkas Vater und Laban, ihr Bruder, zugestimmt hatten, daß sie Isaaks Weib werde (»nimm sie und zieh hin, daß sie das Weib sei des Sohnes deines Herrn«), zog der Knecht »silberne und goldene Kleinode und Kleider hervor und gab sie Rebekka« – er kaufte die Braut. Dem Bruder und der Mutter des Mädchens gab der Knecht Gewürze als Brautgeschenk. So sollte es sein, so war es der Brauch. Ein jungfräuliches Mädchen aus der richtigen Familie, womöglich der eigenen, sollte die Ehefrau eines rechtschaffenen Mannes werden.

Isaak gewann Rebekka lieb, als der Knecht sie ihm brachte. Sie ward sein Weib. Er führte sie in die Hütte seiner Mutter Sara, die inzwischen gestorben war, und ward durch sie getröstet über den Tod seiner Mutter. Auch Abraham ward über den Tod Saras getröstet. Er nahm ein neues Weib, gab aber all sein Gut Isaak, den seine Ehefrau Sara ihm geboren hatte. Den Kindern, die Abraham von den Kebsweibern hatte, gab er Geschenke. Er starb, wie es geschrieben steht, »da er alt und lebenssatt war«.

Welche Bedeutung dem Recht der Erstgeburt ehelich geborener Söhne zukam, hebt die Erzählung von Jakob und Esau hervor, den Zwillingen, die Rebekka ihrem Mann geboren hatte. »Der erste, der herauskam, war rötlich, ganz rauh wie ein Fell, und sie nannten ihn Esau. Danach kam heraus sein Bruder, der hielt mit seiner Hand die Ferse des Esau, und sie hießen ihn Jakob. Sechzig Jahre alt war Isaak, da sie geboren wurden.«

Von einem Vater gezeugt und aus dem Leib einer Mutter geboren, waren die beiden in ihrem Wesen doch ganz verschieden. Esau wurde ein Jäger und streifte auf dem Feld, Jakob war ein sanfter Mann und blieb in den Hütten. Isaak hatte Esau lieb und aß gerne von seinem Waidwerk. Rebekka aber hatte Jakob lieb.

»Verkaufe mir heute deine Erstgeburt«, sagte Jakob, als Esau eines Tages müde von der Jagd heimkam und das rote Gericht kosten wollte, das Jakob gekocht hatte. Esau erwiderte: »Siehe, ich muß doch sterben. Was soll mir denn die Erstgeburt?« Und so verkaufte er sie Jakob für Brot und das Linsengericht: »Also verachtete Esau seine Erstgeburt.« Diese Feststellung besagte nicht nur, daß es nicht richtig sei, sich eines Rechtes zu begeben, das durch die Geburt gewährleistet war, sondern auch, daß der rauhe Jäger nicht mehr den Vorrang haben sollte vor dem häuslichen Hirten.

Jakob war der Liebling der Mutter. Sie zog ihn Esau, der die Tochter eines fremden Stammes zur Frau genommen hatte, so eindeutig vor, daß sie Jakob half, ihren Ehemann, seinen Vater, zu täuschen, um sich seiner segnenden Anerkennung der Erstgeburt zu vergewissern. Als Isaak zu Esau sagte, er wolle Wildbret essen, und Esau sogleich auf die Jagd ging, riet Rebekka Jakob, zwei gute Böcklein aus der Herde zu holen, die sie so bereiten wolle, wie sein Vater es gerne habe. »Das sollst du deinem Vater hineintragen, daß er's esse.«

Der alte Isaak, »dessen Augen dunkel wurden zu sehen«, erkannte Jakob nicht, als der, in Esaus Gewand verkleidet und Stücke vom Fell der geschlachteten Böckchen an den Händen, damit sie rauh erschienen wie die seines Bruders, dem Vater das Lieblingsgericht brachte. Isaak roch den Geruch der Kleider Esaus, und er tastete nach den Händen, die sich rauh anfühlten wie die seines Erstgeborenen. So hielt er Jakob für Esau und segnete ihn: »Gott gebe dir vom Tau des Himmels und von der Fettigkeit der Erde und Korn und Wein die Fülle. Völker müssen dir dienen und Leute müssen dir zu Füßen fallen. Sei ein Herr über deine Brüder, und deiner Mutter Kinder müssen dir zu Fuße fallen. Verflucht sei, wer dir flucht, gesegnet sei, wer dich segnet.«

Als Esau von dem Betrug seines Bruders erfuhr, klagte er: »Er hat mich nun zweimal überlistet. Meine Erstgeburt hat er und siehe, nun nimmt er mir auch meinen Segen.« Er fragte seinen Vater: »Hast du mir denn keinen Segen vorbehalten?«

Da der einmal erteilte Segen eines Vaters als unwiderruflich und heilig gelten sollte, blieb Isaak bei seinem Wort. Er erwiderte Esau: »Ich habe ihn zum Herrn über dich gesetzt.« Als Esau seine Stimme hob und weinte, sprach Isaak zu ihm: »... Du wirst eine Wohnung haben ohne die Fettigkeit der Erde und ohne Tau des Himmels von oben her.« Das Urteil über den Jäger war gesprochen. Esau drohte, seinen Bruder zu erwürgen, aber Rebekka warnte Jakob. Sie riet dem Lieblingssohn, zu ihrem Bruder Laban in das Zweistromland zu fliehen. Isaak segnete Jakob abermals und sprach zu ihm: »Nimm nicht ein Weib von den Töchtern Kanaans«, denn Esau hatte in seinem Zorn zu den Weibern, die er zuvor schon hatte, auch noch die Tochter Ismaels zum Weibe genommen.

Im Zweistromland, im Hause Labans, des Bruders seiner Mutter, wurde Jakob als naher Verwandter herzlich aufgenommen. Nach einem Monat schon schlug ihm Laban vor, gegen Lohn bei ihm zu arbeiten. Jakob hatte Rahel, die schöne, jüngere Tochter Labans, liebgewonnen. Er verpflichtete sich, dem Onkel sieben Jahre um Rahel zu dienen. Mit seiner Arbeit wollte er die Braut kaufen.

Lea, Labans ältere Tochter, hatte »ein blödes Gesicht«. Nach dem Hochzeitsmahl, das Laban ausgerichtet hatte, als die sieben Jahre der Arbeit Jakobs vergangen waren und dieser damit den Kaufpreis für die Braut entrichtet hatte, fand Jakob nicht Rahel auf seinem Lager, sondern Lea. Vorwurfsvoll fragte er Laban: »Warum hast du mich denn betrogen?« Der Onkel erwiderte gelassen: »Es ist nicht Sitte in unserem Land, daß man die jüngere ausgebe vor der älteren. Halte mit dieser eine Woche aus, so will ich dir die andere auch geben um den Dienst, den du bei mir noch andere sieben Jahre dienen sollst.« Da sich Jakob dazu verpflichtete, gab ihm Laban nach einer Woche, in der Jakob Lea beiwohnte, auch Rahel zum Weib. Er war nun der Ehemann beider Schwestern. Aber nur Lea wurde schwanger. Nachdem sie Jakob vier Söhne geboren hatte, beneidete Rahel ihre Schwester und sprach zu Jakob: »Schaffe mir Kinder. Wo nicht, so sterbe ich.«

Jakob wurde sehr zornig: »Bin ich doch nicht Gott, der dir deines Leibes Frucht nicht geben will.« Da bat Rahel ihren Mann, daß er sich mit ihrer Magd Bilha vereinige, »daß sie auf meinem Schoß gebäre und ich doch durch sie aufgebaut werde«. Jakob erfüllte Rahels Bitte. Bilha wurde schwanger von ihm und gebar einen Sohn. Und so konnte Rahel von sich sagen: »Gott … hat meine Stimme erhört und mir einen Sohn gegeben.« Denn den Sohn ihrer Magd beanspruchte sie für sich. Und als Bilha abermals schwanger wurde und Jakob einen zweiten Sohn gebar, prahlte Rahel: »Gott hat es gewandt mit mir und mit meiner Schwester, und ich werde es ihr zuvortun.«

Aber Lea, die »aufgehört hatte, zu gebären«, gab ihrem Ehemann ihre Magd Silpa zum Weibe. Durch den neidischen Wetteifer der beiden Schwestern um Nachkommenschaft gelangte der von seinen Ehefrauen und ihren Mägden verwöhnte Jakob zu reichem Kindersegen. Doch als Gott dann Rahel einen eigenen Sohn gab, den sie Joseph hieß, hatte Jakob genug vom Dienst bei seinem Onkel. Er wollte mit seinen Weibern und Kindern fort. Jetzt forderte er von Laban, für den er nicht vierzehn, sondern zwanzig Jahre gearbeitet hatte, den ihm gebührenden Lohn. Der wankelmütige Laban gestand dem Neffen und doppelten Schwiegersohn zu, daß er alle sprenklig gefleckten und bunten Böcke, Ziegen und Lämmer seiner Herde mit sich nehmen dürfe. Durch eine List Jakobs vermehrte sich die ihm von Laban zuerkannte Herde so, daß ihm der Onkel und seine Söhne den Reichtum neideten. Und da Gott Jakob nahelegte, in seiner Väter Land und zu seiner Freundschaft zu ziehen, floh er heimlich mit allem, »was sein war«.

Laban verfolgte die Flüchtlinge. Aber er bezwang seine Gewalttätigkeit, als Gott des Nachts im Traum zu ihm kam und sprach: »Hüte dich, daß du mit Jakob nicht anders redest als freundlich.« Das fiel Laban nicht leicht. Nicht nur, weil Jakob geflüchtet war, nicht nur, weil Laban seine Töchter und ihre Kinder nicht zum Abschied küssen und Jakob »mit Freuden, mit Singen, mit Pauken und Harfen« hatte geleiten können, sondern auch, weil er meinte, Jakob habe ihm unverzeihlicherweise »seine Götter« gestohlen.

Jakob, der nicht wußte, daß Rahel die »Götzen« ihres Vaters mit sich genommen hatte, forderte Laban auf, das Seine bei ihm zu suchen. Aber Laban fand die Götzen auch nicht, als er sie bei Rahel suchte. Denn diese hatte sie unter dem Kamelsattel versteckt und sich daraufgesetzt. Sie entschuldigte sich bei ihrem Vater: »Ich kann nicht aufstehen vor dir, denn es geht mir nach der Weiber Weise.«

So behielt Rahel die Sinnbilder der Sünde wider Gott bei sich und nahm sie insgeheim mit in das Haus ihres Ehemannes. Laban erklärte zum Abschied, wie es dem Vaterrecht des Zweistromlandes entsprach: »Die Töchter sind meine Töchter, die Kinder sind meine Kinder, die Herden sind meine Herden, und alles, was du siehst, ist mein.« Aber er ließ Jakob doch mit der ganzen Familie und all der Habe davonziehen, die er im Zweistromland erworben hatte, nachdem Jakob einen Friedensbund mit ihm und seinen Söhnen geschlossen und zum Zeichen dessen ein Mal aus Stein aufgerichtet hatte.

Bei seiner Rückkehr versuchte Jakob demütig, sich mit Esau zu versöhnen. Dafür wurde er von Gott belohnt. Als er eines Nachts allein eine Furt überschritt, »rang ein Mann mit ihm, bis die Morgenröte anbrach«. Er erbat den Segen des Mannes, der ihn »nicht übermochte«. Der Mann fragte: »Wie heißt du?« Er antwortete: »Jakob.« Der Mann sprach: »Du sollst nicht mehr Jakob heißen, sondern Israel; denn du hast mit Gott und mit Menschen gekämpft und bist oblegen.« Jakob, der seit dieser Begegnung mit Gott, den er »von Angesicht gesehen« hatte, Israel hieß – das bedeutet: »Der für Gott streitet« –, einigte sich gütlich mit Esau. Denn auch den rauhen Bruder verlangte es nach der Gnade des HErrn.

Jakob hatte nicht viel Glück mit seinen zwölf Söhnen. Ruben, sein erstgeborener Sohn mit Lea, »schlief bei Bilha, seines Vaters Kebsweib, und das kam vor Israel«. Auf dem Sterbebett verfluchte ihn Jakob mit den Worten: »Ruben, mein Erstgeborener bist du, meine Kraft, der Erstling meiner Stärke … Du sollst der erste nicht sein. Denn du bestiegst deines Vaters Lager, entweihtest damals das Bett, das du bestiegen.« Dieser Fluch ging dem Sittengesetz voraus, das die »Vermischung des Geschlechts« innerhalb der Familie verbot.

Die anderen Söhne machten Jakob ebenfalls Kummer. Nach dem Tode seines Vaters Isaak, der »alt und des Lebens satt« war, wohnte er im Lande Kanaan. Seine Söhne neideten ihrem Bruder Joseph, Rahels erstem Sohn, einen bunten Rock, den der Vater ihm geschenkt hatte, und seine Träume, von denen Joseph ihnen erzählte. Erst hatte er davon geträumt, daß sie alle Garben auf dem Felde banden und daß seine Garbe sich aufrichtete, ihre Garben aber sich vor seiner verneigten. Und dann, daß die Sonne, der Mond und elf Sterne sich vor ihm geneigt hätten. Wollte er damit sagen, daß der Vater, die Mutter und die elf Brüder in Demut vor ihm niederfallen sollten?

Die Brüder Josephs beschlossen, sich seiner zu entledigen, brachten es aber nicht über sich, ihn zu töten. Sie verkauften ihn an vorüberziehende Händler um zwanzig Silberlinge, schlachteten einen Ziegenbock, tauchten Josephs bunten Rock in das Blut, schickten ihrem Vater das blutige Gewand und ließen ihm sagen: »›Diesen haben wir gefunden. Sieh, ob's deines Sohnes Rock sei oder nicht‹ … Jakob zerriß seine Kleider und legte einen Sack um seine Lenden und trug Leid um seinen Sohn eine lange Zeit.«

Er hatte auch keine Freude mit Juda, dem vierten der sechs Söhne Leas. Juda hatte die Tochter eines Kanaaniters zur Frau genommen, die ihm zwei Söhne geboren hatte. Ger und Onan. Juda gab Ger ein Weib, die hieß Thamar, aber Ger war »böse vor dem HErrn, darum tötete ihn der HErr«. Da sprach Juda zu Onan: »›Geh zu deines Bruders Weib und nimm sie zur Ehe, daß du deinem Bruder Samen erweckest.‹ Aber da Onan wußte, daß der Same nicht sein eigen sein sollte, wenn er einging zu seines Bruders Weib, ließ er es auf die Erde fallen und verderbte es, auf daß er seinem Bruder nicht Samen gäbe.«

Das, was Onan getan hatte und Gott dem HErrn so übel gefiel, daß er auch Onan tötete, wirkte derart abschreckend auf die Nachkommen Abrahams, daß die Unterbrechung des Geschlechtsverkehrs, durch die der Same des Mannes nicht seinen natürlichen Zweck erfüllte, als Verbrechen wider die Natur gekennzeichnet wurde. Auch die Selbstbefriedigung des Geschlechtstriebes, die »Selbstbefleckung«, wurde nach Onan benannt. Die »Onanie« galt nicht nur als Sünde, sondern auch als so gesundheitsschädlich, daß bei den Jugendlichen, die sich des »Selbstmißbrauchs« schuldig machten, Angst vor geschwächter Gesundheit, Geisteskrankheit und Verlust der Manneskraft entstand und sie sich vor sich selbst schämten, auch wenn niemand davon erfuhr. Aber Schuld- und Angstgefühle in den Frauen und Männern des Auserwählten Volkes zu erwecken, das war der Sinn und Zweck der alttestamentlichen Erzählungen und Berichte, die über die Lebensgewohnheiten und sittlichen Verfehlungen Abrahams und seiner unmittelbaren Nachkommen aussagten.

Die Geschichte der Stammesväter ist die Einleitung zu dem entscheidenden Eingreifen des Mose in das Schicksal der Kinder Israel, wie Jakobs (der zugleich Israel hieß) Nachkommen im Alten Testament genannt werden. Der von seinen Brüdern in die Fremde verkaufte Joseph war in Ägypten zu hohen Ehren gekommen und hatte schließlich alle seine Verwandten dort angesiedelt. Damit endet das Vorspiel, das die von Gott gewollte Entwicklung der aus dem Zweistromland ausgewanderten Familie in vielen beziehungsreichen Einzelheiten zeigt. Im Gegensatz dazu wurden die vierhundertdreißig Jahre, »die Zeit, die die Kinder Israel in Ägypten gewohnt haben«, nur in wenigen Sätzen beschrieben: Die Ägypter machten den siebzig Seelen, die »aus den Lenden Jakobs gekommen waren« und sich seit ihrer Einwanderung so vermehrt hatten, »daß ihrer das Land voll war … ihr Leben sauer mit schwerer Arbeit mit Ton und Ziegeln und mit allerlei Frönen auf dem Feld und mit allerlei Arbeit, die sie ihnen auferlegten mit Unbarmherzigkeit«.

Ein karger Bericht über vier Jahrhunderte, nach deren Ablauf Mose das Auserwählte Volk aus der Gefangenschaft führte und den so lange von Fronvögten geknechteten Frauen und Männern schon »im dritten Monat nach dem Ausgang aus dem ägyptischen Land« ein Gesetz gab, so vollkommen, daß es über die Zeiten hinaus seine Geltung behalten und die Sitten eines großen Teiles der Menschheit entscheidend beeinflußt hat.

Die vom Pharao verfolgten, hungrigen Wüstenwanderer, die das Rote Meer trockenen Fußes durchschritten und die Wüste durchzogen, in der sie nur dann Wasser fanden, wenn Mose, der sie führte, es mit seinem Stab aus dem Felsen schlug, waren Flüchtlinge ohne Hab und Gut. Die Frauen und Männer hatten in Ägypten als Mägde und Knechte gedient und weder Sklavinnen noch Sklaven besessen. Die einzige Nahrung seit ihrer Flucht war das Manna gewesen, das der HErr vom Himmel hatte fallen lassen. Sie besaßen nur die Kleider, die sie am Leibe trugen, und hatten kein Dach über dem Kopf. Dieser armseligen Horde, die sich in ihren Nöten »nach den Fleischtöpfen Ägyptens« zurücksehnte und eine endlose Wanderung vor sich sah, bis sie das »Gelobte Land« erreichen würde, verkündete Mose die Zehn Gebote Gottes und die weltlichen Gesetze, die er davon ableitete.

Im Notlager am Fuße des Berges Sinai und während der vierzigjährigen Wanderschaft, die den Kindern Israel auferlegt war, muß das ihnen verheißene »Gelobte Land« auf die so notdürftig verpflegten und behausten Frauen und Männer wie eine Phantasmagorie gewirkt haben, nicht minder unvorstellbar wie die Voraussage eines in jeder Hinsicht geordneten Daseins im »Land ihrer Väter«, das auf den im »Gesetz« festgelegten Lebensgewohnheiten und Bräuchen beruhen würde – einer Zukunft, in der sie, die so lange Versklavten, selbst Mägde und Knechte zu ihrer Bedienung haben sollten.

Es gab kaum eine Phase des menschlichen Lebens, kaum eine Möglichkeit menschlichen Tuns oder Lassens, die in der »Thora«, im Gesetz, nicht beachtet und durch die von Mose gegebenen Vorschriften nicht erfaßt worden wäre. Das richtige Verhalten jedes einzelnen in allen wesentlichen Lebensäußerungen von der Geburt bis zum Tod war genauestens vorgeschrieben. Jede Abweichung von der Vorschrift war eine verwerfliche Sünde, eine Beleidigung des Einen und Einzigen Gottes, der sich Mose offenbart hatte und aus ihm sprach. Auch denjenigen, die nicht an die Strafe oder die Rache des HErrn glaubten oder sich in ihrer Verblendung nicht davor fürchteten, sollte die Thora die Überzeugung vermitteln, daß ihr eigenes Leben unausweichlich mit dem Leben ihrer Mitmenschen verknüpft war. Wer der Gemeinschaft des Auserwählten Volkes angehörte, mußte seine Persönlichkeit, seine Handlungsweise, seine Wünsche und Triebe dem Gesetz unterordnen. Die unabdingbare Voraussetzung des Gesetzes aber war, daß Gott über allem stand. Er war der einzige, allgegenwärtige, allmächtige und allerhaltende Gott, neben dem es keine anderen Götter geben durfte. Wer Ihn lästerte, wurde mit dem Tode bestraft. Die Kinder Israel durften nicht nur »den

Namen des HErrn nicht mißbrauchen«, sondern ihn auch nie aussprechen. Sogar im Gebet mußte Sein Name – Jahwe – durch Adonai – HErr – ersetzt werden. Der Gläubige mußte den Sabbat, den wöchentlichen Ruhetag, als Feiertag heilighalten. Es hieß: »Da sollst du kein Werk tun, noch dein Sohn, noch deine Tochter, noch dein Knecht, noch deine Magd, noch dein Vieh, noch dein Fremdling, der in deinen Toren ist.«

Im alttestamentlichen Text, der diesen Brauch beschreibt, werden alle Mitglieder des Haushalts erwähnt – mit Ausnahme der Ehefrau. Das kann nicht durch eine zufällige Auslassung oder durch Nachlässigkeit geschehen sein. Der Ehefrau wurden nur in besonderen Fällen Rechte zuerkannt, nicht im täglichen Leben. Sie war durch die Ehe Eigentum des Mannes geworden. Wenn ihr Vater sie in die Ehe gab, empfing er vom Bräutigam den »mohar«, den Kaufpreis, für die Tochter und befahl ihr: »Dein Begehren soll deinem Manne gelten, und er soll über dich herrschen.«

Diese einer Versklavung nahekommende Herabsetzung der Ehefrauen haben Bibelkenner nicht nur als die Folge des uneingeschränkten Vaterrechts erklärt, sondern auch auf die Angst und die Scheu der Männer vor der monatlichen Blutung der Frauen zurückgeführt, die als »Unreinheit« verworfen wurde. Die Ehe war für die Männer unerläßlich, um Frauen in ihre Gewalt zu bekommen, um durch sie ihren Geschlechtstrieb befriedigen und mit ihnen Kinder zeugen zu können. Aber das Blut, das die Frau periodisch verlor, machte sie in den Augen der Männer nicht nur unrein, es machte sie »unheilig«. Es war im Gesetz ja auch verboten, das Blut von geschlachteten Tieren zu genießen: »Denn das Blut ist die Seele alles Fleisches. Ein jeder, der es ißt, soll ausgerottet werden.« Die Speisevorschrift wurde auf das Geschlechtsleben übertragen: »Wenn ein Mann bei einem Weibe liegt zur Zeit ihres Monatsflusses und mit ihr Umgang pflegt und so ihren Blutfluß aufdeckt, und sie ihren Blutfluß entblößt, so sollen beide aus ihrem Volke ausgerottet werden.«

Bestimmungen über die vorehelichen Beziehungen von Männern gab es nicht. Wohl aber wurde es zum unumstößlichen Sittengesetz, daß die Mädchen ihre Jungfräulichkeit bis zur Ehe bewahrten. Im Interesse der Ehemänner und der Väter, die befürchteten, den »mohar« nicht zu bekommen, wenn ihre Tochter »beschädigt« war, wurden strenge Gesetze über »Vergehen gegen die Jungfräulichkeit« erlassen, die allerdings nicht den Frauen selbst zugute kamen. »Wenn ein Mann eine Jungfrau trifft, die noch nicht verlobt ist, und sie ergreift und bei ihr liegt, und er wird ertappt, so soll der Mann, der bei dem Mädchen gelegen, ihrem Vater fünfzig Lot Silber geben und sie zum Weibe nehmen dafür, daß er sie geschwächt hat. Er darf sie nicht verstoßen sein Leben lang.« Das Mädchen also, das »ergriffen« und danach genotzüchtigt worden war, wurde verurteilt, mit dem Übeltäter ihr ganzes Leben zu verbringen, mit ihm zu schlafen, wenn es ihm beliebte, und bis zum letzten Tag die schlechte Laune zu ertragen, in die ihn zweifellos die unfreiwillige Zahlung von fünfzig Lot Silber an den gekränkten Schwiegervater versetzt hatte. Ein wenig besser war ein Mädchen daran, das einem Mann bereits »versprochen« war und von einem anderen genotzüchtigt wurde.

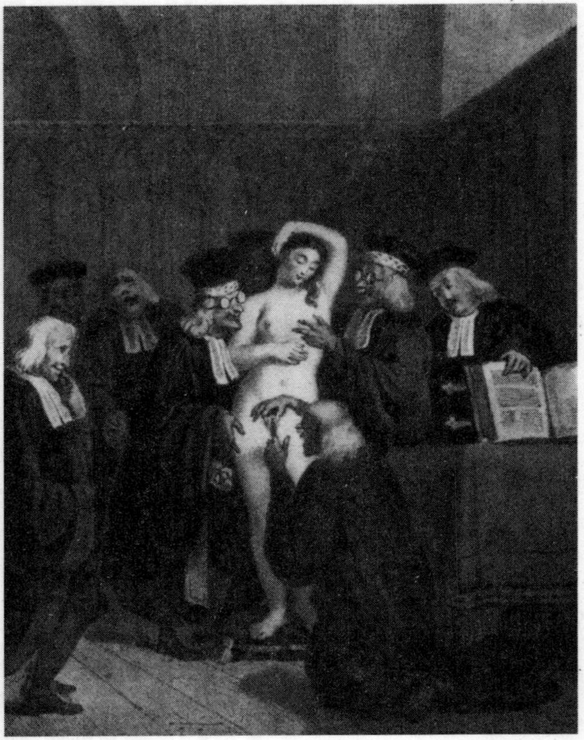

Pucelle d'Orléan – kolorierte Lithographie aus dem Jahr 1840, anonym

»Wenn eine Jungfrau einem Mann verlobt ist, und es trifft sie ein Mann in der Stadt und liegt bei ihr, so sollt ihr sie beide zum Tore jener Stadt hinausführen und sie zu Tode steinigen. Das Mädchen, weil es sowohl in der Stadt nicht geschrien hat, und den Mann, weil er das Weib seines Nächsten geschwächt hat … Wenn aber der Mann das verlobte Mädchen auf dem Felde trifft und ihm Gewalt antut und bei ihm liegt, so soll der Mann, der bei ihm gelegen ist, allein sterben. Dem Mädchen aber sollst du nichts tun; es hat keine Sünde begangen, die den Tod verdiente. Denn es ist gerade so, wie wenn einer seinen Nächsten überfällt und totschlägt. Denn er traf es auf dem Feld, und wenn auch das verlobte Mädchen schrie, so war niemand, der ihm helfen konnte.«

Jede Frau, die die Ehe gebrochen hatte, mußte ihre Schuld mit dem Leben bezahlen – Ehemänner jedoch nur, wenn sie dadurch das Eigentumsrecht eines anderen Mannes verletzt hatten: »Wenn einer mit dem Weib seines Nächsten Ehebruch begeht, so sollen beide, der Ehebrecher und die Ehebrecherin getötet werden.« Aber es stand den Männern frei, Geschlechtsverkehr mit solchen Frauen oder Mädchen auszuüben, die Fremde waren, die nicht zum eigenen Volk, nicht zu den Kindern Israel gehörten.

Dem Ehemann war es auch nicht schwergemacht, sich von seiner Frau scheiden zu lassen. Er durfte sie nur nicht wieder heiraten, das war ihm verboten. Es hieß: »Wenn jemand ein Weib zur Ehe nimmt und sie ihm dann nicht mehr gefällt, weil er etwas Häßliches an ihr findet, so soll er ihr einen Scheidebrief schreiben … und sie so aus seinem Haus entlassen. Wenn sie dann sein Haus verläßt … und eines andern Weib wird, und der zweite Mann sie auch nicht mehr mag und ihr einen Scheidebrief schreibt … und sie so aus seinem Hause verstößt, oder wenn der zweite Mann stirbt, der sie sich zum Weibe genommen hat, so darf ihr erster Mann sie nicht wieder zum Weibe nehmen, nachdem sie verunreinigt worden ist … denn das ist ein Greuel vor dem HErrn …«

Überaus strenge Gesetze verboten die »Entblößung der Scham«. Jede Nacktheit, die eine unerlaubte Sinnlichkeit erwecken mochte, war verpönt als gefährliche Versuchung, die Unzucht zur Folge haben könne. Es galt als sittliches Verbrechen, »ein Weib zu nehmen und ihre Mutter dazu«. Wer das tat, den sollte man mit »Feuer verbrennen und sie beide auch«. Wenn ein Mann »beim Vieh lag«, sollte man ihn und das Tier erwürgen. »Wenn ein Weib sich irgend zu einem Vieh tut, daß sie mit ihm zu schaffen hat, die soll man töten und das Vieh auch.« Mit dem Tode wurde bestraft, »wenn jemand beim Knaben schläft wie beim Weibe, die haben einen Greuel getan«. Und es war auch als »Greuel« verdammt, wenn sich Männer als Frauen verkleideten und Frauen als Männer. Jede zufällige Verwechslung der Geschlechter sollte unmöglich gemacht werden.

Trotz der Geringschätzung der Frau, die vom Vater vor ihrer Geschlechtsreife als Sklavin verkauft werden konnte und als Ehegattin das Eigentum des Mannes wurde, der sie von ihrem Vater oder dem Familienältesten »erstanden« hatte, behielt die Ehe ihre Bedeutung als Grundlage der Familie. Die Ehelosigkeit eines Mannes galt als Sünde. Priester, die ihr zwanzigstes Lebensjahr vollendet hatten, waren vom Gesetz angehalten, eine Ehe zu schließen – in der Erwägung, daß erwachsene Männer ihren Geschlechtstrieb natürlich befriedigen müßten, wenn sie nicht sündig werden sollten. Die Ehefrauen waren zwar rechtlos vor dem Gesetz, aber den sittlichen Anschauungen des Auserwählten Volkes entsprach es, daß ihnen Achtung gebührte, wenn sie Mütter geworden waren. Sie genossen den Schutz der Familie, die sie durch ihre Mutterschaft vermehrten und deren Ansehen sie erhöhten, wenn sie Söhne gebaren. Die Unterbrechung der Schwangerschaft galt als Verbrechen gegen das Eigentum des Mannes; sie war eine Veruntreuung seines Samens, ein Frevel, der »zum Himmel stank« und ebenso bestraft werden sollte wie Ehebruch. Jede geschlechtliche Ausschweifung der Ehefrauen war aufs strengste verboten – und das bedeutete, daß die geschlechtliche Vereinigung der Frauen mit ihren Ehemännern lediglich der Befruchtung zu dienen habe, nicht aber ihrem Verlangen nach Lust. Sie galten als vollkommene Ehefrauen, wenn sie sich ausschließlich um ihren Mann und den Hausstand sorgten und diesen und die Kinder versorgten. Wie sich die Männer des Alten Testaments eine beispielhafte Frau vorstellten, die ihren höchsten Ansprüchen genügte, ist wörtlich beschrieben: »Wem eine tugendsame Frau beschert ist, die ist viel edler als die köstlichsten Perlen. Ihres Mannes Herz darf sich auf sie verlassen, und Nahrung wird ihm nicht mangeln. Sie tut ihm Liebes und kein Leid ihr Leben lang. Sie geht mit Wolle und Flachs um und arbeitet gerne mit ihren Händen … Sie steht vor Tag auf und gibt Speise ihrem Haus und Essen ihren Mägden. Sie denkt nach einem Acker und kauft ihn und pflanzt einen Weinberg von den Früchten ihrer Hände. Sie gürtet ihre Lenden mit Kraft und stärkt ihre Arme. Sie merkt, wie ihr Handel Nutzen bringt. Ihre Leuchte verlischt auch des Nachts nicht. Sie streckt ihre Hand nach dem

Rocken, und ihre Finger fassen die Spindel … Sie macht sich selbst Decken, feine Leinwand und Purpur ist ihr Kleid. Ihr Mann ist bekannt in den Toren … wenn er sitzt bei den Ältesten des Landes … Sie tut ihren Mund auf mit Weisheit, und auf ihrer Zunge ist holdselige Lehre … Sie ißt ihr Brot nicht mit Faulheit. Ihre Söhne stehen auf und preisen sie selig, ihr Mann lobt sie …« Doch selbst eine so vorbildliche Ehefrau, die das Lob ihres Mannes verdiente, konnte seiner Liebe und Treue nicht gewiß sein. Er hatte das Recht, mehr als eine Frau zu besitzen, sie aber die Pflicht, wenn er starb, den Samen seines Bruders oder, wenn er keinen Bruder hatte, seines nächsten männlichen Verwandten zu empfangen. Sie war dazu da, Kinder zu gebären. Den Ehemännern, die das Ihre zur Fortpflanzung im eigenen Haus geleistet hatten, stand es frei, sich mit anderen Frauen zu vergnügen. Die »anderen Frauen« freilich galten als verworfen. Sie waren »Huren«. Es gab zahlreiche Bestimmungen, die es »zuchtlosen Weibern« verboten, sich in der Nähe der Dörfer und Städte anzusiedeln.

Wenn ein Mann allerdings in der Nachbarschaft Unzucht trieb und sich gar mit Götzenanbeterinnen verging, verging er sich gegen Gott. Er beging eine Sünde, die nicht nur sein Gewissen belastete, sondern auch die Angst in ihm wachhielt, daß ihn, wenn sein Fehltritt bekannt wurde, der »Rat der Älteren«, dem die Priesterschaft angehörte, zur Rechenschaft ziehen würde. Wenn die Art seiner Versündigung auch nicht immer durch die im Gesetz vorgesehene Strafe geahndet wurde, kam er immerhin in Verruf. Er wurde »anrüchig« und galt, wenn sich seine Fehltritte wiederholten, als »ruchlos«. Er gefährdete die Einheit und Einigkeit der Familie, die unbedingt gewahrt werden mußte. Sie war und blieb das Sinnbild der Zusammengehörigkeit aller Zwölf Stämme des Hauses Jakobs, der Nachkommenschaft seiner Söhne, auch nachdem sie sich wieder im Gelobten Land angesiedelt hatten.

Wie tief verwurzelt die Sittengesetze im Bewußtsein der Kinder Israel waren, bezeugen die Texte des Alten Testaments, die all die Drangsale, all die Verzweiflungskämpfe, die sie zu bestehen hatten, als Strafe Gottes für ihre Sündhaftigkeit darstellen. An den Scheidewegen ihrer Geschichte und an den Unglücksstationen ihres Daseins als geeinigtes Volk ermahnten und warnten sie die Propheten als Stimmen des HErrn, das Wort Gottes zu befolgen, wenn sie nicht noch schlimmeres Elend auf sich ziehen wollten

Sie waren sündig gewesen. Das bedeutete: Sie hatten die Zehn Gebote Gottes, die Mose in Seinem Namen verkündet und ausgelegt hatte, übertreten. Die Schuld, die einzelne Männer und Frauen auf sich geladen hatten, wurde der Gesamtheit angelastet – daß sie jeden betraf, daß jeder für alle und alle für jeden büßen mußten, bekundete die sinnbildliche Sprache der Propheten, die das ganze Volk, wenn es sündigte, mit »hurenden Frauen« verglich

Es gab im Glauben der Kinder Israel keine andere Entsühnung als die unnachsichtige Strafe Gottes, deren Ausmaß Ihm vorbehalten war. Der Eine, Einzige Gott erwartete keine Reue. Er wünschte keine Opfer. Seine Propheten verkündeten: »Gehorsam ist besser als Opfer.« Er legte den

Propheten die Worte in den Mund: »Ich hasse, ich verschmähe eure Feste und mag nicht riechen euer Feuer. Denn wenn ihr Mir Brandopfer darbringt – an euren Gaben habe Ich keinen Gefallen, und das Opfer eurer Mastkälber sehe Ich nicht an. Hinweg von Mir mit dem Lärm der Lieder! Das Spiel der Harfen mag Ich nicht hören! Aber es ströme wie Wasser das Recht und die Gerechtigkeit wie ein unvergießlicher Bach.«

Recht und Gerechtigkeit waren nicht eine himmlische Gabe. Was ihr Wesensinhalt war, hatte Gott Seinem »Knecht« Mose geoffenbart, es war in der Thora festgehalten. Das Gesetz gewährleistete, was jeder Mann und jede Frau zu tun oder zu lassen hatte und was ihnen gebührte. Aber war das Gesetz nicht gefährdet, wenn das Volk in seinen Nöten einem König die Herrschaft zubilligte? War nicht Gott der König Israels? Der Prophet Samuel predigte dem Volk, es könne von den Überfällen der Philister nur dann errettet werden, wenn es Gott allein vertraue und nicht fremden Göttern huldige. Er warnte vor dem Einsetzen eines Königs in einer Ansprache, die gleichzeitig ein Sittenbild ist: »Das wird des Königs Recht sein, der über euch herrschen wird: Eure Söhne wird er nehmen zu seinen Wagen und zu Reitern, und daß sie vor seinen Wagen herlaufen, und zu Hauptleuten über tausend und über fünfzig, und zu Ackerleuten, die ihm seinen Acker bauen, und zu Schnittern in seiner Ernte, und daß sie seine Kriegswaffen und was zu seinen Wagen gehört machen. Eure Töchter aber wird er nehmen, daß sie Salbenbereiterinnen, Köchinnen und Bäckerinnen seien. Eure besten Äcker und Weinberge und Ölgärten wird er nehmen und seinen Knechten geben. Dazu von eurer Saat und euern Weinbergen wird er den Zehnten nehmen und seinen Kämmerern und Knechten geben. Und eure Knechte und Mägde und eure schönsten Jünglinge und eure Esel wird er nehmen und seine Geschäfte damit ausrichten. Von euren Herden wird er den Zehnten nehmen, und ihr müßt seine Knechte sein. Wenn ihr dann schreien werdet über euern König, den ihr euch erwählt habt, so wird euch der HErr nicht erhören ...«

Trotz Samuels Warnung wurde der mutige Feldherr Saul König. Aber er war »ungehorsam gegen Gottes Gebot« und hörte nicht auf Samuel, daher »wich der Geist des HErrn von Saul ... und ein böser Geist vom HErrn machte ihn sehr unruhig«.

Sein Nachfolger David, ein Junge »mit schönen Augen und guter Gestalt«, den Samuel gesalbt hatte, so daß »der Geist des HErrn über David geriet«, wurde ein großer König. Er war siegreich im Feld und verschönte Jerusalem, das er zu seiner Hauptstadt machte; sein Lebenswandel aber war nicht immer gottgefällig. Die hemmungslose Lust zu leben bedrängte David so heftig, daß er sich immer wieder gegen Gottes Gebot verging und seiner überschäumenden Lebenskraft nachgab. Er tanzte halb nackt »mit aller Macht« vor der Bundeslade, in der die Thora verwahrt war, und er zögerte auch nicht, ein Weib von sehr schöner Gestalt holen zu lassen, das er vom Dach des Königshauses sich waschen sah. Sie hieß Bathseba und war die Frau Urias, eines Hethiters. Und David

»schlief bei ihr … sie aber reinigte sich von ihrer Unreinheit und kehrte wieder zu ihrem Haus«. Als sie schwanger war, ließ sie es David wissen. Der sorgte dafür, daß Uria in einem Kampf so eingesetzt wurde, daß er »erschlagen werde und sterbe«. Als Bathseba hörte, daß ihr Mann tot war, »trug sie Leid um ihren Eheherrn. Da sie aber ausgetrauert hatte, sandte David hin und ließ sie in sein Haus holen und sie ward sein Weib und gebar ihm einen Sohn.« Doch das Kind starb, »das Urias Weib geboren hatte«. David fastete und weinte, denn er hatte erkannt: »Ich habe gesündigt wider den HErrn.« Aber er kam auch zu der Erkenntnis, daß er durch sein Klagen das Kind nicht wieder lebendig machen könne, und als er sein Weib Bathseba getröstet hatte, »ging er zu ihr hinein, und sie gebar einen Sohn, den hieß er Salomo«.

Doch selbst ein so großer König wie David entging der Strafe des HErrn nicht, wenn er gesündigt hatte. Sie traf ihn unerbittlich, auch wenn er sich als Diener Gottes im Dienste des Auserwählten Volkes hervorgetan hatte. Das Alte Testament, das König Davids Bedeutung gewiß betont, entschuldigt und verniedlicht seine Schwächen keineswegs. Er war ein großer König, ein Gesalbter und Erkorener, aber er war zugleich ein Mensch, der seiner Triebe nicht immer Herr werden konnte und sündigen mußte, weil die Sünde in der Natur des Menschen verankert und die Zeit für die Läuterung noch nicht gekommen war.

Auch Davids Sohn Salomo, den ihm die ehebrecherische Bathseba geboren hatte, sollte trotz seiner königlichen Herrlichkeit nicht als menschliches Vorbild wirken. Er machte seinem Namen, der von dem Wort Schalom, »Friede«, abgeleitet war, alle Ehre. Er wurde ein mächtiger Herrscher, der für Recht und Ordnung in seinem Königreich sorgte, das Volk wohlhabend machte – und sich selbst maßlos bereicherte. Seine Weisheit wurde sprichwörtlich. Aber sein Verlangen nach Lebenslust überwog seine Weisheit sowohl wie seine Habgier. Er unterhielt einen Harem, der »siebenhundert Ehefrauen und dreihundert Nebenfrauen« beherbergte. Seiner Liebe für das schöne Geschlecht war er so verfallen, daß er in seinem Harem den Frauen, die er aus fremden Ländern durch förmliche Eheschließungen oder Kauf erworben hatte, Altäre der von ihnen angebeteten Gottheiten errichten ließ. Den gewaltigen Tempel hingegen, den er in Jerusalem durch die Fronarbeit von hundertfünfzigtausend Männern erbauen ließ, besuchte Salomo selten. Er lebte und liebte in seinem Harem, jedoch nicht wie ein alltäglicher Liebhaber. Salomo war ein Fachmann der zärtlichen Liebe und der verfeinerten Lust. Der strenge Gott, der ihm Weisheit verlieh, die ihn vor allen Menschen auszeichnen sollte, hatte ihn auch mit der Kunst begnadet, seine Gefühle und die Empfindungen der Frau, die er liebte, in Worte zu fassen.

Das Hohelied Salomos, das zu den schönsten Dichtungen der Menschheit zählt und von den Kindern Israel so stark nachempfunden wurde, daß sie es in den Kanon der heiligen Schriften des Alten Testaments aufnahmen, ist in seinem Inhalt eine Liebeserklärung an die Liebe. Der Sündenfall Adams und Evas war der Anlaß für die Vertreibung der ersten Menschen aus dem Paradies gewesen. Aber die Liebe außerhalb des Gartens Eden war ihnen erlaubt, wenn sie sich nicht durch den Liebesgenuß gegen das Gesetz vergingen. Salomo stellte sich über das Gesetz. Er, der König, nahm das Recht für sich in Anspruch, wie ein König zu lieben und wie ein König geliebt zu werden.

Die Frauen, die er in den Armen hielt, verlangten: »… Küsse mich mit dem Kusse deines Mundes; denn deine Liebe ist lieblicher als Wein.« Sie erklärten: »… Es riechen deine Salben köstlich, dein Name ist eine ausgeschüttete Salbe, darum lieben dich die Jungfrauen.« Sie stellten fest: »… Mein Freund ist mir ein Büschel Myrrhen, das zwischen meinen Brüsten hänget.« Sie gestanden: »… Ich schlafe, aber mein Herz wacht. Da ist die Stimme meines Freundes, der anklopft: ›Tue mir auf, liebe Freundin, meine Schwester, meine Taube, meine Fromme. Denn mein Haupt ist voll Tau und meine Locken voll Nachttropfen. Ich habe meinen Rock ausgezogen, wie soll ich ihn wieder anziehen? Ich habe meine Füße gewaschen, wie soll ich sie wieder besudeln?‹ … Mein Freund ist weiß und rot, auserkoren unter vielen Tausenden. Seine Haut ist das feinste Gold. Seine Locken sind kraus, schwarz wie ein Rabe … Sein Leib ist wie reines Elfenbein … Seine Beine sind wie Marmelsäulen … Seine Gestalt ist wie Libanon, auserwählt wie Zedern.«

Und der Mann, der liebestrunken hingebungsvolle Frauen beglückte, pries ihre Reize: »… Siehe, meine Freundin, du bist schön … Deine Augen sind wie Taubenaugen zwischen deinen Zöpfen … deine Lippen wie eine scharlachfarbene Schnur … deine zwei Brüste wie junge Rehzwillinge, die unter Rosen weiden … Du bist … schön, meine Freundin, und ist kein Flecken an dir … Du hast mir das Herz genommen … Wie schön ist dein Leib … lieblicher denn Wein, und der Geruch deiner Salben übertrifft alle Würze … Deine Lippen sind wie triefender Honigseim … Honig und Milch ist unter deiner Zunge … Alles, was an dir sproßt, ist wie ein Lustgarten … Ich bin gekommen, meine Schwester, liebe Braut, in meinen Garten. Ich habe meinen Seim samt meinem Honig gegessen.«

Das Alte Testament ist ein strenges Buch. Schonungslos zeigt es die Sündhaftigkeit des schwachen Menschen auf, der in seinem Ungehorsam immer wieder gegen Gottes Gebote und Sein Gesetz verstößt und darum die unerbittliche Strafe des HErrn tragen muß. Mit erschütternder Offenheit zeigt es die Sitten der Kinder Israel, im Guten wie im Bösen. Im Hohenlied Salomos aber preist es die Lust zu leben: »Esset, meine Lieben, und trinket, meine Freunde, und sättigt euch an Liebe!«

Zeittafel

ca. 2600 bis ca. 1150 v. d. Z. kretisch-mykenische Kultur
um 1800 »Minos«
um 1300 Trojanischer Krieg
um 1200 Dorische Wanderung
10. Jh. (?) Lykurgos
um 800 (?) Homer
776 Erste Olympische Spiele
um 700 Hesiod
ca. 640–560 Solon
ca. 640–547 Thales von Milet
um 600 Sappho von Lesbos; Alkaios
ca. 500–425 Anaxagoras
ca. 495–429 Perikles
484 bis ca. 430 Herodot
ca. 480–410 Protagoras
ca. 470–339 Sokrates
um 450 Pheidias
ca. 450–404 Alkibiades
427–347 Platon
432 Anklage gegen Aspasia
421 Aristophanes' (geb. ca. 445) Komödie »Lysistrata«
384–322 Aristoteles
356–323 Alexander der Große
um 350 Praxiteles
148 Makedonien römische Provinz
146 Zerstörung von Korinth, Ende der griechischen Selbständigkeit

6 »Das Schöne ist gut und das Gute ist schön«

Die Griechen

Kreta ist ein Land im dunkelwogenden Meere, fruchtbar und anmutsvoll und rings umflossen. Es wohnen dort unzählige Menschen …« Homer, der die Schönheit der Insel besang, hat nicht geschildert, wie die Bewohner der »neunzig Städte« Kretas lebten; aber es gefiel ihm zu erwähnen, daß bei den Festlichkeiten im königlichen Palast von Knossos »blühende Jünglinge und vielgefeierte Jungfrauen den Ringeltanz tanzten, an der Hand einander sich haltend«. Nicht alle Fresken, die in den Ruinen von Knossos freigelegt wurden, zeigen so sittsame Tänze, und die vielgefeierten Jungfrauen, deren schlanke Gestalten in überaus graziösen Statuetten der Nachwelt erhalten geblieben sind, stellen ihre nackten, vollen Brüste zwar mit liebenswürdiger Natürlichkeit, aber keineswegs harmlos zur Schau.

Alle Funde deuten darauf hin, daß die Kreter die »Göttin der Natur« als höchste Gottheit verehrten, jene »Große Mutter«, die den Tod dadurch überwand, daß sie neues Leben gebar. Nicht nur die Menschen, auch die Tiere und die Pflanzen verdankten ihr Dasein, Wachstum und Gedeihen. Aber ohne Paarung gibt es keine Zeugung. In der Vorstellung der Kreter verkörperten Stiere und Schlangen die männliche Kraft. Das gewaltige Glied des Stieres und die Form der sich aufrichtenden Schlange waren die angebeteten Symbole der Männlichkeit. Die gewölbten Hüften und schwellenden Brüste der Muttergöttin zeugten für ihre willige Fähigkeit, zu empfangen und zu stillen, aber sie war nur vollkommen, wenn sich Schlangen um sie wanden und aus ihren Haaren emporragten.

Die namenlose Muttergöttin hatte das göttliche Kind Velchanos in einer Felsenhöhle zur Welt gebracht. Wer der Vater dieses Gottes war, der von den Kretern als das Urbild der befruchtenden Feuchtigkeit verehrt wurde, ist nicht überliefert. Velchanos ging Jahr um Jahr mit dem Wachstum dahin und stand alljährlich von den Toten auf, wenn die Erde wieder zu grünen begann. Seine Bedeutung im Glauben des Volkes nahm zu, als ihm von den Gläubigen die Zeugungskraft des Stieres zugesprochen wurde. War er es, der Pasiphaë, die Frau des legendären Königs Minos, in der Gestalt eines Stieres begattete und mit ihr den ungeheuren Minotauros, den Minos-Stier, zeugte?

Die Geschichte des Königreichs Kreta, dessen Ruinen von seiner glanzvollen Größe künden, ist ungeschrieben geblieben. Die Vergangenheit der Insel ist von Legenden verschleiert. Ob es einen bestimmten König gab, der Minos hieß, oder ob Minos der Königstitel war, ist ungeklärt. In der Darstellung Homers wurde Minos nach seinem irdischen Leben zum »Richter der Toten« – als Dank und Belohnung für seine irdische Gerechtigkeit.

Minos – ob er nun ein einzelner Herrscher war oder ob der Name für eine Geschlechterfolge von Königen steht – hatte es dank seiner Flotte nicht nötig, die Städte seiner Insel zu befestigen und ein Heer unter Waffen zu halten. Er selbst und seine Untertanen konnten sich des Daseins erfreuen und es verschönern. Nicht nur die Paläste des Königs waren prächtig ausgestattet. In den mehrstöckigen Häusern der Städte gab es bequeme Stiegenaufgänge, und was an Gebrauchsgegenständen und Werkstätten ausgegraben wurde, beweist, daß auch die ärmeren Kreter im Wohlstand lebten.

Die kretischen Künstler, die Blumen, Pflanzen und Tiere in zärtlicher Vollkommenheit malten, haben keine Gemälde oder Bildwerke hinterlassen, die der Liebe gewidmet waren. Schickte es sich nicht, Frauen in vollkommener Nacktheit darzustellen oder Männer, die zum Spiel der Liebe bereit sind? War die sinnliche Schönheit der Frauen- und Männergestalten tatsächlich keusch, oder widersprach es nur den verfeinerten Sitten der Kreter, das Grob-Sinnliche im Bild zu zeigen?

Die Sagen und Mythen, die von der Insel berichten, nachdem ihre Paläste und Städte von Feinden oder durch Feuersbrünste zerstört worden waren, sind weniger zurückhaltend. Am berühmtesten wurden die Geschichten von den Erlebnissen der schönen Pasiphaë und ihrer reizenden Töchter Ariadne und Phaidra. Die verschiedenartigen Erzählungen über ihre Liebesabenteuer sind zu verschiedenen Zeiten mit immer neuen Einzelheiten so ausgeschmückt worden, daß nur ihr wesentlicher Inhalt Gültigkeit gewann und von den Griechen als Geschichte gewertet wurde – solange sie die lehrreichen Geschichten, die ihre Sitten formten, als vergangene Wirklichkeit gelten ließen, bis in die Zeiten also, in denen sie schließlich den Glauben an die Götter und Helden verloren, die sie in ihrer eigenen Vorstellung geschaffen hatten.

Sogar der bedeutendste Sammler von Tatsachen der Antike, Aristoteles, beschäftigte sich mit dem Schicksal der Pasiphaë so, als sei die Dichtung Wahrheit. Minos, so erklärte Aristoteles, habe, um die Zunahme der Bevölkerung seiner Insel zu verhindern, deren Grund und Boden nicht noch mehr Menschen zu ernähren vermochte, die Knabenliebe auf Kreta eingeführt. Die Männer sollten davon abgelenkt werden, die Frauen zu befruchten, und doch nicht unter geschlechtlicher Enthaltsamkeit leiden müssen. Die Sinnenlust des schöneren Lebens, nach dem die Kreter strebten, sollte nicht eingeschränkt, sondern in anderer Form befriedigt werden.

Ob die Männer von Kreta damit zufrieden waren, berichtete Aristoteles nicht. Die Frauen waren dagegen, besonders Pasiphaë, die Frau des Königs Minos. Aber der überlieferte Mythos stellt Grund

und Anlaß ihres Fehltrittes anders dar. Es hieß nämlich, daß der König, der nicht nur Pasiphaë beischlief, sondern vielen jungen Frauen seines Reiches, statt Kindern Schlangen und Skorpione zeuge. Pasiphaë, die dem Minos bereits gesunde Kinder geboren hatte, wich seinen ehelichen Annäherungen aus. Sie wollte es nicht darauf ankommen lassen, zu empfangen und eine Mißgeburt zu gebären. Aber wie konnte sie sich dem König verweigern, der durch seinen Samen die Muttergöttin beleidigt und das Recht der Männer gegenüber den Frauen zur Geltung gebracht hatte? Der Königin Pasiphaë, die selbst göttlichen Ursprungs war, half ein Gott in ihrer Not – aber nicht so, wie sie es wirklich gewünscht hatte. Poseidon, der Gott der Meere, fühlte sich von Minos hintergangen und beleidigt. Der Gott hatte auf die Bitte des Königs einen Stier aus dem Meer emporsteigen lassen, den der König ihm hätte opfern sollen, aber seiner Herde einverleibt hatte. Aus Rache flößte Poseidon der Pasiphaë eine unwiderstehliche Leidenschaft zu dem göttlichen Stier ein. Sie paarte sich mit dem kretischen Sinnbild der Zeugungskraft. Die Sage meldet nicht, ob Minos sogleich von dem Ehebruch seiner Gattin erfuhr. Dann aber brachte Pasiphaë die Frucht ihres Geschlechtsverkehrs mit dem Stier zur Welt – ein Ungeheuer, halb Mensch, halb Stier, den schrecklichen Minotauros. Der größte Erfinder jener frühen Zeiten, Daidalos, der auf Kreta Zuflucht gefunden hatte, half dem König, den Minotauros in das einzigartige Labyrinth einzusperren, das er zu diesem Zweck erbaut hatte. Der Minotauros blieb im Labyrinth. Er mußte ernährt werden. König Minos, dessen Schiffe die Flotte der damals noch unbedeutenden Stadt Athen besiegt hatten, forderte alle neun Jahre einen Tribut von sieben Mädchen und sieben Jünglingen, die dem Untier zum Fraße dargeboten wurden. In jedem neunten Jahr beklagten die Väter und Mütter der unglückseligen jungen Menschen das furchtbare Schicksal der Opfer und die Schmach, die ihrer Stadt auferlegt war. Als Theseus, der Sohn des Königs von Athen, herangewachsen war, verlangte er, einer der sieben Jünglinge zu sein. Sein Vater wollte ihn nicht ziehen lassen. Aber Theseus war entschlossen, den Minotauros unschädlich zu machen. Als er mit den anderen dem Tode Geweihten auf Kreta landete, verliebte sich Ariadne, eine Tochter Pasiphaës und des Königs, in seine männliche Schönheit. Sie wurde seine Geliebte und beriet ihn nicht nur, wie er den Weg aus dem Labyrinth finden könne, sondern gab ihm auch ein Schwert, dessen Zauber es ihm ermöglichen werde, den Minotauros zu töten. Mit einem um sein Handgelenk gebundenen Wollfaden betrat Theseus an der Spitze der athenischen Jünglinge und Mädchen das Labyrinth. Er spulte den wegweisenden Faden ab, erlegte den Minotauros und fand den Ausgang des Labyrinths. Als Dank für die Errettung hatte er Ariadne versprochen, sie auf die Flucht mitzunehmen. Sie sollte seine Frau werden. Theseus hielt sein Versprechen. Während der Zwischenlandung auf der Insel Naxos vermählte er sich mit Ariadne. Aber als sie in der Brautnacht beseligt eingeschlafen war, verließ Theseus die Insel mit seinen Gefährtinnen und Gefährten und überließ die Geliebte vieler Nächte und Braut einer Nacht ihrem Schicksal.

Die von Theseus auf Naxos verlassene Ariadne wurde von Dionysos, dem Gotte des Weines, gefunden. Er nahm die Einsame zur Frau. Sie gebar ihm Kinder und wurde von ihm nach ihrem Tod in den Himmel erhoben und unter die Göttlichen versetzt – so erzählt eine Sage. Eine andere berichtet allerdings, Ariadne sei auf Weisung des Dionysos von der Göttin Artemis getötet worden, als er ihrer ledig sein wollte.

Je nach der Lehre oder der Moral, die das gläubige Volk aus der Schilderung der mythischen Begebenheiten ziehen sollte, wurde das Schicksal der handelnden Personen von den Priestern und Dichtern willkürlich verändert. Allen, ob sie auf dem griechischen Festland, an den Küsten Kleinasiens, Siziliens und der Apenninen-Halbinsel oder auf den zahlreichen Inseln der Ägäis lebten, galt das Tun und Lassen, das Leben und Sterben der göttlichen, halbgöttlichen und heldischen Gestalten ihrer Mythen als Vorbild und Beispiel, nach dem sie selbst ihre Sitten formten. Sie lebten, liebten und haßten, wie sie sich vorstellten, daß ihre Götter lebten, liebten und haßten. Sie verpflanzten Feindschaften und Vorurteile aus der fernen Vergangenheit in die Erzählungen ihrer eigenen Vorgeschichte, um ihren aufgestauten Rachegefühlen Ausdruck zu verleihen. So freuten sich die Athener, deren Vorfahren dem König Minos von Kreta das Opfer der Mädchen und Jünglinge hatten bringen müssen, über die Sage von der kretischen Königstochter Phaidra, die von Theseus, der ihre Schwester Ariadne verlassen hatte, zur Frau genommen worden war. Denn daß Phaidra – darin ihrer Mutter Pasiphaë ähnlich, die einst so leidenschaftlich nach dem göttlichen Stier verlangt hatte – von brennender Liebe zu ihrem Stiefsohn Hippolytos ergriffen wurde, war nur eine gerechte Strafe für Theseus, der eine Tochter des Feindes von Athen geheiratet hatte. Daß er ihr glaubte und nicht seinem Sohn, den sie hatte verführen wollen und der ihr nicht willig gewesen war, wirkte wie ein Fluch, den er auf sich geladen hatte. Der in seiner Gattenehre gekränkte Vater bat Poseidon, den Sohn zu vernichten: Ein Stier, der aus dem Meer auftauchte, brachte die Pferde des Hippolytos zum Scheuen. Er wurde zu Tode geschleift – Phaidra aber beging Selbstmord. So erging es einer Stiefmutter, die keine Gegenliebe bei ihrem Stiefsohn fand, und ihrem Ehemann, der ihr lüsternes Wesen nicht durchschaute und der schuldigen Frau mehr vertraute als seinem schuldlosen Sohn.

Die Beziehungen von Mann und Frau, von Eltern und Kindern, von Brüdern und Schwestern spielten eine beherrschende Rolle schon in den frühen Glaubensvorstellungen der Stämme, die in den griechischen Raum gewaltsam eingebrochen oder friedlich eingewandert waren. Ihre Stammeshäuptlinge, Könige und Priester einigten sich auf einen Schöpfungsmythos, dessen wesentlichen Inhalt sie mit sich gebracht und mit den religiösen Vorstellungen der ursprünglich in Hellas ansässigen Bevölkerung vermischt hatten: Aus dem Chaos, »dem unendlich leeren, gähnenden Raum«, war die »breitbrüstige Erde« entstanden, aber auch Eros, »der schönste von allen Unsterblichen, der Gebieter über Sinn und Gemüt aller Götter und Menschen«.

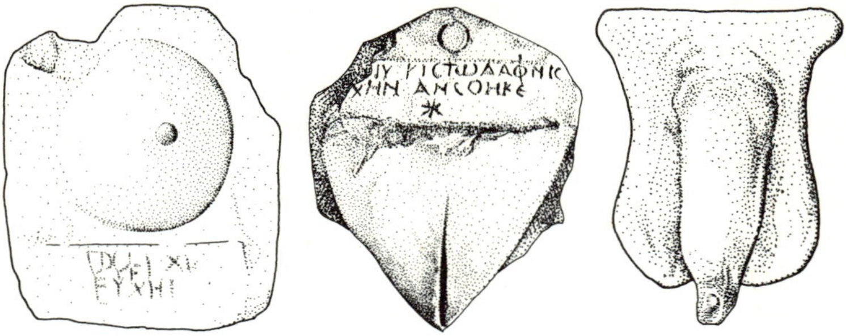

Erotisch-sexuelle Weihgaben, die den Göttern dargebracht wurden, um für Fruchtbarkeit und das Glück der Liebe zu danken.

Im Anfang also war der Trieb. Dem Verlangen nach Paarung konnte Uranos, die Zeugungskraft des Himmels, nicht widerstehen. Seiner Feuchtigkeit und Wärme ergab sich Gaia, die Erde. Sie öffnete sich seiner brünstigen Umarmung und empfing ihn, um zu gebären. Die schwangere Erde gebar »den Tieren das Futter und den Menschen die Brotfrucht«, aber auch die Titanen, deren Name sich vom Worte »strecken« ableitet: vom Strecken des männlichen Gliedes. Die hundertarmigen Riesen und Kyklopen, die Gaia außerdem in die Welt setzte, verkörperten gewaltige Naturkräfte, die Uranos zu mächtig erschienen. Er stieß sie in die Mutter Erde zurück. Aber Gaia rief die Titanen zu Hilfe, um sich für den ihr von Uranos angetanen Zwang zu rächen. Sie haßte den Mann, der ihr die Brut in den Schoß zurückgestoßen hatte. Doch nur einer der Titanen, der hinterlistige Kronos, erklärte sich bereit, die Hand gegen den Vater zu erheben. Sie überreichte ihm eine scharfe Sichel. Kronos hielt sich verborgen, als Uranos, der Himmel, sich zur nächtlichen Liebesumarmung auf Gaia lagern wollte. Er schnitt mit der Sichel das riesenhafte Glied des Vaters ab und warf es hinter sich. Das Blut, das aus der gewaltigen Wunde strömte, befruchtete Gaia. Sie gebar die Rachegöttinnen, die Giganten und alle Dämonen des Bösen. Das Glied des Uranos aber, das ins Meer fiel und dem der weiße Schaum des göttlichen Samens entströmte, zeugte Aphrodite, die Göttin der Schönheit und der Liebe.

Nicht allen Priesterinnen und Priestern, die in den Tempeln der »dem ganzen Volk gehörenden« Schaumgeborenen Opfer darbrachten, sagte der Mythos von der »mutterlosen« Zeugung Aphrodites zu. So wurde der Göttin, die in Frauen und Männern die Sinnlichkeit weckte und die Geschlechter vereinigte, ein zärtlicherer Ursprung zuerkannt. Nicht aus dem Samen eines verstümmelten Gliedes sollte sie entstanden sein, sondern aus einer glücklichen, lustvollen Verbindung, die ihrem himmlischen Zauber entsprach: Als die Tochter Diones wurde Aphrodite verehrt, die ihrerseits die Tochter des die Erde mit seinen Fluten umschließenden Titanen Okeanos war. Wohl war Aphrodite im Schaum der Wellen geboren worden, aber als ihr Vater sollte nicht Uranos gelten, sondern der jüngste Sohn des Kronos, Zeus, der Dione zärtlich geliebt hatte.

Zeus war noch nicht von dieser oder jener Welt, als Kronos seinen Vater Uranos, den Himmel, entmannt und ihm die Weltherrschaft entrissen hatte. Nach dem Sieg über den Vater nahm Kronos seine Schwester Rhea zur Frau und zeugte mit ihr fünf Kinder: die Töchter Hestia, Demeter und Hera, die Söhne Hades und Poseidon. Aber Kronos hatte Angst vor seinen Kindern. Gaia, seine Mutter, und Uranos hatten ihm prophezeit, daß seine Kinder ihn entmachten würden. Um dem gleichen Schicksal zu entgehen, das er seinem Vater bereitet hatte, verschlang Kronos seine Kinder. Doch Rhea, die abermals von Kronos schwanger war, wollte wenigstens ihr jüngstes Kind retten. Wie die kretische Muttergöttin ihrem Sohn Velchanos, schenkte sie in einer Felsenhöhle auf Kreta einem Knaben das Leben und überreichte ihrem grausamen Brudergatten statt des Neugeborenen einen in Windeln gewickelten Stein, den er verschlang.

In einer Berggrotte auf Kreta wuchs Zeus heimlich heran. Dann zwang er Kronos, die von ihm verschlungenen Geschwister auszuspeien und auf die Weltherrschaft zu verzichten. Zeus tat das gleiche, was sein Vater getan hatte: Auch er nahm eine Schwester zur Frau. Hera, die schon vor ihrer Vermählung mit Zeus geschlechtlich verkehrt hatte, wurde nicht nur die Schutzgöttin der Ehe, sondern galt auch als die Behüterin von Liebespaaren, die nicht auf die Ehe warteten, um die Liebe zu genießen. Daß Hera die Schwester ihres Gatten war, also in einer später als Inzest verdammten geschlechtlichen Beziehung zu ihrem Bruder stand, wurde weder ihr noch Zeus verargt. Sie war dem Mann ihres Lebens treu und damit über jeden Vorwurf erhaben. Sie war das Vorbild der Ehefrauen und die Göttin, die den Jungfrauen »die Erfüllung bringt«. Ihre heftige Eifersucht und ihre empörte Wut über die unaufhörlichen Seitensprünge ihres Mannes waren nur allzu menschlich. Warum sollte nicht auch die Göttin der Ehe über der ehelichen Treue ihres göttlichen Gemahls wachen – wenn sie es auch vergeblich tat?

Zeus, der Göttervater, war als Familienvater der unbestrittene Hausherr im Olymp, dem den Menschen unerreichbaren Heim der Götter, das er sich vorbehielt, als er die Welt mit seinen beiden Brüdern teilte und dem Poseidon das Meer, dem Hades das Innere der Erde zugestand. Sie hatten ihm im Kampf gegen Kronos und die Titanen Beistand geleistet, ohne seine Überlegenheit zu bestreiten. So ließ er sie in ihren Reichen schalten und walten, sofern sie ihm nicht in die Quere kamen. Seine Schwester Demeter, die Erbin Gaias als »Mutter der Erde«, hatte Zeus erhört und ihm die Tochter Persephone geboren, die Hades mit der Zustimmung des Göttervaters als Braut in die Unterwelt entführte, aber nur ein Drittel des Jahres bei sich behalten durfte, da Demeter sonst keine Saaten mehr hätte wachsen lassen. Auch der dritte Bruder, Poseidon, war Demeter zugetan gewesen: In der Gestalt eines Hengstes hatte er sie, die ihn als Stute empfing, besprungen.

Das Liebesleben der göttlichen Brüder und Schwestern war so lebhaft und so vielfältig wie das Liebesleben der Menschen auf Erden, die an diese Götter und Göttinnen glaubten, ihr ungehemmtes Treiben nur zu gern nachahmten und den eigenen Trieben folgten, wann und wo immer sich die Möglichkeit dazu bot.

Nur Hestia, die Göttin des Herdes und des Herdfeuers, hatte keine Liebesabenteuer. Sie war die »himmlische Jungfrau«, die sich die Sinnenlust versagte, um ihre häuslichen Pflichten ungestört zu erfüllen. Zu Hestia schauten die übriggebliebenen irdischen Haustöchter in verzichtender und verstehender Zuneigung auf: Auch im Olymp gab es ein weibliches Wesen, das keine Erfüllung fand.

Das unvergleichliche Vorbild der griechischen Männer war Zeus. Er war nicht nur der über alle Maßen weise Herrscher der Götter und Menschen, ihm verdankte die Welt auch ihre sittliche Ordnung. Als Schutzherr der Familie ließ er es nicht zu, wenn die Kinder ihre Eltern nicht ehrten und nicht für sie sorgten. Unter seiner Obhut stand der Fremde, der Landflüchtige, der in seinem Namen um gastliche Aufnahme bitten konnte, er war »Schwurgott« und Schutzherr des Rechtes. Er war der Stärkste und der Mutigste. Er hatte nur eine Schwäche: die Liebe. Er kannte nur eine Feigheit: die Angst vor seiner Frau. Zeus, dessen göttliche Pflicht es gewesen wäre, gemeinsam mit Hera über die Ehe zu wachen, brach seine Ehe nicht nur bei jeder Gelegenheit, die sich ihm bot, sondern er schuf auch erfinderisch immer neue Gelegenheiten, seinen Durst nach Liebe zu stillen. Noch bevor sich Zeus an Hera herangemacht hatte, war er den Reizen der weisen Titanentochter Metis verfallen. Vergeblich hatte sie versucht, sich ihm durch Verwandlung in verschiedene Gestalten zu entziehen. Doch Zeus war es gelungen, Metis zu überrumpeln. Als sie schwanger war, prophezeite ihm seine Großmutter Gaia, daß ihn die Kinder, die ihm Metis gebären werde, ebenso der Macht berauben würden, wie Kronos von ihm der Macht beraubt worden war. Daraufhin verschlang Zeus die schwangere Geliebte und nahm dadurch ihre Weisheit in sich auf. Aber der in Metis' Schoß empfangene Same wuchs in Zeus und drängte danach, geboren zu werden. So mußte Zeus sich den Kopf spalten lassen, damit Athene, die Göttin der Weisheit, zur Welt kommen konnte.

Der schmerzhafte Eingriff schreckte Zeus nicht ab, den himmlischen Frauen auch weiterhin nachzustellen. Er verführte Themis, eine Schwester seines Vaters, und zeugte mit ihr die Horen, die Göttinnen der Jahreszeiten; er wohnte Mnemosyne bei, die ihm die neun Musen schenkte, und Leto, der er die Zwillingsgeschwister Apollon, den Gott der Sonne, und Artemis, die Göttin der Jagd, verdankte. Nachdem Hera ihrem unbeständigen Mann ihrerseits zwei Söhne und zwei Töchter beschert hatte, war der Olymp von beinahe allen großen Göttern bewohnt, die sich die Menschen nur vorstellen konnten. Heras Erstgeborener, der Kriegsgott Ares, wurde erst später von friedliebenden Gläubigen verächtlich der »Menschenvertilger« genannt, und ihr zweiter Sohn, der lahme Hephaistos, gewann seinen großen Ruf als Waffenschmied und Meister aller Handfertigkeiten erst, nachdem er die Schwerter und Rüstungen der Götter und Heroen im züngelnden Feuer seiner Esse geschmiedet hatte.

Eileithyia, die ältere Tochter, half ihrer Mutter Hera, die Geburtswehen der irdischen Frauen zu hemmen oder zu beschleunigen, während Hebe, die jüngere, die Götter bei Tisch bediente. Als Zeus sich in den schönen Jüngling Ganymed verliebte und ihn in den Olymp nahm, um seinen unermüdlichen Geschlechtstrieb auch mit einem Knaben zu stillen, hatte Hebe ihre Pflichten mit Ganymed zu teilen, der zum Mundschenk der Götter wurde.

Auf einem seiner vielen Ausflüge zur Erde schwängerte Zeus die Bergnymphe Maia. Sie brachte einen Sohn in ihrer Höhle zur Welt und benannte ihn Hermes – nach dem Steinhaufen, der seine Wiege war. Der frühreife Göttersohn erwies sich von Kindheit an als höchst erfinderisch und »jeder Lage gewachsen«. Seine Fähigkeiten waren so vielseitig, daß er als Gott des Handels, der Hirten, der Wanderer und Reisenden angerufen wurde. Die Flügelschuhe, die an Hermes' Knöcheln befestigt waren, kennzeichneten ihn als den flinken »Götterboten«, der nicht nur seinem Vater, sondern auch seinen Brüdern und Schwestern Dienste leistete. Er war der freundliche Gott, der tiefen Schlaf und schöne Träume gewährte, aber man mußte ihm auf die gelenkigen Finger schauen, vor denen kein Ge-

Amphore aus dem Jahr 430 v. Chr., British Museum

genstand sicher war. Hermes liebte es, zu stehlen, durch schlaue Gespräche hinters Licht zu führen und Vorteile durch die Übervorteilung anderer zu gewinnen. Ihm gleichgesinnte Männer beschützte er vor anderen, die ebenfalls seine gefährlichen Eigenschaften hatten, wenn sie ihm ein Standbild errichteten, eine viereckige Steinsäule ohne Arme und Beine, die, von einem bärtigen Männerkopf gekrönt, in ihrer Mitte ein aufgerichtetes männliches Glied zeigte, durch das kundgetan werden sollte, daß der Errichter dieser »Herme« auf dem solchermaßen behüteten Gebiet der unbestrittene Herr sei und jeden Einbruch in seinen Bereich und sein Geschlechtsleben rücksichtslos ahnden werde.

Die Vielzahl der olympischen Götter und Göttinnen, für deren Vermehrung Zeus zudem durch seine Liebschaften auch mit sterblichen Frauen sorgte, war der lebhaften Einbildungskraft der Griechen entsprungen. Sie gaben den geheimnisvollen Naturerscheinungen ihrer Umwelt und den unerklärlichen Trieben ihres eigenen Seins nicht nur göttliche Namen, sie gestalteten die Göttlichen auch in ihrer Phantasie, als seien sie Menschen. Ihre Götterwelt war so, wie sie sich wünschten, daß sie wäre. Dadurch wirkte sie wirklich auf sie und kam, obwohl sie übersinnlich war, ihrem ausgeprägten Wirklichkeitssinn entgegen. Zur Rechtfertigung ihrer eigenen unbezähmbaren Lebens- und Sinnenlust gestanden die Griechen den Olympiern die Freuden des Lebens und der Sinne zu, die sie selbst auf Erden genießen wollten: Ihre Götter waren Spiegelungen griechischer Lebens- und Liebesart.

Der Überlieferung zufolge führten sich die griechischen Stämme, wenn auch als Nachkommen verschiedener Mütter, auf Zeus als ihren Ahnherrn zurück. Sich solch himmlischer Herkunft zu rühmen und sich nach den Halbgöttern zu benennen, die Zeus gezeugt oder deren Zeugung er veranlaßt hatte, erhöhte das Selbstbewußtsein. Die Griechen waren stolz darauf, die unehelichen oder außerehelichen Nachfahren von Göttern oder Helden zu sein, und nicht zuletzt deshalb legten sie es darauf an, fremde Frauen und Mädchen so, wie ihre himmlischen Vorfahren es taten, durch Überrumpelung oder, besser noch, durch allerlei List zu Müttern ihrer außerehelichen oder unehelichen Kinder zu machen.

Aber nicht nur der Glaube an die großen Gottheiten des Olymp und ihre Abkömmlinge beeinflußte die Lebensgewohnheiten und Bräuche der Griechen. In ihrer musischen Hellhörigkeit und mit ihrer genußfreudigen Aufnahmefähigkeit für alles Geschaute erhoben sie nicht nur die im großartigen Zusammenspiel der Natur offenkundigen Gewalten zu Gottheiten, sondern auch die zarten Naturerscheinungen ihrer Umwelt. Die meisten Gottheiten waren in der Vorstellung der Griechen zudem mit Tieren verbunden, wurden durch sie verkörpert oder hatten diese oder jene Eigenschaften dieses oder jenes Tieres. So hieß Hera die »Kuhäugige«, galt als Sinnbild der Pallas Athene die Eule; der Liebes- und Lustgöttin Aphrodite waren der Bock und der Widder als Symbole der Zeugungskraft heilig, auch der Hase wegen seiner Fähigkeit, sich in aller Eile zu paaren, ferner die hurtig einander behüpfenden Sperlinge und außerdem die Taube, die von den Griechen dort, wo sie die Kulte Asiens kennenlernten, »Vogel der Ischtar« genannt wurde – nach jener Göttin der Fremden also, deren Wesen dem der Aphrodite entsprach. Als Abenteurer der Liebe nahm Zeus gern die Gestalt eines Stieres an und verwandelte die begehrte Frau in eine Kuh, um sie zu begatten. Mit Leda, der Gemahlin des Königs Tyndareos, vereinigte sich Zeus in Gestalt eines Schwanes. Zwei Eier brachte Leda zur Welt, aus denen die schöne Helena und Klytaimnestra sowie die Dioskuren Kastor und Polydeukes hervorgingen. Aphrodites Altäre waren mit Myrte geschmückt. Aber auch Äpfel lagen darauf. Wenn ein Verliebter einem Mädchen einen »Apfel der Aphrodite« überreichte, war dies gleichbedeutend mit einer Werbung: »Hier diesen Apfel werfe ich dir zu. Wenn du mich lieben willst, so nimm ihn an und gib mir deine Jungfräulichkeit. Willst du aber nicht, so nimm den Apfel, damit du lernst, wie schnell die Jugend verfault.«

Die griechische Komödie – Parodie auf die Geburt der schönen Helena aus dem Ei, abgebildet auf einer Vase

Von der Gunst Aphrodites war sogar Zeus abhängig, wenn auch nicht unmittelbar. Aber wo die Göttin der Liebe den Frauen, die er begehrte, nicht die Reize verlieh, die seine Sinnlichkeit erweckten, wurde die Liebe selbst für den Göttervater schal. Aphrodite besaß einen köstlichen Gürtel, der alle Schwingungen des Verlangens, sinnliche Hingabe und begehrende Erfüllung in sich barg. Als Hera sich, mit allen Reizen der Jugend und Schönheit geschmückt, Zeus nahte, begehrte er sie erst, nachdem Aphrodite der Gattin ihres Vaters den Gürtel geliehen hatte, »den Zauber der Liebe und Sehnsucht, der alle Herzen unsterblicher Götter bezähmt und sterblicher Menschen«. Zeus war so betört, so hingerissen von Hera, daß er die Welt vergaß und sich in leidenschaftlichem Verlangen mit ihr vereinigte.

Aphrodite wurde nicht nur als Göttin der Liebe angebetet, sondern auch als Göttin der weiblichen Schönheit. Ihre Gestalt galt als so berückend, daß ihr als »der Göttin mit den schönen Hinterbacken« ein eigener Tempel geweiht war. Diesen Tempel der »Aphrodite Kallipygos« hatten zwei Schwestern erbauen lassen, die ihre glücklichen Ehen den reizvollen Formen ihrer Gesäße verdankten – und diese wiederum, so glaubten die Schwestern, seien ein Geschenk der Aphrodite gewesen.

Zum Trost und zur Erbauung oder Belehrung begehrenswerter Frauen, die im ehelichen Geschlechtsverkehr keine Befriedigung fanden, weil ihre Männer ihren Bedürfnissen nicht entsprachen oder körperliche Mängel hatten, wurde von gefälligen Priestern und Dichtern gern die Geschichte vom vorbildlichen Ehebruch Aphrodites erzählt, die dem lahmen Hephaistos vermählt worden war. Am Scheitern dieser im Himmel geschlossenen Ehe war nicht nur Aphrodites lüsterne Flatterhaftigkeit schuld, sondern auch der geschäftige Übereifer des Schmiedes der Götter, der seine Frau vernachlässigte. Daß Hephaistos nur schwache Beine und ein von Ruß geschwärztes Gesicht hatte, wäre angesichts seiner breiten Brust und seiner kräftigen Arme für Aphrodite zu verschmerzen gewesen, wenn er ihr nur Zeit und Aufmerksamkeit genug geschenkt hätte. Aber Hephaistos kümmerte sich mehr um sein Handwerk als um seine nach Liebe verlangende Frau. Ares, der Kriegsgott, hatte mehr Muße als der vielbeschäftigte Schmied, der die Waffen für seine Kriege herstellte. Er benützte die Vereinsamung seiner Schwester, um sich ihr begehrlich zu nähern. Sein Trieb erregte den ihren. Ares und Aphrodite wurden ein heimliches Liebespaar, und die genossene Liebe verschönte die Göttin der Liebe so, daß es allen Olympiern auffiel – dem betrogenen Ehemann zuletzt. Als er von Aphrodites Fehltritt erfuhr, beschloß Hephaistos, sich zu rächen. Er tat es jedoch nicht so, wie es ehrenhafte Ehemänner auf Erden getan hätten. Er tat, als wüßte er von nichts, und wartete auf die Gelegenheit, die ehebrecherischen Geschwister auf frischer Tat bei ihrem »schändlichen Tun« zu überraschen und im wahren Sinne des Wortes bloßzustellen. Dazu schmiedete er ein feines Netz. Im entscheidenden Augenblick der Umarmung umschloß es die Liebenden so fest, daß sie sich nicht voneinander lösen konnten. Als Ares und Aphrodite in der Falle lagen, holte Hephaistos alle Götter des Olymps herbei, damit sie die Verliebten in ihrer »lächerlichen Lage« verspotteten. Aber die Götter lachten nicht über Ares und Aphrodite, sondern über Hephaistos, der die Kränkung seiner Gattenehre so schamlos und peinlich zur Schau gestellt hatte. Apollon, auch er kein Kostverächter der Liebe, fragte den Götterboten vergnügt: »Hermes, des Zeus Gesandter und Sohn, du Geber des Guten, hättest auch du wohl Lust, von so starken Banden gefesselt, in dem Bette zu ruhen bei der goldenen Aphrodite?« Ihm erwiderte darauf der Geschäftige, und diesmal meinte er es durchaus ehrlich: »Oh, geschähe doch das … fesselten mich auch dreimal so viel unendliche Bande und ihr Götter sehet es an und die Göttinnen alle, siehe, so schliefe ich doch bei der goldenen Aphrodite …«

Solche Anerkennung konnte die Göttin der Liebe nur ermutigen, noch mehr der Liebe zu pflegen. Sie begnügte sich nicht mit Ares, der sie verführt hatte. Sie selbst verführte Hermes, der sich so offen zu ihr bekannt hatte, und verliebte sich in den schönen Jüngling Adonis so, wie sich Ischtar in Tammuz verliebt hatte. Im Frühling und im Sommer genoß sie die zarte Sinnlichkeit des Adonis als Abwechslung zu der männlichen Heftigkeit ihres Liebhabers Ares. Aber der eifersüchtige Kriegsgott verwandelte sich in einen Eber und tötete Adonis, der nun in die Unterwelt mußte – zu Persephone, die ihrer Schwester Aphrodite den Liebhaber streitig machte. Beide Göttinnen führten gegeneinander Klage bei ihrem Vater Zeus. Der wollte keiner vorenthalten, was sie begehrte. Und so entschied er, daß Adonis die eine Hälfte des Jahres bei Persephone bleibe und in der anderen das Herz Aphrodites und die griechischen Frauen erfreue, die ihm im späten Sommer Blumen opferten, seinen bevorstehenden Tod beweinten und seine Wiederkehr im Frühling ersehnten.

Auch sonst hielt sich Aphrodite schadlos. Sie ließ ihre Schönheit bei jeder Gelegenheit feiern und feierte die Freuden der Liebe mit anderen Göttern und mit allen Menschen, die an sie glaubten.

Um zu bezeugen, daß sie nicht nur den Frauen die Lust gab, sondern auch die Männer zu Nutznießern und Genießern der Freuden machte, die sie zu spenden vermochte, gebar Aphrodite ihrem Liebhaber Hermes ein Kind, das sowohl weiblichen als auch männlichen Geschlechts war. Das göttliche Zwitterwesen nannte sie nach ihrem und des Vaters Namen Hermaphroditos. Die Gestalt des Jünglings, die mit männlichen Geschlechtsteilen ausgestattet und doch eine Frau war, deren liebliche Brüste zur Zärtlichkeit einluden, wurde so volkstümlich, daß man allenthalben Statuen des Hermaphroditos aufstellte und als den Inbegriff mann-weiblicher Vollkommenheit anbetete. Die Doppelgeschlechtlichkeit war kein Makel. Hermaphroditen waren der sinnbildliche Beweis der damals wissenschaftlich noch keineswegs ergründeten, aber doch im Bewußtsein der Gläubigen keimenden Erkenntnis, daß Männer und Frauen die Merkmale des anderen Geschlechts in sich trügen. Wenn sie in der körperlichen Vereinigung eins wurden, hatten die beiden Geschlechter zueinander gefunden: Im Mutterschoß waren sie eine geheimnisvolle Einheit. Erst die Geburt entschied, welchem Geschlecht das Neugeborene angehören und sich zeit seines Lebens nach dem anderen Geschlecht sehnen sollte. So war der Hermaphrodit zugleich eine mythische Warnung für Männer und Frauen, nicht zu vergessen, daß sie männliche und weibliche Geschlechtsmerkmale nicht nur körperlich in sich trügen und daß Männer wie Frauen und Frauen wie Männer empfinden können. Hermaphroditen wachten über dem Liebesglück beider Geschlechter.

Auch andere Liebesbeziehungen der schönen Aphrodite waren nicht ohne Folgen geblieben. Von Ares hatte sie Eros empfangen, den geflügelten Knaben, »der mit seinen Pfeilen Götter und Menschen ins Herz trifft«. Eros war zwar »seit jeher gewesen«, aber Aphrodites leidenschaftliche Vereinigung mit Ares hatte ihn zu neuem Leben erweckt. Sein Ziel war es nicht mehr nur, das Weibliche und das Männliche zur Zeugung zu ermuntern, sondern zur Lust, zur Freude an sich und dem anderen, zur Steigerung des Genusses durch die Liebe. Eros beglückte nicht nur die verschiedenen Geschlechter mit seinen Pfeilen, er förderte auch die gleichgeschlechtliche Liebe, wenn er sie für glückbringend hielt. Er begünstigte das Vergnügen der Körper; aber er selbst war in Psyche verliebt, in die Menschenseele, einerlei welchen Geschlechts.

Dem Gott des Weines, Dionysos, mit dem Aphrodite den Rausch der Reben und der Lust genossen, hatte sie einen gröberen Sohn geboren, den Priapos. Als geheiligte Verkörperung des erregten männlichen Gliedes fehlte der kleine Gott bei keiner geschlechtlichen Vereinigung. Die Griechen lachten und scherzten gern über seine seltsame Form, die weder von den Frauen noch von den Männern als schön bezeichnet wurde. Und doch mußte Priapos an jedem zärtlichen Beisammensein teilhaben, wenn es vollkommen sein sollte. Er, den die Liebenden als »Vermittler der Lust« priesen, wurde auch von den Spröden, die sein Dasein schließlich nicht ableugnen konnten, als einer von vielen Fruchtbarkeitsgöttern anerkannt. So kam es, daß der mächtige Phallos, durch den man Priapos darstellte und der ihm geweiht war, von den Verliebten bei Fruchtbarkeitsfesten in feierlichen Umzügen vorangetragen, aber auch von des Priapos' Gegnern und Gegnerinnen in Obst- und Weingärten als Vogelscheuche oder zur Abschreckung von Dieben aufgestellt wurde.

Dionysos, nach Zeus der volkstümlichste Gott der Griechen, der ihre Sitten wie keine andere Gottheit außer Aphrodite beeinflußte, hatte seinen Ursprung nicht in der Vorstellung der Griechen. Als

Der phallische Satyr war ein beliebtes Thema griechischer Kleinkunst – Bronzestatuette aus dem Jahr 470 v. Chr., Athen

Einwanderer war er in die griechische Welt gekommen, der erst bekannt, beliebt und geliebt wurde, als die Reben Wurzeln schlugen und der gegorene Traubensaft den Frauen und Männern, die ihn tranken, das Gefühl gab, daß ein Gott in ihnen sei. Sie waren »entheos«, »des Gottes voll« – enthusiastisch besessen durch eine Gottheit.

So wurde Dionysos, der aus der Fremde Gekommene, heimisch bei den Griechen. Und als heimisch Gewordener mußte er als Sohn des Göttervaters gelten. Da aber die Rebe dem Boden entwuchs, mußte seine Mutter ihn in oder unter der Erde empfangen haben. War es nicht Persephone, die Zeus geschwängert hatte, bevor sie von seinem Bruder Hades in die Unterwelt entführt worden war? Hera, die schon die Liebschaften des Zeus mit ihrer Schwester Demeter so mißgünstig beobachtet hatte, war außer sich, als die Frucht aus dieser Liebschaft, Persephone, nun auch ihrerseits ein Kind des Göttervaters zur Welt brachte, ein »Gehörntes Kind«. Sie veranlaßte die Titanen, diesen ihr äußerst unerwünschten Nachwuchs ihres Gemahls zu töten. Zeus verwandelte das Gehörnte Kind in einen Ziegenbock, damit es den Titanen entkomme. Aber die Titanen ließen sich nicht irreführen. Sie fingen den Bock und zerstückelten ihn. Athene, die von der Zuneigung ihres Vaters für das Gehörnte Kind wußte, rettete das Herz des Ziegenbocks, und Zeus vertraute es Semele an, einer sterblichen Königstochter, die gerade seine Geliebte war, ohne zu wissen, daß der Mann, dem sie sich hingegeben hatte, als Götterkönig im Olymp herrschte. Es blieb Hera nicht verborgen, daß Semele das Herz des Gehörnten Kindes in ihrem schwangeren Leib trug. Sie war eifersüchtig auf Demeter gewesen, eifersüchtig auf Persephone, sie wurde noch eifersüchtiger auf Semele, der sie verriet, wer ihr Liebhaber war, wobei sie ihr zugleich den arglistigen Rat gab, sie solle sich von ihm wünschen, daß er ihr als Gott erscheine. Denn Zeus hatte (und das wußte Hera) der ihn liebenden Semele die Erfüllung ihrer ersten Bitte zugesagt. So mußte er sein Versprechen einlösen, als sie ihn bat, sich ihr in seiner wahren Gestalt zu zeigen. In der Vorstellung der Gläubigen war die sichtbare Erscheinungsform des Göttervaters der Blitz. Als Zeus sich der Geliebten solchermaßen offenbarte, verbrannte Semele in seinem göttlichen Strahl. Zeus aber rettete ihre sechs Monate alte Leibesfrucht und nähte sie in seinen Schenkel ein, damit Hera ihrer nicht habhaft werden könne. Als die Zeit reif war, gebar Zeus den Dionysos und beauftragte Hermes, den Knaben bei den Nymphen zu verbergen. Die Bezeichnung Nymphe bedeutete »Jungfrau«. Bevor Dionysos bei ihnen aufwuchs, galten die Nymphen, die als Töchter des Zeus die Berge und die Bäume, die Quellen und die Wellen des Meeres beseelten, auch als »Bräute«. Aber dem übermütigen Gott des Weines gesellten sich bald Silenos zu, das Vorbild und der Schutzherr der Trunkenbolde, sowie der lüsterne Pan, den Hermes mit einer Nymphe gezeugt hatte. Pan war halb Bock, halb Mensch. Er besprang die Ziegen, um für den Nachwuchs der Herden zu sorgen, machte sich aber

Ein weiblicher Pan greift nach Horn und Phallus der Herme des Gottes Pan – Marmorrelief aus dem Jahr 200 n. Chr., Museo Farnese

auch an Nymphen und Hirtenknaben heran, wenn sein unstillbarer Trieb nach Lust ihn nicht ruhen ließ.

Dionysos durchstreifte allein oder begleitet von den trunksüchtigen und liebestollen zweibeinigen Satyrn, Wald- und Berggeistern mit tierischen Merkmalen, Felder und Wälder und beunruhigte mit seiner unstillbaren Triebhaftigkeit die Nymphen, die ihre bräutliche Unschuld ihm und seinen frechen Begleitern opferten. Schlimmer noch: Die jungen Frauen der Geisterwelt verloren alle ihre Hemmungen, wenn die von Dionysos angeführten und durch ihn in wilde Verzückung geratenen Verkörperer der Sinnlichkeit ihr Unwesen trieben. Immer war dann auch Priapos dabei. Sie trugen ihn unverschämt zur Schau. Und wenn sie ihn doch einmal um des Anstandes willen züchtig verbargen, lauerte er nur auf die erste günstige Gelegenheit, in Erscheinung zu treten, um sich zu betätigen und seine Männlichkeit zu bestätigen.

Dionysos und seinem Gefolge zu Ehren wurde bei den alljährlichen Weinlesefesten ein gewaltiger geheiligter Phallos vorangetragen als das Symbol menschlicher Fruchtbarkeit. Und die Winzer feierten den Gott, der als Ziegenbock von den Titanen zerrissen worden war, indem sie sich buntbemalte Masken in Gestalt von Bocksköpfen vorbanden, um ihr Gesicht dahinter zu verbergen und sich unerkannt ihren wilden Lustbarkeiten zu ergeben. Durch die Maske waren sie entpersönlicht, konnten sie schamlos sein wie Pan und die Satyrn, wie Silenos und Priapos. So schwärmten sie durch die Landschaft, mit ihnen die übrigen Anhänger des Dionysos, und priesen in zügellosen Gesängen die Freuden des Weines, der Liebe und der Lust.

In der Ilias und der Odyssee Homers, der die Vorgeschichte der Griechen in erhabener Dichtung als das »heroische Zeitalter« gestaltete, wurde zwar der Gott des Weines selbst nicht erwähnt, aber seine freche Gefolgschaft ermunterte oder beunruhigte die Sinne der Helden und ihrer Frauen ebenso wie die der Götter und Göttinnen.

Die rachedurstigen und eroberungslustigen Achaier und die von ihnen belagerten und schließlich besiegten Trojaner waren, wie die Forschung festgestellt hat, stammesverwandt. Sie glaubten an dieselben Götter, sie hatten ähnliche Sitten. Ihr Glaube und die Grundsätze, nach denen sie lebten und starben, wurden von den Doriern, die Jahrhunderte nach dem Falle Trojas in Hellas einbrachen, übernommen und erhielten sich bei den Ioniern, die ihre Städte und Stützpunkte gegen die Eroberer verteidigen konnten. Die Macht und der Glanz der Königreiche freilich, aus denen Agamemnon, der Oberbefehlshaber der Achaier vor Troja, und sein Bruder Menelaos, der betrogene Ehemann der schönen Helena, stammten, waren längst vergangen, als Homer seine Ilias dichtete.

Troja war nicht nur der Schauplatz heldischer Zweikämpfe und blutiger Schlachten, es war auch ein Spielplatz der olympischen Göttinnen und Götter, deren Laune und Mutwille den »männermordenden Krieg« angezettelt hatten: Ganz so, wie es auch die Menschen auf Erden bei festlichen Anlässen hielten, wenn sie durch Schiedsrichter feststellen ließen, welche Frau im weitesten Umkreis die Schönste sei, machten es auch die Göttinnen Hera, Athene und Aphrodite – sie veranstalteten einen Wettbewerb. Aber nicht die Unsterblichen sollten die Wahl treffen, sondern ein unbefangener Sterblicher. Paris, ein wohlgestalteter trojanischer Königssohn, der auf dem Berg Ida ausgesetzt worden war, weil seine Mutter Hekabe während der Schwangerschaft geträumt hatte, sie werde eine brennende Fackel gebären, wurde zum Richter im göttlichen Wettstreit bestimmt. Hera verhieß ihm Macht, wenn er ihr den goldenen Apfel mit der Aufschrift »Der Schönsten« gebe, Athene Kriegsruhm, Aphrodite aber versprach ihm die schönste Frau.

Paris erkannte den goldenen Apfel der Aphrodite zu. Dafür setzte die Göttin ihn auf die Fährte der schönen Helena, der ehrenwerten Gemahlin des Königs Menelaos, dem sie bereits eine Tochter geboren hatte. Paris wurde Gastfreund des Königs mit der Absicht, dessen Frau zu verführen.

Wenn Aphrodite einen Mann oder eine Frau bezauberte, war jedes moralische Bedenken hinfällig. Paris verletzte das Gastrecht, indem er der Liebhaber der Frau des Königs wurde, der ihm sein Haus gastlich geöffnet hatte, und Helena brach die Ehe, weil sie, deren Sinne Aphrodite entflammt hatte, sich unwiderstehlich zu Paris hingezogen fühlen mußte. Die beiden Sterblichen taten, was die Unsterblichen an ihrer Stelle ohne Hemmungen und Hintergedanken getan hätten. Sie wurden ein Liebespaar. Paris entführte Helena in das heimische Troja. Dieser an sich nicht ungewöhnliche Ehebruch zweier Verliebter, der ja doch um so eher entschuldbar hätte sein sollen, als die beiden Schuldigen widerstandslos waren gegen ihre von der Liebesgöttin entfachten Triebe, lieferte den äußeren Anlaß für den Trojanischen Krieg.

Man darf sich die Könige und Helden, die gegen Troja auszogen, nicht als großartig gekrönte Fürsten oder in üppiger Bequemlichkeit schwelgende Landesherren vorstellen. Auch die königlichen Achaier waren nicht mehr und nicht weniger als Großbauern, die sich und die Ihren mit den Gegenständen des täglichen Gebrauches versorgten. Der Boden, den sie bearbeiteten, war nicht so leicht urbar zu machen. Er war felsig, sumpfig oder dicht bewaldet. Homer berichtet, daß die Bauern, die der Erde das frisch gepflügte Fruchtland abgerungen hatten, ängstlich zusehen mußten, wie »der geschwollene Strom, voll vom Herbst, die Brücken in reißendem Sturz wegflutet. Auch hemmen die Zäune der grünenden Saatengefilde ihn nicht, der sich schleunig ergießt.« Das Vieh gedieh auf den Feldern, aber wie vieler Mühe und Sorgfalt bedurfte es, »die Herden zu mehren«. In einem armen Land war selbst der Reiche arm. Viele selbst der »Heerfürsten« waren die Schmiede ihrer eigenen Waffen und die Schreiner der Tische, Stühle und Betten, die ihre Häuser wohnlich machten. Wer nicht selbst ein Handwerk betrieb, konnte den Nachbarn gegen Geld und gute Worte dazu gewinnen. Wenn sich also die Gelegenheit bot, ein gültiger Vorwand, durch Waffengewalt zu Wohlstand zu kommen und sich ihn nicht mit Schwielen an den Händen erarbeiten zu müssen, war es Pflicht gegen sich selbst, gegen die Familie und die Sippe, aus einer Ehrensache Nutzen zu ziehen. So mögen die »Fürsten« und »Könige« der Achaier nur allzu bereitwillig übereingekommen sein, den Raub der schönen Helena nicht nur an Paris, sondern an ganz Troja zu rächen. Und nach dem Entschluß mag der Becher gekreist haben in der Runde der achaiischen Helden. Sonst aber ging es recht bescheiden zu bei solchen Gelagen. Man gebrauchte weder Gabel noch Löffel und aß das mit dem Messer zurechtgeschnittene Fleisch mit den Fingern. Einfach und im Haus gewebt waren auch die Stoffe der Kleidung. Sie bestand bei Frauen und Männern aus rechteckigen Tüchern, die, an den Schultern mit Spangen zusammengehalten, den Körper bis zu den Knien bedeckten. Die Männer trugen Bärte und lange Haare. Die Frauen aber waren so schön, daß die von den Achaiern bewohnten Gebiete als »kalligynaix«, als reich an schönen Frauen, bezeichnet wurden. Die Einfachheit der Kleidung beeinträchtigte keineswegs die Eitelkeit und Lebenslust: Es war selbstverständlich, daß eine Frau sich für ihren Mann mit »rosenduftenden« Ölen salbte.

Trotz der überlegenen Stellung ihrer Männer waren die achaiischen Ehefrauen durchaus nicht schutzlos. Sie wurden von ihren Eltern in die Ehe gegeben, sie standen im Mittelpunkt der im Fakkelschein vollzogenen Hochzeitsfeiern. Sie wurden als Bräute gepriesen und beim Klang von Flöten und Harfen von ihren Verwandten in das Haus des Bräutigams zur Brautnacht geführt. Der Ehemann, der einer »gepriesenen Braut« nach der Hochzeit Unrecht zufügte, hatte es mit ihrem Vater und ihrer ganzen männlichen Verwandtschaft zu tun, überdies aber in den Städten und Ortschaften, die weiblichen Gottheiten geweiht waren, mit den Göttinnen und ihren Priestern. Die Frauen waren dazu bestimmt, Mütter zu werden, und wenn sie es geworden waren, sollten ihre Ehemänner nicht vergessen, daß die Zeit noch nicht so lange vergangen war, in der die Kinder »ihren eigenen Vater nicht kannten«, wohl aber ihre Mutter.

Viel mehr als diese Erinnerung an das Mutterrecht der Vergangenheit hatte sich im Bewußtsein der Achaier nicht erhalten, aber wer in den Himmel schaute, in die Richtung des Olymps, der wußte, daß der Göttervater zwar über die Stränge schlug, aber Hera doch die ihr gebührende Achtung erwies. Ein vorsichtiger Sterblicher nahm sich den Frauen gegenüber nicht zuviel heraus. Wer wollte es sich aber auch mit Athene verderben, der Göttin der Weisheit, oder gar mit Aphrodite, die den Männern den vollen Genuß der Liebe versagen konnte, wenn sie den Frauen die Erfüllung versagte? Harmlose Verfehlungen gegen die Ehe, Seitensprünge, die keinen Schaden im Hause anrichteten, also zur rechten Zeit und am rechten Ort und mit der richtigen Frau, wurden von Aphrodite nicht geahndet. Fromme Übeltäter waren vor Strafe gefeit. Am behutsamsten aber mußten die Männer vorgehen, wenn sie die jungfräuliche Artemis, die Göttin der Jagd, nicht gegen sich aufbringen wollten. Wer sich gegenüber einer Jungfrau vergaß, die sich nicht selbst vergessen wollte, zog unweigerlich den Zorn und die Rache der Artemis auf sich, und das war um so gefährlicher, als Apollon, ihr göttlicher Zwillingsbruder, ihr zur Seite stand. Oft allerdings war Apollon ein verständnisvoller Fürsprecher bei Artemis, denn auch er hatte Freude an der Lust – nicht zuletzt an der verbotenen. Wer also das Leben genießen und nicht vorzeitig sterben wollte, mußte sich gut mit den Unsterblichen stellen, ihr Verständnis erflehen und sie durch Opfer für sich gewinnen.

Es war freilich nicht immer ganz einfach, genau das zu tun, was den Göttern gefiel, oder das zu unterlassen, was ihnen mißfiel. Vor allem deshalb nicht, weil kein Mensch wissen konnte, was ihm die Gottheiten vorherbestimmt hatten. Ein Mann oder eine Frau konnten unschuldig sein und waren doch schuldig, weil ihre Vorfahren gefehlt oder sich gegen die Götter versündigt hatten. Wer der Nachfahre eines Sterblichen war, auf dem ein Fluch lastete, war von Geburt an verflucht, war nicht nur der Erbe des Ranges und der Güter seiner Ahnen, sondern auch des Fluches ihrer bösen Taten.

Es gab kein unfehlbar wirksames Mittel, das vorherbestimmte Schicksal zu beeinflussen, aber jeder Gläubige hatte doch die Möglichkeit, an den Scheidewegen des Lebens die Götter durch ihre Priester und Priesterinnen um Rat zu fragen und sein Verhalten den oft nur allzu zweideutigen Antworten anzupassen. In vielen Tempeln Griechenlands waren »erleuchtete« Männer gegen entsprechende Vergütung bereit, in den Sternen zu lesen, Träume zu deuten, Tiereingeweide zu untersuchen und den Vogelflug zu beobachten, um für ihre gläubigen Kunden die Zukunft vorauszusehen. Als das berühmteste und verläßlichste Orakel galt das Apollon-Orakel in Delphi. Die Weissagungen, die seine Priesterin Pythia verkündete, waren oft widerspruchsvoll; aber wer ihren Sinn richtig erriet, der konnte gewiß sein, daß ihm Apollon gewogen war und seine Schritte leiten würde.

In der belagerten Stadt Troja, deren Bewohner sie stolz das »heilige Ilion« nannten, herrschte König Priamos. Er hatte den durch Handel und Zölle erworbenen Wohlstand Trojas mit mächtigen Mauern gesichert und durch das Aufspeichern von Vorräten dafür gesorgt, daß es den Troern und Troerinnen während des Krieges an nichts fehle. In den Ställen der Paläste und Häuser gab es auch nach neun Jahren Belagerung noch Rinder und gemästete Schafe, in den Kellern Wein und in den Backstuben duftendes Brot. Die Rosse, »mit Spelt und gelblicher Gerste genähret«, standen geschirrt für die Krieger bereit, die mit dem Streitwagen das bessere Leben verteidigten, das ihnen die Achaier neideten.

Priamos hatte fünfzig Söhne. »Ihrer neunzehn wurden aus einem Schoß mir geboren, aber die anderen zeugte ich mit Nebenfrauen in der Wohnung.« Der Erstgeborene seiner neunzehn Söhne mit Hekabe war der »helmumflatterte« Hektor, den eine innige Liebe mit seiner Gattin Andromache verband. Für sie war er Vater, Mutter und Bruder und »mein blühender Gatte«. Sie flehte den »tapfersten Helden im Volk« an, nicht die schützenden Mauern zu verlassen, sie bat ihn, sich ihrer und des kleinen Sohnes, den sie ihm geboren, zu erbarmen: »Mache nicht zur Waise das Kind und zur Witwe die Gattin.« Aber Hektor scheute, wie er sagte, »Trojas Männer zu sehr und die saumnachschleppenden Weiber, wenn ich hier, wie ein Feiger, entfernt das Treffen vermeide«. So erklärt er: »Dem Verhängnis entrann wohl nie der Sterblichen einer, edel oder gering, nachdem er einmal gezeugt ward«, und forderte Andromache auf: »Zum Gemach hin gehend besorge du deine Geschäfte, Spindel und Webstuhl und gebiete den dienenden Weibern, fleißig am Werke zu sein.«

Die unverheirateten Töchter des Königs von Troja waren Jungfrauen, als sie nach der Zerstörung ihrer Stadt den siegreichen Achaiern zur Beute fielen. Kassandra, in die Apollon sich verliebt hatte, verweigerte ihm ihre Hingabe, da sie ihn nicht liebte und er sie nicht zur Frau nehmen konnte. Erbittert über ihre Zurückweisung, verwandelte der verwöhnte Gott die Sehergabe, mit der er sie gesegnet hatte, in eine Strafe. Kassandra konnte zwar den Troern ihre grausame Zukunft voraussagen, aber Apollon sorgte dafür, daß niemand ihren Prophezeiungen Glauben schenkte. Als die Achaier schließlich Troja plünderten, wurde Kassandra, die bei einem Standbild der Göttin Athene Zuflucht gesucht hatte, von dem Helden Aias vergewaltigt und fiel bei der Teilung der Beute als Sklavin an Agamemnon.

Kassandra warnte ihre Brüder, Schwestern und Schwägerinnen vergebens. Fruchtlos blieb ihre Mahnung, das glückliche Eheleben werde die Götter nicht bestimmen, Troja vor dem Untergang zu erretten. Das heilige Ilion war verloren, auch wenn Hektor Sieg um Sieg erfocht, auch wenn es schien, daß er die Angreifer ins Meer jagen würde. Aber als Hektor den Liebling des grollend nach wie vor dem Kampf sich zurückhaltenden Achilleus, den ruhmreichen Patroklos, erschlug und die Rüstung des Achilleus, die Patroklos getragen hatte, erbeutete, versöhnte sich Achilleus mit Agamemnon. Der Schmerz über den Tod des geliebten Freundes trieb ihn in den Kampf. In einer neuen Rüstung, die Hephaistos auf den Wunsch der göttlichen Mutter des Achilleus für ihn geschmiedet hatte, wütete er in den Reihen der Troer. Nur Hektor verblieb außerhalb der Stadtmauern. Ihn jagte Achilleus dreimal um die Stadt, tötete ihn im Zweikampf, band die Leiche des gefallenen Feindes an seinen Streitwagen und schleifte sie ins Lager der Achaier.

Nach Hektors Tod kamen den bedrängten Troern ferne Bundesgenossen zu Hilfe. Es war eine seltsame Reiterschar, die den kriegsgewohnten Achaiern Schrecken einflößte: Weiber zu Pferde, die im Reiten mit dem Bogen schossen, Speere warfen und grimmiger kämpften als Männer. Sie nannten sich Amazonen, die Brustlosen. Unter der Führung ihrer Königin Penthesilea jagten sie den Achaiern entgegen; erst als Achilleus die »rasende« Penthesilea im Zweikampf tötete, konnten sie besiegt werden. Die Sage erzählt, Achilleus habe sich in die kriegerische Königin verliebt, als er der Sterbenden den Helm abnahm.

Waren die Amazonen, deren Königin Achilleus getötet hatte, tatsächlich Nachkommen der skythischen Frauen, die das Erbe ihrer Männer angetreten und die Herrschaft der Frauen über Männer wiedererrichtet hatten? Oder kamen sie aus Kleinasien und waren wehrhafte Frauen, die sich unter der Schutzherrschaft der jungfräulichen Göttin Artemis vereinigt hatten, um von Männern nicht abhängig und ihnen nicht unterlegen sein zu müssen? Spiegeln die Sagen von den Amazonenkriegen vielleicht alte Kämpfe mit noch mutterrechtlich organisierten Stämmen der asiatischen Steppen wider? Die Gründung des ältesten Tempels der Artemis in Ephesos wurde den Amazonen zugeschrieben. Und die Überlieferung besagt, daß nicht sie die Arbeit in ihren Häusern verrichteten und die Kinder erzogen, sondern die Männer, die sie erwählt hatten, das Lager mit ihnen zu teilen und ihnen zu dienen. Solche den Lebensgewohnheiten der Achaier zutiefst widerstrebenden Bräuche durften der Nachwelt nicht als glorreich weitergegeben werden. Darum mußte es sein, daß Achilleus und seine Krieger die Amazonen, die ihr eigenes Staatswesen hatten und Kriege führten wie Männer, im Kampf besiegten und ausrotteten.

Die achaiische Welt gehörte den Männern. Sie sollten sich in Frauen verlieben und sie verführen. Sie sollten sie zur Ehe heimführen, wenn die Mitgift entsprechend war. Sie durften ihnen verzeihen, falls sie untreu gewesen waren, wie Menelaos der schönen Helena nach dem Falle Trojas verziehen hatte – aber nur, wenn die Frauen Aphrodite verfallen und so unendlich reizvoll waren wie die schöne Helena, die »die Äpfel ihres Busens« entblößte und ihrem von dem Anblick bezauberten Mann, Hand aufs Herz, beteuerte, wie sehr sie den Jammer bereue, den Aphrodite angestiftet habe, »als sie mich dorthin, fern vom Vaterland, geführt und von der Tochter getrennt, dem Ehebett und dem Gemahl, dem kein Adel gebricht des Geistes oder der Bildung«.

Paris, der die Verliebtheit der schönen Helena genossen hatte, lebte in diesem Augenblick nicht mehr. Mit ihm war der genußfreudigen Ehebrecherin auch die Erinnerung an die große Liebe erloschen. Er hatte seine Sendung als unvergleichlicher Liebhaber und Verführer erfüllt und sich schließlich auch noch als Held bewährt. Denn vom Pfeil seines Bogens war Achilleus an der Ferse, der einzigen verwundbaren Stelle seines Körpers, getroffen und getötet worden. Daß Apollon den Bogen mit seiner göttlichen Hand gelenkt und den Pfeil ins Ziel geführt hatte, erfuhren die Sterblichen aus der Dichtung Homers, der auch die Geheimnisse der Unsterblichen preisgab.

Die Fortsetzung der Ilias, die Odyssee, die den abenteuerlichen Fahrten und der Heimkehr des »listenreichen« Odysseus gewidmet war, sollte nicht als Heldenepos wirken. Ihr Zweck war nicht die Nacherzählung oder Verherrlichung heroischer Taten, sondern das Aufzeigen der Mühsale und Gefahren, wie sie sogar siegreichen Kämpfern drohten, die Haus und Herd verlassen hatten, um in den Krieg zu ziehen. Wie hatten sich ihre Ehefrauen während ihrer Abwesenheit verhalten? Waren sie treu geblieben, oder hatten sie Ersatz für ihre Ehemänner gesucht und gefunden? Wer vermochte nach so langen Jahren zu wissen, was in der Heimat geschehen war? Es konnte doch sein, daß sie von mutwilligen Feinden ebenso heimgesucht worden war wie das heilige Ilion und andere Landschaften und Städte von den Achaiern. Odysseus selbst zögerte nicht zu berichten, daß er auf einem Beutezug keinerlei Rücksicht geübt hatte. Er brüstete sich: »Da verheerte ich die Stadt und würgte die Männer. Aber die jungen Weiber und Schätze teilten wir alle unter uns gleich.« Es war keineswegs ausgeschlossen, daß ein räuberischer Seefahrer vom selben Schlage über die Odysseus-Insel

Ithaka hergefallen war, seine Frau Penelope geraubt und geschändet, den Sohn Telemachos getötet und allen Besitz geplündert und verwüstet hatte.

Sorge und Sehnsucht begleiteten Odysseus auf seinen Irrfahrten, die seinen Lebensmut gebrochen hätten, wenn er nicht unter dem Schutz Athenes, der Göttin der Weisheit, gestanden hätte. Er hatte sich als Mann im Kampf bewährt, sein Verstand hatte ihm aus jeder schwierigen Lage geholfen. Wer seinen Rat befolgt hatte, war richtig beraten gewesen. Im Trojanischen Krieg hatte er durch List, Lüge und Verstellung bewiesen, daß er jeder Lage gewachsen und jedem Gegner im Gespräch überlegen war.

Nun war der unentwegte Wanderer endlich zu Hause. Aber war er noch der Herr im Hause? In der Hütte seines alten Schweinehirten suchte er Unterschlupf. Denn in seinem Palast praßten zwanzig Freier, die um die Hand seiner Gattin Penelope warben. Sie hatte keinem ihre Gunst gewährt, keinem das Jawort gegeben, hatte die Männer hingehalten, sie Tag für Tag von neuem vertröstet, indem sie ihnen erklärte, einen von ihnen werde sie zum Manne nehmen, sobald das Gewebe vollendet sei, an dem sie Tag um Tag wob und Nacht um Nacht die gewobenen Fäden abhaspelte, während die erwartungsvollen Freier Gelage feierten.

Odysseus erkannte – und die Männer, die das Epos seiner Erlebnisse hörten, erkannten es mit ihm –, daß selbst die erfahrensten, die klügsten und erfolgreichsten Männer von der anhänglichen Beständigkeit und Treue ihrer Frauen abhängig waren und Hab und Gut verlieren konnten, wenn sie die liebende Zuneigung der Gattin verloren. Nicht nur Hab und Gut, sondern auch die Familie. Penelope allerdings hatte den Sohn so erzogen, als sei ihr Gatte nicht ferne gewesen: als Sohn seines Vaters. Doch nachdem der Heimgekehrte die unverschämten Freier getötet hatte, fiel es ihm nicht leicht, Penelope davon zu überzeugen, daß er wirklich ihr Mann war. Die Zeit und die Erlebnisse hatten ihn verändert. Sie war die gleiche geblieben. Er mußte sie von neuem gewinnen.

Die Odyssee war wohl die Geschichte von den Irrfahrten und von der Heimkehr des Odysseus, aber ihr Inhalt war ein Triumph der Frauen, die Bestätigung ihrer Übermacht durch die Sinne und ihrer Macht durch den Anstand.

Die widerspruchsvollen Eigenschaften der homerischen Helden, ihre Einstellungen zu Recht und Unrecht, zu Anstand und Schande blieben beispielgebend für alle Griechen, auch nachdem der Einbruch der Dorier das griechische Festland in zwei feindliche Lager gespalten hatte. Aber die gleiche Götterwelt und die gleiche Sprache genügten nicht, die Sitten der Ionier, die sich der Eroberung erwehrt hatten, mit denen der gewalttätigen Einwanderer zu verschmelzen, die sich selbstbewußt als »Herakliden«, als Nachkommen des Herakles, bezeichneten. Durch einander entgegengesetzte Gesetzgebungen entwickelten sich unterschiedliche Lebensgewohnheiten und Bräuche bei den Nachkommen der Dorier, die sich im Peloponnes niedergelassen und Sparta gegründet hatten, und bei den Ioniern, deren geistiger und politischer Mittelpunkt Athen wurde.

Kennzeichnend für die so anders geartete Auffassung derselben Gottheit war die verschiedene Darstellung Aphrodites: In Athen wurden die Statuen der Göttin der Liebe in all ihrer sinnlichen Schönheit nackt zur Schau gestellt, in Sparta war Aphrodite verschleiert, trug ein Schwert in der Rechten und Fesseln an den Füßen. Die sinnbildlichen Bande, die die Bewegungsfreiheit der Liebesgöttin hinderten und die Gnade ihrer Lust von einem Schwert als dem Symbol des Kampfes abhängig machten, sollten den Männern und Frauen Spartas vor Augen halten, daß ihre geschlechtliche Vereinigung nicht der Freude zu dienen habe, sondern allein dem Wohle ihres kriegerischen Staatswesens – »wie das Gesetz es befahl«, das Lykurgos geschaffen hatte. Von Lykurgos, dessen Name »Lichtbringer« bedeutet, hat sich keine geschichtliche Spur erhalten. Der Überlieferung zufolge war er ein naher Verwandter des spartanischen Königshauses, der die Gesetze, die das »lieblich umhügelte Lakedaimon« Homers neu ordneten, als Offenbarung von den Göttern empfangen habe. Sparta, die »verstreute Stadt«, die aus dem Zusammenschluß von fünf Dörfern entstanden war, lag in der sonnigen Ebene zu beiden Seiten des Flusses Eurotas am Fuße des dunklen Berges Taygetos, dessen Kuppen mit ewigem Schnee bedeckt waren. Dort hatte eine Sippe der Dorier sich nach der Eroberung des Peloponnes niedergelassen und sich ähnlich verhalten wie die Arier im Industal. Sie waren die Herren des Landes geworden und hatten die Eingeborenen nicht deshalb besiegt, um selbst zu arbeiten. Sie versklavten sie und gaben ihnen nach der Stadt Helos, die sie dem Erdboden gleichgemacht hatten, den Namen »Heloten«. Außer den Heloten gab es im Königreich Sparta, das sich mächtig ausbreitete, auch noch Perioiken, »Umsiedlern«, denen es freistand, in Bergdörfern oder an den Staatsgrenzen Felder zu bearbeiten und Vieh zu weiden. Sie durften Handel und Gewerbe treiben, wenn sie Steuern zahlten und sich zum Kriegsdienst stellten. Aber die ihnen zugestandenen Freiheiten durften sie nur unter sich genießen. Auch ihnen war es bei Todesstrafe untersagt, sich mit Spartanern zu verschwägern.

Diese strikte Gliederung in unterschiedliche Klassen bewährte sich nur in einer Hinsicht nicht: Die Heloten und Perioiken vermehrten sich in bedrohlicher Weise. Trotz der ihnen auferlegten gesellschaftlichen und politischen Beschränkungen nahm ihr Kinderreichtum so zu, daß die Spartaner kaum ein Zehntel der Gesamtbevölkerung ausmachten. Um ihren Untertanen trotz der Minderzahl überlegen zu bleiben und sich überdies gegen ihre Nachbarn behaupten zu können, mußten die Spartaner sich so ertüchtigen, daß jeder von ihnen zehn oder mehr Gegner zu überwinden vermochte.

Diese unabdingbare Forderung der Herrenschicht, die ihre Herrschaft aufrechterhalten und erweitern wollte, konnte aber nur erfüllt werden, wenn sich die spartanischen Männer und Frauen Sittengesetzen unterwarfen, die jeglicher Verweichlichung vorbeugten und die Entfaltung der Körperkraft und der Widerstandsfähigkeit jedes einzelnen förderten. Die Spartaner sollten nicht nur als die Besten im Staate gelten, sie sollten tatsächlich auch sein, wie man sich in Sparta die Besten vorstellte.

Die spartanischen Ehen sollten Kraft und Gesundheit beider Ehepartner zur Voraussetzung haben. Für »heiraten« benutzte man das Zeitwort »harpazein«, dessen eigentliche Bedeutung »packen, sich bemächtigen« war: Der spartanische Mann mußte das Mädchen, das ihm die Eltern als Braut zugesprochen hatten, gewalttätig in Besitz nehmen, und sie hatte die Pflicht, der Gewalt des Bräutigams so lange Widerstand entgegenzusetzen, bis sie seiner überlegenen Kraft erlag. Je heftiger und ausdauernder sie sich wehrte, desto höher stand sie in der Achtung des Mannes, der sie durch die Inbesitznahme begatten sollte. Der Zweck und das Ziel der geschlechtlichen Vereinigung war nicht Lust, sondern Kindersegen. Wenn das Neugeborene jedoch Mängel aufwies, wenn es kein kraftstrotzender Spartaner oder keine gebärfreudige Spartanerin zu werden versprach, hatte der Vater das Recht, es zu töten; staatliche Gutachter, die jedes Kind nach der Geburt einer Untersuchung unterzogen, verpflichteten ihn, es vom Felsen des Taygetos in die Tiefe zu schleudern: Nur die Besten durften am Leben bleiben, nur die Besten sollten heranwachsen und sich paaren, um die Besten zu zeugen und zu gebären.

Liebe oder Zuneigung war weder die Voraussetzung noch das Band dieser Ehen, die im Dunkeln vollzogen wurden. Es war sogar gebräuchlich, daß die Ehemänner ihre Frauen mit Brüdern, Anverwandten oder Freunden teilten, um sicher zu sein, daß die Empfangsbereitschaft ihrer Frauen nicht vergeblich gewesen sei und ihre Ehe dem Staate zugute komme. Eifersucht galt als verächtlich. Es gehörte nicht zu den guten Sitten, den auf Nachwuchs gezielten Geschlechtsverkehr der Besten mit den Besten als Ehebruch zu verurteilen. Es widersprach auch dem Anstand, eine Ehefrau zu verlassen, um eine jüngere oder schönere zu heiraten. Die einmal getroffene Wahl war für das Leben bindend. Wer Abwechslung suchte, mußte sich an seine Brüder, Verwandte oder Freunde halten: Wurde er für geeignet befunden, konnte er die gewünschte Abwechslung (die freilich auch wieder nur der Zeugung dienen durfte) in den Armen ihrer Ehefrauen finden – im Dunkeln.

Dieses Lieben im Dunkeln war jedoch im wesentlichen eine Anstandsregel, eine Förmlichkeit, die sich nur auf den Geschlechtsverkehr bezog. Denn es schämten sich weder die Frauen noch die Männer, sich voreinander zu entblößen. Sie kannten einander nackt, war es doch Brauch, daß beide Geschlechter an öffentlichen Tänzen und Umzügen unbekleidet teilnahmen – die Mädchen, um den Männern Gelegenheit zu geben, ihre Körper kennenzulernen und sie zum Brautraub anzuregen, die Männer in unbekümmerter Freiheit von jeder Scham, da sie doch schon von Kindheit an sich bei allen Spielen und Körperübungen in voller Nacktheit zeigten.

Für heranwachsende Jünglinge war es üblich, sich an erwachsene Männer anzuschließen. In den Zeltgemeinschaften, denen nicht nur die zur Erziehung bestimmten Knaben und Jünglinge angehören mußten, sondern alle Spartaner vom dreißigsten bis zum sechzigsten Lebensjahr, entwickelten sich Männerfreundschaften, die sehr oft zu zärtlicheren und innigeren Bindungen führten als die erzwungenen ehelichen Beziehungen. In seinen Gesetzen hatte Lykurgos erklärt, daß »niemand ein tüchtiger Bürger sein könne, der nicht einen Freund im Bett habe«.

Zu welcher Art der geschlechtlichen Annäherung oder Bindung das tägliche und nächtliche Beisammensein der spartanischen Männer und Knaben tatsächlich geführt haben mag, ist weder durch erhaltene Bildwerke noch durch schriftliche Urkunden erwiesen. Die Freizügigkeit in den geschlechtlichen Beziehungen zwischen den Männern und Frauen Spartas läßt jedoch darauf schließen, daß sich auch die Männer gegenüber Männern keine Hemmungen auferlegten, wenn ihr Trieb danach verlangte. Die leidenschaftliche Freundschaft, wie sie zwischen Männern und Knaben einfach entstanden sein muß, wenn der Jüngere den Älteren als Vorbild bewunderte und der Ältere für die Vollendung der Ausbildung des Jüngeren verantwortlich war, durfte in den meisten Fällen auch geschlechtliche Zärtlichkeiten mit sich gebracht haben.

Die Männer, die sich selbst im Königreich Sparta alle Macht vorbehalten hatten, führten dank ihrer Ideologie von der »Herrschaft der Besten« ein ärmliches Dasein im Verhältnis zu den Frauen, die »in den Häusern das alleinige Regiment führten« und, wie Plutarch berichtet, »ziemlich dreist gewesen sind und sich gegen ihre Männer höchst männlich betragen haben«. Nachdem die Frauen sich – allerdings im Elternhaus – von Kindheit an ebenso hatten ertüchtigen müssen wie die Männer, stand es ihnen nach ihrer Verheiratung frei, zu leben, wie es ihnen behagte. Sie durften über die wichtigsten Fragen mit größter Freiheit mitreden. Sie ahmten auch die gleichgeschlechtlichen Sitten der Männer nach, Plutarch berichtet, daß Liebschaften unter Frauen in Sparta sehr häufig waren. Und so hatte sich schließlich in dem sich so ganz und gar männlich gebenden Sparta doch etwas durchgesetzt, das an das uralte Mutterrecht erinnerte.

Die Lykurgische Gesetzgebung, die sich mit nur geringen Änderungen in Sparta jahrhundertelang erhielt, kannte und anerkannte keinen Fortschritt. Es blieb dabei, daß alle Spartaner, Männer, Frauen und Kinder, stets in der »Bereitschaft bis zum Äußersten« leben sollten. Die höchste Ehre, die ein Spartaner erringen, das höchste Glück, das ihm zufallen konnte, war, auf dem Schlachtfeld zu fallen. Die Spartaner lebten für den Tod, während die Athener dem Grundsatz huldigten, »nicht nur zu leben, sondern gut und schön zu leben«.

Der Gegensatz zwischen den dorischen und den ionischen Sitten, die durch die beiden mächtigsten Staatengebilde des griechischen Raumes, durch Sparta und Athen, verkörpert wurden, machte sich auf den Inseln und an den Küsten des Mittelmeeres, die von den Abkömmlingen der Dorier und den Ioniern besiedelt wurden, nicht so bemerkbar. Die natürliche Lebensfreude der dorischen Auswanderer überwucherte die aus der Heimat mitgebrachten Lebensgewohnheiten und Bräuche, die den Verhältnissen in der Fremde nicht angepaßt waren. Außerhalb des griechischen Festlandes glichen sich die Dorier den Ioniern an, auch in ihnen erwachte die Lust zu leben, die durch den spartanischen Brauch, mutig zu sterben, unterdrückt worden war. Die schwelende

Feindschaft der Mutterstaaten Sparta und Athen verzögerte wohl die Verschmelzung aller Griechen zu lebenslustigen Hellenen, aber sie konnte sie nicht verhindern.

Außer der gleichen Götterwelt und der gleichen Sprache gab es noch eine wesentliche Gemeinsamkeit aller Griechen: den Sport, vor allem die gymnastischen Spiele, die in Olympia regelmäßig alle vier Jahre veranstaltet wurden. Einen Monat vor dem Beginn der Wettkämpfe, die zu Ehren des Göttervaters Zeus stattfanden, verkündeten Herolde in allen Städten Griechenlands Waffenruhe, damit die teilnehmenden Wettkämpfer, die Athleten, und die Zuschauer die Reise nach Olympia, die einer Wallfahrt glich, unbehelligt unternehmen konnten. Die Einstellung aller Feindseligkeiten vor und während des Festes war ein geheiligter, aus dem heroischen Zeitalter Homers überlieferter Brauch. Jede Stadt sandte die besten jungen Männer nach Olympia. Sie wurden nach ihrer Gesundheit und Kraft und nach ihrer »schönen Männlichkeit« ausgewählt. Wenn auch nicht alle im Wettkampf siegen konnten, so sollten doch alle um ihrer vollkommenen Erscheinung willen bewundert und gepriesen werden.

Es war üblich, daß die Athleten, die zu den Olympischen Spielen entsandt wurden, monatelang von berufsmäßigen Sportlehrern, sogenannten »Jugendreibern«, für die Kämpfe vorbereitet wurden und sich Zeus gegenüber durch einen heiligen Eid verpflichteten, die Regeln der Kämpfe zu beachten. In fünf Kampfarten mußten sich die Athleten bewähren und wenigstens drei Kämpfe gewonnen haben, um als Sieger im Fünfkampf gefeiert zu werden: Der Wettbewerb begann mit dem Weitsprung ohne Anlauf; dann kam der Diskuswurf, der Wurf des Speeres und der Lauf rund um das Stadion. Kämpfe von Mann zu Mann im Ringen beschlossen den Fünfkampf. Jeder Sieger erhielt einen Kranz aus wilden Olivenzweigen. Das war seine einzige Belohnung in Olympia. Aber die Stadt, der er die Ehre des Sieges heimbrachte, feierte den Olympioniken durch festliche Umzüge und sorgte großzügig sein Leben lang für seinen Unterhalt. Die meisten Sieger wurden in ihrer muskulösen Schönheit als Statuen verewigt. So konnten auch die verheirateten Frauen, denen es untersagt war, den Olympischen Spielen zuzusehen, die schönsten Gestalten bewundern.

Außerhalb Spartas nahmen weder Mädchen noch Frauen an gymnastischen Übungen teil. Das Wort »gymnos« bedeutet nackt, und es galt nicht als schicklich, daß die Frauen fremde Männer in natürlicher Nacktheit sähen. Sie hatten durch das Betrachten der in Tempelhainen aufgestellten und an Stadttoren gläubig und abergläubisch angebrachten phallischen Symbole und Bildwerke Gelegenheit genug, die Formen des männlichen Geschlechts kennenzulernen. Sie sollten vor den Symbolen der Lust ihre Andacht verrichten, die Götter um beglückende Befruchtung anflehen und ihnen Opfer darbringen, um der Lust der Liebe teilhaftig zu werden; sie durften auch Amulette horten, die so geformt waren wie Priapos, jener unverschämte kleine Gott, den Aphrodite dem Dionysos geboren hatte. Aber es war ihnen bei Strafe untersagt, auch nur einen Blick in die Gymnasien zu werfen, in denen sich die Jünglinge und Männer ohne Schamtuch und Peplos in körperlichen Übungen ergingen. Diese Ausschließung der griechischen Frauen aus der männlichen Welt war die Folge ihrer zunehmenden Abschließung im Elternhaus und in der Ehe, die sie in die »gynaikonitis« verbannte, in die den Frauen zuerkannten Räume des Hauses. Das gemeinsame Schlafzimmer und den Speiseraum betrat die Ehefrau nur auf Wunsch und mit Erlaubnis des Ehemannes, der die meiste Zeit außer Haus verbrachte und es niemals zugelassen hätte, daß seine Frau an den Gelagen teilnahm, die er in seinem Haus für die Freunde veranstaltete.

Die Benachteiligung und Zurücksetzung der Ehefrauen in Athen (und im übrigen Griechenland außerhalb Spartas) war vermutlich nicht zuletzt eine Auswirkung der Dichtungen Hesiods, eines böotischen Bauernknechts, dessen Laienwerk vom Werden der Welt und der Götter, »Die Theogonie«, unverhältnismäßig weitreichende Bedeutung gewann. Der Erfolg seiner Verse, die er bei dörflichen dichterischen Wettbewerben vortrug, war auf seinem Sinn für Ordnung begründet, durch die er die Vielfalt der Götterwelt des Olymp seinen Zuhörern näherbrachte. Es gelang ihm, die überirdischen Zustände und Umstände den irdischen Verhältnissen noch enger anzupassen, als es schon Homer getan hatte. Hesiod wurde so volkstümlich, weil er erklärte, daß Zeus als der oberste Hüter des Rechts nicht nur die Großen der Erde beschütze, sondern auch den kleinen Mann, den hart arbeitenden Bauern und den geknechteten Landarbeiter. Hesiod wiederholte die schon von Homer erzählten Ehebrüche und Liebesabenteuer der Götter und Göttinnen und schmückte sie mit erregenden Einzelheiten aus. Er warnte die Menschen jedoch, die Götter nachzuahmen, denen das Menschliche nicht fremd sei; was aber den himmlischen Göttinnen freistehe, das dürften die irdischen Männer ihren Frauen keineswegs gestatten.

Solche Lehren konnten den Männern nur recht sein. Voreheliche Keuschheit wurde von allen ehrbaren Frauen gefordert. Das kam auch in den Hochzeitsbräuchen zum Ausdruck. Die Ehe wurde von dem Brautwerber mit den Eltern besprochen. Das Mädchen kannte den Bräutigam kaum. Wenn er der »passende Mann« war, wurden ihm die Mitgift und die Braut zugesprochen. Die Eheschließung wurde schließlich so sehr zum Geschäft, daß Solon, der große Staatsmann Athens, eigens ein Gesetz erließ, um zu verhindern, daß die Ehe, »die zur Erzeugung der Kinder und zum Liebesbund von Mann und Frau bestimmt sei, zu einem Geldhandel werde«. Und die Unsitte, daß Verlobte einander vor der Hochzeit kaum kannten, veranlaßte noch zweihundert Jahre später den Philosophen Platon zu dem Vorschlag, es solle ein »freier Verkehr« zwischen Braut und Bräutigam eingeführt werden, damit sie nicht in der Ehe Enttäuschungen erleben müßten. Sie sollten einander nackt kennen, »soweit es wenigstens der Anstand zuläßt«.

Der Winter galt als die geeignete Jahreszeit für die Hochzeit. Bevor sie stattfand, mußten Opfer für Hera und Zeus dargebracht werden, wobei die Galle des Opfertieres zu entfernen war, um zu verhüten, daß »Galle und Zorn« die Ehe verbittern. Das Opfer für Aphrodite war nicht so wesent-

»Aphrodite's Cup« – aus dem Jahr 1964 von Georges Kuthan (1916–1966)

lich. Die Liebe stellte sich ein, nachdem der »hymenaios« gesungen war und Hymen, der Hochzeitsgott, kam und der Braut die Jungfräulichkeit raubte.

Für den Trost der Männer, die im Ehebett keine Befriedigung ihrer Sinnenlust fanden und auch »keine Hochzeit mit den Händen« machen wollten, hatte Solons Gesetzgebung gesorgt. Der weise

Staatsmann war zwar bei seinem Gesetzeswerk von der Absicht ausgegangen, eine neue Gesellschaftsordnung zu schaffen, die auf dem Grundsatz beruhte, daß alle freien Menschen vor dem Gesetz gleich sind. Aber er war kein Freund der Frauen. Er beurteilte sie als »eine schwere Bürde« und lehnte es deshalb ab, Junggesellen zu zwingen, die Last der Ehe auf sich zu nehmen. Die Freuden der Liebe, die Lust des ungehemmten, frohen Beisammenseins sollten die Männer bei und mit Gefährtinnen finden, deren Bestimmung es nicht war, Kinder in die Welt zu setzen, sondern das Vergnügen der Sinne zu spenden: Solon richtete mit Staatsgeldern öffentliche Frauenhäuser ein, deren Einkünfte dem Staatsschatz zugute kamen. Und um die gewerbsmäßige Unzucht zu heiligen, erbaute er einen Tempel für Aphrodite, der er für diesen Fall den Beinamen »pandemos« gab: Göttin für das Volk.

Solon, der erste Gesetzgeber der Geschichte, der sich nicht auf ein göttliches Gebot berief, das ihn bewegt oder veranlaßt habe, seine Gesetze zu verfassen und zu erlassen, wurde als einer der Sieben Weisen Griechenlands gefeiert. Etwa zur gleichen Zeit, in der ihn das athenische Volk mit unbeschränkten Vollmachten ausstattete, wurde die von Platon als »Zehnte Muse« besungene Dichterin Sappho aus ihrer Heimatstadt Eresos auf Lesbos wegen politischer Umtriebe verbannt. Die für die gleichgeschlechtliche Liebe der Frauen geradezu sprichwörtlich gewordene Dichterin lehnte durchaus nicht alle Männer ab. In der Verbannung heiratete sie einen reichen Kaufmann, mit dem sie bis zu seinem Tode lebte. Wir wissen nicht, ob in guter oder schlechter Ehe. Aber nachdem sie ihn beerbt hatte, konnte sie sich freilich ganz ihrer Prachtliebe und jenem heiteren Lebensgenuß widmen, die sie vor ihrer Flucht ersehnt hatte. Als unendlich wohlhabende Witwe nach Lesbos zurückgekehrt, gründete sie eine Schule zur Erziehung junger Mädchen und nannte die ihr Anvertrauten »Genossinnen«.

Das griechische Wort für Genossinnen, »hetairai«, ist dann erst später zur Bezeichnung jener für das vergnügliche Beisammensein mit Männern ausgebildeten Frauen geworden, die ihre willige Sinnlichkeit und anmutige Geselligkeit für Geld und Geschenke verkauften. Die Hetären Sapphos waren nicht käuflich. Sie sollten um der Liebe willen die Künste erlernen, mit denen die Liebe erweckt wird: die Geschmeidigkeit des Körpers im Tanz, die Handhabung musikalischer Instrumente und die Melodie des Wortes auch im täglichen Sprachgebrauch. Sie sollten nicht, wie die griechischen Mädchen bis dahin, nur für die geisttötende Abgeschlossenheit der Ehe erzogen werden, um als biedere Hausfrauen und unbeholfene Bettgefährtinnen ihre Männer zu langweilen und von ihnen verächtlich behandelt oder nur als »Gebärende« geachtet zu werden. Den Männer gleichberechtigt sollten sie werden und durch ihre geistigen Fähigkeiten beweisen, daß sie solcher Gleichberechtigung würdig seien. Wer das Mädchen, das er heimführte, nicht nach Gebühr schätzte, war seiner nicht wert. Ein Mann, der einen gebildeten Knaben zur Gesellschaft und zur Liebe einem gebildeten Mädchen vorzog, bewies, wohin seine Neigung ihn zog. Er war nicht für die Ehe geschaffen. Und war es nicht besser für eine Frau, nicht verheiratet zu sein, als unbefriedigt und unglücklich verheiratet zu sein? Besser keinen Mann als einen Mann, der nicht der rechte und richtige war!

In der an der kleinasiatischen Küste gelegenen ionischen Handelsstadt Milet, deren weitgereiste, aufgeschlossene, welterfahrene Bürger die Wissenschaften förderten und stolz darauf waren, daß der Milesier Thales als erster der Sieben Weisen galt, gab es keine Vorurteile gegen die Freiheit des Geschlechtslebens. Das Wissen von der Natur, die »Physiologia«, führte zu der Erkenntnis, daß auch die scheinbaren Abweichungen vom Natürlichen natürlich seien. Das große Gedankengebäude, das Thales errichtete, wurde zur Grundlage der griechischen Philosophie, die es sich zum Ziele setzte, »den Beginn des Beginnes« und den Zweck des Lebens unabhängig vom überlieferten Glauben zu ergründen. Thales erklärte, »die höchste menschliche Gerechtigkeit sei … das selbst nicht zu tun, was wir an anderen tadeln«.

Die großzügigen Milesier tadelten an anderen nur, was die menschliche Freiheit einschränkte. Diese Duldung gegenüber den Schwächen der anderen kam nicht nur in weltanschaulichen Fragen zum Ausdruck. Die Milesier hatten es durch ihren Wohlstand zur Unabhängigkeit des Denkens gebracht. Ihren Wohlstand verdankten sie ihrem gewerblichen Einfallsreichtum und ihrer geschickten Ausnützung von Handelsmöglichkeiten. Jede Ware, die Absatz finden konnte, war wert, erzeugt zu werden. In ihren Spinnereien, Webereien und Gerbereien verarbeiteten sie die zarte Wolle der kleinasiatischen Schafherden zu modischer Kleidung und die Häute zu Leder. Ihre besten Kundinnen waren die Frauen Athens und die der benachbarten Inseln. Für sie erzeugten milesische Werkstätten auch einen neuartigen Gegenstand, den »Olisbos«, der, aus geschmeidigem Leder geformt und durch zusammengepreßte Wolle gefestigt, es den von ihren Ehemännern oder Liebhabern vernachlässigten Frauen ermöglichen sollte, die Lust des Geschlechts auch ohne körperliche Vereinigung zu genießen.

Aus Milet kam im »Goldenen Zeitalter« des Perikles eine junge Frau nach Athen, um in wenigen Jahren zur ungekrönten Königin der Stadt zu werden, die damals ihre Glanzzeit erlebte. Sie hieß Aspasia. Ihre Abstammung und ihre Erziehung blieben im dunkeln. Von ihrem Äußeren wissen wir nur, daß sie »goldende Haare« hatte und »kleine, hochgewölbte Füße«. Ihre Stimme wurde als »silbern« gepriesen. Woher Aspasia die Mittel hatte, eine Frauenschule für Rhetorik und Philosophie zu gründen, ist nicht überliefert. Aber selbst ihre Feinde lobten den Mut der »eingewanderten Hetäre«, die offen für die zurückgesetzten, vernachlässigten athenischen Frauen eintrat und es auf sich nahm, sie zu erziehen.

Aspasias Vorlesungen erregten Aufsehen. Nicht nur Mädchen und Frauen aus vornehmen Familien, für die es unschicklich gewesen wäre, an einem von Männern geleiteten philosophischen Unterricht teilzunehmen, besuchten ihre Schule, sondern auch Philosophen, die wissen wollten, was eine Frau zu den umstrittenen Problemen des Daseins zu sagen habe.

Was wurde nicht alles über Aspasia geklatscht! Boshafte Gerüchtemacher wollten wissen, daß Sokrates der bevorzugte Liebhaber Aspasias gewesen sei, bevor sie Perikles ihre Gunst zuwandte, der sich von seiner Frau scheiden ließ, um die »zugewanderte Dirne« zu heiraten. Perikles' Ehe mit Aspasia wurde von den Gegnern des Perikles als ungültig verworfen, denn weder ihre Geburt in der Fremde noch ihre anrüchige Vergangenheit lasse es zu, sie als Gemahlin eines hochgeborenen und hochgestellten Atheners zu achten. Mehr noch: Man schwärzte sie als Kupplerin an, da ihre Macht über Perikles darauf beruhe, daß sie ihm von ihr erzogene Hetären zuführe.

Aspasia blieb das unerreichte Vorbild aller Hetären, deren erklärte Vorkämpferin sie gewesen war. Doch die Frauen, die so sein wollten wie Aspasia, hatten es nicht leicht, sich zu behaupten. Sie blieben ausgeschlossen aus dem alltäglichen Leben der Männer, das sich auf der Agora, dem Marktplatz Athens, abspielte und in den Gymnasien, den Badeanstalten, die gleichzeitig Sporthallen waren. Die Zurücksetzung der Frauen hatte durch den geistigen Fortschritt keine Veränderung erfahren. Es blieb bei der grundsätzlichen Einstellung, die von einem Volksredner in folgendem Satz zusammengefaßt wurde: »Dirnen dienen unserer Lust, Konkubinen der täglichen Gesundheitspflege unseres Körpers ... Die Gattin aber ist die Gebärerin gesetzlicher Nachkommen und die getreue Hüterin des Hauses.« Die Hetären wurden wegwerfend »die Lohnarbeiterinnen der bettfrohen Aphrodite« genannt. Sie rächten sich, indem sie für ihre Arbeit entsprechenden Lohn verlangten. Um besser bezahlt zu werden als die gewöhnlichen Straßendirnen und die »Gunstspenderinnen« der Bordelle, mußten die selbständig tätigen Hetären mehr bieten können. Sie mußten sich mit allen Mitteln anziehend machen. So wurden sie Meisterinnen in der Kosmetik und tonangebend in der Mode. Sie benützten alle Arten von Schminken und Haarfärbemitteln, falsche Haare, die mit Spangen befestigt waren, Halsbänder und Busenbinden, die aus dünnem Gewebe verfertigt waren, sie verwendeten Wohlgerüche, die nach besonderen Vorschriften hergestellt wurden, und verbrämten ihre Kleider mit Purpurbesatz, um als Hetären erkannt zu werden. Denn eine Hetäre, die auf ihren Ruf hielt, ließ sich von Kunden nicht auf offener Straße ansprechen. Wer die Gunst einer Hetäre gewinnen wollte, brauchte die Empfehlung eines Freundes oder die Fürsprache einer Kupplerin, die den Preis der Zusammenkunft vereinbarte.

Wenn es eine Hetäre zu Beliebtheit gebracht hatte, galt es als Ehre, von ihr empfangen und »umfangen« zu werden. Sie gab sich nicht jedem und nahm nicht jeden. Wie aus erhaltenen Briefen zu entnehmen ist, waren die erfolgreichen Hetären wählerisch. Wenn ihnen der Bewerber für eine Nacht nicht zusagte, verlangten sie einen Preis, der seine von ihnen mit einem Blick eingeschätzten Geldmittel überstieg. Ihre Menschenkenntnis und Gewandtheit im Umgang mit Männern ist von zeitgenössischen Dichtern gerühmt oder gehässig verurteilt worden. Aber wer das Beisammensein mit einer gepflegten Frau, die nicht nur Liebe »machen« konnte, sondern auch im Gespräch unterhaltsam und anregend war, dem öden Ehebett oder der traurigen Einsamkeit vorzog, mußte eben dafür bezahlen.

Auch der weise Sokrates besuchte Hetären. In einem Gespräch mit der Hetäre Theodota, »... die über alle Beschreibung schöne Brüste hatte«, erklärte er, Schönheit allein genüge nicht, treue Freunde zu gewinnen. Schönheit müsse durch wohlwollende Gesinnung und ein sorgfältig ausgewogenes Maß in den Gunstbezeigungen ergänzt werden.

Des Sokrates Meisterschüler war Platon, der wiederum einen Meisterschüler hatte: Aristoteles (der dann der Lehrer Alexanders des Großen wurde). Aristoteles wollte die Überlegenheit und die Vorrechte des Mannes naturwissenschaftlich begründen und ebenso die Minderwertigkeit der Frauen beweisen. Er führte aus, daß sich Mann und Frau zueinander verhielten wie die Sonne und die Erde, wie Kraft und Stoff. Der Same des Mannes spende das Leben und bilde die Form. Wenn die Frau auch das Menstrualblut, den »halbgekochten Samen«, zur Entstehung des Kindes beitrage, so sei sie doch nicht einmal als »Gebärende« gleichwertig. Aber trotz solcher Spekulationen ging es Aristoteles mit den Frauen so wie dem Kunden, der schimpft und doch kauft: Durchaus verläßlich nämlich wird folgendes berichtet: »Aristoteles erzeugte mit der Hetäre Herpyllis einen Sohn, Nikomachos, und liebte sie bis zu seinem Tode, da ... die Bedürfnisse des Philosophen bei ihr das nötige Entgegenkommen gefunden hatten.« Und ausgerechnet von Aristoteles, der die Unterlegenheit der Frau »wissenschaftlich« belegen wollte, erzählte die Fabel, er habe, gesattelt, gezäumt und auf allen vieren, der schönen Hetäre Phyllis als Reittier gedient.

Der Wettbewerb der Hetären um zahlungskräftige Kunden wurde sprichwörtlich. Unaufhörlich waren sie bemüht, einander auszustechen und der Konkurrentin reiche Liebhaber abspenstig zu machen. Sie lernten Gedichte auswendig, um rezitieren zu können, sie bliesen die Flöte und zupften die Harfe, sie bezahlten Kupplerinnen und gaben sich armen Freunden reicher Männer hin, um von ihnen verkuppelt zu werden. Und wenn all das nichts nützte, spendeten sie an den Altären des Priapos, ihres Schutzgottes, Weihgaben, um sich der Gunst des »Süßen und weibisch Kosenden« zu vergewissern.

Der Konkurrenzkampf der Hetären war jedoch nicht nur gegen ihresgleichen gerichtet. Sie hatten sich im Kampf der Geschlechter auch gegenüber den Knaben und Jünglingen zu behaupten, die ihnen die Liebe der Männer streitig machten. Die Hetären waren zwar gesetzlich geschützt, sie zahlten Steuer von ihrem Liebeslohn, aber der gleichgeschlechtliche Trieb so mancher Griechen beeinträchtigte den einträglichen Handel mit weiblichen Reizen. Und dagegen setzten sich die Hetären mit all ihren Reizen zur Wehr.

Bruchstücken von Berichten und Andeutungen zufolge gab es in Athen und anderen griechischen Hafenstädten öffentliche Häuser, in denen herangewachsene Jünglinge für Stunden oder Nächte gemietet werden konnten. Diese Bordelle der Gleichgeschlechtlichkeit, die von den Griechen nicht als unnatürliche Veranlagung verurteilt wurde, dienten den Männern, die ihren Trieb statt mit Mädchen mit Knaben befriedigen wollten. Kaum besucht hingegen wurden sie von denjenigen Dichtern und Denkern, deren Einstellung zur »paidophilia«, zur Knabenliebe, überliefert ist. Die derb-sinnlichen Ausdrücke, die den Wortstamm »paid-«, Knabe, mit »tribein«, reiben, in Verbindung brachten und geschlechtliche Beziehungen von Männern miteinander kennzeichneten, wurden in den philosophischen Ausführungen über die natürliche Hingezogenheit zum gleichen Geschlecht nicht verwendet. In dem, was uns an Schriften und Gesprächen erhalten ist, war von seelischer Zuneigung die Rede, wenn auch mit einem sinnlichen Unterton.

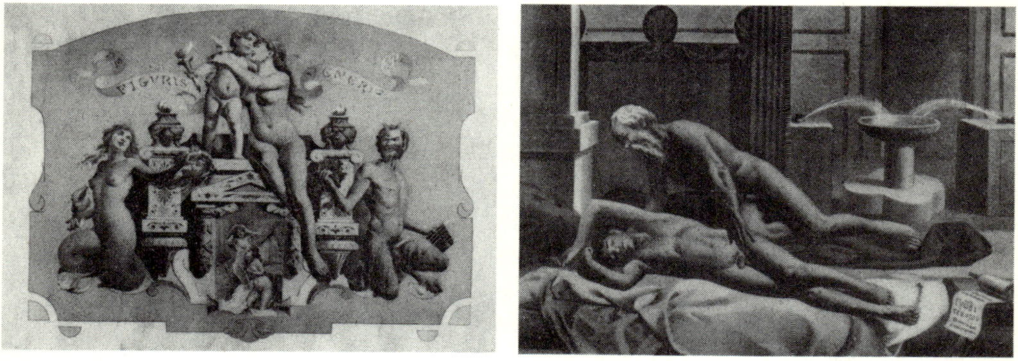

»De Figuris Veneris« – Farblithographien aus dem Jahr 1905 von Paul Avril (1843/49 (?)–1928)

Die seelische Zuneigung von Männern zu Männern, die »menschliche Liebe«, wie das gleichgeschlechtliche »Einandernahesein« im Gegensatz zur groben Paarung von Mann und Frau von zeitgenössischen Philosophen genannt wurde, verlor mit dem Ende des »Goldenen Zeitalters« ihre geistigen Vorkämpfer und Verteidiger. Sokrates war noch nicht angeklagt worden, sich zu vergehen, »indem er die jungen Leute verdirbt und nicht dem Brauch gemäß die Götter verehrt, dafür aber andere neue göttliche Wesen«, als seine Lebensführung und Philosophie schon in den Komödien des Aristophanes verspottet und lächerlich gemacht wurde. Auch nachdem Sokrates den Schierlingsbecher getrunken hatte und in das Pantheon der Philosophie eingegangen war, wurde ihm von flachen Lästerern der gute Wille abgesprochen, das Beste und Schönste für die Menschheit angestrebt zu haben.

Die unflätigen Redensarten und derben Dialoge der Komödien, mit denen der zunehmende Verfall der Sitten und die politischen Mißbräuche einem spottlustigen Publikum nahegebracht werden sollten, fanden begeisterten Anklang. Der breiten Masse sagte die schöne Sprache der großen Tragödien des »Goldenen Zeitalters« um so weniger zu, als sie kein Entgelt mehr für den Besuch des »Theaters des Dionysos« erhielt. Sie wollte keine schönen Worte zu hören bekommen –

das schamlos deutlich Ausgesprochene lag den von Unruhen und Kriegen beängstigten Bürgern sehr viel mehr. Sie hatten in ihrem täglichen Leben genug Anlaß zu klagen. Im Theater wollten sie lachen.

Weder die Schauspieler noch die Zuschauer beängstigte ein Schamgefühl, in geschwellter Nachahmung das zu zeigen oder zu sehen, mit dem die Natur die Männer beschert hatte, aber auch nicht, wie es seiner natürlichen Bestimmung zugeführt werden sollte. Ob eine weibliche Darstellerin (nur im Drama war auch jede Frauenrolle stets mit Männern besetzt) oder ein Mann in der Szene dem ledernen Ding ein Kußhändchen zuwarf oder die Körperstelle andeutete, an denen die Berührung gefällig oder erwünscht wäre, oder ob der zu erwartende Geschlechtsakt eindeutig angekündigt wurde, galt dem Publikum gleich. Das Lieblingsthema des Volkes, die Liebe in allen ihren Abarten, war der Handlung in Dialogen einverleibt und wurde leiblich zur Schau gestellt. Wer es nicht sehen wollte, mußte ja nicht hinsehen, wer es nicht hören wollte, brauchte nicht zuzuhören.

Nicht nur in den Städten, sondern auch auf dem Land, nicht nur bei Reichen, sondern auch bei Armen war die Jagd nach der Lust, nach Zerstreuung und Vergnügen der Lebenszweck der griechischen Männer – und der Frauen, die an den Volksfesten teilnehmen durften. Die Anlässe der Zusammenkünfte, die an zahlreichen Orten und beinahe in jedem Monat stattfanden, waren Gottesdienste, Frühjahrs-, Winzer- und Erntefeste. Die Riten, mit denen die Festlichkeiten begannen, hatten sich im Lauf der Jahrhunderte nicht verändert, weder die Umzüge der Winzer, die einen riesigen Phallos vorantrugen, noch die Tänze und die örtlichen Wettbewerbe, die das Vorspiel der großen Olympischen Spiele waren.

Die Narrenfreiheit der »lenaia«, der ländlichen Dionysien, war nun nicht mehr nur das Vorrecht der feiernden Menge, des »komos«; sie hatte in den Komödien ihr Sprachrohr gefunden. Die Bocksgesänge, die »Lieder des tragos«, und die Wechselgesänge der uralten Überlieferung waren die Grundlage der Tragödien geworden, die im »Theater des Dionysos« aufgeführt wurden. Aber die Lustbarkeiten, die den Zeremonien folgten, waren auf dem Lande die gleichen geblieben.

Beinahe alle Volksfeste, ob sie durch mystisch-religiöse Vorstellungen oder durch gottesdienstliche Handlungen veranlaßt waren, endeten nach den feierlichen Ritualen, die das Entstehen und Vergehen der Natur und des Menschen versinnbildlichten oder den olympischen Gottheiten geweiht waren, in der Freude am Beisammensein von Männern und Frauen, von Männern und Männern und von Frauen und Frauen. Der griechische Glaube war der Liebe gewidmet, der Lust am Leben. Seine Priester machten es den Gläubigen leicht, den Göttern zu dienen. Wer ihnen opferte, gewann ihre Gunst. Wer das Wirken der Natur in ihnen erkannte, gewann ihre Gnade, und wer sie, je nach seinem Wesen, nachahmte, fand ihre Zustimmung in sich selbst. Er genoß wie sie, wenn auch in bescheidenerem Ausmaß, was er genießen wollte. Daß die Götter seine Geschlechtslust nicht hemmen wollten, das konnte jeder sehen, wenn er die phallischen Sinnbilder sah, die zu ihren Ehren an Festtagen durch die Menge getragen und zur Anbetung aufgestellt wurden.

Die Griechen, die den Lebensgenuß zur Kunst erhoben, das »kalokagathon«, das schöne Gute, als das Ziel ihres Strebens verehrten, lehrten die Kunst des Lebensgenusses und den Sinn für das gute Schöne die Völker, in deren Ländern sie sich ansiedelten, und die Völker, die ihre Länder unterwarfen. Sie verwirklichten dadurch den Wesensinhalt des Grußes, mit dem sie einander und auch Fremde begrüßten: »Chaire – freue dich!«

Zeittafel

um 1100 (?) v. d. Z. Einwanderung der Etrusker
21. 4. 753 legendäres Datum der Gründung Roms
um 510 Rom Republik
5. Jh. Zwölftafelgesetz
387 Kelten in Rom
280/279 »Pyrrhussiege« bei Herakleia und Ausculum
264–241 Erster Punischer Krieg
ca. 254–184 Titus Maccius Plautus
218–201 Zweiter Punischer Krieg
204 Kybele hält als Magna Mater Einzug in Rom
186 Bacchanalien-Dekret
156–86 Marius
149–146 Dritter Punischer Krieg, Karthago zerstört
138–78 Sulla
133 Tiberius Gracchus erschlagen
121 Gaius Gracchus begeht Selbstmord
ca. 114–53 Crassus
ca. 114–57 Lucullus
106–48 Pompejus
100–44 Cäsar
ca. 84–54 Catull
82–30 Marcus Antonius
70–19 Vergil
69–30 Kleopatra
65–8 Horaz
63–14 n. d. Z. Gaius Octavi(an)us, der spätere Augustus *(27 n. d. Z.)*
43–18 n. d. Z. Ovid
42 Schlacht bei Philippi: Sieg über die Cäsarmörder
31 Schlacht bei Actium: Sieg Octavians über Marcus Antonius
29–19 Vergils »Äneis«
1 v. d. Z. Ovids »Ars amatoria«
9 n. d. Z. Ehe- und Sittengesetz des Augustus
14 n. d. Z. bis 37 Tiberius Kaiser
79 n. d. Z. Untergang von Pompeji

7 »Die Stadt der Venus«

Die Etrusker und die Römer

Rea Silvia, eine königliche Jungfrau, deren geheiligte Pflicht es war, ihre Jungfräulichkeit zu bewahren, empfing, wie ein Dichter der römischen Kaiserzeit schrieb, am Ufer eines Baches schlummernd, »die Lüfte im geöffneten Busen«. Die Lüfte waren die Atemzüge des Kriegsgottes. Er segnete ihre Schönheit, sein Lustverlangen wurde durch die Reize der Ruhenden so erregt, daß er sich auf sie niedersenkte und sie schwängerte.

Diese flüchtige Umarmung hatte weltgeschichtliche Folgen. Die entjungferte Jungfrau, geweiht der Vesta, der Göttin des heiligen Feuers, das um des Staatswohles willen auf dem Herd ihres Tempels brannte und nie verlöschen durfte, gebar die Zwillinge Romulus, den Gründer Roms, und Remus, den sein Bruder erschlug, als er ihn verspottete. Da Rea Silvia das Gelübde der Jungfräulichkeit gebrochen hatte, ließ der König von Alba Longa, der schon ihre Brüder ermordet hatte, sie im Tiber ertränken. Ihre beiden kleinen Söhne, die auf einem Floß ausgesetzt worden waren, wurden durch die steigenden Wasser des Flußgottes, der Rea Silvia rettete und sich mit ihr vermählte, an Land geschwemmt und – wie es in der Sage heißt – von einer menschenfreundlichen Wölfin gesäugt.

Da das lateinische Wort für Wölfin, »lupa«, aber auch Straßen- oder Hurenhausdirnen kennzeichnete, wurde das römische Ammenmärchen abgewandelt: Nun hieß es, daß die Frau eines Hirten, der die Kinder aufgefunden hatte, Romulus und Remus gesäugt habe. Diese wie eine Wölfin in unersättlichem Liebesverlangen unaufhörlich läufige Frau sei die »lupa« gewesen – nach ihr wurden die Lupanare benannt, die berüchtigten Bordelle Roms.

Dieser Mythos, der in einer Fassung eine Wölfin heiligte und in einer anderen eine liebestolle gewerbsmäßige leichte Frau zur Nährmutter des vergöttlichten ersten Königs von Rom erhob, ist kennzeichnend für die Sittengeschichte der Ewigen Stadt, in der das Hehre und Erhabene in ständigem Kampf mit Ausschweifung und Unzucht lag. Dieser Widerstreit war in der gespaltenen Natur der Römer und im Wesen ihrer Frauen verwurzelt, nicht aber, wie lange angenommen, die Folge des griechischen Einflusses, der auf Rom erst dann entscheidend einwirkte, als die Sitten des von den Römern eroberten griechischen Raumes ihrerseits Rom unterwarfen. Der Zwiespalt zwischen Lust und Entsagung begann schon mit der Gründung der Stadt, die im Jahre 753 vor unserer Zeitrechnung stattgefunden haben soll.

Die Gründung Roms durch Romulus ist eine Sage. Aber sie galt den Römern so sehr als geschichtliche Wirklichkeit, daß sie ihre Zeitrechnung danach richteten und den Jahreszahlen die Buchstaben a. u. c. voranstellten: ab urbe condita – »von der Gründung der Stadt an«. Sie glaubten um so mehr, daß die Patrizier von den römischen »patres«, den Familienvätern der ersten Familien Roms, abstammten, als die bevorzugten Patriziergeschlechter die Macht von der Gründerzeit an als ihr Vorrecht behaupteten und mit allen ihnen zu Gebote stehenden Mitteln verteidigten.

Wer waren diese patres? Woher kamen sie? Geschichtsforschung und Legenden stimmen überein, daß sie die Nachkommen dreier Stämme waren, die Söhne von Latinern, Sabinern und Etruskern, die auf den sieben Hügeln rings um die vom Tiber durchflossene Ebene siedelten. Diese verstreuten Dörfer vereinigte Romulus zu einer Stadt, wie Sparta aus verstreuten Dörfern zu einer Stadt vereinigt worden war.

Die Stadt hatte Mauern zum Schutz der bäuerlichen Anwesen. Um sie dichter zu bevölkern, nahm Romulus Landflüchtige und Vertriebene auf. Sie wurden die Wegbereiter der Zukunft Roms. Doch fehlten den von Romulus in seiner Stadt seßhaft Gemachten anfangs die Frauen. Romulus war nicht nur rasch im Handeln, sondern auch hemmungslos erfinderisch. Er veranstaltete Kampfspiele in Rom, so wie er erfahren haben mochte, daß es die Griechen in Olympia taten, und lud die benachbarten Sabiner mit ihren Frauen in seine ummauerte Siebenhügelstadt ein. Während des sportlichen Wettbewerbs fielen die Römer über die Frauen der Gäste her, raubten sie und vertrieben die Männer. Die von den unredlichen Gastgebern entführten, zärtlich oder mit Gewalt in Besitz genommenen Frauen, Schwestern und Töchter der Sabiner wurden die Stammesmütter der patrizischen Geschlechter. Sie verdienten sich die Ehre dadurch, daß sie zur Schlichtung der durch den Frauenraub ausgelösten Feindseligkeiten beitrugen: die Versöhnung der Männer durch die versöhnten Frauen, die ihren neuen Männern den Raub nicht mehr nachtrugen, führte zu einem Zusammenschluß der Sabiner und der Römer, die sich mit den Latinern zu einem gemeinsamen Staatswesen vereinten.

Die römischen Ehefrauen wurden zwar von ihren Männern geachtet, jede einzelne war im Haus, das »domus« hieß, die »domina«, die Herrin des Hauses, aber da alle Frauen Raubgut waren, besaßen sie keine gesetzlichen Rechte, hatten sie doch zunächst beaufsichtigt werden müssen, damit sie nicht fliehen könnten. Aus diesem persönlichen Mißtrauen wurde Recht und Gesetz, auch nachdem die geraubten Sabinerinnen und ihre Töchter und Enkelinnen in Rom heimisch geworden waren: Der Gatte oder Sohn, der Bruder oder Vater blieb den Frauen vorgesetzt. Sie erbten nicht, wenn sie verwitwet waren. Sie waren »mancipium«: »in die Hand genommenes Eigentum« des Familienvaters, der sogar die Gewalt über eine verheiratete Tochter behielt, wenn er sie nicht »cum manu«, das heißt »mit der Hand« in die Hand ihres Gatten gab, dessen mancipium sie dadurch wurde.

Es war im alten Rom (wie in Sparta) die Pflicht jedes Mannes, eine Ehe zu schließen und für Nachkommenschaft zu sorgen. Wenn ein Priester unverheiratet blieb, verlor er sein Amt. Der Glaube, daß der Geist eines Toten in endlosem Elend umherirren müsse, wenn seine Nachkommen sein Grab nicht betreuten, machte jeden Kinderlosen zum verachteten Außenseiter, der niemals die ewige Ruhe finden könne. Diese Vorstellung erhöhte die Bedeutung und den Wert der Familienzugehörigkeit im irdischen Dasein.

Die von späteren Beurteilern als nüchtern und sachlich gekennzeichneten Römer waren im Grunde mit mehr Phantasie begabt als die zumeist zum Vergleich herangezogenen Griechen – wenn auch in anderer Art. Die Griechen hatten in ihrer Einbildungskraft von jeher ihre Götter und

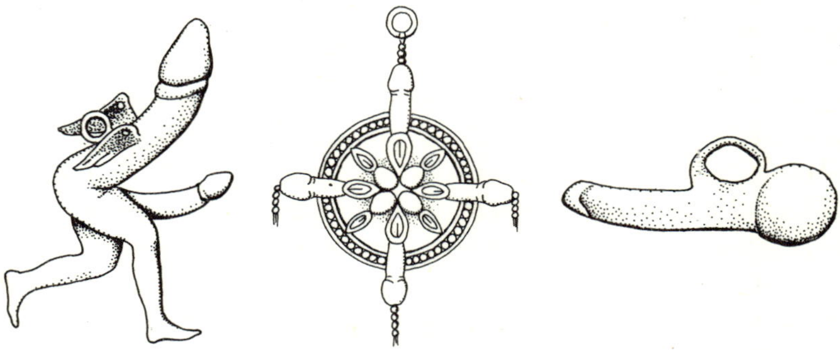

Alte römische phallische Amulette, die dem Liebeszauber dienten

Göttinnen in Menschengestalt gesehen, sie mit menschlichen Zügen ausgestattet und in Denkmälern körperlich gestaltet. Für die Römer waren die gleichen oder ähnliche Gottheiten nicht ins Übersinnliche gesteigerte, mit außerordentlichen Fähigkeiten begabte menschliche Wesen, sondern unfaßbare, unsichtbare Geister, die sie »numina« nannten und als die körperlosen Triebfedern und Begleiterscheinungen des irdischen Daseins verehrten und anbeteten. Der Familienvater war der mächtige Mann, der das Schicksal seiner Familie bestimmte, weil er den »Genius« in sich trug, die Genitalkraft, die er seiner Ehefrau, die von Juno, der römischen Hera, beseelt war, durch seinen Samen mitgeteilt hatte. Die »Gebärerin« gab ihm die Kinder, die den Genius des Vaters über dessen irdisches Leben hinaus ehren mußten als den Geist, der sie zwar verlassen hatte, aber in ihnen weiterwirkte. Jede Lebenserscheinung, alles Tun und Lassen war in Rom an die Gnade oder Ungnade, an das Wohlwollen oder die Böswilligkeit eines Geistes gebunden. Die Flamme des Herdes verdankte ihre Glut und Leuchtkraft der Vesta. Jupiter, dessen geheiligter Name vermutlich von Diuspater, »Vater des Himmels«, abgeleitet worden war, versinnbildlichte Sonne und Mond, spendete den Regen, drohte mit dem Donner und vernichtete durch den Blitz. Er war ein gefährlicher Gott, dem Opfer dargebracht werden mußten, um ihn milde und versöhnlich zu stimmen. Daß er sich zu leichtfertigen Liebesabenteuern herablassen könnte wie Zeus, war den frühen Römern unvorstellbar. Jupiter war so hoch und erhaben, daß er mit unzüchtigen Lastern oder schamloser Lust nicht in einem Atem genannt werden durfte. Er war ursprünglich auch nicht Ehemann der Juno, die doch im Geiste jeden Mann empfing, der sich mit seiner Frau paarte.

Die guten wie die bösen Geister, die alle Lebensgewohnheiten und Bräuche der frühen Römer beeinflußten und formten, waren so zahlreich, daß es, wie später spöttisch erklärt wurde, mehr Geister als Bewohner der Stadt gegeben habe. König Numa Pompilius, dessen Absicht es gewesen war, den Römern Furcht vor den Göttern einzuflößen, hatte ganze Arbeit getan. Die Geisterwelt, die den Glauben und den Aberglauben der unwissenden Menge belebte, war allerdings nicht von ihm selbst erfunden, sondern nur in die Ordnung gebracht worden, die er für seine Zwecke als nötig befunden hatte, nämlich die Einheit seines Königreiches durch die Vereinheitlichung der Glaubensvorstellungen zu sichern. Wenn Rom seine junge Unabhängigkeit bewahren wollte, mußten seine Männer und Frauen anders sein als die Bewohner anderer Städte. Sie mußten sich von den Nachbarn aber nicht nur durch andere Sitten unterscheiden, sondern auch durch ihre Überlegenheit im Kampf. Der Nachfolger des Numa Pompilius suchte »überall Anlaß zum Krieg«. Er zerstörte mit seinen Römern Alba Longa, die Mutterstadt der Rea Silvia, und vererbte seinem Nachfolger seine kriegerische Haltung. Roms vierter König prägte den Grundsatz, der die römische Geschichte bis zur Entstehung des Weltreichs leitete: daß, wer in Frieden leben wolle, sich nicht begnügen dürfe, anderen nichts zuleide zu tun; Ruhe ohne Kampf sei nicht heilsam, und ohne kräftige Vorkehr zum Kriege gebe es keinen wirksamen Schutz für den Frieden. Diese Predigt der Kriegstüchtigkeit, die aus den Römern verspätete Nachahmer der Spartaner machen sollte, richtete sich an die Patrizier, die ihre Macht erweitert hatten und ihren wenn auch noch bescheidenen Wohlstand genossen, nicht jedoch an die Plebs, an die freien Bürger, die sich in und um Rom angesiedelt hatten und ihre Vorfahren nicht auf die Gründer der Stadt zurückführen konnten. Die Plebs war in der Mehrzahl. Sie half dem Etrusker Lucius Tarquinius, genannt Priscus, »der Alte«, auf den Thron. Dieser Tarquinius, der Sage nach ein Sohn einer Etruskerin, war aus Etrurien nach Rom gekommen. Länger als ein Jahrhundert beherrschten Tarquinius Priscius, sein Schwiegersohn und danach sein Sohn Tarquinius Superbus (»der Hochfahrende«) die Stadt, die sich so entwickelte, daß die Bevölkerung ihres Gebiets auf mehr als zweihundertsechzigtausend Seelen anwuchs. Die Untertanen der etruskischen Könige waren nur zum geringen Teil gebürtige Römer, die meisten Sabiner, Latiner und vor allem Etrusker, die bemüht waren, die Sitten der Städte ihres Ursprungs nach Rom einzuführen.

Sind die drei Tarquinier sagenhafte Gestalten wie Romulus oder wie Numa Pompilius und seine beiden königlichen Nachfolger? Hat man sie später erfunden oder aus der Überlieferung so dargestellt, daß die politischen Kämpfe des Jahrhunderts und die Auswirkung der etruskischen Lebensformen auf die spätere Entwicklung Roms in jenes Licht gerückt werden konnten, das den späteren Machthabern als günstig erschien? Diese Fragen sind von der Forschung um so eindringlicher aufgeworfen worden, als der etruskische Einfluß auf die Gestalt und die Gestaltung Roms durch Ausgrabungen immer deutlicher erwiesen wurde und im Gegensatz zur römischen Geschichtsschreibung steht, wie sie nach der endgültigen Vernichtung der Etrusker verfaßt worden ist. Erst der Forschung der letzten hundert Jahre gelang es, aus den zutage geförderten Skulpturen, Keramiken, Bronze- und Edelmetallarbeiten der Etrusker auf ihre Lebensweise und ihre Gedankenwelt zu schließen und das Sittenbild durch fragmentarische antike Texte zu ergänzen.

Der Ruf von der üppigen Lebensweise und dem außerordentlichen Wohlstand der Etrusker, die schon Hesiod als die »edlen, berühmten Tyrsener« bezeichnet hatte, mochte den griechischen Geschichtsschreiber Herodot veranlaßt haben, der Herkunft dieses »weit in der Ferne« lebenden Volkes nachzuforschen. Seinen Bericht stützte er auf uralte Überlieferungen, die er in Lydien aufgespürt habe. Sardes, die Hauptstadt des im nordwestlichen Kleinasien gelegenen Königreichs, sei von einer so fürchterlichen, sich über das ganze Land ausbreitenden Hungersnot heimgesucht worden, daß es dem König Atys unmöglich erschien, für alle seine Untertanen Nahrung aufzubringen. Die Lyder versuchten sich durch Spiele vom Hunger abzulenken. Sie erfanden »das Würfelspiel, das Knöchelspiel, das Ballspiel und alle anderen Arten Spiele … damit es sie nicht nach Speise gelüste«; einen Tag aßen sie, den andern spielten sie. Aber das war nur eine Zwischenlösung. Die Hungersnot ließ nicht nach, sie wurde immer heftiger, so daß der König entschied, daß die Hälfte aller Lyder das Land verlassen müsse, damit die andere Hälfte überleben könne. Das Los sollte entscheiden, wer bleiben dürfe oder die Fahrt ins Ungewisse unter der Führung des Königssohns Tyrrhenos anzutreten habe. »Die nun das Los traf …, die gingen hinab nach Smyrna und bauten sich Fahrzeuge. Da hinein taten sie alles Gerät, das sie gebrauchen konnten, um sich Lebensunterhalt und einen Wohnsitz zu suchen … Und sie änderten den Namen Lyder nach ihres Königs Sohn … und nannten sich nach diesem und hießen Tyrrhenoi.«

Die Schiffahrt in dem Teil des Mittelländischen Meeres, der nach den in Mittelitalien eine neue Heimat gründenden Einwohnern das Tyrrhenische benannt wurde, sorgte für ihren Unterhalt. Aber sie besetzten nicht nur die Küsten des westlichen Italiens zwischen Arno und Tiber, sondern gründeten auch im Binnenland Hügelstädte mit Mauern und Häusern, wie sie in Lydien üblich gewesen waren. Die eingeborene Bevölkerung, die sie angetroffen hatten, wurde von ihnen versklavt. Der Boden war fruchtbar. Wenn er nicht nur landesüblich bebaut, sondern auch mit den Saaten bepflanzt wurde, die von den Tyrrhenoi aus der ursprünglichen kleinasiatischen Heimat mitgebracht worden waren und aus den Ländern, mit denen sie Handel trieben, eingeführt wurden, schenkte er so reiche Ernten, daß der Überschuß gegen andere Waren und Güter ausgetauscht werden konnte.

Die Etrusker errichteten Bergwerke, schmolzen Kupfer und Eisen und tauschten ihre Erzeugnisse gegen Gold aus Ägypten und Bernstein aus dem wilden Norden Europas ein. Sie brachten von ihren Fahrten über See und über Land nicht nur Rohstoffe mit, sondern auch die Kunst, sie zu verarbeiten. Sehr aufmerksam beobachteten sie, wie die Männer und Frauen in den Hafenstädten und in den anderen Ländern an den Küsten des Mittelmeeres lebten, und was sie sahen, veranlaßte sie nicht nur zur Nachahmung, sondern sie vervollkommneten, was sie beobachtet hatten und was ihnen am besten gefiel.

Die Grausamkeit war ein Wesenszug der etruskischen Männer, die, hierin ganz ähnlich den Spartanern, jederzeit zum Krieg bereit sein mußten, um die Herrschaft über ihre an Zahl immer mehr zunehmenden Sklaven zu behaupten. Ob die ursprünglich eingewanderten Tyrrhenoi die Herrscherschicht bildeten oder ob eine neue Schicht »erster Familien« allmählich entstand, ließ sich nicht feststellen. Aber die erhaltenen Reste der Häuser und die Funde in den Grabstätten bezeugen den Aufwand und die üppige Lebensform der reichen und vornehmen Etrusker, die das Dasein in vollen Zügen genossen. Auf Fresken, deren Farben noch nicht verblichen sind, wurden hemmungslose Feste dargestellt, wilde Tänze nackter Mädchen und Männer, die sich ausgelassen zum Klange der Flöte und der Leier bewegten und in sinnlicher Liebe wissend vereinigten. Die Etrusker kannten keine Scham. Nacktheit war natürlich. Das Verlangen, sich der Lust in jeder Form zu erfreuen, solange das Leben Lust geben konnte, war durch die Angst vor dem Tode ausgelöst. Die Etrusker glaubten, daß es eine Hölle gebe, eine von dem unheimlichen Götterpaar Manuts und Mantia beherrschte Unterwelt, daß aber die Seele des Verstorbenen die gleichen Freuden im Jenseits genießen könne, deren sie sich im Diesseits erfreut hatte – sofern sie die Handlungen während des irdischen Lebens rechtfertigen könne.

Die Frauen scheinen gleichberechtigt gewesen zu sein. Die Nähe der Verwandtschaft wurde durch die mütterlichen Bande bestimmt. Die Männer liebten es, ihre Frauen zu schmücken, und versorgten sie auch noch in den Gräbern mit Schönheitsmitteln, Kleidungsstücken und Spiegeln. Die Eintracht des ehelichen Zusammenlebens bekunden Bildwerke, die an die Harmonie ägyptischer Ehepaare erinnern. Aber die Liebe der Etrusker war nicht gleichbedeutend mit geschlechtlicher Treue. Die Freizügigkeit im Geschlechtsleben ist offenbar für Männer und Frauen die gleiche gewesen. Es ist kaum anzunehmen, daß die auf Fresken, Vasen, Töpfen und Kacheln abgebildeten liebenden Frauen nur Hetären waren, die die ausschweifenden Vergnügungen der Männer anregten und teilten, und daß die Ehefrauen so nachsichtig gewesen sind, daß sie sich selbst zwar die Freuden der Liebe versagten und an solchen Festen nicht teilnahmen, ihren Männern dies aber gestatteten.

Ein Liebesabenteuer war der Sage nach Anlaß gewesen zur Vertreibung der Tarquinier, zum Ende des Königtums in Rom und zur Geburt der Republik: Zwei Angehörige des Königshauses der Tarquinier, Sextus, der Sohn des letzten Königs, und sein Vetter Collatinus, sprachen während eines Gelages über die Tugend ihrer Frauen. Beide waren davon überzeugt, daß ihre Ehegattinnen ihnen unter allen Umständen die Treue bewahrten. Collatinus, der ausschließlichen Liebe seiner Frau Lucretia ganz sicher, machte den Vorschlag, sie sollten beide ihre Frauen mit ihrem Besuch überraschen. Sie ritten nach Rom und fanden die Frau des Sextus inmitten ihrer Liebhaber bei einem etruskischen Fest. Das entsprach der Sitte, dagegen war nichts zu sagen. Aber als sie Lucretia in der nun schon vorgerückten Nachtstunde damit beschäftigt fanden, Wolle für einen Umhang ihres Mannes zu spinnen, entschloß sich Sextus aus Neid, vielleicht auch, um seine unwiderstehliche Männlichkeit zu beweisen, die Frau seines Vetters zu verführen. Als er einige Tage später heimlich zu Lucretia kam, verweigerte sie ihm ihre Gunst. Er nahm sie mit Gewalt.

Lucretia setzte den römischen Frauen ein Beispiel. Sie rief ihren Vater und ihren Mann, forderte Rache für ihre gekränkte Frauenehre und erstach sich mit einem Dolch. Diese große Geste einer Frau, die gegen ihren Willen zur Liebe gezwungen worden war, löste einen Aufstand der römischen Männer gegen das Königtum aus, bekräftigte aber auch in der Republik die Gesetzgebung, nach der die Frauen unter den Schutz und die Befehlsgewalt ihres Vaters oder Gatten gestellt und zu bedingungsloser Treue verpflichtet waren. Für die Römerinnen, die in der Zeit der Tarquinierkönige die lockeren Sitten ihrer etruskischen Geschlechtsgenossinnen übernommen hatten, war es damit nun vorbei: Sie durften und konnten sich nicht mehr in aller Öffentlichkeit der freien Liebe erfreuen, die bei den Etruskern üblich gewesen war. Diese Beschränkung galt vor allem den weiblichen Angehörigen der Patriziergeschlechter, denn es sollte das Vorrecht der Geburt, das die Aristokratie in der neuen Republik zu Herren des Staates gemacht hatte, nicht durch eheliche Vermischung mit der Plebs entwertet werden. Aufs strengste verboten war aber nicht nur jede Liebesbeziehung von patrizischen Töchtern und Schwestern mit plebejischen Männern, sondern auch die Ehe.

Dieses Verbot, das die Patrizier auch ihren männlichen Familienmitgliedern auferlegt hatten, galt nur so lange, bis ein Patrizier die schöne Plebejerin Virginia mit allen Mitteln zu seiner Geliebten machen wollte. Ihr Vater erschlug Virginia und rief alle Plebejer zum Schutze der Frauen auf. Sie erzwangen, »an Sittsamkeit dem Beispiel ihrer Väter treu«, das Recht der Eheschließung von Plebejern und Plebejerinnen mit männlichen und weiblichen Angehörigen der Patriziersippen. Die Ehe wurde in dem noch vom bäuerlichen Leben beeinflußten Sprachgebrauch »coniugium« genannt, »Zusammenjochung«. War aber auch diese Liebesgeschichte mit unglückseligem Ausgang nur eine Fabel, mit der die Verkündung der ersten großen römischen Gesetzgebung, des Zwölftafelgesetzes, verklärt werden sollte? Erschien es den Machthabern, die sie aufschreiben ließen, nötig, die Wendepunkte der Geschichte an Hand menschlicher Nebenhandlungen zur Geschichte noch deutlicher werden zu lassen und dem Verständnis der breiten Masse näherzubringen?

Es war wichtig, daß das der Solonischen Gesetzgebung entlehnte Zwölftafelgesetz vom Volk als ureigenes, ursprünglich römisches Gesetz anerkannt und befolgt wurde. Das trotz des wachsenden Einflusses der Plebs von den Patriziern beherrschte Rom und seine mit Waffengewalt und durch Verträge erweiterten Gebiete sollten als eine römische Schöpfung gelten, die sich aus sich selbst heraus zu dem entwickelt hatte, was sie war. Man sprach nicht mehr davon, daß der Purpursaum an der Toga der Senatoren von den Etruskern übernommen worden war ebenso wie die Symbole der Staatsgewalt, die Fasces, die gebündelten Ruten, und die Kunst des Münzprägens, die von den Etruskern aus dem Nahen Osten eingeführt worden war. Die Römer veranstalteten Kampfspiele und Wagenrennen nach etruskischer Art, aber sie nannten sie »ludi Romani«: »römische Spiele«. Ihre Priester erlernten die Eingeweideschau und die Wahrsagerei von den etruskischen Auguren, die ihre geheimnisvolle Zauberei aus Kleinasien mitgebracht hatten. Und nachdem Rom von den Galliern erstürmt und niedergebrannt worden war, hatte man die neue Stadt nach dem Muster der alten etruskischen Städte wiederaufgebaut und dabei bis in Einzelheiten, in Bögen und Ornamenten, die Erinnerung an den Baustil der Etrusker bewahrt, den ihre Grabstätten unverfälscht bis in unsere Zeit, in der man sie aufgefunden hat, erhalten haben.

Der wechselseitige Austausch von Lebensgewohnheiten und Bräuchen mit fremden Ländern, der schon die Entwicklung der etruskischen Sitten bestimmt hatte, wurde auch die Grundlage für die Lebensform Roms. Der so variable Charakter der Römer formte sich durch das, was sie an fremden Eigenheiten sich aneigneten, auswerteten oder verwarfen. Der Aufbau der ausübenden Staatsgewalt war im wesentlichen nach spartanischem Muster erfolgt. So wie in Sparta zwei Königen, stand in Rom zwei Konsuln die politische und militärische Leitung zu. So wie in Sparta die Gerusia, der »Rat der Ältesten«, tagte in Rom der Senat, die Versammlung der Ältesten. Die Plebs hatte das Recht zur Volksversammlung, die durch Abstimmung die Annahme oder Ablehnung von Gesetzen entschied. Aber die tatsächliche Macht beruhte auf dem Heer. Jeder Bürger war zum Dienst verpflichtet. Wie in Sparta war die Lebensführung der Krieger karg und bescheiden. Sie aßen Brot oder Brei, sie tranken sauren Wein, sie nahmen Entbehrungen auf sich, um »pro patria mori«, »für das Vaterland zu sterben« – oder zu siegen. Daß, wer zur siegenden Truppe gehörte, aus der Beute oder durch Landschenkungen reich belohnt wurde, daß man die Gefallenen in Ehren bestattete, machte den erzwungenen Dienst beliebt. Es war jedenfalls erfreulicher, seinen Mut zu beweisen, als für einen Feigling zu gelten und vor versammelter Mannschaft zu Tode gepeitscht zu werden. Die römischen Legionäre fürchteten ihre Offiziere mehr als den Tod. Diese von Generation zu Generation vererbte Furcht stärkte die Disziplin so sehr, daß die Centurien der römischen Legionen »wie ein Mann« kämpften. So konnte Rom nach und nach die Apenninen-Halbinsel erobern und zu einem geeinten Staatswesen römischer Prägung zusammenfassen.

Es gab mehr als hundert Festtage im römischen Jahr. Sie hießen »feriae«, und wenn auch nicht alle dem vergnüglichen Beisammensein von Männern und Frauen gewidmet waren, sondern manche auch den Schatten der abgeschiedenen Seelen galten, den Lemuren, die man durch das Ausspeien schwarzer Bohnen zu vertreiben versuchte, so waren die meisten Feste doch willkommener Anlaß, die alten etruskischen Sitten der geschlechtlichen Schrankenlosigkeit zu bewahren. Jedes Fest hatte seinen Jahrestag und seinen Ritus, der nach römischer Art streng eingehalten werden mußte – bevor die Zuchtlosigkeit freien Lauf bekam. Aber auch viele der gottesdienstlichen Handlungen, an denen die Plebs teilnahm, gaben den Auftakt zur Lust, die ihnen folgen würde. Bei den »Lupercalien«, die dem Faunus geweiht waren, peitschten die Priester, um den »lupus«, den Wolf, von den Weiden abzuwehren, symbolisch alle anwesenden Frauen mit Riemen, die sie aus dem Fell der Opfertiere geschnitten hatten. Die Gezüchtigten sollten zur Sinnlichkeit angetrieben werden, zur Lust des Geschlechts, der die Fruchtbarkeit zu verdanken war. Bei den »Floralien«, dem Fest der Göttin der Blumen und Quellen, Flora, fanden sich die zur Liebe Bereiten bei ausschweifenden Trinkgelagen. Doch die große Fröhlichkeit tobte sich während der »Liberalien« aus, die in Rom den dionysischen Feiern Griechenlands entsprachen. Die Priester und Priesterinnen des Liber und der Libera, des Gottes und der Göttin des Weinstocks, trugen einen gewaltigen Phallus der jubelnden Menge voran, die sich bei der Nachfeier des öffentlichen Umzugs dem Priapus weihte. Das ausgelassenste römische Fest schließlich waren die »Saturnalien«. Sie dauerten sieben Tage und Nächte. In dieser Woche der Lust wurde die Feier der glücklichen Aussaat des anbrechenden neuen Jahres begangen. Jetzt gab es keine Standesunterschiede zwischen Patriziern, Plebejern und Sklaven. Sie aßen an den gleichen Tischen, sie teilten die Betten, alle Freiheiten, die in der verschwiegenen etruskischen Vergangenheit geübt worden waren, standen jedem zu, der sie genießen wollte. Es gab keine Scham, es gab keine Hemmungen. Das Glück der Ungebundenheit, die Lust zu leben beherrschten das Fest.

Das sich vorsichtig, aber rücksichtslos auf der Apenninen-Halbinsel ausbreitende Rom war durch die gewaltigen Umwälzungen, die der Siegeszug Alexanders des Großen mit sich brachte, nur mittelbar berührt. Eines allerdings kam Rom zugute: Der Zusammenhang der auf italischem Boden liegenden griechischen Kolonien mit ihren Mutterstädten wurde empfindlich gelockert, während im Osten die makedonische Macht den unterworfenen Völkern Asiens die Lebensformen der Griechen nahezubringen versuchte und so das Zeitalter des Hellenismus heraufführte. Im Westen versuchte ein knappes halbes Jahrhundert nach dem Tod des großen Makedonen der König von Epeiros, Pyrrhos, nach dem Vorbild Alexanders sich ein griechisch-italisches Reich zu erobern und den Römern die mühsam erkämpfte Herrschaft über Italien streitig zu machen. Er besiegte sie, aber sein Sieg, der ihn teuer zu stehen kam, ging in die Geschichte als »Pyrrhus-Sieg« ein. Auch die Eroberung Siziliens, die ihm gelang, war ein siegreicher Mißerfolg. Er hatte zwar die reiche Stadt Syrakus davor bewahrt, von Söldnern des mächtigen Karthago erobert zu werden, dann aber den Sizilianern, denen er zu Hilfe gekommen war, die Freiheiten beschränkt und schließlich die Insel mit dem Ausspruch verlassen: »Welchen Kampfpreis lasse ich da für Rom und Karthago zurück!« Auf italischem Boden stieß sein Heer mit den römischen Legionen erneut zusammen und erlitt eine Niederlage. Der besiegte Sieger kehrte nach Epeiros zurück. Die Römer hatten freie Hand in Italien. Sie nützten diese günstige Gelegenheit aus.

Die erfolgreichen Kriege gegen Karthago und die Eroberung Griechenlands erhöhten die Ansprüche der römischen Bürger, die nach den Nöten und Entbehrungen in den Zeiten der verzweifelten Verteidigung gegen die Karthager und des Angriffs gegen Griechenland als Sieger nicht schlechter, sondern besser leben wollten als die Besiegten.

Priapus – Wandmalerei aus dem Jahr 100 n. Chr., Pompeji

Denn Rom war noch immer nicht mehr als eine sich ausdehnende Kleinstadt, Karthago hingegen eine Weltstadt. Selbst die reichen Römer bewohnten wenn auch weiträumige, so doch kärglich eingerichtete Häuser, während die reichen Karthager in kostbar ausgestatteten Palästen hofhielten. Die Römer trugen über der Tunika, dem Hemd, das ihnen im Haus als Kleidung genügte, außer Haus die Toga, ein um den Körper gewickeltes Wolltuch, dessen rechtes oberes Ende über die linke Schulter geworfen, unter dem rechten Arm hervorgeholt und nochmals über die linke Schulter geworfen wurde. Die Karthager verwendeten reich bestickte farbige Stoffe für ihre bequemen, maßgerecht geschneiderten Hosen und Jacken, die mit goldenen, juwelenbesetzten Spangen zusammengehalten wurden. Aus allen Häfen, die ihre Schiffe anliefen, aus allen Siedlungen, die sie gegründet hatten, bezogen die Karthager die wertvollsten Waren, die in den Werkstätten des Mittelmeerraumes hergestellt wurden und durch ihre Handelsbeziehungen erworben werden konnten: Seide aus Indien, hauchdünne Schleier aus griechischen Webereien, Silber- und Goldarbeiten aus Persien und Ägypten. Die von ihnen eroberte Iberische Halbinsel lieferte Gold und Silber, Eisen und Kupfer, aber sie verarbeiteten diese Rohstoffe nicht selbst, sondern zogen es vor, Handel damit zu treiben und für den Ertrag die von den Käufern durch Arbeit veredelten Metalle als Waffen und Schmuckstücke wiederzuerstehen. Solange Karthagos Galeeren, die allen Flotten des Mittelmeeres überlegen waren, die See beherrschten, solange seine Handelskarawanen die Wüste ungehindert durchquerten, war der verschwenderische Aufwand, an den die Karthager sich gewöhnt hatten, gesichert. Und die Karthager waren entschlossen, sich ihre Handelsmacht durch nichts und niemand nehmen zu lassen.

Zur Gegenüberstellung und wechselseitigen Bewertung der Lebensgewohnheiten und Bräuche bei den beiden mächtigsten Staatswesen im Mittelmeerraum kam es bald nach Ausbruch des Ersten Punischen Krieges, der mit einer furchtbaren Niederlage Roms begann. Die Römer hatten erkannt, daß die Auseinandersetzung mit Karthago, daß ein Kampf auf Tod und Leben notwendig geworden war. Im Norden ihres mit Blut erkämpften und durch geschickte Verhandlungen erweiterten Gebietes bedrohten sie die Gallier, die mit Karthago verbündet waren. Der Süden der Apenninen-Halbinsel und Sizilien waren ständig den Angriffen der Karthager ausgesetzt, die jedes friedliche Schiff, das im Westen des Mittelmeers einem Handelshafen zufuhr, kaperten oder versenkten. Ein unerwarteter Seesieg machte die Römer übermütig. Ihre Flotte segelte nach Afrika. Doch die Krieger – 150 Legionäre auf jedem Schiff – wurden bei der Landung erschlagen, ihr Konsul Regulus geriet in Gefangenschaft. Ein Sturm, der die Schiffe an eine Felsenküste warf, vernichtete die Flotte. Die Besatzung ertrank. Es schien, als sei alle römische »Hochherzigkeit und Kühnheit« vergeblich gewesen.

Aber Rom gab den Kampf nicht auf. Eine neue Flotte wurde unter neuen Opfern gebaut. Der gefangene Konsul, den die Karthager nach Rom schickten, um Friedensverhandlungen einzuleiten, riet dem Senat, den Frieden zu verwerfen, und kehrte dann nach Karthago zurück, wie er es vor seiner Mission gelobt hatte. Dort wurde er von den Gefangenenwärtern dadurch zu Tode gefoltert, daß sie ihn am Schlafen hinderten. Seine Söhne rächten ihn an zwei karthagischen Gefangenen, die in einer mit Nägeln gespickten Kiste schlaflos ihr Leben aufgeben mußten.

Der Krieg ging weiter und endete mit einer Niederlage Karthagos, das seiner Söldner nicht Herr werden konnte. Seine Unterhändler waren bereit, Frieden zu schließen, Rom, dem wirtschaftlichen Zusammenbruch nahe, stellte die Bedingungen. Es erwarb außer Sizilien auch noch Sardinien und Korsika und die Befreiung seines Handels von den Beschränkungen im Mittelmeer. Aber der Senat hatte nur Frieden mit Karthago geschlossen, nicht mit den Galliern. Die dadurch bedingten weiteren kriegerischen Anforderungen machten es den Römern unmöglich, den Sieg gegen Karthago auszuwerten. Nach wie vor glichen Rom und die seinem Herrschaftsbereich eingegliederten Gebiete einem Heerlager. Die Legionen erwehrten sich erfolgreich der Gallier. Rom war zu neuen Kämpfen gegen Karthago bereit und des Sieges gewiß, aber nur, wenn Männer und Frauen all die Entbehrungen auf sich nahmen, die nötig waren, um die im Felde stehenden Männer versorgen zu können.

In diesen Jahrzehnten der mit Würde ertragenen Not, die ins schier Unerträgliche verschärft wurde, als Hannibal die Führung der karthagischen Heere übernahm, formten sich die äußeren Wesenszüge des Charakters der Römer so, wie sie der Nachwelt überliefert worden sind. Rom hatte seine Grenzen durch die Vertreibung der Gallier erweitert und mit einer neu erbauten Flotte die Adria von Seeräubern gereinigt. Der Handel, der wieder aufzublühen begann, hätte den Römern die Möglichkeit gegeben, ihr Leben zu erleichtern, aber es galt nicht nur der Grundsatz des »pro patria mori«, sondern auch der des »für das Vaterland darben«. Die vom Senat bestellten Zensoren verboten Gelage für Männer und Schmuck für Frauen. Brot mit Honig oder Oliven zum Frühstück, Brei, Gemüse und Obst zum Abendessen waren die allein zulässige Nahrung. Wein wurde nur verdünnt getrunken. Wer nicht gute Miene zu der enthaltsamen Lebensführung machte, wurde als »unrömisch« getadelt. Die Grundbesitzer und ihre Sklaven mußten die Felder bestellen, das Vieh weiden – nicht zum Vorteil und Nutzen der Städter, die im Schutze der Mauern lebten, sondern für die Legionen, die Rom und seine Grenzen verteidigten. Die Senatoren, die das Staatswesen leiteten, gaben dem Volk das Beispiel durch ihre entschlossene, auf alles gefaßte Ruhe, durch die »gravitas«, die strenge Haltung und Würde, die sie an den Tag legten.

Das römische Leben aber sollte ungestört seinen Fortgang nehmen. Die Feste sollten an den festgelegten Daten gefeiert, Ehen geschlossen und Kinder gezeugt werden, nichts den täglichen Ablauf hemmen und unterbinden. Wenn ein Mann sich mit einem Mädchen verloben wollte, hatte es so zu geschehen, wie es nach altem Brauch üblich war, einerlei ob er am nächsten Tag ins Feld mußte oder nicht. Er brach mit der Braut einen Strohhalm, ein »stipulum«, zum Zeichen des Verlöbnisses, aber steckte ihr nicht einen goldenen Ring an den vierten Finger der linken Hand, sondern einen eisernen: Wesentlich war die Verbindung der Fingernerven zum Herzen, nicht der Wert der Gabe.

Auch die Frauen sollten die Bürden der Entbehrungen mit Würde tragen und sich nicht, da sie doch durch das Brechen des Strohhalms »stipuliert« waren, als »Strohwitwen« ungefährdet vergnügen. Eine Ausnahme machte das Gesetz den Frauen gegenüber, die sich, als Hannibal »ante portas« stand, vor den Toren Roms, und die Stadt verloren schien, fremden Männern hingegeben hatten: Von Römern ließen sich die römischen Frauen begatten, um, falls karthagische Söldner sie vergewaltigten, nicht Kinder von Fremden tragen und gebären zu müssen, sondern dem Staat römischen Nachwuchs zu sichern. Denn Rom brauchte Nachwuchs – auf Gedeih und Verderb.

Die meisten Ehefrauen, die sich solchermaßen gegen das Sittengesetz vergingen und ihren Männern untreu wurden, um »das römische Blut rein zu erhalten«, waren, ohne daß sie es wußten, Witwen geworden: Mehr als hunderttausend Römer waren in den Kämpfen gegen Hannibal gefallen, über hundert Senatoren, die sich freiwillig gemeldet hatten, auf den Schlachtfeldern geblieben; beinahe alle jüngeren Angehörigen des Senats standen bei den Legionen. Die von Hoffnungslosigkeit und Verzweiflung erschütterte Stadt, aus der auch die letzten wehrhaften Männer abgezogen wurden, um die vernichteten Heere zu ersetzen, wurde von panischem Schrecken erfaßt.

Hannibal griff Rom nicht an, aber es kamen auch keine Nachrichten von siegreichen Schlachten der römischen Heere auf süditalischem Boden. Der Kriegsschauplatz war jedoch nicht nur die Apenninen-Halbinsel. Römische Legionen waren unter Führung des jungen Senators Publius Cornelius Scipio auf der Iberischen Halbinsel gelandet und hatten Cartagena erobert, den Hauptwaffen- und -handelsplatz der Karthager. Dieser bedeutende Erfolg ermunterte den Senat, seine Bemühungen um gnädige Unterstützung durch fremde Gottheiten fortzusetzen. Die Senatoren befragten die als göttliche Weissagungen heiliggehaltenen Sibyllinischen Bücher, ein Erbe der etruskischen Schicksalsgöttin Lasa. Zu ihrer großen Genugtuung wurde ihnen die Voraussage, daß Hannibal Italien verlassen und nach Afrika zurückkehren werde, wenn man Kybele, die »Große Mutter« der Phryger, als »Magna Mater« nach Rom bringe. Eine Botschaft wurde nach Pergamon gesandt, dessen König einwilligte, den schwarzen Stein, der Kybele verkörperte, aus ihrem Tempel nach Rom überführen zu lassen. Im Hafen von Ostia begrüßte eine festlich geschmückte Abordnung römischer Frauen die Ankunft der Göttin mit einer glanzvollen Feier. Doch dann blieb das Schiff, das Kybeles geheiligtes Sinnbild barg, im Tiber stecken; erst durch das Gebet der keuschen Vestalin Claudia konnte es aus dem Schlamm befreit werden. In jubelndem Umzug wurde der Stein endlich nach Rom in den Tempel der Göttin Victoria gebracht.

Drei Jahre nach der Ankunft der Magna Mater in Rom besiegte Scipio, der vorher Sizilien wiedererobert hatte, Hannibal in einer großen Umfassungsschlacht auf afrikanischem Boden.

Durch den Frieden, den Karthago schließen mußte, gewann Rom die Iberische Halbinsel, eine gewaltige Kriegsentschädigung und die Oberherrschaft im westlichen Mittelmeer. Kurz darauf besiegte die neue Großmacht trotz ihrer Erschöpfung den König von Makedonien, errang die Oberherrschaft auch über den griechischen Raum und gewann damit den für die Zukunft so entscheidenden Einfluß auf die nahöstlichen Königreiche.

Die Heimkehr der siegreichen Legionen wurde mit Triumphzügen gefeiert. Es wurde zur Sitte, daß die Feldherren in einer purpurnen Toga und mit einem goldenen Lorbeerkranz auf der Stirn die dankbare Huldigung des römischen Volkes empfingen. Dem schimmernden Wagen des Triumphators schritten Harfenspieler und Flötenbläser voran – in einer Wolke von Weihrauch gehüllt –, ihnen folgten Wagen mit der Beute: gehäuftes Silber und Gold, das bis zur Verteilung im Tempel des Jupiter aufbewahrt wurde.

Die entbehrungsreichen Zeiten waren vergessen. Im Wunsch, Versäumtes nachzuholen, verfielen die Römer und Römerinnen einem Sinnenrausch. Als der Senat es unterließ, ein Notgesetz aus der Zeit des Zweiten Punischen Krieges zu widerrufen, das den Frauen verbot, goldenen Schmuck und farbige Kleider zu tragen, versammelten sich die freien Frauen Roms auf dem Forum und verlangten das Recht, die Kleider zu tragen, die ihnen gefielen, und sich zu schmücken, wie es ihnen paßte. Die Frauen hatten Anlaß genug, um das Recht zu ihrer Verschönerung zu kämpfen. Ihre Männer nämlich hatten aus dem eroberten Griechenland nicht nur Beute mit sich gebracht, sondern auch das »griechische Laster«, wie die Knabenliebe in Rom genannt wurde.

In diesem Wettbewerb der Geschlechter zeichneten sich die Frauen durch den Aufwand aus, den sie trieben, um reizvoller zu wirken. Der Handel mit Schönheitsmitteln blühte. Die Körperpflege wurde zur Kunst. Karthagische Schminken in allen Schattierungen, Beizseife aus Gallien, durch die graues Haar braun gefärbt werden konnte, duftende Essenzen und Salben aus Ägypten, die die Haut geschmeidig machten, wurden mit Gold aufgewogen. In farbigen, reich bestickten und hauchdünnen Geweben, wie sie bisher nur in den Frauenhäusern Karthagos gebraucht worden waren, zeigten sich die römischen Frauen in aller Öffentlichkeit. Die Frauen der reich gewordenen und immer reicher werdenden Römer zahlten jeden Preis, um sich nicht nur gegen die Knaben zu behaupten, sondern auch, um besser gekleidet und anziehender zu sein als die Hetären, die von unternehmungslustigen Kneipenwirten aus Griechenland nach Rom gebracht und in dazu eingerichteten Häusern untergebracht worden waren. Sie lebten abgeschlossen in den Lupanaren, an deren Toren ein mächtiger Priapus gezeichnet war oder, in Bronze gegossen, als Türklopfer diente. Durch dieses Gewerbezeichen sollte kundgetan werden, daß die Insassinnen des Hauses nur dem einen Zweck dienten, die Geschlechtslust der Kunden zu befriedigen. Diesen Zweck erkannten auch die Gesetzgeber an, die den hochbesteuerten Wirten das Recht gaben, Frauen zu halten und stundenweise zu vermieten; dafür hatten sie die Pflicht, für die Verköstigung der »meretrices« zu sorgen und zu verhüten, daß sie sich öffentlich unter die freien Frauen mischten. Denn die meretrices waren nichts als Sklavinnen der Lust für die Männer, die sich im eigenen Haus keine Sklavin halten konnten oder Streit mit ihren Ehefrauen vermeiden wollten.

In den Palästen der Patrizier, die nun mit erlesenen griechischen Kunstwerken geschmückt waren, sah man sehr darauf, daß die Form gewahrt blieb, was um so notwendiger erschien, als der Brauch, die Triebe ungehemmt auszuleben, von der Plebs hemmungslos angenommen wurde – die Vornehmen aber wünschten sich von den zügellosen Massen nach außen hin zu unterscheiden. Was in ihren behüteten vier Wänden geschah, wurde erst später durch die Klatschsucht zurückgewiesener Liebhaber bekannt, die zur Feder griffen. Die Ausschweifungen der nicht durch das Vorrecht der Geburt und des Wohlstandes geschützten Frauen und Männer des Volkes aber wurden zum Gegenstand öffentlicher Streitgespräche im Senat.

Anlaß dieser Polemik war die Einführung des griechischen Dionysos-Kultes, der Bacchus-Feiern, die besonders in den Gebieten der ehemaligen etruskischen Siedlungen auflebten und sich von den Liberalien auch dadurch unterschieden, daß sie nicht an wenigen vorgeschriebenen Tagen veranstaltet, sondern zum alltäglichen Vergnügen der Bevölkerung wurden. Die männlichen und weiblichen Gefolgschaften der Bacchus-Priester schlossen sich in Bünden zusammen, deren Ziel es war, allen Anhängern der Lebenslust den Genuß des von Wein beschwingten Geschlechtsverkehrs zugänglich zu machen. Die in Gruppen vereinten Anbeter und Anbeterinnen des Dionysos-Bacchus und seines unvermeidlichen Begleiters Priapus paarten sich, unbekümmert um Ehe- oder Liebesbande oder die Anwesenheit anderer, ihrem augenblicklichen Verlangen nachgebend in glückseliger Vereinigung. Erst als ein junger Römer, der an einer solchen Orgie teilgenommen hatte, das »nächtliche Treiben« bei diesen Bacchus-Festen als unsittlich und unrömisch anzeigte, befaßten sich die Behörden mit den »Bacchanalien«, die den »mores« widersprachen und die Moral untergruben.

Das Verbot der »dionysischen Freiheit« war im Senat einstimmig beschlossen worden, obwohl sich die meisten jüngeren Senatoren für alles Griechische so lautstark einsetzten, daß man sie als »graeculi« verspottete, als »Griechlein«. Die von Haus aus begüterten, durch die Kriegsbeute maßlos reich gewordenen Patrizier, die in ihren neuen, großangelegten Palästen und Villen ein selbstherrliches Leben führten, sie, die Livier, die Meteller, die Claudier und Cornelier, wünschten nicht, ihre Zerstreuungen mit dem »profanum vulgus« zu teilen, mit dem »gemeinen Volk«. Sie konnten es sich leisten, zu verdammen, was ihnen mißfiel – und sie waren gegen die Vergröberung der Lebensformen, gegen die offen zur Schau getragene Unzucht.

Noch mehr als ihre überragende gesellschaftliche Stellung, die sie dem römischen Alltag fernhielt, entfremdete die Patrizier ihre geistige Haltung allen Schichten des Volkes. Sie wünschten und brauchten keine Gemeinsamkeit. Sie hatten ihre Landsitze nach karthagischem Muster zu »Latifundien« ausgeweitet und bezogen aus dem in gepflegtes Weideland umgewandelten Boden weit mehr Einkünfte, als sie ausgeben konnten. Das Vieh vermehrte sich. Die Sklaven und Sklavinnen, die es betreuten, vermehrten sich. Die römischen Märkte, auf denen es sich nicht mehr lohnte, einheimisches Getreide zu verkaufen, da das eingeführte kaum ein Viertel kostete, blieben aufnahmefähig für das auf Latifundien gezüchtete Vieh.

Die patrizischen Latifundienbesitzer hielten es auch für unter der Würde ihres Standes, Handel zu treiben, sich an der Belieferung der Legionen mit Waffen, Kleidungsstücken und Lebensmitteln zu beteiligen oder Bergwerke und Ländereien in eroberten Gebieten auf eigene Rechnung auszubeuten. Solche Möglichkeiten, sich zu bereichern, schanzten sie ihren Klienten oder anderen von ihnen begünstigten römischen Bürgern zu, die dadurch unermeßliche Vermögen erwerben konnten. Diesen erfolgreichen Unternehmern wurde zugebilligt, sich als »Ritter«, »equites«, zu bezeichnen. Damit wurden sie in der neuen Zeit Nutznießer eines alten Brauches, dem zufolge man wohlhabende Männer, die sich auf eigenen Pferden zum Kriegsdienst stellten, Ritter genannt hatte. Der Stand, den die »Geldritter« repräsentierten, war fürs erste durch keine Vorrechte bevorzugt. Aber die Ritterschaft wurde durch ihre mit Geld erkaufte Popularität zu einer mächtigen Mittelschicht zwischen den Patriziern und der Plebs.

Nicht nur nach griechischer Art zu leben wurde Sitte, sondern auch zu lieben. Die römischen Ehefrauen allerdings räumten den meretrices und den Lustknaben weder Bett noch Tisch. Sie verfochten ihre ehelichen Rechte und bestanden auf der Erfüllung der ehelichen Pflichten durch ihre Männer – oder auf entsprechendem Ersatz. Ihre Entschlossenheit, sich in der Liebe gleichberechtigt zu behaupten, behinderte die Möglichkeiten der meretrices, sich erfolgreich selbständig zu machen, wie es bei den Hetären in Hellas der Fall gewesen war.

Den Rittern und ihren Frauen gelang es damals nur noch in seltenen Fällen, in die geschlossenen Kreise der patrizischen Geselligkeit einzudringen. Sie hatten den Aristokraten und ihren Frauen nichts zu bieten, das diese nicht selbst besessen hätten. Lange Zeit vermochten sie nicht, den wenn auch verhältnismäßig kurzen zeitlichen Vorsprung einzuholen, den die Patrizier als die Entdecker der griechischen Lebensart auf römische Art gewonnen hatten. Was die Söhne und Töchter der Ritter sich mühselig erwerben mußten, hatten sich die Söhne und Töchter der mächtigen Senatorengeschlechter schon in vergangenen Generationen spielerisch angeeignet: die geistige Bildung, durch die sie die Politik und dadurch die Sitten Roms entscheidend beeinflussen sollten.

Noch vor den Punischen Kriegen hatte die griechische Philosophie Einzug in die exklusiven Häuser des hohen römischen Adels gehalten, der erkannt hatte, daß Wissen Macht bedeute – nicht nur das Wissen von der Welt, sondern auch von den Menschen. Vor allem die Lehren Zenons und seiner Schüler, die sich Stoiker nannten nach der »stoa poikile« in Athen – der »Bunten Halle«, einem mit Wandgemälden geschmückten öffentlichen Gebäude, in dem sie lehrten –, beeindruckten die wißbegierigen und neugierigen Patrizier. Und nach den Punischen Kriegen wurden die Lehren der Stoiker geradezu Mode. Der Begriff des »tugendhaften Handelns im Sinne der Urvernunft«, um Frieden und Eintracht auf Erden zu erzielen, sprach die Patrizier jetzt um so mehr an, als sie ein Weltreich gegründet hatten und die praktische Anwendung des »allgemeinen Weltbürgertums« in der Verwaltung des Weltreiches nützlich sein konnte. Daß alle Menschen welch Stammes und Standes auch immer – ob Griechen oder Karthager, ob Freie oder Sklaven, ob Männer oder Frauen – eine einzige »große Menschheit« bildeten und daß jeder Mensch jedem Menschen gegenüber hilfreich sein müsse – diese These erkannten sie allerdings nur theoretisch an: Die Praxis mit ihrer Politik des Augenblicks, mit dem immer wieder aufflackernden Kampf um die Macht ließ es nicht zu, der »humanitas« freien Lauf zu lassen. Und überdies hätte die von der Stoa geforderte Aufklärung in Glaubensfragen den Einfluß des hohen Adels nur gemindert.

Die Senatoren jedoch, die den Glauben als Bollwerk ihrer Macht stützten, ergaben sich denjenigen philosophischen Spekulationen, die ihren persönlichen und politischen Ansprüchen zusagten. Sie wurden zum größten Teil Anhänger der Lehren Epikurs, der verkündet hatte: »Ein lustvolles Leben ist nicht möglich ohne ein einsichtsvolles, lobenswertes und gerechtes Leben, und ein einsichtsvolles, lobenswertes, gerechtes Leben ist nicht möglich ohne ein lustvolles.« In diesem sich schließenden Kreis von Einsicht und Lust erfüllte sich in dieser Übergangszeit das Leben der Patrizier, die der Zukunft Roms vorsorgten. Die Lebensauffassung Epikurs machten sie sich um so williger zu eigen, als sie dadurch ihren eigenen Rang gegenüber den geringgeschätzten Rittern und der verachteten Plebs behaupten konnten. Sie waren bemüht, ihr Leben zu führen, wie Epikur es vorgeschrieben hatte: »Wenn wir also die Lust als das Endziel hinstellen, so meinen wir damit nicht die Lüste der Prasser und solche Lüste, die aus nichts als dem gewöhnlichen Genuß bestehen. Nicht der Umgang mit Weibern und schönen Knaben, auch nicht der Genuß, … den eine prunkvolle Tafel bietet, machen das lustvolle Leben aus, sondern eine nüchterne Verständigkeit.« Sie allein also war als die einzige wahre »Lust« zu verstehen, der man mit Herz und Verstand ergeben sein sollte.

Die »nüchterne Verständigkeit« war freilich oft genug nur der Deckmantel für die lockeren Sitten, die sich mit der Zunahme der nach Rom einwandernden Bürger in allen Schichten der Bevölkerung einnisteten. Die Vergnügungssucht der Römer nahm mit wachsendem Wohlstand zu. Die sportlichen Wettbewerbe und Kampfspiele, die bei festlichen Anlässen auf Kosten des Staates und mit Zuschüssen der Reichen veranstaltet wurden, genügten ihnen nicht mehr – sie wollten Abwechslung, aufregende Unterhaltungen, und das nicht nur bei besonderen Gelegenheiten.

Was den Schaulustigen die öffentliche Arena des Zirkus nicht gab, das boten ihnen bald geschickte Unternehmer in hölzernen Schaubuden, die auf unbebauten Plätzen inmitten der immer prächtiger ausgebauten Stadt errichtet wurden. Wer dafür zahlte, konnte Seiltänzer und Seiltänzerinnen bewundern, die, scheinbar in der Luft schwebend, einander zustrebten und sich in zärtlicher Umarmung fanden. Er konnte zusehen, wie nackte Männer und Frauen in Käfige gestoßen wurden, sich reißender Tiere nicht erwehren konnten und mit zerfetzten Gliedern blutüberströmt starben. Die Grausamkeit war verboten, aber das Verbot wurde nicht beachtet. Die Opfer waren ja Sklaven und Sklavinnen, und die Budenbesitzer erklärten, wenn sie zur Rede gestellt wurden, daß die Unglücklichen die Käfige der Bestien freiwillig betreten und ihr grausiges Ende durch ihre bedauerliche Unvorsichtigkeit selbst verschuldet hätten. Wenn der Erlös aus den Eintrittspreisen den Einkaufspreis für die Sklaven und Sklavinnen überschritt, war ihr Tod ein gutes Geschäft gewesen – und Menschenleben waren billig. Jeder Sieg der Legionen versorgte die Stadt und die Ländereien mit neuer leibeigener Ware, die sich durch Leistungen bezahlt machen mußte. Die sinkenden Preise auf dem Sklavenmarkt ermöglichten es nun auch solchen römischen Bürgern, die fast mittellos waren, sich jeder groben Arbeit zu enthalten. Um aber die müßigen Massen in der so gewonnenen Freiheit zu beschäftigen und ihrem »leichtfertigen Wesen, voll ungesetzlicher Neigungen, unvernünftigen Zornes und gewaltsamer Leidenschaften« Rechnung zu tragen, mußten die Behörden »durch die Finger schauen«: Das Volk mußte unterhalten werden, wenn es nicht unruhig werden sollte. So kam es, daß jetzt auch das Aufführen von Theaterstücken erlaubt wurde. Die allerdings nur zögernd erteilte Genehmigung entsprach den Wünschen der griechisch denkenden Senatoren: Warum sollte nicht auch die Plebs teilhaben an dem geistigen Gut, das aus Griechenland nach Rom gekommen war? Eine politische Gefahr konnte dadurch nicht entstehen, da das Zurschaustellen politischer Satiren schon vom Zwölftafelgesetz bei Todesstrafe untersagt worden war. Unverschämt freche Angriffe auf hochgestellte Persönlichkeiten, wie sie Aristophanes in seinen Komödien dem Volk von Athen vorgeführt hatte, sollten in Rom keine Wiederholung finden. Aber es gab mehr als tausend griechische Komödien, deren Inhalt harmlos war, denn sie handelten nur von der Liebe. Und das war ein Thema, das jeden Mann und jede Frau ansprach und genügend Variationen bot, das anregte, ohne je langweilig zu werden.

Theaterstücke, die von der Liebe handelten, durften also auf Beifall rechnen. Gescheitert hingegen waren die Versuche der Aristokraten, den Plebejern Übersetzungen und Neubearbeitungen griechischer Tragödien anläßlich religiöser Feiern oder bei den Begräbnissen bedeutender Männer nahezubringen. Durchschlagenden Erfolg beim römischen Publikum hatte nur Titus Maccius Plautus. Sein Name bedeutete wörtlich: »Titus, der plattfüßige Spaßmacher«. Ob dieser Titus seinen Mittelnamen, der »Plattfüßige«, einer komisch anmutenden Fußhaltung verdankte, ist nicht überliefert, wohl aber machte er dem Beinamen Plautus alle Ehre. Er war in der Tat ein Spaßmacher durch und durch, auch in der Auswahl der griechischen Komödien, die er den Römern mundgerecht bearbeitete und, durch freche Texte ergänzt, so zur Aufführung brachte, wie es sie anregen mußte: als belebte sprechende Bilder aus ihrem Alltag, wenn auch in fremdem Kostüm und in Handlungen, die zwar nicht in Rom spielten, doch aber dort spielen konnten. Durch solches Verlegen des Ortes vermied Plautus jeden möglichen Einspruch der Ehrbarkeit und der Behörden. Die

»dignitas« der Römer, ihre Würde und nüchterne Verständigkeit, war nicht gekränkt, wenn zur Schau gestellt wurde, daß sich Griechen unzüchtig benahmen und unflätig sprachen.

Alle Schattierungen der menschlichen Natur wurden von den Schauspielern in Wort und Gebärde gezeigt. Aber die kostümierten Komödianten, die ihre Persönlichkeit einsetzten, um Menschen zu gestalten, waren im Sinne des geltenden Gesetzes nicht vollwertige Menschen: Wenn ein Bürger Schauspieler wurde, verlor er seine bürgerlichen Rechte. So wurde es Brauch, Sklaven für den neuen Beruf auszubilden. Da es Frauen, sogar Sklavinnen, verboten war, als Komödiantinnen aufzutreten, verkörperten die Schauspieler auch die weiblichen Rollen. Sie schminkten sich wie Frauen, trugen Perücken und modellierten ihre Gestalten, um als Frauen zu wirken. Ein besonderer Spaß war es, wenn ein als Frau verkleideter Darsteller seinen Busen verlor und sich im tolpatschigen Bemühen, ihn wieder an Ort und Stelle zu befestigen, so entblößte, daß seine Männlichkeit unverkennbar war. Alles, was das Publikum zum Lachen bringen konnte, wenn es nicht offenkundig, sondern nur zufällig unzüchtig war, gehörte zum Spiel. Jede lüsterne Anspielung war erlaubt; aber es war den Schauspielern untersagt, den Geschlechtsakt auf dem Proszenium, der halbkreisförmigen Bühne, zu zeigen, die ein Teil der »orchestra« war, hinter der die »scaena« lag, die den Ort der Handlung zur Schau stellte.

Es gab keine Sitzplätze im Theater des Plautus. Wer der Vorstellung nicht stehend beiwohnen wollte, brachte einen Faltsessel mit oder kauerte auf dem Boden. Es war unbequem, aber Plautus sorgte dafür, daß die Unbequemlichkeit nicht zu lange ertragen werden mußte. Er unterteilte die Handlungen der griechischen Komödien, die er für die römischen Zuschauer zurechtgemacht hatte, in »Aktionen«, in Akte, um es dem Publikum zu ermöglichen, sich zwischen den Akten in den benachbarten Schaubuden zu unterhalten, und es doch so neugierig zu erhalten, daß es wieder an seine Plätze zurückkehrte. Um die Spannung anzuregen, ließ Plautus vor dem Spiel durch einen Sprecher in einem »prologus« erklären oder zumindest andeuten, welches Thema die dargebotene Komödie zum Inhalt haben werde. Die Prologe hielten dem Publikum auch seine Unmanieren vor: Der Sprecher ermahnte die anwesenden Frauen, nicht während der Vorstellung zu schwatzen und ihre Kinder daheim zu lassen, damit ihr Geschrei das Spiel nicht störe. Am Ende forderte er alle Anwesenden zum Klatschen auf mit den zur stehenden Redensart werdenden Worten: »Nunc plaudite omnes!« Blieb der Beifall trotz der Aufforderung aus, wurde die Komödie abgesetzt. Die Zuschauer sollten ihre heitere Zustimmung laut vernehmlich bekunden, womöglich aus vollem Herzen lachen, denn Plautus wußte: »Wer lacht, der zahlt.«

Es war alles käuflich in Rom. Der Wunsch, Anteil zu haben am allgemeinen Wohlstand und Wohlleben oder zumindest »die Brosamen vom Tisch der Reichen« genießen zu können, hatte die Lebensgewohnheiten und Bräuche der Stadt verändert. Inwieweit sich die überlieferten Sitten in der breiten Masse verschoben, ist urkundlich nicht belegt. Die in Bruchstücken erhaltenen Berichte schildern jedoch die Ausschweifungen und den zunehmenden Luxus der Reichen, die ihre Häuser verschwenderisch ausstatteten. Die Möbel waren aus seltenen Hölzern gefertigt und verziert mit Einlegearbeiten aus Elfenbein, Silber oder Gold; Teppiche aus Babylon bedeckten den Estrich, feine ägyptische Gewebe die Betten; auf den mit Edelsteinen besetzten Tischen waren köstliche Speisen angerichtet, für teures Geld von Händlern eingekauft, deren Schiffe ferne Häfen anliefen, um rare Delikatessen für ihre römischen Auftraggeber zu besorgen. Das Schlemmen und Trinken war so verbreitet, daß der Senat Gesetze gegen den unmäßigen Aufwand für üppige Gastmähler und kostbare Kleidung erließ. Doch solche Versuche, die um sich greifende Völlerei zu unterdrücken, verliefen um so mehr im Sand, als sich allmählich immer mehr Patrizier den lebenslustigen Rittern und Bürgern beigesellten und ihre Tage und Nächte ebenso genießen wollten. Der Kreis hatte sich geschlossen: Einst waren es die Ritter gewesen, die den Lebensstil der Patrizier nachahmten – jetzt eiferten diese jenen nach. Und ungehört blieben Catos Mahnungen, der unermüdlich die »nüchterne Verständigkeit« predigte und im Senat ausrief: »Es ist schwer … zum Bauch zu reden, der keine Ohren hat.« Williges Gehör hingegen fand seine politische Überzeugung, daß Karthago, das in den Jahrzehnten nach Hannibals Niederlage durch seinen Handel wieder reich geworden war, vernichtet werden müsse. Nach einer dreijährigen Belagerung zu Land und zur See und nach heldenhaftem Widerstand der Karthager wurde die Stadt, die das Mittelmeer so lange beherrscht hatte, erobert und niedergebrannt.

Durch den Ausgang des Dritten Punischen Krieges wurde Rom unermeßlich bereichert. Es machte das karthagische Staatsgebiet zur »Provinz Africa«. Im gleichen Jahr noch entsandte der Senat eine Flotte und Legionen nach Griechenland, um den schwelenden Unruhen, die trotz der Unterwerfung Makedoniens immer wieder aufgeflammt waren, ein Ende zu bereiten. Die Stadt Korinth, die als der Herd der Unruhen galt, wurde von den Römern völlig zerstört. Alle Kunstschätze wurden nach Rom verschleppt und die Bürger versklavt. Die tausend korinthischen Hetären, die sich dem Tempel der Aphrodite geweiht und ihre Stadt als »Mittelpunkt der Liebe« berühmt gemacht hatten, wurden an die römischen Lupanare verkauft. Das Angebot, das die Wirte der Hurenkneipen nun den sinnenfreudigen Römern machen konnten, entsprach der wachsenden Nachfrage.

Der in Rom heimisch gewordene Polybios prägte damals den Satz: »Die Welt zu erobern ist das eine. Sie auf die Dauer zu beherrschen und ihren Frieden zu erhalten, ist das andere.« Es ging nicht so sehr darum, die so erweiterten Grenzen zu schützen und die Einbrüche wandernder Völker im Norden und Westen abzuwehren, als die innere Ordnung zu gestalten und aufrechtzuerhalten.

In der Verzweiflung über die Unerträglichkeit ihres Daseins griffen Sklaven immer häufiger zur Selbsthilfe. Unmenschliche Aufseher wurden erschlagen. Sklaven, die sich befreit hatten, vereinigten sich in bewaffneten Haufen, die mordend und sengend durch das Land und die Städte zogen.

Örtliche Aufstände wurden von den örtlichen Behörden blutig niedergeschlagen, aber als sich etwa siebzigtausend aufrührerische Sklaven in Sizilien erhoben, mußten Legionen eingesetzt werden, um sie niederzuzwingen. Die Überlebenden wurden an ihre Arbeitsplätze zurückgeschleppt, die Rädelsführer gekreuzigt.

Die Unruhe, die sich durch die sich wiederholenden Nachrichten von Sklavenaufständen auf die römische Bevölkerung übertrug, ermutigte einen jungen Mann aus vornehmem Geschlecht dazu, zwar nicht für das Los der Sklaven einzutreten, aber an die »humanitas« Roms zu appellieren, um die Wiederherstellung des Bauernstandes zu ermöglichen und Arbeitsplätze für römische Bürger zu schaffen. Tiberius Sempronius Gracchus ließ sich von der Volksversammlung zum Tribun wählen, um die Erneuerung eines alten Ackergesetzes beantragen zu können. Das von den Latifundienbesitzern besetzte Staatsland sollte gegen Entschädigung eingezogen und an freie Bürger in Erbpacht ausgegeben werden. Die Rede, die Tiberius bei der Einbringung dieses Gesetzes hielt, vermittelte nicht nur dem Senat, sondern auch der Nachwelt ein charakteristisches Sittenbild seiner Zeit: »Die Tiere, die in Italien leben, haben Höhlen und eine Lagerstätte oder einen Unterschlupf. Die Männer aber, die für Italien kämpfen und sterben, haben wohl Anteil an Licht und Luft, sonst aber an nichts. Ohne Haus und Heimat irren sie mit Weib und Kind umher. Die Feldherren aber lügen, wenn sie die Legionäre in den Schlachten dazu aufrufen, für Gräber und Heiligtümer mit dem Feind zu kämpfen. Denn keiner unter so vielen Römern hat noch einen Hausaltar oder ein Ahnengrab. Nein, für anderer Leute Schlemmerei und Reichtum kämpfen sie und fallen …« Der so geredet hatte, wurde von Anhängern der Latifundienbesitzer erschlagen. Sein Bruder Gaius Sempronius Gracchus unternahm es, den Kampf für die Plebs fortzusetzen. Er erwirkte zwar die »lex frumentaria«, das Getreidegesetz, das jedem römischen Haushalt monatlich etwa dreiviertel Zentner Weizen zur Hälfte des Marktpreises zusicherte, aber er unterschätzte die Macht des Senats und überschätzte den Patriotismus seiner römischen Wähler, die sein Antrag verstimmte, daß allen freien Männern von Latium das volle und allen anderen freien Männern der Apenninen-Halbinsel ein eingeschränktes Bürgerrecht verliehen werden sollte. Die Plebs, die den Wert ihrer Stimmen nicht verdünnt sehen wollte, wählte Gaius nicht mehr. Seine Parteigänger wurden in der Volksversammlung von Senatoren, die mit bewaffneten Sklaven gegen sie auftraten, überfallen, Gaius floh, nachdem er sich vergeblich bemüht hatte, den Aufruhr zu beschwichtigen. Um nicht lebend in die Hände seiner Feinde zu fallen, ließ er sich von seinem Leibsklaven töten.

Das Ende der Gracchen wurde vom Senat als Triumph gefeiert. Der Reichtum der Latifundienbesitzer schien gesichert. Wer mehr Geld hatte, konnte mehr Luxus zur Schau stellen, und wer mehr Luxus zur Schau stellte und immer weitere Kreise daran teilnehmen ließ, gewann mehr Einfluß. Und mehr Einfluß brachte mehr Geld. In diesem Circulus vitiosus bewegte sich das politische und gesellschaftliche Leben Roms. Nur die Eingeweihten sahen der Zukunft mit Sorge entgegen.

Wie lange würde das Volk sich mit Almosen bescheiden? Ein Zeitgenosse schrieb: »Es kam für die Armen immer schlimmer …« Der unausbleibliche Bürgerkrieg kündigte sich an, während römische Legionen im Rhonetal Krieg gegen die Gallier führten, um dort die reichen Holzbestände für den Handel römischer Geldleute zu sichern, und gegen illyrisch-keltische Stämme, um die Salz- und Eisenlager an der Drau und Save zu erobern – für die gleichen Geldleute.

Neue Völkernamen wurden in Rom bekannt: die Cimbern und Teutonen, »Barbaren«, die an den nördlichen Grenzen des Römischen Reiches entlang von Osten nach Westen zogen und römische Heere besiegt hatten. Die Bevölkerung der von solch erschreckenden Meldungen aufs äußerste beunruhigten Stadt war in zwei politische Lager gespalten: die »optimates« – »die zu den Besten Gehörigen« –, die sich grundsätzlich allen Reformen, soweit sie nicht vom Senat ausgingen, widersetzten, und die »populares«, die das bedingungslose Vorrecht der Geburt bestritten, erweiterte Befugnisse für die Volksversammlung und freies Land für die Kriegsteilnehmer und die Armen forderten. Dieser Machtkampf, der mit allen nur erdenklichen Mitteln ausgetragen wurde, führte zu einem weiteren Verfall der Sitten Roms.

In den auf uns gekommenen Berichten über die Korruption, die immer weitere Kreise erfaßte, wird nur angedeutet, welche Auswirkungen diese Machenschaften auf die Moral der großen Massen hatten. Wir wissen, daß die Zahl der Kneipen und der Lupanare gewaltig zunahm, daß die der Plebs dargebotenen Kampf- und Wettspiele immer reichhaltiger wurden. Sonst aber gibt es in den ausführlichen Darstellungen des Bürgerkriegs, der dem Aufstieg Cäsars voranging, nur spärliche Hinweise auf die Lebensführung der Plebs. Sie wurde ein Spielball politischer und militärischer Glücksritter, die ihre Geschichte machten und sich in hemmungsloser Gier über die überlieferten Sitten hinwegsetzten.

Der mit der Hilfe der Populares emporgekommene Sohn eines Bauern, Gaius Marius, der sich als Feldherr so bewährt hatte, daß ihn seine Legionen nach den Siegen über die Cimbern und Teutonen zum »Imperator« ausriefen, war kein Politiker. Er verlor die Macht an den Optimaten Lucius Cornelius Sulla, der den Beinamen Felix, der Glückliche, nicht nur führte, weil er erfolgreich war, sondern auch, weil er das Leben zu genießen verstand. Sulla war noch nicht sechzig Jahre alt, als er an einer Entzündung erkrankte, die »alles Fleisch ansteckte und in Läuse verwandelte, so daß, obwohl sie ihm viele bei Tag und Nacht ablasen, die weggenommenen doch immer nur ein Bruchteil der neu hinzukommenden waren und jedes Kleidungsstück, das Bad, das Waschwasser, die Speisen sich mit dieser verdorbenen Ausscheidung füllten«. Auf dem Sterbebett verlangte der »glückliche« Sulla, seine Grabinschrift solle verkünden, daß ihn weder einer seiner Freunde im Guten noch einer seiner Feinde im Bösen übertroffen habe.

Zwei seiner Günstlinge bemächtigten sich der umstrittenen Herrschaft über Rom: Gnaeus Pompejus und Marcus Licinius Crassus. Sie waren ein ungleiches Paar. Pompejus, der Sohn eines

Ritters, war von Haus aus reich – Geld interessierte ihn nicht. Als Unterfeldherr Sullas hatte er sich so ausgezeichnet, daß er mit kaum dreißig Jahren berühmt geworden war – und berühmt bleiben wollte. Crassus war der Reichste der Reichen in Rom. Doch er wollte nicht nur reich, er wollte auch mächtig sein. Politikern und Staatsmännern, die er an sich binden wollte, lieh er gerne das Geld, das sie brauchten. Er verlangte keine Zinsen, bedang sich aber das Recht aus, die Darlehen jederzeit kündigen zu können. So hatte er sie in der Hand. Einer seiner Schuldner wurde Gaius Julius Cäsar.

Der Konkurrent des Reichsten der Reichen im Wohlstand, Lucius Licinius Lucullus, war weder ehrgeizig wie Pompejus noch machthungrig wie Crassus. Lucullus wollte weder Amt noch Würde, nachdem er als römischer Konsul einen erfolgreichen und einträglichen Krieg in Kleinasien geführt hatte. Er wollte nichts mehr und nichts weniger als so gut leben, wie es auf dieser Erde nur irgend möglich war. Er erbaute sich einen luxuriösen Palast in Rom und bequeme Sommerhäuser. Die Gärten, die er anlegen ließ, um unter schattigen Bäumen wandeln und in allen Jahreszeiten den Duft blühender Pflanzen einatmen zu können, wurden zum Muster für die römischen Parkanlagen rund um die patrizischen Paläste. Die Gastmähler, die Lucullus gab, wurden so berühmt, daß sein Name schon in seiner Zeit als das Kennwort für einen raffinierten Feinschmecker galt.

Im Wetteifer, einander zu überbieten, steigerten die genußsüchtigen, lebenshungrigen und ehrgeizigen Patrizier und Ritter die Kosten erlesener Gegenstände und exquisiter Mahlzeiten so bedenkenlos, daß sogar die Erträgnisse aus bedeutenden Familienvermögen nicht hinreichten, die jäh anwachsenden Ausgaben der gewaltig angewachsenen Haushaltungen zu decken. Wer einem Patriziergeschlecht oder dem Ritterstand angehörte und weder einen Palast noch eine Villa geerbt oder erworben hatte, in die er die anspruchsvollsten Gäste standesgemäß einladen konnte, mußte sich, wenn er eingeladen werden wollte, den freizügigen Sitten mutwilliger Gastgeber anpassen. Oder er mußte Schulden machen, um sich den Luxus leisten zu können, dazuzugehören. Vor diese Wahl gestellt sahen sich die Söhne all der Senatoren und Ritter, die während Sullas Schreckensherrschaft ihr Leben und ihre Besitzungen verloren hatten, aber auch ehrgeizige junge Männer, deren Vermögen nicht hinreichte, ein Haus zu führen, in dem es selbstverständlich war, außer den üblichen Sklaven und Sklavinnen für die täglichen Verrichtungen auch noch Kammerdiener und Köche, Tänzer und Gladiatoren zu unterhalten. Manche verarmte oder zu arme Adelige vermieteten sich als hochgeschätzte Klienten an entfernte Verwandte oder reiche Ritter, die sich mit den altehrwürdigen Namen der nun zu ihrem Hausstand gehörenden Patrizier brüsten konnten; manche ließen sich heiraten, um mit der Mitgift ihrer Frauen einen ihrem Stande gemäßen Haushalt gründen zu können, nur wenige boten sich als Offiziere den im Nahen Osten kämpfenden Heerführern an.

Zu diesen Adeligen gehörte auch Gaius Julius Cäsar. Er, der zum mächtigsten Mann seines Zeitalters werden sollte, nahm wahllos jede Gelegenheit wahr, um aus der verhaßten Armut herauszukommen und seiner Verschwendungssucht leben zu können, die er als ein Vorrecht seiner Abstammung ansah. Denn er führte seine Herkunft auf Julus Ascanius zurück, der als Sohn des Äneas ein Enkel der Venus und daher ein Urenkel Jupiters war. Cäsars Stammbaum wurde von denen, die an den uralten Mythos glaubten, anerkannt; ihm selbst freilich gab seine Jugend keinerlei Grund, sich von Jupiter begnadet zu fühlen, wohl aber von Venus – doch darin unterschied er sich kaum von anderen jungen Männern, die dem Stadtviertel der Lupanare zustrebten, in dem sein Elternhaus gelegen war.

Als Halbwüchsiger schon wurde er nach Asien geschickt und einem hohen Offizier als Begleiter zugeteilt, der mit Nikomedes, dem König von Bithynien, Verbindung zu halten hatte. Als Cäsar, kaum sechzehn Jahre alt, nach Rom zurückkehrte, hieß es, er sei der Lustknabe des Königs gewesen und so »die Jugendblüte eines von Venus Abstammenden in Bithynien befleckt« worden. Der Ruf, dem männlichen und dem weiblichen Geschlecht gleichermaßen zugetan zu sein, blieb Cäsar auch erhalten, nachdem er dreimal verheiratet und in zahllose erfreuliche und unerfreuliche Liebschaften mit den reizvollsten und einflußreichsten Damen Roms verwickelt gewesen war. Niemals verteidigte er sich gegen Vorwürfe, die seine Geschlechtsmoral betrafen, niemals verwahrte er sich dagegen, daß seine Legionäre ihn als »moechus calvus« bezeichneten, als »kahlköpfigen Ehebrecher«, weil er sich mit den Frauen gallischer Bürger in eroberten Städten vergnügte. Er war ein Mann, der die Lust liebte und sich nicht versagte. Daß er jedoch Verunglimpfungen seiner Gattenehre als peinlich empfand, dabei aber den Schein wahrte, sich darüber erhaben zu fühlen, bewies er durch seine Haltung in einem Prozeß, in dem er als Zeuge aufgerufen wurde.

In Cäsars Palast, dem ehrwürdigen Wohnsitz des Pontifex maximus, war das alljährliche Fest der Bona Dea begangen worden, jener »Guten Göttin«, die für die Fruchtbarkeit von Vieh und Feld sorgte. Ein heiliggehaltener Brauch verlangte, daß bei der Zeremonie nur Frauen anwesend sein durften. Aber der Liebhaber der Pompeia, der Gattin Cäsars, der »schöne« Publius Clodius Pulcher, hatte sich als Frau verkleidet eingeschlichen, an der Feier teilgenommen und war entdeckt worden. Clodius entstammte der Gens Claudia, einem der ältesten römischen Patriziergeschlechter, aber warb wie Cäsar um die Stimmen der Populares und hatte sogar seinen Stand gewechselt, indem er sich von einem Plebejer adoptieren ließ, um als Volkstribun gewählt werden zu können. Clodius gab damit zwar seinen aristokratischen Namen auf, nicht aber die Hemmungslosigkeit, die in seinen Kreisen zur Gewohnheit geworden war. Es machte ihm nichts aus, daß man ihm vorwarf, er unterhalte mit seiner älteren Schwester Clodia Liebesbeziehungen und habe seine jüngere Schwester vor ihrer Hochzeit mit Lucullus verführt. Solche Anschuldigungen waren privater Natur. Nun aber war er öffentlich der Gotteslästerung angeklagt und von der Zeugenaussage des Pontifex maximus und betrogenen Ehemannes Cäsar abhängig. Der erklärte vor Gericht, er habe seinerseits keine Klage gegen Clodius vorzubringen. Daraufhin stellte der Vertreter der Anklage die verfängliche Frage, warum er sich dann von Pompeia scheiden lasse. Cäsar erwiderte mit unnachahmlicher dignitas: »Weil an Cäsars Ehe nicht nur kein Makel einer schändlichen Handlung haften darf, sondern auch keine üble Nachrede.« Clodius wurde freigesprochen – das Gerücht wollte wissen, daß die Richter von Crassus bestochen worden seien, der die Popularität des Clodius ebenso für seine Zwecke einsetzen wollte wie das Ansehen, das Cäsar mit seinem Golde gewonnen hatte: Crassus brauchte die Populares als Zünglein an der Waage im Machtkampf gegen Pompejus. Clodius oder Cäsar? Crassus entschied sich für Cäsar und schloß mit ihm und Pompejus, der die asiatischen Herrschaftsgebiete Roms erweitert und befriedet hatte, einen Triumviratsvertrag, in dem festgelegt wurde, daß »in der Politik nichts geschehen solle, was einem der drei Männer mißfällt«. Damit war Cäsars Wahl zum Konsul gesichert, dann auch die Verwaltung Galliens auf fünf Jahre. Bevor er seine Statthalterschaft antrat und sich an die Eroberung Galliens machte, sorgte er dafür, daß sein Freund Calpurnius Piso sein Nachfolger im Konsulat wurde, und nahm dessen Tochter Calpurnia zur Frau. Diese Ehe war nach den gleichen Gesichtspunkten geschlossen worden wie die meisten Ehen der ehrgeizigen und machthungrigen Männer jener Zeit: Weder Liebe noch Zuneigung waren ausschlaggebend, sondern einzig und allein Geld oder Politik, denn durch die Heiraten sollten die Schwiegerväter und Schwiegersöhne aneinander gebunden werden, nicht aber Männer und Frauen. Die Frauen, die sich zu diesen Ehen hergeben mußten, waren nur selten zur körperlichen Hingabe verpflichtet. Sie wurden von ihren Ehemännern auch nicht eifersüchtig bewacht oder dazu angehalten, sich Hemmungen in ihren außerehelichen Liebesbeziehungen aufzuerlegen – lediglich nach außen galt es achtzugeben, damit sie ihre Ehemänner nicht vor dem Volk lächerlich machten. Wenn sie jedoch alles Aufsehen vermieden, stand es ihnen frei, sich mit so viel Liebhabern zu vergnügen, als sie die Lust ankam.

Diese von den Männern geduldeten Abweichungen von den überlieferten Normen römischer Lebensgewohnheiten forderte Clodia, die mit einem Patrizier verheiratete Schwester des volkstümlichen »schönen« Clodius, als das Recht aller Frauen. Sie strebte damit nicht nach politischer Gleichberechtigung, sondern wollte nur erwirken, daß die Frauen innerhalb der Familien gleichgestellt würden, nach Belieben leben und lieben und sich nach Belieben scheiden lassen könnten wie die Männer. Da Clodia als Frau keine Möglichkeit hatte, einen Gesetzesantrag einzubringen, wirkte sie durch ihr Beispiel.

Clodia war eine von vielen römischen Frauen, die das ausschweifende Leben der Männer nachzuahmen versuchten. Sie war eine von vielen, die sich dadurch gegen den Anstand vergingen, daß sie durchscheinende Kleider trugen und ihre Verliebtheiten nicht verheimlichten. Sie war nicht die einzige, die sich damit brüstete, die gleiche Bildung genossen zu haben wie die Männer, die sie doch als minderwertig betrachteten, da sie eben Frauen waren. Clodia wollte, wie zahlreiche andere Geschlechtsgenossinnen, mit dem Vorurteil aufräumen, daß Männer mehr gelten müßten als

Frauen. Wir wüßten nichts von ihr, wenn sie nicht in einen Prozeß verwickelt worden wäre, in dem der große Rechtsgelehrte, Redner und Staatsmann Cicero ihr Blutschande und Mord vorhielt, und wenn sie nicht mit einem ihrer Liebhaber, dem Dichter Gaius Valerius Catullus, gebrochen hätte.

Die Verse des aus ritterlichem Geschlecht stammenden Catull, der aus seiner Heimatstadt Verona nach Rom gekommen war, um sein Glück zu machen, enthalten alle Widersprüche des damaligen Rom: die Unzufriedenheit der Reichen mit ihrem Wohlergehen und das Elend der Armen, die zarte Liebessehnsucht der sich der freien Liebe ergebenden Männer und Frauen und die unverhüllte Unzucht in vornehmen Palästen und billigen Hurenkneipen. Catull benützte mit Absicht anstößige Worte: Er wollte Anstoß erregen und abstoßen. Seine Verse sollten beschämen, weil er selbst sich seiner schämte. Er, der Sohn eines Ritters, der sich mit Lustknaben betrank, einem Manteldieb nachjagte, den Atem von Männern roch, die so stanken, daß er nicht wußte, ob der üble Geruch aus dem »Maul oder dem Hintern käme«, war gleichzeitig der Freund hochgestellter Männer, die er allerdings »Hurer, Fresser und Spieler« nannte. Eine persönliche Beziehung hatte Catull zu Cäsar, der Gast im Hause seines Vaters gewesen war; wie von Clodia sprach er in seinen Versen auch von Cäsar unter einem Decknamen – er nannte ihn »verhurter Romulus« und spielte darauf an, daß Pompejus Cäsars Tochter Julia geheiratet hatte. Er bezeichnete beide als »Gesindel, Schwiegervater wie Schwiegersohn«.

Catulls bitterböse, vernichtende Kritik an den führenden Staatsmännern Roms und an den römischen Sitten entsprach dem Urteil der Plebs, die unter den Machtkämpfen litt, die sie doch selbst durch die Käuflichkeit ihrer Stimme in der Volksversammlung mitverschuldet hatte. Aber die Plebejer hurten, fraßen und spielten nicht anders als die Patrizier und die Ritter, die sie mit Getreide und Spielen versorgten, und die Plebejerinnen hielten es genauso wie die vornehmen Frauen, die sich von ihren Ehemännern und Familien unabhängig zu machen versuchten. Sie alle genossen die Gegenwart aus Angst vor der Zukunft.

Die sich überstürzenden Ereignisse erschütterten den Glauben an jegliche Autorität. Crassus war als Statthalter von Syrien in einem Feldzug gefallen. In den Mund der Leiche des Reichsten der Reichen hatten die Feinde zum Zeichen der Verachtung flüssiges Gold gegossen. Pompejus, nicht mehr Cäsars Schwiegersohn, da Julia im Kindbett gestorben war, hatte es abgelehnt, Cäsars Großnichte Octavia zu heiraten und der Schwiegervater seines ehemaligen Schwiegervaters dadurch zu werden, daß er ihm eine seiner Töchter zur Frau gab. Pompejus strebte die Alleinherrschaft an. Nach blutigen Kämpfen von Cäsar besiegt, wurde er als Flüchtling in Alexandria von einem Ägypter erdolcht; der Mörder überreichte Cäsar bei dessen Ankunft den abgeschlagenen Kopf des Pompejus zum Zeichen seiner Ergebenheit. Cäsar weinte über das schreckliche Ende seines erbittertsten Gegners. Aber die Trauer hielt nicht lange an. In Alexandria wurde der nun tatsächlich schon kahlköpfige Ehebrecher der Liebhaber Kleopatras, der jungen, hinreißend schönen Königin von Ägypten. Auch diese Liebesbeziehung nutzte er zu staatsmännischen Zwecken: Er genoß zwar die schwelgerischen Gelage mit Kleopatra oft bis zum Morgengrauen, »auch fuhr er mit ihr auf ihrem verschwenderisch ausgestatteten Boot nilaufwärts durch ganz Ägypten«, aber er sicherte damit sich und Rom die Oberherrschaft über ihr Königreich.

Gerüchte wurden in Umlauf gesetzt, daß der siegreiche Feldherr seinen Lebensabend im wahren Sinne des Wortes krönen wolle und als Kleopatras Königsgemahl in Alexandria regieren werde, falls es ihm gelänge, die Pompejaner zu schlagen, die ein Heer in Nordafrika zusammengezogen und sich mit dem König von Numidien verbündet hatten. Die Gerüchte verstummten auch nicht, als Cäsar die Pompejaner in Afrika besiegte und sich, nach Rom zurückgekehrt, nunmehr als alleiniger Machthaber von den um ihr Leben und ihren Besitz bangenden Senatoren zum Diktator auf zehn Jahre ernennen ließ. Cäsar hatte die Macht und nützte sie so aus, daß er in wenigen Jahren eine neue Staats- und Gesellschaftsordnung vorbereitete: Rom sollte nicht mehr nur eine Stadt sein, die die Welt beherrschte, sondern ein Weltreich, dessen Städte nach dem Muster der Hauptstadt umgebaut werden und deren heimische Sitten sich denen Roms anpassen sollten. Rom, der Schmelztiegel der Lebensgewohnheiten und Bräuche fremder Völker, sollte das Vorbild des ganzen Reiches werden, für das Cäsar die »pax Romana« plante, den »Römischen Frieden«. Kurz vor seiner Ermordung faßte er Zweck und Ziel seiner Verordnungen in drei Schlagworte zusammen: »Ruhe für Italien! Friede den Provinzen! Schutz dem Reich!«

Ein Günstling und Unterfeldherr Cäsars, Marcus Antonius, wurde Cäsars Testamentsvollstrecker – und sein Nachfolger in der Gunst Kleopatras, die nach Alexandria zurückgekehrt war. Aber dieser verhängnisvollen Verliebtheit, die zu seinem Untergang beitragen sollte, konnte er sich erst ergeben, nachdem er das Erbe Cäsars wenigstens zum Teil angetreten hatte. Zum Teil nur, denn in seinem Letzten Willen hatte der Ermordete seinen Großneffen Gaius Octavius adoptiert und als Haupterben eingesetzt. Antonius war außer sich darüber, wagte aber fürs erste nicht, seine Popularität dadurch aufs Spiel zu setzen, daß er das Testament mißachtete. Nur widerwillig gestand er dem achtzehnjährigen Octavius, der sich nun Gaius Julius Cäsar Octavianus nannte, die ihm vererbten Rechte zu, wollte sich aber dem »Knaben« nicht fügen, der auf Maßnahmen gegen Cäsars Mörder bestand. Erst als er in einer Schlacht von Octavian besiegt wurde, war Antonius bereit, sich mit dem Erben zu einigen und ein Triumvirat mit ihm und Lepidus, dem alten Reiterführer Cäsars, zu schließen.

Die drei Machthaber brauchten Geld. Sie ächteten alle Feinde Cäsars, beschlagnahmten die Latifundien von dreitausend Senatoren und das Vermögen von zweitausend Rittern. Mehr als tausend reichen geschiedenen Frauen und Witwen wurde ein Teil ihres Besitzes konfisziert. Viele Geächtete versteckten sich, um mit dem Leben davonzukommen. Aber Octavian und Lepidus kannten in ihrer Rachsucht kein Maß. Antonius jedoch ließ Gnade walten, sofern die Frau eines Geächteten mit ihm schlief. Die Mörder Cäsars, die ein Heer zusammengezogen hatten, wurden bei Philippi geschlagen. Jetzt teilten die Triumvirn das Römische Reich untereinander auf: Lepidus bekam Afrika, Octavian Rom und die westlichen Provinzen, Antonius Ägypten, Griechenland und den Osten. In Ephesos ließ sich Antonius von den als Bacchantinnen verkleideten und dementsprechend nur notdürftig bekleideten Frauen der Stadt als Gott Dionysos empfangen. Von hier aus sandte er Boten an Kleopatra mit der Aufforderung, zu ihm nach Tarsos zu kommen.

Die schöne Königin von Ägypten kam in einer vergoldeten Barke unter purpurnen Segeln. Flöten, Pfeifen und Harfen beschwingten den Schlag der Ruder, die von nackten Mädchen geführt wurden. Kleopatra lag, nur von einem golddurchwirkten Schleier verhüllt, auf dem Deck und lud den von ihrem Liebreiz hingerissenen Römer zu sich nach Alexandria ein. Marcus Antonius nahm die Einladung an. Seine Gattin Fulvia sah kein anderes Mittel, ihn aus den Fesseln Kleopatras zu befreien, als den gemeinsam mit ihrem Bruder unternommenen Versuch, Octavian zu stürzen. Das Heer, das die beiden zusammenzogen, wurde von Octavian geschlagen. Fulvia starb bald danach an einer Krankheit. Octavian, der unter allen Umständen Frieden halten wollte, begnadigte den Bruder des Antonius und verheiratete seine Schwester Octavia mit Marcus Antonius. Die Ehe mit einer tugendhaften Frau war eine neue Erfahrung für den an Ausschweifungen gewöhnten Antonius. Aber dieses Zwischenspiel dauerte lediglich so lange, bis er wieder Geld für seine ehrgeizigen Pläne brauchte. Das konnte ihm nur Kleopatra geben. Das Wiedersehen der beiden führte zu einer leidenschaftlichen Wiedervereinigung. Antonius heiratete die Königin von Ägypten, sandte Octavia einen Scheidungsbrief und war entschlossen, das Römische Weltreich allein zu beherrschen, so wie Cäsar es allein beherrscht hatte.

Antonius hatte sich den Osten des Reiches militärisch gesichert und versuchte nun, das Ansehen Octavians im Westen durch einen diplomatischen Schachzug zu untergraben. Feierlich ließ er dem Senat verkünden, er sei bereit, sich ins Privatleben zurückzuziehen, falls sich auch Octavian freiwillig der Macht begebe; nur so könne die durch die Überlieferung geheiligte, während der Bürgerkriege so oft erschütterte republikanische Staatsform wiederhergestellt werden. Octavian erwiderte mit einem vernichtenden Gegenschlag. Er verlas vor dem Senat ein angebliches Testament des Antonius, das im Tempel der Vesta hinterlegt worden sei, und entfachte dadurch einen Sturm der Empörung. Die Senatoren erfuhren nämlich, daß Antonius den Sohn und die Tochter, die ihm Kleopatra geboren hatte, als seine Alleinerben betrachte und daß er im Falle seines Todes neben der Königin in Alexandria beigesetzt zu werden wünsche. Plante Marcus Antonius etwa die Auslieferung des Römischen Reiches an Kleopatra, die nicht nur Ägypten beherrschte, nicht nur eine starke Flotte und riesige Geldmittel besaß, sondern auch über alle Streitkräfte des Antonius verfügen könnte? Octavian erklärte Kleopatra den Krieg, nicht ihrem römischen Gemahl Antonius, sondern ihr, der fremden Königin, durch die Roms Unabhängigkeit gefährdet sei. Das Römische Reich dürfe nicht zu einer Provinz Ägyptens werden!

Die Begeisterung, die Octavians Schlachtruf »Für das heilige Rom!« bei der römischen Plebs und der Bevölkerung der Apenninen-Halbinsel entfachte, verhalf ihm nicht nur zum Sieg der mit Patrioten bemannten leichten Schiffe seiner Flotte über die gewaltigen Galeeren des Antonius und der Kleopatra – diese anhaltende Begeisterung wies ihm auch die Richtung für die staatsmännischen Maßnahmen, die er traf, um das »mos maiorum«, die »Vätersitte« des alten Rom, wieder zur Geltung zu bringen.

Octavian ließ sich weder von Antonius noch von Kleopatra, die nach Alexandria geflohen waren, bewegen, Gnade walten zu lassen. Antonius tötete sich selbst mit einem Dolch. Kleopatra, die vergeblich versucht hatte, wenigstens Ägypten einem ihrer Söhne erhalten zu können, beging Selbstmord, indem sie eine Giftschlange an ihre Brust legte. Als echter Römer, dem die Erfüllung eines Letzten Willens Ehrensache war, sorgte Octavian dafür, daß Antonius und Kleopatra nebeneinander bestattet wurden, ließ aber vorsichtshalber den in der freien Liebe seines Großonkels und Adoptivvaters Cäsar mit Kleopatra gezeugten Sohn Cäsarion und den ältesten Sohn des Antonius umbringen. Er wollte keine heranwachsenden Erben der Vergangenheit, er wollte der einzige unbestrittene Erbe der Zukunft Roms sein, für die Cäsar vorgesorgt hatte.

Der schlanke, blasse, immer kränkelnde Octavian, der seine angeborene Schüchternheit nie ganz überwand, beanspruchte weder Rang noch Titel eines Diktators. Ihm genügte die Macht. Huldvoll nahm er seine Ernennung durch den Senat zum »princeps senatus«, zum »ersten auf der Namensliste der Senatoren stehenden Senator«, an und leistete feierlich Verzicht auf alle Ämter. Um ihn zur Rücknahme des Verzichts zu bewegen, verliehen ihm die Senatoren den Titel »Augustus« in Anerkennung seiner Leistungen, durch die er den Wohlstand des Römischen Reiches gemehrt hatte. Dieser heiligende Titel war bisher eine anbetende Ansprache der Naturgottheiten gewesen, deren schöpferischer Genius das »augere«, das Wachsen und Gedeihen des Besitzes, gefördert hatte.

Gaius Julius Cäsar Octavianus gab den Titeln Princeps und Augustus bleibenden Glanz. Seine Verdienste als Staatsmann, die überlegene Umsicht und eiserne Entschlossenheit, mit der er die von Cäsar geplante Neuordnung und Befriedung des Römischen Reiches verwirklichte, wurden schon von den zeitgenössischen Schriftstellern gewürdigt, die allerdings dafür belohnt wurden, daß sie ihm, dem Unvergleichlichen, dem Großen, alle gebührende Ehre erwiesen: Vergil dichtete die Äneis und vergöttlichte die Abstammung Cäsars. Livius verfaßte die Geschichte Roms »ab urbe condita«. Horaz schrieb in seinen Oden: »Süß ist's und ruhmvoll, für das Vaterland zu sterben«, obwohl er aus der einzigen Schlacht, an der er teilgenommen hatte, geflüchtet war. Und sogar Ovid, der es liebte, Götter und Göttinnen zur Belebung der von ihm geschilderten Liebesbeziehungen heraufzubeschwören, ließ sich herbei zu verkünden: »Götter sind nützlich für uns, darum laßt uns an Götter glauben.«

Doch die Erneuerung der »religio«, die Errichtung neuer, glanzvoller Heiligtümer für die Gottheiten Roms, die feierliche Belebung alter Riten – das alles genügte nicht, den durch die unaufhörlichen Kriege und Bürgerkriege entfesselten Aufruhr der Sitten zu beruhigen. Augustus, der mit sanfter Gewalt seine uneingeschränkte Alleinherrschaft aufgebaut und doch die Einrichtungen der Republik nach außen hin unangetastet gelassen hatte, wurde dafür gepriesen, daß er die Angelegenheiten Roms betreue wie ein »pater familias« die Angelegenheiten seiner Familie. Als »pater patriae« unternahm er es nun, das aus den Fugen geratene Eheleben der römischen Bürger und Bürgerinnen in Ordnung zu bringen.

Als erstes verbot er, daß Frauen sportliche Spiele besuchten. Gladiatorenkämpfen durften sie nur von den obersten Sitzreihen aus zusehen. Unmündigen Mädchen war es untersagt, ohne Begleitung an öffentlichen Veranstaltungen teilzunehmen. Er ließ Traktate über Sinn und Zweck der Ehe verfassen und öffentlich verlesen, und das nicht nur, um die Ehefrauen der Bürger, Ritter und Senatoren zu unterrichten, sondern vor allem seine einzige Tochter Julia, die er vergeblich beschwor, ihre Sinnlichkeit um der Besinnlichkeit willen zu unterdrücken.

Julia wurde die freche Wortführerin der römischen Frauen, die sich mit der ihrer Meinung nach ganz und gar unrömischen Sittenstrenge des erhabenen »Vaters des Vaterlandes« nicht abfinden konnten und es nicht wahrhaben wollten, daß er ihre Freude an Kleidern und Schmuck, an hemmungslosen Festen und üppigen Gelagen beschränkte. Und Julias und ihrer Anhängerinnen Empörung kannte keine Grenzen, als Augustus ein Gesetz »über die Sittlichkeit und zur Bekämpfung des Ehebruchs« erließ.

Dieses auf eine Hebung der Sitten zielende Gesetz, das für alle römischen Bürger galt, ergänzte Augustus durch ein Gesetz, das die Angehörigen des Patrizier- und Ritterstandes zum Heiraten nötigen und zugleich zum Zeugen von Kindern anregen sollte: Alle Männer unter Sechzig und alle Frauen unter Fünfzig wurden zur Ehe verpflichtet. Wer nicht heiratete, mußte dafür büßen.

Julia, die Tochter des Augustus, die durch diese Gesetze zur Einsicht hätte gebracht werden sollen, hatte mehr als drei Kindern das Leben geschenkt. Als sie jedoch abermals Witwe wurde, ergab sie sich erneut ihrem ungehemmten Lebenswandel, als sei ihr die Gesetzgebung ihres Vaters überhaupt nicht bekannt. Ihre Stiefmutter Livia drängte Augustus zum Einschreiten. Doch der wollte seine Tochter nicht öffentlich anklagen und versöhnte seine Frau dadurch, daß er den ältesten Sohn aus ihrer ersten Ehe, Tiberius Claudius Nero (den späteren Kaiser Tiberius), mit Julia verheiratete. Julia indes war unverbesserlich. Sie blieb der Mittelpunkt der ausgelassenen römischen Gesellschaft, die sich ebensowenig um die Gesetze des Augustus kümmerte wie sie oder Mittel und Wege fand, die Gebote und Verbote zu umgehen. So blieb für Tiberius, wenn er vermeiden wollte, Anklage gegen seine ehebrecherische Frau zu erheben, nur eines: Er ging freiwillig in die Verbannung. Sieben Jahre zögerte Augustus, als Vater einer ehebrecherischen Tochter seinem eigenen Gesetz entsprechend zu handeln. Erst als Freunde des Tiberius ihm drohten, sie würden Julia vor Gericht stellen, falls Augustus seine Pflichten nicht erfülle, verbannte er die geliebte Tochter und ihre bevorzugten Liebhaber – jedoch nicht an den gleichen Ort. Julia lebte bis zu ihrem Tod vereinsamt auf einer öden Insel, dann in einer Stadt Unteritaliens. Ihre gleichnamige Tochter aber, die »jüngere Julia«, wurde der gefeierte Liebling der Männer und Frauen, die nicht gewillt waren, sich der von Augustus geforderten Sittlichkeit anzupassen.

Einer der zahllosen Günstlinge der bis zur Zügellosigkeit lebenslustigen Enkelin des Augustus war Publius Ovidius Naso, der von seinem Vater, einem wohlhabenden Gutsbesitzer, nach Rom ge-

Stiche aus dem Buch »Musée Royal de Naples« aus dem Jahr 1836, die pompejische Mosaiken darstellen

schickt worden war, um Richter zu werden. Er wurde Dichter und Lebemann. Schon seine ersten Gedichte, die »Amores«, gewannen ihm die Herzen der verliebten römischen Frauen und die Anhängerschaft der Männer, die von ihm die Kunst der Liebe lernten. Wo und wie die verführerischen Frauen Roms zu gewinnen seien, das lehrte er die Männer in den Versen seiner »Ars amatoria«, der »Liebeskunst«. Unbekümmert um die so strengen Gesetze des Augustus gegen die Unsittlichkeit lehrte Ovid, der selbstbewußt erklärte: »Amors Lehrer bin ich«, auch die Frauen »die heitere Liebe«. Sie sei nicht die tugendhafte eheliche Verbundenheit, sondern die Lust der Gelegenheit, die sich den Frauen doch ebenso biete wie den Männern. Der Lehrmeister der Liebe warnte die Frauen,

»nicht im Verborgenen zu blühen … Was sich nicht zeigt, das kennt niemand, und niemand wird es begehren.« Im Theater, bei den Kampfspielen und im Zirkus sollten die Frauen Plätze wählen, wo man sie gut sehe. Und an allen Orten sollten sie sich zeigen, an denen sie Männern begegnen könnten: »Nützlich, ihr Schönen, ist für euch der Menschen Gedränge.« Eine Anmutige möge dem Volk ihren Anblick vergönnen: »Ist unter vielen doch oft einer, den lockend sie anzieht.«

All diese Anleitungen, Unterweisungen und Hinweise, die Ovid den »munteren Schönen« gab, waren jedoch nur die Vorbereitung für das gemeinsame Ziel der Frauen und Männer: die körperliche Vereinigung. Jede Frau, die der Göttin der Liebe dienen wolle, müsse wissen, auf welche Art und Weise sie die Lust am erfreulichsten genießen und wie sie am genußreichsten Lust spenden könne. Das müsse gelernt werden. Ovid sparte mit Beispielen. Er beschränkte sich auf grundsätzliche Andeutungen, um seine Schülerinnen nicht durch obszöne Worte oder zu deutlich ausgesprochene Belehrungen abzuschrecken. Seine Schulung war Dichtung. Jede Abschweifung in grob sinnliche Derbheit hätte die Beschwingtheit seiner Verse gemindert.

Ovids »Ars amatoria« wurde von den Anhängerinnen und Anhängern der »heiteren Liebe« als mutiger Einspruch gegen die strengen Sittengesetze des Augustus gefeiert. Ovid, allgemein anerkannt als Berater des hemmungslos süßen Lebens, war unbekümmert, solange er nur dem Publikum gefiel: »Und singt man rings in der Stadt mich, mag auch dieser und der tadeln aus Ärger mein Werk.« Er hielt es nicht für möglich, daß Augustus, auf den er als einen der Tadler angespielt hatte, den Dichter so leichtsinniger Verse über die Liebe bestrafen würde, da er doch die leichtsinnigen Liebesabenteuer seiner Enkelin und ihrer Freunde und Freundinnen unbestraft ließ. Aus seinen Erlebnissen und der Beobachtung der römischen Gesellschaft wußte Ovid zudem, daß die Gesetze gegen die Unsittlichkeit die Sitten Roms nicht verändern konnten. Rom blieb die Stadt der Venus. Die Ehemänner begnügten sich nicht mit der Erlaubnis, die Lust in den Lupanaren zu suchen. Die Ehefrauen ließen ihr Liebesverlangen auch nicht durch noch so strenge Vorschriften beschränken. Das Verbotene reizte weit mehr als das Erlaubte. Und auch als Augustus die jüngere Julia, seine Enkelin, wie ihre Mutter auf eine Insel verwies und den Dichter der »Ars amatoria« in die Verbannung ans Schwarze Meer schickte und seine Werke beschlagnahmen ließ, trat kein Wandel in den Sitten des römischen Volkes ein. Solange Augustus lebte und seiner Verbitterung über sein gestörtes Familienleben durch die Härte der Strafen Ausdruck gab, die er wegen Vergehens gegen die Sittlichkeit verhängte, zogen es die wohlhabenden Römer und Römerinnen vor, ihre Liebesabenteuer nicht in Rom zu erleben. Es war schon vorher Mode gewesen, die Sommermonate am Meer zu verbringen – in Villen und Badeorten. Unternehmungslustige Geldleute bauten kleine Städte nach dem Muster der großen Stadt. Sie boten den Vergnügungssüchtigen alle Möglichkeiten der Zerstreuung, die Rom bot, aber die in Rom verboten waren. Der beliebteste dieser Zufluchtsorte der Freude war Baiae, der berühmteste wurde Pompeji. In dieser am Fuße des Vesuv nicht weit vom

Meer gelegenen Stadt gab es ein Forum wie in Rom, es gab Tempel, öffentliche Badeanstalten, Kneipen, Spielhöllen und ein Lupanar, dessen bronzener Türklopfer die Form eines Priapus hatte. Es gab Theater, in denen Komödien aufgeführt wurden, und ein Amphitheater für Wettspiele und Gladiatorenkämpfe. Die Fresken an den Wänden der Villen und Häuser waren malerische Wiedergaben der »Ars amatoria« Ovids, dessen Ratschläge für die Liebe, in kunstvollen Bildern dargestellt, die lebensfreudigen Bewohner der Villen und Häuser zur Lust angeregt hatten. Die Lava des Vesuv, die die Stadt überströmte, erstickte alles Leben in Pompeji. Aber sie erhielt für die Nachwelt die Erinnerung an die »heitere Liebe« lebendig.

Teil 2

Von Rom bis zum Rokoko

Zeittafel

63 v.. d. Z.–14 n. d. Z. Augustus (Octavian)
55 v. d. Z.–40 n. d. Z. Seneca
um 50 v. d. Z.–15 v. d. Z. Properz
42 v.. d. Z.–37 n. d. Z. Tiberius
27 v. d. Z. Octavian wird Imperator Cäsar Augustus
14 v. d. Z.–3 n. d. Z. Agrippina d. Ä. (Mutter Caligulas u. d. jüngeren Agrippina, der Mutter Neros)
um 13 v. d. Z–23 n. d. Z. Drusus
10 v. d. Z.–54 n. d. Z. Claudius
3 v. d. Z.–69 n. d. Z. Galba
9 n. d. Z.–79 Vespasian
12–41 Caligula
14 Tiberius wird Kaiser, Seianus Befehlshaber der Prätorianer
15–69 Vitellius
25–48 Messalina
31–65 Poppaea Sabina
32–69 Otho
37–68 Nero
37–41 Caligula Kaiser
38–102 Martial
39–81 Titus
41–45 Britannicus
41–54 Claudius Kaiser
54–68 Nero Kaiser
um 55 bis um 120 Tacitus
58–138 Juvenal
61–113 Plinius der Jüngere
64 Brand von Rom; Neronische Christenverfolgung
68–69 Galba Kaiser
69 Otho und Vitellius Kaiser
69–79 Vespasian Kaiser
70 Zerstörung Jerusalems
79–81 Titus Kaiser
81–96 Domitian Kaiser
1. Hälfte 2. Jh. Sueton

1 »Der Gipfel des Lasters«

Rom zur Kaiserzeit

Jegliches Laster erreichte den Gipfel.« So schrieb der römische Dichter Juvenal, und er sagte voraus, »die Nachwelt werde den heutigen Sitten nichts Neues hinzufügen können«. Er war abgestoßen von der geschlechtlichen Hemmungslosigkeit seiner Zeitgenossen, besonders der Frauen, die vergessen oder vielleicht sogar niemals gelernt hätten, was Schamhaftigkeit bedeute. Wie Properz ein Jahrhundert vor ihm spottete er: »Wozu errichten wir für die Mädchen Tempel der Keuschheit, wenn sich jedes römische Mädchen jedem Mann zur Lust gibt?« Aber sei es zu verwundern, daß selbst die sittsamsten Frauen von sinnlichem Verlangen bedrängt würden, wenn die Wände der Häuser mit unzüchtigen Bildern bemalt seien, die den Genuß der Liebesfreuden lehrten und durch verlockende Anschaulichkeit zu munterer Nachahmung anregten? Nicht nur in Malereien, auch an Gebrauchsgegenständen aller Art waren geschlechtliche Sinnbilder zur Schau gestellt: Parfumflaschen und Lampen, dem Priapus nachgeformt; Vasen und Schalen, die auf Phallus-Füßen standen und mit eindeutigen Szenen aus dem Geschlechtsleben verziert waren; Becher aus Silber und Gold, deren kunstvolle Ziselierung die Trinkenden zum Liebesrausch anregen sollte; Tische, deren Platten von erregten Satyrn getragen wurden, und vor den Toren der Häuser auf dem Sockel unter der Büste des Besitzers seine unverhüllt dargestellten Geschlechtsteile.

Rom, der Mittelpunkt des durch die Pax Romana befriedeten Weltreichs, war im ersten Jahrhundert unserer Zeitrechnung der »Sündenpfuhl der Welt«. Nahezu eine Million Plebejer, die ihr ärmliches Dasein in der Enge von Mietskasernen und Notquartieren fristeten, waren lüsterne Zaungäste der Vornehmen und Reichen, die sich ihren lebenslustigen Neigungen so unbekümmert ergaben, als seien die kaiserlichen Dekrete gegen Unzucht und unsittlichen Lebenswandel nur der Form halber erlassen worden, nur um den Schein des Anstandes, nicht aber den Anstand zu wahren. Die strengen Sittengesetze stellten den außerehelichen Geschlechtsverkehr unter Strafe. Sie verboten den Ehebruch und verwiesen die Ehemänner, die ihre Lust nicht in den Ehebetten befriedigen konnten oder wollten, in die Lupanare. Aber welcher Mann brachte den habgierigen Wirten der Hurenkneipen freiwillig sein Geld, wenn er kostenlos willige Liebe bei den Schwestern und Freundinnen seiner Ehefrau oder bei Nachbarinnen zu finden vermochte? Er konnte seinen Trieb

»L'Aretin d'Augustin Carrache« – Kupferstich aus dem Jahr 1798 von Joseph Coiny (1761–1809)

auch, wenn ihm der Sinn danach stand, in gleichgeschlechtlichen Vereinigungen stillen, die weder gesetzlich untersagt waren noch als unschicklich galten.

Wohl versuchten die Behörden, die immer weiter um sich greifende Sittenlosigkeit Roms durch den Einsatz von »delatores« einzudämmen, von amtlichen »Angebern«; doch das hatte nur Aussicht auf Erfolg, wenn es sich um zahlungskräftige Sünder oder Sünderinnen handelte. Für die Delatores, die mit einem Viertel des beschlagnahmten Vermögens der Verurteilten bezahlt wurden, lohnte es sich nicht, arme oder besitzlose »Sittenverbrecher« zu denunzieren. Überdies waren die »überführenden« Beweise nicht leicht zu erbringen, denn nach dem geltenden Recht war nur schuldig, wer auf frischer Tat ertappt wurde – und die Liebenden sorgten für Heimlichkeit. Mehr noch: Die Sittengesetze zu umgehen oder zu mißachten wurde zum allgemeinen Brauch, als die Ausschweifungen auch der römischen Kaiser und ihrer Angehörigen so offenkundig geworden waren, daß sie dem Volk nicht mehr verheimlicht werden konnten. Das schlechte Beispiel der Cäsaren, die doch den Anspruch erhoben, als Götter verherrlicht zu werden, entwertete nicht nur den Begriff der überlieferten guten Sitten, sondern auch den Glauben, auf dem sie begründet waren.

Augustus, der Adoptivsohn des vergöttlichten Julius Cäsar, war noch zu seinen Lebzeiten vom Senat als »Sohn Gottes« anerkannt worden. Nach seinem Tod wurde er als »Jupiter auf Erden« angebetet, seine Witwe Livia, die seine Liebschaften so nachsichtig hingenommen hatte, wie Juno verehrt. Sie blieb die »Domina Roms«, die Herrin des Weltreichs, auch nachdem Tiberius, ihr von Augustus adoptierter Sohn aus erster Ehe, Alleinherrscher geworden war. Als »Mutter der Macht« erachtete es Livia für ihr Vorrecht und ihre Pflicht, den Leumund der römischen Frauen zu überwachen. Aber die Aufsicht der in der behüteten Abgeschiedenheit ihrer Hofhaltung wie eine Gottheit im Tempel thronenden Domina beschränkte sich lediglich auf die Ehefrauen und Töchter der hochgestellten Persönlichkeiten und Würdenträger, die in ihren Gesichtskreis kamen. Außerhalb der Mauern ihres Palastes machte sich ihr läuternder Einfluß nur dann bemerkbar, wenn sie sittliche Verfehlungen und unzüchtige Ausschreitungen, von denen sie Kenntnis bekam, auf das strengste bestrafte.

Die sinnenfreudigen Römer und Römerinnen jedoch schreckte das nicht ab. Die meisten Tempel blieben Stätten unverdächtiger Zusammenkünfte von Liebespaaren, die, von geldgierigen Priestern beschützt, vor peinlichen Überraschungen bewahrt wurden. Sogar die alljährlichen Feiern der Bona Dea, der Guten Göttin der Fruchtbarkeit und des Gedeihens, an denen Männer nicht teilnehmen durften, wurden sowohl von als Frauen verkleideten Männern mißbraucht, die ihren Geliebten (wie einst Clodius der Gattin Julius Cäsars) nahe sein wollten, als auch von männlichen Anhängern der gleichgeschlechtlichen Liebe, die in Weiberkleidern der Guten Göttin auf ihre Art huldigten. Solcher übermütiger Verunglimpfungen der weiblichen Ehre und mutwilliger Verhöhnungen der »Vätersitte« machten sich, wie von zeitgenössischen Berichterstattern angenommen wurde, nur durch Rang und Reichtum bevorrechtete Männer schuldig. Die allerdings erklärten, sich nicht ungehöriger verhalten zu haben als die »Mänaden des Priapus«, die üblichen Teilnehmerinnen an den Feiern der Bona Dea, die sich »tribadischen Lüsten hingäben«, auch wenn der Keuschheit geweihte Vestalinnen anwesend seien. Gegen diese geschlechtlichen Orgien unter dem Deckmantel gottesdienstlicher Bräuche wurden keine öffentlichen Anklagen erhoben. Die hohe Stellung der Sünder war ein sicherer Schutz gegen die Delatores, die ihre Anzeigen »mangels überführender Beweise« mit dem Leben hätten bezahlen müssen, wie auch gegen die kaiserlichen Behörden, die selbst nach erfolgten Anzeigen nur einzugreifen gewagt hätten, wenn die »Majestät« des Herrschers verletzt oder der Ruf eines Mitglieds seiner engsten Familie geschädigt worden wäre.

Tiberius, verbittert und menschenfeindlich, war nur dann für die Anwendung des »Majestäts-Gesetzes«, wenn das Andenken oder die Statuen seines Vorgängers Augustus geschmäht wurden. Was gegen ihn selbst vorgebracht wurde, das sollte, so wünschte er, nicht in gerichtlichen Verfahren erörtert werden. Er fürchtete die »fama«, den Klatsch, der immer einen üblen Nachgeschmack hinterlasse, und er vermied es, sich sittliche Verfehlungen zuschulden kommen zu lassen, die der Öffentlichkeit als Tatsachen hätten bekannt werden können. Dennoch gelang es ihm nicht, die Gerüchte von Anstößigem zu unterdrücken, die über ihn in Umlauf gesetzt wurden.

Tiberius konnte es nicht verwinden, daß er von seiner Mutter und von seinem Adoptivvater gezwungen worden war, seine glückliche erste Ehe zu lösen und die unglückliche Ehe mit Julia, der liebesfreudigen Tochter des Augustus, zu schließen. Nach der Scheidung von Julia und nach ihrer Verbannung ergab er sich so maßlos dem Trunk, daß ihn böse Zungen nicht Tiberius nannten, sondern »Biberius«, den Trinker. Auch wurde ihm nachgesagt, daß er an Frauen keine Freude mehr finde und sich widernatürlichen Lastern ergebe. Und es hieß weiter, er veranstalte in seiner Villa auf der Insel Capri in einem mit Polsterbänken eingerichteten Saal Orgien, die im Volksmund als »spintriae« bezeichnet wurden, als Gruppenbegattungen, durch deren Anblick verbrauchte Sinne gereizt werden könnten: In Räumen, die mit Vergrößerungsspiegeln ausgestattet waren, sahen verlebte Genußsüchtige dem wollüstigen Schauspiel zu, ohne selbst daran teilzunehmen. Tiberius ließ sich, wie der Historiker Sueton erzählt, geschlechtlich erregen durch den Anblick von Mädchen und Männern, die, »zu dreien verbunden, Unzucht trieben«. Er hielt sich, so wird weiter berichtet, durch diese Spintrien für seine durch geschlechtliche Unfähigkeit erzwungene Enthaltsamkeit schadlos und ließ »auch in den Wäldern und Parkanlagen seiner Villa da und dort der Venus geweihte Plätze einrichten, wo in Grotten und Felshöhlen junge Menschen beiderlei Geschlechts, als Pane und Nymphen verkleidet, zur Liebeslust einluden«. Deshalb nannte ihn auch schon alle Welt mit einem Wortspiel über den Namen der Insel »Caprineus«, was zugleich »Mann von Capri« und »alter Bock« bedeutete.

Es war in Rom allgemein bekannt, daß Tiberius eine häßliche Jugend erlebt hatte. Jetzt – so raunte die Fama – wollte er schöne, junge Menschen um sich, doch wollte er sie nur sehen, nicht aber von ihnen gesehen werden, da er sich der aussatzähnlichen Flechten schämte, die sein Gesicht entstellten. Sueton berichtet auch, daß Tiberius Knaben, die er seine »Fischlein« zu nennen pflegte, habe abrichten lassen, ihm beim Baden zwischen den Beinen hindurchzuschwimmen, dort zu spielen, ihn zu lecken und zu beißen; und kräftige, aber noch nicht entwöhnte Kinder habe er an seinem Glied wie an der Mutterbrust saugen lassen; sein Schlafzimmer aber sei mit Bildern und Plastiken geschmückt gewesen, die schlüpfrige Szenen darstellten, um alle Arten des Geschlechtsverkehrs vor Augen zu haben und nach Wunsch von seinen Lieblingssklaven und -sklavinnen nachahmen zu lassen.

Was man sich vom ungezügelten Lebenswandel des »göttlichen Tiberius« erzählte, der abwegige Gelüste erfinden mußte, da er die Lust am Leben nicht fand, war nur allzu geeignet, die Römer und Römerinnen auch die letzten Maßstäbe von Gut und Böse, von Erlaubt und Verboten verlieren zu lassen. Bedroht durch seine hemmungslose Willkür, die ihnen jene Rechtssicherheit nahm, die sie unter Augustus gewonnen zu haben glaubten, lebten sie ganz dem »carpe diem«, der Jagd nach dem Genuß jedes Tages, der der letzte sein konnte, und verfolgten zugleich ängstlich besorgt, was die Machthaber taten, die jederzeit ihr Schicksal beeinflussen konnten.

Tiberius haßte die ihm von seiner Mutter zugeschanzte Herrschaft, der er sein Eheglück hatte opfern müssen. Cäsarenwürde und Feldherrnruhm wollte er Drusus vererben, seinem einzigen Sohn aus erster Ehe, obwohl er wußte, daß Drusus ein oberflächlicher unverbesserlicher Lüstling war, der nur seiner Sinnlichkeit lebte.

Tiberius glaubte, auch Seianus, einem seiner persönlichen Freunde, vertrauen zu können und ernannte ihn zum Präfekten der Prätorianer-Garde, deren Quartiere er zu seinem persönlichen Schutz nach Rom in die Nähe seines Palastes verlegte. Durch den Einsatz dieser auserlesenen Truppe war seine Macht in der Hauptstadt gesichert, sofern er der Loyalität ihres Befehlshabers sicher war. Seianus war der erste Präfekt der Prätorianer, der sich nicht als Beschützer, sondern als »Herr des Herrschers« verhielt, um sein Nachfolger werden zu können. Als Drusus, der Sohn des Tiberius, plötzlich starb, zweifelte niemand außer dem verzweifelten Vater daran, daß Seianus den natürlichen Erben vergiftet habe.

Tiberius schloß sich auf Capri von der Umwelt ab und lebte seinen lasterhaften Zerstreuungen. Er umgab sich allerdings auch, wie sogar seine bösartigsten Kritiker überliefert haben, mit »Griechen, mit Männern von wissenschaftlicher Bildung«. Er hatte sich nur zurückgezogen, nicht abgedankt. Aber er gab Seianus dadurch freie Hand, daß er ihn als alleiniges Sprachrohr seiner Herrschaft benützte. Was der Präfekt der Prätorianer sagte oder tat, geschah »im Namen des Tiberius«. Kein Senator wagte zu widersprechen, alle fürchteten die Gewalttätigkeit des Seianus. Er wurde allmächtig, als Livia starb, und verleumdete Agrippina, die jüngste Tochter Julias aus ihrer Ehe mit Agrippa, also die Stieftochter des Tiberius, und ihren ältesten Sohn, nach der Herrschaft zu streben. Sie wurden verbannt und begingen Selbstmord. Als nun Tiberius einen jüngeren Sohn Agrippinas, Gaius, in einem Brief an den Senat als seinen Nachfolger empfahl, hielt Seianus die Zeit für gekommen, Tiberius zu ermorden und selbst die Macht zu ergreifen.

Gewarnt wurde Tiberius von Antonia. Aus seiner Lethargie erwacht, schlug er mit eiserner Hand zu und verübte in seiner Enttäuschung über den Vertrauensbruch des Seianus und in seinem an Verfolgungswahn grenzenden Mißtrauen noch grausamere Gewaltakte, als ihm die Gerüchte zur Last gelegt hatten. Er befahl dem Senat die Verurteilung des Seianus und die Ausrottung seiner Familie. Seianus hatte auch eine kaum herangewachsene Tochter. Da es gesetzlich verboten war, eine Jungfrau hinzurichten, verfügte Tiberius, daß diese Tochter entjungfert und dann wie ihr Vater erwürgt werde. Wer mit Seianus verwandt, befreundet oder ihm verbunden war, mußte dies mit dem Leben bezahlen. Durch dieses sein erbarmungsloses Blutgericht und die blindwütige Rache verwandelte Tiberius, der zunächst wie Augustus bestrebt schien, das Römische Reich als ein von republikanischen Grundsätzen geleiteter Machthaber zu verwalten, die Herrschaft eines »Princeps des Senats« in eine unbeschränkte Diktatur, die sich auf die Prätorianer-Garde und die Legionen stützte. So wurde er erst als alter Mann, wenige Jahre, bevor er von einem seiner Höflinge mit einem Kissen erstickt wurde, der erste römische Kaiser. Als das Volk von Rom von seinem Tod erfuhr, jubelten die Plebejer: »In den Tiber mit Tiberius!«

In Trauerkleidung hinter der Leiche des Tiberius einherschreitend, wurde sein Großneffe Gaius Cäsar Germanicus in Rom von einer dichtgedrängten, frohgestimmten Menge mit den Zurufen »Unser Stern, unser Hühnchen, unser Püppchen, unser Kindchen« begrüßt. Gaius war schon in den Heerlagern seines Vaters so populär gewesen, daß die Legionäre ihm zärtlich »caligula«, »Stiefelchen«, zugerufen hatten, wenn sie ihn als Kind in »caligae«, den weichen Halbstiefeln der Legionäre, zu sehen bekommen hatten. Er behielt den freundlichen Spitznamen auch als Kaiser bei. Niemand, mit Ausnahme des Tiberius, der ihn adoptiert und zu Ausschweifungen angehalten hatte, kannte seine wahre Natur. Tiberius sagte böse, er erziehe dem römischen Volk eine Natter: Gaius lebe zu seinem und aller Verderben.

Schon die äußere Erscheinung Caligulas wirkte abstoßend. Er war hochgewachsen, sein Leib außergewöhnlich feist und behaart »wie bei einer Ziege«, Hals und Schenkel dagegen sehr dünn. Er hatte die Gewohnheit, sein eingefallenes Gesicht mit der breiten Stirn, die nur von spärlichen Haaren umrahmt war, im Spiegel zu betrachten und durch »alle möglichen schrecklichen und fürchterlichen Grimassen« zu entstellen. Trotz seiner schwachen Gesundheit war Caligula leidenschaftlich bemüht, sich als Fechter und Wagenlenker hervorzutun. Auch als Sänger und Tänzer wollte er bewundert werden; wenn er als Zuschauer im Theater saß, begleitete er die auftretenden Schauspieler mit seiner Stimme und ahmte ihre Gebärden lobend oder tadelnd nach. Es heißt, er sei oft von epileptischen Anfällen heimgesucht worden und habe bisweilen wegen einer plötzlichen Schwäche kaum gehen, stehen oder sich so weit zusammennehmen können, daß er sich aufrecht zu halten vermochte. Auch an Schlaflosigkeit und an Zuständen geistiger Verwirrung habe er gelitten, verursacht durch ein Übermaß an Liebestränken. Noch zu Lebzeiten des Tiberius besuchte Caligula, »durch Perücken und lange Kleider unkenntlich gemacht«, Kneipen und übelberüchtigte Häuser. Sein größtes Vergnügen aber sei es gewesen, Hinrichtungen und Folterungen von zum Tode Verurteilten beizuwohnen.

Sueton berichtet, Caligula habe mit all seinen Schwestern Unzucht getrieben. Sein Liebling sei Drusilla gewesen, die er schon als Knabe verführt habe; wenn er einen Eid ablegte, schwor er bei der »Gottheit der Drusilla«. Mit ihr, die er nach ihrem frühen Tode als »Allgöttin« Panthea verehren ließ, hatte er, ganz wie die Pharaonen Ägyptens, eine Geschwisterehe führen wollen. Seine anderen Schwestern verkuppelte er nach der Art der Spintrien an seine Lustknaben. Caligula war wiederholt verheiratet, manchmal nur für einige Tage, wie mit Livia Orestilla, die er von ihrem Hochzeitsfest mit dem vornehmen Gaius Piso kurzerhand wegführen ließ, um sie zur Frau zu nehmen, und später verbannte, weil sie mit dem ihr bereits angetrauten Gatten den Verkehr wiederaufgenommen hatte. Nur Cäsonia konnte Caligula halten; »sie besaß eine ungehemmte Genußsucht und war restlos der Ausschweifung ergeben«. Er liebte es, sie seinen Freunden nackt zu zeigen, und war glücklich, als sie ihm eine Tochter gebar, die er stolz als sein Kind anerkannte, da sie schon mit den ersten Nägeln, die ihr gewachsen waren, versuchte, Gesicht und Augen mit ihr spielender Kinder zu zerkratzen. Obwohl Caligula in seiner aberwitzigen Leidenschaft zu Cäsonia so weit ging, daß er sich mit der Absicht trug, sie foltern zu lassen, um aus ihr herauszubringen, warum er sie so maßlos liebe, unterhielt er eine nicht minder leidenschaftliche Beziehung zu der Prostituierten Pyrallis, zwang aber gelegentlich auch vornehme Frauen, die er mit ihren Gatten zum Essen einlud, mit ihm zu schlafen. Dann »lobte oder tadelte er die Beschämten vor allen Gästen, indem er die Vorzüge oder Mängel ihres Körpers und ihres Benehmens beim Geschlechtsverkehr aufzählte«. Um seine Macht darzutun, küßte er den Hals der Frauen, die er besaß, mit den Worten: »Dieser schöne Kopf wird fallen, sobald ich es befehle.«

Caligula konnte seine bedenkenlose Willkür, die er damit begründete, daß ihm »alles gegen alle erlaubt sei«, nur durch unausgesetzte Einschüchterungen aufrechterhalten. Seine Grausamkeit und seine Rachsucht waren so gefürchtet, daß ihm selbst die einflußreichsten Senatoren nicht zu widersprechen wagten, und dies um so weniger, als er keinen Anstand nahm, Widerspenstige heimlich ermorden und dann verkünden zu lassen, sie hätten Selbstmord begangen. Gern ließ er auch Senatoren, denen er »den Herrn zeigen wollte«, in der purpurgesäumten Tunika neben seinem Wagen einherrennen, während er mit ihnen sprach, oder sie, nur mit einem Lendenschurz bekleidet, zu seinen Füßen kauern, während er aß. Das Schicksal eines Quästors, dessen Name ihm im Zusammenhang mit einer Verschwörung genannt worden war und den er lediglich auf den vagen Verdacht hin öffentlich hatte entkleiden und auspeitschen lassen, war für die verschreckten Würdenträger Grund genug, sich seinen Wünschen zu fügen. Aber auch das half nicht immer. Wenn Caligula die Laune überkam, ließ er geachtete Männer brandmarken und verurteilte sie zu Zwangsarbeit in den Bergwerken, zum Straßenbau oder zum Kampf mit Löwen oder Bären im Zirkus. Einen römischen Ritter, der den wilden Tieren vorgeworfen wurde, sich aber mit lauter Stimme als unschuldig bezeichnete, ließ er aus der Arena führen, ihm die Zunge abschneiden und dann wieder hineinführen. Caligulas Wahlspruch war: »Mögen sie mich hassen, wenn sie mich nur fürchten!« Was immer er sagte, was immer er tat – es waren Äußerungen des Wahnsinns: Als die Plebs bei den Wagenrennen im Zirkus andere Fahrer begünstigte als er, rief Caligula wütend: »Hätte doch dieses römische Volk nur einen einzigen Hals!« Wenn er Männern mit starkem Haarwuchs begegnete, ließ er ihnen den Hinterkopf kahl rasieren, damit sie kahlköpfig aussähen wie er; gleichzeitig liebte er es aber, mit lockigen Jünglingen »schändlichen Verkehr zu haben«. Valerius Catullus, ein junger Mann aus Senatoren-Geschlecht, beklagte sich laut darüber, von Caligula geschändet und durch den Verkehr vollständig geschwächt worden zu sein.

Caligulas Verschwendungssucht übertraf alles bisher Dagewesene: »Er badete in warmem und kaltem Parfum, trank die wertvollsten Perlen, in Essig aufgelöst … Er ließ prunkvolle Schiffe bauen, in denen es Bäder, Säulenhallen, Speisesäle und Gärten gab und deren Heck mit Edelsteinen geschmückt war.« Als der Staatsschatz, den ihm Tiberius hinterlassen hatte, nicht ausreichte, seine verschwenderischen Ausgaben zu decken, beschlagnahmte Caligula unter falschen Verdächtigungen die Vermögen reicher Männer und erfand neue Steuern, um seine leeren Kassen zu füllen. Sogar die Dirnen mußten »pro Tag den Ertrag eines Beischlafes abliefern«. Dieser gesetzlichen Verordnung wurde ein Dekret beigegeben, das auch frühere Dirnen und Kuppler, ja sogar inzwischen schon verheiratete Personen verpflichtete, die Abgaben rückwirkend zu leisten. Die Besteuerung der Prostitution erwies sich als so ergiebig, daß sich Caligula als Bordellwirt selbständig machte: Er richtete in seinem Palast ein Lupanar ein, in dem sich in »der Würde des Ortes entsprechend ausgestatteten Kammern vornehme verheiratete Frauen und frei geborene Knaben zahlungsfähigen Besuchern zum Geschlechtsverkehr anbieten mußten«. Er schickte Ausrufer auf die Märkte und in die Tempel, um junge und alte Männer zur Befriedigung ihrer Lüste zu ermuntern. Den so angeworbenen Kunden des kaiserlichen Bordells wurde die Zahlung gestundet, wenn sie bereit waren, Zinsen zu zahlen. Die Liste ihrer Namen wurde »ehrenhalber« öffentlich angeschlagen mit dem Hinweis, daß sie das Ihre dazu beigetragen hatten, »die Einkünfte des Kaisers zu mehren«. Da Caligula es auch liebte, mit vollen Händen Gold- und Silbermünzen unter das Volk zu streuen, genügten ihm weder die außerordentlichen Steuern, die er erhob, noch die außerordentlichen Einnahmequellen, die er erschlossen hatte. So führte er einen neuen Brauch ein: persönliche Geschenke an den Kaiser, die er persönlich in Empfang nahm. Wer freiwillig nicht genug gab, den zwang Caligula zur Freigebigkeit. Reiche Männer wurden – ob sie wollten oder nicht – aufgefordert, an Auktionen teilzunehmen, bei denen er in eigener Person Sklavinnen, Sklaven und Gladiatoren zum Kauf anbot, die Preise selbst hinauflizitierte, harmlose Anwesende mit vollem Namen aufrief und zur Zahlung des Höchstpreises anhielt, auch wenn sie nicht mitgeboten hatten.

In den letzten Jahren seiner Herrschaft wünschte Caligula nicht nur als ein Gott, sondern auch als eine Göttin angebetet zu werden. Er zeigte sich der Öffentlichkeit in bunt bestickten, mit Edelsteinen besetzten Mänteln, mit goldenem Bart, den Blitz-Dreizack Jupiters oder den Schlangenstab Merkurs in Händen, oder als Venus, in Seide und mit funkelndem Schmuck. Wer an seiner zweigeschlechtlichen Göttlichkeit auch nur im mindesten zweifelte, wurde der Gotteslästerung und überdies des Verbrechens der Majestätsbeleidigung schuldig befunden. Caligula behauptete auch, daß Luna, die Mondgöttin, ihn in den Vollmondnächten »zu Umarmung und Beilager besuche«.

Einem Vertrauten stellte er die Fangfrage, ob dieser denn die Göttin des Mondes nicht gesehen habe. Der um sein Leben Besorgte erwiderte geistesgegenwärtig: »Nein, denn nur Götter vermögen einander zu sehen.«

Incitatus, das Lieblingspferd des Caligula, hatte einen Stall aus Marmor, eine Futterkrippe aus Elfenbein, purpurne Decken, Geschmeide aus Edelsteinen und einen eigenen Palast, damit die im Namen des Pferdes eingeladenen Gäste würdig empfangen und bewirtet werden konnten. Caligula äußerte sogar die Absicht, Incitatus zum Konsul zu erheben. Es kam nicht dazu. Ein Offizier der Prätorianer-Garde, den Caligula als »schwachen Weichling« beschimpft, ihm als Losungswort des Tages »Priapus« genannt und ihm mit unzüchtiger Bewegung die Hand zum Kusse gereicht hatte, erschlug ihn, während er sich im geheimen Gang eines Theaters mit vornehmen Knaben unterhielt. Die persönliche Leibwache Caligulas kam zu spät. Sie tötete wohl einige an dem Mordanschlag unbeteiligte Senatoren, konnte aber nicht verhindern, daß Cäsonia, Caligulas Frau, von einem Offizier der Prätorianer mit dem Schwert durchbohrt und daß seine kleine Tochter gegen eine Wand geschmettert wurde. Der neunundzwanzigjährige Kaiser hatte in der kurzen Zeit seiner uneingeschränkten Machtvollkommenheit eine so tückische Schreckensherrschaft geführt, daß die Nachricht von seinem Tod in Rom nicht sofort Glauben fand. Die Senatoren und das Volk hatten Angst, Caligula könnte das Gerücht seiner Ermordung erfunden und verbreitet haben, um so die wahre Gesinnung der Römer ihm gegenüber zu erfahren. Auch sein Onkel Claudius, den Caligula nur am Leben gelassen hatte, um sich über ihn lustig zu machen und ihn erniedrigen zu können, wollte nicht glauben, daß sein kaiserlicher Quälgeist nicht mehr lebte. Er verbarg sich im Palast und war peinlich berührt, als die Prätorianer ihn aus seinem Versteck hervorholten und zum Imperator ausriefen, ganz einfach deshalb, weil er der einzige noch lebende männliche Angehörige des Kaiserhauses war. Fünfzig Jahre alt, hatte er von Kindheit an als »ungeschliffenes Monstrum« gegolten. Sogar seine wohlmeinende Mutter pflegte zu sagen, wenn sie die hoffnungslose Albernheit eines Menschen besonders herausstreichen wollte, dieser Dummkopf sei ein »noch größerer Narr als mein Sohn Claudius«, der von der Natur nicht vollendet, sondern nur begonnen worden sei.

Der von seiner erlauchten Familie als schwachsinniger Krüppel verspottete, von den Prätorianern erwählte Kaiser tat vom ersten Tag seiner Erhebung an das klügste, was er tun konnte. Er bezog die Linie des geringsten Widerstands. Er bestach die Garden, nicht nur die Offiziere, sondern auch die Mannschaften, mit großzügigen Geldgeschenken. Solange sie ihn beschützten, durfte er hoffen, am Leben bleiben und auch als Kaiser so gut leben zu können, wie er es als Privatmann gewohnt gewesen war. Claudius wollte nicht als Gott verehrt, sondern als Mensch nach Tunlichkeit in Ruhe gelassen werden, um seinen kleinen Freuden und bescheidenen Lüsten ungestört frönen zu können. Die kleinen Freuden, das waren seine historischen Studien. Er liebte es aber auch, gute Weine zu trinken und reichlich zu essen. Nie verließ er den Speisesaal, ohne sich vollgegessen und vollgetrunken zu haben, weshalb man ihm gleich nachher, während er auf dem Rücken liegend mit offenem Munde schlief, eine Feder in den Rachen einführte, um seinen Magen zu erleichtern. Seine Schlichtheit, die er vermutlich aus schüchterner Ängstlichkeit übertrieb, machte ihn so beliebt, daß ihm seine Unbeholfenheit nachgesehen wurde und seine Schwäche als Nachsicht galt. Seine Bemühungen, den überlieferten römischen Glauben wieder zu verstärkter Geltung zu bringen, er-

Aquarell aus dem Jahr 1830 von Johann Nepomuk Geiger (1805–1880)

schöpften sich in der Wiederherstellung und Ausschmückung der vernachlässigten Tempel nicht nur in Rom, sondern auch in Sizilien, wo er einen alten, baufälligen Tempel der Venus auf Kosten der römischen Staatskasse wiederaufbauen ließ.

Die Anbetung der Liebesgöttin erschien dem auf sein eigenes Wohlbefinden bedachten Kaiser als der bedeutsamste Gottesdienst. Sueton berichtet über ihn: »Für Frauen hatte er eine zügellose

Leidenschaft, verkehrte aber gar nicht mit Männern.« Diese Leidenschaft nahm die römischen Frauen für Claudius ein. Er war ein Ehemann nach ihrem Geschmack, und das um so mehr, als er im eigenen Haus die Einhaltung der Sittengesetze nicht überwachte. Von seinen beiden ersten Ehefrauen hatte er sich frühzeitig scheiden lassen, von der ersten »wegen kleiner Zwistigkeiten«, von der zweiten, »weil sie einen ausschweifenden Lebenswandel führte«. Der dritten Frau aber, die er zwei Jahre vor seiner überraschenden Erhebung zum Kaiser geheiratet hatte, der um mehr als drei Jahrzehnte jüngeren Valeria Messalina, deren Ausschweifungen sprichwörtlich wurden, war er willenlos hörig.

Messalina war nicht schön. Aber ihre den Kaiser so erregende Liebesbedürftigkeit ersetzte die Reize, die Claudius nicht an ihr vermißte. Seine durch Kinderlähmung geschwächte Gesundheit machte es ihm unmöglich, ihrem Verlangen zu genügen. Sie hatte ihm zwei Kinder geboren, einen Sohn, den er erst nach seinem Bruder den Namen Germanicus gab und dann, sich selbst zu Ehren, Britannicus nannte, und eine Tochter Octavia. Damit begnügte er sich, ja, er gestattete Messalina nicht nur Liebesbeziehungen zu anderen Männern, sondern befahl diesen sogar, wenn sie sich unzugänglich zeigten, ihr zu Willen zu sein. Aber die um ihrer körperlichen Vorzüge willen erkorenen Männer genügten ihrer Unersättlichkeit noch nicht. Sie wollte nicht nur begehren, sie wollte auch begehrt werden: Sie verkleidete sich und gab sich als Prostituierte in einem Lupanar, dessen Wirt sie mit leistungsfähigen Kunden versorgen mußte, den Meistbietenden hin.

Claudius, dem als Censor die Überwachung der Sittengesetze oblag, schritt gegen Messalina erst ein, als sie sich seine Abwesenheit zunutze machte und »in aller Form« die Feierlichkeiten der Vermählung mit einem kräftigen jungen Mann namens Gaius Silius vollzog, den sie anstelle ihres Mannes zum Kaiser erheben wollte. Narcissus, der vertrauteste Freigelassene des unverdrossen geduldigen Ehemannes, setzte seinen Herrn von dieser offenen Verschwörung in Kenntnis. Claudius hatte Messalina alle Ehebrüche gestattet, aber daß sie, ohne sich von ihm scheiden zu lassen, eine Ehe geschlossen hatte, die sein Leben gefährden mußte, nahm er nicht hin. Er vertraute sich eilig dem Schutz der Prätorianer-Garden an und befahl, Gaius Silius und alle Liebhaber der Messalina, die er kannte, zu töten. Die Kaiserin floh in die für sie konfiszierten Gärten des Lucullus, überzeugt, daß Claudius ihr verzeihen werde. Narcissus aber, der die Macht Messalinas über den Kaiser kannte und für sein eigenes Leben und für sein Vermögen fürchtete, kam der Langmut des Kaisers zuvor. Er ließ Messalina erschlagen. Claudius war so erschüttert, daß er den Prätorianern verkündete, es sei ihr Recht, ihn zu töten, wenn er sich noch einmal verheiraten sollte.

Wenn Claudius sich nicht an ein Gelöbnis hielt, leugnete er, es jemals gemacht zu haben. Diese Gewohnheit des Kaisers war den Prätorianern bekannt, die es ihm nur übelgenommen hätten, wenn er ein Versprechen rückgängig gemacht hätte, das ihnen zugute gekommen wäre. So machte es den Garden Spaß, daß Claudius schon kurz nach dem Tod Messalinas von seiner Absicht sprach, sich abermals zu verheiraten. Noch allerdings war er unschlüssig, ob er Paetina, seine erste Frau, von der er sich nur wegen geringfügiger Zwistigkeiten hatte scheiden lassen, zu seiner neuen Kaiserin machen sollte, oder Lollia Paulina, eine der geschiedenen Frauen Caligulas. Paetina hatte ihm eine wohlgeratene Tochter geboren, Lollia war überaus reizvoll und unermeßlich reich. Aber während Claudius noch hin und her überlegte, erlag er der Verführung durch seine junge Nichte Agrippina, eine Schwester Caligulas, die »ihn ungeniert küssen durfte und manche Gelegenheit zu Liebkosungen hatte«.

Claudius war überzeugt, daß ihn Agrippina um seiner Männlichkeit willen allen anderen Männern vorzog, auch denen, mit denen sie schon verheiratet gewesen war. Da er sie begehrte, wollte er sie zur Frau, und so veranlaßte er den Senat, ihn gegen den Brauch zu zwingen, die so nahe Blutsverwandte zu heiraten Der Senat gehorchte dem Kaiser und der Kaiser dem Senat. Claudius feierte Hochzeit mit seiner Nichte und knüpfte einige Jahre später die Familienbande mit Agrippina noch enger, indem er Nero, ihren Sohn aus erster Ehe mit Gnaeus Domitius, adoptierte und mit Octavia, seiner Tochter mit Messalina, vermählte.

Der natürliche Erbe des Claudius, sein Sohn Britannicus, hatte sich so gesund und kräftig entwickelt, daß selbst Claudius zweifelte, sein leiblicher Vater zu sein. Doch als es sich nicht mehr verhehlen ließ, daß Agrippina ihm allmählich alle Macht aus den Händen nahm, beschloß er, Britannicus als seinen alleinigen Erben einzusetzen und so Agrippinas Plan hinsichtlich Neros Zukunft zu vereiteln.

Claudius hatte allen Grund, mißtrauisch zu sein. Niemand war vor Agrippina sicher. Wenn sie es für zu gewagt hielt, Gewalt anzuwenden, benützte sie Gift. Das Lieblingsgericht des Kaisers waren Pilze. Agrippina ließ es kredenzen. Ob es Giftpilze waren, ob der Eunuch Halotus, der dem Kaiser die Speisen vorzusetzen und vorzukosten hatte, das Gift in die Speise träufelte, oder ob Agrippina selbst es war, ist nicht überliefert. Zu ihrem Schreck wirkte das Gift nicht so, wie sie es erwartet hatte. Es hieß, infolge der Trunkenheit des Kaisers oder wegen eines Durchfalls sei die Wirkung abgeschwächt worden. Er habe zwar während der ganzen Nacht furchtbare Schmerzen ausgestanden, aber alles erbrochen, so daß von einem eilig herbeigeholten Arzt, der ein Vertrauter Agrippinas war, ein neuer Mordversuch unternommen werden mußte, indem der Hals des Kaisers mit einem rasch wirkenden Gift bestrichen und ihm überdies durch ein Klistier Gift in die Därme getrieben wurde.

Der Tod des Claudius wurde von Agrippina so lange geheimgehalten, bis sie alle Maßnahmen hatte treffen können, um Nero die Nachfolge unbestritten zu sichern. Damit der Eindruck entstand, daß der Vergiftete tatsächlich noch am Leben sei, bekam der Leichnam Umschläge und wurde in Decken gehüllt, während Agrippina die leiblichen Kinder des Kaisers tröstete und öffentlich verkünden ließ, es gehe Claudius bereits wieder besser. Für die Genesung des Kaisers seien, so befahl sie, in den Tempeln Opfer darzubringen; außerdem ließ sie Komödianten in den Palast rufen, angeblich, um den Kranken aufzuheitern.

Endlich war es soweit: Aus dem Palast trat Nero, vom Präfekten der Prätorianer-Garde begleitet, und wurde von den Prätorianern, nachdem er ihnen den Tod des Claudius bekanntgegeben und nach dem Vorbild seines Adoptivvaters reiche Geldspenden versprochen hatte, als Imperator begrüßt. Da die Prätorianer die Erhebung Neros zum Kaiser durch Zuruf kundgetan hatten, erklärte sich der Senat mit der Anerkennung einverstanden und beschloß, Claudius zum Gott zu erklären. Nero bemerkte später, daß Pilze eine Götterspeise sein müßten, da Claudius durch Pilze zum Gott geworden sei.

Die Fähigkeit, spöttische Bemerkungen schlagfertig zu formulieren, verdankte Nero seinem Erzieher Lucius Annaeus Seneca. Die Gelehrigkeit des Schülers schien die Wahl der ehrgeizigen Mutter zu rechtfertigen. Nero wurde ein gewandter Redner und dichtete klingende Verse. Und nach seiner Ausrufung zum Kaiser benahm er sich dem Senat gegenüber so bescheiden, daß sein erstes Auftreten einer Huldigung für die ehrwürdige Ratsversammlung gleichkam.

Rom atmete auf. Unter der Herrschaft des jungen Kaisers, für den ein gütiger Philosoph und ein maßvoller Militär, der Präfekt der Prätorianer-Garde Burrus, die Staatsangelegenheiten betreuten, würde nun endlich wieder eine geruhsame Zeit anbrechen können. Man hoffte dies um so mehr, als es schien, daß die willkürlich gewalttätigen Einmischungen Agrippinas nicht mehr zu befürchten seien. Denn die Mutter des Kaisers zog sich, nachdem sie ihrem Sohn den Thron zugeschanzt hatte, scheinbar gutwillig und freiwillig von den Regierungsgeschäften zurück, obwohl sie auf den Münzen ihr Bildnis neben das Neros hatte prägen lassen, so als sei sie seine anerkannte Mitregentin. War Caligulas umbarmherzige Schwester einsichtig geworden? Geriet sie ihrem Sohn nach, der dem Wohlergehen des Reiches zu leben schien? Nur wenige Eingeweihte wußten, was sich im kaiserlichen Palast zugetragen hatte. In den »acta diurna«, den »Tagesnachrichten«, die auf den öffentlichen Plätzen Roms angeschlagen wurden, stand zu lesen, daß Britannicus, der bei der Thronfolge übergangene Sohn des Claudius und der Messalina, einer tückischen Krankheit erlegen sei. Erst viel später erfuhr die Öffentlichkeit, daß die »tückische Krankheit« das Gift gewesen war, das Nero seinem Stiefbruder hatte verabreichen lassen, als Agrippina gedroht hatte, sie werde Britannicus an Neros Stelle setzen, wenn Burrus und Seneca ihr nicht freie Hand ließen.

Agrippina hatte sich vergeblich gegen ihre Entmachtung gewehrt, obwohl sie das Spiel der beiden Vertrauten ihres Sohnes durchschaute, die von ihr selbst an die Macht gebracht worden waren, um sie durch die beiden ausüben zu können: Burrus und Seneca hatten ihr den Sohn, der sie öffentlich als »die beste Mutter« gepriesen hatte, entfremdet. Sie hatten ihn ermutigt, »die große Süßigkeit der Laster« zu genießen und seinen Trieben keinen Zwang aufzuerlegen. Seine Eheschließung mit Octavia war ein Staatsakt gewesen. Nero langweilte sich mit der Tochter Messalinas, die ihrer zuchtlos-triebhaften Mutter nicht nachgeraten war. Er suchte und fand die sinnlichen Freuden, die ihm das Ehebett versagte, außerhalb des kaiserlichen Palastes. Um kein Aufsehen zu erregen und um nicht in Verruf zu geraten, verkleidete sich Nero, sobald es dunkel wurde, »nahm rasch eine Mütze oder Kappe« und trieb sich, von ausgelassenen Freunden begleitet, auf den Straßen der Stadt, in Lupanaren und Kneipen herum. Es machte der vom jungen Kaiser angeführten Horde Spaß, harmlose Bürger, die von einem Gelage heimkehrten, anzupöbeln, zu verprügeln und in Kloaken zu tauchen. Oder Nero und seine Begleiter plünderten Verkaufsstände, raubten Läden aus und versteigerten die Beute an die Meistbietenden. Mit dem Erlös bezahlten sie die Dirnen, mit denen sie sich in den Lupanaren vergnügten.

Aber die Liebe für Geld befriedigte Nero nicht. Er fand es unterhaltsamer, sich ehrbaren Frauen »in schamloser Weise« zu nähern. Bei solchen Überfällen kam es gelegentlich zu Raufhändeln, und Nero wurde so verletzt, daß die Wunden in seinem Gesicht nicht zu übersehen waren. Aber die Abwehr, die ihm entgegengesetzt wurde, und die Gefahren, denen er ausgesetzt war, erhöhten nur den Reiz des nächtlichen Treibens. Erst nachdem Nero von einem Senator, dessen Frau er in der Dunkelheit umarmt hatte, beinahe zu Tode geprügelt worden war, gab er seine »unerkannten« Streifzüge auf. Der Senator, der sich der Gewalttätigkeit Neros handgreiflich erwehrt und ihn erst, nachdem er ihn erkannt hatte, um Verzeihung gebeten hatte, wurde zum Selbstmord gezwungen, mit der Begründung, daß er dem jungen Kaiser durch die Prügel Schimpf angetan und sich damit gegen das Majestätsgesetz vergangen habe. Das war Neros erster Skandal, der nicht vertuscht werden konnte. Da alle Welt nun von seinen Ausschreitungen wußte, zog er es vor, sich seinen Ausschweifungen nicht mehr nur heimlich hinzugeben. Er ließ sich von Offizieren der Prätorianer-Garde und von Gladiatoren begleiten, die zu den Waffen griffen, wenn die frechen Hände des Kaisers Widerstand fanden.

Nero, der so überzeugt war von der unwiderstehlichen Wirkung seiner Anziehungskraft auf Frauen und Männer, hatte schwächliche, magere Beine und Arme und einen aufgeblähten Bauch, wie Caligula und Claudius. Sein gedunsenes Gesicht war jedoch von lockigem gelblichem Haar umrahmt, das er selbst als »golden« bezeichnete. In seiner grenzenlosen Eitelkeit meinte er, alle Frauen und Männer müßten ihm geschlechtlich verfallen sein. So war er außer sich, als sich ihm Poppaea Sabina, die reiche Frau eines hohen Würdenträgers, versagte, obwohl sie allein lebte, nachdem er ihren Mann durch die Ernennung zum Statthalter einer Provinz aus Rom entfernt hatte. Tacitus berichtet von Poppaea, daß sie alles besessen habe, »nur keine ehrbare Gesinnung« – wohl aber spielte sie die ehrbare Frau, die es ablehnte, Neros Geliebte zu werden: Trotz aller Drohungen war sie nur willens, ihm zu gehören, wenn er sich von Octavia scheiden lasse und sie zur Kaiserin mache. Dazu wäre Nero auch ohne weiteres bereit gewesen, wenn sich nicht seine Mutter, »die beste Mutter«, dagegengestellt hätte. Über Agrippinas Willen aber konnte er sich nicht ohne weiteres hinwegsetzen. Doch Poppaea wußte, wie sie vorzugehen hatte: Sie verspottete Nero als »unmännlichen Muttersohn«, den eine Frau wie sie nicht zum Manne haben wolle, und machte sich so lange über den Kaiser lustig, bis er sich entschloß, »die beste Mutter«, die seinen Wünschen im Wege stand, aus der Welt zu schaffen. Der Versuch, Agrippina zu vergiften, schlug fehl. Die geübte Giftmischerin hatte sich durch Gegengifte gesichert. Deshalb wandte sich Nero an den Freigelassenen Anicetus, der, wie er wußte, Agrippina haßte. Anicetus riet ihm, er solle ein Schiff bauen lassen, von dem man einen Teil auf hoher See künstlich loslösen und mit diesem die Ahnungslose ins Meer versenken könne. Der mit Sorgfalt vorbereitete Anschlag gelang. Aber Agrippina, die am Vorabend an einem Gastmahl ihres Sohnes teilgenommen hatte und von ihm zum Abschied mit besonderer Innigkeit umarmt worden war, entkam dem vorgetäuschten Unfall schwimmend. Zudem stellte sie sich so, als wisse sie nicht, wer ihr nach dem Leben getrachtet habe. Nero, der befürchtete, seine Mutter werde sich nun an den Senat, die Legionen und das Volk von Rom um Schutz gegen ihn wenden, befahl Burrus und Seneca zu sich. Beide Berater erkannten die Gefahr. Dennoch wies Burrus den Vorschlag Neros, den Prätorianern den Befehl zur Ermordung Agrippinas zu geben, mit der Erklärung zurück, die Garden seien durch ihren Treueid dem gesamten Kaiserhaus verpflichtet; vor allem aber würden sie im Andenken an Germanicus dessen Tochter kein Leid antun. Wieder bot sich Anicetus an, den Auftrag zu übernehmen. Er führte die Mörder in Agrippinas Villa. Sie wehrte sich nicht gegen die Männer, die ihr Bett umstellten. Ihnen den Schoß entgegenhaltend, rief sie: »Stoßt in den Leib.«

Nero, der sich vom Tod seiner Mutter überzeugen wollte, sagte beim Anblick ihres nackten Leichnams nachdenklich: »Ich wußte gar nicht, daß ich eine so schöne Mutter hatte.« Trauer jedoch zeigte er nicht im geringsten, denn nun konnte er ja Octavia ungehindert verstoßen und Poppaea zu seiner Kaiserin machen. Als aber das Volk die Bildsäulen, die er seiner neuen Frau zu Ehren hatte aufstellen lassen, umstürzte und die Bildsäulen der Octavia mit Blumen bekränzte, bestand Poppaea darauf, auch die Ehre ihrer Vorgängerin zu schänden. Auch dazu war Nero bereit: Der Mörder seiner Mutter wurde von ihm gedungen, sich des Ehebruches mit Octavia schuldig zu bekennen. Die auf eine Felseninsel verbannte Tochter und Gattin eines Kaisers wurde bald darauf von Henkern, die Nero auf Poppaeas Wunsch ausgeschickt hatte, ermordet. Der Senat, dem kundgetan wurde, Octavia habe eine Verschwörung gegen Nero geplant, dankte in einer feierlichen Sitzung den Göttern, daß sie das Leben des Kaisers erhalten hätten.

Das römische Volk erfuhr nur durch Gerüchte, was sich in der kaiserlichen Familie zugetragen hatte, und die Gerüchte widersprachen einander. Das Ansehen Senecas, dem nachgesagt wurde, er habe dem Kaiser zuliebe die Ermordung Agrippinas als Selbstmord erklärt, blieb unerschüttert, obwohl er von einem ehemaligen Freund der Messalina öffentlich als Heuchler, Ehebrecher und Habgieriger angegriffen worden war, der zwar den Reichtum in Wort und Schrift schmähe, sich selbst aber maßlos bereichere. Daß der zum allmächtigen Staatsmann gewordene Philosoph es für unter seiner Würde hielt, sich zu rechtfertigen oder zu rächen, wurde ihm hoch angerechnet. Zeigte er sich nicht durch sein Schweigen über alle Anschuldigungen und Verleumdungen erhaben? Die Plebs führte es auf Neros Erziehung durch Seneca zurück, daß der erhabene Zögling des Philosophen die volkstümlichen Künste und sportlichen Spiele nicht nur förderte, sondern auch persönlich ausübte. Nero war ein leidenschaftlicher Wagenlenker und hatte den Ehrgeiz, »wie ein berufsmäßiger Sänger zur Harfe zu singen«. Um die Resonanz seiner Stimmbänder zu erhöhen, »übte er, auf dem Rücken liegend, eine Bleiplatte auf der Brust«, enthielt sich aller der Stimme schädlichen Speisen und reinigte seinen Körper »durch Klistiere und Erbrechen«. Auch als Maler und Bildhauer versuchte er sich; von seinen künstlerischen Fähigkeiten war er so überzeugt, daß er einem mutigen Astrologen, der ihm düster voraussagte, er werde den Thron verlieren, nicht hinrichten ließ, sondern ihm lachend erwiderte, dann werde er seinen Lebensunterhalt eben als Künstler verdienen. Diese Behauptung wollte Nero unter Beweis stellen, indem er öffentlich als Harfenspieler auftrat. Das Volk, das schon seine Kunstfertigkeit als Wagenlenker bewundert hatte, applaudierte dem Kaiser um so begeisterter, als er durch die Einführung der »ludi iuvenales«, der »Spiele für die Jugend«, zur allgemeinen Lustbarkeit beigetragen hatte. Daß nicht nur Nero sich auf der Bühne und in der Arena produzierte, sondern auch die Angehörigen vornehmer Familien dazu anhielt, steigerte seine Popularität.

Seneca, den seine Neider beschuldigt hatten, er habe die künstlerischen Leistungen seines kaiserlichen Schülers spöttisch herabgesetzt, war klug genug, einer gefährlichen Wendung der Dinge vorzubeugen: Er bat Nero um die Entlassung aus seinen Diensten und bot ihm das gewaltige Vermögen, das er angehäuft hatte, als Geschenk an. Nero bedankte sich bei seinem Lehrer, der ihm »Klarheit des Denkens, Entschlußkraft und Bildung« vermittelt habe, und erklärte: »Es ist mir peinlich, aussprechen zu müssen, daß es Freigelassene gibt, die noch reicher sind als du, ja es treibt mir geradezu die Schamröte ins Gesicht.« Er nahm das Geschenk nicht an, ließ es aber zu, daß Seneca von nun an »ein zurückgezogenes Leben« führte, ganz seinen philosophischen Studien hingegeben.

Nero war nicht in Rom, als die große Feuersbrunst ausbrach, der zwei Drittel der Stadt zum Opfer fielen. Aber Sueton berichtet, der Kaiser habe die Brandstiftung befohlen »unter dem Vorwand, die Häßlichkeit der alten Gebäude und die Enge und Gewundenheit der Straßen beleidigten sein Auge«. Nero kehrte eilig ins brennende Rom zurück und betrachtete das sechs Tage und sieben Nächte wütende Feuer vom Turm des Maecenas aus, »erfreut durch die Schönheit der Flammen«. Er hatte dazu ein Theaterkostüm angezogen und sang, sich selbst auf der Harfe begleitend, seine eigene Dichtung über den »Fall Trojas«. Als das Schreien der Tausende, die aus ihren zusammengestürzten Häusern entkommen waren und durch die Straßen irrten, seine gehobene Stimmung störte, befahl er in einer Regung von Menschlichkeit, den Obdachlosen die vom Feuer verschont gebliebenen öffentlichen Gebäude und kaiserlichen Gärten als Asyl zur Verfügung zu stellen, sandte die Prätorianer aus, um Lebensmittel einzuholen, und beklagte mit den Klagenden die Verheerung Roms. Die Schuld an dem Brand schob Nero auf die »wegen ihrer Schandtaten verhaßten Menschen, die das Volk Christianer nannte ...«.

Was Nero für die Römer, die der Brand um ihre Häuser und Wohnungen gebracht hatte, an Wiedergutmachung leistete, war bei weitem nicht so großartig wie der Neubau seines eigenen Palastes, der durch die Feuersbrunst zerstört worden war. Die gewaltigen Beträge, die er brauchte, um ein »Goldenes Haus« für sich und ein »gesünderes, sichereres und schöneres Rom« zu erbauen, erhielt er von den Bürgern der Städte des ganzen Römischen Reiches, die er zu »freiwilligen Beiträgen« zwang.

Nero, der bei der Einweihung des Goldenen Hauses gesagt hatte, er könne jetzt endlich anfangen, wie ein Mensch zu wohnen, versuchte vergeblich, wie ein Gott zu leben. Das einzige Kind, das ihm Poppaea geschenkt hatte, war kurz nach der Geburt gestorben. Er hatte der kleinen Tochter zwar durch den Senat die Göttlichkeit zuerkennen lassen, aber Poppaea, die abermals von ihm schwanger geworden war, in einem Anfall von Jähzorn durch einen Fußtritt so schwer verletzt, daß sie, mit »seinem göttlichen Samen im Leib«, einer Fehlgeburt erlegen war. Die leidenschaftliche Liebe zu der Frau, deren Laune er die »beste Mutter« geopfert hatte und die nun selbst tot war, ließ Nero nicht zur Ruhe kommen. Er, der sich selbst zur Gottheit erhoben hatte, erkannte, daß er machtlos war wie alle Götter, die er beschuldigte, ihn im Stich gelassen zu haben. Nach dem Tode Agrippinas hatte er dem Kult der Kybele, der »Großen Mutter«, gehuldigt. In seiner hilflosen Verzweiflung besuchte er jetzt ihren Tempel und besudelte das Standbild der Göttin mit Urin. Nur noch von einem einzigen Gedanken war er besessen: Er wollte Poppaea wieder zum Leben erwecken. Und wenn ihm kein himmlischer Gott dazu verhalf, so würde er selbst es können. Und in seinem Wahn konnte er es tatsächlich: Er begegnete einem jungen Mann namens Sporus, der Poppaea so ähnlich sah, daß er ihn für die »Wiedergeburt seiner verstorbenen Frau« hielt. Als er sich davon überzeugt hatte, daß Sporus ein Mann und keine Frau war, unternahm er es, ihn »in ein Wesen weiblichen Geschlechts zu verwandeln«. Er ließ Sporus kastrieren, im roten Brautschleier und im feierlichen Hochzeitszug unter großem Geleit in seinen Palast führen und »behandelte ihn wie seine Gattin« – mit dem Erfolg, daß in Rom eine bösartige Scherzfrage die Runde machte: Wäre es um die Menschheit nicht besser bestellt, wenn Neros Vater Domitius nur eine solche »Frau« gehabt hätte?

Sporus, angetan wie eine Kaiserin und in einer Sänfte getragen, mußte Nero auf allen Wegen begleiten und wurde von ihm in aller Öffentlichkeit immer wieder zärtlich geküßt. Doch damit noch nicht genug: Es hieß auch, der Kaiser habe unter seine in einem eigenen Trakt des Goldenen Hauses untergebrachten Konkubinen auch eine Dirne aufgenommen, die seiner Mutter überraschend ähnlich sei. Und immer schlimmer wurde es. Sueton berichtet, Nero habe seinen eigenen Leib so sehr preisgegeben, daß kaum ein Körperteil an ihm nicht befleckt gewesen sei. »Er ersann eine neue Art von Vergnügen: Mit dem Fell wilder Tiere bekleidet, stürzte er aus einem Käfig, vergnügte sich mit den Schamteilen von Männern und Frauen, die an Pfähle gebunden waren, und ließ sich dann selbst, wenn er genug gewütet hatte, von seinem Freigelassenen Doryphorus zur ›Strecke bringen‹. Wenn er sich mit diesem wie mit dem Sporus vereinigte, ahmte er das Geschrei und Gestöhne vergewaltigter Jungfrauen nach.« Und ergänzend schrieb Sueton: Von verschiedenen Leuten habe er erfahren, Nero sei fest überzeugt gewesen, daß kein Mensch keusch oder an irgendeinem Körperteil rein sei … Aus dem gleichen Grund habe er solchen, die ihre Unkeuschheit vor ihm bekannten, auch andere Vergehen verziehen.

Am nachsichtigsten war Nero mit seinem Freund Gaius Petronius, der sich zu jeder Unkeuschheit bekannte und ihn um keine andere Gunst bat als die, an seinen Zerstreuungen teilhaben zu dürfen. Es ist aber kaum anzunehmen, daß Petronius die hemmungslose Mordlust Neros in den letzten Jahren seiner Herrschaft guthieß oder gar empfahl – ebensowenig wie Seneca, der den Kaiserpalast mied (er nannte diesen ein »triste ergastulum«, einen »traurigen Kerker für Sklaven«) und sich ganz und gar der Niederschrift seiner philosophischen Gedanken widmete, die in der Erkenntnis gipfelten, daß Weisheit Lebenskunst sei. Nicht die Lust, sondern die Tugend sei der Weg zur Glückseligkeit … Auch Petronius vertrieb sich die Zeit mit der Feder. Weder Philosoph noch Moralist wie Seneca, machte es ihm lediglich Spaß, die Sitten der Zeit zu beschreiben, in der er lebte und unter der er selbst nicht litt, da er die Überlegenheit hatte, über sie spotten zu können.

Beiden Freunden, dem Philosophen und dem Lebenskünstler, neidete Nero ihre geistige Unabhängigkeit. Er ließ sich nur allzu gern von Tigellinus, der einer Verschwörung von Senatoren und hochgestellten Würdenträgern auf die Spur gekommen zu sein behauptete, überzeugen, daß Seneca mitschuldig sei, und sandte einen Tribunen zu Seneca mit dem Befehl, sich gegen die Anklage zu rechtfertigen. Seneca erwiderte, er sei an der Politik nicht mehr interessiert und habe nichts anderes im Sinn, als seine »schwache und närrische« Gesundheit zu pflegen. Als der Tribun dem Kaiser berichtete, daß Seneca keinerlei Zeichen der Sorge gezeigt habe, sondern »in Wort und Blick einen heiteren, aufrechten und festen Geist«, befahl ihm der Kaiser: »Kehre zurück und sag ihm, er solle sterben.«

Kurze Zeit bevor Seneca dieses Todesurteil »in ruhiger Gefaßtheit« aufnahm, hatte er in einem Brief den Selbstmord als die wünschenswerteste Art gepriesen, das Leben zu beendigen, wenn es eine Last sei: »Mein Hunger ist gestillt, ich sehe dem Tod ruhig entgegen … Ich habe genug gelebt.« Er ließ sich die Adern öffnen und bat um einen Schierlingsbecher, um den Tod mit Sicherheit zu finden. Auch Senecas beide Brüder und sein Neffe Lucanus, auf dessen Gedichte Nero eifersüchtig war, erhielten den Befehl, Selbstmord zu begehen. »Ein Messerchen genügt, den Weg zu bahnen zu jener hochherrlichen Freiheit, ein einziger Schnitt sichert uns die sorgenlose Ruhe ...«, hatte Seneca geschrieben. Petronius, der erfahren hatte, daß Tigellinus einen seiner Sklaven bestochen habe, Anzeige gegen ihn zu erstatten, kam dem Todesurteil Neros zuvor.

Der Tod seiner Freunde berührte Nero ebensowenig wie der Tod seiner Feinde, die er hinrichten ließ oder denen er befahl, sich das Leben zu nehmen. Sein Blutgericht, dem alle Senatoren zum Opfer fielen, die er auch nur im entferntesten einer Verschwörung verdächtigte, regte ihn vielmehr zu künstlerischen Leistungen an. Auch in Griechenland, bei den Olympischen Spielen, wollte er als Sänger und Harfenspieler glänzen und sich als Athlet bei Wettbewerben hervortun. Nach Rom zurückgekehrt, veranstaltete er einen Triumphzug, um dem Volk die mehr als tausendachthundert Preise zu zeigen, die ihm bei den Spielen zuerkannt worden waren.

Während seiner Abwesenheit hatten sich Vindex, der Statthalter Galliens, und Galba, der Befehlshaber der römischen Heere in Spanien, verbündet. Der Senat vergewisserte sich, daß die Prätorianer bereit waren, Nero fallen zu lassen. Galba wurde zum Kaiser ausgerufen. Nero floh mit Sporus und drei Begleitern. Er hatte Gift bei sich. Aber er brachte es nicht über sich, es zu schlucken. Es erschien ihm besser, sich im Tiber zu ertränken. Doch auch dazu fehlte ihm der Mut. Er suchte Zuflucht im Landhaus seines Freigelassenen Phaon, der bald die Nachricht erhielt, Nero sei zum Staatsfeind erklärt worden und werde »nach Brauch der Vorfahren« bestraft. Als ihm Phaon den Brauch der Vorfahren erklärte, daß nämlich der Verurteilte, nackt mit dem Hals in eine Gabel gespannt, mit Ruten zu Tode gepeitscht werde, wollte sich Nero einen Dolch in die Brust stoßen. Aber die Spitze war zu scharf. Er jammerte: »Was für ein Künstler geht mit mir zugrunde!«, forderte Sporus auf, die Totenklage anzustimmen, und schalt sich selbst mit den Worten: »Mein Betragen ist entehrend schimpflich.« Erst als Nero Pferde nahen hörte, wußte er, daß es keine Rettung mehr gab. Er zitierte einen Vers aus der Ilias: »Schnell einhertrabender Rosse Gestampf umtönt mir die Ohren«, dann legte er den Dolch an den Hals. Ein Sklave half ihm zustoßen.

»Die Aufzeichnung aller Scheußlichkeiten Neros«, die Petronius vor seinem Tode dem Kaiser gesandt hatte, ging verloren. Über die Zeiten hinaus aber sind Bruchstücke der Schriften des »arbiter elegantiarum« erhalten geblieben: Fragmente des in der Form eines Romans verfaßten »Satiricon«, dessen Inhalt ein wenn auch verzerrtes Sittenbild seines Zeitalters ist. Der Erzähler der Handlung ist nicht Petronius, das »Satiricon« kein Selbstbekenntnis. Petronius läßt einen Griechen namens Encolpius mit unverblümten Worten und in eindeutigen Szenen über seine persönlichen Erlebnisse berichten. Dieser Herumtreiber, der sich in den höchsten und niedrigsten Schichten der Gesellschaft mit unverschämter Gelassenheit zurechtfand, hatte seine abenteuerliche Wanderschaft begonnen, nachdem er in einem Heiligtum des Gottes Priapus einer lasterhaften Feier beigewohnt hatte, ohne eingeladen gewesen zu sein. Nun verfolgt ihn der Zorn des lüsternen Gottes auf allen Wegen und Irrwegen. Encolpius ist leidenschaftlich verliebt in den Knaben Giton. Aber auch

Ascyltus, ein Vagabund wie er, dessen Bekanntschaft Encolpius in einem Lupanar gemacht hat, begehrt Giton. Sie schwärmen für den geliebten Knaben, sie streiten um ihn, sie genießen seine Gunst und feiern Orgien mit ihm und einer Priesterin des Priapus, die ihnen in ungehemmter Sinnlichkeit nachgestellt hat. Die beiden Männer und der Knabe, die »ein jeder nach Gelegenheit Beute zu unserer gemeinschaftlichen Kasse machen«, scheuen vor keiner Unzucht zurück. Encolpius predigt das Laster in der Überzeugung, daß alle Menschen ebenso verworfen seien wie er und in seiner Lage, ebenso wie er, ehebrechen, gleichgeschlechtliche Liebe treiben, lügen und betrügen würden.

Die von der Neigung zum rücksichtslos Bösen, von den Trieben zu allen Lüsten und zu jeder Lüsternheit besessenen Kumpane werden Gäste des reichen Trimalchio, eines Freigelassenen, dessen Bekanntschaft sie beim Ballspiel machen. Was für eine bedeutende Persönlichkeit dieser in einen Scharlachmantel gekleidete Mann ist, erkennen sie bald, denn er hat einen verschnittenen Sklaven bei sich, der ihm einen silbernen Topf anbietet, damit er seine Notdurft standesgemäß verrichten könne, worauf er sich die Hände mit Wasser besprengen läßt und die Finger in den Haaren eines hübschen Knaben trocknet. Für jede Verrichtung des Trimalchio gibt es sorgfältig aufmerksame Bedienung: im heißen Bad kühlende Salben, feine wollene Tücher zum Abreiben und nicht leinene wie für gewöhnliche Badende. Eine Sänfte, vor der vier prächtig geputzte Läufer einherschreiten und in der sein Liebling, ein triefäugiger Junge, dem Trimalchio mit einer kleinen Flöte zärtliche Weisen ins Ohr bläst, befördert ihn in seinen Palast. Encolpius und seine Gefährten folgen an die Pforte, an deren Pfeiler ein Täfelchen angeschlagen ist mit der Aufschrift: »Der Sklave, der ohne Erlaubnis seines Herrn hinausgeht, soll mit hundert Hieben bestraft werden.«

So wie Trimalchio waren alle Freigelassenen, die die dunklen Geschäfte Neros besorgten, seine üblen Streiche durch falsche Aussagen deckten. So waren die hohen Herren, in deren schäbiger Gesellschaft sich Nero als Gott fühlte, über alle Menschen erhaben. So waren die Tischgenossen des vornehmen Gaius Petronius, der durch die Geburt und von Geburt an die Kunst des Lebensgenusses und feinen Geschmacks in sich aufgenommen hatte und wußte, daß diese vom Kaiser begünstigten Emporkömmlinge vergeblich versuchten, es ihm gleichzutun oder ihm gleichzukommen. Freigelassene würden es nie erlernen, Herren zu sein. Sie würden nie vergessen, daß sie Sklaven gewesen und ausgepeitscht worden waren, wann immer es ihren Herren gefiel. Sie konnten mit ihrem unredlich errafften Reichtum prahlen, sich mit ihrer Macht brüsten – in ihrem Innern aber blieben sie ohnmächtig arm.

Die handelnden Personen des »Satiricon«, deren Eigenschaften und Gewohnheiten von Petronius um der Wirkung willen übertrieben geschildert werden, hatten nicht nur in der Phantasie des Lebenskünstlers gelebt. Er hatte sie in der Wirklichkeit beobachtet, sie nachgezeichnet und sich ihrer bedient, um darzutun, welche Sorte Menschen die Lebensart seiner vergehenden Welt nachahmten. Nicht nur das Stadtbild Roms war durch die Feuersbrunst verändert worden – die gesellschaftlichen Umschichtungen, die dem Wiederaufbau folgten, veränderten auch die Sitten. Bald nach dem unrühmlichen Tod Neros erwies es sich, daß Rom wohl noch die Hauptstadt des gewaltigen Reiches war, nicht aber mehr das unbestrittene Zentrum seiner Macht, auch wenn Neros Nachfolger im Prunk der kaiserlichen Paläste residierten. Die Berufung auf die göttliche Abstammung der Machthaber beeindruckte weder das römische Volk noch die Legionen, die in der Mehrzahl in den entlegenen Provinzen rekrutiert wurden und stationiert waren. Daran mußte als erster Servius Galba glauben, der seine Herkunft auf Jupiter zurückführte, von den Prätorianern jedoch kurzerhand niedergemacht wurde, als der Senator Marcus Otho sie freigebiger beschenkte. Otho blieb fünfundneunzig Tage Kaiser. Er wurde von dem Feldherrn Aullus Vitellius entthront und beging Selbstmord. Der neue Kaiser Vitellius aber überließ seinem Freigelassenen Asciatus, der schon seine Privatgeschäfte geführt hatte, die Regierungsgeschäfte und ermöglichte es ihm dadurch, in wenigen Monaten einer der reichsten Männer des Reiches zu werden, kein Wunder also, daß Vitellius der militärischen Überlegenheit des Heerführers, den Titus Flavius Vespasianus, sein Rivale im Kampf um den Thron, gegen ihn ausgesandt hatte, nicht gewachsen war.

Nur ein kleiner Teil des Publikums solcher Machtkämpfe, die mit der Erhebung siegreicher und der Entthronung gedemütigter und nur allzuoft ermordeter Kaiser endigten, entstammte der eingesessenen Plebs. Durch den unaufhörlichen Zustrom von unternehmungslustigen, nach Broterwerb suchenden Bürgern aus den Provinzen war Rom ein unübersichtliches Sammelsurium von Abkömmlingen der verschiedenen Volksstämme geworden, die man in die Grenzen des Römischen Reiches einbezogen hatte. Es gab mehr Fremde in der Stadt als gebürtige Römer, überdies mehr Sklaven als Freie. Da sich die Sklaven in ihrer äußeren Erscheinung nicht oder kaum von den freien Erwerbstätigen und Arbeitern unterschieden, wurde wiederholt erwogen, die Sklaven durch besondere Merkmale ihrer Tracht kenntlich zu machen. Aber die Besorgnis, daß sie sich dadurch ihrer zahlenmäßigen Überlegenheit bewußt werden könnten, hielt die Behörden von solchen Maßnahmen ab. So kam es, daß sich auf den Straßen und Plätzen Roms oft mehr Sklaven als Freie aufhielten. Meist waren sie sogar besser genährt und gepflegter gekleidet als die Färber, Messerschmiede, Schlosser und die Verkäufer, die in den offenen Läden ihre Waren feilhielten. Und Haussklaven, als Diener, Köche, Haarkünstler, Schreiber und Musikanten in wohlhabenden Familien tätig, wurden von ihren Besitzern geradezu als unersetzlich wertvoller Besitz behütet. Wenn sie ihre Pflichten zufriedenstellend erfüllten, genossen sie alle Freiheiten, mit Ausnahme der Freiheit.

Der Unterschied zwischen Freien und Unfreien machte sich in der Bevölkerung Roms nicht so bemerkbar wie die Unterschiede zwischen Reichen und Armen. »Die allerhöchste Majestät des Reichtums« gewann an Ansehen, während das Ansehen des Ranges zu verblassen begann. Wer reich war, gehörte zu den »honestiores«. Er war ein gemachter Mann, der zumeist auch durch ein Amt oder eine Würde ausgezeichnet wurde. Nur wohlhabende Männer konnten Senatoren oder Ritter werden. Wer nicht den Nachweis eines entsprechenden Vermögens erbringen konnte, den zählte man den »humiliores« zu, den »Niedrigen«. Und wer ganz arm war, wurde mit den anderen Armen, den »tenuiores«, den »Geringen«, geringgeschätzt. Die »tenuiores« bezeichnete man auch als »proletarii« – das waren jene Plebejer, die dem Staat lediglich »proles« zu bieten hatten, nur Nachkommenschaft und sonst nichts.

Auch den ärmsten der armen freien römischen Bürger konnte jedoch der Besuch der öffentlichen Bäder nicht verwehrt werden, der allen Sklaven versagt war. Schon für eine kleine Kupfermünze, die selbst für mittellose »Niedrige« erschwinglich war, konnten sie in den zahlreichen Thermen, den mit heißem Wasser gespeisten Anlagen – wie sie auch Nero für sechzehnhundert gleichzeitig Badende erbaut und mit Marmorsäulen ausgestattet hatte –, mit vornehmen »honestiores« und gutsituierten »humiliores« die Bäder genießen, sich wie die Reichsten mit frei zur Verfügung stehenden Ölen einsalben lassen und in den Palästren, den mit allem Gerät versehenen Sälen für Leibesübungen, an sportlichen Übungen teilnehmen. Im »caldarium«, im Heißluftraum, und im »frigidarium«, dem Kaltbad, konnte ein Armer ebenso genußvoll schwitzen und sich angenehm abkühlen wie ein Reicher. In den Thermen gab es also keinen Standesunterschied. In den Morgenstunden standen sie allen Frauen offen, am Nachmittag den Männern. Die Trennung der Geschlechter wurde anfänglich sorgsam beachtet, um geschlechtlichen Annäherungen vorzubeugen. Später aber, als das gemeinsame Baden von Frauen und Männern in den öffentlichen Bädern gestattet wurde, zeigte sich, daß die erlaubte Entblößung der Geschlechter in den Thermen keine Zunahme unsittlicher Beziehungen mit sich brachte: Die Nacktheit im Bad war kein zusätzlicher Anreiz für die Mehrzahl der römischen Frauen und Männer, die sich, den alten und neuen Sittengesetzen zum Trotz, den Freuden des Geschlechts nach Belieben ergaben. Dennoch galten Frauen, die keinen Anstand nahmen, sich in den Thermen vor fremden Männern zu entkleiden, nicht als anständige Frauen. Es hieß, sie seien auf der Suche nach Liebhabern und Abenteuern.

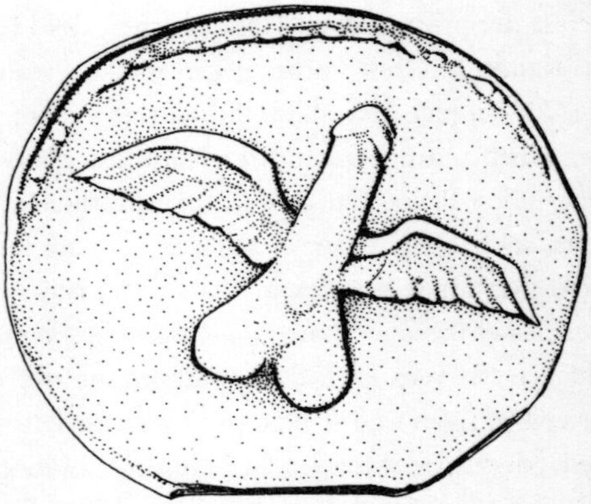

Marke mit geflügeltem Phallus, die den kostenlosen Besuch eines Lupanars gewährte

Seit die Prostitution besteuert war, hatte man die Lupanare aus der Stadt verbannt. Nur außerhalb der Mauern und nur bei Nacht konnten die Männer ihren Trieb in öffentlichen Freudenhäusern befriedigen. Deshalb mieteten die Hurenwirte, die ihre Vergnügungsstätten erst nach Einbruch der Dunkelheit öffnen durften, für ihre anziehendsten »meretrices« luxuriös eingerichtete Wohnungen im Innern der Stadt. Natürlich blieben sie beteiligt am Ertrag, nicht anders als die Geschäftsleute am Einkommen ihrer Sklaven, die sie selbständig als Unternehmer tätig sein ließen, um das für Ankauf und Ausbildung aufgewandte Geld zu verzinsen. Es war üblich, daß solche Sklaven oder Sklavinnen nach kurzer Bewährungsfrist freigelassen wurden, wenn sie ihren Besitzern den festgelegten Anteil auf Lebenszeit vertraglich zusicherten. Nicht das Eigentum und der Besitz galten, sondern das Geld, das sie einbrachten.

Die Ehen der »honestiores« und der wohlhabenden »humiliores« wurden nach wie vor aus politischen oder wirtschaftlichen Gründen geschlossen. Hatte ein Mädchen das neunzehnte Lebensjahr unverheiratet vollendet, galt es bereits als überreif; es mußte, wenn es nicht »übrigbleiben« sollte, mit allen Mitteln an den Mann gebracht werden. Mit der Hochzeit aber war der Sitte Genüge getan. Was nachher geschah, war den Eltern ebenso gleichgültig wie dem Ehemann, der seinen Vorteil aus der Eheschließung gezogen hatte. Viele Frauen, die sich ihrer geschlechtlichen Unabhängigkeit in der Ehe erfreuten, wünschten auch wirtschaftlich unabhängig zu sein.

Die zunehmende Gleichberechtigung des weiblichen Geschlechts im täglichen Leben war rechtlich nicht gewährleistet. Auch Frauen, die sich in ihren Berufen hervorgetan, die sich außerordentliche Fähigkeiten und Kenntnisse angeeignet hatten, waren zu öffentlichen Ämtern nicht zugelassen. Aber sie beeinflußten immer wieder die Machthaber, die ihrerseits sich der Frauen zur Beeinflussung der Massen bedienten und deshalb die Freiheiten nicht beschränkten, die die Frauen durch die Auflockerung der Sitten gewonnen hatten. Und besonders in den gehobenen Kreisen der römischen Gesellschaft machte sich eine höhere Einschätzung der Frauen bemerkbar.

Die Willkür der Alleinherrschaft verminderte sich auch während der Regierung des Titus Flavius Vespasianus nur unwesentlich. Der vernünftige und rechtschaffene Kaiser, der die Bedürfnisanstalten Roms mit der Erklärung: »Geld stinkt nicht« besteuerte und auf dem Sterbebett spottete: »Weh mir, ich glaube, ich werde ein Gott«, verfügte Gewaltmaßnahmen nur im Interesse Roms. Er war kein Frauenverächter, aber keineswegs so ausschweifend wie sein Sohn und Nachfolger Titus, der Jerusalem zerstörte, aber eine jüdische Prinzessin zur Geliebten nahm und als »Liebling der Menschheit« gefeiert wurde, obwohl er als Feldherr mit der Grausamkeit seiner Kriegführung und seiner rücksichtslosen Hemmungslosigkeit gegenüber dem weiblichen Geschlecht geprahlt hatte. Kaiser Titus liebte es, sein gutes Herz anzupreisen und Gnade walten zu lassen. Er vergab auch seinem jüngeren Bruder Domitian, der sich gegen ihn verschworen hatte, und bot ihm an, die Herrschaft mit ihm zu teilen und sein Nachfolger zu werden. Zum Dank für die Großzügigkeit ließ ihm Domitian Schneepackungen verabreichen, als Titus an einer Erkältung erkrankte, und verkürzte so die Zeitspanne zur Nachfolge. Domitian war der erste römische Kaiser, der sich von den Untertanen, die ihm nahen durften, als »unser Herr und Gott« ansprechen ließ. Er empfing seine Besucher auf einem

Thron sitzend. Sie mußten seine Knie umfassen, bevor sie zu ihm aufblicken durften. Nicht nur sich selbst erhob er zum Gott, sondern auch seinen Vater, der noch mit dem letzten Atemzug die Göttlichkeit eines Menschen verhöhnt hatte, und seinen Bruder, dessen Menschlichkeit er verachtet hatte, und Göttinnen wurden seine Frau Domitia, die ihm mit einem Schauspieler Hörner aufgesetzt hatte, und seine Schwestern, die sich nur durch Unkeuschheit auszeichneten. Sie alle waren die nach seinem Familiennamen Flavius benannten »Flavischen Gottheiten«, die von eigenen Priestern betreut wurden. Sie sollten Opfer empfangen; sein eigener Kopf aber, den Domitian an Statuen öffentlich anbringen ließ, mußte angebetet werden. Die Juden und Christen, die sich vor und nach der Zerstörung Jerusalems in Rom angesiedelt hatten und ihm die Anbetung verweigerten, ließ Domitian hinrichten. Unter den hingerichteten Christen befand sich sein eigener Neffe …

Domitian, der von seinen Haussklaven ermordet wurde, war ein Feind aller Religionen gewesen, die nicht seiner Verherrlichung gedient hatten. Aber auch die Philosophen hatte er aus Rom verbannt, eines jedoch unterlassen: den satirischen Dichtern das Wort zu verbieten, deren spöttischen Schilderungen die Nachwelt das Sittenbild des ausgehenden ersten Jahrhunderts unserer Zeitrechnung verdankt. Die üppige Pracht der Paläste und das satte Wohlleben in den Häusern der Reichen, die sich den Luxus eigener Thermen leisteten, schildern diese Kritiker des römischen Gesellschaftslebens ebensowenig wie die duftenden Gärten, die die Paläste umgaben oder auf den flachen Dächern der Häuser in köstlich geschmückten, mit Erde gefüllten Steinbehältern improvisiert wurden. Der eleganten Bequemlichkeit der von Säulengängen umgebenen Innenhöfe, der mit Statuen geschmückten Vorhallen, des Aufwands der marmornen Speisesäle und der kosigen, parfümierten Schlafzimmer wird nur am Rande Erwähnung getan, wenn die unerbittlichen und doch nur allzuoft als Bittsteller kommenden, die unbestechlichen und doch immer wieder bestochenen Satiriker kein Blatt vor den Mund nahmen und den Schmutz und Gestank, die schäbige Dürftigkeit und erbärmliche Entbehrung der Behausungen der »Niedrigen« und »Geringen« aufzeigten.

Die in wallende Gewänder aus farbiger, mit Gold- und Silberfäden bestickter Seide gekleideten Gattinnen oder Töchter von »honestiores« setzten sich dem Gedränge auf den Straßen nicht aus. Sie ließen sich in Sänften von Haus zu Haus, zu Gastmählern, ins Theater und in den Zirkus tragen und bedankten sich gnädig für die Huldigung der Menge, der die der Sänfte voranschreitenden Sklaven mit lauter Stimme Namen und Rang der erlauchten Insassin bekanntgaben. Die »acclamatio«, der Beifall, galt nicht sosehr den Reizen der sich auf solche Weise öffentlich zur Schau Stellenden als der Kostbarkeit ihrer Aufmachung, dem Glitzern des Schmuckes und dem farbigen Schmelz der Stoffe, für die fabelhafte Preise bezahlt werden mußten. Das stolzierende Prahlen mit maßlosem Reichtum wurde von den Plebejern keineswegs abgelehnt – im Gegenteil, es war populär: Den Leuten machte es Spaß zu wissen, daß in der goldenen Schale, die sie zu sehen bekamen, ein fauler Kern steckte. Die häuslichen Skandale und die unsauberen Liebesaffären, in die beinahe alle Ehefrauen angesehener Männer verwickelt waren, hatten die meisten so in Verruf gebracht, daß man die Frauen mit gutem Ruf an den Fingern beider Hände abzählen konnte. Noch mehr in Verruf aber standen die Männer, die, mit duftender Perücke auf dem Kopf, in seidener Tunika und farbenfreudigen Mänteln einherschritten und sich durch Ausrufer Platz machen ließen. Sie waren dafür berüchtigt, daß sie nach hübschen Knaben Ausschau hielten, um sie für Stunden zu mieten oder ihren Vätern abzukaufen. Der Markt für die gleichgeschlechtliche Liebe war nicht so geregelt wie die weibliche Prostitution. Die Homosexualität wurde weder durch Gesetze noch durch Steuereinhebung gefördert; sie war zur Gewohnheit geworden und wurde ohne Hemmung genossen.

Die gleichgeschlechtliche Liebe schloß die Liebe des starken zum schwachen Geschlecht ebensowenig aus wie die gleichgeschlechtliche Liebe von Frauen ihr Verlangen nach Männern. In welcher Form der Geschlechtstrieb befriedigt wurde, war nicht wesentlich, wenn er nur überhaupt

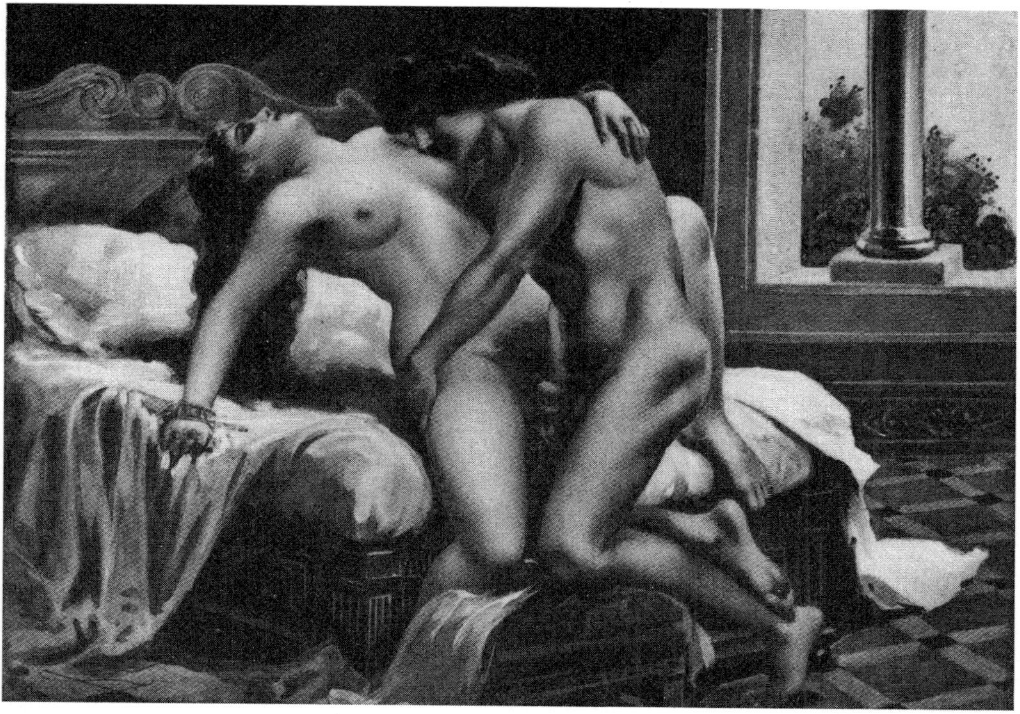

»Les Sonnets Luxurieux de l'Aretin« –
Farblithographie aus dem Jahr 1904 von Paul Avril (1843/49(?)–1928)

befriedigt wurde. Trotz der geschlechtlichen Freizügigkeit, die nach den erhaltenen Berichten und den Fragmenten von anstößigen, »Priapeia« genannten Liedern allgemein gewesen zu sein scheint, machten die Satiriker die geschlechtliche Zügellosigkeit zum Thema ihrer Spottgedichte.

Marcus Valerius Martialis, ein in Spanien geborener Dichter, der es vorgezogen hatte, Verse anstatt als Rechtsgelehrter Ränke zu schmieden, brüstete sich: »Jede Seite strotzt bei mir von Schlüpfrigem« und »Jede Seite von mir schmeckt nach den Menschen allein«. Es war ein übler Geschmack, den Martial so erfolgreich verbreitete, daß das unverblümt Ordinäre und Obszöne seiner Epigramme auch in den höchsten Kreisen Anklang fand. Er nannte nicht nur die männlichen und weiblichen Geschlechtsteile mit ihren gebräuchlichen Namen, er erfand auch neue Bezeichnungen oder sammelte volkstümliche, unzüchtige Redensarten, um sie seiner geschliffenen und gepflegten Sprache wie selbstverständlich anzupassen.

Martial lebte in allen Schichten der römischen Gesellschaft. Den Unrat seiner unanständigen Aussprüche holte er sich in Lupanaren und Weinschenken, um ihn seinen gezierten und sich zierenden hochgestellten Freunden und Freundinnen unverschämt unter die Nase zu reiben. Er kannte sie gut genug, um zu wissen, daß sie sich ekelerregt abwenden, in Wirklichkeit aber fasziniert sein würden von der Gosse und den dunklen Gestalten, die er in seinen Gedichten schilderte. Er schrieb, ironisch auf die gespielte Schamhaftigkeit edler Bräute anspielend: »Zwar wird Lucretia rot und legt mein Buch zur Seite, aber nur, wenn Brutus dabei ist. Geht Brutus fort, dann liest sie …« Als er sein Alter nahen fühlte, zog es ihn von Rom fort. Diese Stadt war keine Zuflucht für einen verbrauchten Wüstling. Martial verkaufte ein Lobgedicht, um das Reisegeld nach Spanien bezahlen zu können. Dort erwartete ihn die bescheidene Sicherheit einer kleinen Villa, die eine gütige Gönnerin ihm geschenkt hatte. Als die Nachricht von Martials Tod nach Rom gelangte, schrieb der jüngere Plinius, der ihn persönlich gekannt hatte: »… Er war ein Mann von Geist … als Schriftsteller von großem Witz und beißender Galle, aber von gleich großer Lauterkeit des Herzens …«

Einige Jahrzehnte nach Martial kam Decimus Junius Juvenalis, der Sohn eines reichen Freigelassenen aus Latium, nach Rom, wie Martial mit der Absicht, Rechtsgelehrter zu werden. Er war so empört über die sinnlichen Ausschweifungen, die offene Schamlosigkeit der Römer und Römerinnen, daß er alle seine Kräfte und Fähigkeiten der Entlarvung und Beschreibung ihrer Verworfenheit widmete. Juvenal schrieb seine Satiren nicht wie Martial, um Geld zu verdienen, sondern um seiner Entrüstung Luft zu machen. An dem Treiben, das er kritisierte, war er nicht beteiligt. Er machte keine Bekenntnisse seiner eigenen Leidenschaften und Laster. Seine Zeitgenossen warnen wollte er, sie auf den rechten Weg führen, indem er die Unsittlichkeit aufdeckte und den leitenden Grundsatz seines Lebens unter das Volk brachte: »Man muß darum beten, daß in einem gesunden Körper ein gesunder Geist wohnt.«

Juvenal verdammte die »ludi scaenici«, die mimischen Auftritte von Schauspielern, die mehr durch Gebärden als durch Worte Charaktere darstellten und sie zum Gespött der Zuschauer machten. Tragödien und Komödien hatten der Posse des Mimus und den Zerrbildern der Pantomime weichen müssen. Die Handlungen und Dialoge der Theaterstücke konnten mit den aufregenden Ereignissen der Wagenrennen, Tierhetzen und Gladiatorenkämpfe nicht konkurrieren. Kurzgefaßte Episoden, die als lebende Bilder die Unzulänglichkeiten der Mitmenschen kopierten und übertrieben und auf Tagesereignisse Bezug nahmen, wurden so populär, daß die Schauspieler des Mimus und der Pantomime zu Volkslieblingen wurden. Doch der Beruf der Komödianten gewann dadurch nicht bürgerliche Geltung. Die Schauspieler blieben ehrlos, wenn sie auch vom Publikum verehrt wurden, die Gunst hochgestellter Persönlichkeiten gewannen und so hoch bezahlt wurden, daß sie sich freikaufen konnten. Es hieß auch, daß beliebte Schauspieler bevorzugte Liebhaber vornehmer Frauen wurden und daß sich Domitia, die zur Gottheit erhobene Gattin des Kaisers Domitian, mit dem Schauspieler Paris vergessen habe. Juvenal, der sich in einer Satire zu einer Anzüglichkeit auf den Seitensprung der Kaiserin hinreißen ließ, soll für diese Unvorsichtigkeit mit der Verbannung aus Rom bestraft worden sein. Als er nach der Ermordung Domitians, der den Schauspieler Paris hatte ermorden lassen, nach Rom zurückkehrte, gab er seiner Geringschätzung für die »Spiele« ungehemmt Ausdruck. Er wetterte nicht nur gegen die Schauspielerinnen, die sich auf offener Bühne völlig entkleideten und in »unanständigen Tänzen« produzierten, sondern auch gegen die Frauen, die in der Gesellschaft von Männern solchen »entwürdigenden Darbietungen« zusahen.

Von den römischen Frauen hatte er eine so schlechte Meinung, daß er einen Freund, den er als Postumus ansprach, warnte: »Bist du bei Trost, mein Freund, du denkst an Heirat? Es gibt doch Stricke genug und Fenster, so hoch gelegen, daß dich der Schwindel erfaßt, wenn du hinuntersiehst! Du hast die Tiberbrücke so nahe und bequem zum Ersäufen! Gefällt dir von allen Arten, dein Leben zu verkürzen, keine andere als heiraten? Warum legst du dir nicht lieber einen Knaben ins Bett? Der fängt nicht mitten in der Nacht ein Gezänk an. Nichts ist so schlimm wie die römischen Frauen.«

Die Verurteilung der römischen Frauen durch Juvenal hatte auf seine Zeitgenossen allerdings keine unmittelbare Wirkung. Die Leser seiner Satiren hatten sich entweder damit abgefunden, daß die Frauen in ihrem Wunsch nach Gleichberechtigung den hemmungslosen Lebenswandel der Männer nachahmten, oder sich vergewissert, daß doch nicht alle, zumindest nicht ihre eigenen Frauen, so leichtfertig und zuchtlos waren, wie Juvenal sie charakterisiert hatte. Jedoch sowohl die einen als auch die anderen erkannten und bestätigten die Richtigkeit seiner Feststellung: »Das Verderben der Sitten, ein Feind viel schlimmer als Krieg, beherrscht und rächt den von uns bezwungenen Erdkreis. Jegliche Art von Verbrechen und Wollust stellte sich ein, seit Rom nicht mehr arm ist.« Die Lust zu leben, der durch die geltende Moral keine Schranken gesetzt waren, tobte sich aus. Aber der Verfall der römischen Sitten, »das Laster, das den Gipfel erreichte«, war, wie schon Seneca erklärt hatte, »nicht dem Zeitalter eigentümlich, sondern den Menschen«.

Zeittafel

7 (?) v. d. Z.–30 (?) n. d. Z. Jesus Christus
um 10 n. d. Z.–64 (67?) Paulus
30–108 Musonius Rufus
64 (67?) Märtyrertod Petri in Rom
64–67 Neronische Christenverfolgung
96 Zweite Christenverfolgung (Domitian)
ab 112 Dritte Christenverfolgung (Trajan)
um 120 bis um 180 Lukian
um 160 bis um 225 Tertullian
um 205–258 Cyprian von Karthago
um 240–316 Diocletian (284–305 Kaiser)
um 256–336 Arius
285–337 Konstantin d. Gr. (306 Kaiser)
um 311–382 Ulfila (Wulfila)
314–355 Papst Silvester I.
325 Konzil von Nicaea
330 Byzantion wird Nea Roma (Konstantinopel)
331–363 Julian Apostata (360 Kaiser)
337–361 Konstantius II. Kaiser
um 339–397 Ambrosius
347–395 Theodosius I. (379 Kaiser)
um 347 bis um 420 Hieronymus
354–430 Augustinus
366–384 Papst Damasus I.
391 Christentum Staatsreligion
391–410 Alarich Westgotenkönig
440–461 Papst Leo der Große
466–751 Merowinger Frankenkönige
473–526 Theoderich d. Gr. König der Ostgoten
482–565 Justinian I. (527 Kaiser)
um 495 bis um 565 Prokop
um 497–548 Theodora
529 Codex Justinianus
552–553 Teja, letzter König der Ostgoten
567–597 Fredegunde Westgotenkönigin

2 »Die Eingangspforte des Dämons«

Frühes Christentum und Byzanz

Die Schuld an dem Aufruhr der Sitten, die Rom zur sinnenfreudigsten und lebenslustigsten Stadt des Erdkreises werden ließ, wurde von den zeitgenössischen Moralisten den Frauen zugeschoben. Ihr freudespendender Schoß wurde in derber Deutlichkeit als »Eingangspforte des Dämons« angeprangert. Es fanden sich nur wenige Verteidiger des weiblichen Geschlechts, die erklärten, daß die zuchtlosen Frauen ohne die Ermunterung durch die Männer und ohne deren eifriges Dazutun nicht unzüchtig sein könnten. Ohne Ehebrecher gäbe es keine Ehebrecherinnen, ohne Verführer keine Verführte. So forderte der Philosoph Musonius Rufus von den Männern, sie selbst sollten sich an die geschlechtliche Moral halten, die sie von den Frauen verlangten. Nur wenn die Männer mit gutem Beispiel vorangingen, könne der hemmungslosen Liebeslust der Frauen ein Ende gesetzt werden. Solange nur Männer entschieden, was »ehrsames Leben« bedeute, und den Frauen nicht die Möglichkeit gegeben werde, ihrerseits zu untersuchen und zu erforschen, was gut und böse sei, könne den Ausschweifungen nicht Einhalt geboten werden. Die Bemühungen des Musonius Rufus und gleichgesinnter Philosophen, den römischen Frauen durch Erziehung zur Gleichberechtigung zu verhelfen, scheiterten nicht nur am Widerstand der Männer, die ihre Vorrechte (etwa das Konkubinat) nicht aufzugeben bereit waren, sondern auch am Widerstreben der Frauen, die zwar nichts dagegen hatten, sich philosophisch bilden zu lassen, aber nicht willens waren, den vergnüglichen Freiheiten, die ihr tägliches und nächtliches Leben so erfreulich machten, freiwillig zu entsagen. Ihr Rückzug zu den guten Sitten auf dem »Weg der Tugend« wäre einer unterwürfigen Niederlage im Kampf der Geschlechter gleichgekommen, dem einseitigen Verzicht der Frauen auf ihre zum Brauch gewordene Unabhängigkeit im Geschlechtsleben, die nur noch den Männern vorbehalten gewesen wäre.

Das Aufgeben der lockeren Vergnügungen und abwechslungsreichen Zerstreuungen, die von der Philosophie als unsittlich und unwürdig gekennzeichnet wurden, da sie zwar zur Lust, doch nicht zur Glückseligkeit führten, erschien den Frauen, die sich keine wie immer geartete Gegenleistung der Männer versprachen, sinn- und zwecklos.

Diejenigen römischen Ehefrauen, die sich den Luxus philosophischer Betrachtungen leisten konnten, zogen den Luxus ihrer Lebensführung dem Spiel mit Gedanken vor, das die Unbekümmertheit ihrer Liebesfreuden gefährdete. Sie empfingen und besuchten ihre Liebhaber, sie veranstalteten Gelage und applaudierten mit der gleichen Selbstverständlichkeit wie die Männer den Pantomimen im Theater, den Gladiatoren in der Arena und den Tierhetzen im Zirkus. Sie wetteiferten miteinander in der Kostbarkeit der Kleidung, in der Köstlichkeit des Schmuckes und der Anzahl der Liebschaften, die sie sich streitig machten. Sie vertrieben sich die Zeit mit Würfelspielen und Intrigen, durch die sie sich ihre Ehemänner und Liebhaber gefügig erhielten. Sie genossen die Sorglosigkeit, die sie ererbt und erheiratet hatten, ohne sich Sorgen über ihre vom Schicksal minderbegünstigten Geschlechtsgenossinnen zu machen. Solange sie ihre Männer beherrschten, die in Amt und Würden das Imperium Romanum beherrschten, hatten sie weder Grund noch Anlaß, eine Veränderung der Sitten zu wünschen. Die römischen Ehefrauen fühlten sich auch nicht zurückgesetzt, obwohl ihre Gleichberechtigung nicht durch Gesetz gewährleistet war. Die Ehegesetze waren nicht starr; sie konnten umgangen werden durch zusätzliche Verträge oder ergänzende Bestimmungen, die diesen oder jenen Ausweg ermöglichten. So konnte sich eine Ehefrau, die jedes Jahr drei Nächte außerhalb des ehelichen Haushalts verbrachte und sich in diesen drei Nächten keine Verfehlungen gegen die eheliche Treue zuschulden kommen ließ, das unbeschränkte Verfügungsrecht über ihr Eigentum, mit Ausnahme der Mitgift, bewahren. Der Ehebruch des Mannes wurde wohl als bedeutungsloses Vergehen beurteilt, während überführte Ehebrecherinnen von ihren Vätern bestraft oder von den Gerichten zur Verbannung oder zu empfindlichen Geldstrafen verurteilt werden konnten. Aber welcher betrogene Ehemann von Rang und Stand nahm es auf sich, gegen die Regel zu handeln und sich dadurch lächerlich zu machen? Für gewöhnlich genügte eine in

»Charges et Decharges Diaboliques« –
Lithographie aus dem Jahr 1835 von Eugène le Poitevin (1806–1870)

barer Münze gezahlte Entschädigung für die Verletzung der eheherrlichen Gewalt. Der etwaigen Anschuldigung, daß eine Schwängerung infolge Ehebruchs die Beständigkeit der Erbschaftsgesetze gefährde, entzogen sich erfahrene Frauen durch Empfängnisverhütung. Gegen intime Maßnahmen, die dazu verhalfen, daß die Bequemlichkeit und das Wohlleben der Frauen durch Kindersegen nicht beeinträchtigt wurde, waren die Gesetzgeber machtlos, die eine Ehefrau, die ein Kind abtrieb, so bestraft wissen wollten, als hätte sie einen Ehebruch begangen. Wo es keine Kläger gab, da gab es auch keine Richter.

Die Lebensführung der gehobenen Stände, der »honestiores« und der wohlhabenden »humiliores«, war nicht durch das Gesetz bestimmt, sondern durch den Brauch. Was die »tenuiores« taten und wie sie lebten, entzog sich der Aufmerksamkeit der kaiserlichen Behörden, die ihrer Sorgepflicht für die Plebs zu genügen glaubten, wenn sie darauf sahen, daß die »proletarii« und ihre Kinder nicht Hungers starben. Die Sittengesetze, die das gesellschaftliche Leben der Römer und Römerinnen beeinflussen und regeln sollten, waren für die oberen Schichten der Bevölkerung erlassen worden. Sie blieben noch lange in Geltung, ohne ernst genommen zu werden, während sich bereits in den unteren Schichten der Bevölkerung ein vollkommener Wandel der Sitten vollzogen hatte. Nicht die Macht der Kaiser und ihrer Würdenträger, nicht Reichtum oder Waffengewalt veränderten die Lebensgewohnheiten und Bräuche im Römischen Reich, sondern ein verachteter, verfolgter Glaube, der neue Werte setzte und die Menschen veränderte.

Die ersten Christen waren Juden. Sie hielten an ihrer Zugehörigkeit zum »Auserwählten Volk« fest, nicht nur, weil sie als Kinder Israel geboren und entsprechend den Geboten und Vorschriften Mosis und der Propheten erzogen worden waren, sondern auch, weil Jesus Christus selbst verkündet hatte: »Ihr sollt nicht wähnen, daß ich gekommen bin, das Gesetz oder die Propheten aufzulösen; ich bin nicht gekommen aufzulösen, sondern zu erfüllen.« Nach seinen eigenen Worten war die Thora, das mosaische Gesetz, »das Wort des Herrn«. Und er hatte erklärt: »Es ist aber leichter, daß Himmel und Erde vergehen, denn daß ein Tüttel am Gesetz falle.« Die sittlichen Vorschriften, die Mose den Nachkommen Abrahams auferlegt hatte, waren also das Fundament für die Lebensgewohnheiten und Bräuche der frühen Christen, die sich zu dem neuen Glauben bekannten. Er beruhte auf der Prophezeiung des alten Glaubens, daß ein Messias kommen, die Menschheit erlösen und das Reich Gottes erschließen werde. Erst als die Vorsteher der jüdischen Gemeinden den Aposteln und Jüngern Christi verboten, ihre »Irrlehre«, die »Lästerworte wider Mose und wider Gott«, zu predigen, und sie aus den Synagogen wiesen, gründeten die Christen eigene Gemeinden, deren religiöse Zusammenkunftsorte sie »ecclesia« nannten – so hießen bei den Griechen die Volksversammlungen.

Die vorerst in den östlichen und südöstlichen Provinzen des Römischen Reiches entstandenen christlichen Gemeinden verständigten sich miteinander in der »koiné«, der aus dem Griechischen abgewandelten Volkssprache des östlichen Mittelmeerraumes. In ihr wurde der Messias der Juden als der »Gesalbte« bezeichnet – als Christus. Das sittliche Verhalten der Männer und Frauen, die sich zum christlichen Gottesdienst in den »ecclesiae«, zumeist kleinen, abgeschlossenen Räumen bescheidener Häuser, trafen, wich anfänglich nur ganz unwesentlich von den überlieferten Bräuchen ab.

Der Apostel Simon Petrus, der als »Bewahrer des Schlüssels zum Himmel«, als Stellvertreter Christi auf Erden die Heilsbotschaft von der Erlösung der sündigen Menschheit durch den Leidenstod des Heilands und seiner Auferstehung verbreitete, wurde durch eine himmlische Erscheinung dazu bestimmt, nicht auf der Beschneidung von Heiden zu bestehen, die zum Christentum übertreten wollten, und sich mit der Taufe neu Bekehrter zu begnügen. Die Beschneidung war für die Christen, die die Gemeinschaft nicht als Volk, sondern nur im Geistigen suchten und fanden, bedeutungslos. Sie waren im Glauben vereint, und der Glaube bestimmte, was sie tun durften oder unterlassen mußten: Er bestimmte ihre Sitten.

Simon Petrus und andere Jünger und Apostel, die Christengemeinden im Römischen Reich gründeten und betreuten, waren auf ihren Fahrten von »Schwestern« begleitet. Diese Gefährtinnen und weiblichen Gehilfinnen können nur Ehefrauen im Sinne des mosaischen Gesetzes gewesen sein, von dem die frühen Anhänger des christlichen Glaubens nur dann abwichen, wenn sie es ausdrücklich betonten. Sowohl Petrus als auch Paulus, der mit seinem jüdischen Namen Saulus hieß und die Christen verfolgt hatte, bevor er sich, von Christus erleuchtet, zum Christentum bekannte und den Aposteln zugezählt wurde, waren Männer aus dem Volke: Petrus Fischer, Paulus Zeltmacher. Und ihre belehrenden und erzieherischen Worte und Schriften waren an Männer und Frauen gerichtet, die in der gleichen oder einer ähnlichen Umwelt lebten wie sie. Die Zurechtweisungen, Ermahnungen und Warnungen, durch die Paulus die von ihm beratenen frühen christlichen Gemeinden beeinflußte, vermitteln auch die Kenntnis der Lebensgewohnheiten und Bräuche, die er »im Namen des Herrn« zu verändern bestrebt war. Wer des verheißenen Gottesreiches würdig werden wollte, mußte der Lust entsagen, die Gelüste des Geschlechts und der Völlerei beherrschen, sein Herz von Selbstsucht, Grausamkeit und Wollust säubern, alle Eitelkeit ausmerzen und sich zu Demut, Sanftmut und Friedfertigkeit erziehen. Er mußte Armut und Arbeit ohne Klage auf sich nehmen, Nächstenliebe üben und alles irdische Leid ertragen. Diesen grundlegenden Satzungen entsprechen konnte nur, wer nicht der Unzucht verfiel, die, wie die Apostel warnten, zu allen anderen Sünden und Verfehlungen führte. In seinem Brief an die Korinther warnte Paulus die Gemeinde vor dem Umgang mit Lasterhaften und vor der Duldung der Ausschweifung. Er schrieb: »Es geht eine gemeine Rede, daß Hurerei unter euch ist und eine solche Hurerei, davon auch die Heiden nicht zu sagen wissen: daß einer seines Vaters Weib habe … Ich habe euch geschrieben … daß ihr nichts sollt zu schaffen haben mit den Huren … Wisset ihr nicht, daß, wer an der Hure hängt, der ist ein Leib mit ihr? Denn es werden die Zwei ein Fleisch sein ... Alle Sünden, die der Mensch tut, sind außer seinem Leibe. Wer aber hurt, der sündigt an seinem eigenen Leibe ...«

Die christliche Ehe, die von Männern und Frauen nur eingegangen werden sollte, wenn sie sich nicht imstande fühlten, der Fleischeslust zu entsagen, war ein Behelf gegen die Unzucht, sie war eine den natürlichen Gegebenheiten zugestandene Geschlechtsgemeinschaft, die dann aber für beide Teile bedingungslos ausschließlich sein mußte und nicht mehr gelöst werden durfte. Es war nicht so wesentlich, daß durch die körperliche Vereinigung Kindersegen entstand, sondern daß die geistige Einheit im Glauben gewährleistet war. Die doppelte Geschlechtsmoral, die den Männern gestattete, was den Frauen untersagt war, wurde von der christlichen Lehre verworfen. In geschlechtlichen Dingen sollten die Frauen gleichberechtigt mit den Männern sein. Aber das war auch die einzige Gleichberechtigung, die ihnen der neue Glaube bot. Dennoch zeigten sich besonders Frauen so empfänglich für den Glauben an den gekreuzigten Heiland, daß er von der Plebs in Rom geringschätzig als die »Religion der Frauen« abgetan wurde. Die Dirnen in den Lupanaren und die Kurtisanen, die jede Hoffnung auf ein besseres Leben auf Erden aufgegeben hatten und sich ihrer eigenen Unsittlichkeit und der Verachtung schämten, der sie sich ausgesetzt sahen, erbauten sich an dem Ausspruch Christi, mit dem er die Pharisäer gemaßregelt hatte: »Die Huren werden vor euch in das Reich Gottes eintreten.« Auch verworfene Frauen konnten durch den Glauben geläutert und der ewigen Seligkeit teilhaftig werden? Jeder sündige Mensch, der sich bekehrte und bereute!

Die Aussicht auf das Gottesreich, die Hoffnung auf das ewige Leben ließ den Frauen alles irdische Ungemach als belanglos erscheinen, sie nahmen die gesellschaftliche Erniedrigung und die Geringschätzung der Männer widerspruchslos hin und besiegelten damit das Schicksal ihrer Geschlechtsgenossinnen: In der christlichen Welt war die Frau ein Mensch zweiter Klasse. Der offene Widerstand einzelner Frauen gegen die Vor- und Oberherrschaft des Mannes erwies sich immer wieder als aussichtslos. Es blieb den Frauen, die sich gegen die Übermacht der Männer wehrten, kein anderer Ausweg, als sich durch das vom Glauben zwar verpönte, ihnen aber seit eh und je zugesprochene Mittel gegen die Männer zu behaupten: durch Verführung. Sie konnten ihre Ansprüche nur durch die Reize ihres Geschlechts durchsetzen – und so nahmen sie jede Gelegenheit wahr, die Sinnlichkeit der Männer zu wecken.

Es gab weder in Rom Verordnungen des Pontifex Maximus, des Oberpriesters der römischen Staatsreligion, oder der ihm unterstellten Priester der einzelnen Götter und Göttinnen, noch gab es in den Provinzen Gesetze, die den Anhängern eines anderen Glaubens die Ausübung ihrer Riten verboten. Die »Aedilen«, denen die Oberaufsicht über die Tempel zustand, gaben ihr »placet« zur Errichtung von Gotteshäusern, in denen Fremde ihre heimischen Gottheiten anbeten konnten. Nur eine Bedingung war an die Erlaubnis geknüpft: In den Bauten mußten der göttliche Genius des Kaisers und die Göttin Roma verehrt werden. Die Lebensgewohnheiten und Bräuche, die an die eingewanderten Kulte gebunden waren, unterlagen keiner behördlichen Beschränkung.

Im Tempel der Kybele, der »Großen Mutter«, deren geheiligte Statue Nero in ohnmächtigem Unmut besudelt hatte, fand in jedem Frühjahr das gottesdienstliche Schauspiel der verzückten Entmannung der »Galli«, der Kybele-Priester, statt, die sich vor den Augen der Gläubigen und Neugierigen in berauschter Ekstase kastrierten, so wie sich der von Kybele geliebte göttliche Attis verstümmelt hatte. Die neuaufgenommenen Galli und die Gläubigen, die sich Schnittwunden zufügten, tranken das Blut und schlugen sich in verzweifelter Trauer über den Tod des Attis an die Brust. Sie trugen sein Standbild zu Grabe, fasteten und beteten während der Nacht, um am Morgen das Fest der Wiederauferstehung des Attis geläutert begehen zu können. Es war ein fröhliches Fest. Im Namen der »Großen Mutter«, die von der jubelnden Menge als »Nostra Domina« angerufen wurde, verkündeten die Kybele-Priester: »Der Gott ist errettet, und auch für euch kommt die Stunde der Rettung.« Die »Große Mutter« war das geliebte Sinnbild der Mütterlichkeit. Nur wenige unter den Anbetern und Anbeterinnen Kybeles wußten oder dachten daran, daß die Liebe der Göttin zu Attis von geschlechtlichem Verlangen erfüllt gewesen war. Die ihr geweihten Zeremonien galten der im Frühling erwachenden Natur. Sie waren Fruchtbarkeitsriten, wie die uralten Feierlichkeiten zu Ehren des mesopotamischen Gottes Tammuz, dessen alljährlicher Wiederkehr aus der Unterwelt und dessen fröhlicher Himmelfahrt von Männern und Frauen entgegengejauchzt wurde.

Der große Kirchenvater Origenes entmannt sich freiwillig – Kupferstich aus dem Jahr 1791

Die Vorstellung von der Erneuerung der Erde, von der Überwindung des Todes durch gütige Gottheiten, die durch die Liebe immer wieder zum Leben erweckt werden, hatte sich im Glauben und Aberglauben eines Großteils der Bevölkerung des Römischen Reiches so lebendig erhalten, daß die wollüstige Ausgelassenheit der orgiastischen Teilnehmer und Teilnehmerinnen an den Feiertagen als gottesdienstlicher Brauch ebenso nachsichtig geduldet wurde wie die geschlechtliche Freizügigkeit während der römischen Saturnalien. In den Lagerstädten und Hauptquartieren der Legionen an den Grenzen des Römischen Reiches hingegen hatten persische Priester, die zu geschlechtlicher Enthaltsamkeit und Ehelosigkeit verpflichtet waren, eine strenge Glaubenslehre verkündet, die ihre Wirksamkeit im Ursprungsland bewiesen hatte und die Legionäre so ansprach, daß sie sich dem Kult erst in unterirdischen Höhlen und dann in eigenen Gotteshäusern ergaben. Der nur von Männern angebetete Gott war Mithras, der eingeborene Sohn Ahuramazdas, des einen und einzigen Gottes, der sich Zarathustra offenbart hatte. Er war das überirdische Sinnbild des Lichts, der Wahrheit, der Reinheit und der soldatischen Ehre. In seiner leuchtenden Erscheinung hatte Mithras das Gesicht der Sonne angenommen, die den ewigen Kampf gegen die Mächte der Finsternis führte. Der Sohn des großen Gottes der Perser war in der Vorstellung der Gläubigen der erhabene Vermittler zwischen Ahuramazda und den Männern, die er begnadete. Er war der Schutzherr der Menschheit gegen Ahriman, den Herrn der Finsternis, des Übels und der Lüge – das abstoßende Ebenbild des Satans der christlichen Lehre, des heimtückischen Versuchers zur Sünde. Das erste bekannte Standbild des Mithras meißelte ein griechischer Bildhauer. Er stellte den himmlischen Jüngling auf dem Rücken eines Stieres kniend dar, wie er dem Stier einen Dolch in den Nacken stößt. Dieses Standbild und die Darstellung der »Unbesiegbaren Sonne« wurde von den Anhängern des Mithraskultes göttlich verehrt. In den letzten Dezembertagen jedes Jahres, zur Zeit der Wintersonnenwende, wenn die Sonne die winterlichen Mächte der Finsternis wieder zu vertreiben begann, wurde der Geburtstag des Mithras festlich begangen, und jeder siebente Tag der Woche, der Tag nach dem Sabbat der Juden, galt als der »Feiertag der Sonne«. Anläßlich der Gottesdienste erhielt Mithras an seinem Altar ein Opfer aus geweihtem Brot und Wein. Ein Glockenzeichen verkündigte, daß der Sohn Ahuramazdas das Opfer entgegengenommen hatte. Dann wurden die Gläubigen belehrt, daß sich alle Menschen nach dem Tode vor dem Richterstuhl des Mithras verantworten müßten. Diejenigen, die sich nicht im lebenslänglichen Kampf gegen das Übel in jeder Gestalt bewährt hätten, würden Ahriman zu ewiger Qual zugewiesen werden, die Gerechten aber zum Himmel aufsteigen können. Die Gerechten – das waren die Wahrhaftigen und die, die ihre täglichen Pflichten erfüllten. Der Glaube forderte von ihnen, daß sie sich den vorgeschriebenen Waschungen unterzogen und die heiligen Mahlzeiten zu sich nahmen. Nur wer seinen Körper rein hielt, hatte eine reine Seele. Jegliche Art von Unzucht verunreinigte den Körper. Der Geschlechtsverkehr durfte nur mit den Ehefrauen ausgeübt werden, nicht zu Befriedigung der Lust, sondern lediglich, um Kinder zu zeugen. Die moralischen Grundsätze, die der Mithraskult den Gläubigen auferlegte, bedrohten weder die bestehende Ordnung noch die Zucht der Legionen. Da die Männer die soldatische Ehre im Dienste Roms hochhielten und sowohl den Kaisern als auch der Göttin Roma die gebührende Achtung erwiesen, förderten die Befehlshaber die Verbreitung des Glaubens, der die Kampfkraft nicht beeinträchtigte und die Legionäre zur Selbstbeherrschung erzog.

In den zahlreichen Tempeln der ägyptischen Isis nahmen auch Römer und Römerinnen an den von weißgekleideten Priestern zelebrierten Handlungen zu Ehren der »Göttin der Mutterschaft, der Fruchtbarkeit und des Gewerbes« teil. Nicht alle Anwesenden unterzogen sich dem reinigenden Untertauchen in heiligem Wasser, dem vorgeschriebenen Fasten und dem Gelübde zeitweiliger geschlechtlicher Enthaltsamkeit, das die Gläubigen ablegen mußten, um des Segens der Isis würdig zu werden, die den zerstückelten Leichnam ihres Bruders und Gatten, des Gottes Osiris, zusammengefügt und sein kunstvoll ersetztes Glied mit ihrem Atem belebt hatte, um ihm Zeugungskraft zu verleihen, wenn Osiris im Leben nach dem Leben als »Gott des Todes« wieder auferstehen würde. Der mystische Glaube an Isis und Osiris und an das Weiterleben der gereinigten Seelen nach dem Tode übte eine magische Anziehungskraft auf die Plebejer aus, denn sie verdankten die Regelmäßigkeit der vor allem aus Ägypten stammenden Getreidespenden, die sie bekamen, dem Überfluß, der durch die fruchtspendende Kraft des Nilgottes Osiris entstand – er nämlich war es, der alljährlich der empfängnisbereiten Erdmutter Isis seinen Samen schenkte.

Dem Gott der Juden aber, die in der unmittelbaren Nachbarschaft der Isis-Tempel ihre Synagogen erbaut hatten, waren die Römer in keiner Weise verbunden. Wenn sich die Juden zum Gebet versammelten, taten sie nicht das geringste dazu, Andersgläubige zur Teilnahme an ihrem Gottesdienst zu bewegen. Die Juden lebten unter sich, blieben unter sich und nahmen es hin, daß sie infolge ihres Glaubens und der damit verbundenen Bräuche unbeliebt waren, weil »bei ihnen«, wie Tacitus erklärte, »alles unheilig ist, was bei uns heilig ist«. Die frühen Christen galten in der öffentlichen Meinung als Anhänger einer jüdischen Sekte, die, wenn auch nicht nach den gleichen, so doch nach ähnlichen Gesetzen lebten wie die Juden. Daß sich, wie es hieß, der Zimmermannssohn Jesus für den von den Juden schon seit Jahrhunderten abergläubisch erwarteten Messias ausgegeben hatte, war lediglich eine jüdische Angelegenheit. Dafür, daß ihn seine Anhänger als »König der Juden« bezeichnet hatten, war er von einem Gericht der römischen Besatzungsmacht mit dem Tode bestraft worden: Er hatte sich durch seine Überheblichkeit gegen das Majestätsgesetz vergangen. Wichtiger war etwas anderes: Seine Lehre verwarf die Anbetung der Kaiserstatuen und der Göttin Roma – und das widersprach den römischen Gesetzen. Es forderte die kaiserlichen Behörden zur Verfolgung der Christen heraus. Sie erhielten nicht nur kein »placet« zur Errichtung eigener Gotteshäuser, sie wurden als gemeine Verbrecher festgenommen und zum Tode verurteilt, wie schon die Apostel Petrus und Paulus zu Neros Zeit.

Die Christen, deren Sittengesetze das Verhalten eines großen Teiles der Menschheit bestimmen sollten, entwickelten ihre umwälzenden Lebensgewohnheiten und Bräuche im wahren Sinne des Wortes im Untergrund: Ihre gottesdienstlichen Zusammenkünfte in Rom hielten sie in den Katakomben ab, in unterirdischen Schächten und Gängen, die sie ausgehoben hatten, um ihre Toten so zu begraben, daß jeder Leichnam in eigener Grabstätte für die Auferstehung des Leibes am Tage des

Jüngsten Gerichts bereit sei. Die Gräber waren mit sinnbildlichen Zeichnungen geschmückt: Die Taube symbolisierte die vom Gefängnis des Lebens befreite Seele, der Phönix die verjüngte Wiederauferstehung aus der Asche des Todes, Palm- und Olivenzweige waren die geheiligten Zeichen des Sieges und des Friedens. Das griechische Wort für Fisch war »ichthys«. Es bestand aus den Anfangsbuchstaben des Spruches »Jesus Christos theu hyios soter«, das bedeutete »Jesus Christus, Sohn Gottes, Erlöser«. Die bildlichen Darstellungen dieser Anfangsbuchstaben waren nicht nur Glaubenssymbole der Gräber. Aus Speckstein geschnittene Fische galten auch als Erkennungszeichen der Christen und Christinnen, wenn sie einander begegneten. In aller Heimlichkeit fanden sich die Gläubigen in den Katakomben zum Gottesdienst ein. Sie heiligten nicht den Sabbat, wie die Juden, sondern den darauffolgenden Tag als »Tag des HErrn«. In der unterirdischen Verborgenheit vereinigten sie sich zur »agape«, dem »Liebesmahl« aus Brot und Wein, das der Vorsteher der Gemeinde segnete, der mit dem griechischen Wort »Presbyter«, Ältester, bezeichnet wurde – das Wort Priester ist daraus geworden. In der Vorstellung der Christen waren Brot und Wein der Leib und das Blut des Erlösers, den sie beim »Liebesmahl« mystisch in sich aufnahmen. Von ähnlichen Vorstellungen waren auch die Gläubigen der anderen zeitgenössischen Kulte erfüllt, die die ihren Gottheiten erbrachten Opfergaben in sinnbildlicher Erhobenheit aßen und tranken.

Die Krönung des »Liebesmahles« war der »Liebeskuß«. Für gewöhnlich küßten Männer nur Männer und Frauen nur Frauen. Es war jedoch in manchen Gemeinden üblich, daß sich auch Männer und Frauen im Liebeskuß fanden, wenn dadurch nicht geschlechtliche Begierden geweckt wurden. Es war streng verboten, die Lippen beim Kuß zu öffnen und den Kuß beim nächsten Liebesmahl zu wiederholen, wenn lustvolle Empfindungen erregt worden waren. Die Überwindung der verbotenen Sinnlichkeit nicht nur in der körperlichen Wirklichkeit, sondern auch in den Gedanken war eine Glaubenspflicht der Christen und Christinnen, die durch den Anblick nackter Statuen, durch die offen zur Schau gestellten Bilder und Sinnbilder des Geschlechtsverkehrs sich unausgesetzt in Versuchung geführt fühlen mußten. Das Gelübde keuscher Entsagung, die sie sich freiwillig auferlegten, konnten sie nur erfüllen, wenn sie die Unzucht offenen Auges erkannten und das unwillkürliche Verlangen nach Lust als einen »Fallstrick des Satans« verwarfen. Das vom Glauben beaufsichtigte Verhalten der Gläubigen gewährleistete Verläßlichkeit auf allen Gebieten und unter allen Bedingungen. Nur selten kam es vor, daß ein Christ oder eine Christin Mitgläubige preisgaben oder verrieten, auch wenn sie selbst Verfolgungen ausgesetzt waren und ihre Verschwiegenheit mit Martern oder dem Tode bezahlen mußten. Die seelische Gemeinschaft in den einzelnen Gemeinden brachte es mit sich, daß sich die Christen armer oder kranker Glaubensgenossen in ausübender Nächstenliebe annahmen. Sie leisteten diese tätige Hilfe nach dem Grundsatz, daß jeder und jede tun und geben sollten, was in ihren Kräften stand. Die Hilfsbereitschaft untereinander festigte die Verbundenheit der einzelnen Gemeinden, die zudem in brieflicher Verbindung miteinander standen oder sich durch Boten verständigten. Sie spannten sich schon im zweiten und dritten Jahrhundert unserer Zeitrechnung wie ein Netz über das ganze Römische Reich, wurden eine unsichtbare Macht neben der Macht der römischen Kaiser, die das friedliche Wachstum des Christentums blutig zu verhindern versuchten.

Da der Tod die Christen jedoch nicht erschreckte, versuchten es die Behörden mit Strafen, die ihnen das Leben zur Hölle machen sollten. Die als gläubige Christen schuldig Befundenen oder Überführten wurden zu den Galeeren verurteilt, in Bergwerke verschickt, in Ketten gelegt, gezüchtigt und gefoltert. Doch das alles war ebenso vergeblich wie der Versuch nicht nur kaiserlicher Beamter, sondern auch unabhängiger Philosophen, den Glauben an die Unsterblichkeit der Seele zu bekämpfen und das Jenseits als sinnlose Fabel zu verspotten. Weder wissenschaftliche Deutungen noch volkstümliche Kundgebungen erschütterten die Zuversicht der Christen. Das Für und Wider um die Unsterblichkeit, der aus Spott auf der einen Seite, aus inniger Gläubigkeit auf der anderen erwachsene Streit um das Fortleben nach dem Tode bewegte mit der wachsenden Verbreitung des Christentums alle Bevölkerungsschichten des Römischen Reiches, das durch die kriegerische Unrast wandernder Völker immer ernsthafter bedroht und immer häufiger von verheerenden Seuchen heimgesucht wurde. Eine unheimliche Angst vor der Ungewißheit nach dem Tode griff immer weiter um sich und fand in vielerlei Schriften beklommenen Ausdruck. War es wirklich so, daß die Seelen der Toten auf der Erde umherwandelten und den Lebenden erschienen, wann und wo sie es wollten? Gab es tatsächlich Dämonen und Gespenster? Die uralte Angst vor den »Numina«, den übermenschlichen Wesen, führte dazu, daß der christliche Glaube in seiner unendlichen Tröstlichkeit von den niederen Schichten der römischen Bevölkerung geradezu aufgesogen wurde, während die Gebildeten sich besorgt in die Philosophie flüchteten, um sich eine eigene Weltanschauung zu schaffen, die Freuden des Lebens aber weiterhin so genossen wie bisher.

Weder die Unruhen an den Grenzen, die Roms Legionen zu unaufhörlicher Abwehr zwangen, noch die Machtkämpfe der Kaiser, die einander die Herrschaft streitig machten, veränderten die Lebensformen Roms. Es blieb alles beim alten. Siegreiche Kaiser oder ihre Feldherren, die Angriffe zurückgeschlagen oder Gebiete erobert hatten und Rom durch ihre Anwesenheit beehrten, wurden durch Triumphzüge und die Errichtung von Triumphbögen gewürdigt. Die Gefeierten revanchierten sich mit Festlichkeiten im Zirkus Maximus und im neuerbauten Colosseum mit der Vorführung seltener Tiere aus aller Herren Länder, die sie gegeneinander kämpfen ließen oder gegen Männer und Frauen, die zum Tode verurteilt waren. Nach jedem Triumph wurde in den einzelnen Stadtteilen Getreide gespendet; manchmal verteilte man auch Säcke voller Silber- und Kupfermünzen, und manchmal gab es auch besondere Münzen mit Phallus-Prägung, die zum Besuch der Lupanare berechtigten. Den Christen und Christinnen war es von ihren Priestern aufs strengste verboten worden, die Amphitheater zu besuchen oder gar sich der Münzen des abscheulichen Lasters zu bedienen. Tertullian, der anläßlich der Christenverfolgungen triumphierend erklärt hatte: »Je mehr wir hingemäht werden, desto mehr wächst unsere Zahl ... Das Blut der Christen ist Samen«, verdammte in seiner Schrift »De spectaculis« die Kämpfe in der Arena als »Kämpfe der Unmenschlichkeit gegenüber Menschen« und bezeichnete die Theater als »Bollwerke der Verworfenheit und Unanständigkeit«. Er warnte die Neugierigen und Schaulustigen vor dem letzten und endgültigen Gericht. Er verurteilte die gleichgeschlechtliche Liebe mit der Erklärung: »Ein Christ benimmt sich nur bei seiner Frau als Mann« und beschimpfte die Frauen öffentlich als »Eingangspforte des Dämons«. Die Beschwörungen und drohenden Voraussagen Tertullians und der anderen geistlichen Kämpfer für die Sittenreinheit der Christen wirkten sich so erfolgreich aus, daß ein zeitgenössischer heidnischer Lebenskünstler den Christen resigniert vorwerfen konnte: »Wir verehren die Götter mit Frohsinn, mit Gastmählern, mit Singen, Spielen und Scherzen. Ihr aber verehrt den gekreuzigten Menschen, dem die, die all dies genießen, nicht gefallen können; der die Freude verschmäht, dem das Fasten gefällt, der die sinnlichen Vergnügungen verdammt und eine traurige, unfruchtbare Keuschheit liebt.«

Das unfriedliche Nebeneinander der beiden Glaubensbekenntnisse – des heidnischen, das in der irdischen Lebensfreude Erfüllung suchte, und des christlichen, das im Himmel glückhafte Entschädigung für alle Leiden auf Erden erhoffte – erschütterte die innere Einheit des Römischen Reiches, die der Pax Romana ihre anhaltende Wirksamkeit verliehen hatte. Die »Ewige Stadt« Rom verlor immer mehr ihre Bedeutung als Mittelpunkt der Macht. In den Lagerstädten, in denen die von den Legionen ausgerufenen und vom römischen Senat nur der Form halber bestätigten Kaiser nach römischer Art residierten, wenn auch in verkleinerten Maßstäben, machte sich der Einfluß von Brauch und Sitten der bekämpften Völkerschaften immer deutlicher bemerkbar. So hatten einzelne germanische Stämme, noch bevor sie gewaltsam eingebrochen waren, durch die hilflose Nachgiebigkeit der Kaiser, die die Männer für die Legionen anwarben und ihren Familien Land zuwiesen, festen Fuß in den römischen Provinzen gefaßt. Ihre kriegsgewohnten Häuptlinge waren zu Befehlshabern aufgerückt und halfen den ehemaligen Feinden bei der Verteidigung ihrer Grenzen gegen die Stammesgenossen jenseits der Donau und des Rheins. Die Versuche, germanische Stämme durch das Angebot der Ansiedlung innerhalb der Reichsgrenzen zu befrieden, hatten sich durchaus bewährt. Aber kaum waren tausend freiwillige Siedler mit Frau und Kindern gekommen und hatten sich niedergelassen, als schon Zehntausende aus dem Norden und Osten ungestüm nachdrängten und fruchtbaren Boden und Weideland forderten.

Mit den Lebensformen der Germanen waren die Römer schon zu Beginn des zweiten Jahrhunderts unserer Zeitrechnung durch die Schilderungen des Historikers Tacitus vertraut gemacht worden. Er hatte geschildert, was als typisches Kennzeichen aller Germanen galt – die blauen Augen, das rötlichblonde Haar (das sie rot färbten, um den Feind zu schrecken) und die hochgewachsenen

Körper (die allerdings nur im Angriff besonders stark waren) –, um so die verallgemeinernde Bezeichnung »Germanen« zu erklären, die im Lateinischen »von gleichen Eltern geboren« oder »leiblich« bedeutete. Er hatte die Germanen als unverbesserlich kriegerisches Volk dargestellt, das die Ruhe des Friedens nicht ertragen könne, obwohl es den Müßiggang liebe. Für die germanischen Frauen allerdings hatte Tacitus nur Achtung und Bewunderung. Er erklärte zwar, daß sie in ihrer Kleidung Unter- und Oberarme und den oberen Teil der Brust freiließen, aber doch die »Heiligkeit der Ehe« aufs strengste wahrten. Auch die Männer begnügten sich nur mit einer Frau. Tacitus berichtete: »… Den Liebesgenuß lernt der Jüngling erst spät kennen, deshalb ist seine Zeugungskraft ungeschwächt. Auch bei den Mädchen nimmt man sich mit der Verheiratung Zeit, so gleichen sie den Jünglingen an Jugendkraft …«

Die Frau des Potiphar mit Joseph – Stich aus dem Jahr 1530 von Hans Sebald Beham (1500–1550)

Tacitus, der auch ausführte, daß man Männer, die ihren Leib durch gleichgeschlechtliche Unzucht geschändet hatten, in einem Moor oder Sumpf versenkte, wollte vermutlich die entartete Unsittlichkeit der römischen Männer und Frauen durch die Gegenüberstellung mit dem sittlichen Verhalten der Germanen vergleichen und anprangern. Die geschlechtliche Zurückhaltung, die Tacitus den germanischen Männern und Frauen zuerkannte, wurde in seiner Zeit schon von den christlichen Frauen und Männern Roms geübt, die gerade er jedoch als »Juden« verdammte.

Die erste, unmittelbare Berührung germanischer Stämme mit dem Christentum entstand durch die Verfolgungen seitens der kaiserlichen Behörden, die alle Christengemeinden als »strafbare Gesellschaften« verboten und die Christen, die sich weigerten, den Göttern zu opfern, hinrichten ließen. Immer mehr Christen, die es nicht über sich bringen konnten, in einem staatlich anerkannten Tempel das geforderte Opfer darzubringen, vom Opferfleisch zu essen und sich darüber eine Bescheinigung ausstellen zu lassen, flohen mit ihren Familien über die Grenzen nach dem Norden.

Bevor die Germanen den vor der Christenverfolgung Geflohenen, diesen ersten, wenn auch unfreiwilligen Missionaren des Christentums, begegnet waren, hatten sie und ihre Väter einem Glauben gehuldigt, der, wie der uralte persische Glaube, vom Kampf der Gewalten des Lichts und der Finsternis beherrscht war. Die lichten Götter der Germanen, die Asen, galten als die Stützen des Himmels und der sittlichen Ordnung auf Erden. Ihre Feinde waren die düsteren, die Natur und ihre Ordnung bedrohenden Riesen. Zuerst waren diese gefährlichen Gewalten nichts anderes gewesen als die zu menschenähnlichen, wenn auch übermenschlichen Wesen verkörperten furchtbaren Naturkräfte: Flut, Eis und Schnee des Winters, Sturmwind und verzehrendes Feuer. Aber dann, durch die Einteilung in »licht« und »dunkel«, in »gut« und »böse«, übertrug sich ihre Wirkung auf das Geistige und Sittliche. Die Scheidung der Götterwelt in »gut« und »böse«, in »licht« und »dunkel« hätte sich zu einem einfachen und erfreulichen Glauben entwickelt, wenn nicht auch die Asen im Kampf gegen die Riesen »schuldig« geworden wären wie die Menschen. Sie brachen die Ehe und die Treue, wurden habsüchtig und bestechlich, neidisch und eifersüchtig. Sie verübten Mord und Totschlag, und »sie müssen dafür sühnen« – so hieß es in der zum Glauben erhobenen Sage der Germanen, die den großen, den letzten Wettkampf zwischen den Asen und den Riesen ankündigte: Eine furchtbare, unvorstellbare Auseinandersetzung, die »Götterdämmerung«, warf ihre Schatten voraus. Es war Odin, dem mächtigsten Gott der Germanen, zwar gelungen, die riesigen Ungeheuer in Fesseln zu schlagen, aber wenn sie sich wieder befreien konnten, war der Tag des großen Weltenbrandes unabwendbar.

In der Angst vor dem Ende, vor der »Götterdämmerung«, die den Menschen keine Hoffnung bot, erschien den Germanen das Gottesreich der christlichen Lehre, das allen Männern und Frauen – unbekümmert um die Art ihres Todes – offenstand, als die einzig wünschenswerte Zuflucht. Und erinnerte Christus nicht an den sterbenden und wiederauferstehenden Lichtbringer Baldur? So gaben viele den Glauben ihrer Väter auf und ließen sich um so eher zum Christentum bekehren, als ihre von den eingewanderten Christen beeinflußten Sittengesetze allmählich im wesentlichen mit den christlichen Vorschriften übereinstimmten.

Die Verschmelzung der Sitten bei den Völkern in den Grenzgebieten des Römischen Reiches vollzog sich unaufhaltsam, wie sehr sich auch die Vorkämpfer des christlichen Glaubens und der heidnischen Bekenntnisse gegen die Mischung fremdartiger Riten und Gewohnheiten stellten. So waren die Auffassungen und Auslegungen der christlichen Lehre von örtlichen Einflüssen abhängig. Doch dagegen wendeten sich die Strenggläubigen. Cyprian, der Bischof von Karthago, der die Männer seiner Gemeinde ermahnt hatte, nicht geldgierig zu sein, der den Frauen verboten hatte, sich zu schminken und den Glauben unter keinen Umständen zu verleugnen, hatte kurz vor seinem Märtyrertod durch den Ausspruch: »Außerhalb der Kirche gibt es kein Heil« betont, wie unabdingbar notwendig die Vereinheitlichung der christlichen Gemeinden für den Bestand der »katholischen«, der allumfassenden Kirche sei, um den örtlichen Glaubensspaltungen entgegenzuwirken, die durch die Verbreitung der christlichen Lehre in den einzelnen Provinzen unter den so verschiedenartigen Bevölkerungen entstanden waren und das Eindringen nichtchristlicher Gebräuche und Riten zur Folge gehabt hatten.

Die bedeutendsten Gemeinden waren in Rom und Alexandria. Sie wurden von einem »episkopos«, einem »Aufseher«, geleitet. Aber auch an der Spitze der anderen Gemeinden stand ein

Aufseher, ein Bischof, der die Evangelien auslegte und über die Aufnahme von Neubekehrten entschied. Es bedurfte langwieriger und mühseliger Verhandlungen, bis dem Bischof von Rom, als dem Nachfolger des Apostels Petrus, der in Rom den Märtyrertod gestorben war, die »apostolische Vollmacht« und die »machtvolle Vorrangstellung« (so der Kirchenvater Irenäus von Lyon) zuerkannt wurde. Wenn sich grundlegende Meinungsverschiedenheiten zeigten, wurden Konzile einberufen, deren Verfügungen für die gesamte Christenheit verbindlich werden konnten, wenn sich das Konzil an die »oikumene«, die von allen Christen bewohnte Welt, wandte. Die Fragen, die zur Sprache kamen, bezogen sich nicht zuletzt auf das sittliche Verhalten der Priester. Ursprünglich war die Ehe der Geistlichen kein Hindernis zur Ausübung ihres Amtes. Eine Frau, die einen Priester vor der Weihe geheiratet hatte, blieb seine Frau; er mußte mit ihr leben und seine ehelichen Pflichten erfüllen. Wenn er aber als Unverheirateter die Weihe empfing, mußte er ehelos bleiben. Ein Christ, der zweimal verheiratet gewesen war oder eine geschiedene Frau, eine Witwe oder eine Konkubine zur Frau genommen hatte, konnte nicht Priester werden. Immer mehr Gläubige stützten sich auf die Erklärung des Apostels Paulus, daß jeder geschlechtliche Verkehr sündhaft sei, und bestanden darauf, daß die Priester ehelos leben müßten. Schließlich verfügte der Bischof von Rom, daß diejenigen Priester, die sich verheirateten oder mit ihrer Frau zusammenlebten, ihres Amtes verlustig werden sollten. Außerhalb der Kirche, die weder die Einrichtung der Ehe noch ererbten oder rechtschaffen erworbenen Besitz als »sündhaft« verurteilen konnte, bildeten sich, vorwiegend im Osten des Römischen Reiches, Gemeinschaften von Gläubigen, die sich in einsame Wüsten zurückzogen oder in Klöstern vereinten, um, in Armut und Keuschheit lebend, der ewigen Seligkeit würdig zu werden. Die Selbstkasteiung, die sie sich auferlegten, war der persönliche Kampf jedes einzelnen und aller gegen die »libido«, die sinnliche Wollust, und gegen die »gula«, die Völlerei. Die Einsiedler und Mönche überboten einander in der Härte der Entbehrungen, die sie auf sich nahmen, um für ihr Dasein zu büßen, das durch die Sünde des Fleisches ihrer Mütter und Väter bei ihrer Zeugung entstanden war. Sie fasteten, bis sie zu Skeletten abgemagert waren und sich kaum noch aufrecht halten konnten. Viele Mönche und Einsiedler brüsteten sich damit, daß Jahre und Jahrzehnte vergangen seien, seit sie das Gesicht einer Frau erblickt hätten. Aber nicht alle konnten verführerische Träume verdrängen oder sinnliche Vorstellungen, die sie heimsuchten und um die Besinnlichkeit und um die Besinnung brachten. Die lüsternen Visionen, die sie bedrängten, waren so leibhaftig wie die Wirklichkeit, aus der sie geflüchtet waren, um nicht der Unzucht anheimzufallen. Der Geschlechtstrieb quälte sie mehr als der Hunger. Nicht wenige Einsiedler kastrierten sich, um nicht tatsächlich sündig zu werden, aber sie entgingen durch die Entmannung nicht den Begierden ihrer verstümmelten Männlichkeit. Sie sündigten im Geiste und verharrten verzweifelt in ihrer Buße, bis der Tod sie erlöste.

Das Tun dieser fanatischen Einzelgänger des Glaubens wurde von der Kirche nicht immer gebilligt. Nur wenige Klöster, in denen sie ihr eigenwilliges »Leben in der Lehre« führten, wurden als christliche Gemeinden anerkannt. Selbst die frömmsten Asketen wurden nicht immer als Priester geweiht. Das Klosterleben, das die Kirchenväter guthießen, mußte nach bestimmten Regeln geordnet sein. Die Unabhängigkeit der Einsiedler, der einzelgängerischen Mönche und Nonnen, in deren freien Willen es stand, die Zurückgezogenheit aufzugeben oder die christliche Lehre so auszulegen, wie es ihnen richtig erschien, widersprach der nach Vereinheitlichung strebenden Kirche, die aus dem Untergrund auftauchen und sich frei entfalten konnte, seit Kaiser Konstantin das Christentum zur gesetzlich anerkannten Religion erklärt hatte.

Rom blieb die Hauptstadt des Glaubens, auch nachdem Konstantin die griechische Stadt Byzantion am Bosporus zur Hauptstadt des Römischen Reiches erhoben und als »Nea Roma« ausgebaut hatte. In Konstantinopel, dem »neuen Rom« Konstantins, das später wieder Byzanz genannt wurde, erhob sich das erste prunkvolle Kirchengebäude, das zu Ehren Christi erbaut worden war: die Hagia Sophia, die Kirche der heiligen Weisheit – als Wahrzeichen des nunmehr zu Ansehen gelangten christlichen Glaubens. Es ist nicht gewiß, ob Konstantin tatsächlich die Taufe empfangen hat und selbst Christ geworden ist. Aber er hatte sich – als siegreicher Kaiser – zum Herrn der Christenheit gemacht und die Glaubensspaltung, zu der es durch die Lehre des Priesters Arius gekommen war, zugunsten Roms entschieden. Arius hatte die vollkommene Gottheit der Person Jesu Christi in Frage gestellt. Bei dem dadurch verursachten Streit ging es um den einen Buchstaben »i« – um die Frage nämlich, ob Christus »homoousios« oder »homoiousios« sei – Gott »gleich« oder ihm »ähnlich«. Die erbitterte Auseinandersetzung hatte weltgeschichtliche Folgen, die sich auch in der Sittengeschichte der Welt auswirken sollten. So blieben die Goten – der dem Arianismus nahestehende Bischof Ulfila hatte die Bibel in ihre Sprache übersetzt – Arianer und unterwarfen sich in Glaubensfragen nicht der Kirche Roms, deren Bischof als Nachfolger Petri das Oberhaupt der katholischen Kirche war und, wie alle Bischöfe, mit »papa – Vater« angesprochen wurde, bis er das Recht, den Titel »papa« als einziger zu führen, für sich allein beanspruchte.

Die Entscheidung des Konzils von Nicaea gegen den Arianismus, hinter der Kaiser Konstantin stand, hatte die Uneinigkeit innerhalb der christlichen Kirche um so weniger beendigt, als auch viele Bischöfe des Ostens die Oberhoheit Roms nicht anzuerkennen bereit waren und für die arianischen Lehren eintraten, um sich Rom nicht unterwerfen zu müssen. Der Glaubenszwiespalt, der nicht nur im Kaiserpalast und auf den Kanzeln der Kirchen, sondern auch in blutigen Straßenschlachten in Konstantinopel ausgetragen wurde, begünstigte ein Wiederaufflackern der heidnischen Kulte, die von den Söhnen und Nachfolgern Konstantins unter Androhung der Todesstrafe verboten worden waren.

Schon nach der Anerkennung durch Konstantin war die Kirche nicht nur eine geistliche, sondern auch eine weltliche Macht in Rom geworden. Der Bischof von Rom, der Papst, der für sich auch den altrömischen Titel »Pontifex Maximus« beanspruchte, war als Oberster Priester bevollmächtigter Verwalter des Besitzes der Kirche, der durch Spenden und Schenkungen so angewachsen war, daß die kostbare Ausstattung der Gotteshäuser aus eigenen Mitteln der Kirche bestritten werden konnte. Die köstliche Ausschmückung der Gotteshäuser war geboten, wenn das so mühsam errungene Ansehen der Kirche behauptet werden sollte. Der Bestand der Kirche beruhte auf der Zahl der Gläubigen und – das hatte sich im Laufe der Jahrhunderte erwiesen – auf der Zahlungs- und Leistungsfähigkeit der Priester, die die christlichen Armen- und Krankenhäuser betreuten. Seit nicht nur »Niedrige« oder Sklaven, die den Weg aus der Not ihres Daseins in die Tugend des Glaubens nicht so beschwerlich gefunden hatten, sondern auch Vornehme und Reiche zum Christentum bekehrt worden waren, hatte sich das Betätigungsfeld der Priester erweitert und veränderte Formen angenommen. Die Vertraulichkeit der kleinen, verborgenen Gemeinden, in denen jeder jeden kannte und jeder alles von jedem wußte, war in den nun nach Hunderttausenden zählenden Gemeinden nicht mehr gegeben: Das Wort von Mund zu Mund, die gründliche Gewissenserforschung der einzelnen Gläubigen durch den Priester, waren durch die verallgemeinernden Gebote und Lehren ersetzt worden, so daß das Einschätzen der Übertretungen und Verfehlungen nun der Beurteilung der Sündigen überlassen war, die sich zwar durch die Beichte erleichtern, aber nicht »aussprechen« konnten. Der Wesensinhalt der Sündhaftigkeit war festgelegt – aber nur in großen Zügen. Der Verschiedenartigkeit der menschlichen Natur war nicht Rechnung getragen, besonders in geschlechtlicher Hinsicht. Es stand nicht eindeutig fest, was sittlich oder unsittlich war. War es unkeusch, im ehelichen Geschlechtsverkehr Lust zu empfinden, da doch die Lustempfindung gegen die Vorschriften der Entsagung verstieß? War es unkeusch, wenn Mann und Frau, dem Triebe und dem Herzen folgend, die körperliche Vereinigung wünschten und alles dazu taten, sie durch die Eheschließung herbeizuführen, da es doch geboten war, die Versuchung zur Fleischeslust zu vermeiden und es hieß, daß die »copula carnalis«, die fleischliche Verbindung, auch wenn sie zwischen Eheleuten stattfand, ebenso sündhaft sei wie die »copula carnalis fornicatoria«, der Coitus mit einer Hure?

»Der Ungehorsam, die Ungebärdigkeit der Zeugungsglieder, ist der Beweis der Erbsünde.« Diese Feststellung half den vom Trieb Geplagten, die den Ungehorsam und die Ungebärdigkeit der Geschlechtsorgane am eigenen Leibe erlebten, nicht, sie zu beherrschen oder zu überwinden. Die Natur war stärker als die Gebote des Glaubens. Sie setzte sich durch, verlangte ihr Recht und hinterließ in den Gläubigen die Niedergeschlagenheit der Sünde, die, wenn auch bereut, immer wieder erneuert wurde und ein gemeinplätziges Sprichwort zeitigte: »Post coitum omne animal triste – Nach dem Geschlechtsverkehr ist jedes Lebewesen traurig.« Die Trauer, die von den »Sündigen« empfunden wurde, war keine Traurigkeit des Blutes, sondern eine Traurigkeit der Gedanken des im Zwiespalt von Natur und Glaubenslehre bedrängten Bewußtseins. Die unerbittliche Strenge der Gebote, die das sittliche Verhalten der Christen und Christinnen regeln sollte, wurde in der Lehre unverrückt aufrechterhalten. Doch die Gebote wurden nur von wenigen Auserlesenen befolgt, die sich im unverändert pulsierenden Leben Roms der Askese ergaben. In dem Jahrhundert von der Anerkennung des Christentums durch Konstantin bis zur Erhebung als Staatsreligion durch Theodosius waren im Nebeneinander von Heidentum und Christentum die Lebensgewohnheiten und Bräuche der so entgegengesetzten Bekenntnisse und Weltanschauungen weithin miteinander verschmolzen. Die christliche Lebensform überwog – nach außen hin. Das lebenslustige Laster ging in den Untergrund, es blühte im Verborgenen. Die Lupanare waren in Rom nicht mehr öffentlich geduldet und wurden dementsprechend nicht besteuert. Aber weder die Wirte noch ihre Huren hatten ihr einträgliches Gewerbe aufgegeben. In den Palästen der Vornehmen und Reichen, die nur selten noch den alten Senatoren-Geschlechtern entstammten, hatte sich die üppige Lebensweise kaum verändert.

Im Lateran-Palast, den Kaiser Konstantin dem Bischof von Rom, Silvester I., übermacht hatte, residierten die Päpste in aufwendiger Hofhaltung. Sie zeigten sich dem Volk nur in glanzvoller Pracht während des Gottesdienstes oder wenn sie im funkelnden Ornat durch die Straßen fuhren, um angesehene »Freunde oder Freundinnen im Glauben« zu besuchen. Papst Damasus wurde von bösartigen Kritikern als »auriscalpius matronarum« bezeichnet, als »Ohrenkratzer der Matronen«, weil er vornehme Frauen überredet hatte, der Kirche reichliche Spenden zu machen. Seine priesterlichen Helfer nahmen am gesellschaftlichen Treiben teil, um das Vertrauen von Gastgebern und Gästen zu gewinnen und sie bei der Abfassung ihrer Testamente so zu beraten, daß die Kirche nicht leer ausging. Die geistlichen Würdenträger, die die schmackhafte Kost der Gelage weder verachteten noch zurückwiesen und ebenso gepflegt gekleidet und sorgfältig parfümiert waren wie alle anderen Männer, die den anwesenden Frauen »durch Augenrollen und Schmeicheleien« ihr Wohlgefallen bezeugten, wurden als »erbschleicherische Wölfe im Schafspelz« beschimpft. Man sagte ihnen nach, daß sie sich nicht nur bei Tisch, sondern auch im Bett um die Gunst reicher Frauen bemühten und daß ihre Dienstfertigkeit dem weiblichen Geschlecht gegenüber ihren gottesdienstlichen Pflichten widerspreche.

Das priesterliche Werben um das Wohlwollen der wohlhabenden römischen Frauen, deren luxuriöse Lebensweise nachsichtig beurteilt wurde, auch wenn sie sich zum Christentum bekehrt hatten, veranlaßte Hieronymus, einen Sekretär des Papstes Damasus, sich unverblümt über die ärgerniserregend lüsterne Haltlosigkeit des Klerus zu äußern. Hieronymus, der sich schon in seiner Heimat-Diözese den Tadel des Bischofs von Aquileia zugezogen hatte, weil seine »Ungeduld mit den natürlichen Schwächen der Menschen« ungebührlich und daher unchristlich gewesen sei, predigte und schrieb, daß nur diejenigen Menschen wahre Christen seien, die, wie die asketischen Mönche, frei von Besitz, Wollust und Stolz seien. In furchtloser Unbestechlichkeit hatte er schon seinen Bischof einen unwissenden, rohen und gefühllosen Hirten gescholten, der nicht besser sei als seine sündige Herde, und seine eigene Widerstandsfähigkeit gegen die Versuchungen des Lebens als Eremit in einer Wüstenklause erprobt. Hieronymus ergab sich nur einer Sünde, seiner »Liebschaft mit der Sprache«. Er hatte sich, wie er bekannte, in jugendlichem Leichtsinn in die heidnischen Schriften so vertieft, daß er nahe daran gewesen war, »Ciceronianer« zu werden und sich nur noch mit profanen Werken zu befassen, als er den Auftrag erhielt, das Neue Testament, die in griechischer Sprache verfaßten Evangelien, ins Lateinische zu übersetzen beziehungsweise schon vorhandene Übersetzungen zu vereinheitlichen und zu verbessern. Der Ruf eines vollendeten Sprachkünstlers war ihm vorangegangen. Niemand, auch nicht der Papst, der ihn nach Rom berufen hatte, konnte ihn dazu bewegen, sich als Lebenskünstler der vornehmen Umgebung des Lateran-Palastes anzupassen. Hieronymus blieb Eremit, auch in Rom. Er trug eine braune, fadenscheinige Kutte und versagte nicht nur sich selbst jegliche Lebensfreude, er verurteilte sie auch an allen Zeitgenossen, besonders an allen Zeitgenossinnen. Die einzigen Frauen, die er gelten ließ, waren zwei adelige Erbinnen namens Marcella und Paula, die, von ihm beraten, ihr Vermögen für die Gründung von Spitälern und Klöstern spendeten und einen asketischen Lebenswandel führten. In ihren Häusern und wiederum von ihnen beraten hatte Hieronymus Gelegenheit, die Eigenschaften und Gewohnheiten der römischen Frauen zu beobachten und sie in unbarmherziger Mißbilligung zu verspotten. Er riet ihnen, »ihre christlichen Augen an denjenigen Anstoß nehmen zu lassen, die ihre Augen und ihre Wangen mit Purpurfarbe und allerhand Schminken rot anmalen, deren gipsfarbenes Gesicht, durch allzu blendendes Weiß entstellt, an Götzenbilder erinnert ... Auch die Zahl ihrer Jahre läßt sie vergessen, daß sie alt geworden sind. Mit fremden Haaren türmen sie ihre Frisur auf ... Andere ändern ihr Gewand und ziehen Männerkleider an. Sie schämen sich ihrer natürlichen Bestimmung, Frauen zu sein ..., und ziehen herausfordernd mit ihren stolz erhobenen Eunuchengesichtern umher ... Andere nehmen einen Trank ein, um sich unfruchtbar zu machen, und werden so zu Mörderinnen an Ungeborenen. Es gibt auch solche, welche darauf sinnen, wie sie mit giftigen Mitteln eine Fehlgeburt herbeiführen ... Das sind die, welche zu sagen pflegen: ›Dem Reinen ist alles rein ... Warum soll ich mich der Speisen enthalten, die Gott geschaffen hat, damit wir sie genießen?‹ ...« Er höhnte über die Frauenmode: »... Der Busen wird durch Binden eingeschnürt, und durch einen reichbesetzten Gürtel zwängt man die Taille um so mehr ein ... Das Mäntelchen rutscht zuweilen nach unten, damit die glänzenden Schultern zu sehen sind; eilig bedeckt man sie wieder, als ob sie niemand sehen sollte, während sie doch absichtlich entblößt wurden.« Seine Gegner im päpstlichen Palast hielten Hieronymus vor, daß er die Frauen, die er so genau und wissend geschildert hatte, nicht unschuldigen Blickes beobachtet haben könne. Seine eigene Lüsternheit zeige sich in jedem Satz. Doch er ließ sich durch die Anfeindungen nicht einschüchtern, vielmehr klagte er die christlichen Männer an, daß sie Konkubinen in ihre Häuser nähmen anstatt in ehelicher Gemeinschaft zu leben, er verwarf ihren Einwand, daß Frauen »Agapeten« seien, unschuldige Gefährtinnen des Liebesmahls, die keine Geschlechtsgemeinschaft mit den Männern unterhielten. Er schrieb: »Wie konnte sich nur in die Kirche die Unsitte der ›Agapeten‹ einschleichen? Woher kommt diese Bezeichnung, die nichts anderes ist als ein Deckname für unverheiratete Gattinnen? Woher diese neue Form des Konkubinats? Noch schärfer will ich mich ausdrücken. Woher diese Ein-Mann-Dirnen? Sie haben mit dem Mann Wohnung, Schlafzimmer und nicht selten das Bett gemeinsam, und mich nennen sie argwöhnisch, wenn ich dabei etwas finde!« In seinem Eifer, der Menschheit den »Pfad der Reinheit« zu weisen, wandte sich Hieronymus an die christlichen Jungfrauen mit der Warnung vor der Ehe. Wer sich die Freuden der Jungfräulichkeit bewahre, schütze sich vor den Unbilden der Schwangerschaft, vor den Schmerzen der Geburt, habe weder für Kinder noch für den Haushalt zu sorgen und sei den unvermeidlichen Qualen der ehelichen Eifersucht nicht hilflos ausgeliefert. Die Bewahrung der Keuschheit sei auch durch die härtesten Kasteiungen nicht zu hoch bezahlt. Diesen Rat befolgte Blesilla, die Tochter Paulas – eine der beiden geistigen Freundinnen des übereifrigen Hieronymus. Als Blesilla infolge der Kasteiungen starb, wurde Hieronymus beschuldigt, ihren Tod verursacht zu haben. Er verließ Rom und zog sich in ein Mönchskloster nach Bethlehem zurück, wo er in achtzehnjähriger Arbeit die Bibel aus einem hebräischen Text ins Lateinische übertrug. Seine Übersetzung wurde unter dem Ehrennamen »Vulgata«, die »allgemein Bekannte und Verbreitete«, der von der römischen Kirche anerkannte Text der Heiligen Schrift. Und jeder Kunstfreund kennt den streitbaren Kirchenlehrer als »Hieronymus im Gehäus«.

Kurz vor seinem Tode hatte Hieronymus geklagt: »Das Römertum geht seinem Ende entgegen.« Diese Prophezeiung erfüllte sich nicht in der Form, wie er sie vorauszusehen glaubte. Kaiser Theodosius, der verkündet hatte: »Wir wollen, daß alle Völker, die Unsere Milde regiert, in der Religion leben, die der heilige Apostel Petrus, wie der Glaube es sagt, den Römern übergeben hat«, verfügte in seinem Letzten Willen, daß das Römische Reich in zwei Teile aufgeteilt werde, in ein Weströmisches und ein Oströmisches Reich. Diese letzte Verfügung des Kaisers wurde entscheidend für den Ablauf der weltgeschichtlichen Ereignisse bis in unsere Tage. Sie bestimmte die sich noch in unserer Gegenwart so verhängnisvoll auswirkende Scheidung zwischen der westlichen und der östlichen Welt. Die Verschiedenheit der Sprache der in ungleiche Hälften geteilten Bevölkerung, deren eine das weströmische Latein sprach und deren andere sich der griechischen Dialekte bediente, die im Oströmischen Reich üblich waren, hatte – ebenso wie die Verschiedenheit der gottesdienstlichen Bräuche – eine verschiedene Erziehung, verschiedene Lebensauffassungen, verschiedene Vaterlandszugehörigkeiten und auch verschiedene Sitten zur Folge.

Das äußere Geschehen auf europäischem Boden wurde durch die Kriegszüge der germanischen Völker bestimmt und hatte eine durchgreifende Umschichtung der Besitz- und Wirtschaftsverhältnisse im Weströmischen Reich zur Folge. Rom wurde erst durch den Westgotenkönig Alarich, dann von den Vandalen geplündert und von den Ostgoten besetzt. Das Weströmische Reich wurde zum Tummelplatz beutelustiger und ländergieriger Stämme, die aus dem Osten und Norden sowohl in die Apenninische als auch in die Iberische Halbinsel eindrangen und sich in den gallischen Provinzen mit dort ansässigen »romanisierten« Kelten- und Germanenstämmen vermischten. So war das Weströmische Reich in der Sturmflut der Völkerwanderungen zeitweilig ein Niemandsland, dessen sich alle wandernden Völker bemächtigen konnten, während das Oströmische Reich sich in gesicherten Grenzen behaupten und seine Kräfte sammeln und mehren konnte. Das lag nicht zuletzt daran, daß die Kaiser von Konstantinopel-Byzanz es vermieden hatten, Germanenstämmen Land zur Siedlung anzubieten. Die vorsichtigen byzantinischen Staatsmänner hatten den drängenden, landhungrigen Völkern ihre Grenzen gesperrt und ihnen den Weg nach dem Weströmischen Reich gewiesen. Der Ostgotenkönig Theoderich, der Dietrich von Bern der Heldensage, der sein Volk auf dem Boden der Apenninen-Halbinsel seßhaft machte, benahm sich keineswegs als »Barbar«, wie die Römer es befürchtet hatten. Theoderich baute Paläste in Pavia, Verona und in seiner Hauptstadt Ravenna. Er ließ Rom den Bischöfen von Rom, den Päpsten, die die Oberaufsicht über die christlichen Gemeinden im zerfallenen Weströmischen Reich, mit Ausnahme der arianischen Goten, behalten hatten. Rom war zwar als politische Macht zugrunde gegangen, aber seine Lebensformen hatten sich im wesentlichen erhalten, wenn sie auch verwildert waren. Die Römer kleideten sich in Hosen wie die Germanen, sie trugen wie diese Pelzmäntel und langes, wallendes Haar. Die Römerinnen waren ihres kostbaren Schmuckes beraubt worden und gefielen sich in den schlichten Gewändern germanischer Frauen. Die Gelage, die in den ausgeplünderten Palästen und Häusern der verarmten Reichen veranstaltet wurden, waren nicht mehr glanzvolle Zusammenkünfte unbeschwerter, sinnenfreudiger Männer und Frauen, die das Leben genießen wollten. Die Armen erhielten keine Brotspenden mehr. Es wurden nur noch selten »Spiele« veranstaltet. Aber nicht nur die Heimsuchungen hatten den Leichtsinn Roms gedämpft. Die ungezügelte Lust am Leben war einer vorsichtigen Besinnlichkeit gewichen, die durch christliche Predigten und Schriften ausgelöst worden war. Als Erwiderung auf die Anschuldigung, daß das Christentum am Unglück Roms die Schuld trage, hatte der Kirchenvater Augustinus erklärt, daß Rom nicht wegen seines neuen Glaubens bestraft worden sei, sondern wegen seiner fortgesetzten Sündhaftigkeit.

Die Verdammung der Sünde des Fleisches als Ursprung allen Übels wirkte sich um so kraftvoller aus, als die römische Kirche auch unter den gefährlichsten Umständen ihre machtvolle Stellung hatte behaupten können. Die Päpste, Bischöfe und Priester hatten sich weder von den Goten noch von den Vandalen einschüchtern lassen. Papst Leo der Große hatte die »Geißel Gottes«, Attila, den

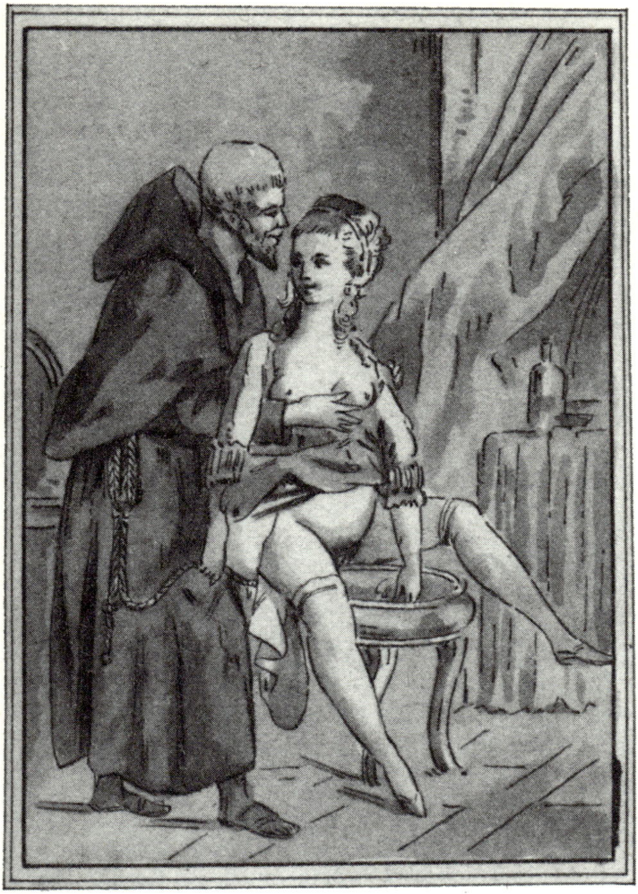

Ohne Titel – Rötelradierung aus dem Jahr 1770 von Jean Bapt. Huet (1745–1811)

König der Hunnen, »deren Heimat der Pferderücken ist«, in einer Zusammenkunft bewogen, Rom zu schonen. In den durch die Beutezüge der Goten und Vandalen verheerten Städten und Dörfern hatte sich die Kirche der Hungernden und Kranken angenommen, die Toten begraben und die Waisen versorgt. Es war tatsächlich so, wie der Kirchenvater Ambrosius erklärt hatte: »Inmitten der Unruhe der Welt bleibt die Kirche fest und beständig. Die Wogen können sie nicht erschüttern. Während rings um sie alles in einem schrecklichen Durcheinander liegt, bietet sie den Schiffbrüchigen einen stillen Hafen, in dem sie Sicherheit finden können.« Die Sicherheit, von der Ambrosius sprach, war jedoch nicht die Sicherheit im irdischen Dasein, sondern die Zuversicht, sich durch die Einhaltung der Gebote am Tag des Jüngsten Gerichts würdig zu erweisen: Der Himmel stand nur Männern offen, die die »Eingangspforte des Dämons« vermieden, und den Frauen, die sie verschlossen gehalten hatten.

In Rom und den von germanischen Stämmen eroberten Gebieten des Weströmischen Reiches waren die Frauen zu der erniedrigten Stellung verurteilt, die schon der Apostel Petrus ihnen zugewiesen hatte. Mit wenigen Ausnahmen blieben sie den Männern untertan und in dem Verruf, Anlaß und Ursache aller Sünden zu sein – auch bei den Franken, die sich im Norden Galliens niedergelassen und jahrzehntelang gezögert hatten, sich zum Christentum zu bekehren. Das Wort Franke bedeutet »Freier«. Die Franken kennzeichneten sich selbst als »das Volk, welches das grausame Joch der Römer von seinem Nacken schüttelte«. Der Gründer ihres Stammes, so erklärten sie, sei »Gott selbst«, und sie brüsteten sich, daß sie »tapfer in Waffen« seien, »stark im Frieden, weise im Rat, edel an Körper, strahlend in Gesundheit, hervorragend an Schönheit, kühn, schnell, abgehärtet«. Die fränkischen Männer liebten es, sich zu schmücken wie die Frauen. An ihren Gürteln waren, neben Schwert und Axt, Schere und Kamm befestigt, damit sie jederzeit die langen, in einem Schopf zusammengeknoteten und wie ein Pferdeschwanz herabhängenden Haare und die buschigen Schnurrbärte kürzen und kämmen konnten. Trotz solcher männlichen Eitelkeit waren die Franken durch das Stammesgesetz angehalten, sich dem weiblichen Geschlecht nicht in unerlaubter Weise zu nähern. Es war ihnen bei Strafe sogar verboten, die Hand einer Frau in unkeuscher Absicht zu streicheln. Mehr als doppelt so hoch war die Buße, wenn der bloße Oberarm liebkost wurde. Und die zudringliche Berührung der Brüste kostete dreifaches Geld. Die geschlechtliche Achtung vor Frauen, die als mögliche Mütter vieler Männer hoch bewertet wurden, war dieser Frauen einziges Vorrecht. Wenn sie Ehebruch begingen, wurden sie mit dem Tode bestraft; die Männer hingegen gingen frei aus. Sie konnten sich auch nach Belieben von ihren Frauen scheiden lassen, allerdings war ihnen die Vielweiberei nicht erlaubt. Nur die fränkischen Könige beanspruchten dieses Anrecht als außerordentliches Privileg ihres Ranges.

Die merowingischen Könige und ihre Würdenträger häuften nicht nur in ihren Palästen die erbeuteten, weströmischen Kunstschätze an, sie wollten auch nach »römischer Art« in Luxus leben und veranstalteten Gelage und Orgien nach »römischer Art«. Die Übertreibungen der Üppigkeit und Unzucht, deren sie sich schuldig machten, waren durch ihre hemmungslose Lebenslust veranlaßt, durch ihr Bedürfnis, keine Freude und kein Vergnügen zu missen. Die Könige aus dem Haus der Merowinger und ihre Großen verübten Blutschande und Hurerei mit der natürlichen Selbstverständlichkeit der Machthaber, die sich keine Schranken aufzuerlegen brauchten. Sie wurden durch die Frauen, die als rechtmäßige Ehefrauen und gelegentliche Beischläferinnen an den Schwelgereien teilnahmen, in ihrer Vergnügungssucht nicht nur bestärkt, sondern oft auch beherrscht. Am berüchtigtsten war »die schöne, die blonde, die schreckliche« Fredegunde, die als »ausgelernte Buhlerin« gefeiert wurde. Sie, die zuchtloseste Sünderin, war das Vorbild der schamlosen Genießerinnen, sie wurde aber auch den in ihrer Moral schwankenden Jungfrauen als abschreckendes Beispiel vorgehalten. Man nannte sie die »unheilige Maria des Teufels« und »die königliche Eingangspforte des Dämons«.

Als die zuchtloseste Sünderin von Byzanz brandmarkte der Historiker Prokop die Kaiserin Theodora, die Gattin Kaiser Justinians, den er als einen »Meister der Verstellung« darstellte, »in jeder Art von Betrug und Tücke bewandert«. In seiner Geheimgeschichte, den »Anekdota«, die erst nach ihrem und seinem Tod veröffentlicht wurde, hinterließ Prokop der Nachwelt einen keineswegs liebreizenden, aber von anstößigen Liebeserlebnissen strotzenden Bericht über Theodora – einen Bericht, dessen Bösartigkeit dadurch gemildert erscheint, daß Prokop erklärte, in seiner Zeit seien »so gut wie alle Frauen verderbt gewesen«. Wenn die Beschreibung ihres Lebenswandels durch Prokop auch nicht auf sie zuträfe, erscheint ihre wörtliche Wiedergabe als Zeugnis der im kaiserlichen Byzanz üblichen Unsitten angemessen. Und wenn es nicht noch andere Mädchen und Frauen von der Art Theodoras gegeben hätte, wäre seine Darstellung unglaubwürdig erschienen. Das schrieb Prokop in seinen »Anekdota«:

»Schon in der Zeit, als Theodora noch nicht zum intimen Umgang mit Männern reif war und überhaupt nicht als Frau gewertet werden konnte, ließ sie sich von moralisch Verkommenen in schamloser Weise wie ein Lustknabe mißbrauchen, sogar von den Sklaven, die ihre Herren ins Theater begleiteten und dabei die sich ihnen bietende Gelegenheit ausnützten. Auch verbrachte sie einige Zeit an einem verrufenen Ort und gab ihren Leib widernatürlichen Ausschweifungen hin. Sobald sie zur Frau herangereift war, trat sie als Schauspielerin auf und wurde eine Hetäre der niedersten Sorte ...«

Justinian, der die prunkvolle Hofhaltung Theodoras mit allen ihren verschwenderischen Genüssen am kaiserlichen Tisch und mit den ins Maßlose übertriebenen Zerstreuungen als Belästigung empfand, ließ sich von seiner Kaiserin überzeugen, daß die von ihr geschaffene byzantinische Lebensform, die sich in der übertriebenen Schaustellung kostbarer Tracht und wertvollen Schmuckes selbst überbot, den Reichtum und die Macht des Oströmischen Reiches würdig zum Ausdruck bringe. Trotz der Einfachheit ihres Mannes, der nur pflanzliche Kost aß und von der frühen Morgendämmerung bis tief in die Nacht hinein zu arbeiten pflegte, wurde Theodora die Kaiserin der großartigen Mode und des köstlichen Lebens.

Byzanz zeichnete sich aber nicht nur durch üppige Gelage aus, die in ihrer Ausschweifung die Festlichkeiten der römischen Glanzzeit übertrafen, sondern auch durch die Prunkbauten seiner Paläste und Gotteshäuser. Justinian, der größte Kriegsherr seines Jahrhunderts, trug Waffen nur zu festlichen Anlässen, um sinnbildlich zu bekunden, daß er das alte Imperium Romanum mit Waffengewalt wiederherstellen wolle. Er regierte mit Schreibgriffel und Pinsel. Das Schwert der Eroberung überantwortete er seinen Feldherren, Belisar und Narses, denen es gelang, die Vandalen aus Nordafrika und die Ostgoten von der Apenninen-Halbinsel zu vertreiben.

Die Niederlage der arianischen Ostgoten im berühmten »Kampf um Rom« hatte eine Stärkung des römisch-katholischen Glaubens zur Folge. Das war im Sinne Justinians, der die Macht der Päpste mit allen Mitteln festigen wollte, um die von ihm als unerläßlich erachtete Vereinheitlichung des Glaubens in seinen Reichen zu sichern. Er verlieh dem Papst den Titel »Patricius« als kaiserlichen Verwalter der Apenninischen Halbinsel, so daß sich die römische Kirche der Abrundung des »Patrimonium Petri«, des kirchlichen Landbesitzes, ungestört widmen konnte. Viel klarer als alle seine Vorgänger auf dem kaiserlichen Thron erkannte Justinian auch, daß sich eine erfolgreiche Herrschaft nicht nur auf den gleichen Glauben stützen müsse, sondern auch auf die gleiche Gesetzgebung. Er verfügte die Sammlung bereits bestehender Gesetze, ließ sie zeitgemäß ergänzen und im »Codex Justinianus« zusammenfassen. Aus dem »Weltreich der Paragraphen«, das er schuf, um »das einheitliche Rechtsleben im katholischen Glauben« zu gewährleisten, flohen diejenigen Untertanen, die anderen Glaubens waren, siedelten sich jenseits der östlichen und südlichen Grenzen des Byzantinischen Reiches an und waren empfänglich für ein neues Glaubensbekenntnis, das ihren sittlichen Vorstellungen entsprach und die Lebensgewohnheiten und Bräuche eines weiteren Großteiles der Menschheit verändern sollte. So legte der bedeutende Herrscher, den eine Hure beherrscht hatte, nicht nur den Grundstein zur Verbesserung der rechtlichen Stellung der Frauen im europäischen Raum, er bereitete auch, ohne es gewollt zu haben, den Boden für den Islam, der den Frauen ihre Rechte nahm.

Zeittafel

um 570–632 Mohammed
573–634 Abu Bekr
595 Mohammed heiratet Chadidscha
602–661 Ali
619 Mohammed nimmt nach Chadidschas Tod neun Frauen
622 Hedschra
630 Mohammed erobert Mekka
623 Abu Bekr erster Kalif
634–644 Omar 1. zweiter Kalif
636 Eroberung Persiens
638 Eroberung Syriens
642 Eroberung Ägyptens
644–656 Osman dritter Kalif
656–661 Ali vierter Kalif
657 Die Charidschiten trennen sich von Ali
661 Kalifat von Damaskus
ab 661 Trennung von Schiiten und Sunniten
711 Eroberung Spaniens
749 Kalifat von Bagdad
756 Kalifat von Cordova
um 766–809 Harun al Raschid (786 Kalif)
um 800 bis um 1400 Sammlung und Bearbeitung der Geschichten aus 1001 Nacht
ab 12. Jh. Islamische Miniaturmalerei
um 1400 (?) »Der Duftende Garten des Scheich Nefzaui«
um 1520 bis um 1800 Mogulstil in Indien

3 »Der Mensch ist ein schwaches Geschöpf«

Mohammed und der Islam

»Der Mensch ist ein schwaches Geschöpf ...« Mit diesem Ausspruch bekannte der Prophet Mohammed seine eigene Wankelmütigkeit und Unsicherheit gegenüber dem weiblichen Geschlecht. Er liebte die Frauen, aber er hatte keine gute Meinung von ihnen. Die Freude an ihrer Schönheit, der Genuß ihrer Körper bedeuteten höchstes Glück für ihn. Derselbe Mohammed aber bezeichnete sie als »das höchste Unglück der Menschen« und gab seiner Überzeugung Ausdruck, daß die meisten Frauen in die Hölle kommen würden, obwohl er selbst sich den Himmel nicht ohne ihre liebliche Anwesenheit vorstellen konnte und den Gläubigen versprach, auch sie würden in dem von ihm verheißenen und mit der wahrhaft glühenden Phantasie des echten Arabers geschilderten Paradies bei »Huris« wohnen, »auf erhöhte Kissen gelagert«. Die Huris, die himmlischen Mädchen, Jungfrauen, »die nie altern, nie gebären und ewig schön bleiben«, würden sich jedoch nur mit solchen Männern vereinen, »die zuvor anderen im Guten vorangegangen sind«.

Das war der höchste Wunsch der arabischen Männer, den sie in ihrem irdischen Dasein nur selten verwirklichen konnten und dessen Erfüllung sie im Paradies erhofften: Ein unberührtes, noch nicht vom geschlechtlichen Verlangen beunruhigtes, unverdorbenes Mädchen zu besitzen, das galt als die höchste Seligkeit. Aber auch wenn ein Araber glaubte, daß er begnadet worden sei und sich eines so seltenen Schatzes bemächtigt habe, dauerte sein Entzücken nur so lange, bis er »die Unschuld gepflückt« hatte: Durch die Entjungferung der als Jungfrau Begehrten beraubte er sich selbst des Reizes, den sie geboten hatte. Jetzt war sie zur Frau geworden, gewiß noch immer begehrenswert zur Befriedigung seines Triebes, zur Bestätigung seiner Männlichkeit und zur Steigerung seiner Lust am Leben, aber kein höheres Wesen, das verehrt, gehegt und gepflegt werden mußte. Jede Frau galt den Arabern als im Grunde ungut, von Natur aus betrügerisch und listig, habgierig oder zumindest auf ihren Vorteil bedacht. Jeder Mann hatte die Verantwortung für die Frauen, die von ihm erwählt und in sein Haus aufgenommen worden waren. Es stand im Koran, dem mohammedanischen Lehr-, Lese- und Vorschriftenbuch: »Männer sollen vor Frauen bevorzugt werden.«

Die Stellung der arabischen Frauen war, bevor Mohammed dem von ihm geliebten, aber mißtrauisch und vorsichtig behandelten weiblichen Geschlecht doch gewisse Rechte zuerkannte, kaum besser als die von Sklavinnen gewesen. Nur an den Küsten der gewaltigen Halbinsel, die ihren Namen vom Worte »arab«, »dürr«, herleitete, gab es bewirtschaftete Siedlungen, in denen der Boden fruchtbar war und Haushaltungen gegründet werden konnten. Nur ein kleiner Teil der arabischen Bevölkerung lebte in den Hafen- und Marktstädten, die Handel mit Ägypten und Indien trieben. Karawanenstraßen verbanden die durch die Wüste vor den westlichen und östlichen Nachbarn geschützten Araber, die als Viehhirten mit ihren Herden unaufhörlich auf der Suche nach Weidegründen waren. In diesem Wanderleben der Männer hatten die Frauen keinen wirtschaftlichen Wert. Sie waren bestenfalls als Gefährtinnen der einsamen, eintönigen Nächte erwünscht, als Lagergenossinnen, die jedoch nur selten den Beschwerden und Gefahren der Wüste gewachsen waren. Zur unmittelbaren Befriedigung des dringlichen geschlechtlichen Verlangens dienten die Männer einander in gleichgeschlechtlicher Vereinigung. Es war der von der Natur gebotene Ausweg der sinnlichen Einsamkeit, der – je nach der Veranlagung der einzelnen – als unvermeidbares oder wünschenswertes Übel galt. Für die wandernden Beduinen war der Lagergenosse oder ein Pferd wichtiger als eine Frau. Der Besitz eines Kamels wog den Besitz eines Zeltes voller Frauen auf. Es war noch genügsamer als die Männer selbst, die ihren Hunger und Durst mit gedörrten Datteln und einigen Bechern Milch stillen konnten. Daß sich zudem die arabischen Männer bis in ihr hohes Alter jung und kräftig erhielten, während die Frauen in dem heißen Klima früh verblühten, verminderte den Wert des weiblichen Geschlechts. Töchter waren kein willkommenes Geschenk des Himmels, sondern Strafen, verhängt von den als göttlich angebeteten Sternen, vom Mond oder von bösen Erdgeistern über diejenigen Väter, die sich gegen die gefürchteten Gottheiten vergangen hatten. Wer zu viele Töchter hatte, konnte sie nicht an den Mann bringen. Sie waren wertlos und nichts als eine Last. Am besten war es, sie gleich nach der Geburt zu vergraben, um die Kosten des Aufziehens zu ersparen, die sich nur dann lohnen konnten, wenn sie sich zu begehrenswerten Jungfrauen entwickeln würden. Das wußte der Vater schon, wenn das Mädchen sieben oder acht Jahre alt war und als gängige Ware bewertet werden konnte. Der Preis für die Kind-Braut wurde festgelegt. Die eheliche Übergabe erfolgte, wenn sie geschlechtsreif war oder der Bräutigam es verlangte. Sie wechselte aus dem Besitz ihres Vaters in den ihres Ehemannes über, der sie bei Nacht ins Bett nahm, um sich an ihr zu erfreuen, und sie bei Tag zu den Arbeiten im Haus, auf dem Feld und im Garten anhielt, die er für unter seiner männlichen Würde hielt. Sie mußte ihm mit Leib und Seele dienen, sie mußte ihm in jeder Weise gefällig sein, er ihr aber nur, wenn es ihm gefiel. Je wohlhabender er war, desto mehr Frauen konnte er sich, im wahren Sinn des Wortes, zulegen. Wenn er ihrer überdrüssig war, stand es ihm frei, sie einfach aus dem Haus zu weisen.

Die arabischen Frauen rächten sich für die beleidigende Geringschätzung auf ihre eigene Art, über die nur diejenigen Männer Bescheid wußten, die an der Rache der Frauen teilnahmen: Sie begingen Ehebruch bei jeder Gelegenheit. In der Abwesenheit ihrer Ehemänner verließen sie die Häuser in aufreizender Kleidung, um Eroberungen zu machen. Ihre geschlechtliche Hemmungslosigkeit war so offenkundig, daß es an einer Stelle des Talmud hieß: »Zehn Maß Unmoral kamen zur Welt hernieder; neun davon nahmen die Araber für sich, eines verblieb der übrigen Welt.« Denn es war tatsächlich üblich, daß Beduinen und Händler, die von ihren Reisen heimkehrten, sofort Ausschau hielten nach den Frauen, deren Männer auf der Suche nach Weideland oder Geschäften waren. Ohne Zögern betraten die Fremden die Häuser und paarten sich mit den Frauen, die »weder Scham noch Reue empfanden«.

Erst als Mohammed die Stärkung des Familiensinns als unerläßliche Voraussetzung für die Stärkung des von ihm verkündeten Glaubens erkannte, verbesserte sich die Stellung der arabischen Frauen. Er wies die Männer an, ihnen – wenn auch beschränkte – Rechte zu geben, die sie aus wehrlosen Sklavinnen immerhin zu beschützten Gefährtinnen der Männer erhoben. Er verfügte die Maßnahmen, durch die er die Frauen begünstigte, vorsichtig und zögernd, wie alle Anweisungen, die das Brauchtum betrafen. Er mußte zu Beginn seiner Laufbahn vermeiden, die wenigen Anhänger, die sich um ihn scharten, durch allzu einschneidende Veränderungen abzuschrecken; wenn er sie nicht verscheuchen wollte, mußte er, was er als göttliches Gebot Allahs lehrte, mit menschlichen Argumenten begründen. Es fiel Mohammed in der Tat nicht leicht, die Araber davon zu überzeugen, daß es für sie nicht nur auf Erden, sondern auch im Paradies vorteilhafter wäre, wenn sie ihre Beziehungen zum weiblichen Geschlecht so regelten, wie es Allah und seinem Propheten richtig erschien. Der Kompromiß, den Mohammed zuwege brachte, entsprach, wie beinahe alle im Koran gesammelten Aussprüche und Bestimmungen, aus denen sich das mohammedanische Sittengesetz entwickelte, seinen persönlichen Zuneigungen und Abneigungen. Der Islam, seine Lehre, die den Gläubigen gebot, »aslama« zu sein, »ergeben« dem Glauben, den er als Prophet verkündete, beruhte auf der eigenwilligen und eigenmächtigen Auslegung des Alten Testaments, die Mohammed durch die von Allah empfangenen Offenbarungen und seine eigenen Anschauungen ergänzte.

Der Prophet und Begründer des mohammedanischen Glaubens, der ein Weltreich eroberte und die Lebensgewohnheiten und Bräuche seiner Bewohner formte, hatte schon in seiner Kindheit Gelegenheit, die Erfahrungen zu machen, die er dem Koran einverleibte. Er war früh verwaist. Als auch seine Mutter, die nur drei Tage und Nächte das Lager mit seinem Vater geteilt hatte, starb, war der »Auserwählte Gottes« sechs Jahre alt. Erst nahm ihn sein Großvater zu sich, dann sein Onkel. Mohammed lernte weder lesen noch schreiben, aber sein Großvater, der dem vornehmen Stamm der Kuraisch angehörte, belehrte ihn, daß er in gerader Linie von Ismael abstamme, dem Sohn der Magd Hagar und des biblischen Stammvaters Abraham, mit dem der eine und einzige Gott der Juden den ewigen Bund geschlossen hatte. Das Glaubenssymbol der Kuraisch war der »Schwarze Stein« von Mekka. Er wurde in der Kaaba aufbewahrt, einem viereckigen Bau, der, wie die Kuraisch glaubten, von Engeln des Himmels oder von Abraham oder seinem

Sohn Ismael errichtet worden war. In der Kaaba wurden auch Götzen angebetet, vor allem Allah und seine drei Töchter.

Mohammed also verdankte der Zugehörigkeit zu der wohlhabenden Familie, außer dem geringfügigen Erbe nach seinem Vater, nur den Namen für seinen Gott – Allah. Schon als Zwölfjähriger wurde er auf Karawanenreisen mitgenommen, um den landesüblichen Handel zu erlernen. In den Städten, die als Umschlagplätze dienten, beschäftigte sich der frühreife Junge mehr mit den Menschen als mit Waren. In Gesprächen mit Juden und Christen erwarb er seine Kenntnis des Alten und des Neuen Testaments. Vermutlich wäre er einer der zahlreichen mittellosen Geschäftsreisenden geblieben, die mehr redeten als handelten, wenn sich nicht die um vieles ältere, geldschwere Kaufmannswitwe Chadidscha, die Mutter mehrerer Kinder, in ihn verliebt und ihn geheiratet hätte. Mohammed war nun ein reicher Mann, wurde Vater einiger Töchter und zweier Söhne, die früh starben. Er liebte seine Töchter, besonders Fatima, und es ist anzunehmen, daß er Väter, die ihre Töchter töteten oder sich ihrer schämten, aus Liebe zu seinen Töchtern verurteilte. Solange Chadidscha lebte, hatte Mohammed nur eine einzige Frau. Erst als sie starb, begründete er einen Harem, einen »verbotenen, heiligen« Teil des Hauses, in dem die Frauen, die er eine nach der anderen heiratete, abgesondert lebten. Auch den Gläubigen gestattete er die Vielweiberei. Er selbst hielt sich zehn Ehefrauen und zwei Nebenfrauen und berief sich dabei, wie bei allem, was er für richtig hielt, auf Allah. Er erklärte einfach: »Allah hat es mir befohlen«, er könne dem Befehl nicht widersprechen, denn: »Allah ist groß.« Seine Anhänger jedoch, gewöhnliche Sterbliche, die nicht »Auserwählte Gottes« waren wie er, durften nicht mehr als vier Frauen in ihren ehelichen Betten genießen, aber sie konnten sich, ohne gegen das Gebot zu vergehen, so viele Nebenfrauen halten, als ihr Trieb verlangte und ihre Einkünfte erlaubten. Die Beschränkungen, die Mohammed den Gläubigen auferlegte, sollten ihr Verlangen nach den irdischen Freuden nicht unterdrücken. Er predigte nicht die Entsagung, sondern das Maßhalten im Genuß. Nicht verbieten wollte er, sondern regeln. Das sittliche Verhalten sollte den lebenswichtigen und natürlichen menschlichen Bedürfnissen entsprechen, allerdings nur so, wie er selbst sie anerkannte oder für richtig befand, wobei er es nie unterließ zu erklären, daß er nur das »Sprachrohr Allahs« sei, der ihm befohlen hatte, Vorschriften und Anweisungen zu erlassen.

Als der Erzengel Gabriel Mohammed zum erstenmal im Traum erschien und ihm verkündete »… du bist der Gesandte Allahs …«, stand Mohammed im vierzigsten Lebensjahr. Außer seiner Frau Chadidscha glaubte ihm niemand die Visionen, durch die er begnadet worden sei. Die Drohung mit dem »Jüngsten Gericht« allerdings, in dem die Erde erbebt, die Berge zermalmt werden und wie »zerzauste Wolle zu Sand und Staub zerfallen, wenn der Himmel schmilzt und Mond und Sonne aneinanderprallen«, beeindruckte erst einige, dann immer mehr Zuhörer des begeisterten Propheten, der grimmig verkündete, »daß jeder einzelne für seine Taten zur Rechenschaft gezogen werde«. Er rief: »Die Guten kommen ins Paradies, die Bösen in die Hölle – und weißt du wohl, was das ist? Heißes Feuer!« Die Verdammten würden Schuhe aus Feuer tragen, aber die Seligen sollten auf schwellenden Kissen ruhen; Bäche von Milch, Honig und Wein würden für sie fließen, und den Wein dürften sie trinken ohne häßlichen Rausch. Und Jungfrauen würden sie bedienen, mit schwellenden Brüsten. Ohne zu ermüden und ohne zu altern könnten die guten Gläubigen diese Jungfrauen genießen. Auch die gläubigen Frauen würden im Paradies nicht benachteiligt werden. Das höchste Entzücken würden sie erleben, wenn, umgeben von unsterblichen Jünglingen, sie das Antlitz Allahs erblickten.

Die Versöhnlichkeit und Barmherzigkeit Allahs, in dessen Namen Mohammed seine Gebote und Verbote verkündete, gewann ihm immer mehr Anhänger, denen er nicht nur das Paradies versprach, sondern auch irdisches Glück, wenn sie daran mitwirkten, dem Islam zum Sieg zu verhelfen. Der Sieg, den Mohammed ursprünglich ersehnte, bedeutete freilich nicht mehr als eine Verhütung seiner Niederlage. Denn die Kuraisch waren entschlossen, die »Gläubigen« auszurotten, da ihr unberechenbar gefährlicher Verwandter den Kaaba-Kult als Götzendienst angeprangert hatte. Er entging ihrer Verfolgung und dem von ihnen geplanten Meuchelmord durch die »Hedschra«, die Flucht nach Jathrib, am 16. Juli 622. Von diesem Tag an zählt die Zeitrechnung des Islams, dem der Prophet durch diese Flucht zum ersten entscheidenden Sieg verhalf. Sein Einzug in die blühende Handelsstadt Jathrib wurde ein Volksfest. Ein Hausbesitzer nach dem andern rief dem in Mekka angefeindeten Mohammed zu: »Steig hier ab, o Prophet, wohne bei mir.« Einige griffen nach dem Halfter des Kamels, auf dem er geflohen war. Mohammed beschwichtigte die Begeisterung: »Laßt das Kamel frei laufen, die Wahl, wo ich wohne, liegt bei ihm.« Er ließ die Zügel los. Das Kamel hielt an. Das gefiel den abergläubischen Kaufleuten von Jathrib so sehr, daß sie den Platz, an dem das Kamel stehengeblieben war, als »von Gott erwählt« bezeichneten. Mohammed erbaute auf diesem Platz die erste Moschee des Islams. Dort befahl er den Gläubigen: »Im Namen Allahs, des Barmherzigen und Erbarmers, des Allmächtigen« sollten sich die Gläubigen in Anbetung niederwerfen, den Blick nach dem Osten gerichtet, nach Jerusalem, und beten: »Herr, lade uns nicht auf, was über unsere Kräfte geht. Verzeih uns, vergib uns und erbarme dich unser. Du bist unser Schutzherr, so hilf uns gegen die, die ungläubig sind.« Mohammed half sich selbst im Namen Allahs. Kurz nach seiner Ankunft wurde die Stadt, die er mit seiner Anwesenheit beehrte, nicht mehr Jathrib genannt, sondern Medina, die »Stadt des Propheten«. Er machte sich zum Machthaber der freundlichen Freistadt, nicht nur durch die Macht des Wortes, sondern auch durch die Anwendung offener Gewalt. Die Verbrüderung seiner mit ihm aus Mekka geflohenen Anhänger mit den Einwohnern von Medina erwirkte er durch die Drohung, daß sie alle durch einen blutigen Angriff aus Mekka gefährdet seien – sie alle als »Muslimin«, als Anhänger des Islams, Muselmanen, »die sich dem Glauben ergeben, die mit Gott Frieden geschlossen haben«.

Die Mehrzahl der Juden von Medina jedoch war nicht bereit, für den neuen Glauben zu den Waffen zu greifen, obwohl Mohammed sie durch seine Anhänger zu gewinnen versuchte: »Sagt ihnen, wir glauben an das, was uns, und an das, was euch offenbart worden ist. Unser und euer Gott ist einer.« Die Juden von Medina aber wollten nicht zugestehen, daß auch nur »ein Tüttel am Gesetz falle«. Sie sagten zwar zu, daß sie sich den Muselmanen bei der Verteidigung gegen alle Feinde der Stadt anschließen wollten. An einem Feldzug gegen Mekka hingegen würden sie nicht teilnehmen. Für diese Einschränkung nahm Mohammed furchtbare Rache an den Juden, nachdem er den »Heiligen Krieg« gegen Mekka begonnen hatte. Unter dem Vorwand, daß ein jüdischer Stamm der Kuraisch Hilfe geleistet habe, ließ er auf dem Marktplatz von Medina sechshundert jüdische Männer hinrichten und ihre Frauen und Kinder in die Sklaverei verkaufen. Die guten Beziehungen zwischen Mohammedanern und Juden waren zu Ende. Der Prophet begnügte sich nicht mit dem Blutvergießen, sondern begann auch den geistigen Krieg gegen die Juden. Während all der Raub- und Feldzüge an der Spitze seiner Beduinen (denen er vier Fünftel der Beute geplünderter Karawanen zugestanden hatte) empfing er »heilige Offenbarungen«, durch die er erfuhr, daß Allah die Juden verdamme. Sie hätten die Heilige Schrift verfälscht und die großen Geschehnisse nicht so dargestellt, wie sie wirklich stattgefunden hätten. Abraham sei wohl der Vater Isaaks, der von Gott auserwählte Sohn Abrahams aber sei Ismael gewesen und nicht Isaak. Abraham und Ismael hätten Mekka gegründet und den Schwarzen Stein der Kaaba geweiht. Deshalb müßten die Muselmanen sich beim Gebet nicht mehr Jerusalem zuwenden, sondern Mekka, der durch den Schwarzen Stein geheiligten Stadt.

Diese Absage an die Heilige Schrift war ein Zugeständnis an die Kuraisch, die während der kriegerischen Handlungen durch das Ausbleiben der jährlichen Pilgerzüge zur Kaaba empfindlich geschädigt worden waren. So erklärten sie sich bereit, Mohammed die Erlaubnis zur Rückkehr nach Mekka zu geben, wenn er mit ihnen Frieden halte. Der Prophet schloß einen zehnjährigen Waffenstillstand mit den Kuraisch, zog aber nach einem Jahr unter einem Vorwand mit zehntausend Mann in Mekka ein. Er fand um so weniger Widerstand, als er Mekka zur Heiligen Stadt und die Kaaba zum Heiligtum erklärte und den Kuraisch gnädig gestattete, Muselmanen zu werden. Nun war Mohammed Herr seiner Heimatstadt. In kurzer Zeit unterwarf er die ganze Arabische Halbinsel und gebärdete sich wie ein unabhängiger Landesherr. Sein Koran war nun nicht mehr nur Glaubensvortrag, sondern auch das Sittengesetz, das die Lebensformen der Moslimin in allen Einzelheiten bestimmte.

Die Gebote des Korans stimmten im wesentlichen mit den Zehn Geboten des Alten Testaments überein. Nur in Vorschriften, die Mohammeds persönliche Neigungen oder Abneigungen widerspiegelten, verfügte er Änderungen. Die Frauen waren nicht mehr uneingeschränkter Besitz der Männer. Sie durften nicht gegen ihren Willen »vererbt« werden. Sie hatten das Recht, in die Moschee zu kommen, aber Mohammed setzte hinzu, zu Hause seien sie besser aufgehoben. Er erklärte: »Wenn eine Frau geschlechtsreif geworden ist, schickt es sich nicht, daß ihre Blöße von Männeraugen gesehen wird. Frauen, die noch nackt sind, auch wenn sie Kleider tragen, haben keinen Verstand und keinen Glauben. Was oberhalb der Knie und unterhalb des Nabels ist, soll bedeckt sein ... Sie sollen ihren Körper nicht entblößen, sondern nur, was notwendig sichtbar sein muß. Sie sollen ihren Busen mit Schleiern verhüllen. Sie sollen ihre Reize nur vor ihren Ehemännern zeigen oder vor ihren Vätern oder vor den Vätern ihrer Ehemänner oder vor ihren Söhnen oder denen ihrer Ehemänner, vor den Stiefsöhnen oder vor ihren Brüdern oder vor den Söhnen ihrer Brüder und Schwestern oder vor ihren Frauen oder vor ihren Sklavinnen oder vor den Dienern, welche kein Bedürfnis für Frauen fühlen, oder vor Kindern, welche die Blöße der Frauen nicht beachten. Auch sollen sie ihre Füße nicht so werfen, daß man der Zierde, die sie verbergen sollen, gewahr werde.«

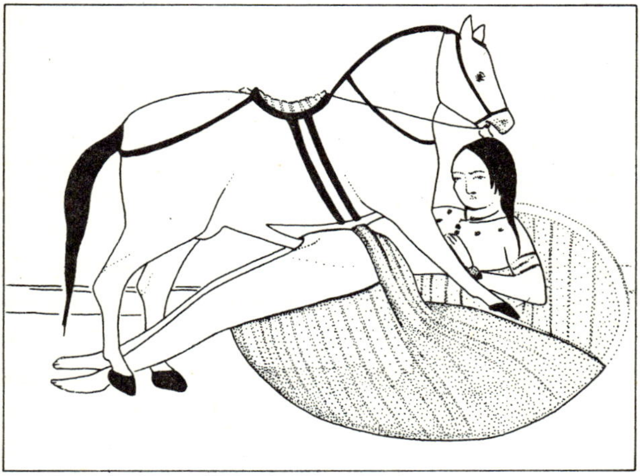

Trotz des Keuschheitsgebots Mohammeds treibt eine Frau Unzucht mit einem Hengst – Miniatur aus dem Indien der Mogulzeit

Die Ehe erklärte Mohammed für unerläßlich erforderlich: »Verheiratet die Ledigen unter euch, ebenso eure redlichen Knechte und Mägde.« Denn die Ehelosigkeit fördere die Unkeuschheit, die Allah, der die erlaubten Freuden des Geschlechts zulasse, mißfalle. Mohammed gestattete jedem Mann die Scheidung nach Belieben, aber er verfügte, daß die Frauen dort wohnen bleiben müßten, »wo ihr wohnt, nach Maßgabe der Wohnstätte, die ihr besitzt. Und tut ihnen keine Unbill, daß ihr sie nicht in ängstliche Sorge versetzt. Sind sie schwanger, so sorgt für das, was sie nötig haben, bis sie ihrer Leibesfrucht ledig sind. Stillen sie ihre Kinder für euch, gebt ihnen ihren Lohn und findet euch nach Billigkeit miteinander ab ...« Auch die Frau konnte die Scheidung von ihrem Mann erwirken, wenn sie ihm die Mitgift zurückgab, aber sie durfte nicht verheimlichen, »was Allah in ihrem Leibe geschaffen hat«. In seiner eigenen Lebensführung ging Mohammed den Gläubigen mit gutem Beispiel voran. Er hielt sich streng an die Speisevorschriften, die er erlassen hatte. Schweinefleisch oder das Fleisch verendeter Tiere zu essen war verboten. Er nährte sich von Datteln und Gerstenbrot, er trank Ziegenmilch und enthielt sich gewissenhaft des Weines, den er als gefährliches, von Allah verworfenes Getränk gekennzeichnet und dessen Genuß er den Gläubigen untersagt hatte. Sonst aber bestimmte er: »Alles, was zuträglich ist, das ist erlaubt.« Die von Mohammed verbotenen Ehen zwischen Familienangehörigen galten als »Blutschande«. Diese Verbote sollten dem Unfrieden innerhalb der Familie vorbeugen und – wie die mosaischen Gesetze – die Inzucht verhindern, die zur Zuchtlosigkeit führen mußte. Großzügig setzte Mohammed wieder hinzu: »Alles übrige, was hier nicht verboten ist, das ist erlaubt.« Mohammed selbst hatte es vermieden, Frauen zu heiraten, die unter die den Gläubigen auferlegten Beschränkungen fielen. Keine einzige seiner Frauen war mit ihm so nahe verwandt, daß er sein eigenes Gebot durch die Ehe mit ihr übertreten hätte – auch nicht die reizende Aischa, die Tochter eines Kuraisch, mit der er sich verlobt hatte, als sie sieben Jahre alt war. Jede Laune sah er Aischa nach, und er schlief öfter mit ihr als mit seinen anderen Frauen, die er in ordentlicher Reihenfolge, eine nach der andern, besuchte. Keine sollte sich vernachlässigt oder benachteiligt fühlen. Jede Frau, die ihre ehelichen Pflichten erfüllte, sollte auch eheliche Rechte haben.

Auch die Strafen für Ehebruch hatte Mohammed im Koran festgelegt: »Eine Hure und einen Hurer sollt ihr mit hundert Schlägen geißeln.« Er änderte das Gebot, als Aischa einige Tage verschwunden war. Sie behauptete, ihr Gefolge habe nicht gewußt, daß sie ihre Sänfte verlassen hatte und ohne sie aufgebrochen war. Ein Krieger habe sie gefunden; unter seinem Schutz sei sie heimgekehrt. Niemand – außer Mohammed – glaubte Aischa. Sie wurde zwar nicht offen, aber verstohlen des Ehebruchs verdächtigt. Mohammed ließ sich nicht beirren. Er wollte seine Lieblingsfrau weder geißeln lassen noch verstoßen. Und so erließ er ein Gebot: »Wer eine ehrbare Frau des Ehebruchs beschuldigt und dieses nicht durch vier Zeugen beweisen kann, den geißelt mit achtzig Schlägen und nehmt dessen Zeugnis nie mehr an, denn er ist ein Bösewicht.« Vier Zeugen für vollzogenen Ehebruch? Es fanden sich keine Männer und Frauen, die sich so öffentlich paarten, daß Zeugenschaft gegen sie hätte abgelegt werden können. Niemand wagte es mehr, »ehrbare« Frauen zu beschuldigen. Mohammeds eheliche Ehre war reingewaschen. Er verkündete: »Es gibt nichts Wertvolleres in der Welt als eine tugendhafte Frau.« Als Mohammed, vierundzwanzig Jahre nachdem er seine erste Offenbarung empfangen hatte, in Aischas Armen starb, beherrschten sein Glaube und seine Sittengesetze beinahe die ganze Arabische Halbinsel. Abu Bekr, der Vater Aischas, sein treuester Gefolgsmann, der schon zu Lebzeiten Mohammeds als »Kalif« sein Vertreter gewesen war, wurde mit dem Titel »Anführer der Gläubigen« zum Nachfolger des Propheten, zum Kalifen, erwählt. Er und sein Nachfolger Omar beherzigten den Ausspruch Mohammeds: »Wahrlich, Gott liebt den, der für ihn kämpft.« Immer wieder wurden die Gläubigen zu den Waffen gerufen, um ihrem Glauben den ganzen Erdkreis zu unterwerfen. Der Islam eroberte nicht nur die oströmischen

Provinzen, Palästina und Ägypten, sondern auch das Persische Reich. Die arabische Sprache breitete sich in den unterworfenen Gebieten aus. Ihre Schriftzeichen, in denen Mohammeds Diener Zaid die Offenbarungen des Propheten niedergeschrieben hatte, wurden zur Schrift der gebildeten Welt des Nahen Ostens. Die Glaubensvorschriften der Muselmanen und ihre Sittengesetze bedeuteten keine Last, wenn die zum neuen Glauben Bekehrten die großen Vorteile bedachten, die ihnen zuteil wurden. Sie mußten bekennen: »Es gibt keinen Gott außer Allah, und Mohammed ist sein Prophet.« Sie mußten den vom Koran vorgeschriebenen »vier Pflichten« genügen, vor allem die gebotenen Gebete verrichten. Gesicht, Hände und Füße mußten sauber sein, bevor die Moslimin in den »adhan«, den Gebetsruf des Muezzin, einstimmten – bei Tagesanbruch, kurz nach Mittag, am späten Nachmittag, bei Sonnenuntergang und zur Schlafenszeit. Die Moscheen waren der Mittelpunkt des täglichen Lebens. Sie standen den Gläubigen tagsüber offen. Am Wochenende las der Imam, der Vorbeter, aus dem Koran vor, während die Muselmanen sich, dem Sinne des Wortes »Moschee« gemäß, »im Gebet niederwarfen«. Almosen zu spenden war die zweite Pflicht des Muselmanen. »Es erwirkt uns den Eintritt zu Gott« hieß es. Aber ohne die Erfüllung der dritten Pflicht, das Fasten im Ramadan, dem Sommermonat, in dem Mohammed seine erste Offenbarung empfangen hatte, und ohne die Erfüllung der vierten Pflicht, der Wallfahrt nach Mekka, »sooft der Gläubige kann«, waren die »fünf Säulen des Islams« nicht vollkommen.

Die Einheitlichkeit des Islams erhielt sich nicht lange. Die Gläubigen spalteten sich, in die Sunniten, denen die Überlieferung des Propheten und die Einheit der islamischen Gemeinschaft über alles andere ging, in die Schiiten, die das Kalifat für die leiblichen Nachkommen des Propheten von seinem Schwiegersohn Ali her verlangten, und in die Charidschiten, die forderten, daß der Frömmste, ohne Rücksicht auf seine Abstammung, zum Kalifen erhoben werde.

Die Teilung der Macht im islamischen Herrschaftsgebiet beeinflußte indes die Lebensgewohnheiten und Bräuche der Mohammedaner in den verschiedenen Landstrichen nur unwesentlich. Überall stützte sich der Glaube auf die »fünf Säulen des Islams« und die Sittengesetze des Korans, dessen unterschiedliche Auslegung nur solche Abweichungen zuließ, die nicht gegen die Gebote des Propheten zu verstoßen schienen. Nicht umsonst hatte Mohammed den Schwächen der menschlichen Natur weitgehend Rechnung getragen und die Dehnbarkeit der Moral in Betracht gezogen. Das sittliche Verhalten der Gläubigen war von ihm nicht so scharf begrenzt worden, daß ihrer Lebensfreude Beschränkungen auferlegt gewesen waren. Allahs Prophet hatte eine Gesellschaftsordnung geschaffen, die den Männern zugute kam und für die Frauen nicht nachteilig sein sollte. Gewiß: Die Welt des Islams war eine männliche Welt. Aber die Frauen genossen den Schutz der Männer: Für ihren Unterhalt war vorgesorgt, auch wenn sie nicht mehr das Lager der Männer teilten, besonders, wenn sie Söhne geboren und gestillt hatten. Mohammed hatte ausdrücklich betont: »Das Paradies liegt der Mutter zu Füßen.«

Die Männer konnten ihren Trieb in ihren eigenen Frauenhäusern nach Belieben ausleben – es war nur eine Geldfrage, ob sie jeder Lust und Laune ihres Geschmackes frönen konnten. Sie durften dunkelhäutige und weißgliedrige, schwarzhaarige und blonde, magere und dicke Frauen heiraten oder als Nebenfrauen halten. Sie durften Sklavinnen erwerben. Sie konnten sich mit einer Frau oder mit mehreren gleichzeitig vergnügen. Was immer sie auch innerhalb der Mauern des Hauses taten, war wohlgetan. Ungehorsam der Frauen im Geschlechtsverkehr war Ungehorsam in der Ehe und gab dem Mann das Recht, die Widerspenstige so lange zu züchtigen, bis sie sich ihrer Pflichten besann und den Wünschen des Mannes keinen Widerstand entgegensetzte. Anfangs hatten die muselmanischen Frauen gegen die ihnen aufgezwungene Unterwerfung aufbegehrt. Sie hatten sich dagegen gewehrt, daß sie ihre Reize vor anderen Männern als den eigenen verbergen mußten. Aber Brauch und Erziehung hatten auch die Störrischsten gefügig gemacht. Die Erkenntnis, daß ihr Wohlleben vom Wohlwollen des unbekannten Mannes, den sie heiraten mußten, abhängig war, bestimmte bereits das schicksalsergebene Verhalten der Bräute. Sie wurden von ihren Vätern verheiratet, ohne daß der Bräutigam sie begutachten konnte. Er durfte ihr in die Augen blicken, aber ihr Gesicht nicht sehen, bevor die Hochzeit nicht vollzogen war. Wenn sie ihm unverhüllt nicht gefiel oder nicht gefällig war, konnte er sie noch in der Brautnacht ihrem Vater zurückgeben. Allerdings mußte der Mann darauf verzichten, sie zu entjungfern, und ihr die Morgengabe belassen, die er am Tage des Verlöbnisses hinterlegt hatte. Für ein Mädchen jedoch war es eine unauslöschliche Schande, so verschmäht worden zu sein. Nur selten fand sich ein anderer, der eine »nach Hause Geschickte« zur Frau nehmen wollte. Es kam aber auch nur selten vor, daß ein Mann auf die Entjungferung und die Morgengabe verzichtete – die Braut mußte schon besonders widerborstig oder abstoßend häßlich sein, denn es war billiger und bequemer, sich von einer Frau scheiden zu lassen, als die Feindseligkeit ihrer väterlichen Familie durch die Schande heraufzubeschwören. Unerfreuliche Frauen allerdings blieben wie überflüssiger, ererbter Hausrat im Haus, ungeachtet und unbeobachtet, zu lebenslänglicher Enthaltsamkeit verdammt, dem Spott und der Geringschätzung der anderen Frauen ausgeliefert, die der Ehemann mit seiner Liebe beglückte oder beehrte. Da sich das Geschlechtsleben im Harem ohne Scham und Scheu und ohne Zurückhaltung abspielte, waren die von ihren Ehemännern zurückgesetzten Frauen unfreiwillige Zeuginnen des Genusses der glücklicheren anderen oder der Sklavinnen, die ihnen vorgezogen wurden. Die verächtliche Vernachlässigung und die Geschlechtsnot, die sie quälte, machte die meisten dieser darbenden Frauen zu unerbittlichen Feindinnen des Mannes, der an ihrem traurigen Schicksal schuld war. Sie wiegelten die übrigen Frauen des Harems auf, stichelten ihre Eifersucht an, stifteten Unfrieden und Unruhe und waren jederzeit bereit, sich als Kupplerinnen bei unerlaubten Beziehungen der anderen Frauen zu betätigen. In den Frauenhäusern derjenigen Männer, die sich nicht mehr als zwei oder drei Frauen halten konnten, war die Hausordnung leichter zu überblicken als im Harem der Reichen und

Mächtigen, die nicht das Gebot Mohammeds beachteten, man solle sich mit vier Frauen begnügen. Je mehr Frauen ein vornehmer Mann sein eigen nannte, desto höher stand er im Ansehen, besonders in Persien, wo es schon in den Zeiten der Großkönige üblich gewesen war, daß die Herrscher und ihre hohen Würdenträger das Bett jede Nacht mit einer anderen Frau teilten. Die Kalifen, die in Bagdad residierten (das nun die Rolle Babylons spielte), unterhielten viele hundert Frauen in ihrem Harem und hinderten ihre wohlhabenden Untertanen nicht, ihnen gleichzutun. Die Eheschließung, durch die die Frauen in den Harem kamen, war ein Geldgeschäft, die Morgengabe eine verschleierte Art des Brautkaufs: Wer Töchter hatte, war zufrieden, sie an den Mann zu bringen, der für sie sorgte. Mit der zunehmenden Zahl der Frauen im Harem wurde die Aufsicht über die Frauen, die sich außerhalb des Frauenhauses nur verschleiert zeigen durften, immer schwieriger. Der Versuch, ältere Frauen zur Bewachung der Jungen heranzuziehen, mißlang. Männer waren nötig, die Frauen in Schach zu halten, zu beschützen und am Umgang mit anderen Männern zu hindern. In der Annahme, daß sich freigeborene Frauen nicht mit Sklaven paaren würden, wurden zuerst Sklaven als Haremshüter bestellt. Aber bald erwies es sich, daß die Natur stärker war als das Vorurteil und daß der Geschlechtstrieb der Frauen, die von ihren Männern nur allzu selten befriedigt wurden, sich von der Versuchung nur allzu gern verleiten ließ: Sklaven, die man als Haremswächter bestellt hatte, wurden Liebhaber der Behüteten, obwohl die Aufdeckung sie und der Geliebten das Leben kosten konnte. Die Schuld an der um sich greifenden Unzucht in den Frauenhäusern schrieb man den Frauen zu. Ihre Tugendhaftigkeit wurde grundsätzlich bezweifelt, List und Untreue ihnen als natürliche Eigenschaften zugesprochen. Die gehörnten Männer, die ihr Mißtrauen nicht ruhen ließ, erfanden eine neue Methode, ihre Frauen zur Ehrbarkeit zu zwingen. Sie ließen Sklaven kastrieren und verwendeten die Entmannten als Wächter der Frauenhäuser.

Es war ein alter ägyptischer und kleinasiatischer Brauch, Männer zu »verschneiden«, um sie der »heiligsten Teile des menschlichen Körpers« zu berauben und dadurch zu entehren. Von Mohammed, der im Koran festgelegt hatte: »Wer seine Sklaven schlecht behandelt, soll nicht ins Paradies kommen«, war die Kastration von Sklaven als Sünde verurteilt worden, ebenso wie der Handel mit »geschlechtslos« gemachten Knaben oder Männern. Und die »gellaubs«, die Menschenhändler, hatte er als »niederträchtig« angeprangert. Aber der Menschenhandel war im persischen Gebiet eine überlieferte Institution, die sich durch den Islam nicht ausrotten ließ. Die Bewirtschaftung des weiträumigen Grundbesitzes konnte ohne Sklaven keinen Ertrag bringen, und dazu mußten die Sklaven sich vermehren wie das Vieh auf den Weiden, das sie betreuten. Sklaven und Sklavinnen waren auch zur Bedienung in den Häusern der Städte unerläßlich. Dem Propheten, der so manche Vorschrift im Hinblick auf die altarabischen Zustände erlassen hatte, war die Lebensform nicht aller später zum Islam bekehrten Völker bekannt gewesen. Die Kalifen, die als Anführer der Gläubigen das heilige Amt des Propheten verwalteten, nahmen es deshalb auf sich, seine Gebote ihren

Bedürfnissen entsprechend abzuwandeln oder zu verändern. Mohammed hatte sich der gleichgeschlechtlichen Liebe von Männern gegenüber versöhnlich gezeigt (und die gleichgeschlechtliche Liebe von Frauen überhaupt nicht erwähnt). Aber die Übersättigung der Männer, die sich in ihren Frauenhäusern hemmungslos auslebten, und das Bedürfnis nach Abwechslung, aber auch angeborene oder anerzogene Neigungen hatten zu einer Zunahme der Homosexualität in Persien geführt. Die männliche Prostitution griff um sich. Sie war verbreiteter als die weibliche Prostitution, die durch den natürlichen Wettbewerb in den ehelichen Frauenhäusern so abnahm, daß es sich für die Hurenwirte nicht lohnte, junge Mädchen für ihr Gewerbe auszubilden und zu erhalten. Nur »Tanzmädchen« waren gefragt, berufsmäßige Sängerinnen und Tänzerinnen, die durch ihre Kunstfertigkeiten die liebhaberischen Leistungen der Haremsinsassinnen übertrafen. Es lohnte sich auch, Mädchen in der verfeinerten Ausübung des Geschlechtsakts zu unterrichten, ihnen besondere Geschicklichkeiten beizubringen, die sie ihre Kunden lehren konnten, damit diese lernten, ihre Frauen zu belehren. Alles, was der Steigerung der natürlichen Lust zugute kam, war Allah gefällig. Es war nicht verboten, es war erlaubt. Die Unnatürlichkeit aber, die Beziehung von Mann zu Mann, konnte Allah nicht gefällig sein. Es schien nur ein Mittel zu geben, die »muchannath«, die männlichen Prostituierten, unschädlich zu machen, die sich wie Frauen kleideten, die Fingernägel färbten und mit den Hüften wackelten, um Männer anzulocken: Sie mußten kastriert werden. Doch die Verschneidung rottete die männliche Prostitution nicht aus. Die ihrer Geschlechtsorgane Beraubten übten ihr als »schändlich« verachtetes Gewerbe weiterhin aus. Sie ließen sich nach wie vor gegen Bezahlung mißbrauchen. Und die Bestrafung der lesbischen Liebe, der zärtlichen Geschlechtsbeziehung von Frauen miteinander, schreckte die Frauen in den Harems keineswegs ab. Sie wurde zum Brauch, den die in ihrem Liebesleben Verkümmerten nicht aufgeben konnten und wollten. Es war der einzige Ausweg, den Trieb zu stillen, der im Harem gefesselt war, wenn sich die Frauen nicht mit den Verschnittenen vergnügen wollten, die sie bewachten.

Es gab drei Arten von Eunuchen, die je nach dem »Schnitt« der Kastration benannt wurden. Wenn sie »es-sendelee«, »völlig nackt«, waren, wenn man ihnen also sowohl das Glied als auch die Hoden entfernt hatte, dann standen sie am höchsten im Wert. Aber dieser Eingriff war so gefährlich, daß nur wenige sendelees in den Handel kamen: Unter zehn gänzlich ihrer Männlichkeit enteigneten Knaben oder Männern überlebte höchstens einer die Operation. Die anderen verbluteten oder starben nach dem Eingriff durch die Vergiftung mit dem eigenen Harn, der nur durch ein in die vernarbte Wunde eingefügtes Schilfrohr abgelassen werden konnte. Ein sicheres Verfahren war die »verkürzende Verschneidung« des Gliedes. Ein Mann, der kein »Werkzeug der Männlichkeit« hatte, konnte nicht seinen Mann stellen. Er behielt zwar den Trieb, aber ein »el-ebter«, ein »Gliedloser«, konnte sich an den Haremsfrauen nicht so versündigen wie ein vollständiger Mann – ebensowenig wie ein »el-ghezee«, dem die Hoden vor der Pubertät abgeschnitten worden waren. Die

Eunuchen, denen das Amt der Haremsbewachung übertragen wurde, konnten zwar keine Kinder zeugen, denn sie konnten die Frauen, die sie behüteten, nicht befruchten, aber sie waren ein – wenn auch unvollkommener – Ersatz für die Männer, die ihre Frauen schon deshalb nicht zufriedenstellen konnten, weil sie zu viele Frauen hatten. Die Eunuchen benützten, wie die Griechinnen des Altertums und manche Frauen des Harems untereinander, Gebilde, die wie erregte männliche Glieder geformt waren, und hielten mit Hilfe solcher Instrumente die durch den Zwang zur Entsagung unruhigen und unaufhörlich erregten Haremsfrauen in Schach. Und sie bekamen doppelte Belohnung für ihre Dienste: Sie verdienten ihren Unterhalt als Haremswächter und wurden von den Frauen, denen sie dienten, entschädigt.

Die Kalifen und solche Würdenträger, die reich genug waren, sich einen von Eunuchen betreuten Harem zu halten, setzten ihren Stolz darein, sich den Luxus ihrer Lebensführung auch in den Frauenhäusern zu bestätigen: Es durfte den von ihnen erkorenen und gekauften Schönen an nichts fehlen, das ihr Leben verschönern konnte. Sie verwiesen also die Frauen nicht nur auf das Paradies, wie Mohammed es getan hatte. Zwar erlaubten sie ihnen nicht, ihre Wünsche nach Kleidern und Schmuck in den öffentlichen Bazaren und Läden zu erfüllen, aber sie gestatteten, daß weibliche Bedienstete der Händler oder deren Frauen Waren in den Harem brachten und unter der Aufsicht der Eunuchen zum Verkauf anboten. Wenn eine Frau vom Herrn des Hauses bevorzugt war, konnte sie wählen, was ihr gefiel. Sie wählte nicht nur für sich, sondern auch für die anderen Frauen des Harems, und es gehörte sich, daß die vom Glück und der Liebe des Mannes Begünstigte den anderen die gleiche Freigebigkeit erwies, deren sie sich seitens des Hausherrn erfreute. Das hatte seinen guten Grund: Ohne die Freundschaft der anderen wäre auch die Lieblingsfrau vereinsamt gewesen – sie war angewiesen auf die Gesellschaft und Geselligkeit ihrer Schicksalsgenossinnen in den vergoldeten Käfigen, die die Weiblichkeit des Islams umschlossen. So waren denn auch die Eunuchen die einzigen Mittelsmänner der Frauen zum Leben außerhalb des Harems. Sie dienten als Zuträger und Vermittler von Nachrichten. Sie verkauften die Geheimnisse ihrer Herren für Gunst oder Geld an die Frauen. Sie wußten zumeist im voraus, welche die Auserkorene der kommenden Nacht sein werde, wie heftig das Verlangen oder welcher Art die Wünsche der Männer waren, die sie mit der Vorbereitung des Liebeslagers betrauten. Sie wußten nicht nur, welche der Haremsinsassinnen die Lieblingsfrauen waren, sie besorgten auch die Lieblingsspeisen ihrer Herren und hatten die Pflicht, für Zerstreuungen, für aufmunternde Musik und aufregende Tänze zu sorgen. Von der Geschicklichkeit und dem Unternehmungsgeist der Eunuchen hing es ab, ob ein Mann sich in seinem Harem unterhielt oder langweilte.

Erfahrene Eunuchen unterrichteten die Haremsfrauen wie Lehrer ihre Schüler, damit sie lebhafte Gesprächspartnerinnen wurden, die sich mit dem Mann über alle Fragen unterhalten konnten, die ihn beschäftigten. Denn es lag im Interesse der Eunuchen, den Harem zum bevorzugten

Erotische Illustrationen zu den Erzählungen aus »Tausendundeine Nacht«

Aufenthalt ihrer Herren zu machen. Dadurch gewannen sie das »Ohr« ihrer Herren, sie konnten Ratschläge geben, es wurden ihnen Befehle zur Ausführung übertragen, sie überbrachten Meldungen, die sie so formulierten, wie es ihnen günstig erschien. Sie dienten als Schreiber oder Vorleser und konnten dadurch das Urteil und die Meinungen ihrer Herren beeinflussen. Auch die Erziehung der Kinder, die in den Frauenhäusern geboren wurden, oblag den Eunuchen. Alle Söhne und Töchter der Ehefrauen und Nebenfrauen des Harems waren Kinder eines Mannes, aber ihr Rang und die Stellung, die sie dann in der Welt außerhalb des Harems einnehmen würden, hing von der Beratung und Einschätzung durch die Eunuchen ab. Das wirkte sich nicht nur in den Frauenhäusern der wohlhabenden Männer und Würdenträger aus, sondern auch im Harem des Kalifen. Der Nachfolger der Macht mußte zwar im Schoß einer Ehefrau empfangen worden sein, aber welcher Sohn von den vielen ehelichen Söhnen des Kalifen sein rechtlicher Erbe werden sollte, hing von seiner Willkür ab. Es genügte schon, wenn ein Eunuch einen begünstigten Knaben des »bösen Blickes« bezichtigte oder davon sprach, daß seine Mutter an geheimnisvollen Krankheiten leide und im Schlaf Gespräche mit gefährlichen Geistern führe, um die hoffnungsvolle Zukunft eines Lieblingssohnes des Kalifen in Frage zu stellen.

Der in Jahrtausenden gezüchtete Aberglaube des Zweistromlandes war weder durch die Lehren Zarathustras noch durch den Glauben an Allah ausgetilgt worden. Selbst der so vielseitig begabte Kalif Harun al Raschid, der die bedeutendsten mohammedanischen Wissenschaftler seiner Zeit an seinen prächtigen Hof berief, war nicht frei von den abergläubischen Vorstellungen, die seine Untertanen ängstigten. Der lebensfrohe Kalif, der durch das Buch »Alf Lailah Wa-Lailah«, durch »Tausendundeine Nacht«, unsterblich wurde, hatte in seiner Neigung für abenteuerliche Erzählungen seine Hofpoeten angeregt, ihm Geschichten vorzutragen und sie großzügig dafür belohnt. Für klingende Verse, die die Liebe verherrlichten, war Harun al Raschid kein Preis zu hoch. Er beschenkte die Dichter mit Tausenden von Goldstücken und nicht selten mit schönen Mädchen, damit ihr Liebreiz die Dichter anrege. Es hieß auch, daß Harun al Raschid die Nebenfrauen seines Harems, die ihn durch den Vortrag von Märchen und Fabeln erfreuten, allen anderen vorzog und mit seinem erhabenen Beischlaf auszeichnete. Die Annahme, daß eine dieser Frauen Harun al Raschids das Vorbild der schönen und gescheiten Scheherezade, der Erzählerin von »Tausendundeine Nacht«, gewesen sei, ist durch die Forschung unserer Zeit widerlegt. Das Buch, dessen Inhalt ohne Rückhalt vertraulichen Einblick in die Lebensgewohnheiten und Bräuche des Harems gewährt, geht zurück auf eine Sammlung persischer und indischer Liebesgeschichten, die in eine Rahmenhandlung zusammengefaßt wurden. Die Erzählungen sind sachliche Darstellungen aus dem Alltag ebenso wie phantasievoll ausgeschmückte Berichte aus der Wirklichkeit, gemischt mit magischen Erlebnissen aus der Welt der Zauberei: Leibhaftige Menschen mit ihren Handlungen, wie man sie im täglichen Leben beobachten, mit ihren gebräuchlichen Redensarten, wie man sie belauschen kann, begegnen bösartigen Zauberwesen, die sie mißbrauchen und irreführen, und guten Geistern, die sie retten und beglücken. Die sachliche Wahrheit, die der Dichtung ihren unvergänglichen Wert verlieh, diente der Verherrlichung weiblicher List und sinnlicher Überlegenheit, obwohl die geschlechtliche Treulosigkeit und seelische Unverläßlichkeit der Frauen offen zur Schau gestellt wurden: In »Tausendundeine Nacht« verliert der Mann den Kopf, wenn er die Frau nicht um einen Kopf kürzer macht. Er, der sie gefangenhält, ist ihr Sklave, wenn sie ihn zu lenken versteht. Er weiß nie, ob und wann sie ihn betrügt. Eunuchen und Wächter sind keine Gewähr, nur die tätige Liebe vermag die Frauen zu binden. Wenn sie vernachlässigt werden, planen sie unweigerlich den Betrug und führen ihn aus – wobei ihnen immer wieder etwas Neues einfällt.

Das Buch »Alf Lailah Wa-Lailah« und die anderen lebensklugen arabischen Dichtungen, die den Spielregeln der Liebe gewidmet waren, ermöglichten den begierigen Lesern den Einblick in eine höhere Sphäre, die wie eine Traumwelt wirkte. Sie konnten im Geiste an dem farbenprächtigen Luxus teilnehmen, den die hohen Mauern der herrschaftlichen Frauenhäuser verbargen. Sie konnten ermessen, daß der Harem des Reichen ein irdisches Paradies war – eine Spiegelung des himmlischen Paradieses, das Mohammed den »gerechten Gläubigen« versprochen hatte. Die Wände der Gebäude, mit reizenden und aufreizenden Malereien und Zieraten bedeckt, glänzen von Gold und Edelsteinen. Alle Zimmer werden mit Rosenwasser besprengt, in das Ambra und Aloe gemischt sind. Der Duft köstlichen Räucherwerks vermengt sich mit dem der Blumen, die in den ans Haus grenzenden Gärten wachsen. Wundervoll gewachsene Sklaven und Sklavinnen stehen zur Bedienung bereit. Unaufhörlich erschallt Gesang und Musik von Zymbeln, Harfen und anderen Instrumenten. An den vier Seiten der weiträumigen Säle sind Erhöhungen mit kostbaren, teppichbedeckten Diwanen angebracht. In der Mitte versprüht ein Springbrunnen sein kühlendes Naß. Vor den Diwanen stehen Tischchen mit kristallenen Schalen und vergoldeten Gefäßen aus China, in denen die köstlichsten Butterspeisen, Hühner und junge Tauben angeboten werden. Nach dem Essen werden die Hände mit Rosenwasser in silbernen Waschbecken gewaschen. Auch Wein wird getrunken, obwohl der Prophet es verboten hat. Es hieß: »Wir trinken edle Weine in der Dunkelheit der Nacht, wenn die Auflauerer schlafen …«

Liebesfreude und Liebesschmerz berauschten und verwirrten die Sinne der leidenschaftlichen Mohammedaner und Mohammedanerinnen so sehr, daß sie oft den praktischen Alltag vergaßen und den Wunschvorstellungen verfielen, die in »Tausendundeine Nacht« wie die Wirklichkeit wirkten. Sie wollten die Träume von Lust und Liebe wahrhaben, sie erleben und so berauscht und berauschend genießen wie die Märchengestalten, die in ihrer Einbildungskraft lebendig waren. Sie begnügten sich nicht mit Andeutungen der geschlechtlichen Vereinigungen, die in den Erzählungen verschleiert zur Anregung der Phantasie dargestellt waren. Sie wünschten die unverblümte Schilderung des Liebesspiels, die nackten Tatsächlichkeiten, die sie erleben wollten, in der Dichtung zu finden. »Der Duftende Garten des Scheich Nefzaui« eines unbekannten Verfassers, der Aufzeichnungen aus früheren Jahrhunderten in einem Buch gesammelt hat, gibt einen Überblick über das geschlechtliche Verlangen und Verhalten in der islamischen Welt. Die Einleitung zu dem liebenswürdigen Werk, das ein kurzes Lehrbuch für Liebende sein sollte, ist gleichzeitig ein ermunterndes Loblied und eine Rechtfertigung des geschlechtlichen Verlangens: »Allah sei gelobt, der das größte Vergnügen der Männer in die natürlichen Teile der Frauen gelegt hat und der die Lust der Frauen an die natürlichen Teile des Mannes, an seine Geschlechtsorgane, geknüpft hat. Wonne schuf er den Teilen der Frau, er gewährt ihnen Befriedigung und Glück, wenn sie von den Teilen des Mannes durchdrungen werden. Ebenso finden die Teile der Männer weder Ruhe noch Frieden, ehe sie nicht den Eingang in die natürlichen Teile der Frau gefunden haben.«

Der »Duftende Garten« beinhaltet ausführliche Schilderungen der verschiedenen Stellungen beim Liebesakt. Es sind freundliche Anleitungen, die sachlich belehren sollen, wie der vollkommene Genuß in der körperlichen Vereinigung erzielt werden könne. »Gott der Herrliche«, so heißt es, »hat gesagt: ›Frauen sind dein Feld. Gehe auf dein Feld, wie du willst.‹ Je nach deinem Wunsch kannst du die Stellung wählen, die du am liebsten magst, vorausgesetzt natürlich, daß die Vereinigung an dem für sie bestimmten Ort, nämlich in der Vulva, vor sich geht.« Nicht weniger als fünfundzwanzig »Arten« werden aufgeführt, von »Zustöpseln« und »Froschart« über »Rollentausch« bis zum »Einpasser« und zum »Verkehr des Schmiedes«. »El kelouci – Der Purzelbaum« wird wie folgt dargestellt: »Die Frau muß lange, weite Hosen tragen, die sie auf ihre Füße herunterfallen läßt. Dann bückt sie sich, bis ihr Kopf zwischen den Füßen ist, so daß ihr Hals in der oberen Öffnung der Hose steckt. In diesem Augenblick faßt der Mann ihre Beine und dreht sie auf den Rücken, indem er sie einen Purzelbaum machen läßt. Er beugt die Knie, bis sein Glied in der Höhe ihrer Vulva ist, läßt es zwischen ihre Schenkel gleiten und führt es ein.« Als Kommentar dazu heißt es: »Es wird behauptet, daß es Frauen gibt, die auf dem Rücken liegend ohne Hilfe von Hosen oder Händen ihre Füße hinter den Kopf legen können.« Für den »Regenbogen« wird folgendes empfohlen: »Die Frau liegt auf der Seite. Der Mann, der, mit dem Gesicht zu ihrem Rücken, auch auf der Seite liegt, schiebt sein Glied zwischen ihre Beine und führt es ein. Seine Hände liegen dabei oben auf ihrem Rücken. Die Frau faßt dann die Füße des Mannes und zieht sie so hoch wie möglich, wodurch sie ihn fest an sich heranzieht. So bildet sie mit dem Körper des Mannes einen Bogen, dessen Höhepunkt sie selbst ist. Abschließend wird erklärt: »Viele Leute haben alle Stellungen, die ich beschrieben habe, ausprobiert, aber keine hat so viel Zustimmung gefunden wie Dok el arz (das Auf-der-Stelle-Klopfen). Über diesen Gegenstand wird eine Geschichte erzählt von einem Manne, der eine Frau von unvergleichlicher Schönheit, Anmut und Bildung besaß. Er pflegte ihr in der üblichen Art beizuwohnen und nie eine andere Art zu versuchen. Die Frau empfand nicht die Freude, die den Vorgang begleiten sollte, und war daher nach der Vereinigung schlecht gelaunt. Der Mann beklagte sich darüber einer alten Dame gegenüber, die ihm riet:

Auf Elfenbein gemalte persische Miniatur aus dem 18. Jh.

›Versuch verschiedene Wege, dich ihr zu vereinen, bis du den findest, der sie am meisten befriedigt. Dann bleibe bei dieser Art, und ihre Liebe zu dir wird keine Grenzen kennen.‹ Dann versuchte er an ihr verschiedene Arten der Vereinigung, und als jene, die Dok el arz genannt wird, an der Reihe war, sah er, daß sie von heftigen Liebeserregungen überwältigt wurde, und auf dem Höhepunkt des Vergnügens fühlte er, daß ihr Schoß seinen Stab fest ergriff; sie biß seine Lippen und sagte: ›Dies ist die wahre Art zu lieben!‹ Dieser Beweis zeigte dem Liebhaber, daß seine Geliebte in dieser Stellung den lebhaftesten Genuß empfand, und von da an blieb er bei dieser Art. So erreichte er sein Ziel, und die Frau liebte ihn bis zur Tollheit. Versuche daher verschiedene Arten, denn die Frau gibt einer davon den Vorzug vor allen anderen. Die meisten jedoch haben eine Vorliebe für Dok el arz, bei dessen Anwendung ein Leib an den andern gedrückt wird, ein Mund am andern haftet und die Mitwirkung des Schoßes nur selten ausbleibt!« Und dies ist die Anweisung für Dok el arz: »Der Mann setzt sich mit ausgestreckten Beinen nieder, die Frau setzt sich rittlings auf seine Schenkel, kreuzt die Beine hinter seinem Rücken und bringt dadurch ihre Vulva vor sein Glied, das sie in ihre Scheide leitet. Dann legt sie ihre Arme um seinen Hals, während er ihre Taille umfängt und ihr hilft, auf seinem Stabe auf- und abzugleiten. Sie muß dabei mithelfen.«

Der »Duftende Garten« bot, ebenso wie das Kamasutra der Inder, den sich geschlechtlich vereinigenden Frauen und Männern vor allem die erprobte und gebräuchliche Mechanik des Geschlechtsverkehrs an. Die Ratschläge sollten Gebrauchsanweisungen der körperlichen Möglichkeiten sein, die den leiblichen Gegebenheiten und Maßen des Geschlechts entsprachen. Was die Natur versagt hatte, sollte die Geschicklichkeit der Bewegungen und die Kenntnis der Bedürfnisse des Partners beziehungsweise der Partnerin ergänzen oder ersetzen. Das Ziel war das gleiche: die höchste Lust. Wenn Anstrengung und Mühe die Freuden an der Abwechslung der Stellungen überwogen, war es nicht ratsam, sich der beschwerlichen Kraftbeanspruchung zu unterziehen. Mehr wurde weniger, wenn das Erreichen der Wollust durch harte Arbeit belastet war. Die im »Duftenden Garten« beschriebene Einstellung der Männer zu den Frauen beruht auf der Annahme, daß das geschlechtliche Verlangen der Frau stärker sei als das des Mannes. Als die schlimmsten Frauen werden die habsüchtigen gekennzeichnet, die Frauen mit eifersüchtiger Veranlagung und diejenigen, die so laut reden, »daß die Stimme ihres Mannes in ihrem Geschrei untergeht«. Die Kritik des starken Geschlechts an dem von ihm so erbarmungslos unterdrückten schwachen Geschlecht war in den vom mohammedanischen Glauben beherrschten Ländern unerbittlich. Die Frauen mußten hingebungsvoll hinnehmen, was immer ihnen ihr Dasein an Gutem und Bösem bot. Ihr Leben war unwiderruflich an die Männer gebunden, die sie besaßen. Ihre einzige Überlegenheit bestand in der Erkenntnis, daß nicht nur die Frauen, sondern auch die Männer, also alle Menschen schwache Geschöpfe sind und daß sie ihre eigenen Schwächen mit allen Mitteln ausnützen müßten, um die Stärkeren zu sein. Das vom islamischen Glauben bestimmte Verhältnis der mohammedanischen

Frauen und Männer zueinander beeinflußte ihre Lebensgewohnheiten und Bräuche: das Verlangen der Frauen nach überquellendem Luxus und den Wunsch der Männer, die Frauen durch Verwöhnen dafür zu entschädigen, was ihnen das Recht versagte!

Zeittafel

um 500 Benedikt von Nursia
529 Monte Cassino gegründet
540–604 Papst Gregor I.
714–768 Pippin der Kurze (751 Frankenkönig)
742–814 Karl der Große (768 Frankenkönig)
757–774 Desiderius letzter Langobardenkönig
800 Karl der Große Kaiser
814–840 Ludwig der Fromme
um 900 Ungarneinfälle
935–1000 Roswitha von Gandersheim
936–973 Kaiser Otto I.
973–983 Kaiser Otto II.
11. bis 14. Jh. Troubadoure
1054 Kirchenschisma: Ostkirche trennt sich von Rom
1066 Normannen in England
1081–1118 Alexios I. Komnenos
1088–1099 Urban II.
1096–1099 Erster Kreuzzug
ab ca. 1100 Normannen in Sizilien
12. Jh. Nibelungenlied
12. bis 14. Jh. Minnesang
1135–1204 Moses Maimonides
1165–1197 Heinrich VI.
um 1170–1220 Wolfram von Eschenbach
um 1170–1230 Walther von der Vogelweide
1182–1226 Franziskus von Assisi
1194–1250 Friedrich II. (1220 Kaiser)
1198–1216 Innozenz III.
1198–1276 Ulrich von Liechtenstein
um 1225–1274 Thomas von Aquin
1227–1241 Gregor IX.

4 »Das Weib ist von Natur aus untergeordnet ...«

Das Mittelalter

»Sind die Weiber auch Menschen?« Diese Frage, in den christlichen Ländern Europas als Thema einer tiefsinnigen, weit um sich greifenden geistlichen Erörterung aufgeworfen, war kennzeichnend für die immer noch zunehmende Geringschätzung der Frauen, die man als Mittelsperson des »Bösen«, also des Teufels schlechthin, bezeichnete. Sie galten als das »verdammte Geschlecht«, dessen »verruchte Aufgabe« es sei, die Menschheit zu verderben. Bestenfalls wurden sie ein notwendiges Übel geheißen, ein »begehrenswertes Unheil« oder ein »reizvoller Schädling, mit schöner Farbe bestrichen«. Der Marienkult, in dem die Mutter Jesu Christi vergöttlicht und gerade wegen ihrer erhabenen Mutterschaft widersinnig als ewige Jungfrau angerufen wurde, half den christlichen Frauen kaum, das Vorurteil der Männer gegen sie zu überwinden, die unaufhörlich von der Kirche belehrt wurden, daß der Ursprung allen Übels eben das Weib sei. Von der Lust noch nicht befleckte Jungfrauen waren allerdings von der allgemein erniedrigenden Herabsetzung ausgenommen, sie waren »un-schuldig«. Und wurden sie gar in Nonnenklöster aufgenommen, so gebührten ihnen als »Bräuten Christi« trotz ihrer Zugehörigkeit zum weiblichen Geschlecht Ehrfurcht und Ehre. Die Kutte, die alle Körperformen der »Gottesmägde« plump verhüllte, damit sie ihre Reize nicht zur Schau tragen könnten, war ein respekteinflößendes Gewand, das Verführer und Freier abschrecken sollte. Die gottgeweihten Jungfrauen galten als sakrosankt, aber auch alle anderen Jungfrauen standen »in gutem Ruf«, auch wenn sie nicht, wie es im Volksmund hieß, »den Schleier genommen« hatten. Die Unberührtheit eines Mädchens wurde wie eine Auszeichnung gewertet. Jungfrauen galten als »rein«, da sie unter dem Schutz der »Christusgebärerin« oder, wie es später hieß, der »Gottesgebärerin« standen. Die heilige Maria wurde als die vollkommenste Jungfrau gepriesen. Sie war nicht nur das beste, sondern auch das körperlich vollkommenste weibliche Wesen. Die heidnische Vorstellung von der makellosen Schönheit der griechischen Aphrodite und der römischen Venus wurde von den christlichen Anbetern Marias auf diese übertragen. Der Bischof Epiphanius beschrieb die Mutter des Heilands, um sie in der Einbildungskraft der Gläubigen zu verkörperlichen: »Die schönste der Frauen war Maria. Sie war durchaus wohlgestaltet und weder zu kurz noch zu lang gewachsen. Ihr Leib war weiß, schöngeformt und fehlerlos, ihr Haar lang, weich und goldfarben. Unter der wohlgebildeten Stirn und den schmalen braunen Brauen leuchteten ihre mäßig großen Augen hervor mit einem Licht wie das des Saphirs. Das Weiße in den Augen aber war milchfarben und glänzend wie Glas. Die gerade Nase sowie der Mund mit den schwungvoll geschnittenen und rosenfarbenen Lippen waren lieblich anzusehen. Ihre reinen und regelmäßig gereihten Zähne verglichen sich an Weiße dem Schnee. Jedes ihrer Wänglein war wie eine Lilie, auf die ein Rosenblatt gelegt war. Ihr wohlgerundetes Kinn trug ein Grübchen, die Kehle war weiß und blank, der Hals schlank und von rechter Länge. Ihre weißen Hände zeigten lange und schmale Finger mit reinen und wohlgeformten Nägeln. Schön war ihr Gang, anmutig ihr Mienenspiel, züchtig all ihr Gebaren. Summa: Gottes Sohn ausgenommen, besaß niemand einen so schönen und reinen Leib wie die Jungfrau Maria ...«

Diese Schilderung der »Gottesgebärerin« prägte das Schönheitsideal der Frauen nicht nur in den Gebieten, in denen goldblondes Haar, blaue Augen, lilienweiße Haut und rosenrote Wangen seit eh und je als die charakteristischen Merkmale der Frauenschönheit gegolten hatten. Und dieses weibliche Schönheitsideal, durch das die dunkeläugige und dunkelhaarige Venus der Römer gewissermaßen entfärbt wurde, um licht und hell zu erscheinen, wurde in germanischen Ländern durch einen Zutrunk gefeiert. So wie es üblich gewesen war, den Asengöttern ein Trankopfer zu spenden, in dem zu ihrem Gedenken, zu ihrer »Minne«, ein berauschender Becher geleert wurde, so brachten die Gläubigen ihr verehrendes Gedenken für die heilige Maria durch ein »Minnetrinken« zum Ausdruck. Maria war die begnadete Vermittlerin zwischen Gott und den Menschen. Sie war die Schutzheilige der Ehe, die als unauflöslich galt, wenn sich die Ehepartner nicht durch Ehebruch, durch lebensgefährdende Nachstellungen des Mannes oder der Frau gegeneinander schuldig gemacht hatten oder durch Verstoßen des einen Ehepartners, durch Unvermögen des Mannes, durch Unfruchtbarkeit oder Kränklichkeit der Frau, durch die der Fortbestand der ehelichen Gemeinschaft unmöglich gemacht war. Die Auflösung der Ehe konnte im gegenseitigen Einverständnis auch zu »heiligen Zwecken« erwirkt werden, wenn die Ehegatten nämlich in ein Kloster einzutreten wünschten.

Nach dem Ausklingen der Völkerwanderung hatten sich in der Mitte und im Westen des europäischen Kontinents mehrere germanische Staaten gebildet, dessen bedeutendster das Fränkische Königreich geworden war. Dieser Staat, ein verjüngter Ableger des germanischen Stammesfürstentums, beruhte auf der Überlieferung, daß dem König kraft seiner adligen Abstammung besondere göttliche Kräfte innewohnten. Um keine wie immer geartete Einbuße ihrer ererbten Macht erleiden zu müssen, beharrten auch die Herrscher, die sich zum Christentum bekannten (das ja jegliche Göttlichkeit außer der Dreieinigkeit Gottes ausschloß) auf der göttlichen Sendung ihres Amtes. Und die Geistlichkeit ihrer Hoheitsgebiete gestand ihnen die Erhabenheit zu. Durch jahrhundertelangen Brauch hatte sich zudem die Auffassung herausgebildet, daß die Landstriche und Ländereien, die ehemals dem Imperium Romanum oder römischen Grundherren gehört hatten, persönliches Eigentum des Königs seien. Er war daher nicht nur der reichste und mächtigste Grundherr seines Reiches, sondern überdies auch gottbegnadet.

Die Verwaltung des Staates erfolgte durch die königliche Hofkanzlei, die nach römischer Art eingerichtet war. Die Angestellten der Hofkanzlei mußten schreibkundig sein, und das waren in diesen Zeiten nur die in Klöstern erzogenen Geistlichen. Während früher nur der grundbesitzende Adel zu höheren Ämtern zugelassen worden war, entstand jetzt aus dem »Dienstadel«, den vom König mit besonderen Ämtern betrauten Männern und ihren Familienangehörigen, eine neue Gesellschaftsschicht, die schon deshalb dem »Uradel«, dem ursprünglich grundbesitzenden Adel, gleichgestellt war, weil der König seine unmittelbaren Diener und Verwaltungsbeamte mit Land »belehnte«, um sie an sich zu binden. Der König verschenkte dieses Land nicht, er »lieh« es nur. Der »vassus«, der »Knecht« des Königs, erhielt Grundbesitz, ein »feudum«, gegen die Verpflichtung, die Befehle seines Herrn auszuführen. Durch diese Einrichtung bildete sich eine mächtige Oberschicht heraus, der nur die Bischöfe und die Äbte als Inhaber kirchlichen Grundbesitzes gleichgestellt waren.

Zu den Vorrechten der Grundherren und ihrer Vertreter gehörte das »ius primae noctis«, das »Recht der ersten Nacht«, das den Bevorrechteten die »Schwächung der Braut« zusprach – als Gegenleistung für die Einwilligung des Gutsherrn beziehungsweise seines Vogts zu ihrer Eheschließung. Außerdem mußte der Bräutigam den »Ehezins« entrichten, das »maritagium«, auch »Jungfernzins«, »Stechgroschen« oder »Bunzengroschen« genannt. Zu diesen geschlechtlichen Dienst- und Geldleistungen war das »Leutevolk«, die in Dörfern oder auf einzelnen Höfen lebenden Bauern oder Bäuerinnen, nicht unmittelbar angehalten. Denn diese waren frei und nicht gesetzlich an die »Scholle gebunden« wie die Hörigen. Aber auch die Freien waren vom jeweiligen Großgrundbesitzer der Gegend abhängig: Er war ihr Gerichtsherr, sie mußten ihm Steuer zahlen, Gefolgschaft im Krieg und Dienste im Frieden leisten. Demnach war auch der Freie in Wirklichkeit unfrei, in beinahe allen Lebensäußerungen dem Willen der Höhergestellten unterworfen und in seinem Denken und Fühlen der christlichen Glaubenslehre verhaftet. Er hatte zwei Sinnbilder: den Heiland, der für ihn am Kreuze gestorben war und in dessen Namen die gute Botschaft der Erlösung von immer mehr Predigern und Mönchen verbreitet wurde, und seinen Lehensherrn, den mittelbaren Repräsentanten des Königs.

In den unaufhörlichen Kriegen der Völkerwanderungszeit und danach waren die meisten blühenden Städte der ehemaligen römischen Provinz Gallien in Schutt und Asche verfallen. Es gab nur noch wandernde Handelsleute. Handwerk und Gewerbe dienten ausschließlich dem örtlichen Bedarf. Lediglich die großen geistlichen und weltlichen Grundherren und die Klöster verstanden es, im Umkreis ihrer Residenzen neue Siedlungen anzulegen, die allmählich zu umwallten Städten wurden. Diese frühmittelalterlichen europäischen Städte unterschieden sich nur wenig von den Stadtgründungen der Sumerer. In den Herrensitzen, die, auf Bergkuppen oder Hügeln erbaut, die Siedlungen überragten, herrschten die Grundherren gleich Königen. Auch die Bischöfe und Äbte, die den Papst als den »Statthalter Gottes auf Erden« vertraten, unterschieden sich in ihrer Lebensführung nicht von den Priesterkönigen des Zweistromlandes, die ihre übersinnliche göttliche Vollmacht zur Befriedigung ihrer Sinne mißbraucht hatten. Die den christlichen Priestern gebotene Ehelosigkeit machte es ihnen zwar unmöglich, die Frauen, die ihr Lager teilten, zu heiraten. Aber die meisten Kirchenfürsten und hohen geistlichen Herren lebten in eheähnlicher Gemeinschaft mit den von ihnen zur Liebe erkorenen Frauen oder ergaben sich gelegentlich der »lustvollen Zerstreuung des Geschlechtsverkehrs« als Ehebrecher oder mit käuflichen Frauen, falls sie es nicht vorzogen, sich der Liebesdienstleistungen der in ihren Herrschaftsgebieten lebenden hörigen Mädchen und Frauen kostenlos zu erfreuen. Beinahe auf allen Gutshöfen gab es ein von den übrigen Gebäuden abgesondertes »Weiberhaus«, auch »Schrein« genannt, in dem die hörigen Mägde unter der Aufsicht einer »Schaffnerin« ihre tägliche Arbeit verrichten mußten. Sie spannen und webten Hanf, Flachs und Wolle, sie nähten die Kleider und Gewänder auch für die Männer, sie verfertigten Teppiche mit Nadel und Weberschiff. Manche »Schreine« waren, wenn auch nicht dem Namen nach, nicht nur Arbeitshäuser der Frauen, sondern geradezu Harems, die »Genetstunken«, in denen der Gutsherr und seine Gefährten sich geschlechtlich vergnügten: Wenn eine Magd, die Kleider zu verfertigen vermochte, »gegen ihren Willen und ohne ihren Dank« zum Beischlaf genötigt wurde, hatte sie das Recht, sechs Münzen als Strafgeld zu fordern. Diese Buße, die »Hemdschilling« genannt wurde, war, ähnlich wie der »Bunzengroschen«, ein übliches Entgelt für die Bereitwilligkeit der Mägde, die sich lieber bezahlen als vergewaltigen ließen und doch nicht als »Dirnen«, als Prostituierte, verachtet wurden.

Während die Prostitution in Byzanz und den großen Städten des Oströmischen Kaiserreiches so zugenommen hatte, daß es sich trotz aller behördlichen Verbote als nötig erwies, weiträumige Bordelle zu erbauen und einzurichten, um den zunehmenden sinnlichen Anforderungen der Männer zu genügen, hatte das »Hurenvolk« im fränkischen Königreich und seinen Nachbar- und Nachfolgestaaten keine geregelten Unterkünfte. Die Freudenmädchen waren Freibeuterinnen, selbständige Unternehmerinnen im Liebesgeschäft, und wurden auch »Freimädchen« genannt. Im Gegensatz zu den »Freifrauen«, den Ehegattinnen adeliger Herren, waren sie »vogelfrei« und durften nicht in der modischen Kleidung der Freifrauen oder der Bürgerinnen, der Ehefrauen freier Bürger, in der Stadt »paradieren«. Sie, die ihr »Inneres« der Geschlechtslust gegen Bezahlung preisgaben, mußten auch nach außen hin von den »ehrbaren« Frauen unterschieden werden können. Durch die Jahrhunderte erhielten sich, mannigfach abgewandelt, die Gebote und Verbote über die äußere Erscheinung der Freimädchen: Sie durften ihr Haar nicht wie diese über der Stirn scheiteln und in zwei Zöpfe geflochten über die Brust bis zu den Knien herabhängen lassen. Sie durften keine Schleier tragen und waren angehalten, sich nicht in der Öffentlichkeit mit dem üblichen »Frauenrock« zu bekleiden, der, fest anliegend und engärmelig, die Formen des Oberkörpers unterstrich. Es war ihnen auch verboten, sich in dem mantelartigen, mit sehr weiten Ärmeln versehenen Oberkleid von Seide zu zeigen – dieser Zierde der Weiblichkeit, die Farbe und Form des Frauenrockes gefällig ergänzte. Die grellbunte Farbigkeit der Gewänder war den »leichten Mädchen« ebenso versagt wie jede modische Verzierung.

Die wallenden Gewänder der Frauen, die zumeist aus Leinwand verfertigt waren, fielen bis auf die Knöchel. Es galt als unschicklich, die Beine sehen zu lassen, diese Werkzeuge der Unsittlichkeit, deren Entblößung ein unverkennbarer Hinweis auf die Körperhaltung der Frauen im Geschlechtsverkehr sein konnte. Die Männer trugen Hosen, unter dem Knie gebunden von den über den Waden gekreuzten Schuhriemen. Nur die Mönche, die ihre »Geschlechtslosigkeit« auch in ihrer Kleidung kundtun mußten, trugen keine Hosen. Ihre Kutten sollten die Zweibeinigkeit und vor allem ihre Geschlechtsorgane verbergen. Überhaupt war alles, was auf die Möglichkeit der Sinnlichkeit hindeuten konnte, unsittlich. Das galt nicht nur für das Aussehen von Männern und Frauen, sondern auch für ihre Äußerungen. Das »winileod«, das Liebeslied, von den Verliebten zur Werbung oder bei Spiel und Tanz gesungen, war verpönt und wurde verboten. Vielleicht hing das Wort »winileod« mit der alten römischen Venus und den Liedern zu ihrem Preis zusammen; verwandt ist es auf jeden Fall mit dem Wort »winja«, die Geliebte. Fahrende Spielleute, die »spilimänner«, die durch die Lande von Hof zu Hof zogen und wie die römischen Mimen als Musikanten und Sänger oder Possenreißer bei Festlichkeiten auftraten, wurden je nach dem Ausmaß ihrer derben und unzüchtigen Späße und Gesänge reichlicher oder ärmlicher belohnt. Ein Hochzeitsfest ohne heitere, wenn nicht schamlose Anzüglichkeiten auf die bevorstehende körperliche Vereinigung des Brautpaares war so lange undenkbar gewesen, bis die Kirche erst von den geistlichen Gästen verlangte, daß sie sich vor der Aufführung dieser frechen Vergnüglichkeiten vom Hochzeitsmahl entfernten, und dann auch den Gläubigen verbot, den Obszönitäten zuzusehen und zuzuhören. Die Herstellung von »Hochzeitsgebäck« in der Form männlicher und weiblicher Geschlechtsorgane oder Geschlechtsmerkmale wurde als Sünde verworfen, ebenso der Gebrauch von Gefäßen und Kerzen, deren Gestalt erregte Glieder nachahmen sollte, und von Tellern und Platten mit unzüchtigen Darstellungen. Der triebhafte Wunsch der Männer und Frauen, ihren grobsinnlichen Vorstellungen und Wünschen in jeder nur möglichen Art und Weise unverblümten Ausdruck zu geben, wurde als »Teufelswerk« gekennzeichnet – als Versuchung und Ansporn zur Sünde. Doch was half's? Man ließ sich nur allzu gern »versuchen« …

Doch das Verbotene und Verpönte reizte Bürger und Bauern um so mehr zur Übertretung, als sich die adeligen und geistlichen Herren die Freiheit nahmen, ihre Festlichkeiten durch schlüpfrige

A. L. Besse

Gespräche und Gesänge und durch unzüchtige Gegenstände unterhaltsam zu machen. Aber sowohl die gehemmten als auch die ungehemmten Sünder und Sünderinnen waren einer immer und immer wiederkehrenden Prüfung ausgesetzt – der Beichte, der sie sich in regelmäßigen Abständen unterziehen mußten. Zwar war das Beichtgeheimnis den Sündigen grundsätzlich zugesichert, aber wie wenig Verlaß auf die Verschwiegenheit der Priester sein konnte, das erfuhren besonders die reuigen Frauen, die nicht selten von den Beichtvätern genötigt wurden, ihre geschlechtlichen Sünden zum besseren Verständnis der Beichtväter »am Leibe« zu demonstrieren, wenn sie die Absolution erhalten wollten. Das Wissen von den größeren und kleineren Ausschweifungen der Beichtkinder ihres Sprengels gab den geistlichen Herren und dadurch der Kirche, die durch den ihr verliehenen, geschenkten oder hinterlassenen Grundbesitz schon überaus mächtig geworden war, immer mehr Macht. Ihr Einfluß nahm so gewaltig zu, daß sie die Sitten und Gebräuche nach Belieben gestalten konnte. Wenn die christliche Moral auch nach außen hin ein uneinnehmbares Bollwerk gegen die unverschämte Sinnlichkeit der Heiden und die Verlockungen des Teufels zu sein schien, so nahmen doch die sinnlichen Ausschreitungen hinter der starren Fassade des der irdischen Lust abgewandten Glaubens nicht ab. Die Freuden der Liebe galten als verwerflich. Doch sie wurden, wenn auch mit schlechtem Gewissen, nur um so lasterhafter genossen. Dabei gingen die Großen dem »Leutevolk« mit schlechtem Beispiel voran.

Die zur Schau getragene Frömmigkeit, das scheinbar gottesfürchtige Einhalten der kirchlichen Gebote und gottesdienstlichen Verrichtungen genügte fast immer, den guten Ruf eines guten Christen zu bestätigen. Wer an der Messe teilnahm, andächtig betete und im Chore mitsang, wer sich die Beichte abhören ließ, die auferlegte Buße auf sich nahm, wer reichlich spendete, wenn der Klingelbeutel von Bank zu Bank getragen wurde, wer gar der Kirche Land, kostbare Meßgewänder oder Altargerät aus Edelmetall schenkte, der galt als tugendhaft und gesittet. Vor allem aber galten die großen Herren, wie zügellos sie auch leben mochten, als »musterhaft herzensrein« und »erbaulich tugendvoll«, wenn ihre so erhebenden Eigenschaften von der Kanzel gepriesen wurden. Und das geschah mit überzeugender Beredsamkeit, wenn sich die »schon auf Erden in den Himmel Gehobenen« mit der Kirche gut standen und sie großzügig unterstützten.

Der volkstümlichste Herrscher, dessen makelloser Ruf der Untadeligkeit durch die zeitgenössischen Priester und Berichterstatter über die Zeiten hinaus erhalten blieb, war Karl der Große. Schon zu seinen Lebzeiten wurde er als Vorbild des Anstands und der Würde besungen – und dies um so lautstarker und eindringlicher, als er Dichter und »Schreiberlinge« an seinen Hof zog, damit sie seine Herrlichkeit so darstellten, wie es seiner Eitelkeit gefiel oder seinen staatsmännischen Plänen nützlich war. Karl, der sich durch seine weitblickende, großzügige und erfolgreiche Herrschaft den Beinamen »der Große« erwarb, begann seine

»Dance Macabre« – Radierung aus dem Jahr 1907 von Martin van Maele (geb. ?–1926)

glorreiche Laufbahn mit kleinlichen Handlungen. Als Sohn Pippins, des königlichen »Hausmeiers«, der den letzten Vertreter des alten fränkischen Königsgeschlechts der Merowinger in ein Kloster gesperrt und sich vom Heiligen Vater zum König hatte salben lassen, setzte er sich seinerseits über die Rechte der Nachkommen seines Bruders Karlmann hinweg, um alleiniger König des Frankenreiches zu sein, und bemächtigte sich unter fadenscheinigen Vorwänden des Reichs seines Schwiegervaters, des Langobardenkönigs Desiderius, um sich die lombardische Krone aufs Haupt setzen zu können. Seine Gattin verstieß er und löschte die Erinnerung an ihre Existenz so gründlich aus, daß auch in den genauesten historischen Quellen ihr Name nicht festgehalten wurde. Hieß sie Berterad? Desiderata? Sibylla? Stimmte es, daß er seinen Bruder Karlmann mit Hilfe von dessen Ehefrau aus dem Wege geschafft hatte? Diese und andere Gerüchte von der Art, wie sich Karl bedenkenlos über Anstands- und Moralbegriffe hinwegsetzte, wurden schon zu seiner Zeit unterdrückt. Gewiß ist nur, daß der gewaltige Kaiser, das Vorbild würdiger Mannhaftigkeit und christlicher Ehrbarkeit, mehrmals verheiratet war und eine Anzahl von Kebsweibern unterhielt, die ihm zu seinen zahlreichen ehelichen Kindern einige uneheliche gebaren, die er überaus sorgfältig erziehen ließ. Der Schleier, den der Begründer des »Großfränkischen Reiches« über die Sittenlosigkeit in seiner Familie und an seinem Hof zu breiten versuchte, ist von der Forschung gelüftet worden. Kaiser Karl, der wie Hammurabi der »König der Gerechtigkeit« sein wollte, der strenge Zucht und harte Ordnung zu Richtlinien seiner Gesetzgebung machte, der die kirchliche Rechtsprechung in allen persönlichen Fragen vollends anerkannte, war unfähig, in seinem »Weiberhaus« Zucht und Ordnung zu halten. Nach seinem Tode setzten seine genußsüchtigen Töchter ihren leichtfertigen Lebenswandel munter fort. Ihr Bruder Ludwig, »der Fromme«, versuchte sie auf den rechten Weg zu bringen. Er flehte seine Schwestern an, wenigstens den Anstand zu wahren, wenn sie schon nicht dem Liebesleben abschwören könnten. Als sie sich weigerten, verbannte er die Männer, die sich durch »greuliche Unzucht« mit seinen Schwestern hervorgetan hatten, gewaltsam von seinem Hof. Sie sollten in der »Genetstunke« tun, was sie nicht lassen konnten, nur nicht in der Öffentlichkeit.

Karl der Große, der seinen Machtbereich durch blutige Kriegszüge gewaltig erweitert hatte, sicherte seine Eroberungen durch die Errichtung von Markgrafschaften, die er an verläßliche Gefolgsmänner »verlieh«. Diese mächtigen Lehensherren ahmten in ihren Burgen und Städten die Lebensformen nach, die sie in den Palästen des Kaisers kennengelernt hatten. Sie richteten höfische Haushaltungen ein, die nach dem Muster der Hofhaltung des allerhöchsten Lehensherrn angelegt waren. Die »Kaiserpracht« Karls des Großen war jedoch bescheiden im Verhältnis zu dem Prunk, den die Kaiser von Byzanz entfalteten, und das Leben am fränkischen Hof unbequem im Verhältnis zu dem Luxus, mit dem die Kalifen von Bagdad und Cordova ihr Leben üppig gestalteten. Durch seinen Wunsch, die zurückgebliebenen Lebensformen in seinem Großreich den fortgeschrittenen Lebensformen seiner Nachbarn anzupassen, geriet Karl der Große in einen Zwiespalt: Er wollte sich ihnen angleichen und wollte trotzdem, daß alles so bleibe, wie es war – so, wie er es geschaffen hatte. Das starre Gefüge seiner Verordnungen, der »Kapitularien«, regelte die Heerespflicht, die Rechtsprechung und das Wirtschaftsleben. Für das sittliche Verhalten der Völker, die er als Beauftragter Gottes »Dei gratia«, »durch Gottes Gnade«, beherrschte, sorgte die römische Kirche, nicht ohne daß er sich allerdings innerhalb der Grenzen seines Reiches das Recht des Einspruchs und der Überwachung vorbehalten hätte. Aber wenn alles so blieb, wie es war, und nichts verändert wurde, konnte Karl seinen brennenden Wunsch nicht verwirklichen – und der war, die im Verhältnis zu den großen Nachbarländern so ärmliche und kärgliche, ja barbarische Lebensführung in seinem Reich zu verbessern. Der geistige Tiefstand und die groben Sitten seiner Untertanen beunruhigten ihn so sehr, daß er mit allen Mitteln eine Erweiterung und Verbesserung ihrer Bildung und ihrer Kenntnisse herbeizuführen versuchte. Er konnte das nur mit Hilfe der Klöster erreichen, denen die Erziehung der Jugend oblag. Er gründete die Hofschule zu Aachen, damit die »Sieben freien Künste« wiederbelebt würden. Die Gelehrten sollten auch das Wissen der römischen Philosophen dem geistlichen Denken einverleiben – freilich nicht so, daß die Kirche Einspruch erheben könne, und auch nicht so, daß das freie Denken dazu führen könne, den Glanz der Kaiserkrone zu verdunkeln. Die »Furcht Gottes« war die Grundlage der Handlungen des Kaisers, der »Dei gratia« herrschte. Um die Gottesfurcht Allgemeingut werden zu lassen, befahl er, daß die Priester den Gläubigen auch in den kleinsten Gemeinden die Lehre Christi verständlich machten. Sie sollten in der Landessprache predigen, das Glaubensbekenntnis und das Vaterunser mit den Worten der Heimat verbreiten und die Gläubigen dazu anhalten, die heiligen Worte auswendig zu lernen. Aber die Philosophie der »verlorenen Wissenschaften« und der Glaube waren seit eh und je in Zwietracht miteinander gelegen. Dadurch, daß Karl die unversöhnlichen Gegner, das freie Denken und den blinden Glauben, gleichzeitig förderte, bereitete er die religiösen und geistigen Spannungen vor, die später zur Spaltung der Kirche im Römischen Reich Deutscher Nation führen sollten.

Obwohl Karl der Große bedeutende Baumeister, Marmor und Kunstschätze aus Italien kommen ließ, um seine Macht durch Prachtentfaltung zu bestätigen, konnte er bei weitem nicht mit dem Prunk und den Köstlichkeiten der Kalifen wetteifern. Wer, wie Karl, verläßliche Nachrichten aus dem Bereich des Islams bekam, konnte sich nicht verschweigen, wo die höhere Kultur beheimatet war: Die Mohammedaner hatten die in Vergessenheit geratenen Werke der hellenischen Philosophie wiederbelebt und sich angeeignet. Sie veröffentlichten Werke »Über die Fortpflanzung und Entartung der Tiere«, sie übernahmen die Seelenlehre des Aristoteles und die mathematischen Erkenntnisse Altgriechenlands. Arabische und jüdische Forscher arbeiteten Hand in Hand, um die Heilkunde wieder auf den alten Stand zu bringen und zu verbessern. Die Kunst des Sezierens wurde an Affen ausgeübt, um die anatomischen Zusammenhänge des Körpers zu ergründen. Zur Zeit

Karls des Großen gab es in Bagdad und Cordova bereits die »Zehn Abhandlungen über das Auge«, das älteste Lehrbuch der Augenheilkunde.

Während die Kalifen und ihre mohammedanischen Würdenträger die »Kunst des Badens« im marmornen, von allen Düften des Orients besprühten Schwimmbecken verfeinerten, während »die Liebe im Wasser« zu den beliebtesten Haremszerstreuungen zählte, probierte Karl die plätschernde »Zerstreuung mit den Weibern« in hölzernen Badeanlagen aus – und verwarf die »Verweichlichung der Mohammedaner«, die christlicher deutscher Männer nicht würdig sei. Aber er ließ sich, soweit es den Glanz der Kleidung betraf, nicht lumpen. Er und seine Töchter waren ebenso wie die Kalifen und der Kaiser von Byzanz und seine Damen bei festlichen Anlässen in schimmernde Kleider gehüllt, und das Funkeln unermeßlich wertvollen Schmucks bezeugte den kaiserlichen Glanz. Karl dem Großen gefiel der Kleiderluxus seiner Familie bei Hof durchaus, aber es mißfiel ihm, daß sie ihn in aller Öffentlichkeit zeigte und den Neid der Ärmeren und der ganz Armen hervorrief. Er er-

»Lithographies Romantiques« – kolorierte Lithographie aus dem Jahr 1835 von Achille Deveria (1800–1857) et. al.

ließ in lateinischer Sprache die erste deutsche »Kleiderordnung«, die den übermäßigen Aufwand mit Pelzwerk, die Ausfütterung und Verbrämung von Röcken und Mänteln bei beiden Geschlechtern beschränkte.

Der Unterschied zwischen der Lebenshaltung bei den Franken (und dann bei den Deutschen) und dem Aufwand bei Byzantinern und Mohammedanern war ein nicht geringer Ansporn für die Herrscher des Abendlandes zu kriegerischer Ausweitung ihrer Macht und zur Bereicherung durch Streifzüge und Handel. Aber weniger die Siege der Nachfolger Karls des Großen als ihre Nöte und Niederlagen beeinflußten die Sitten und Gebräuche in Westeuropa. Von der Skandinavischen Halbinsel aus unternahmen die Normannen kriegerische Wanderungen zu Land und zur See, drangen im angelsächsischen England ein, besetzten Küstenstriche im Westen des Frankenreiches, eroberten Sizilien und verteidigten es gegen die Mohammedaner, die sich zu unumstrittenen Herren des Mittelmeeres machen wollten. Aus dem Osten wurde das Reich von den Magyaren bedrängt, einem asiatischen Reitervolk, das zwischen Don und Wolga gelebt hatte, ehe es sich in stürmischer Bewegung nach dem Westen gewandt hatte und in der Pannonischen Tiefebene ein Königreich errichtete. Die Abwehr der Heiden gelang nicht nur durch Waffengewalt, sondern vor allem durch die Verbreitung des christlichen Glaubens, durch die Errichtung von Klöstern in den Grenzgebieten, aus denen Missionare als Friedensboten und Lehrer ausgesandt wurden.

Die geistige und wirtschaftliche Entwicklung der abendländischen Christenheit beruhte auf der unermüdlichen Tätigkeit der Mönche und Nonnen in den Klöstern, die in allen Teilen des westeuropäischen Raumes erbaut und, unmittelbar oder mittelbar von Rom geleitet, zu geistigen und wirtschaftlichen Umschlagplätzen wurden. Das Kloster Monte Cassino, an der Stelle verfallener heidnischer Tempelanlagen errichtet durch Benedikt von Nursia, einem vornehmen römischen Bürger, der sich in seiner Jugend in eine Höhle am Fuß der Sabinerberge geflüchtet hatte, um als Eremit den »Versuchungen« der Stadt zu entgehen, wurde zum Vorbild der nach ihm benannten Benediktinerklöster. Die Mönche befolgten die von Benedikt gegebene Klosterregel: Statt der einsamen Bußübung und der enthaltsamen Lebensführung einzelgängerischer Einsiedler sollte eine Gemeinschaft frommer Menschen entstehen, über deren Handlungen ein Abt zu wachen und dafür zu sorgen hatte, daß sie den Regeln gehorchten. Dieser unerbittlichen Ordnung ergeben, arbeiteten die Mönche auf den Feldern der Klöster, in den Werkstätten, in der Küche, aber auch in der Bibliothek, wo sie Handschriften vervielfältigten und allmählich die geistige und wissenschaftliche Betätigung, die mit der Auflösung der heidnischen Philosophenschulen in Verruf geraten war, wiederaufnahmen. Die kurze Zeitspanne in ihrem Alltag, die nicht vom Leitsatz des Kanons »Ora et labora: Bete und arbeite!« bestimmt war, widmeten die Benediktiner der wohltätigen Nächstenliebe. Aber auch diese durften die Frommen nicht nach freiem Willen ausüben, sondern nur im Auftrag des Abtes. Die Benediktinerklöster in Europa waren voneinander unabhängig. Das einzige, was sie außer der gleichen Regel miteinander verband, war die gleiche Obrigkeit, der sich ihre Äbte beugten: Der Heilige Vater in Rom. Mönch war auch der Mann gewesen, der dann als Papst Gregor I. in seinem »liber pastoralis curae« den Priester dem Hirten gleichgesetzt hatte, der seine Herde pflegt. Und er war ein sehr erfolgreicher Papst geworden: Seine Abgesandten gewannen die arianischen Westgoten auf der Iberischen Halbinsel und die heidnischen Angeln und Sachsen in Britannien für die allumfassende Kirche. Der Glaube freilich, den Gregor I. – er selbst nannte sich »Knecht der Knechte Gottes« – verkünden ließ, war durchaus nicht nur »die Lehre der Liebe«, sondern trug den Stempel von Furcht und Schrecken: Er warnte vor der Verderbtheit der menschlichen Natur und vor den Versuchungen durch allgegenwärtige Teufel. Durch die Beschwörung von Engeln, Dämonen, Hexen, Zauberern und Geistern erschütterte er die Selbstsicherheit der Christen ebenso wie durch die von ihm gelehrte magische Wirksamkeit von Reliquien und Heiligenbildern. Er warnte die Gläubigen Christi: Das Weltenende und das Jüngste Gericht seien nahe. Und die Hölle sei keine leere Drohung, sondern tatsächlich ein finsterer, grundloser, unterirdischer Abgrund, ein unauslöschlicher Feuerbrand, der dennoch nie zur endgültigen Vernichtung der Verdammten führe noch ihre Schmerzempfindlichkeit je abstumpfe. Zum Schmerz trete noch die Schreckensangst der sich immer vermehrenden Pein und das Entsetzen über Qualen der geliebten Menschen hinzu, die gleichfalls verdammt seien, sowie die Hoffnungslosigkeit, je erlöst oder des Segens der gänzlichen Auslöschung teilhaftig zu werden. Durch solch überzeugendes Heraufbeschwören des nahe bevorstehenden Endes der Welt und der Qualen in der Hölle hielt Gregor die Christenheit in seinem Bann. Die große Angst, die er durch seine Drohungen auslöste, wurde so allgemein und war so nachhaltig, daß sie die Lebensformen der europäischen Christen bestimmend beeinflußte: Die Gläubigen, durch das mönchische Vorbild der Entsagung und die Predigten der Geistlichen veranlaßt, um der ewigen Seligkeit willen oder aus Furcht vor der Verdammnis jeden Genuß um des Genusses willen weit von sich zu weisen, mußten allen Lebensäußerungen, die nicht einen gottgefälligen Zweck hatten, den Kampf mit allen Mitteln ansagen. Nicht mehr üppige Gelage, nicht mehr prunkvolle Zurschaustellungen beeindruckten die Massen, die solcher Lehre folgten, sondern demütiges Fasten und reuevolle Bußfertigkeit. Hoch und niedrig, reich und arm ergaben sich dem Gebot der Kasteiung und versuchten, in ihrem Alltag den Eifer der Mönche nachzuahmen. Es erschien leichter und beruhigender, dem Gebot Gottes zu folgen, als sich als Folge der Nichtbeachtung foltern zu lassen. Allmählich festigte sich die neue Sittenlehre, und mit ihr wandelte sich die Art des Denkens und Fühlens in den Seelen der Menschen und veränderte die Lebensgewohnheiten und Bräuche in den Häusern und in den städtischen Siedlungen, die nicht zuletzt durch die unermüdliche Tätigkeit der Mönche zu Städten ausgebaut wurden.

Begreiflicherweise fehlte es nicht an vielfältigen Versuchen, die christliche Sittlichkeit mit den vordem so beliebten und gewohnten Vergnügungen zu verbinden. Sie blieben im wesentlichen erfolglos: Wer nicht so lebte und liebte, wie es die Kirche gebot, wurde zum Sünder gestempelt und galt als verworfen. Die Herrscher und die großen Herren freilich bildeten, wenn es der Kirche so gefiel oder ihr nützlich erschien, die Ausnahme von dieser Regel – gleiches galt auch für jene Bischöfe und sonstigen geistlichen Herren, die sich nicht selbst zu verdammen wünschten und doch alle Freuden des Lebens genossen. So beherrschte eine doppelte Moral, die den Großen erlaubte, was den Kleinen verboten war, die Gepflogenheiten und begünstigte die genußsüchtigen Ausschweifungen, die in den Palästen und Herrenhäusern nach wie vor üblich waren. Die Nachsicht, die den hohen, höheren und höchsten Herrschaften gegenüber geübt wurde, erstreckte sich je nach Grad der Toleranz der einzelnen Priester dann aber auch auf die »niedere« Bevölkerung: Gewisse Lebensgewohnheiten wurden, da sie nun einmal zum Wesen der Menschen gehörten, von den Priestern geduldet, und manch altüberkommener Brauch, der keineswegs zum Wesen des Menschen gehörte, blieb aus wohlerwogenen Gründen bestehen: Durch die Aufhebung des »jus primae noctis« wäre der Einfluß der Gutsherren erheblich beeinträchtigt worden. So hielt man an diesem unkeuschen Gewohnheitsrecht fest. Auch die Erhaltung der Jungfräulichkeit bis zur Eheschließung sollte ein unwiderrufliches Gebot bleiben. Ein Mädchen, das sich vor der Heirat dem Geschlechtsverkehr ergab, galt als »gefallen«. Wenn ihre voreheliche Unkeuschheit bekanntgeworden war, mußte sie ohne den Jungfernkranz aus Rosmarin, Efeu oder Immortellen zum Traualtar schreiten; in manchen Städten mußte sie einen Strohkranz tragen und an der Kirchentür stehend Buße tun, bevor sie getraut werden konnte. Es gehörte zum guten Ton achtbarer Bürgerlichkeit, nach der Hochzeitsnacht das blutbefleckte Laken zu zeigen. Aber auch für die Vorspiegelung der verlorenen Jungfernschaft gab es Mittel und Wege. »Weise Frauen« oder wandernde Spielleute, oft entsprungene Mönche, wußten Rat und boten ihre Hilfe an. Es hieß: »Welche das Magdtum hat verloren, der mach' ich ein Salben.« Und man verkaufte Mittel, welche die Schleimhäute zusammenzogen, um die zerrissene Jungfernhaut in der Brautnacht intakt erscheinen zu lassen. Sie waren allerdings nur nützlich, »solange der Bauch schwieg«. Aber auch den »Gefallenen«, die schwanger geworden waren, konnte geholfen werden. Es gab einen geheimen Handel mit verläßlichen Abtreibungsmitteln aus allerlei ebenso geheimgehaltenen Kräutern. Die Abtreibung galt zwar als »Kindesmord«, aber wo kein Kläger war, da trat auch kein Richter auf. Wenn der Bräutigam das jungfräuliche Blut der Braut seinen und ihren Eltern und den Hochzeitsgästen vorwies, war sie ehrbar und achtbar, und sie selbst konnte sich durch die Beichte von der Sünde reinigen. Das reuige »peccavi« befreite ihr Gewissen von Schuld.

Bei den Bauern hingegen galten die Gebote und Verbote über Beschränkungen des vorehelichen Geschlechtsverkehrs nicht. Der Brauch der »Komm-« oder »Probenächte« war auch durch die Kirche nicht auszumerzen. Wenn ein Bursche ein Mädchen erwählt hatte und sie ihm gestattete zu »fensterln«, so hatte das den Zweck, daß sie beide sich über ihre körperliche Beschaffenheit ins klare kommen wollten, bevor sie die Ehe schlossen. Sie verbrachten die Nacht miteinander im Bett, um sich gegenseitig zu »prüfen«. Es mußte dabei nicht zum Geschlechtsverkehr kommen; aber wenn es dazu kam, geschah es von seiten des Mannes über den Trieb hinaus mit der Absicht, zu erfahren, ob er eine »gebärfreudige Jungfrau« erkoren hatte (denn der Bauer brauchte viele Kinder auf dem Hof), und von seiten des Mädchens aus der erklärlichen Neugier, ob der Mann, den sie auf Lebenszeit erküren sollte, auch geschlechtlich zu ihr paßte. War die Prüfung nicht zufriedenstellend, so konnte sowohl der Bursche als auch das Mädchen zurücktreten. Es war keine Schande für ein Mädchen, mit mehreren Burschen »Komm-« oder »Probenächte« verbracht zu haben – es durfte nur nicht zu oft geschehen, sonst kam die »Jungfrau« in schlechten Ruf. Die »Probierzeit« blieb nicht nur ein bäuerlicher Brauch; auch Bürgermädchen und adlige Jungfrauen bedangen sich »Komm-« und »Probenächte« aus, allerdings mit dem Vorbehalt, daß alles geschehen dürfe, nur nicht »das«. Geschlechtliche Befriedigung war erlaubt – unter der Bedingung freilich, daß alle Handlungen, die Nachkommenschaft im Gefolge haben könnten, »auf Ehre« untersagt waren. Und selbst hohe weltliche und geistliche Herren durften sich, oft im Auftrag ferner Brautwerber oder befreundeter Gutsnachbarn, von der Tauglichkeit und den Reizen begehrenswerter Jungfrauen überzeugen. Nachdem sie sich der ehrenvollen Aufgabe unterzogen hatten, empfahlen sie die »Ausprobierten« zur Ehe oder gaben ihrer Meinung über die körperlichen Unzulänglichkeiten der Umworbenen unverblümten Ausdruck. Sie waren zumeist auch in der Lage zu berichten, daß es sich um eine »virgo intacta« gehandelt habe, um eine unberührte, unbefleckte Jungfrau.

So vermochte selbst die große Angst vor dem Jüngsten Gericht nicht die naturgegebene Sinnlichkeit zu ersticken. Männer und Frauen verdrängten ihre Triebe, aber sie unterdrückten sie nicht. Und oft genug halfen weder die

Illustration zu »Les Heures de Paphos« aus dem Jahr 1787, anonym

Kutte des Mönchs noch der Schleier der Nonne, der Versuchung zu widerstehen. Wie »Kaiser, König, Edelmann, Bürger, Bauer, Bettelmann«, so lebten auch nicht wenige der Gesalbten, der Geschorenen und der »Bräute Christi« ihre natürlichen Triebe in natürlicher Weise aus. Nach außen hin jedoch wurde der Schein peinlich gewahrt. Die voreheliche Keuschheit und die eheliche Ausschließlichkeit behielten ihre grundsätzliche Bedeutung. Sie waren und blieben die Voraussetzung des ehrbaren Lebens – wie es die Kirche befahl. Alle Herrscher, die sich der Krone bemächtigt oder sie ererbt hatten, wünschten sie durch den Segen der Päpste in Rom zu heiligen und den erhabenen kaiserlichen Titel durch die Salbung mit dem »römischen Öl« zu rechtfertigen. So war es unausbleiblich, daß die Kaiser und ihre Gefolgsleute die »römischen Sitten« annahmen, die in der Ewigen Stadt im Schatten des neu erstrahlenden päpstlichen Glanzes wieder zur Geltung gekommen waren. Die deutschen Herren hatten den Ehrgeiz, so lebensgewandt und lusterfahren wie die Römer zu sein, sie bemühten sich, ihre Umgangs- und Lebensformen dem überkommenen Geschmack der »Welschen« anzupassen.

Welcher Art ihr Zeitvertreib war und wie sie ihn pflogen, schilderte die Nonne Hrotsvith, im Volksmund Roswitha genannt, die sich im Nonnenkloster Gandersheim ihren schriftstellerischen Neigungen ergab und als die erste deutsche Dichterin bezeichnet wird, obwohl sie nur in lateinischer Sprache schrieb. Roswitha von Gandersheim, die ehrbare Nonne, die als »helltönende Stimme von Gandersheim« gepriesen wurde und sich durch ihre vollkommene Beherrschung der lateinischen Sprache auszeichnete, war von ihrer Äbtissin, der Nichte Kaiser Ottos II., dazu angeregt worden, von den Taten Kaiser Ottos I., der sich den Beinamen »der Große« dadurch erwarb, daß er das deutsche Königtum und den Heiligen Stuhl zu einer Schicksalsgemeinschaft zusammenschloß, in lateinischen Hexametern zu berichten. Die kaiserliche Anerkennung, die ihr zuteil wurde, ermutigte Roswitha, ihren persönlichen Neigungen entsprechend zu dichten. Sie machte sich zwar nicht ganz von den klassischen Vorbildern frei, die sie studiert hatte, um ihre Sprachkenntnisse zu vervollkommnen, aber sie variierte mit zeitgenössischer Bezüglichkeit das Thema, das sie am meisten ansprach: die Liebe – und die Geschlechtslust. Unter ihrem züchtigen Nonnengewand pulsierte die Begehrlichkeit eines lebendigen Leibes, der seine Sinnlichkeit nicht mehr ausleben durfte, aber gewiß ausgelebt hatte, als die »wohltönende Gottesmagd« ihn noch nicht durch den Schleier verhüllt hatte. Für Roswitha war das Liebeserleben in jeder Form kein Geheimnis. Sie schilderte sowohl die zärtlich hingebungsvollen und die grausamen Vorspiele des Geschlechtsverkehrs in dramatisch lebhaften Szenen als auch die lustvolle Erfüllung in seufzenden Versen.

Die Spielarten unerlaubter Liebe, die sich Roswitha zum beliebtesten Thema ihrer Darstellung wählte, waren Notzucht, Leichenschändung und die »Freude an Grausamkeit«, die man etwa ein Jahrtausend nach dem dichterischen Wirken der »Helltönenden« als »Sadismus« bezeichnet hat.

Die schöngeistige Nonne beschrieb mit erstaunlicher Deutlichkeit das unkeusche Treiben in den verrufenen Frauenhäusern, die berufsmäßige Dirnen zur ungehemmten Ausübung ihres Berufes beherbergten. Sie war eine Meisterin in der Schilderung gräßlichster Qualen, denen die Hauptpersonen zweier ihrer Dramen, die »heiligen Jungfrauen«, ausgesetzt werden. Diese sollen, da sie den Nachstellungen eines kaiserlichen Statthalters widerstanden hatten, entkleidet und allem Volk nackt gezeigt werden. Den Häschern aber gelingt es nicht, die Kleider von den Mädchen herabzureißen, da sie wie Haut an den jungfräulichen Körpern haften. So werden zwei von den dreien bei lebendigem Leib verbrannt; die jüngste soll zur Hure gemacht werden. Zur Erbauung der Leser und Zuschauer aber wird sie von zwei Jünglingen gerettet, auf einen hohen Berg gebracht, dort jedoch von den ihr nacheilenden Häschern mit Pfeilen durchbohrt. Noch schlimmer ergeht es drei Mädchen, die in Roswithas Drama »Sapientia« nackt ausgepeitscht werden, so daß ihnen die Glieder zerreißen. Aus den Wunden der abgeschnittenen Brüste fließt allerdings nicht Blut, sondern Milch. Ihre geschundenen Körper werden auf glühenden Rosten gebraten, in mit Wachs und Pech gefüllten Pfannen über dem Feuer gehalten, bis sie endlich mit Schwertern enthauptet werden. Roswitha gefiel sich aber nicht nur in der Schilderung und Zurschaustellung von schändlich gemarterten Jungfrauen, deren Leiber abscheulichen Lastern preisgegeben, deren Seelen jedoch für die ewige Seligkeit gerettet werden. Da ihr tatsächlich nichts Menschliches fremd war, unterließ sie es nicht, auch die gleichgeschlechtliche Liebe von Männern zu gestalten.

Der Wortschatz an obszönen Ausdrücken, deren sich Hrotsvith bedienen mußte, um nicht von der »Wahrheit und Wirklichkeit« abzuweichen, war die Grundlage vieler grobsinnlicher Bezeichnungen, die in den deutschen Sprachschatz aufgenommen wurden. Das Lateinische wurde beziehungsreich abgewandelt. So leitete man von der Unbeständigkeit und Treulosigkeit der vagina, des »Lustspalts der Frauen«, die Bezeichnung für die ebenso unsteten wie eifrigen Betreuer des weiblichen Geschlechts, die »Vagabunden«, ab – ein doppelsinniger Scherz, denn »vagabundus« kam eigentlich vom lateinischen vagare, umherschweifen. Die fahrenden Spielleute ergötzten ihr Publikum gern durch derlei anzügliche Verballhornungen, die schließlich in den Sprachgebrauch übergingen, so daß das Lateinische beim Leutevolk als unanständig galt und die großen Herren und vornehmen Frauen, die es sprachen, als »Lüderlinge« gescholten wurden, die, statt mit gutem Beispiel voranzugehen, ein schlechtes Beispiel gäben. Der Ruf der Frauen, ohnehin schlecht genug, verschlechterte sich so zusehends, daß man sie nur noch als »Gefäße der Sünde« verachtete. Diese allgemeine Auffassung lag auch dem päpstlichen Festhalten am Verbot der Priesterehe zugrunde, gegen das ein großer Teil der katholischen Geistlichkeit Einspruch erhoben hatte. In der Begründung des Dekrets stand, daß der Priester, der während der Messe vor dem Altar »täglich Gott schaffe«, durch die eheliche Gemeinschaft mit einem Weibe verunreinigt werde und daher für die lautere »Weihung der Hostie und des Weines« nicht geeignet sei. Die Aufrechterhaltung des Zölibats wiederum hatte zur Folge, daß die Priester sich in zunehmendem Maße dem außerehelichen Geschlechtsverkehr zuwandten: Die Natur ließ sich nicht unterdrücken. Um zu verhindern, daß die Priester in ihrem Sprengel solchermaßen Unzucht verübten und Unheil anstifteten, forderten viele Bauern im Römischen Reich Deutscher Nation, daß jeder geistliche Herr, der sein Amt übernahm, als »Seelenhirt« seine »Seelenkuh« mit sich bringen müsse, seine »Lebens- und Lastergefährtin«.

Während das »Regnum Teutonicum« zum mächtigen »Heiligen Römischen Reich Deutscher Nation« geworden war und sich allmählich eine Annäherung der höfischen Sitten an die verfeinerte Lebensweise der byzantinischen Kaiser vollzogen hatte, hatten die Kaiser von Byzanz verzweifelt um ihr Dasein gekämpft – und ein Herrschaftsgebiet nach dem andern verloren. Die Völkerwanderungen, die aus dem Innern Asiens nach allen Richtungen hin ausstrahlten, hatten auch Turkmenenstämme, die zum islamischen Glauben übergetreten waren, mit ihren Reiterscharen in Bewegung gesetzt; sie kamen aus dem Altaigebirge und hatten eine eigene Sprache, die später das »Dschagataische« genannt wurde. Sie war das einzig Verbindende der in kriegerischer Unruhe vorstürmenden wilden Völker. Unter der Führung des Fürsten Seldschük brachen diese Turkmenen aus dem Raum östlich des Kaspischen Meeres, in Wellen vorstoßend, in Mesopotamien ein, eroberten das Zweistromland, Syrien und einen großen Teil Kleinasiens.

Auf italienischem Boden war neben dem Heiligen Stuhl und eng mit ihm verbunden eine neue Macht entstanden: der Großhandel, dessen wichtigste Umschlagplätze und Märkte die Städte Pisa, Genua, Amalfi und vor allem Venedig waren. Die immer bedrohlichere Schwächung des Kaiserreiches von Byzanz hatte die Möglichkeiten für die Ausbreitung des Warenverkehrs der städtischen Handelsherren empfindlich beschränkt. Dazu kam, daß die muselmanischen Kaufleute des Kalifats Cordova, deren Seehandel von den auf Sizilien ansässigen Normannen beeinträchtigt gewesen war, jetzt, aufgemuntert durch die Seldschuken, wieder lebhafter ins Geschäft eingetreten waren und einen Handelskrieg begonnen hatten. So hatte Papst Urban II. Gründe und Anlaß genug, die Christenheit zum Kampf gegen den Islam aufzurufen. Es ging ihm nicht nur um das Kreuz und das Heilige Grab Jesu Christi – es war auch zweckmäßig, die allgemeine kriegerische Unruhe in Europa dadurch zu dämpfen, daß man die Fürsten von den jeweiligen kleinlichen Zwecken ablenkte. Und zudem schien es möglich, die abgespaltene Kirche des Ostens wieder unter die Herrschaft des Heiligen Stuhls zu bringen: Rom konnte wieder auferstehen als Hauptstadt der ganzen Welt, wenn der großangelegte Plan des Papstes gelang.

Urban II. war in Westfrankreich zur Welt gekommen. In seinem Heimatland rief er ein Konzil zusammen und sprach auf offenem Feld in Clermont zu Tausenden Andächtigen in der eisigen Novemberluft: »Die Wiege unseres Heils, das Vaterland des Herrn, das Mutterland des Glaubens, hat ein gottloses Volk in seiner Gewalt … Das Volk, das den wahren Gott verehrt, ist erniedrigt … und muß unwürdige Bedrückung erleiden. Bewaffnet euch mit dem Eifer Gottes, liebe Brüder, gürtet eure Schwerter an euren Seiten ... Besser ist es, im Kampf zu sterben, als unser Volk und die Heiligen leiden zu sehen ... Wir wollen unseren Brüdern helfen. Ziehet aus, und der Herr wird mit euch sein.« Mit dem Ausruf: »Deus lo vult! – Gott will es!« leisteten die Anwesenden das Kreuzfahrergelübde. Ein rotes Kreuz, auf den Mantel geheftet, wurde das Sinnbild der Streiter, die auszogen, den Islam zu vernichten und das Heilige Grab zu befreien. Tausende von französischen, normannischen, flandrischen und deutschen Rittern unternahmen den ersten Kreuzzug, erstürmten Jerusalem und richteten unter Türken und Juden ein furchtbares Blutbad an. Doch mit einem Kreuzzug war es nicht getan: Der kriegerische Aufwand der in verhältnismäßig kurzen Zeitabschnitten aufeinanderfolgenden Kreuzzüge befriedigte wohl die Machtgier und Abenteuerlust der Teilnehmer, aber der Islam behauptete siegreich das Feld. Doch seine so siegreiche Abwehr der Christen wurde in der endgültigen Auswirkung zum Pyrrhussieg. Die durch Sänger und Sagen berühmt gewordenen Ritter des Kreuzes waren aus ihren Burgen und Schlössern, bis an die Zähne bewaffnet, von Reisigen und Knappen begleitet, ins verachtete Morgenland gezogen, ohne zu wissen oder zu bedenken, daß das Abendland, aus dem sie kamen, eine geistige Wüste war. Sie errangen mit der Kraft ihrer Arme und der Wucht ihrer Schwerter auch anfängliche Erfolge. Aber wenn sie sich eines Landstrichs oder einer Stadt vorübergehend durch Gewalt bemächtigt hatten, wurden sie durch die verfeinerte Lebenskunst der Besiegten friedlich überwältigt und bezwungen. Trotz aller Beschwerlichkeiten der Märsche und Seereisen und trotz der blutigen Kämpfe waren die Kreuzzüge für die einzelnen Ritter wie ein Ausflug ins Märchenland eines besseren Lebens.

In beiden Lagern der gegeneinander kämpfenden Glaubensbekenntnisse beschimpften die Gläubigen ihre Gegner als Ungläubige. Es waren aber nicht nur zwei verschiedene Glaubensrichtungen, sondern zwei verschiedene Weltanschauungen, die einander gegenüberstanden. Die Muselmanen wollten nicht nur das Paradies erwerben, sondern auch ein schöneres, ein glücklicheres Leben auf Erden führen. Im christlichen Glauben aber war die Lebensfreude durch die große Angst vor der Sünde überschattet. War es also verwunderlich, wenn die heimkehrenden Ritter sich die Frage stellten, ob es denn wirklich nötig sei, das Leben in so quälender Entsagung zu verbringen? Auch die Frauen, die von den Kreuzfahrern während ihrer Abwesenheit vernachlässigten Strohwitwen, lehnten sich auf gegen ihre Vereinsamung und die erzwungene Enthaltsamkeit. Die Ehemänner waren fern. Vielleicht kamen sie nie wieder zurück. Sollten die wartenden Frauen verdorren? Es hatte sich nämlich die Sitte herausgebildet, die eheliche Treue der Frauen während der Abwesenheit ihrer Ehemänner durch »Keuschheitsgürtel« zu sichern. Diese aus Eisen geschmiedeten Bewacher der »dämonischen Pforte« waren mit Schlössern versehen. Nur der Ehemann sollte den »Schlüssel zur Lust« besitzen; nur ihm sollte es möglich sein, die Scham seiner Frau zu berühren und zu genießen. Aber geschickte Schmiede verfertigten neue Schlüssel für die Keuschheitsgürtel, die den fernen Rittern die Treue ihrer Ehefrauen sichern sollten. Die Schlüssel zum »Harem der Christen« gingen von Hand zu Hand – nach den genau vorgeschriebenen Regeln der sogenannten »Liebeshöfe«, denen die hohen und höchsten Burgfrauen vorstanden. Die geistlichen Herren, die das Treiben der lustigen Strohwitwen zunächst mißtrauisch beobachteten, schlossen gefällig die Augen. Sie taten, als wüßten sie von nichts, um nicht gezwungen zu sein, den Kämpfern für das Kreuz die unvermeidlichen Folgen ihrer Abwesenheit kundtun zu müssen. Sie ließen es dabei bewenden, daß die »ars amandi«, die im alten Rom so beliebte Liebeskunst Ovids, von den Mönchen ihrer Klöster sorgfältig abgeschrieben und köstlich belehrend bebildert wurde. »Die Kunst zu lieben« gehörte zur neuen Lebensart, die von Europa Besitz zu ergreifen begann. Die Ungeschlachtheit des Benehmens wich der »Ritterlichkeit«, die durch ihre Bräuche das Verhalten der Männer und Frauen zueinander bestimmte.

Es gab keine festgelegten Normen, keine grundlegenden Vorschriften des ritterlichen Anstands. Die Einstellung der einzelnen zur ritterlichen Verhaltensweise hing von ihren jeweiligen Vorbildern ab und beruhte auf der Überlieferung, die in den einzelnen Ländern verschieden war. Uralte Sagen und Mythen, die, von fahrenden Sängern und Spielmännern verbreitet und oft um des besseren Verständnisses willen abgewandelt, dem Zeitgeschehen angepaßt worden waren, beeinflußten die Sitten durch die beispielgebenden Handlungen, die sie enthielten. So wie sich Götter und Göttinnen, Halbgötter und Halbgöttinnen, Helden und Heldinnen vergangener Zeit in Freud und Leid benommen hatten, wünschten sich auch die Frauen und Männer zu benehmen, die von den »wundersamen Mären« Kenntnis bekommen hatten. Je volkstümlicher ein »Lied« wurde, desto eindrucksvoller wirkte es sich auf die Lebensgewohnheiten und sittlichen Vorstellungen aus. So prägte sich das in deutschen Landen allgemein bekannte Nibelungenlied der Phantasie der Frauen und Männer so ein, daß es nicht nur ihre Umgangsformen bestimmte, sondern auch ihren Charakter. Siegfried, der strahlende Unbesiegbare, wurde die Idealgestalt der Männer, die ihm nachgeraten, und der Frauen, die von ihm, wenn nicht fürs ganze Leben, so doch wenigstens für eine Nacht erkoren werden wollten. Siegfried war, gelinde gesagt, ein abenteuernder Hochstapler, ein rücksichtsloser Mitgiftjäger, der zweifellos über außerordentliche Körperkräfte und eine unermüdliche Liebesfähigkeit verfügte, aber von moralischen Gesichtspunkten aus ein verwerflicher, liebedienerischer Ausnützer der Gelegenheiten. Der Siegfried des Nibelungenliedes, der, nachdem er eine leidenschaftliche Liebesbeziehung mit der reichen Brunhild unterhalten hatte, sich in die vornehme Kriemhild verliebte und Brunhild, durch die Tarnkappe unsichtbar gemacht, im Liebeskampf so erfolgreich überwand, daß sie lustvoll stöhnte und bereit war, mit Kriemhilds königlichem Bruder Gunther das Lager zu teilen, denn ihn hielt Brunhild für den »Überwinder« – dieser »Zuchthengst des Königs« war schamlos genug, Kriemhild von seinem Sieg über Brunhild zu erzählen. Daß er dadurch die Rache der betrogenen und gedemütigten Brunhild auf sich zog und von Hagen, dem getreuen Onkel des Königs, der Brunhild von Siegfried hatte »überwinden« lassen, hinterlistig ermordet wurde, erschien den von Siegfrieds Heldenmut begeisterten deutschen Männern und Frauen folgerichtig, denn Siegfried wäre nicht von Hagen ermordet worden, wenn Kriemhild nicht die Stelle seines Körpers verraten hätte, an der Siegfried verwundbar war. Kriemhild ihrerseits nahm Rache an Hagen und ihren königlichen Brüdern, die von dem Mordplan gewußt hatten. Dazu mußte sie das Beilager mit Attila, dem König der Hunnen, teilen, mußte mit dem ungeliebten Mann schlafen, um das Andenken des Geliebten durch das vergossene Blut seiner Feinde ehren zu können.

Keine der so klangvoll besungenen Gestalten des Nibelungenliedes verhielt sich so, wie es den überlieferten Regeln von Anstand und Sitte zu entsprechen schien, aber beinahe alle gingen in die Phantasie der Deutschen als »Edelmenschen« ein. Das muß seinen Grund darin gehabt haben, daß die Vorstellungen von edel, anständig und treu in den Zeiten, in denen das Nibelungenlied in seiner so beliebt gewordenen endgültigen Fassung entstanden ist, andere waren, als es sich die späteren Bewunderer von Siegfried und Hagen, von Brunhild und Kriemhild vorgestellt haben. Das Nibelungenlied beruhte auf einer altgermanischen Heldensage, in der Siegfried Sigurd hieß und Brunhild eine verstoßene Walküre war, die geschworen hatte, sich keinem Manne zu vermählen, der sich fürchte. Sie schlief geruhsam, behütet von einem Feuerwall, der »Waberlohe«, aber der kühne Sigurd ritt furchtlos durch die Flammen, schnitt der schlafenden Jungfrau mit seinem Schwert Gram die Brünne vom Leibe und weckte sie aus dem Schlaf, um sie im Beischlaf zu besitzen. Brunhild kredenzte ihm den »Minnemet«, verlobte sich ihm und empfing sein Treuegelübde. Er brach das Gelübde – schuldlos, denn seine künftige Schwiegermutter, die ihm ihre Tochter zuführen wollte, berauschte ihn mit einem »Vergessenheitstrunk« so, daß er Brunhild tatsächlich vergaß und sich mit der anderen verheiratete, von der die alte Sage kündet, sie sei gewesen »wie der lichte Mond, der lauteren Scheines einhergeht vor den Sternen«. Auch Brunhild verheiratete sich mit einem andern, aber ihre Liebe für Sigurd quälte sie im Ehebett. »Oft schritt sie, ganz von Grimm erfüllt, über Eis und Gletscher, wenn Sigurd mit seinem Weibe zu Bette ging und der Held liebkosend sein Weib in die Decken hüllte.« Die eifersüchtige Brunhild benahm sich so wie die Brunhild des Nibelungenlieds: Sie ließ Sigurd ermorden.

Der Einfluß des Glaubens nahm in der kriegerischen und der höfischen Handlung des Nibelungenliedes nur einen Platz »nach gewohnheite« ein. Die Würde des Gottesdienstes wurde zur Formalität herabgewürdigt, man ließ ihn zelebrieren und nahm daran teil, weil es sich schickte. Für die breiten Massen aber wurde die Sündhaftigkeit, deren sich die hohen Herren und Damen in rührender Ungehemmtheit erfreuten, in Form von Schreckensbildern dargestellt, die, in Stein gemeißelt, als Wasserspeier oder schmucke Zierate die Kirchenfassaden belebten. Es sollte für den gemeinen Kirchgänger nicht zu übersehen sein, daß der Teufel die geschlechtlich Unzüchtigen, die maßlosen Vielfraße, die Geizigen und übermäßig Eitlen bedrohte und schnurstracks in die Hölle holte.

Die »Moralitas«, die in den zeitgenössischen Dichtungen gepriesene »süße Kunst guter und schöner Sitten«, hatte mit dem überkommenen Begriff der Moral nur den Namen gemeinsam. Die »Moralitas« war ein gesellschaftlicher Kodex des feinen Benehmens, das sich nicht nur in den vorgeschriebenen Gesten bei der Begrüßung und dem geselligen Beisammensein äußerte, sondern auch in der für die jeweilige Gelegenheit vorgeschriebenen Tracht. Der äußere Anstand, das, was man tun oder nicht tun darf, war den Rittern und ihren Damen wichtiger als die Anständigkeit im landläufigen Sinn. Es kam nur selten vor, daß ein Sittenprediger es wagte, den »Färberinnen« und »Gilberinnen« – das waren die, die sich ihr Haar färbten, und die, die sich schminkten – Vorhaltungen zu machen, indem er ihnen von der Kanzel herab zurief: »Die Gemalten und Gefärbten schämen sich ihres Antlitzes, das Gott nach sich gebildet hat, und darum wird auch Er sich ihrer schämen und sie werfen in den Abgrund der Hölle.« Die Hölle war weit, die Erde nahe – das Schminken und das Färben der Haare – blond oder braun »nach Falkenart« – wurde ebenso zur Mode wie das Zurschaustellen der Brüste, die unter dünnen Geweben so wirken mußten, als seien sie »zwei Paradis-Epfelin«, oder wie der Gürtel, der die Schlankheit des Wuchses hervorheben mußte, damit das breite, gebärfreudige und lustempfängliche Becken deutlich herausmodelliert werde.

Über dem Unterrock trug die Dame die »Sukenie«, das Oberkleid, und einen Mantel. Sie ließ ihr über der Stirn gescheiteltes Haar frei auf Nacken und Schultern niederfließen, und wenn sie ihre Jungfräulichkeit demonstrieren wollte, schmückte sie es mit einem »Blumenkränzlein«. Die Jungfräulichkeit allerdings war zumeist nur ein Schaustück, wie der »schapel«, ein Kopfreifen, an dem der Brautschleier befestigt wurde. Die Burgfrauen und die »Frouwen« an Fürstenhöfen mußten »Höfischkeit« und »Zierheit« erlernen, um für ihre Ehemänner repräsentieren zu können. Sie durften mit dem Falken auf der Faust, hoch zu Roß, ihre Herren zur Reiherbeize begleiten und beim »Wurfzabelspiel« und »Schachzabelspiel« mit ihrer Gewandtheit mit dem Würfel und ihrem Wissen auf dem Schachbrett paradieren. Sie erfreuten die Gäste mit Harfenspiel und dem Singen von Liedern, die auch unverhohlen deutlich und derb sein durften, wenn sie mit Grazie vorgetragen wurden. Beim Tanzen galt es als ungehörig, sich an die Tanzpartner anzuschmiegen. Es mußte der gebührende Abstand der Geschlechter gewahrt werden; wohl aber war es rühmenswert, wenn eine Jungfrau ihre Fähigkeit im Springen zur Schau stellte. Sie wurde gepriesen: »Sie sprang mehr denn eines Klafters Länge und noch höher.« Dabei flogen die Mäntel, die Sukenien und die Unterröcke hoch. Wer gut schauen konnte, sah nur allzu deutlich, was die Sitte verbergen sollte. Oft entwickelte sich aus dem Schauen eine Brautschau. Nicht viel anders war es bei den Bauern der Dörfer, den »Törpern«. Auch da flogen bei Festlichkeiten die Röcke hoch, wenn »Hoppaldei, Heierlei, Firleifei« getanzt wurden. Aber das war auch von der Kirche erlaubt: »Ein Tänzchen in Ehren ...«

Die munteren Einzelheiten ritterlicher Geselligkeit verdanken wir den zeitgenössischen Dichtern, die sich allerdings nicht damit begnügten, festliche Zusammenkünfte zu besingen. In wohlgereimten Versen gaben sie auch die Geheimnisse der »Kemenate« preis, der Schlafzimmer, in denen man sich der Liebe »nicht nach der Regel« hingab. Die vornehmen Frauen waren weder prüde noch spröde. Sie waren liebeslüstern. Es mußte nicht immer ein Ritter sein, der seine blanke Wehr ablegte, um seine Männlichkeit zu entblößen. Auch Kuttenträger waren als verstohlene Liebespartner beliebt. Das über sie verhängte Gebot der Enthaltsamkeit brachte die Geistlichen in den Ruf und Verruf, ihre Mannhaftigkeit sparsam behütet zu haben. Deshalb galten sie im allgemeinen als unvergleichlich potent, wenn auch keine Einzelheiten ihrer geschlechtlichen Fähigkeiten überliefert wurden, wie das bei renommierfreudigen Rittern üblich war. So soll der tapfere Olivier von der Tochter Kaiser Karls des Großen herausgefordert worden sein, durch die Tat zu erweisen, wessen er sich gerühmt hatte: daß er seine Manneskraft hundertmal beweisen könne. Er nahm es auf sich, seine Prahlerei bei Todesstrafe wahrzumachen, brachte es aber »nur« auf dreißigmal. Die Kaisertochter, der die Leistung Oliviers zusagte, belog ihren Vater, indem sie erklärte, daß es wirklich hundertmal geschehen sei, damit sie ihren so leistungsfähigen Liebhaber nicht verlöre.

Die Berichterstatter ritterlicher Liebesabenteuer waren nicht verschwiegen. Diskretion war keineswegs Ehrensache. Die edlen Herren, denen es gelang, bei der »hehren Frouwe ihrer Wahl« zu liegen, brüsteten sich des Genusses wie einer zufriedenstellenden Jagd, in der sie erlesenes Weidwerk erlegt hatten. In friedlichen Zeitläufen wurde das Besiegen des schwachen Geschlechts wie eine Heldentat bewertet. Das lag an der Erziehung. Ritter wurde nur, wer mannbar war – wenn nicht auf dem kriegerischen Feld der Ehre oder bei den herkömmlichen Waffengängen im Turnier, so doch immerhin im Bett. Der Ritter wurde auch nicht als Ritter geboren. Wer Anspruch auf diesen Rang erhob, mußte wohl adeliger Abstammung sein, aber er hatte sich, wie begütert er auch von Haus aus sein mochte, einer schwierigen Ausbildung zu unterziehen, deren Normen genau vorgeschrieben waren. Der ritterliche Dienst begann mit sieben oder acht Jahren als Page am Hof eines Fürsten oder im Schloß eines Ritters, dem der Junge dann mit zwölf oder dreizehn Jahren als »Knappe« diente. In dieser Lehrzeit lernte er »Manieren«, und zwar bei Tisch und in der Schlafkammer. Er war verpflichtet, seinen Geist und seinen Körper in der Nachahmung seines Herrn zu festigen und zu kräftigen. Nach dem Grundsatz: »Wie der Herr, so das Gscherr« mußte er sich im Gebrauch der Waffen üben und in der »Herrischkeit«, im Umgang mit Untergebenen. Wenn er sich in seinen Lehrjahren als Knappe bewährt hatte, wurde er in einem Zeremoniell, das den Initiationsriten der Vorzeit (wenn auch in verfeinerter Form) entsprach, zum Ritter geschlagen. Mit der Ritterrüstung von Kopf bis Fuß ausgestattet, empfing er drei Schläge mit dem flachen Schwert auf den Hals oder die Schulter, manchmal auch einen Schlag auf die Wange mit der flachen Hand als Sinnbild der letzten Beleidigung, die er hinnehmen durfte, ohne sich am Beleidiger blutig zu rächen. Dann wurde er »im Namen Gottes, des heiligen Michael und des heiligen Georg« zum Ritter gemacht. Die feierliche Formalität, in deren Verlauf der Knappe seine silbernen Sporen mit den goldenen des Ritters vertauschte und sich so »die Sporen verdiente«, endete in einem Volksfest, das zumeist durch ein Turnier gekrönt wurde. Das Lanzenstechen der zum Wettkampf zugelassenen Ritter war ein gefährliches Spiel. Oft ging es um Leben und Tod, wenn es galt, den Mut, die Kraft und die Geschicklichkeit zu beweisen, nicht nur vor den anwesenden Herren, sondern vor allem vor den Damen, die von »ihren« Rittern als »Schutzherrinnen« erwählt worden waren. Der Sieger im Zweikampf empfing von der »Seinen« den Lohn. Das war eine Liebesbezeigung, obwohl die Erwählte den Ritter, der sie erwählt hatte, oft nicht einmal dem Namen nach kannte. Aber er hatte sich ihr geweiht. Es war einerlei, ob sie Jungfrau oder die Frau eines anderen Ritters war. Er erwarb sich das Recht und nahm die Pflicht auf sich, ihr zu dienen. Dieser Dienst erstreckte sich, je nach ihrem Belieben, auf kleine Gefälligkeiten, die sie sich erweisen ließ, oder auf die große Liebe, die sie herausfordern konnte. Viele Ritter widmeten ihr ganzes Leben der einen als tugendhaft Gepriesenen, deren Tugend sie unablässig nachstellten, um sie zu Fall zu bringen.

Die Legende, die das Rittertum verklärt hat, ist weit entfernt von der Wirklichkeit. Die Ritter schützten nicht die Armen, sie verachteten sie. Sie beraubten die Kirchen, deren Verteidigung sie gelobt hatten; sie bekämpften einander rücksichtslos und schreckten nicht vor Meuchelmord zurück; sie stellten den Frauen bei jeder Gelegenheit nach und mißhandelten ihre Gefangenen so lange, bis sie das Lösegeld erhielten, auf das sie es abgesehen hatten. Der Beruf des Ritters war das Töten. Sein Vermögen erwarb er durch Raub und durch Abgaben von Kaufleuten und Bürgern, die er mit Gewalt erzwang. Die Kreuzritter, die im Namen Gottes für das Christentum kämpften, waren so roh und so grausam, daß das Wort Ritter bei den doch gewiß nicht zartfühlenden Muselmanen als Bezeichnung für Schändlichkeit galt. Aber die Wahrung der äußeren Formen, die sich die Ritter zur unbedingten Gewohnheit gemacht hatten, trug dazu bei, den Begriff »Ritterlichkeit« sprichwörtlich werden zu lassen.

Den guten Ruf, »ritterlich« zu sein, verdankten die Ritter den Frauen, die aus den ritterlichen Bräuchen Nutzen zogen, und den Dichtern, die die Ritterlichkeit zum Ideal erhoben und in Lobliedern verkündeten: Die Ritter waren die einzigen Männer, die »romantisch« liebten, und das bedeutete: »wunderbar abenteuerlich«. Die ritterlichen Sänger, die eine fremde Schöne zur »Frau ihres Herzens« erkoren hatten, widmeten ihre Dichtkunst der Unnahbaren, deren Gunst sie ersehnten. Sie hoben sie in den Himmel, als sei sie die Jungfrau Maria. Sie priesen ihre Schönheit über alle Maßen, ihre berückenden Eigenschaften und ihre Unzulänglichkeit – solange sie keinen Zugang hatten. Die fahrenden Ritter, die sich mit Worten und Versen statt mit Schwertern und Lanzen um die Gönnerschaft reicher und vornehmer Standesgenossen bewarben, schmeichelten den Schutzherren, wenn sie das Lob ihrer Damen anstimmten. Sie waren im Grunde Schmarotzer, wie es die Klienten im alten Rom gewesen waren.

Das große Vorbild aller ritterlichen Sänger sind die Troubadoure Südfrankreichs gewesen. Der ehrende Titel war abgeleitet vom Wort »trobar«: finden – der Troubadour »fand« nicht nur Reim und Melodie seiner Lieder, nicht nur den Schlüssel zum Herzen, sondern auch zum Keuschheitsgürtel der angebeteten Dame. Durch ihre Lieder wurden die Troubadoure die ausführlichsten und verläßlichsten Chronisten der Sitten ihrer Zeit. Sie überlieferten die Gepflogenheiten des »devoir«, des Dienstes an der Dame, deren Farben sie trugen. Die Farbe war ein Verständigungsmittel eigener Art. Grün bedeutete das erste Sprossen der Liebe, weiß die Hoffnung auf Erhörung, rot den hellen Minnebrand, blau unwandelbare Treue, gelb beglückte Liebe, schwarz Leid und Trauer.

Die Ritter begnügten sich aber nicht nur mit der äußerlichen Unterscheidung. Sie hatten nicht nur die »Moralitas«, sondern auch eine andere Moral. Sie unterschieden zwischen ihren Ehefrauen und ihren Geliebten, die sie ihre »Herrinnen« nannten. Die Geliebte war der Wunschtraum der Männer, die Ehefrau das Weib, das ihnen gehorsam zu dienen hatte und das sie nach Belieben vernachlässigen oder mißhandeln konnten: In der Zeit der »courtoisie« der Troubadoure war es ritterlichen Ehemännern erlaubt, ihre Frauen zu schlagen, ja sogar körperlich zu verletzen, wenn sie den Geschundenen nur kein Glied brachen und keine lebensgefährlichen Wunden zufügten. Gegen die brutalen Übergriffe von ritterlichen Ehemännern und unerwünschten Liebhabern vereinigten sich zuerst im Süden Frankreichs entschlossene adelige Frauen in »courts« oder »Minnehöfen«, die den Zweck hatten, das gute Benehmen in der Liebe zu lehren und der unverzeihlichen Brutalität der Ehemänner dadurch ein Ende zu setzen, daß ihnen die Regeln der Liebe zur Kenntnis gebracht wurden. In diesen Minnehöfen tagten Gerichte, um die jeweiligen Fälle zu entscheiden, die ihnen von Frauen oder auch Männern vorgetragen wurden. Als Vorsitzende dieser Gerichte fungierten hohe Damen, deren Rang gewährleistete, daß man ihre Urteile respektierte. Es kam vor, daß sechzig adelige Frauen zu Gericht saßen und ihre Stimme wie Geschworene abgaben, um Schuldsprüche zu erwirken oder Freispruch zu verlangen. Sachverständige Damen, die ihre vielseitigen Kenntnisse aus langjähriger Erfahrung in Liebesangelegenheiten zur Verfügung stellten, gaben ihr Gutachten ab. Und dies war die wesentliche Frage, die von den Beisitzerinnen des Gerichts (sie alle konnten sich auf ihre erprobte Übung als Beischläferinnen berufen) gestellt wurde: »Kann es unter Verheirateten wirkliche Liebe geben?« Die als Grundlage für alle Liebesbeziehungen geltende Antwort lautete: »Nein. Denn Liebende gewähren alles willig, ohne durch irgendeinen Zwang angehalten zu sein. Verheiratete hingegen sind verpflichtet, sich den Wünschen des Partners oder der Partnerin zu unterwerfen.« Die Ehe stand also bei den Liebeshöfen in schlechtem Ansehen. Und daran, so behaupteten die Damen, seien nicht die Frauen schuld, sondern die Männer. Daher könne die Ehe nicht als Entschuldigung für eine Verweigerung der Liebe gelten. Der oberste Leitsatz an den Minnehöfen lautete: »Liebe kann der Liebe nichts versagen.«

»Leurs Rêves« – kolorierte Radierung aus dem Jahr 1929 von André Collot

Die gegenseitige Willfährigkeit im Bett, auf den Gartenbänken, im Moos und im Herbstlaub, an den Pfeilern der Söller und an den Baumstämmen des Waldes in jeder Form und jeder Stellung war das »Hochziel« der Damen, die ihren Liebhabern, ob sie nun Ritter oder Knappen, Bischöfe oder Mönche waren, beibringen wollten, wie die gemeinsame Lust am freudigsten befriedigt werden könne. Zwischen Liebenden sollte es keine Scham geben, kein falsches Zögern und keine Eitelkeit des Standesunterschiedes. Nicht der Verstand sollte die sich vereinigenden Körper regieren, sondern das Herz, das erregte Blut. Wie es angesichts solcher Grundsätze um die Jungfräulichkeit der adeligen Mädchen bestellt war, bezeugte eine weitverbreitete »balada«, die »Das liebe Häslein« betitelt war. Die kleine Geschichte wurde gern als kennzeichnendes Beispiel zitiert. Ein Ritter, der eine der Liebe unkundige Schöne entjungfert hatte, heiratete eine andere. Beim Hochzeitsmahl erzählte er seiner Braut das Abenteuer. Die war keineswegs entsetzt, sondern fragte nur, den Kopf schüttelnd: »Aber warum hat denn das junge Mädchen seiner Mutter davon erzählt?« Und fuhr fort: »Das war eine große Dummheit. Mir hat unser Kaplan wohl hundertmal so getan, ohne daß ich es mir hätte einfallen lassen, es meiner Mutter zu gestehen.« Wie der Bräutigam das fröhliche Geständnis seiner Braut hinnahm, verschwieg die »balada«. Die adeligen Mütter gaben sich allerdings den Anschein, als seien sie in Sorge um die Jungfräulichkeit ihrer Töchter. Sie behüteten sie, soweit sie es konnten, und klagten, daß es leichter sei, einen Sack voll Flöhe zu hüten als eine mannbar gewordene Tochter. Die bäuerlichen Mütter machten sich erst gar nichts vor. Sie wußten, daß ihre Töchter zärtliche Liebesabenteuer mit Rittern dem ungeschlachten Beischlaf mit Bauernburschen vorzogen. Aber ein Mädchen vom Lande erobern – das war keine Eroberung, mit der ein Ritter sich brüsten konnte, denn es hieß, daß die »Niedrigen« sich paarten »wie das liebe Vieh«. Eine Edelfrau, das war schon etwas anderes! Sie kannte alle Kunstfertigkeiten des Liebesgenusses: das Vorspiel, das glückhafte Hinauszögern des Ergusses, dessen Folgen man geschickt zu vermeiden suchte. Jede Empfängnisverhütung war ja verboten, und die Kirche bezeichnete schon die Unterbrechung des Geschlechtsverkehrs als ein Verbrechen, das kaum besser sei als Mord. Wo immer die Kirchenbehörden davon erfuhren, auch wenn es nicht eine tatsächliche Abtreibung war, bestanden sie auf strenger Bestrafung der schuldigen Frauen. Jede »Unnatürlichkeit« war verpönt; es gab sogar eine Vorschrift, die eine dreijährige Buße über eine Frau verhängte, die »den Samen ihres Ehemannes unter ihre Nahrung mischte, damit sie seine Liebe besser empfangen könne«. Das Verschlucken von Samen in der Intimität des Beisammenseins wurde als Todsünde verurteilt. Allerdings galt nur die Frau als Schuldige. Der Mann, der sie dazu veranlaßt hatte, war eben der von einer Erbin der Sündhaftigkeit Evas Verführte, denn Gott hatte den Mund der Frau nur zum Küssen der Lippen von Männern geschaffen, und auch das allein in der bräutlichen oder ehelichen Gemeinschaft. Nur in den Studierstuben stiller Gelehrter, nur in den heimlichen Versammlungen schwärmerischer Gläubiger, die nichts gelten lassen wollten als das reine Wort des Evangeliums, nur in den schmucklosen Zellen frommer Mönche, die sich tatsächlich der von ihnen gepredigten Entsagung ergaben, blieb der Glaube an Gott als den Einen Allgegenwärtigen und Allmächtigen noch hochgehalten. Sonst aber wurde das Übersinnliche in der unermüdlichen Jagd nach der Sinnenlust vernachlässigt.

Die unausrottbare Sündhaftigkeit des Liebens und Lebens überwucherte die Gläubigkeit, die sich in die Einsamkeit zurückziehen mußte, um in der Abkehr von weltlichen Freuden bestehen zu können. Die fahrenden Spielleute und die von Hof zu Hof ziehenden Ritter gaben den Ton an, der die Sitten bestimmte. Der eigenartigste dieser Dichter zu Pferde war zweifellos Ulrich von Liechtenstein, ein Minnesänger, der sein Leben ganz dem »Frauendienst« gewidmet hatte. In seiner Burg wartete die eigene Ehefrau oft sehr lange vergeblich darauf, daß er sie besuche, »um ein Kindlein zu machen«. Denn Ritter Ulrich war zumeist unterwegs – für eine vornehme Dame, die er zu seiner »Herrin« erhoben hatte und wie eine Gottheit anbetete. Ihr zu Ruhm und Ehren zog der Liechtensteiner durch die Lande. Da der hochgeborenen und zudem selbstverständlich verheirateten Dame seine »doppelwulstige« Unterlippe nicht gefiel, ließ er die Hasenscharte vernähen. Doch er dachte nicht nur an seine Verschönerung, sondern schreckte auch um der Herrin willen vor Verstümmelung nicht zurück: Er ließ sich einen Finger abhacken, da die Angebetete vermeint hatte, er habe diesen bei einem Turnier verloren. Es schreckte ihn auch keineswegs ab, daß die Herrin seinen Mund keineswegs als zum Küssen einladend gefunden hatte: Als Venus maskiert, ritt er durch die Lande, um im »Gewand der Liebe« bei Turnieren zu Ehren der Herrin zu kämpfen. Die höchste Gnade, die er von der »gnädigen frouwe« empfing, war ihre Erlaubnis, das Wasser zu trinken, in dem sie sich die lieblichen Hände gewaschen hatte. Der Bericht über die tragikomischen Erlebnisse des Liechtensteiners bei seinem »Frauendienst« stammt von ihm selbst. Wie er freilich nicht lesen konnte, so war er auch des Schreibens unkundig. Doch darin unterschied er sich nicht von seinen Zeit- und Standesgenossen, den nun wirklich großen Dichtern Wolfram von Eschenbach und Walther von der Vogelweide, deren ehrender Beiname »Dichter« zumindest beeinflußt ist vom lateinischen Wort »dictare« – brauchten doch auch sie willige Federn, ihre Gedanken und Worte niederzuschreiben.

Herr Walther von der Vogelweide wurde von Kaiser Friedrich II. gefördert und für seine Dichtungen belohnt. Der auf allen Gebieten streitbare und umstrittene Kaiser, den man »das Wunder der Welt« nannte, stammte väterlicherseits von den Hohenstaufen ab, die das Römische Reich Deutscher Nation gewaltig erweitert hatten, und mütterlicherseits von den Normannenkönigen, die als Herrscher Siziliens die Insel »zum reichsten und zivilisiertesten Staat des Erdkreises« gemacht hatten. Die Verschönerung des Lebens in jeder Hinsicht war das Ziel der Könige, die mutig sein wollten wie »nordische Ritter« und zugleich ihr Dasein genossen wie islamische Fürsten. Konstanze, die Erbin der sizilianischen Pracht, die »alle Künste der Erde« vereinigte, überlebte ihren Gatten Kaiser Heinrich VI. nur um ein Jahr. Ihr einziger Sohn Friedrich war vier Jahre alt, als sie starb und Papst Innozenz III. die in Konstanzes Testament festgelegte Vormundschaft übernahm – unter der ihm angebotenen Bedingung, daß er die Lehenshoheit über das Königreich Sizilien erhalte. Er entledigte sich seiner vormundschaftlichen Pflichten durch die Bestellung von Erziehern und kümmerte sich sonst kaum um den jungen König. Da sich niemand um den Knaben sorgte, aber auch niemand ihn hinderte, sorgte er für sich selbst und förderte sich selbst. Er lernte Reiten und Fechten, entwickelte eine Leidenschaft für schöne Pferde und für die Jagd. Als er zwölf Jahre alt war, entsetzte er den vom Papst ernannten Regenten und setzte bald darauf die Erklärung seiner Volljährigkeit durch. Schon als Kind von seinem Vater zum Deutschen König gekrönt, wollte er nun Römischer Kaiser werden. Innozenz III. erhob keinen Einspruch. Er erklärte, sein Mündel sei »so alt an Weisheit wie jung an Jahren«, denn Friedrich hatte ihm versprochen, die Lehenstreue Siziliens gegenüber dem Heiligen Stuhl zu wahren und die »Beiden Sizilien«, die Insel und das normannische Süditalien, vom Römischen Reiche Deutscher Nation getrennt zu halten, auch wenn er Kaiser geworden sei.

In den meisten seiner von weiter Voraussicht zeugenden Handlungen »zur größeren Ehre Gottes« war Innozenz III. erfolgreich. Er versagte nur in der Beurteilung seines Mündels Friedrich II., von dem er geglaubt hatte, ihn in seinem Sinn erzogen zu haben. Erst nach dem Tod Innozenz' III. gab der zum Kaiser gekrönte »sizilianische Straßenjunge« zu erkennen, wie wenig er vom Glauben im allgemeinen und vom christlichen im besonderen hielt. Seine ganze Liebe und Sorge galt Sizilien, seine Freude war die Vervollkommnung der Mischkultur in diesem seinem Reich. Er glaubte nicht an die strikt einzuhaltende Trennung der Sitten, die in den verschiedenen Ländern der Erde durch die verschiedenen Glaubensbekenntnisse entstanden waren. Er war für die Verschmelzung der Lebensgewohnheiten und Bräuche zum Besten der Menschheit. Das gute, das schöne Leben, das er für sich und alle Gleichgesinnten erstrebte, sollte weder durch religiöse Absonderung noch durch andere Vorurteile gestört werden. Er hatte nichts dagegen, vom Volk als »Sohn Gottes« verehrt zu werden. Er wollte wie ein Gott die irdischen Freuden genießen und nicht um des Himmels willen gekreuzigt werden, wie der von den Christen angebetete Sohn Gottes. Friedrich II. unterhielt einen Harem, der mit allen ihm zur Verfügung stehenden Mitteln so luxuriös eingerichtet war, als sei sein Frauenhaus das verkündete Paradies Mohammeds. Seine Geliebten waren seine »Huris«, die Speisen, die er auftragen ließ, »Götterspeise«. Er richtete einen zoologischen Garten ein, in dem es Leoparden, Löwen, Luchse, Panther, Bären und Affen gab, die von verschnittenen islamischen Sklaven an goldenen Ketten geführt wurden. Sein Hof in Foggia wurde zur Bühne für die besten Sänger und Tänzerinnen und die gewagtesten Akrobaten, die er an der kaiserlichen Tafel teilnehmen ließ und mit denen er das Bett teilte, wenn ihn die Lust ankam. Als ihn Papst Gregor IX. der Sodomie anklagte, der widernatürlichen, unzüchtigen, gleichgeschlechtlichen Liebe, gab er spottend zur Antwort, daß die weißen und schwarzen Mädchen und Burschen seiner Erlustigung dienten – den an den Königshöfen üblichen Späßen, die jeder nach seinem Geschmack betreiben könne. Sein Wissensdurst war so unersättlich, daß ein Gelehrter, bei dem er die okkulten Wissenschaften studierte, ihm sagte: »O glücklicher Kaiser, ich glaube wahrhaftig, wenn jemand durch sein Wissen dem Tod entgehen könnte, dann wärest du es.« Doch Kaiser Friedrich, der einen medizinischen Lehrstuhl an der von ihm in Neapel gegründeten Universität mit aller Sorgfalt eingerichtet, der die Herstellung und den Verkauf von Heilmitteln organisiert hatte, starb erbärmlich an der Ruhr, gegen die noch keine Medizin erfunden worden war. Seine Feinde aber behaupteten, die Seele des ketzerischen Kaisers sei, obwohl er im Mönchsgewand eines Zisterziensers die letzte Ölung empfangen hatte, vom Teufel durch den Krater des feuerspeienden Ätna direkt in die Hölle gebracht worden.

Ein von normannischer Seite her Verwandter des verstorbenen Kaisers, des »wunderbaren und erstaunlichen Veränderers der Welt«, Thomas von Aquin, dessen Brüder am Hofe Friedrichs II.

hohe Ämter bekleideten, unternahm es als Philosoph und Theologe, die Freidenker zu bekämpfen, deren Liebling Friedrich II. gewesen war. In seinen Schriften, die kaum ein Wissensgebiet unberührt ließen, berief er sich auf griechische, muselmanische und jüdische Gelehrte, besonders auf Aristoteles und auf Moses Maimonides, der verkündet hatte, daß der menschliche Verstand Gottes Dasein zwar beweisen, nie aber zur Kenntnis Seiner Wesenseigenheiten gelangen könne. Thomas von Aquin prägte aber auch einige Sätze, die von entscheidendem Einfluß auf die weitere sittliche Entwicklung der Christenheit waren: Sie sorgten dafür, daß die Stellung der Frau in der christlichen Welt in den kommenden Jahrhunderten nicht anders gesehen wurde als in dem Jahrtausend zuvor. Er schrieb: »Der Mann ist Ursprung und Ziel des Weibes … Das Weib ist von Natur aus untergeordnet … Der Vater muß mehr geliebt werden als die Mutter.«

Die geschlechtliche Rebellion der Frauen im Zeitalter der Renaissance, das mit Kaiser Friedrich II. heraufgedämmert war, wurde ein unwillkürlicher triebhafter Aufstand gegen die geistige und geistliche Unterdrückung des weiblichen Geschlechts.

Zeittafel

1079–1142 Abälard
1100–1164 Heloise
1119 Universität Bologna gegründet
1150 Universität Paris gegründet
1198–1216 Innozenz III.
1231 Päpstliche Inquisition
1265–1321 Dante Alighieri
1273–1291 Rudolf von Habsburg
1304–1374 Petrarca
1313–1375 Boccaccio
1347–1352 Erster Seuchenzug der Pest
1348 Universität Prag gegründet
um 1400–1468 Johannes Gutenberg
1415–1493 Friedrich III.
1420–1498 Tomás de Torquemada (1483 Großinquisitor)
1430–1503 Rodrigo Borgia (1492 Papst Alexander VI.)
1431–1465 (?) François Villon
1449–1492 Lorenzo de Medici, Il Magnifico
1452–1519 Leonardo da Vinci
1452–1498 Savonarola
1453 Die Türken erobern Konstantinopel
1459–1519 Maximilian (1493 Kaiser)
1475–1564 Michelangelo
1475–1507 Cesare Borgia
1480–1519 Lucrezia Borgia
1483–1520 Raffael
1483–1498 Karl VIII. von Frankreich
1492 Kolumbus entdeckt Amerika
1492–1547 Vittoria Colonna
1492–1556 Pietro Aretino
1503–1513 Julius II.
1519–1521 Cortez erobert Mexiko
1529–1539 Pizarro erobert Peru

5 »Das hungrigste Tier der Welt …«

Vom Mittelalter zur Renaissance

Im Anfang der Renaissance, jener Wiedergeburt des geistigen Lebens, die eine »Wiederentdeckung des Menschen« und damit auch ein Wiederaufleben der freizügigen, ja hemmungslosen Sinnlichkeit der Antike mit sich brachte, stand nicht zuletzt die Tatsache, daß die gegen den Islam kämpfenden Christen die lebenslustigen und genußfreudigen Gewohnheiten der von ihnen als »ungläubig« geringgeschätzten Mohammedaner erst nachahmten und dann zu übertrumpfen versuchten. So war die katholische Kirche, die Entsagung und Enthaltsamkeit auf Erden und den Kampf gegen die Ungläubigen um des Himmels willen gebot, in aller Unschuld und unfreiwillig schuld an einem Wandel der Sitten, der ihre so mühselig erworbene und behauptete Stellung so empfindlich gefährden sollte, daß sie für ihr Bestehen mit Worten und Waffen zu kämpfen gezwungen war.

Deianira – Kupferstich aus dem Jahr 1530 von Hans Sebald Beham (1500–1550)

Die Renaissance begann in den Klosterschulen des Abendlandes. Die Mönche, die in ihren Zellen die von den Muselmanen schon längst ins Arabische übersetzten wissenschaftlichen und dichterischen Werke der alten Griechen ins Lateinische als der überall gültigen Sprache der Kirche und der Gelehrten übertrugen, waren zugleich auch die ersten Studenten. Die Klosterbrüder waren freilich nicht umstürzlerisch wie ihre Laienbrüder, die, von weltlichen und geistlichen Fürsten angeregt und gefördert, auf die neugegründeten, dem antiken Muster nachgebildeten Universitäten zogen und die heimische Bevölkerung mit neuen Ideen und ungezügeltem Benehmen heimsuchten. Was an den »Hohen Schulen«, die den

Nachwuchs für den steigenden Bedarf nicht nur an Priestern, sondern auch an Juristen und Verwaltungsbeamten sowie an Ärzten heranbilden sollten, gelehrt wurde, war mit geringen Abwandlungen, die von der Initiative der Lehrer abhingen, das gleiche. Aber die Wirkungen, die das Wissen mit sich brachte, waren je nach dem Temperament der Studenten unterschiedlich genug.

Student konnte jeder werden, der sich Wissen aneignen wollte. Es gab weder eine Altersgrenze nach unten noch nach oben, und es war auch nicht vorgeschrieben, daß der Student aus einer Familie von Stand oder Rang kommen mußte. Wer Latein konnte und seinen Wunsch bekundete, sich in den Wissenschaften ausbilden zu lassen, wurde als Schüler angenommen, sofern er bereit und fähig war, dem »Professor« eine Gebühr zu entrichten. Mittellose Bewerber um die Bildung wurden von großzügigen Gönnern unterstützt, von Klöstern oder Bischöfen, Städten oder Fürsten, die für freie Kost und Quartier sorgten und die Studenten nötigenfalls auch mit Reisegeld bedachten. Da keine besondere Bedingung an die Erlangung der Studenten»würde« geknüpft war, setzte sich der neue »Stand«, der sich in den bedeutendsten Universitätsstädten, in Paris und Bologna, in Prag, Wien und Heidelberg, in Oxford und Cambridge, ansiedelte, aus vielerlei Wißbegierigen, aber auch hergelaufenen Abenteurern zusammen.

Diese zusammengewürfelte, aus so ungleichartigen Elementen zusammengesetzte Gemeinschaft der Studenten hatte neben dem Studium auch die Genußsucht und das Standesbewußtsein gemeinsam. Studenten trugen keine Rüstung wie die Ritter, sondern mußten in Paris ihr dunkles Gewand zugeknöpft und in Oxford »Schoßröcke« tragen. Sehr früh schon aber ertrotzten sich die »Scholaren« an vielen Hohen Schulen das Recht, blanke Waffen zu tragen, was sonst nur dem Adel zustand. Von den deutschen Studenten wissen wir vor allem, daß sie »nicht nur große Säufer« wie die Engländer waren, sondern überdies »unanständig beim Bechern«. Die Studenten in Bologna galten als »duckmäuserisch wie Mönche«, aber nur bei Tag; bei Nacht waren sie »Hurentreiber und Lüstlinge«, getreu ihrem Lieblingsausspruch: »Nichts Menschliches ist mir fremd.« Das Leben und die Umwelt der Pariser Studenten schildert ein zeitgenössischer Berichterstatter wie folgt: »Unzucht galt für sie nicht als Sünde. Dirnen zerrten vorübergehende und angehende Kleriker fast mit Gewalt in die Bordelle und zogen mit ihnen öffentlich durch die Straßen. Wollten die Studenten ihnen nicht folgen, so wurden sie von den Huren ›Sodomiten‹ genannt … Das abscheuliche Laster der Sodomie breitete sich in der Stadt dermaßen aus, daß es als ein Zeichen der Ehre galt, wenn ein Mann sich eine oder mehrere Beischläferinnen hielt. In einem und demselben Haus waren oben Hörsäle und unten ein Bordell untergebracht. Oben hielten die Lehrer ihre Vorlesungen, unten boten Dirnen ihre gemeinen Dienste an. Im gleichen Haus konnte man die Wortstreite der Philosophen und das Gezänk der Huren und Kupplerinnen hören.« Studiert wurde wenig. Der Eid, der jedem Studierenden zu Beginn jedes Jahres abgenommen wurde: seine ganze Zeit dem Studium zu widmen, war eine Förmlichkeit, an die sich nur Scheinheilige hielten. Das Wissen wog mehr als das

Gewissen, und die Kunst, vergnügt zu leben und ausschweifend zu lieben, galt höher als jede Wissenschaft. Der Doktorhut, den die Studenten nach Beendigung des Studiums gewannen, war wie ein Ritterschlag. Aber wer wollte schon Ritter werden, wenn er als Knappe vergnüglicher lebte? Saufen und Huren war das A und O der Studenten, und ihre lockeren Sitten färbten auf weiteste Kreise um so leichter ab, als die »Herren Studiosen« sehr gern weit durch die Lande schweiften.

Die in Frankreich weitverbreiteten »fabliaux«, Schwanklieder aus dem alltäglichen Leben, trugen in ihrer sinnlichen Heiterkeit zur leichten Auffassung des Lebens in der Bevölkerung bei. Es machte Spaß, über den dummen Ehemann zu lachen, dem Hörner aufgesetzt wurden, die Huren zu verspotten, die um ihren »Sündenlohn« geprellt wurden, und die Pfaffen bloßzustellen, die ihre fromme Kutte heben mußten, wenn sie ihrer geilen Verliebtheit nachgehen wollten. In den Fabliaux wurden mit Vorliebe die Frauen verunglimpft. Wer an die Keuschheit eines weiblichen Wesens glaubte, begriff eben nicht, daß auch die frömmste Nonne den »Stachel des Fleisches« fühlte oder zu fühlen bekommen wollte. Die unersättliche Geilheit des weiblichen Geschlechts wurde so oft, so vielfältig und mit solcher Lust vorgetragen, daß das weibliche Bedürfnis nach Ausschweifung geradezu sprichwörtlich war. Und die Frauen wollten ihrem schlechten Ruf keine Schande machen – sie entsprachen ihm. Nicht nur in den Fabliaux, sondern auch in der Wirklichkeit. Gewiß – es gab auch Fabliaux, die von der Liebe erzählten, vom ausschließlichen Gefühl eines Mannes für nur eine Frau oder einer Frau für nur einen Mann. Aber die Liebe, die die Seelen verband und nicht die Körper, hatte den Seltenheitswert der Dichtung, die erhebend wirken sollte.

Eine Geliebte, die mit dem Mann ihrer Wahl in körperlicher Leidenschaft verbunden gewesen war und zugleich nach seelischer Vereinigung gestrebt hatte, wurde berühmt. Sie hieß Heloise; der Mann ihres Herzens und ihrer Sinne war Abälard, ein bedeutender französischer Theologe und Philosoph. Ihrer beider Geschichte spielte sich zwar im hohen Mittelalter ab – in dem Glühen ihrer Leidenschaft aber kündigt sich bereits das Lebensgefühl der Renaissance an. Abälard, der Sohn eines adeligen Gutsherrn und Kanonikus der Kathedrale von Notre-Dame, lebte, wie er selbst schrieb, in »äußerster Enthaltsamkeit« und enthielt sich »eifrig jeden Übermaßes«. Um diese seine Enthaltsamkeit war es geschehen, als er im Hause des Domherrn Fulbert die sechzehnjährige Heloise kennenlernte, die Nichte eben dieses Kanonikus. Als Heloise, für die Abälards innige Liebe »süßer als der feinste Balsam« war, in die Hoffnung kam, entführte der von seiner Leidenschaft besessene Philosoph die Geliebte heimlich aus dem Haus ihres Onkels und brachte sie zu seiner Schwester in die Bretagne. Dem vor Wut schäumenden Domherrn versprach er, Heloise zu heiraten, wenn die Ehe geheimgehalten würde. Nachdem das Kind zur Welt gekommen war, wollte Abälard die Liebesbeziehung tatsächlich legitimieren und die Braut mit dem Säugling zu sich nehmen. Aber Heloise lehnte ab. Sie wollte den Geliebten nicht zum Ehemann, denn durch die Heirat wäre seine kirchliche Laufbahn beendet worden. Sie erklärte, ihr sei es das liebste und zugleich für sie anständigste, wenn sie Geliebte heiße statt Gattin. Auch seine Entwicklung als Philosoph wollte sie nicht beeinträchtigen. Sie schrieb: »Du weißt, Sokrates war auch beweibt. Er hat diesen Abfall von der Liebe zur Weisheit schwer büßen müssen – ein warnendes Beispiel für die andern.« Dennoch ließ Heloise sich überreden. Sie heiratete Abälard unter der Bedingung, daß die Eheschließung nur ganz wenigen Vertrauten bekanntgegeben werde. Das Kind blieb bei der Schwester in der Bretagne. Abälard und Heloise kehrten in das Haus des Domherrn zurück und lebten wie früher in heimlicher Liebe. Fulbert jedoch hielt sich nicht an das Versprechen, das er dem Liebespaar gegeben hatte: Er machte ihre Eheschließung bekannt. Heloise leugnete, obwohl sie ihr Onkel, der sich ihrer Liebschaft schämte, »mehrmals mit Strafen heimsuchte«. Abälard entführte sie abermals, diesmal in das Kloster von Argenteuil, und erwirkte, daß sie das Nonnengewand tragen durfte, ohne jedoch das Gelübde ablegen zu müssen. Fulbert betrachtete die neuerliche Entführung als »ganz schnöden Betrug des heimlichen Gatten und als abgefeimten Versuch, Heloise auf diese Weise abzuschieben«. Über die Unbarmherzigkeit des empörten Domherrn und seiner Familienangehörigen berichtet Abälard: »Die Erbitterung dieser Leute war so stark, daß sie mein Verderben beschlossen. Mein Diener ließ sich bestechen und führte sie eines Nachts, als ich ganz ruhig schlief, in meine Kammer. Und nun nahmen sie an mir eine Rache, so grausam und so beschämend, daß die Welt erstarrte: Sie schnitten mir von meinem Leib die Organe ab, mit denen ich sie gekränkt hatte.« Er setzte hinzu: »Auf der Flucht fing man zwei dieser Kerle ein; sie wurden geblendet und außerdem ebenfalls entmannt.«

Abälard, der zunächst, einsam in einer Zelle lebend, seine Schande verborgen hatte, nahm bald wieder seine Lehrtätigkeit auf, und in philosophischen Schriften verkündete er seine These: »Der Glaube soll in der menschlichen Vernunft begründet sein und umgekehrt.« In Wort und Schrift wehrte er sich gegen die ihm drohende Anklage der Ketzerei und zog sich als Eremit mit einem Gleichgesinnten in eine Klause zurück. Einige seiner Schüler erbauten sich Hütten in der Wildnis, um ihm nahe zu sein, und »lebten von Grütze und den Kräutern des Feldes«. Um ihn für seine unentgeltlichen Vorlesungen zu entlohnen, errichteten die dankbaren Schüler eine Kapelle, die er »Paraklet« nannte, um zu bekunden, daß die Liebe seiner Schüler ihm beistehe wie der Heilige Geist, der im Johannesevangelium als Paraklet – Helfer und Beistand – bezeichnet wird. Mit unermüdlichem Eifer ergab er sich seinen Bemühungen, die mystischen Lehren des christlichen Glaubens in den Rahmen der Vernunft zu fassen. Er fand Anerkennung bei den kirchlichen Behörden und erhielt die ehrende Berufung als Abt des Klosters Sankt Gildas in der Bretagne. Abälard nahm an, obwohl es ihn abstieß, von »gemeinen, unbezähmbaren Mönchen umgeben zu sein, welche offen mit Beischläferinnen zusammenlebten«.

In den langen Jahren der Trennung hatte sich Heloise so eifrig ihren Nonnenpflichten ergeben, daß sie Priorin des Klosters geworden war. Sie hatte sich, wie berichtet wird, »in aller Augen so viel

Zuneigung erworben, daß die Bischöfe sie wie eine Tochter, die Äbte wie eine Schwester und die Laien wie eine Mutter liebten«. Aber das Kloster sollte abgerissen werden. Als Abälard erfuhr, daß seine Heloise und ihre Nonnen obdachlos werden könnten, bot er ihr sein »Paraklet« an und half ihr persönlich bei der Niederlassung. Allerdings sagte man ihm, wie er selbst in seiner Autobiographie bekannt hat, nach: »Ich sei eben immer noch in den Fesseln der Sinnenlust, darum könnte ich das Fernsein von meiner einzigen Geliebten nur schwer verschmerzen, wenn ich es überhaupt zu verschmerzen vermöchte.« Als Heloise Abälards »Geschichte meiner Leiden« zu lesen bekam, schrieb sie ihm: »Herzallerliebster, Du weißt es, alle, alle wissen es, was ich an Dir verloren habe ... Ohne Zaudern brächte ich mein altes Gewand und mein altes Herz zum Opfer, um aller Welt zu zeigen, wie ich Dein eigen bin mit Leib und Seele ... Ein festes Eheband, eine Morgengabe – habe ich jemals danach gefragt? In der Bezeichnung Gattin hören andere vielleicht das Hehre, das Dauernde. Mir war es immer der Inbegriff der Süße, Deine Geliebte zu heißen, ja, bitte zürne nicht – Deine Schlafbuhle, Deine Dirne ... Der Herrgott sei mein Zeuge, daß ich, wenn der Kaiser käme, wenn der Beherrscher der ganzen Welt sich herabließe, mich zu ehelichen, wenn er mir dabei die ganze Erde verschriebe und verbriefte zum ewigen Besitz, doch lieber Deine Hure heißen möchte als seine Kaiserin ...« Untröstlich darüber, daß sie ihn nicht mehr gesehen habe, beschwor sie Abälard: »Bei Gott, bei dem Gott, dem Du Dich zum Opfer dargebracht, schenke mir Deinen Besuch ... Einziger, Liebster.« Denn, »Dir zu gefallen«, so bekannte sie, »liegt mir mehr am Herzen als Gott zu gefallen«.

Abälard wies Heloise zurecht: »Meine Liebe hat uns beide mit Sünden umfangen und darf nicht Liebe, darf nur Sinnlichkeit heißen. An Dir sättigte ich meine armselige Lust, und in dieser Sättigung gipfelte meine Liebe ... Ja, Klagelieder stimme an, aber stimme sie an über Deinen Erretter und Erlöser, nicht über Deinen Verführer, über Deinen Buhlen.« Und damit verabschiedete er sich von Heloise: »Lebe wohl im Herrn, Du Magd des Herrn. Einst in der Liebe mir lieb und wert, jetzt in Christo mir vor allem andern lieb und teuer.« Als Abälard, vom Heiligen Stuhl wegen seiner nun doch als ketzerisch erklärten Schriften zum ewigen Schweigen verurteilt, in einem Kloster das Zeitliche gesegnet hatte, erwirkte Heloise beim Abt von Cluny, daß ihr ehemaliger Ehemann im »Paraklet« begraben werde. Der fromme Abt überbrachte ihr den Leichnam und nahm Abschied von ihr in einem Brief: »Eingegangen ist zu Gott ein Christ. In der Welt gehörte ihm Deine menschliche Liebe, fern der Welt warst Du ihm verbunden durch das starke Band der wahren Liebe, der Gottesliebe. Ihr habt beide geistlich vereint, Du die Magd und er der Geist, unserem Gotte dienen dürfen. Er, Dein besseres Ich, ruht in Christi Armen, bis Du zum Herrn eingehen darfst, bis des Herrn Tag kommt, da die Stimme des Erzengels über die Welt ertönt und unter dem Schall der Posaunen Gott vom Himmel herniederfährt, bewahrt in der Gottesgnade zur ewigen Wiedervereinigung.«

Über das Schicksal des Kindes, das die Frucht der Leidenschaft zwischen Abälard und Heloise gewesen war, schweigt die Geschichte. Elternliebe stand nicht zur Debatte. Die Berichterstattung über den außerordentlichen Fall war von zwei Gesichtspunkten geleitet: Es sollte einmal bewiesen werden, daß die Liebe zweier Menschen zueinander ein unzerreißbares Band sei, und zum zweiten, daß die Liebe zu Gott stärker sein könne und müsse als jede andere Liebe. Das Irdische in seiner höchsten Form und das Himmlische sollten einander gegenübergestellt werden – in einer Zeit, in der die Verkörperung der höchsten irdischen Gewalt, der Kaiser, mit dem Stellvertreter Gottes, dem Papst, im Kriege lag. Dieser Machtkampf spaltete die Christenheit nach dem Tode Kaiser Friedrichs II. in zwei feindliche Lager. Da es auch dem Heiligen Stuhl um weltliche Belange ging, griffen sowohl die Anhänger der Päpste als auch die Gefolgsmänner der Kaiser zu den Waffen. Es schien einerlei, wer die Tiara oder die Kaiserkrone trug. Die blutige Zwietracht zwischen den Ghibellinen, den ehemaligen Anhängern der Staufenkaiser, und den Guelfen, die zum Papst standen, überdauerte das traurige Ende der Hohenstaufen. Sie lebte fort, nachdem der unbedeutende Schweizer Graf Rudolf von Habsburg zum Kaiser des Heiligen Römischen Reiches Deutscher Nation gekrönt worden war, und auch lange noch unter seinen bedeutenderen Nachfolgern auf dem Thron. Die Zwietracht wirkte sich in allen christlichen Ländern aus – am heftigsten auf dem Boden der Apenninen-Halbinsel. Dort waren die Städte und die Dörfer, die Bürger und die Bauern ihres Lebens und ihrer Habe nur dann sicher, wenn sie den Anführern der Landsknechte Tribut entrichteten. Und sie mußten sich jeder Forderung fügen. Wenn sie nicht genug Geld aufbringen konnten, mußten sie ihre Weiber zur Hurerei anbieten, ihre Schwestern und Töchter und Ehefrauen, sobald es den von der Sinnlichkeit des Nichtstuns und des Blutrausches erregten Männern so gefiel. Aber selbst Geldzahlungen befreiten die Geplagten und Bedrängten nicht von dem gelegentlichen Zwang, dafür zu sorgen, daß ihre Weiber willig waren. Keuschheit und Scham galten für ein Nichts. Wer überleben wollte, mußte den »Liebesbedürfnissen«, dem groben geschlechtlichen Verlangen der Landsknechte willig genügen. Da aber das, was Stadt und Land an »Weiberfleisch« zu bieten hatten, nicht immer hinreichte, um den Anforderungen nachzukommen, hielten es die meisten Hauptleute der Landsknechte für nötig, Dirnen im Troß mitzuführen. Das war ein alter Brauch. Schon in friedlicheren Zeiten hatte es bei den Zelten der Reisigen, der schwerbewaffneten Gefolgsmänner der Ritter, auch Unterkünfte für die sie begleitenden Weiber gegeben – wie es schon in der Sage von Parsifal hieß: »Nicht Königinnen waren es just; diese Buhlerinnen hießen Marketenderinnen.« Diese »Unzuchtshäsinnen« trugen nicht nur ihre Haut zu Markt, sie handelten auch mit Waren, die ihnen ihre »Zuhälter« zubrachten – wandernde Kaufleute, die in jedem Troß ein Mägdlein hatten, das sie mit Waren versorgten. Die Marketenderinnen waren in der Mehrzahl aus öffentlichen Häusern entlaufene Huren, die sich unter dem Schutz ihrer Kumpane selbständig gemacht hatten und durch die Gunst der Glücksritter ihr Glück machen wollten. Sie kamen, geschult in der »ars amandi«, aus den großen Städten, in denen sie die Bordelle bevölkert hatten, und genossen die Freiheit des Landlebens mit den Landsknechten. In manchen Städten gab es so viele »ehrliche Huren«, »honestae meretrices« – nicht zu reden von »Bönhäsinnen«, wie die Huren in Deutschland hießen –, daß sich die Hurerei kaum noch lohnte. Es war ein Geschäft für die Bürgermeister Deutschlands, Frankreichs, Italiens und für die Lordmajors der englischen Städte, die überschüssigen Huren an die »froes«, die meist flandrischen Kupplerinnen, zu verschachern.

Nicht nur der zwischenstädtische und zwischenstaatliche Handel mit Huren war ein einträgliches Geschäft. Auch ihre »Haltung«, die Leistung des Unterhalts, lohnte sich für die Besitzer der »weißen Ware«. Hohe Geistliche, mächtige Fürsten und Grafen übernahmen die »Patronage«, die Schutzherrschaft über »Hübschlerinnen«, und verliehen sie gegen »Hurenzins« an ihre Anhänger, die sie ihrerseits in »Töchterhäusern« unterbrachten, damit sie für sie »arbeiteten«. Die Bezeichnung »Töchterhäuser« wurde vorsorglich gewählt, um das Schandgewerbe ehrbar erscheinen zu lassen. Die Bezeichnung Bordell stammte aus dem Provenzalischen: Das Wort »borda« bedeutete eine Bretterhütte. Es wurde bald auch in anderen Ländern gebräuchlich – für die Häuser, in denen man die »gelustigen Fräulein« und die »fahrenden Frauen« beherbergte, »zur besseren Wahrung der jungferlichen und fraulichen Ehre« – jedoch nicht der Ehre der Dirnen, wohl aber der Töchter und Gattinnen der Bürger, die ihr »Weibervolk« zu behüten bemüht waren. Die Stadtväter verpachteten die Bordelle an »Frauenwirte«, die im Volksmund »Ruffiane« genannt wurden und den vereinbarten Wochenzins regelmäßig entrichten mußten. Diese den Lupanar-Wirten des alten Rom so ähnlichen Unternehmer hatten dafür zu sorgen, daß die ihrer Pflege und Ausnützung anvertrauten Frauen nicht aus dem Ort stammten, in dem sie hurten, und daß vornehmlich ledige und nur ganz selten verheiratete Weibspersonen in die Bordelle aufgenommen wurden. Die Wirte sollten Ehemännern und Geistlichen den Besuch ihrer Unzuchtsstätten verweigern; aber dieses Gebot nützte nichts. Wie zahlreiche Chroniken berichten, besuchten nicht nur verheiratete Bürger und Edelleute die Frauenhäuser, sondern auch hohe und niedere Geistliche sowie Mönche – diese oft unter dem Vorwand, die Lustdirnen zu »Reuerinnen« machen zu wollen. Es geschah wohl auch manchmal, daß sich Bürger und Priester zum Zwecke eines eigenartigen, volkstümlichen Wettbewerbes in den Frauenhäusern trafen. Dabei ging es um die Feststellung, wer das größte und mannhafteste männliche Glied aufweisen könne, um zu beweisen, daß die Mönche und geistlichen Herren die ihnen auferlegte Enthaltsamkeit ertrügen, obwohl sie, wie jeder Anwesende sehen konnte, das »Zeug zur Unzucht« hätten. Da die Frauenwirte ihren Kunden nicht nur fleischliche Freuden anboten, sondern auch geistige Getränke, arteten solche Wettbewerbe meist in Orgien aus, an denen sich die von der Lust und dem Trunk berauschten Kuttenträger beteiligten, um kein Ärgernis zu erregen. Manche Geistliche besuchten aber nicht nur die Bordelle, sondern unterhielten auch selbst Frauenhäuser mit Huren, die ihnen ihr »Sündengeld« abliefern mußten. Es war keineswegs ehrenrührig für Männer, sich als Besucher von »Jungfernhöfen« zu bekennen. Hohe Beamte stellten ihren Behörden die Beträge in Rechnung, die sie in Ausübung ihrer dienstlichen Tätigkeit beim Besuch von Frauenhäusern verausgabt hatten. Wieviel und wie oft der käuflichen Liebe in den Frauenhäusern gepflogen wurde, läßt sich daraus ermessen, daß es Papst Sixtus IV. (dem Erbauer der Sixtinischen Kapelle) gelang, aus einem einzigen Bordell nicht weniger als zwanzigtausend Golddukaten zu ziehen. Die Führung so guter Geschäfte konnte deshalb auch nicht dem Zufall überlassen bleiben. Stadt- und Haus-Ordnung schienen geboten, um den so lukrativen Ertrag gebührend zu sichern. Und Tugendwächter und Gesetze waren nötig, um die ehrbaren Frauen am schändlichen Wettbewerb mit den Huren zu hindern.

Die Kirche begünstigte die »Reglementierung« des außerehelichen Geschlechtsverkehrs der Männer. Sie stützte sich dabei auf die Worte des heiligen Augustinus: »Wenn ihr die käufliche Buhlerei unterdrückt, wird leichtsinnige Lust die Gesellschaft verderben.« Die Prostitution wurde dem-

Federzeichnung aus dem Jahr 1600 von Agostino Carracci (1557–1602)

nach keineswegs unterdrückt, sondern gefördert, und das nicht nur in den Städten, sondern auch bei den Landsknecht-Truppen im Feld. Die unter der Aufsicht des jeweiligen »Hurenweibels« tätigen Marketenderinnen durften nicht mit »brandigen Krankheiten« behaftet sein, und sie wurden »getreulich« angehalten, den Männern nicht nur mit dem Leibe aufzuwarten, sondern ihnen auch auf dem Marsch das Gepäck zu tragen, in den Zelten zu kochen, zu waschen und die Kranken zu pflegen, kurz: »sonst wo man zu Feld liegt, mit Behendigkeit laufen, rennen, einschenken, Fütterung, essend und trinkend Speis holen und sich neben anderer Notdurft bescheidentlich halten.« Die hurenden Marketenderinnen sollten also in jeder Hinsicht die daheimgebliebenen Ehefrauen der Landsknechte ersetzen, und sie konnten sich, wenn sie »gute Weibsbilder« waren, Mitgift und Aussteuer ersparen, die ihnen zugute kommen konnten, wenn sie als rechtschaffene Ehefrauen unter die Haube kommen sollten. Denn die künftige Ehrbarkeit in gesicherter Bürgerlichkeit wurde scheinheilig als das Berufsziel der »fröhlichen Buhldirnen« angenommen: Die in ihrer Jugend zur Geschlechtslust rekrutierten Frauen würden, so hieß es, schließlich der Unzucht leidig werden, ihre Schamlosigkeiten bereuen und für ihre Sünden zu büßen bereit sein. Hatte nicht der strenge Papst Innozenz III. gläubigen Junggesellen empfohlen, Prostituierte zu heiraten, damit sie so die verworfenen Seelen retteten? An manchen Orten wurden auch sogenannte »Magdalenenheime« errichtet, um reuige Huren für den Ehestand vorzubereiten. In Wien verlieh der fromme Herzog Albrecht den »Reuerinnen« ein Kloster in der Singerstraße als Stiftung und verfügte durch ein Dekret, daß dieses Gebäude frei von Steuern und Abgaben bleibe, da es gewidmet sei »den armen freien Frauen, die sich aus den offenen Frauenhäusern oder sonst vom sündigen Unleben zur Buße und zu Gott wenden«.

Die Huren jedoch, die ein freies Leben in Unzucht der Zucht unter einer klösterlichen »Schulmeisterin« und dem strengen Unterricht im Singen, Lesen, Schreiben und in den gottesdienstlichen Übungen vorzogen und weder Schneidern noch Weben noch Bortenwirken erlernen wollten, ergaben sich, wenn die Last der Jahre oder Krankheit sie hinderten, ihren Beruf noch rentabel auszuüben, der Kuppelei. Diesem weitverbreiteten Gewerbe, das nicht den Einsatz des eigenen Leibes, sondern fremder Körper voraussetzte, widmeten sich allerdings nicht nur »ausgemergelte Hurenweiber«, deren »Brüste hangen wie ein leerer Sack auf einer Stangen«, sondern auch sogenannte »Ehrenwächterinnen«, die die Reize ihrer Pflegebefohlenen verschacherten. Im christlichen Teil der Iberischen Halbinsel wurden die für die Lust und Liebe ihrer Herrinnen sorgenden, nach außen hin durchaus ehrbaren Frauen »Duegna« genannt, in Frankreich »Kammerfrauen«, die auch für die Kleidung ihrer »Dame« sorgten. Es gab außerdem freie, unabhängige Kupplerinnen, die nach guten Gelegenheiten für ihre Tätigkeit ebenso Ausschau hielten wie die freien Huren nach Kundschaft. Die Geschäftigkeit solcher freiberuflichen Kupplerinnen ist in zeitgenössischen Berichten festgehalten, wo es beispielsweise heißt: »Bei Nacht führt die Kupplerin ein Leben wie eine Fledermaus, die keinen Augenblick zur Ruhe kommt. Ihre Haupttätigkeit beginnt, wenn die Uhus, die Käuzchen und die Schleiereulen aus ihren Löchern hervorkommen. So kommt auch die Kupplerin aus ihrem Versteck hervor und klopft Nonnen- und Mönchskloster, Höfe, Bordelle und alle Schenken ab. Hier holt sie eine Nonne ab, dort einen Mönch. Diesem führt sie eine Hure zu, jenem eine Witwe, dem einen eine Verheiratete, dem andern eine Jungfrau. Die Diener befriedigt sie mit den Dienerinnen ihrer Herrschaft. Der Haushofmeister kriegt zum Trost seine Gnädige. Die Kupplerin bespricht Wunden, sammelt Kräuter, beschwört Geister, reißt Toten die Zähne aus, zieht Gehenkten die Stiefel ab, schreibt Zauberformeln und beschreibt Papierblätter, bringt Sterne zusammen, bringt Planeten auseinander und kriegt zuweilen eine tüchtige Tracht Prügel – beinahe immer aber bare, klingende Münze.«

Dem Ruffian, dem behördlich privilegierten Hurenwirt, gewährleistete sein Unternehmen ein sicheres Auskommen. Aber wer Ruffian werden wollte, mußte Beziehungen haben und Betriebskapital. Nicht so der »freie« Ruffian, der »seine« Hure dazu hielt, sich dem Verkehr mit zahlungskräftigen Männern zu ergeben. Solche »Zuhälter« wurden von den gewerbeberechtigten Hurenwirten und ihren Patronen verachtet und verfolgt. Sooft sie die Haut ihrer Mädchen zu Markte trugen, hatten sie gewärtig zu sein, sich ihrer eigenen Haut erwehren zu müssen. Sie galten als Auswurf der Menschheit. Und die weltlichen und geistlichen Herren, die oft selbst Huren hielten, verwarfen die armseligen Freibeuter des Liebesgeschäftes als »mit sinnlichem Aussatz befleckte, räudige Hunde«.

Wieder einmal verbot also die doppelte Moral dem kleinen Mann, was den großen Herren gestattet war. Und wieder einmal hatte das seine Folgen im geschlechtlichen Verhalten der Männer zu den Frauen. Die Männer konnten ihren Trieb in den Bordellen befriedigen. Sie konnten sich nach Belieben Geliebte halten und die Ehe brechen, wenn sie die Lust ankam. Ihre Sittenlosigkeit war ein männliches Vorrecht, das ihren Ruf nicht schädigte. Sie blieben auch als Hurentreiber noch Ehrenmänner. Die ehrbaren Frauen jedoch verloren die Ehre, wenn sie ein leichtes Leben führten. Sie wurden als verrufen gebrandmarkt, galten für schlimmer noch als die Huren, die nicht aus hemmungsloser Lust, sondern um der guten Groschen willen »Schindluder« trieben. Dabei hielt man die Keuschheit der Frauen durchaus nicht für natürlich. Wieder einmal wurde den Weibern in Lied und Sprichwort vorgeworfen, daß sie geschlechtlich unersättlich seien. Und in der Tat war – wieder einmal – etwas daran: Die Frauen, die im Alltag soviel weniger Rechte hatten als die Männer, bestanden um so eindringlicher auf ihrer Gleichberechtigung bei Nacht. »Wie du mir, so ich dir«, beharrten sie im Bett, oder »Nun bin ich an der Reihe« – so sagte die Frau zu ihrem Mann, nachdem er sie dreimal beschlafen hatte und nun schlafen wollte.

Die Sitten waren in den Städten ebenso lose wie an den Fürstenhöfen und auf den Herrensitzen des Adels. Die Bürger, die durch Handel und Handwerk im Schutze der Mauern wohlhabend geworden waren, ahmten, wenn auch im kleinen, die Lebensformen und Bräuche der Vornehmen nach. Sie erwarben allmählich nicht nur auf der Apenninen-Halbinsel, in England und in Frankreich, sondern auch innerhalb des Römischen Reiches Deutscher Nation eine wachsende politische Selbständigkeit. In Italien war die Erinnerung an die »res publica« des alten Rom nie ganz erloschen. Die reichen Bürger, die sich »Geschlechter« nannten, schlossen sich zum »Rat« zusammen, der als »Signoria« die Regierungsgeschäfte besorgte und die Unabhängigkeit der städtischen Gemeinschaft behauptete. Die Macht der Städte nahm während der Kämpfe zwischen Kaisern und Päpsten und der zeitweiligen Entmachtung des Heiligen Stuhles so zu, daß sich die »Signori«, die »Herren«, wie Fürsten verhielten. Ihr Einfluß war durch die militärische Leistungsfähigkeit der von ihnen angeworbenen Söldner gewährleistet. Was für die Städte im Land die Scharen ihrer Landsknechte bedeuteten, das waren für die großen Hafenstädte wie Venedig und Genua die gewaltigen Kriegsflotten. Sie schützten die Handelsschiffe und damit den Reichtum der Großkaufleute, die im fürstlichen Luxus ihrer Paläste lebten. Sie bildeten eine Oligarchie, die Herrschaft der wenigen Privilegierten, die aus ihrer Mitte den »Dogen« wählten. Im »Goldenen Buch« wurden alle Geburten und Heiraten der solchermaßen Bevorrechteten eingetragen, um die »Reinheit des Blutes« zumindest auf dem Pergament zu gewährleisten. Der Handelsadel verwandelte sich so allmählich in einen Geburtsadel, der die »Räte«, die Regierungen der Städte, stellte. Venedig konkurrierte mit Genua, das als »Genova la superba« gepriesen wurde, um die Übermacht im Mittelmeerraum. Trotz des schmeichelnden Beinamens für Genua war Venedig die superbere Stadt. Es war nicht nur der wichtigste Umschlagplatz für den Handel mit Waren aus dem Osten des Mittelmeerraumes nach Europa, es hatte auch in den kriegerischen Wirren des Mittelalters vergessene Künste und handwerkliche Fertigkeiten in seinen Werkstätten wieder zum Leben erweckt. Venezianische Glas-, Stoff- und Seidenerzeugnisse, die venezianische Verarbeitung von Gold, Eisen und Bronze waren so vollkommen, daß sie als vorbildlich und unübertrefflich galten.

Die Venezianer waren auf ihre Leistungen im so vielseitigen Handel und ihr Verhältnis zum Geld, mit dem sie ihre waghalsigen Geschäfte finanzierten, so stolz, daß sie den Wahlspruch prägten: »Wir sind zuerst Venezianer und danach erst Christen.« Sie bauten mehr Kirchen als die meisten anderen Städte Italiens, aber die Geistlichkeit war von den Regierungsgeschäften ausgeschlossen: Die Priester hätten vielleicht Einspruch gegen den Kauf und Verkauf von Sklaven und Sklavinnen erhoben oder gegen die Ansiedlung von mohammedanischen und jüdischen Kaufleuten, die dem Geschäftsleben Venedigs zugute kam. Weder die Errichtung von Moscheen noch von Synagogen war durch die hohen Ratsherren verboten. Ihr Grundsatz war: Leben und leben lassen. Wenn die Venezianer gegen die Ungläubigen Krieg führten, geschah es nicht um des Glaubens, sondern um des Gewinnes willen, den der Krieg versprach. Die im Goldenen Buch eingetragenen Männer und Frauen gingen wohl zur Kirche, aber die beliebtesten Festtage waren nicht die christlichen Feiertage, sondern der Karneval, der vor der Fastenzeit tage- und nächtelang gefeiert wurde.

Die Damen und Herren des venezianischen Adels, die Männer und Frauen der arbeitsamen Bevölkerung ergaben sich der sprichwörtlich gewordenen »ungezügelten Lüsternheit« der Lagunenstadt, den hemmungslosen Liebesfreuden, wie einst die Römer und Römerinnen während der Saturnalien. Um nicht erkannt zu werden und sich nicht zu erkennen zu geben, trugen beide Geschlechter Masken und Perücken, und man schminkte und puderte sich, um die Identität zu verbergen. Im Karneval war alles erlaubt. Reichgekleidete Frauen mit edelsteinbesetztem Kopfschmuck gaben sich muskelstrotzenden Matrosen hin. Doch die Männer im schlichten Kostüm der Schiffer waren oft genug verkleidete Herren, die auf diese Weise Liebschaften mit den Mädchen aus dem einfachen Volk suchten, ohne besorgt sein zu müssen, daß sie sich nicht auch mit Frauen ihres Standes ungehindert vergnügen konnten. Wer mit wem die Liebe genoß, war einerlei, wenn der Genuß nur vollkommen war.

Auf den Märkten von Venedig standen alle Waren feil, die der Erdkreis zu bieten hatte. Wer teilnehmen wollte an dem Überfluß, mußte dafür zahlen. Wer zahlen wollte, brauchte Geld. Geld war der Maßstab der Werte, Geld verdienen die gepriesene Kunst: Die in der Münze Venedigs geprägten Dukaten hießen »die Schlüssel zur Glückseligkeit«.

Venedig lieferte nicht nur seine Güter in von Reisigen beschützten Wagen über die Alpenpässe, sondern auch seine von den muselmanischen Lebensformen beeinflußten Bräuche an die Bürger der deutschen Städte, mit denen die venezianischen Kaufleute regen Warenaustausch betrieben. Genua, Florenz und Mailand waren die hauptsächlichen Lieferanten der französischen und niederländischen Städte, die ihrerseits italienische Sitten anzunehmen begannen und ihre abenteuer- und lebenslustigen Studenten auf die italienischen Universitäten, besonders nach Bologna, sandten. Die Verschmelzung der Sitten wurde zwar durch kriegerische Ereignisse verzögert, durch die Unrast und den Ehrgeiz von Machthabern, die ihre Einflußsphäre erweitern wollten oder in Erbstreitigkeiten verstrickt waren – aber aufhalten konnte diese Verschmelzung niemand.

Die wenigsten waren sich dessen bewußt, daß der Wandel ihrer Lebensgewohnheiten und Bräuche, der sich allmählich vollzog, mit den weltgeschichtlichen Begebenheiten und Strömungen in engem Zusammenhang stand. An den Fürstenhöfen und in den Burgen der Ritter und Grafen machte sich dies nicht so deutlich bemerkbar wie in den Städten, deren Bürger mit dem auf Handel und Gewerbe begründeten, zunehmenden Wohlstand die Lebensformen annahmen, die sie bis dahin nur vom »Hörensagen« gekannt hatten und nun nachahmten – gerade die Geschäftsreisen gaben ja mancherlei Anschauungsunterricht. In den Palästen und Schlössern tafelte man wie eh und je, am Spieß gebratene Wildschweine und Hirsche, Rebhühner und Wachteln wurden aufgetragen, die fetten Bissen mit den in eigenen Kellereien gekelterten Weinen und in eigenen Brauereien gegorenem Bier heruntergespült. An dem maßlosen Essen und Trinken bei den Gelagen durften auch die Frauen teilnehmen, da Wein ohne Weib, Bacchus ohne Venus die Lust nicht vollkommen machte.

Der Reiz solcher Freß- und Sauffeste wurde durch Schaustellungen aller Art gesteigert. Wer es sich leisten konnte, mietete sich Spielleute und Spaßmacher für die festlichen Zusammenkünfte, die gleichzeitig Schaustellungen des Reichtums der Gastgeber waren. Fahrende Akrobaten und Jongleure zeigten ihre Kunstfertigkeiten, Schauspielertruppen traten in Stegreifschwänken auf, die nur dann rechten Anklang fanden, wenn die Dialoge zotig und die von den Mimen eingenommenen Stellungen geschlechtlich gewagt waren. Man wollte auf den improvisierten Bühnen den Spiegel des eigenen Lebens oder die Spiegelung des nachbarlichen Treibens vorgehalten bekommen: Liebeständelei und Ehebruch, Kuppelei und Betrug – wobei es den Spaß erhöhte, wenn die häßlichen Übeltäter überrascht wurden und die Schönen schlimmstenfalls mit einem blauen Auge davonkamen. Die Reichen hielten sich Haus- und Hofnarren, berufsmäßige Wortverdreher, denen jede Obszönität gestattet war und die ohne Scham und Scheu auch auf die Laster der anwesenden Herren und Damen freche Anspielungen machen durften. Wer mit derben Ausdrücken zurückhielt, galt ohnehin nicht als unterhaltender Gesellschafter. Denn es gehörte zum guten Ton, alle Ausdrücke, die den Liebesakt bezeichneten, in munterer Variation zu gebrauchen, um nur ja nicht den Zweifel an der Weltgewandtheit und Erfahrung aufkommen zu lassen. Es gab wohl auch ernsthaftere Paare, die ihr Vergnügen am Schach- und Damespiel hatten oder sich Geschichten und Gedichte vortragen ließen. Die Mehrzahl aber ergötzte sich an der »ungezügelten Hetz« oder, wenn schon gespielt und nicht getändelt werden mußte, des Würfelspiels, das zur Leidenschaft ausartete, wobei die Einsätze so hoch waren, daß ein armer Adeliger durch Glück im Spiel über Nacht vermögend werden konnte – oder umgekehrt ein Reicher bettelarm. Die Jagd blieb der Lieblingssport der vornehmen Herren und Damen bei Tag. Sie gab, über die Freude am Jagen hinaus, Verliebten günstige Gelegenheit zum Stelldichein, ermöglichte zwanglose Verabredungen für die Nacht, die den Liebesfreuden gewidmet sein sollte. Der Tanz hingegen war in den Palästen und Schlössern, deren Herren auf Anstand hielten und auf ihren Ruf als fromme Christen achteten, untersagt. Die Kirche verwarf die tänzerische Annäherung eines Mannes an eine Frau, die nicht seine Ehefrau war, als »teuflische Erfindung«. Sich öffentlich an den Händen halten und im Kreise drehen, verleite, wie die Pfarrer behaupteten, unweigerlich zur Unmoral. Von dieser Auffassung rückten sie nicht ab, obwohl schon Thomas von Aquin erklärt hatte, daß das Tanzen eine sehr zuträgliche Körperübung sei, falls die Tanzbewegungen nicht die Sittsamkeit verletzten. Das war denn auch wohl der Grund, weshalb hohe und höchste Herren, die es nicht nötig hatten, auf das Eifern der Prediger zu hören, bei ihren Festen auch auf das Tanzen nicht verzichteten.

Die Bürger und Bürgerinnen ahmten das »süße Leben« der Fürsten und des Adels nach. Doch lag es am beschränkten Raum in den meist schmalen, steilen Häusern, daß die Festlichkeiten und Gelage nicht so gänzlich abgeschlossen veranstaltet wurden. Da sie nicht am häuslichen Herd stattfinden konnten, waren sie vorwiegend Volksfeste, die bei besonderen Gelegenheiten gefeiert wurden. Dabei ging es noch freier und zwangloser zu als in der feinen Gesellschaft, wenn auch in ähnlichen Formen. Die bevorzugten Zusammenkunftsorte in den Städten aber waren weder die öffentlichen Feste auf den Plätzen noch in den Gaststuben der Wirte, sondern die Badehäuser, die zu ungehemmter Geselligkeit einluden. In den Palästen und Schlössern gab es ebenfalls Badestuben. Es schickte sich, daß jeder männliche Gast von der Hausfrau oder ihren Töchtern, auch wohl von eigens dazu bestellten hübschen Mägden ins Bad geführt, gewaschen und abgetrocknet wurde. Auch Frauen ließen sich von Männern im Bade bedienen.

In den Bürgerhäusern waren Badestuben selten. Die männlichen und weiblichen Bewohner der Städte trafen sich in den öffentlichen Badehäusern nicht nur um der Reinlichkeit willen. Bereits in früher Morgenstunde blies der »Bader« mit dem Horn das Signal, daß alles zum Bade gerüstet sei. Es gab schmale Wannen für zwei Personen und große Wannen, in denen viele gleichzeitig baden konnten. In den meisten uns erhaltenen Darstellungen von Badestuben sitzen Mann und Weib nackt in der Wanne. Zwischen beiden liegt ein Brett, beladen mit Speisen und Getränken. In den Badehäusern stand Männern und Frauen nur ein einziger Auskleide- und Ankleideraum zur Verfügung, und es nützte wenig, daß einzelne Behörden die Bestimmung erließen, das Hemd dürfe erst in der Wanne abgelegt werden. Die nassen Hemden klebten so unangenehm an der Haut, daß die Badenden sich schon vorher aller Hüllen entledigten und einander ihre Nacktheit zur Schau stellten. Der »Bader« nahm keine Kenntnis davon, ob die miteinander badenden Paare verheiratet waren oder nicht. In den Wannen, die Raum und Wasser für mehr als nur zwei boten, tummelten sich so viele Männer und Frauen, als nur Platz hatten. Was unter dem Wasserspiegel geschah, war die Sache der einzelnen und ihrer Partner, die es mit sich geschehen ließen. Es hieß allgemein: »Sie kehren heim, die Körper weiß gewaschen, die Herzen durch Sünde geschwärzt.« Das Baden blieb das volkstümlichste Vergnügen. Es wurde auch von den »Heilkünstlern« vorgeschrieben, besonders, wenn Ehefrauen trotz der Emsigkeit ihrer Männer keine Kinder gebären konnten. In einem Badespruch hieß es: »Für unfruchtbare Frauen ist das Bad das beste. Was das Bad nicht tut, das tun die Gäste.« Diese und ähnliche Ankündigungen zierten die Tore der Badeanstalten, die auch »Jungbrunnen« genannt wurden. In den meisten Ländern und Sprachen kursierte der Spottvers: »Das Bad und die Kur war allen gesund, denn schwanger ward Mutter und Tochter, Magd und Hund.«

Die allgemeine Sittenlosigkeit, die Mißachtung überlieferter Anstands- und Glaubensvorschriften war so weit fortgeschritten, daß ein unbekannter französischer Dichter der Zeit nicht davor zurückscheute, das sonst so gefürchtete Jüngste Gericht in seiner Erzählung von der Liebe des jungen Grafensohns Aucassin zu Nicolette zu verspotten. Daß Aucassin und Nicolette sich trotz des Widerstandes ihrer Eltern und allen nur erdenklichen Ungemachs in zärtlicher Liebe vereinten und als Graf und Gräfin das Paradies auf Erden fanden, trug zur Volkstümlichkeit der Erzählung bei, die ein Sittenbild der Zeit war, in der die Lebenslust gegen die Angst vor der Hölle mutig und übermütig ankämpfte.

Alte Holzschnitte aus dem Jahr 1650, anonym

Noch einmal aber werden – an der Wende vom Mittelalter zur Renaissance – alle Schrecken der Hölle heraufbeschworen in einer großartigen dichterischen Vision: in Dantes »Göttlicher Komödie«. Mit seinem vollen Namen hieß der Dichter Durante Alighieri, was »Langwährender Schwingenträger« bedeutet – ein wahrhaft sinnbildlicher Name, der prophetisch die Dauer der vielfältigen Wirkung seines Werkes voraussagt. Dante hat seine in unvergleichlichen Versen verfaßte Dichtung als »Commedia« bezeichnet mit der Erklärung, daß die Aktion den Leser vom Elend zum Glück geleite. Er entschuldigte sich, allerdings nicht ohne Selbstbewußtsein, für die Art seiner Ausdrucksweise, die er als »nachlässig und niedrig« bezeichnete –: »nämlich die allgemeine Sprache, in der sich auch die Weiber einander mitteilen.« Dante, den die glühende Liebe zu einer Frau, die nicht die seine war und die er nie besessen hatte, zur Niederschrift seiner nicht minder berühmten Liebesgedichte antrieb, war im Grunde ein Frauenverächter. Er tat seiner Ehefrau, die einem uralten Florentiner Adelsgeschlecht entstammte und die ihm zahlreiche Kinder geschenkt hatte, in seiner Dichtung keinerlei Erwähnung. Die Liebe in der Ehe beflügelte seine Phantasie nicht. Er liebte Beatrice, »die Herrin seines Herzens«, mit romantischer Inbrunst bis zur Besinnungslosigkeit, bis über den Tod hinaus – über ihren Tod hinaus, der sie, die Gepriesene, himmlisch Reine, die zwar zu Lebzeiten mit einem anderen Mann verheiratet gewesen war, in den Himmel hob – an die Seite der Heiligen Maria, die als »Jungfrau und Mutter, Tochter Deines Sohnes, bescheidenstes und höchstes der Geschöpfe« angerufen wird.

Die »Göttliche Komödie« ist die erste große Dichtung in der »Vulgärsprache«, der Sprache des italienischen Volkes. Sie sollte allen verständlich und dem Gemüt aller zugänglich sein, ohne sich jedoch »gemein« zu machen. Nach einem abenteuerlichen, an Enttäuschungen reichen und unbefriedigten Leben als Politiker und Vorkämpfer für die Einigung der in so viele Kleinstaaten aufgeteilten Apenninen-Halbinsel unter einem römischen Kaiser, der auch deutscher Nation sein könne, als zum Tode verurteilter Flüchtling entsann sich Dante der ersten Begegnung mit Beatrice, als sie beide neun Jahre alt waren. Er schrieb: » Von Stund' an – ich bekenn' es – beherrschte die Liebe meine Seele.« Er haßte Portinari, den Vater Beatrices, der sie an einen reichen Geldmann verheiratet hatte, und rächte sich mit der Feder. Nicht nur an dem Verhaßten, sondern an allen Geldleuten, indem er sie in seiner dichterischen Darstellung der Hölle in eine der tiefsten Tiefen des Infernos verwies. In der Beschreibung seiner Höllen- und Himmelsreisen lehnte sich Dante an den römischen Dichter Vergil an, der die Unterwelt in seiner »Äeneis« geschildert hatte und in der »Commedia« als Dantes Berater leibhaftig wird. Dantes »Inferno« ist ein unterirdischer Abgrund, der von der Erdoberfläche bis zum Mittelpunkt des glühenden Balles reicht. Es dampft und stinkt aus Sümpfen und Seen. Eisige Winde, glühende Stürme, Regen- und Hagelschauer lassen die Luft nicht zur Ruhe kommen. In den Höllenkreisen, in denen die Schlemmer Kot fressen müssen, die Verschwender und die Geizigen niemals Besitz erlangen, die Zornigen einander zerfleischen, die Gewalttätigen ständig bedroht sind, in Strömen von Blut zu ertrinken, und den Gleichgeschlechtlichen, die auf glühendem Sand einherwandern müssen, Feuer auf das Haupt fällt, halten sich Dante und Vergil nicht lange auf – immerhin lange genug, daß Dante einem seiner Lehrer und Freunde, der ein Homosexueller gewesen ist, begegnet. Er sieht auch die heuchlerischen Florentiner, die ihm in seinem Leben übel mitgespielt, die Betrüger und Veruntreuer, die ihn um seinen Besitz gebracht haben, in kochendem Pech dahintreiben. Am Fuße des Abgrunds, im Mittelpunkt der Erde, steckt Luzifer, der Teufel der Teufel, im Eis und schlägt mit riesigen Flügeln um sich. Sein abscheuliches Gesicht ist dreiteilig. Blutige Tränen fließen über seine verzerrten Wangen. In jedem seiner drei Kiefer schmachtet ein Ausbund von Schlechtigkeit: Luzifer kaut unaufhörlich an den Erzverrätern Brutus, Cassius und Judas. Vergil und Dante durchschreiten den Erdmittelpunkt, um nun wieder im Tageslicht zu dem Berg zu gelangen, der das Fegefeuer beherbergt. Auch das »Purgatorio« ist in Kreise aufgeteilt. Aber die Büßer haben Gelegenheit, sich durch die Einsicht in ihre Sündhaftigkeit zu läutern. Ihre Strafen sind nicht unendlich. Sie können von Kreis zu Kreis aufsteigen, um schließlich in das »irdische« Paradies zu gelangen. Jetzt ist der Begleiter des Dichters nicht mehr Vergil. »Seine« Beatrice führt ihn, »in Strahlenkranz gekleidet«, in den Himmel, »doch ohne daß er sehend sie erkannte; nur durch geheime Kraft, die von ihr ausging, verspürt er alter Liebe Urgewalt«.

Auf seinem Weg durch Hölle und Fegefeuer hinauf zu Gott, zur letzten Läuterung, hat der Dichter, dem nichts Menschliches fremd war, seinem Unmut über die Schlechtigkeit jener Menschen Luft gemacht, die seinen Lebensweg so erschwert hatten. Unbarmherzig waren seine Schmähungen der Männer und Frauen, die ihm Übles angetan hatten, unbarmherzig seine Verdammung der Städte, in denen es ihm übel ergangen war: Bologna, das voller Kuppler war, seine Heimatstadt Florenz, die Lieblingsschöpfung des Teufels, und das abscheuliche Pisa, dessen Nachbarn der Dichter aufrief, die Mündung des Arno zu verstopfen, damit der Fluß alle Pisaner ersäufe.

Nicht nur Dante, auch der Dichter Petrarca, der als »der Vater der Renaissance« gepriesen wurde, war empört über das sittenlose Treiben auf Erden. Die Kritik des Dichters beeinflußte die Meinung des Volkes nicht. Es hatte ohnehin seine eigene Meinung. Es spottete über das den Priestern und Mönchen auferlegte Zölibat: »Solange der Bauer Weiber hat, braucht der Pfaffe nicht zu heiraten.« Und: »Die Pfaffen nehmen ihr Kreuz auf sich, indem sie Schinken und Wildbret kreuzweis' aufs Butterbrot legen.« Und über die derb-sinnliche Lebenshaltung des Adels und der Kirchenfürsten waren zahllose Glossen im Umlauf, die Geiler von Kaisersberg später so zusammenfaßte: »Nur mehr der Name des Adels ist geblieben, nichts von der Sache bei denen, die edel heißen. Der Adel ist eine Nuß ohne Kern, aber voller Würmer, ein Ei ohne Dotter, keine Tugend, keine Klugheit, keine Frömmigkeit, keine Liebe zum Staat, keine Leutseligkeit. Die Adeligen sind voll Liederlichkeit, Übermut, Zorn, allen Lastern mehr ergeben als alle anderen.« Allenthalben Laster und Sittenlosigkeit – und dann kam die Zeit, da es schien, als sollten alle Strafen, die Dante der sündigen Menschheit in der Hölle zugedacht hatte, schon auf Erden über sie hereinbrechen. Die schlimmste Seuche, die je in Europa gewütet hatte, suchte Land um Land, Stadt um Stadt, Dorf um Dorf heim: die Pest, der Schwarze Tod. Sie äußerte sich in dieser und jener Krankheitserscheinung, und da der Mensch, den sie erfaßt hatte, nicht nur selbst starb, sondern jeden, der in seiner Nähe war, angesteckt haben konnte – durch seine Ausatmung allein oder dadurch, daß man einen Gegenstand anlangte, den der Pestkranke berührt haben mochte –, zersetzte die Krankheit alle menschlichen Bindungen. Sie hatte zwei entgegengesetzte Wirkungen zur Folge: die Jagd nach dem Erleben, bevor es zu spät sein konnte, und die Suche nach dem ewigen Leben, da das irdische so bedroht war. Wer gläubig war, hatte das Bedürfnis zu büßen. Scharen von Männern und Frauen – niemand wußte, woher sie kamen – zogen von Ort zu Ort, Fahnen schwingend und düstere Lieder singend. Wenn sie sich einer Stadt näherten, läuteten alle Glocken, und alle Einwohner strömten zur Kirche. Dort warfen sie sich neben den Teilnehmern des Büßerzuges auf die Steinfliesen und geißelten sich unter stundenlangem Absingen von Litaneien und Gebeten, verlasen »vom Himmel gefallene Briefe«, die das sündhafte Treiben der Laien und Pfaffen verdammten, und mahnten sich und die anderen zu tätiger Reue.

Diese Atmosphäre der Verzagtheit und Verzweiflung schilderte Giovanni Boccaccio, der in Paris geborene, in Neapel aufgewachsene uneheliche Sohn eines florentinischen Kaufmanns, mit all ihren grausigen Einzelheiten in seinem »Decamerone«. Der Titel der unverwüstlich lebenslustigen Dichtung meint die »deka hemerai«, die zehn Tage, die sieben junge Damen in der Gesellschaft dreier Männer von guter Lebensart auf der Flucht vor der Seuche in einem idyllischen Landhaus bei Florenz verbringen, wo man die Vöglein singen hört, die Fluren grünen, die vollen Kornfelder nicht anders wogen als das Meer und wo der Himmel seine ewige Schönheit nicht verleugnet. Die Damen und Herren kommen überein, daß jeder von ihnen jeden Tag eine Geschichte erzählen soll. Ob es die sieben reizvollen Frauen und die drei geistreichen Männer tatsächlich gegeben hat, sei dahingestellt. In der Gestaltung Boccaccios sind sie aus Fleisch und Blut und keineswegs prüde. Boccaccio, der sie beschrieb und über sie schrieb, erwähnt, daß in Florenz allein hunderttausend Menschen dem Schwarzen Tod zum Opfer gefallen seien. Furchtbare Ernte hatte die Pest gehalten und unermeßliches Leid verbreitet. Der Dichter aber wollte die Freuden des Lebens in seinem Werk zum Blühen bringen.

Die Novellen, in denen Betrüger und Betrogene, Pilger und Heilige, Geizhälse und Wüstlinge, sehnsüchtige Damen und liebesbedürftige Ritter, Räuber und Helden, Narren und Könige, Päpste und Mönche auftraten, waren nicht von ihm erfunden. Er hatte volkstümliche italienische Anekdoten, französische Fabliaux und orientalische Märchen gesammelt, variiert und in eine ähnliche Form gebracht wie das Buch von »Tausendundeiner Nacht«. Durch den Mund der handelnden Personen verspottete Boccaccio die Askese, die Keuschheit, die Beichte. Er verhöhnte Mönche und Nonnen, Bischöfe und Äbtissinnen. Nichts war ihm heilig, weder Religion noch Reliquien. Er machte sich lustig über das »hochheilige und teure Andenken, nämlich eine Feder, die Erzengel Gabriel in der Kammer der Jungfrau Maria verloren hat, als er in Nazareth zur Verkündigung zu ihr gekommen war«. Er ließ den Stammvater Abraham sich zum christlichen Glauben bekehren aus der Überlegung, daß das Christentum göttlichen Ursprungs sein müsse, da es soviel priesterliche Sittenlosigkeit und Habgier überdauert habe. In den Spaß mischte sich Ernst, wenn er den Juden Melchisedek dem Sultan von Babylon, Saladin, auf die Frage, welche der drei Religionen die beste sei, die jüdische, die christliche oder die mohammedanische, antworten ließ: »Jedes Volk glaubt seine Erbschaft, nämlich sein wahres Gesetz zu haben und seine Gebote befolgen zu müssen« (und damit Lessing das Vorbild für die Ringparabel in »Nathan der Weise« lieferte). Er benützte Sprüche wie: »Wenn ein Frauenzimmer erst einmal zwei Männer gehabt hat, so können hundert Teufel sie nicht abhalten, daß sie auf hundert kommt«, oder, mit eindeutigem Hinweis auf die so beliebte These von der Unersättlichkeit der Frauen, wenn auch in zweideutiger Fassung: »Gut Loch will gebohrt sein.« Da gab es volkstümliche, witzige Geschichtchen, wie die von dem impotenten Ehemann, der die Treue seiner Frau erproben wollte und ihr nahelegte, einem berüchtigten Ritter ein Stelldichein zu gewähren, während er selbst sich bewaffnet unter dem Bette verbarg. So geschah es. Aber die Kraft und Tatkraft des Liebhabers flößte dem Ehemann solche Angst ein, daß er stillschweigend lauschte, während seine Frau »die gewaltigen Stöße« empfing. Im Volksmund sagte man: »Gibt es überhaupt einen Mönch, der es nicht mit den Weibern triebe?« Aber daß es auch keine Nonne gäbe, die es nicht mit den Männern getrieben hätte, zeigte Boccaccio in der Geschichte von dem jungen Masetto, der mit seiner unerschöpflichen Manneskraft alle Nonnen eines Klosters, die jungen und die alten, zufriedenstellte. Der Dichter, der an die freie Liebe glaubte und sie sich in seinem abenteuerlichen Leben nicht versagte, tadelte weder die genußsüchtigen Mönche und Nonnen noch die adeligen und bürgerlichen Männer und Frauen, die »ihr Geschlecht zärtlich vereinten«. Er wünschte die Wirklichkeit nicht zu verheimlichen. Seine Leser sollten wissen, daß die Mönche und Nonnen, die während der Pest ihre Klöster verlassen hatten und nach dem Abflauen der Seuche zur Rückkehr gezwungen worden waren, die weltlichen Genüsse, denen sie sich außerhalb der Klostermauern ergeben hatten, nicht aufgeben wollten. Wohl bekannte er am Schluß des »Decamerone«, daß er vielleicht Vorwürfe verdiene, wegen der Freiheiten, die er sich herausgenommen habe, aber »über die Mönche habe ich die Wahrheit geschrieben«.

Das »Decamerone« aber wurde so bekannt, daß man über diesem Werk den »Corbaccio« vergaß, Boccaccios Novelle von dem verstorbenen Ehemann, dessen Geist dem von seiner Witwe betrogenen und gedemütigten Dichter die Geschichte seiner unseligen Liebe zu der Schönen erzählt. In dieser imaginären Beichte werden alle Fehler des weiblichen Geschlechts aufgedeckt und vergröbert. Die Witwe, die sinnbildlich für alle Frauen steht, ist tückisch, verschlagen und geschlechtlich so unersättlich, daß sie sich nicht mit zwei oder drei Liebhabern begnügt, sondern, wie Messalina, die Bordelle aufsucht, um sich zwar ermatten zu lassen, aber doch noch nicht befriedigt zu sein. Geld und Wollust bestimmen das Dasein der Frauen. Denn wenn sie alt und häßlich geworden seien und keinen Liebhaber mehr fänden, dann bezahlten sie einen kräftigen Stallknecht – mit dem Geld ihrer Gatten. Kein Mann, der nicht die Illusion verlieren wolle, dürfe seine Frau am Morgen beobachten, wenn sie ungekämmt, hustend und spuckend aus dem Bette steigt. Vielleicht um bei sich selbst Ekel zu erregen und so seine Enttäuschung über den Verlust der heißgeliebten Witwe zu überwinden, ließ Boccaccio den Geist des Ehemanns die intimen Körperteile der Frau so widerlich schildern, daß ihm selbst die Lust an der Liebe für einige Zeit vergangen sein mag.

Der Meister der schlüpfrigen Prosa fand mehr Nachahmer, als er Vorbilder gehabt hatte. Die meisten verherrlichten oder verunglimpften die Frauen, je nach ihren Erlebnissen. Alle aber ließen sich über die »Verlogenheit und Lasterhaftigkeit« der Geistlichkeit aus, die den christlichen Glauben und die Kirche in Verruf brachte. Die Redensarten und Sprichwörter, die im Umlauf waren und von Mund zu Mund gingen, konnten weder durch Warnungen noch durch Drohungen ausgemerzt werden. Wer sich nicht taub stellte, weil er nicht hören wollte, der mußte die Aussprüche hören, mit denen auf den Marktplätzen und in den Badestuben unverblümt Kritik an der Kirche geübt wurde. Da hieß es: »Wer's mit Frommen hält, wird fromm – sprach der Mönch und schlief in einer Nacht bei sechs Nonnen.« Oder: »Müßiggehen mag ich nicht, sagte die Nonne – und stieg zum Pater ins Bett.« Und: »Die Glocken läute ich selbst, sagte der Bauer und stieß den Küster von seiner Frau.«

Schon Boccaccio hatte von einer schönen und artigen Einsiedlerin erzählt, die von einem Mönch in der Kunst belehrt wurde, »den Teufel in die Hölle zu schicken«. Der unverschämte Dichter Pietro Aretino verdeutlichte diese sinnbildliche Redewendung etwa zwei Jahrhunderte später durch die unverblümte Beschreibung: »Dann hielt er mit seinen Händen sanft ihre Hinterbacken auseinander – es war, als ob er die Blätter eines Meßbuches aufschlüge – und betrachtete hingerissen ihren Arsch. Der war weder ein spitzes Knochengerüst noch ein schwabbeliges Fettkissen, sondern gerade die gute Mitte: ein wenig zittrig und schön rund, schimmernd wie beseeltes Elfenbein. Die Grübchen, die man mit soviel Vergnügen am Kinn und an den Wangen schöner Frauen sieht, zierten auch diese beiden zarten Backen ...«

Noch immer zwar sollten Keuschheitsgürtel die eheliche Treue beschirmen. Und in der Tat konnten Ehefrauen, die »verschlossen« waren, sich nicht dem natürlichen Geschlechtsverkehr hingeben. So dünkte es manch wenig Erfahrenen unbedenklich, wenn in seiner Abwesenheit die Sinne der Eheliebsten bei unzüchtigen Gesprächen mit diesem oder jenem Freund des Hauses in Aufruhr gerieten – nicht minder als die des Hausfreunds: Der Gatte glaubte ja die eheliche Treue seiner Frau geschützt durch das goldene, silberne oder eiserne Keuschheitsschloß, das er seiner »Hausehre« an jedem Morgen um den reizenden Schoß legte. Aber nicht umsonst hieß es: »Die Frauen und ihre Liebhaber wußten es freilich besser.« Die Schönen hatten ihren Freunden nicht nur das »verschlossene« Paradies zu bieten.

In Mönchsklöstern, in denen es keine Frauen geben durfte, behalfen sich die Kuttenträger so ausschweifend mit den »männlichen Gegebenheiten«, daß der Papst eigens von ihm ausgesandten Predigermönchen befahl, »das Laster der Sodomie« auszurotten und die gleichgeschlechtlichen Sünder als Ketzer zu brandmarken. Aber die Beschuldigten entschuldigten sich mit der Erklärung, daß doch nach den Lehren der Kirchenväter nur das Weib des Teufels sei und nicht der Mann. Die Anziehungskraft, die das starke Geschlecht auf das starke Geschlecht ausübte, beeinträchtigte die Wirkung des schwachen Geschlechts auf die Männerwelt allerdings nur in Ausnahmefällen. »Die Frauen gewannen das Spiel« – aber sie mußten so beschaffen sein, wie die Männer sie wünschten. In einem Volkslied aus der so sinnlichen Zeit war das weibliche Schönheitsideal in allen Einzelheiten und international festgehalten: »Ain Haubt von Behmer Land, zway weiße Ärmlin von Praband, ain Brust von Schwaben her, von Kernten zway Tüttlein ragend als ain Speer, ain Bauch von Oesterreich, der wär schlecht und geleich, und ain Ars von Pollandt, auch ein Bayrisch Fut daran, und zway Füßlen von dem Rein: Das möcht ain schöne Frau gesein.«

Die obszöne Derbheit der Ausdrucksweise war im schöngeistigen Zeitalter so allgemein geblieben, daß niemand Anstoß nahm an den vertrauten Worten, die das Geschlecht kennzeichneten. Aber die Sprache, die den weiblichen Reizen gewidmet war, wurde doch allmählich poetischer, vor allem die Schilderung der Brüste. Das Verlangen nach zauberhaften Brüsten, deren Anblick die Sinnlichkeit anfachte und zur Lust einlud, wirkte wie ein Wegweiser zum wahren Ziel. Bei dem hohen Adel und dem »niedrigen Volk« hieß es: »An der Jungfer und dem Fisch der mittlere Teil der beste ist.« Zahllose vulgäre Variationen dieser Feststellung kursierten im Volksmund aller Sprachen. Dennoch wagten nur wenige Maler, die weiblichen Schamhaare und die Schamspalte darzustellen, ebensowenig wie die körperliche Beschaffenheit der Männer für das Liebesspiel. Mochte man sonst den Körper nackt darstellen – das »Letzte« verhüllte doch ein Tuch, eine Hand, eine Ranke oder das zum Symbol der »Sittlichkeit« gewordene Feigenblatt. So wollte man verhüten, daß die nach wie vor offiziell verbotene Sinnlichkeit offen angeregt werde. Und wenn bei Ausgrabungen, wie sie jetzt beliebt wurden, antike Statuen gefunden wurden, hielt man es für passend, die Merkmale der erregten Männlichkeit von den marmornen Körpern abzuschlagen und die Körperstellen, von denen sie aufgeragt hatten, mit züchtigen Feigenblättern zu bedecken. Doch nicht alle Hüter ausgegrabener Denkmäler vernichteten die ärgerniserregenden Glieder, wie die Kirche es befahl. Viele bewahrten die abgetrennten Sinnbilder der Männlichkeit auf. Eine Sammlung von Phallen erhielt sich bis auf den heutigen Tag in den geheimen Ausstellungsräumen des Vatikans, die nur »Berufenen« zugänglich sind, und in Kellerräumen mittelitalienischer Museen, die nur mit ausdrücklicher kirchlicher Genehmigung betreten werden dürfen.

Aber trotz des kirchlichen Bannes gegen die Zurschaustellung des membrum virile in der Kunst ließen sich die Männer der Renaissance nicht verbieten, zu zeigen, was sie hatten, und die Frauen nicht, sehen zu wollen, was sie begehrten. In Novellen und Anekdoten aus der Renaissance kam die Natürlichkeit dieser Wünsche, der Aufruhr gegen die Scheinheiligkeit der falschen Scham unverhohlen zum Ausdruck. Weder Fürstinnen noch Bäuerinnen ließen ihr Lustbegehren beschränken. Wer etwas auf sich hielt, fügte sich wohl nach außen hin den Anordnungen der Kirche – aber nur nach außen hin und nur so weit, als kein empfindlicher Schaden durch Widerspenstigkeit entstehen konnte. Die Hemmungslosigkeit im Stillen der Liebeslust nahm bei allen Völkern Europas und in allen Gesellschaftsschichten nur noch zu. Zwar war es verboten, daß Statuen männliche Geschlechtsmerkmale in Erregung aufwiesen. Aber es war nicht verboten, daß Ritter und Reisige sich ihre Rüstungen so schmieden ließen, daß unter dem Harnisch ein »Gliedschirm« aufragte, der so beschaffen war, daß er auch ein erregtes Glied beherbergen und schützen konnte. Die Prunkrüstungen der Könige und ihrer Höflinge deuteten so die ständige geschlechtliche Bereitschaft der Herren an und stellten durch das Eisen die Ausmaße ihrer Glieder zur Schau, die sie durch die Schaustellung zugleich anboten: Die Männer wirkten auf die Frauen so, als ob sie mit »eingelegter Lanze« auf sie zielten. Und jede Dame konnte sehen, wie der Mann, der um sie warb, beschaffen war, und konnte stolz sein auf den von ihr Erwählten. Was den edlen Herren recht war, konnte ihren Landsknechten nur billig sein: Prall lagen unter dem grellbunt geschlitzten Wams die Hosen den Schenkeln an, und zwischen den beiden Hosenbeinen zeigte ein mächtiger, oft versteifter und, wo es not tat, dick ausgepolsterter Hosenlatz (auch Braguette genannt) an, was sein Träger zu bieten hatte. Kein Wunder, daß die Bürger diese Mode begeistert mitmachten. Kein Wunder aber auch, daß die Geistlichen gewaltig wider den »Hosenteuffel« wetterten: »Unsere jungen Kumpanen lassen den Latz vorn mit dem Höllenfeuer über die Maßen groß machen, so daß der Teufel darin sitzt und zu allen Seiten hinausschaut, allein zum Ärgernis und bösen Beispiel, ja zur Verlockung und zur Verführung armer, wahnsinniger und unschuldiger Mägdlein.« In beinahe allen Sprachen

Europas und in allen erdenklichen, mehr oder weniger obszönen Fassungen und Lesarten aber machte das Sprichwort die Runde: »Ist die Rut' gut, tuts jeder Fut gut.«

Weder die Konzile, die eine Reform der Kirche anstrebten, noch die Einrichtung der Inquisition, die von den Dominikanern, den »Spürhunden des Herrn«, betrieben wurde und diejenigen Männer und Frauen, »deren Lebensweise und Sitten mit dem rechten Glauben in keiner Weise in Einklang stehen«, als Ketzer brandmarkte, vermochten der immer mehr um sich greifenden Sittenlosigkeit Einhalt zu gebieten. Die Zersetzung der Christenheit schien unaufhaltsam, obwohl die weltlichen und geistlichen Fürsten alle Machtmittel einsetzten, um die zweifelnden und verzweifelnden Gläubigen zum Glauben zurückzuführen. Konnte es verwundern, daß angesichts dieser Situation aus Rom, wohin die Päpste aus der Verbannung zurückgekehrt waren, der in verschiedenen Fassungen überlieferte Satz zu hören war: Wenn das Christentum auch nicht durch Wunder bestätigt sei, so müsse es doch schon um seiner Moralität willen angenommen werden. Es sei zu erfinden. So unaufhaltsam der Zerfall schien – die Kirche behauptete sich dennoch, nicht zuletzt dadurch, daß sie allenthalben Spitäler, Armen- und Waisenhäuser, Schulen und Pfandleihanstalten unterhielt, vor allem aber durch das beispielhafte Leben und Wirken einzelner Geistlicher, die sich ganz der Gottesfurcht und Frömmigkeit weihten. Nicht nur die guten Beispiele wirkten sich zur Bekehrung der Sündigen aus, nicht nur die Schrecken der Inquisition zwangen zur Verehrung der verblaßten Symbole. Noch mehr zugunsten der Kirche aber wirkten sich zwei weltgeschichtliche Ereignisse aus, das erste ein für die Christenheit äußerst bedrohliches, das andere ein hocherfreuliches. Die Bedrohung kam von Osten: Die Türken hatten Konstantinopel erobert und drangen als »Geißel Gottes« brandschatzend und mordend nach Europa ein. Dafür hatte es im Westen einen großen Sieg gegeben: Die »Reconquista«, die Wiedereroberung der vom Islam beherrschten Gebiete der Iberischen Halbinsel, wurde durch Ferdinand von Aragon und Isabella von Kastilien, die »allerkatholischsten Majestäten«, mit der Vertreibung der Mauren aus ihrem letzten Herrschaftsbereich in Spanien abgeschlossen. Beide Geschehnisse brachten einen Umschwung mit sich, der von der zielbewußten Geistlichkeit ausgenützt werden konnte. Die Kirche verlor nicht nur nicht ihre Macht. Sie stärkte sie durch Bündnisse mit den Mächtigen und Reichen der Erde, die sich ihrerseits der Kirche bedienten, um ihren Reichtum und ihre Macht zu stärken.

In diesem magischen Kreis stand das »Goldene Zeitalter« der Renaissance. Sie war keine Wiedergeburt im wahren Sinn des Wortes, sie war eine Wiederbelebung verschütteter geistiger Werte und vergangener Kunst. Was durch die Jahrhunderte sich angebahnt hatte, langsam erst, dann immer stärker, brach mit voller Stärke durch, als griechische Gelehrte, die vor den Türken geflohen waren, nach Italien kamen. Als einziges Gepäck brachten sie Manuskripte mit, kostbare Handschriften der Werke jener antiken Schriftsteller, die man im Abendland vergessen oder allenfalls durch Vermittlung der Araber gekannt hatte. Die italienischen Humanisten, längst schon aufgeschlossen für alles geistige Gut aus dem klassischen Altertum und das auf ihm beruhende Menschenbild, empfingen die Flüchtlinge aus Konstantinopel mit offenen Armen. Die Wissenschaft, die Dichtung, die bildenden Künste des Altertums wurden Mode. Von den Gelehrten angeregt, glichen die Reichen ihre Lebensform den Vorbildern an, die das genußfreudige und genußverständige Altertum gab. Es galt nicht mehr nur für vornehm, üppig zu essen, gut gekleidet zu sein und in prunkvoll eingerichteten Räumen zu leben. Wer wirklich vornehm war, erweiterte seine Kenntnisse in den Wissenschaften und machte sich mit den Dichtungen des Altertums vertraut. Und eine revolutionäre Erfindung ermöglichte es, solches Wissen weiteren Kreisen zugänglich zu machen. Der Mainzer Johann Gutenberg hatte aus Metall gegossene, bewegliche Buchstaben erdacht. Das erste Werk, das aus Gutenbergs Werkstatt kam, war eine lateinische Bibel.

Das Buch der Bücher, die Heilige Schrift, erlebte eine Renaissance, gleichzeitig mit den unheiligen Schriften, die in den Bibliotheken der Paläste und Kirchen, in Adels- und Bürgerhäusern gesammelt und gehortet wurden und zu einer geistigen Gemeinschaft zwischen Frauen und Männern beitrugen. Epikur wurde der beliebteste Philosoph, denn seine Lehre von der Glückseligkeit in der Lust deutete man dahingehend, daß alle Vergnügungen als erlaubt und unschuldig gelten könnten, sofern nicht das Gegenteil bewiesen sei, und daß das Leben dazu da sei, genossen zu werden. Ein »Epicuri de grege porcus« zu sein, »ein Ferkelchen aus der Herde Epikurs«, das wurde zum Credo der Lebenslustigen: Die Jungfräulichkeit, so erklärte man, sei im Aussterben, die Keuschheit eine überlebte Gewohnheit und die Unzucht keine Sünde, auch nicht die sogenannte Unzucht »wider die Natur«. In Venedig und in anderen Städten griff »das scheußliche und verwerfliche Laster der Sodomie« immer mehr um sich. Die Dogen ernannten in jedem Stadtteil zwei Sittenhüter, die dafür sorgen sollten, daß der gleichgeschlechtliche Verkehr verhindert werde. Die Aufgabe dieser Tugendwächter war um so schwieriger, als die Männer, die sich in ihrem Lustempfinden nicht beschränken lassen wollten, Frauenkleider anlegten und sich im Schutze der Masken trafen. Auch der Wettbewerb der von den Dogen geförderten Prostitution half nicht im Kampf gegen die gleichgeschlechtliche Lust. Es gab elftausendsechshundert »behördlich bekannte« Dirnen in der Lagunenstadt und überdies einen geschickten Unternehmer, der Gutenbergs Erfindung zur Herstellung eines begehrten Druckwerkes ausnutzte: Es war ein »Verzeichnis der wichtigsten und geehrtesten Kurtisanen Venedigs samt Namen, Wohnung und Gebühren«. In Florenz waren die jungen Männer so gegen die Ehe eingenommen, daß der Rat in der Erkenntnis, nur eine hohe Mitgift könne sie zur Verheiratung bewegen, eine Stiftung errichtete, deren Zweck es war, den Mädchen im Falle ihrer Eheschließung eine stattliche Mitgift auszuzahlen, wenn ihre Väter vorher kleine Prämienzahlungen geleistet hatten. Ein Zeitgenosse schrieb: »Die Zeiten sind dem Heiraten nicht günstig.« Aber auch nach dem Empfang reicher Mitgift blieben die Ehemänner ehefeindlich. Die Frauen behielten zumeist ihren Mädchennamen; es mußte schon eine erfreuliche Ehe sein, wenn sie dem eigenen Namen auch den ihres Mannes hinzufügten. Das Geschäft war abgeschlossen. Es hatte dazu gedient, das Mädchen unter die Haube und den Mann an die Kasse zu bringen. Was nachher geschah, ob aus der Geldgemeinschaft eine Bettgemeinschaft wurde, war nicht so wichtig.

Viele Frauen der italienischen Städte waren ebenso gebildet wie die Männer, von denen sie sich jedoch dadurch unterschieden, daß sie einer anscheinend fraulichen Neigung zur Religiosität nachgaben: Sie beichteten regelmäßig – freilich nur, wie es hieß, weil es ihnen Vergnügen machte, über ihre Sünden zu sprechen. Die wohlhabenden Frauen hielten viel auf ihr Aussehen. Sie liebten es, ihr Haar blond zu färben und es durch falsche Locken voller erscheinen zu lassen. Sie parfümierten sich übermäßig und schminkten nicht nur die Wangen, sondern auch die Brüste, die sie nur mit losen Tüchern oder Schleiern bedeckten – Grund genug für mancherlei Tugendbolde, über die »Entblößungssucht« zu zetern. Und um der eleganten Linie willen schnürten die Damen ihre Taille. Sie »erduldeten« – wie ein zeitgenössischer Dichter schrieb – »aus Eitelkeit ebensoviel Qual wie die Märtyrer für ihren Glauben«. Die Männer liebten es, ebenso glänzenden Schmuck zu tragen wie die Frauen. Sie gefielen sich in anliegenden Ärmeln und buntfarbigen Hosen, die eigentlich »Beinlinge« waren und den unteren Teil des Körpers gleichsam in zwei Hälften spalteten, um die »goldene Mitte« zu betonen. Samt und Seide, Spitzen und Rüschen, Pelzkrägen und mit Goldfäden durchwirkte oder bestickte Taschentücher vollendeten die Eleganz sowohl der Männer wie der Frauen, die sich außerdem in der Extravaganz ihres oft mit Federn geschmückten Kopfputzes gefielen. Die gezierte Vornehmheit des geselligen Beisammenseins machte sich nicht nur in der kostbaren Kleidung bemerkbar. Auch das gesellschaftliche Benehmen, die Gesten des Anstands, waren nun »nobel« und »galant«. Wer etwas auf sich hielt, führte bei Tisch die Speisen nicht mehr nur mit dem Löffel oder den Fingern zum Mund, sondern bediente sich der neuartigen, kunstfertig hergestellten »Gabeln«, die für die Reichen aus Silber, für die ganz Reichen aus Gold hergestellt wurden. Man machte die Gerichte köstlicher mit seltenen Gewürzen, die aus dem Orient eingeführt wurden, man trank erlesene Weine, deren Blume dem Geschmack der Speisen angepaßt war. Tischgespräche gewandt und witzig zu führen, gehörte zum guten Ton. Das »bel parlare«, das »Schönsprechen«, wurde einstudiert und zur Meisterschaft vollendet. Das bedeutete allerdings nicht, daß »Unanständigkeiten«, die das Geschlechtsleben betrafen, als unanständig galten. Wie die Mahlzeiten durch das Hinzufügen von exotischen Gewürzen schmackhafter wurden, so wurden die munteren Reden, die sie begleiteten, durch freche Zoten erfreulich belebt. Die beliebtesten Obszönitäten bezogen sich auf die Häufigkeit des Geschlechtsverkehrs, auf die Leistungsfähigkeit der Männer im Liebesspiel. Dieses Thema war in Florenz ebenso geschätzt wie in Paris. Und in seiner Beschreibung Wiens ließ sich Papst Pius II. ganz unbefangen über die Lebensgewohnheiten und Bräuche an der blauen Donau aus. Er schrieb, daß die wenigsten Wiener Ehefrauen sich mit einem Manne zufrieden gäben, obwohl es eine große Zahl öffentlicher Dirnen gebe. Es sei üblich, daß die Edelleute häufige Besuche in Bürgerhäusern machten, wo dann der Hausherr Wein auftrage und beiseite gehe, um den Gast mit der Hausfrau allein zu lassen. Daß die »lichten Fröwlein« hurten und soffen, wäre nicht zu verwundern; aber daß ehrbare Frauen den »Brauch des Ehebruchs oft gehept han«, das sei dem Papst in Wien besonders aufgefallen. In Frankreich war es nicht anders: Der wilde Vagant und Galgenvogel François Villon hat es in seinem »Großen« und »Kleinen Testament« geschildert. Das Bordell, in dem er als Zuhälter der dicken Margot hauste und Unzucht mit ihr trieb, wenn sie nicht gerade ein »Herr« in Anspruch nahm, kann als Muster all der kleinen und großen Häuser gelten, in denen »Liebe gemacht« wurde. Das »aimer« war der schönste Zeitvertreib der Armen und der höchste Genuß der Wohlhabenden, denn sie alle wußten, daß das »Fudeln« nicht nur im Ehebett Spaß machte. Man fudelte und kindelte in allen europäischen Ländern auch mit den Bräuten anderer Männer. Es war eine Art von Loskauf, den die Mädchen leisten mußten, bevor sie ins Ehebett durften. Welcher Art das »Fudelgeld« war, hing von der Jungfer und den Fudlern ab, die durch die Berührung der »Fud« Kindersegen heraufbeschworen – besonders am Weihnachtsfest, das dem göttlichen Kind geweiht war.

Die als unkeusch geltenden Bräuche des Geschlechtlichen wurden im Volksmund als »majestätisch« bezeichnet. Sie konnten, trotz aller Bemühungen der Behörden, um so weniger ausgemerzt werden, als man die »Majestät« der habsburgischen Kaiser des Römischen Reiches Deutscher Nation als »unvermögend« verspottete (wenn auch in geschlechtlicher Hinsicht zu Unrecht). Kaiser Friedrich III., des Papstes Pius II. guter Freund, hatte weder Macht im Römischen Reich noch in den ererbten österreichischen Ländern. Man machte sich darüber lustig, daß er die fünf Buchstaben A, E, I, O, U auf Pergament und Papier immer wieder aufschrieb, um zu bekunden, daß Österreich fortdauern werde: »Austria Erit In Orbe Ultima.« Der Kaiser setzte alle seine Zuversicht in die Anziehungs- und Zeugungskraft seines Sohnes Maximilian, der die reichste Erbin der Erde, Maria von Burgund, zur Frau gewonnen, laut Kammerherrnbericht in der Brautnacht »neun Gänge« mit ihr getan und den Sohn aus dieser Verbindung mit der Tochter der »allerkatholischsten Majestäten« verheiratet hatte. Das Kind aus dieser Ehe aber würde die Welt beherrschen, daran glaubte der Kaiser bis zu seinem letzten Atemzug – A, E, I, O, U, das konnte man auch so lesen: »Alles Erdreich Ist Oesterreich Untertan.«

Doch zu seinen Lebzeiten beherrschte das Geld die Welt, vor allem der unermeßliche Reichtum der großzügigen Kaufleute aus dem Hause Medici, die sich Florenz unmittelbar und die meisten Städte Italiens mittelbar untertan gemacht hatten. Die fürstliche Prunkentfaltung und Freigebigkeit des Lorenzo de Medici, der den Beinamen »Il Magnifico« gewann, »der Prächtige«, zog die großen Künstler der Zeit an seinen Hof und wurde beispielgebend für seine Standesgenossen, die – wie er – Paläste und Kirchen erbauten und sie verschwenderisch mit Gemälden und Statuen ausschmückten. Lorenzo vollendete, was seine Vorväter begonnen hatten. Er verwandelte seine Stadt in ein Museum, in ein Heim der Musen. Schon von seinen Zeitgenossen wurde er als der geistige Vater der Größten in der Malerei und Bildhauerei der Renaissance bezeichnet. Leonardo da Vinci und Michelangelo verdankten Ansporn und Beginn ihrer unermeßlichen Leistungen dem künstlerischen Milieu seines Florenz. Doch dann stand gegen ihn und seinen Ruhm auf: der Dominikanermönch Girolamo Savonarola, Prior des florentinischen Klosters San Marco, der Lorenzos zärtliche Gewaltherrschaft über die Florentiner zu brechen und das Christentum zu reformieren entschlossen war. Savonarola predigte vor Tausenden von Männern und Frauen, die er mit der Macht seiner Rede in Angst und Schrecken versetzte und im Namen Jesu Christi zum Aufruhr gegen die bestehende Ordnung aufrief. In seinen Predigten geißelte Savonarola Dichter und Künstler der Renaissance, die sich gegen die christlichen Tugenden vergingen. Ihre Kunst sei ein Greuel – Dienst an den heidnischen Göttern und eine schamlose Schaustellung nackter Weiber und Männer. Er zieh die Männer, die sich mit Geldgeschäften befaßten, als diabolische Schufte mit »Hurenstirnen«: »Ihr sagt, das gute und selige Leben bestehe im Gewinn, aber Christus sagt, selig sind die, die da Leid tragen, denn sie sollen getröstet werden.« Savonarola widerstand den Bestechungsversuchen Lorenzos, der »seine Ohren von dem Geschrei befreien wollte«. Noch populärer wurde er, als seine prophetischen Voraussagungen in Erfüllung gingen: Lorenzo starb in dem Jahr, das Savonarola als sein Todesjahr angegeben hatte, und die »Züchtigung von Gottes Hand«, die er verkündet hatte, der kriegerische Einfall König Karls VIII. von Frankreich in Italien, erfolgte genau zu dem Zeitpunkt, den er genannt hatte. Savonarola gelang es, Karl, der sich Neapels bemächtigen wollte, zu veranlassen, Florenz, das seine Oberherrschaft über Pisa und Livorno aufgeben mußte, zu schonen. Der Dominikaner entmachtete die Medici und führte ein »Regiment der Sittenzucht« ein. Die jungen Mönche seines asketischen Ordens überwachten die Einhaltung seiner Gesetze gegen die Unzucht, das Glücksspiel und die Eitelkeit. Aber die Menschentriebe waren stärker als ihre Gottesliebe. Die Anhänger der Medici bekamen Oberwasser gegen die »masticapaternostri«, die »Zerkauer des Vaterunser«, und griffen Savonarola und seine »stropiccioni«, seine »heulenden Heuchler«, an. Sie verlangten eine Erklärung von ihm, ob ihm seine Predigten »von Gott selbst« eingegeben seien. Aber sie wären, obwohl er die Antwort verweigerte, doch nicht erfolgreich gegen ihn gewesen, wenn er sich nicht in Briefen an Karl VIII. von Frankreich mit der Aufforderung gewandt hätte, der König solle ein Konzil einberufen, um die Kirche zu reformieren und Papst Alexander VI. als »Ungläubigen und Ketzer« des höchsten Hirtenamtes zu entkleiden. Den Befehl des Papstes, »bei deiner heiligen Pflicht des Gehorsams unverzüglich zu Uns zu kommen«, weigerte sich Savonarola zu befolgen. Auch den Kardinalshut lehnte er ab, den Alexander VI. ihm anbot, um ihn zu beschwichtigen. Er erklärte von der Kanzel, wenn der Papst ihn auffordern würde, etwas zu tun, das der christlichen Lehre oder dem Evangelium widerspräche, müsse er ihm erwidern: »In diesem Augenblick bist du nicht Hirt, nicht Römische Kirche, sondern du irrst.« Er forderte die Kirche heraus: »Die Wollust hat aus dir eine schamlose Hure gemacht, du bist schlimmer als ein Vieh, du bist ein abscheuliches Ungeheuer. Früher schämtest du dich wenigstens deiner Sünden, aber jetzt tust du auch das nicht mehr. Früher nannten die Priester ihre Söhne Neffen, jetzt nicht mehr Neffen, sondern Söhne, schlechtweg Söhne ...«

Diese Attacke Savonarolas war gegen Alexander VI. persönlich gerichtet, gegen Rodrigo Borgia, der als Priester und Kardinal, bevor er Papst geworden war, mit einer vornehmen Dame vier Kinder gezeugt und sie als leibliche Kinder anerkannt hatte. Alexander war ein brillanter Staatsmann und Diplomat, der kein Mittel scheute, auch nicht ein Bündnis mit dem türkischen Sultan, um Karl VIII., der ihn befehdete, in Schach zu halten. Er schloß eine »Heilige Liga« mit Venedig, Spanien, mit deutschen Fürsten, und er erwirkte auch, mit der Zustimmung der französischen Kardinäle, die Verurteilung Savonarolas als eines »Ketzers und falschen Propheten«. Savonarola wurde gehenkt, die Straßenjungen steinigten den im Todeskampf am Galgen sich Windenden, bevor sein Leichnam und die der Dominikanermönche, die gleichzeitig mit ihm verurteilt worden waren, zu Asche verbrannt wurden. Es schien, daß mit Savonarolas Scheiterhaufen die »Reformation« der Kirche ein Ende gefunden hatte.

Alexander war ein unermüdlicher Bauherr und ein unermüdlicher Liebhaber der Frauen. Es hieß, daß nicht nur er zu seiner Tochter Lucrezia eine Liebesbeziehung unterhielt, sondern auch ihr Bruder, sein Sohn Cesare, der als Wüstling berüchtigt war. Die Geliebte des Papstes, Giulia Farnese, wurde als die »Braut Christi« bezeichnet. Alles, was mit der Liebe zusammenhing, machte Alexander Freude. Er hatte auch nichts dagegen, daß die Ausschweifungen seines Sohnes Cesare angeprangert wurden. Seine geliebte Tochter Lucrezia sollte glücklich sein; auf welchem Thron und in welchem Bett sie ihr Glück fand, war ihm einerlei. Für seine mehr als fürstliche Hofhaltung, für seine mehr als verschwenderische Lebensführung brauchte Alexander Geld und immer wieder Geld. Er verkaufte Kardinalshüte, beschlagnahmte Güter, trieb Handel mit Ablaßbriefen und Ehedispensen, um für die »Bestellung seiner Tafel und Seidenbetten für sich und seine Kinder« zu sorgen. Das Jahr 1500 war ein Jubeljahr der Kirche. Er ernannte zwölf Adelige zu Kardinälen – jeder zahlte ihm zehntausend Dukaten dafür. Er machte aus der Kirche ein Unternehmen und hinterließ seinen Nachfolgern ein blühendes Geschäft, dessen kaufmännische Praktiken er ausgearbeitet hatte.

Auch Giuliano de Rovere, der als Julius II. nach dem raschen Tod Pius' III., des Nachfolgers Alexanders VI., zum Stellvertreter Christi gewählt wurde, war der Neffe eines Papstes. Mit siebenundzwanzig Jahren zum Kardinal ernannt, hatte er dreiunddreißig Jahre lang ungeduldig darauf gewartet, endlich Heiliger Vater zu werden. Julius II. war der Vater dreier natürlicher Töchter, die er zwar standesgemäß unter die Haube brachte, aber keineswegs so verwöhnte, wie dies Alexander VI. mit seinen Kindern getan hatte. Julius' II. Familie war die Kirche. Er war kein Menschenfischer, er warb nicht mit dem Kreuz. Er war ein Gewaltmensch, der den Helm öfters aufs Haupt setzte als die Tiara. Sein Hirtenstab war das Schwert. Er war der tatkräftigste Condottiere, der ungestümste Söldnerführer seiner Zeit. Sein Lieblingsaufenthalt war das Feldlager mit den improvisierten Zeltstädten, in denen die Marketenderinnen die Küche und die Bettstatt der Männer betreuten. Seine Redeweise war ebenso obszön und heftig wie die der Soldaten, die er als sein eigener Feldherr befehligte. Sein Gottesdienst war das Abfeuern der Belagerungsgeschütze, die er vor den Mauern der Städte auffahren ließ, die seinem eisernen Willen widerstanden. Geistliche Fragen interessierten ihn weniger als geistige und weltliche. Er hatte sich zum Ziel gesetzt, das »Patrimonium Petri«, den Kirchenstaat, gewaltig zu erweitern, erreichte aber trotz seines unbändigen Machttriebs nicht mehr, als daß er sich an der Macht halten konnte. Seine Geldgier war ebenso ausgeprägt wie seine Machtgier. Er brauchte Geld, immer mehr Geld, um seinen Ehrgeiz zu erfüllen, Rom zur wunderbarsten Stadt der Erde auszubauen. Und so ging Julius II. in die Geschichte nicht ein durch seine außerordentlichen Leistungen, sondern als der Auftraggeber Michelangelo Buonarrotis und Raffael Santis und als Bauherr der Peterskirche, dieses gewaltigsten aller Gotteshäuser, dessen Errichtung er Donato Bramante anvertraut hatte.

Michelangelo hat als Greis sein Leben und Wirken in wenigen Worten zusammengefaßt. Einem Priester, der sich bedauernd darüber äußerte, daß Michelangelo, der den weiblichen und den männlichen Körper so sinnlich darzustellen wußte, nie geheiratet und Kinder gezeugt habe, erwiderte er: »Ich habe soviel mit einer Frau zu schaffen gehabt, und diese Frau ist die Kunst. Sie hat mich stets gequält, und meine Kinder sind die Werke, die von mir zurückbleiben.« Michelangelo überlebte Raffael Santi – das Glückskind der Renaissance –, dessen hinreißendes Wesen Männer und Frauen bezaubert hatte. Auch als er schon ein erwachsener Mann war, behielt sein Gesicht die mädchenhaften Züge, und seine Augen verloren nicht den träumerischen Blick, der in seiner liebenswerten Kunst zum Ausdruck kam. Er schuf aus der Fülle seiner gefälligen Natur Kunstwerke, die gefielen. Kirchenfürsten, große Herren und Damen verwöhnten ihn. Selbst Papst Julius II., der Michelangelo in seiner unbeherrschten Ungeduld gedroht hatte, er werde ihn von dem Gerüst, auf dem er die Sixtinische Kapelle ausmalte, herunterwerfen lassen, behandelte Raffael mit zärtlicher Achtung. Böse Zungen behaupteten, daß der männliche Papst in den weibischen Maler verliebt gewesen sei und seine Liebe genossen habe. Die unschuldsvolle Sinnlichkeit, welche die etwa fünfzig Madonnenbilder verklärt, die Raffael Santi im Laufe seines kurzen Lebens gemalt hat, verrät nichts von der Sinnenfreude des jungen Lebemannes, der sowohl eine Geliebte nach der anderen gehabt hat als auch geistlichen Liebhabern fleischlich zu Willen gewesen sein soll und für seine kirchlichen Gönner heidnische Liebesszenen als Gegenstücke zu den frommen Darstellungen auf der Leinwand verewigte. Kurz vor Raffaels Tod hieß es, er solle Kardinal werden. Daraufhin schob er die schon beschlossene Heirat mit der Nichte des Kirchenfürsten Bibiena hinaus, um kein Hindernis für seine

Französische und niederländische Stiche aus dem 16. und 17. Jh., anonym

Erhebung in den geistlichen Stand zu schaffen. Aber er quartierte die Braut in seiner Wohnung ein, um ihre Nähe nicht zu missen. Und sein frühes Ende wurde den »Vergnügungen ohne Maß« zugeschrieben, die er mit Maria da Bibiena genossen habe.

Seit der Renaissance haben sich die Vorstellungen über die Schönheit der europäischen Frauen unverändert erhalten, so wie ein zeitgenössischer Mönch sie beschrieb: Die Frauen sollten schlank sein, mit breiten Schultern und schwellenden Brüsten. Die Haut müsse hell und klar, aber nicht bleich sein, die Hände weiß und zart, die Beine lang, die Füße klein. Die Schönheit der Frau sei mit einer Harmonie zu vergleichen, »die sich auf geheimnisvolle Weise durch die Zusammenstellung, Verbindung und Zusammenfügung … schöner Glieder ergibt, die, bevor sie sich zur Bildung eines Körpers vereinigen, unter sich abweichend und gegensätzlich sind«. Als die schönsten Frauen in Rom wie in den anderen durch die Renaissance verwandelten Städten Italiens galten die Kurtisanen, die »Cortigiane«. Das französische Wort »courtisane« hatte ursprünglich »Hofdame« bedeutet. Die Cortigiane aber führten ihren Namen nach der »corte«, dem Hof der römischen Kurie. Diese Geliebten der Geistlichen, die als »Cortigiane oneste« galten, als »ehrbare Kurtisanen«, da sie ganz offenbar den Segen der Kirche hatten, zeichneten sich durch außergewöhnliche Bildung aus. Sie malten und zeichneten, sie sangen und tanzten, sie waren, wie die Hetären, ihre Vorbilder aus der Antike, belesen, und nicht wenige hatten literarische Begabung. Aber nicht nur »Cortigiane oneste« gab es in Rom. Wenn ein Mädchen, das seine Liebe feilhielt, eine Wohnung hatte, vier Wände, die ihm gehörten,

konnte es als Kurtisane dem gehören, dem es »die Ehre ihres Leibes« gab. Solche Mädchen galten nicht als ehrlos wie die Dirnen in den öffentlichen Häusern oder die »Liebhaberinnen auf dem Strich«. Und sie, die eine »mittlere Stellung« einnahmen zwischen den Huren und den »ehrbaren Kurtisanen«, hatten meist einen »Hauptgeliebten«. Der unterhielt den Haushalt und pochte, je nach der Höhe seiner Geldleistung oder dem Wert seiner Liebesleistung, auf Treue. Die römischen Kurtisanen waren so beliebt, daß ein Dichter erklärte, eine Frau verletze die Natur, wenn sie nicht als Kurtisane lebe, denn nur wenn sie sich ganz und gar der Liebe widme, erscheine sie würdig, als Frau bezeichnet zu werden, da sie doch einzig zu diesem Zweck geschaffen sei.

Nicht nur in den Häusern und Wohnungen der Kurtisanen gab es die Kleinkunst der Renaissance: Schmucke Gefäße, die, wie im alten Rom, als Parfümflaschen und Lampen dem Priapus nachgeformt waren, Vasen und Schalen standen auf Phallusfüßen und waren mit eindeutigen Szenen der Lust verziert. Man trank, wie zu Zeiten des Properz und des Juvenal, Wein aus silbernen und goldenen Bechern, deren kunstvolle Ziselierung die Trinkenden zum Liebesrausch anregen sollte. Die Platten der Tische wurden von geschlechtlich erregten Satyrn getragen. In der Renaissance der ungehemmten Sinnlichkeit, der sich Frauen und Männer freudig ergaben, fehlte nur eine Freiheit: Es war nicht erlaubt, sondern strengstens verboten, die Geschlechtsteile offen und unverhüllt zur Schau zu stellen. Man zeigte ihre Nachbildungen insgeheim und vertraulich vertrauten Freunden und Freundinnen, mit denen man die Freuden der Liebe in Fleisch und Blut oder im gemeinsamen Anblick der geschlechtlichen Sinnbilder genoß.

Die anmutigen Erzeugnisse römischer Kunstschmiede und Glasbläser fanden als Liebhabereien im ganzen europäischen Raum reißenden Absatz. Sie wurden vernichtet oder verschwanden in geheimen Verstecken, als die örtlich zuständigen Geistlichen, die nicht so aufgeklärt waren wie ihre Amtsbrüder im Bereich des Heiligen Stuhls, den Besitz der Gegenstände, die geschlechtliche Begierde hervorrufen könnten, als »Teufelswerk« verdammten. Wer solche in »satanischer Lust erzeugte Objekte« besaß, verfiel der Inquisition: dem Gericht des Grauens, dem »Ketzer oder Lüstlinge beider Geschlechter« unterworfen waren. Fürchterlich war, wessen sich die von der Inquisition Verfolgten zu gewärtigen hatten. Nach der Verhaftung wurden sie in völliger Finsternis gehalten, auf dem nackten Steinboden liegend, oft so eng gefesselt, daß sie in ihrem eigenen Kot sitzen mußten. Unsagbar grausam waren die Torturen bei der Vernehmung. Entschlossen, um jeden Preis ein Geständnis der Sünde oder Unzucht zu erpressen, hatten sich die Inquisitoren scheußliche Folterwerkzeuge ausgedacht. Den Gemarterten wurden die Arme ausgerenkt, die Gliedmaßen gebrochen, die Füße langsam über Feuer verbrannt, Männern die Hoden, Frauen die Brüste zerquetscht. Die Qual wurde nach Möglichkeit hinausgezogen, um zu verhindern, daß die Gefolterten den Geist aufgaben.

In Spanien kannte die Inquisition kein Maß mehr, seitdem der Dominikaner Tomás de Torquemada zum Großinquisitor ernannt worden war und es als seine Lebensaufgabe betrachtete,

Christus durch unbarmherzige Unterdrückung jeder Ketzerei und jeder verbotenen Lust zu dienen. Den von Torquemada geschulten Inquisitoren oblag es auch, alles, was aus dem neuentdeckten Amerika von den Eroberern ins geheiligte Mutterland gesandt wurde, auf seinen »sittlichen Wert« zu überprüfen. Es war an sich schon eine schwere Versuchung, die Statuen, Schalen, Vasen und Gefäße aus gleißendem Gold zu betrachten. Aber was sie in kunstvoller Formgebung darstellten, konnte in den Augen der Inquisitoren nur des Teufels sein: Diese Zurschaustellung des erregten männlichen Gliedes, diese lustvollen Umarmungen von Männern und Frauen, diese zuchtlosen beiderseitigen Berührungen der männlichen und weiblichen Körper, der glitzernde Ausdruck der von sinnlicher Freude schimmernden, durch eingelegte Edelsteine dargestellten Augen! Das durfte niemand sehen! Nicht einmal Seine Majestät, der allerkatholischste König, sollte diesem Verführungswerk der Hölle ausgesetzt sein. Die Inquisitoren schmolzen ein, was die Soldateska der Conquistadoren im mexikanischen Reich Montezumas und im peruanischen Reich der Inka an derlei Kunstwerken und Gebrauchsgegenständen geraubt hatten, und lieferten das pure, das gereinigte Gold, in der königlichen Schatzkammer ab. Die Beute aus Übersee, die das Königreich Spanien zum reichsten Land der Erde machte, war unter unendlichem Blutvergießen und mit rücksichtsloser Habgier zusammengerafft worden. Die Frauen und Männer, die im Namen des Kreuzes hingemordet und vergewaltigt wurden, die Unglücklichen, die der Brutalität der Eroberer, die sie für »weiße Götter« hielten, hilf- und wehrlos ausgeliefert waren, hatten nach ihren sittlichen Grundsätzen heiter den sexuellen Freuden in allen Arten und Abarten gelebt und sie in ihrer Vorstellung mit ihren Gottheiten, den Sinnbildern der Fruchtbarkeit, geteilt. Alle Lust, die die katholische Kirche den Gläubigen als so verwerflich hinstellte, war den Indios heilig. Gerade deshalb wurde sie von den Kaplanen, die mit den wilden Scharen der Conquistadoren zogen, als »jedes Christen unwürdig« verdammt, wie man dann auch im Spanien der Inquisition jede Lust am Geschlechtlichen als »indianisch entartet« bezeichnete, als »viehisches Verhalten«. Der Geschlechtsverkehr war, auch wenn er ehelich vollzogen wurde, eine »schmutzige Angelegenheit«, außerhalb der Ehe eine »unverzeihliche Sünde«. Jeder Hinweis auf die Freuden der Liebe wurde als lüstern gebrandmarkt, als abscheulich und gottlos.

Wie die Indios in Wirklichkeit gewesen waren, erfuhr die Nachwelt durch Ausgrabungen. Die Fundstätten erbrachten nur wenige Goldschätze, aber zahlreiche aus Ton gebrannte Grabbeigaben. Aus ihnen ließ sich das Lebensgefühl der Indios, ihr Glaube an die Unsterblichkeit und das Weiterwirken ihrer Lebenskraft im Jenseits rekonstruieren. In vielen Gräbern wurden Gefäße gefunden, die »Chicha« enthielten, das aus gegorenem Mais hergestellte, berauschende Getränk, mit dem die Toten versorgt wurden, damit es ihnen auch nach dem Tod nicht fehle. Die Gefäße für »Chicha« waren gleichzeitig Sinnbilder des Rausches, der durch das lustvolle Trinken herbeigeführt werden sollte, des Rausches in geschlechtlicher Lust. Sie waren den männlichen und weiblichen Sexualorganen nachgeformt. Das Ansetzen dieser Gefäße an den Mund war gleichzeitig die symbolische Handlung des Geschlechtsgenusses mit den Lippen oder der Zunge. Denn bei den Indios bedeutete es durchaus keine Erniedrigung der Frau, wenn sie den Geschlechtsverkehr mit dem Mund ausübte. Im Gegenteil scheint dies eine verklärende Bedeutung gehabt zu haben, so wie die Belebung des künstlichen Gliedes bei dem ägyptischen Gott Osiris durch seine Gattin und Schwester Isis.

Das Geschlechtsleben der indianischen Männer war auf die Frau eingestellt. Sie war die berufene Empfängerin der Zeugungskraft, die schon »der Schöpfer« ihr widmete, er, der Gott, der mit seinem riesigen Glied den Frauen die höchste Freude vom Altar her versprach. Sie sollte sie in jeder Öffnung ihres Leibes genießen, auf allen vieren, wie die geheiligten Tiere der Schöpfung, und ihre Bereitschaft dazu durch die geöffnete Vagina kundtun, wie die erhaltenen Keramiken es zeigen. Sie sollte den Männern ihre entblößte Scham zur Schau stellen und die Freude an ihrer Unersättlichkeit keineswegs verheimlichen. Sie sollte durch die kunstvolle Variation der Stellungen im Spiel der Liebe ihre Willigkeit und ihre Eignung zur Kunst der Liebe erweisen. Während die Spanier in ihrem von der Inquisition geknechteten Mutterland die Unterdrückung und Verdrängung der Triebe zur Basis einer verlogenen Moral machten, hatten die von ihnen beinahe völlig ausgerotteten Indios die Moral der natürlichen Instinkte zum Grundsatz ihres Lebens erhoben.

Zeittafel

1466–1536 Erasmus von Rotterdam
1489 »Hexenhammer«
1491–1547 Heinrich VIII. (1509 König v. England)
1492–1549 Margarete von Navarra
1492–1556 Pietro Aretino
um 1494–1553 François Rabelais
1494–1576 Hans Sachs
1494–1547 Franz I. (1515 König v. Frankreich)
1500–1558 Karl V. (1516 Kg. v. Spanien, 1519–56 Kaiser)
1509–1564 Johann Calvin
1517 Luthers Thesenanschlag
1527–1598 Philipp II. (1556 König v. Spanien)
1533–1603 Elisabeth I. (1558 Königin v. England)
1534 Ignatius von Loyola gründet Jesuitenorden
um 1540–1614 Pierre de Brantôme
1542–1587 Maria Stuart (1561–68 Königin v. Schottland)
1547–1616 Miguel de Cervantes
1551–1589 Heinrich III. (1574 König v. Frankreich)
1552–1612 Rudolf II. (1576 Kaiser)
1553–1610 Heinrich IV. (1589 König v. Frankreich)
1555 Augsburger Religionsfriede
1562–1635 Lope de Vega
1572 Bartholomäusnacht (Karl IX. u. Katharina v. Medici)
1585–1642 Armand Jean Duc de Richelieu
1589 Edikt von Nantes
1599–1658 Oliver Cromwell
1602–1661 Jules Kardinal Mazarin
1613 Tirso de Molina bringt Don-Juan-Gestalt auf die Bühne
1618–1648 Dreißigjähriger Krieg
1622–1673 Molière
um 1622–1670 Hans Jakob Christ. v. Grimmelshausen
1638–1715 Ludwig XIV. (1643 König v. Frankreich)
1644–1709 Abraham a Santa Clara
1652–1722 Liselotte von der Pfalz
1683 Die Türken vor Wien; erstes Kaffeehaus
1710–1774 Ludwig XV. (1715 König v. Frankreich)

6 »Liebenden ist alles erlaubt«

Von der Reformation zum Rokoko

Der erste Herrscher, der sich die Buchdruckerkunst zunutze machte, um seinen durch unaufhörliche Mißerfolge angeschlagenen Ruf gutzumachen, seinen »schlaffen Hintern zu vergolden«, wie seine Feinde spotteten, war Kaiser Maximilian I., den die Nachwelt als den »letzten Ritter« feierte, obwohl er der erste war, der sich auf seinen Feldzügen des Schießpulvers und der Kanonen bediente, der »unritterlichen Waffengattung mit zerstörender Fernwirkung«. Maximilian hatte, wie seine Gegner boshaft erklärten, »das Pulver nicht erfunden«, aber er benützte es hartnäckig in seinen kriegerischen Unternehmungen, die von einem Zeitgenossen im Stil der Renaissance mit dem von Ovid stammenden Vers beschrieben wurden: »Die Berge kreißen, und eine Maus wird geboren.« Die Maus allerdings, die dem zeit seines Lebens erbärmlich verschuldeten Maximilian geboren wurde, sein Enkel Karl V., ist dann der Beherrscher jenes Habsburgischen Weltreichs geworden, »in dem die Sonne nicht unterging«. Das Übermaß im Geschlechtsverkehr, das seine Tante Margarete mit ihrem kränklichen Gatten Don Juan, dem Sohn der »Allerkatholischsten Könige«, genossen hatte, war die Ursache für den frühen Tod des natürlichen Erben der spanischen Krone gewesen. Don Juans Schwester, Johanna, die Mutter Karls, und sein Vater Philipp der Schöne gewannen die Thronfolge. Er, Karl V., war daher von Geburt an bestimmt, König von Spanien und, wenn die Wahl auf ihn fiel, überdies Kaiser des Römischen Reiches Deutscher Nation zu werden. Im Jubeljahr 1500 kam Karl V. zur Welt, fünf Jahre, nachdem sein Großvater, Kaiser Maximilian, einen gedruckten Aufruf erlassen hatte, in dem er die Völker vor den »Pösen Plattern« warnte, jener neuen Krankheit, die als »Strafe für Gottlosigkeit« über die Erde gesandt worden sei. Urheber dieser Strafe sei der »Geschlechtsteufel«, wie jeder am eigenen Leibe erkennen könne, der von der Krankheit heimgesucht worden sei. Nämlich gerade an den Genitalien von sündigen Männern und Frauen bildeten sich Geschwüre, widerwärtige Auswüchse, die zwar nicht schmerzten, die aber unfehlbare Vorboten einer grauenhaften Zersetzung des Körpers waren, sich erst an den Geschlechtsorganen und dann im Munde »gar abscheulich« bemerkbar machten, bevor sie sich in eiternden Schwären an den Beinen und an anderen Stellen des Körpers zeigten. Die üble Vergiftung des Blutes wurde, da sie bei französischen Soldaten, die Neapel belagerten, zum erstenmal ärztlich festgestellt worden war, »morbus gallicus« genannt, die »Französische Krankheit«. Da aber ihr Auftreten mit der Rückkehr von Matrosen zusammenfiel, die mit Kolumbus nach »Indien« ausgefahren waren, nahmen nicht wenige Mediziner an, daß sie aus Amerika eingeschleppt worden sei. Ein Veroneser Gelehrter, der fest daran glaubte, die Eingeborenen Amerikas hätten die Eroberer, die »Conquistadores«, angesteckt, der aber auch der geschlechtlichen Sauberkeit der Griechen nicht recht traute, schrieb ein Lehrgedicht, in dem er den Mythos mit der Gegenwart verband: Halb ernst, halb satirisch setzte er auseinander, daß der Hirte Syphilus auf der amerikanischen Insel »Hayti« gegen den Sonnengott aufbegehrt habe. Der Name Syphilus – das griechische Wort bedeutet »Schweineliebhaber« – sollte aber an Sypilus (ohne h) erinnern, einen Sohn der sagenhaften Niobe, die von Apollon und Artemis mit der Tötung ihrer Kinder bestraft worden war. Auch der Hirte Syphilus war vom Sonnengott bestraft worden, durch die Lustkrankheit, mit der er ihn als ersten Menschen heimgesucht hatte. Die Veröffentlichung dieser Fabel machte so großes Aufsehen, daß die verheerende Geschlechtskrankheit von nun an auch wissenschaftlich »Syphilis« genannt wurde. In Frankreich bezeichnete man sie als »die großen Blattern«, »la grande vérole«. Sie verbreitete sich in der liebessüchtigen Bevölkerung so rapid, daß auch der galante König Franz I. nicht davon verschont wurde.

Franz hatte einen unerbittlichen Gegenspieler, Karl V. Beide jungen Herrscher bewarben sich um die Kaiserkrone. Beide versuchten die deutschen Kurfürsten zu bestechen. Beide sparten nicht mit Geld. Aber Karl hatte mehr. Das spanische Gold verhalf ihm im Deutschen Reich, das ein zeitgenössischer päpstlicher Legat als »eine einzige große Räuberhöhle« bezeichnete, zum Erfolg. Franz hatte zwar ein Bündnis mit dem Heiligen Stuhl abgeschlossen, aber Karl war als Nachfolger der Allerkatholischsten Könige und durch seinen unermeßlichen Reichtum überlegen. Man spottete nicht umsonst: »Der heilige Petrus hat das Fasten eingeführt, um seine Fische besser verkaufen zu können.« Karl sparte auch in Rom nicht mit dem gemünzten Gold und warf sich zum Schutzherrn der Kirche im Deutschen Reich auf, während in Spanien die Inquisition den Glauben schützte. Im Deutschen Reich jedoch waren die größeren und kleineren Landesfürsten entschlossen, sich ihrer Herrschaft ohne jede Einschränkung erfreuen zu können und vor allem »vom harten, drückenden Joch des Papstes« frei zu werden: Hier behielt sich ein Herzog die Klostervisitation als fürstliches Recht vor, dort ein anderer die »Reformation der Klöster« und die Sittenpolizei über die Geistlichkeit. Der Kurfürst von Sachsen nannte sich »oberster Handhaber aller guten Werke in Meinem Land«. Kein Wunder, daß in aller Öffentlichkeit gelehrte Prediger und Doktoren ihrer Mißachtung für das geistliche Rom Ausdruck gaben: »... die Kirche befindet sich in einer Babylonischen Gefangenschaft. Der Papst ist ein bepurpurter Affe.« Redensarten machten die Runde wie: »Wenn der Pater wiehert, so tut die Klosterfrau den Riegel weg.« Oder: »Wer eine Frau aus dem Hurenhaus nimmt, hat kein Glück, und wer eine aus dem Kloster nimmt, wird's bereuen.«

Antiklerikale Stiche aus dem Jahr 1770, anonym

Es konnte aber auch sündigen, wer wollte, ob Priester oder Nonne, ob Bürger oder Bauer: Die Sünde ward dem vergeben, der Ablaßzettel kaufte. Und so kannten Frauen und Männer keinerlei Zurückhaltung, besonders die Frauen nicht. Sie hatten Sorge, daß sie »kein Schwert« bekämen, denn warnend hieß es: »Es gibt mehr Scheiden als Degen.« Natürlich gab es auch ernste Vorhaltungen wider die Unzucht, aber weder Ermahnungen noch Drohungen nützten etwas – hemmungslos und ohne Reu' ergaben sich die munteren Sünder und Sünderinnen ihrem lockeren Treiben, waren sie ja durch den Kauf von Ablaßzetteln von aller Sünde befreit. Das eigene Gewissen und nicht mehr der Glaube war die Richtschnur des Handelns: Nur wer es mit seinem eigenen Anstand für unvereinbar hielt, der Sinnenlust bedenkenlos zu frönen, beachtete noch die Sittengesetze der christlichen Lehre, die, wie es schien, nur aufrechterhalten wurden, um aus denjenigen, die dagegen verstießen, Geld und noch mehr Geld durch den »Ablaß« herausholen zu können. Als Martin Luther seine Thesen gegen den Mißbrauch des Ablasses an die Tür der Schloßkirche zu Wittenberg anschlug, konnte er gewiß sein, Gehör und Anhang zu finden. Der gelehrte Mönch, den angesichts der nicht mehr aufzuhaltenden Sittenlosigkeit und des allgemeinen Verfalls des Glaubens die Frage gequält hatte: »Wie gewinne ich einen gnädigen Gott?«, formulierte die wesentlichen Sätze seines Bekenntnisses zu einem volkstümlichen Kampfruf: »Da unser Meister und Herr Jesus Christus spricht, tut Buße ..., will Er, daß das ganze Leben Seiner Gläubigen auf Erden eine stete und unaufhörliche Buße sein soll ... Derhalben irren die Ablaßprediger, die da sagen, daß durch des Papstes Ablaß der Mensch von aller Pein los und selig werde ... Ein jeder Christ, so wahr er Reue und Buße hat über seine Sünden, der hat völlige Vergebung von Pein und Schuld, die ihm auch ohne Ablaßbrief gehört.«

Nicht nur durch seine Thesen und seine theologischen Schriften, sondern auch durch seine Traktate, die sich an das Volk wandten, beeinflußte Luther die Sitten. In seiner Abhandlung vom ehelichen Leben betonte er die Herrschaft des Triebes und den Anspruch des Menschen auf sinnliche Lust, indem er verkündete, man dürfe keinen Menschen zur Keuschheit verpflichten, da es Natur sei, den Trieb zu stillen. Allerdings stellte Luther die Ehe obenan: Die Sorge vor unkeuschem Lebenswandel müsse die Menschen bestimmen, möglichst frühzeitig zu heiraten. Wer nicht heirate, verfalle dem Laster. Der des Geschlechtsverkehrs Unfähige, der Impotente, dürfe nicht heiraten. Wenn sich die Unfähigkeit erst nach geschlossener Ehe herausstelle, so sei der unfruchtbare Teil verpflichtet, auf sein Recht als Ehemann zu verzichten, er müsse erlauben, daß die Frau heimlich ihre Lust mit Fremden kühle. Und wenn eine Ehefrau sich weigere, die eheliche Pflicht zu erfüllen, sei es dem Mann erlaubt, die eheliche Treue zu brechen. Er möge es im guten mit seiner Frau versuchen. Sofern sie sich aber hartnäckig weigere, so möge er sich vor Augen führen, daß, wenn die eigene Frau nicht will, es eine andere tut: »Will Fraw nicht, so kunn die Magd.« Scharf sprach sich Luther gegen das Verbot der katholischen Kirche aus, während der christlichen Feiertage und der Schwangerschaft geschlechtlich zu verkehren. Und ihm schrieb man jenen berühmten Rat zur guten Erhaltung der Ehe zu: »Aller Woche zwier sind der Weiber Gebühr, schadet weder mir noch dir, macht im Jahre hundertvier.«

Luthers Lehre von der »Freiheit eines Christenmenschen« fand nicht nur bei der bäuerlichen Bevölkerung Anklang und Anhänger, die glaubten, nun habe die Stunde der Befreiung von der Herrschaft von weltlicher und kirchlicher Bedrückung geschlagen, sondern auch bei den Bürgern und Bürgerinnen der freien Städte, die die »anmaßenden Übergriffe« der Geistlichen satt hatten. Und viele deutsche Ritter und Fürsten fühlten sich von Luther, den sein Freund Philipp Melanchthon, der »Praeceptor Germaniae«, beriet, um so mehr angesprochen, als er die Auffassung vertrat, daß der Fürst als »Amtmann Gottes« für das Seelenheil seiner Untertanen mitverantwortlich sei. Auf dieser moralischen Verpflichtung begründe sich das sittliche Recht der Fürsten, das durch die Gehorsamspflicht der Untertanen gewährleistet werden müsse. Luther hatte denn auch die Fürsten gegen die Bauern, die mit der Losung »Christus hat alle Menschen mit seinem Blut erlöst und erkauft« sich in blutigen Aufständen erhoben hatten, aufgemuntert »wider die räuberischen und mörderischen Rotten der Bauern«. Er war für die bestehende weltliche Ordnung eingetreten. Die »Freiheit eines Christenmenschen« hatte für ihn nichts mit »äußerer Unfreiheit« zu tun, sondern könne, wie er erklärte, in jedem Stand bewahrt werden. Die willkürliche Vermengung von Glaubensfragen mit irdischen Zielen war von ihm als ein »Werk des Satans« abgelehnt worden.

Die Reformation breitete sich mit unwiderstehlicher Schnelligkeit aus. Sie führte zu einer oft gewaltsamen Spaltung der Lebensgewohnheiten und Bräuche nicht nur in den deutschen Ländern, deren Herrscher sich zum Protestantismus bekannten, sondern auch in der Schweiz und in den nordischen Staaten. Das »reine Gotteswort«, in den neuen Glaubensgemeinden durch die Predigt verkündet, beeindruckte die Gläubigen mehr als die aufwendige Pracht, durch die sich die katholische Kirche erhaben gemacht hatte. Daß die Lust des äußerlichen Lebensgenusses unter der neuen Moral geschmälert wurde, nahmen die nach dem »inneren Licht« Strebenden gottergeben auf sich, und dies um so mehr, als die grauenhaften Kriege, die nahezu alle Länder verheerten, die Lebensfreude drosselten und nur die Aussicht auf das Ewige Leben Glück verhieß. Diese Abkehr von den Freuden des irdischen Daseins führte bei denen, die mit der »reinen Lehre« ganz Ernst zu machen meinten, zu einer »puritanischen« Sittenzucht, die oft genug in frömmelnde Heuchelei und unerbittliche Verfolgung selbst der harmlosesten »Sünder« umschlug.

Die kriegerischen Handlungen, die während der Reformation ausgetragen wurden, waren zum größten Teil nur nach außen hin Glaubenskriege. Es ging auch Karl V. von Habsburg und Franz I. von Valois, die beide katholisch waren, zuallererst um die Behauptung und Erweiterung ihrer Einflußsphären, um die gewaltsame Lösung von Erbstreitigkeiten. Franz scheute nicht davor zurück, die ungläubigen Türken zu Hilfe zu rufen, und Karl zögerte nicht, Protestanten zum Bündnis anzuwerben, wenn es ihm für die Kriegführung nötig erschien. Der Glaube wurde für die fürstlichen Standarten mißbraucht, er war jeweilig ein zusätzliches Ornament zum Wappen der Herrscher, die einander bekämpften. Franz I. von Frankreich war in seinen Feldzügen gegen Karl V. trotz seines persönlichen Mutes so unglücklich, daß er sein heiteres Abenteurerleben für einige Zeit als Gefangener seines übermächtigen Feindes in Madrid unterbrechen mußte. Sein Königreich wurde in diesem traurigen Jahr von seiner geistreichen Mutter und seiner reizenden Schwester Margarete verwaltet, die den Beinamen »die Perle von Valois« erhielt, weil, wie die Fama wissen wollte, ihre Mutter sie durch das Verschlucken einer Perle empfangen hatte. Bereits gleich nach der Geburt sei Margarete von Liebe begnadet gewesen. Man erzählte sich: »Sie wurde lächelnd geboren und streckte schon als Säugling jedem die kleine Hand zum Gruß entgegen.« Sie war früh verliebt, und sie blieb verliebt bis an das Ende ihres Lebens, wenn auch in immer wieder andere Männer. Ihre erste Liebe galt einem Cousin, der aber in einer Schlacht fiel. Sie duldete die Leidenschaft des galanten Chevaliers de Bonnivet, der eine ihrer Hofdamen heiratete, um ihr immer nahe sein zu können, auch als sie zum erstenmal heiratete, den Herzog von Alençon, der sie ebensowenig liebte wie sie ihn. Als der Herzog und ihr Liebhaber starben, der Liebhaber als Held, der Ehemann im Krankenbett, heiratete Margarete den König von Navarra, Henri; ihm gebar sie eine Tochter, die die Mutter des großen Königs Heinrich IV. werden sollte. Man erzählte sich, Margarete habe dieses Kind durch einen verzeihlichen Irrtum ihres Gatten empfangen, der nur dieses eine einzige Mal zu ihr ins Bett gekommen sei, da er sie im nächtlichen Dunkel für eine andere Frau gehalten habe. Aber solche Gerüchte mochten darauf zurückzuführen sein, daß Henri zu Margarete eine lediglich kameradschaftliche Beziehung unterhielt, die vor allem darin bestand, daß sie sich gegenseitig ihre Liebeserlebnisse nicht nur nicht übelnahmen, sondern einander dazu verhalfen und sich, ohne einander zu lieben, gern alle Einzelheiten ihrer Abenteuer erzählten. Ihre gegenseitigen Beichten wurden die Grundlage des »Heptameron«, der entzückenden Liebesgeschichten, die Margarete von Navarra niederschrieb.

Margarete hatte ihre Fähigkeit zu schreiben schon in den Briefen bewiesen, die sie dem unnahbaren und unerbittlichen Karl V. nach Madrid geschrieben hatte, um die Freilassung ihres gefangenen Bruders Franz, des Königs von Frankreich, zu erwirken. Sie hatte schließlich auch persönlich vermittelt und es erreicht, daß Franz auf Ehrenwort Spanien verlassen konnte. Er betrat französischen Boden, rief glücklich: »Jetzt bin ich wieder ein König« – und begann noch am ersten Abend eine Liebesbeziehung mit einer achtzehnjährigen Ehrendame, die es als Ehre betrachtete, den König, der ein ganzes Jahr enthaltsam wie ein Mönch, allein in einer Zelle, gelebt hatte, im Bett zu entschädigen. Dies tat sie so zufriedenstellend, daß er sie mit einem Herzog verheiratete und ihr Liebhaber blieb, obwohl er selbst heiratete und auch in der Ehe zahlreiche Liebschaften unterhielt. Die Seitensprünge, durch die er seine Frau mit seiner Geliebten und seine Geliebte mit anderen Frauen betrog, ermangelten jedoch niemals des Charmes. Er gab die Syphilis, gegen die er vergeblich mit dem als einzigem Mittel anerkannten Quecksilber ankämpfte, vergnügt an die »petite bande« junger Frauen weiter, die seine Nächte verschönten. Seinem Erben aber erteilte er auf dem Totenbett den Rat, sich nie von einer Frau beherrschen zu lassen – »von einer nicht, aber von vielen!« So hatte es der alte Lüstling, »le vieux galant«, zeit seines Lebens gehalten. Die Epoche Franz' I., die für seine Nachfolger auf dem französischen Thron beispielgebend war, hatte, schon vor seiner Schwester Margarete, der Meister der genial derb humoristischen Satire François Rabelais in seinem Roman »Gargantua und Pantagruel« geschildert. In einem Vorwort erklärte er, daß es besser sei, über das Lachen zu schreiben als über Tränen, denn das Lachen gehöre zum Wesen des Mannes: das Lachen über das Laster, über Unsitten und die Aufgeblasenheit der Menschen. Im Reich der Narrheit, das Rabelais seinen Riesen Pantagruel durchwandern läßt, gibt es keine Scham und keine Scheu, in seinen Redewendungen weicht er weder anstößigen Worten noch anstößigen Darstellungen aus. Weder wurde der Penis in allen landläufigen Abwandlungen des Wortes, »wofür er stand«, und in seiner vielseitigen Tätigkeit verheimlicht noch das leibliche, weibliche Ziel seines Strebens in allen Wortfassungen, die sich der geschilderten Gelegenheit boten. Aber so obszön die Redewendungen auch waren, Rabelais scheint es keineswegs darum zu tun gewesen zu sein, lüsterne oder lustanregende Phrasen um der Lust willen zu gebrauchen. Es ging ihm nicht darum, Sinnlichkeit durch die Lektüre zu erwecken. Er wollte vielmehr nichts anderes, als die rohe Ungebundenheit des Geschlechtslebens seiner Zeit so gemein zeigen, wie sie war. Das weibliche Geschlecht verschonte er keineswegs mit seinem grimmigen Spott: Die Frauen sind eben geil und schamlos. Sie können nicht genug bekommen von dem »festen Knüppel«. Vor keiner Übertreibung scheut Rabelais zurück: Pantagruel begegnet auf seiner Wanderung Frauen, deren Klitoris, der »laborator naturae«, so mächtig entwickelt ist, daß sie sie mehrmals um den Leib schlingen und als Lanze gebrauchen können, wenn sie sich einer Waffe bedienen wollen. Rabelais' Geringschätzung der weiblichen Tugend geht so weit, daß er Pantagruel einen Mann kennenlernen läßt, der in einem über die Schulter geschlungenen Sack zwei kleine Mädchen von höchstens zwei bis drei Jahren mit sich trägt, das eine

Groteske – Holzschnitt aus dem Jahr 1550 von Rabelais (1483/94 (?)–1553)

vorn, das andere hinten. Pantagruel will wissen, ob diese beiden Mädchen noch Jungfrauen seien. Der Mann erwidert, daß er die Mädchen nun seit zwei Jahren mit sich herumtrage, und was die betreffe, die er vorne trage und immer unter den Augen habe, so glaube er, daß sie noch Jungfrau sei. Dafür glaube er einstehen zu können. »Was aber die dahinten angeht« – er wies mit dem Daumen zurück –, »von der weiß ich gar nichts.«

Gab es überhaupt noch Jungfrauen in Frankreich? Oder wurde die Unzucht schon von frühester Kindheit an geübt?

Margarete von Navarra befleißigte sich im Sittenbild des »Heptameron« einer nobleren Sprache als Rabelais, den sie sich nicht zum Vorbild genommen haben mag, obwohl er sich der Gunst ihres königlichen Bruders Franz erfreute. Sie hielt sich nicht nur an den Stil Boccaccios, sondern auch an die Form der Rahmenerzählung, die er zu höherer Wirksamkeit seiner kleinen Geschichten gewählt hatte. Auch in der Darstellung der schlüpfrigsten Szenen blieb sie, vielleicht ohne es zu wollen, Prinzessin, obwohl sie mit dem obszönsten Dichter ihrer Zeit, Clement Marot, eine Liebschaft unterhielt. Und wenn ihr doch ein ordinäres Wort in die Feder kommt, so schreibt sie es »mit Unbehagen«, obwohl die Situation, die sie beschrieb, ihr behagt haben mag. Margarete war für die Elegance in der Liebe. Es war reizvoll, wenn eine Dame einem Verehrer ihr Strumpfband als Zeichen ihrer Gunst schenkte. Es war nichts dagegen zu sagen, daß sie den fleischlichen Begierden der Männer nachgab, denn hatte sie nicht selbst die gleichen Begierden? Aber Margarete wünschte den Respekt der Männer für die Liebe und für die Frau: Die Manieren der Männer wollte sie veredeln, ihre Annäherung an die Frauen verfeinern, damit die Beziehung der Geschlechter zueinander nicht nur von der nackten Geschlechtlichkeit abhänge. Sie erhob die Gefühle des Herzens und die Empfindungen der Sinne zur Religion wie den Glauben an Gott und erklärte: »Um Gott lieben zu können, muß man erst einen Menschen wahrhaft lieben.«

Die Königin von Navarra neigte dem Protestantismus zu. Sie protegierte auch Calvin, der eine neue Theologie der Prädestination verkündete – die Lehre von der absoluten Allmacht und Gerechtigkeit Gottes, der von Uranfang an jeden einzelnen zur Gnade oder zur Verdammnis vorherbestimmt habe. »Mit Furcht und Zittern« müsse der Mensch sich um sein ewiges Heil bekümmern, indem er durch die vollkommene Erfüllung seiner irdischen Pflichten und in ständiger Bußbereitschaft dazu beitrage, die Welt zur höheren Ehre Gottes umzugestalten. Margarete, die Sünderin aus Liebe zu Gott und den Menschen, war trotz ihrer Fürsprache für Calvin keine Anhängerin des Calvinismus, dessen Pfarrer, die Presbyter, das Leben der Mitglieder ihrer weitverbreiteten Gemeinden äußerst streng kontrollierten. Margarete wurde in Frankreich sowohl als »Mutter der Renaissance« wie auch als »Mutter der Reformation« bezeichnet. In Wirklichkeit aber war sie eine Vorläuferin des Rokoko, des Zeitalters der mit der Liebe tändelnden, unaufhörlich verliebten europäischen Männer und Frauen – vor dem Ausbruch der Großen Revolution.

Eine der fünf Damen, die am Hofe der Königin von Navarra an den im »Heptameron« zusammengefaßten losen und zweideutigen Gesprächen teilnahmen, hieß Madame de Bourdeille. So behauptete zumindest ihr Sohn, Pierre de Bourdeille, der sich als Schriftsteller nach der Abtei Brantôme nannte, mit der König Heinrich II. von Frankreich ihn belehnt hatte. Der weitgereiste, welterfahrene adlige Lebemann wurde weltberühmt durch sein Werk »Das Leben der galanten Damen«. Was er erlebte und erlauschte, was er mit eigenen offenen Augen sah und was ihm unter dem Siegel der Diskretion mitgeteilt wurde, notierte er als »Chronist des Skandals« mit spitzer Feder – so unbefangen und selbstverständlich, als berichte er über den Ablauf höchst natürlicher Ereignisse. Er unterteilte sein Manuskript in sieben Kapitel, deren Titel einer Inhaltsangabe gleichkamen – vorausgesetzt, daß die Leser mit den örtlichen Gegebenheiten und höfischen Gepflogenheiten vertraut waren. Brantôme plauderte über die gebräuchlichen Intimitäten und Frivolitäten seiner Standesgenossen und Standesgenossinnen in ebenso freier und ungezwungener Art, wie sie selbst es für gewöhnlich taten. Auch Brantôme lebte dem Rokoko voraus. Er war ein leichtherziger und sinnlicher Vorkämpfer für die Freiheit des weiblichen Geschlechts – im Bett. Die Keuschheit junger Mädchen und die Treue von Ehefrauen waren für ihn überalterte Begriffe, Vorurteile, die nicht standesgemäß waren und mit denen der Adel um der Erhaltung seiner so erfreulichen Lebensform willen aufräumen müsse. Die Gebräuche der überkommenen Sittlichkeit waren, wie Brantôme nicht ohne Genugtuung erzählt, ohnehin außer Gebrauch. Diese Tatsache beweist er durch Beispiele, die er in einander überstürzenden Anekdoten anführt, um der vergnügten Verführung das Wort zu reden. Er legt seinen Damen, seinen geliebten »galanten Damen«, Aussprüche in den Mund, die sie getan haben müssen, da er sie in ihrer Reichhaltigkeit auch mit der ausschweifendsten Phantasie nicht hat erfunden haben können.

Man sprach bei Hof ungeniert über alles. Katharina de Medici, deren Vater und Mutter an der Syphilis gestorben waren, bevor sie, »die Florentinerin«, als vierzehnjähriges Mädchen mit dem gleichaltrigen späteren König Heinrich II. verheiratet wurde, sagte freimütig über ihre Scheide aus: »Ich trage dort drei schöne Farben zu gleicher Zeit: Schwarz, Weiß und Rot. Denn jener Mund dort ist rot wie Korallen, das krause Haar ringsherum schwarz wie Ebenholz und die Haut weiß wie Alabaster.« Wie Katharina nicht zurückhaltend war in der Schilderung ihrer Reize, so war Brantôme es nicht in seiner Darstellung mangelnder fraulicher Zurückhaltung. Dabei hatte Brantôme durchaus nicht die Absicht, boshaft zu sein. Er war Beobachter und Berichterstatter der überschäumenden Sinnlichkeit am Hof der französischen Könige, die sich nicht nur wahllos mit jeder Frau, die sie reizte, geschlechtlich vereinigten, sondern auch alles hören und sehen wollten, was geeignet erschien, ihren Trieb anzuregen. Brantôme war offenbar, wenn nicht immer, so doch häufig dabei. Alles, was die Sinne anregen, die Männer und Frauen aufregen konnte, war willkommen. Wenn die Wirklichkeit im Bett nicht genügte, mußte die Nachahmung bei Tisch herhalten. Aus Florenz und

Rom wurden die berüchtigten »Liebesgefäße und -becher« nach Frankreich importiert. Auf Platten und Tellern als »Spiegeln der Liebe« waren orgiastische Szenen eingraviert. Über einen der Becher, der die Form eines gewaltigen männlichen Gliedes hatte und die Tafel des Königs zierte, berichtete Brantôme: »Dieser Becher hatte wunderbare Wirkungen zur Folge. Die Damen setzten ihn an die Lippen, sie umschlossen ihn zärtlich. Denn sie erkannten, der Mund ist nicht nur zum Sprechen und zum Küssen gut: Wenn eine schöne Frau verliebt trinkt, tut sie dar, daß sie liebt.«

Brantôme war nur einer von vielen Beobachtern der höfischen Zuchtlosigkeit in Frankreich, die freilich an den geistlichen und weltlichen Höfen ebenso wie in den so reich gewordenen Städten Italiens mit südlicher Unbefangenheit nur als durchaus natürlich bewertet wurde. Er scheint mehr belustigter Kritiker als lustvoller Teilnehmer an den Ausschweifungen gewesen zu sein, die ihn zur Niederschrift des »Lebens der galanten Damen« bewogen. Die Verfasser der italienischen Gegenstücke seines lebensvollen Bildes hingegen waren, wie sie selbst unverhohlen gestanden, Praktiker der Liebe, emsige Mit- und Schauspieler auf der Bühne des Geschlechtlichen. Vor allem Pietro Aretino, den man als »Geißel der Fürsten« bezeichnet hat und als »Fürst aller Laster«. Aretino gab vor, unehelicher Sohn eines Edelmanns zu sein, der ein unschuldiges Malermodell namens Tita zwischen zwei Pinselstrichen verführt habe. Aus dieser pittoresken Situation seiner Empfängnis leitete er seine Vorliebe für farbenfreudige Malerei ab. In Wirklichkeit war sein Vater ein armer Schuster in der kleinen Stadt Arezzo, der für seinen heranwachsenden Sohn nicht mehr tun konnte, als ihm die Schuhe für den Beginn seiner Wanderschaft durchs Leben zu besohlen. Als Lakai hielt er sich in Rom, als Straßensänger in Vicenza und als Hurenwirt in Bologna über Wasser; er wurde als Galeerenknecht eingefangen, ruderte sich frei und fand in einem Kloster Aufnahme, wo er allerdings wegen seines unzüchtigen Verhaltens nicht lange bleiben konnte. Aretino floh nach Rom und wurde Küchenjunge im Palast des unendlich reichen Geldmaklers Chigi. Aber er war, wie er selbst schrieb, nicht damit zufrieden, »Latrinen auszubürsten, Nachttöpfe zu säubern und von Köchen und Hausburschen zu unzüchtigen Handlungen mißbraucht zu werden ...« Bei einem Küchenjungen dauerte es nicht lange, »bis er von den ›Franzosen‹ über und über gesprenkelt« war. Die »Franzosen« – so nannte man in Rom die Syphilis, aber auch die als harmloser befundenen venerischen Krankheiten Schanker und Tripper. Aretino jedoch wünschte, daß der Teil seines Körpers, von dem er sich das meiste versprach, nicht Schaden nehme. So kam er, dem als Dichter später der Beiname »der Göttliche« verliehen wurde, auf den Einfall, sich mit der Feder an seinem so reichen Brotgeber für die armselige Dienststellung zu rächen: Er schrieb boshafte Satiren, die er den Gästen des Palazzo Chigi zu lesen gab. Die witzig formulierten frechen Bosheiten kamen so gut an und wurden in der Hierarchie der Kirche Stufe um Stufe so lange weitergegeben, bis man sie im Vatikan dem Papst zur Ergötzung Seiner Heiligkeit vorlas – mit dem Erfolg, daß Aretino aus der Küche in die Hofhaltung des Heiligen Stuhls übersiedelte. Allerdings genoß er nur so lange Narrenfreiheit, wie

Leo X. lebte. Da seine Unverschämtheit auch die Kardinäle nicht verschonte, die zusammengetreten waren, um den Nachfolger des verstorbenen Papstes zu wählen, wandte sich das gesamte Konklave gegen den unliebsamen Spaßmacher, der es daraufhin vorzog, St. Peter so lange den Rücken zu kehren, bis ein ihm gewogener Stellvertreter Christi das Pontifikat zugesprochen erhalten würde. Als nun wieder ein großzügiger Medici als Papst Clemens VII. die Tiara trug, schrieb Aretino für die zwanzig »Positiones amoris«, die »Stellungen der Liebe«, die Giulio Romano gemalt und Marcantonio Raimondi in Kupfer gestochen hatte, »für jede Spielart der Liebe ein höchst unsittliches Sonett ...«, wie Giorgio Vasari erzählt, »so daß ich nicht weiß, ob das Auge mehr durch Giulios Darstellungen oder das Ohr mehr durch Aretinos Worte beleidigt wurde«. Der Papst jedenfalls fühlte sich weder durch die lehrhaften Darstellungen der Geschlechtsvereinigung noch durch die lüsternen Kommentare Aretinos beleidigt. Er fühlte sich geschmeichelt, als Aretino ihm ein Preisgedicht widmete, und belohnte ihn mit dem Titel und den Einkünften eines Ritters von Rhodos.

Mit seinen Sonetten und Satiren machte sich Aretino einen großen Namen, und so fand er Drucker und Verleger, die seine Schriften in allen Sprachen der gebildeten Welt herausgaben. Er suchte und fand auch die Gelegenheit, sich an Karl V. und Franz I. heranzumachen. Aber er nahm weder Karls V. Einladung, an den kaiserlichen Hof zu kommen, an noch Franz' I. Aufforderung, in Paris der »Dichter des Königs« zu werden. Er fühlte sich in Venedig in seinem Palast am Canal Grande, der »schönsten Straße der Welt«, so wohl, daß er beschloß, nicht an fremden Höfen Schutz zu suchen, sondern in der Lagunenstadt zu bleiben. Venedig war das »goldene Asyl« Aretinos, die Zuflucht seiner Sinne und die vom Wasser umspülte Festung, aus der er seine Angriffe auf die Großen der Welt ungehindert und seine Ausflüge in die Welt mit sicherem Geleit unternehmen konnte. Seine Angriffe waren seine Werke – und seine Briefe. Sie schickte er an alle bedeutenden Fürsten, Geistlichen, Feldherren und vornehmen Damen, über die er etwas Nachteiliges wußte oder in Erfahrung gebracht hatte. Die Antworten, die er im Lauf der Jahrzehnte empfing (er hat nur einen Teil veröffentlicht, der allerdings achthundertfünfundsiebzig eng bedruckte Seiten umfaßte), waren die Fäden des riesigen Netzes, mit dem er den Ruf und die Verrufenheit seiner Zeitgenossen einfing. Bald brauchte er auch nicht mehr selbst Skandale aufzuspüren – sie wurden ihm von den Feinden und Feindinnen der Herren und Damen, die etwas auf dem Kerbholz hatten, zugespielt, damit er sie zugunsten der Angeber und Angeberinnen für seine Zwecke verwende. Seine Zwecke aber waren eindeutig: Er wollte Geld und Macht – Geld für seinen luxuriösen Lebenswandel und Macht, um sich für die Demütigungen seiner Jugend zu rächen und mehr und immer mehr Geld einzuheimsen. Außerdem machte es ihm Spaß, die Sittenlosigkeit seines Zeitalters aufzuzeigen und sich am Entsetzen, das seine unverblümte Schamlosigkeit hervorrief, zu ergötzen. Er war der Liebling der venezianischen Kurtisanen und der Freund Tizians, der sein Porträt malte, das in Medaillen geschlagen, in Bronze gegossen und in Majolika-Teller gebrannt wurde.

Seine »Ragionamenti«, seine »Kurtisanengespräche«, widmete Aretino seinem Lieblingsäffchen Joko: »... Wenn du nicht so geschmacklos wärest wie die Fürsten mit ihren Großen-Herren-Gesichtern, würde ich wohl einiges zur Entschuldigung des freien Stils sagen, worin dieses Werk gehalten ist, das ich unter den Schutz deines Namens stelle, Joko. Gewiß wird dieser Name ihm geradeso nützlich sein wie die Namen der großen Herren jenen Machwerken, die man schändlicherweise ihnen widmet unter Berufung auf Vergils ›Priapeia‹ oder auf die unzüchtigen Stellen in den Werken Ovids, Juvenals und Martials ...« Die von ihm genannten Schilderer der Sittenlosigkeit und Animatoren der Geschlechtslust übertraf Aretino durchaus: Er verkündete das Lob der Huren. In seiner Darstellung waren die Kurtisanen die verdienstvollsten Frauen: »Die Nonne verrät ihr heiliges Gelübde, und die Ehefrau gibt dem Sakrament der Ehe den Todesstoß; aber die Hure tut weder dem Kloster noch dem Ehemann etwas zuleide. Sie machts wie ein Soldat, der dafür bezahlt wird, daß er Unheil anrichtet. Und wegen des Übels, das sie tut, kann man ihr keinen Vorwurf machen, denn in ihrem Laden wird eben verkauft, was da ist.« Seiner Liebe für die Kurtisanen gibt Aretino auch in seiner Komödie »La cortigiana« Ausdruck. Er schildert die Unsitten, die er in den Bordellen und Palästen Roms angetroffen hatte, und verspottet die Höflinge, die schmeicheln und katzbuckeln müßten, um sich »bestenfalls im Arschloch ihrer Herren ein Quartier zu sichern«. Er schrieb Komödien, um Heuchler und Gauner bloßzustellen. Er plauderte auch aus seiner Schule, allerdings definierte er das Wort »verleumden« als: »die Wahrheit sagen«. Er schrieb »die Wahrheit«, aber auch »poetische Lügen«, wenn er sich um die Gunst einer Frommen bewarb, wie der von Michelangelo so demütig verehrten Vittoria Colonna, der er erklärte, warum er seine »Kurtisanengespräche« geschrieben habe: »Die Ursache ist die Sinnlichkeit der anderen und meine eigene Armut.« Aber er strafte sich selbst Lügen mit dem Ausspruch: »Heuchelei und äußere Frömmigkeit sind die Vergoldungen unserer Schlechtigkeit.« Die Huren jedenfalls waren für Aretino das »Heilmittel gegen die Liebe«, der er trotz allem Zynismus rettungslos ausgeliefert war – der Liebe, wie er sie einschätzte und ausübte und in seinen Sonetten zu seiner eigenen Freude und zur Aufmunterung aller Männer und Frauen pries. Seine »Sonetti lussuriosi«, die »Wollüstigen Sonette«, die er zur Erklärung der »Liebesstellungen« Giulio Romanos schrieb, erschienen in allen Sprachen. Die Übersetzer freilich hatten es schwer, sich mit dem Wortwert der Aufforderung »fottiamci« auseinanderzusetzen, aber auch mit den Bezeichnungen der männlichen und weiblichen Organe, deren natürliche Tätigkeit er höchst eindeutig schildert. »Fottiamci« bedeutet in der deutschen Sprache »ficken wir«, »vögeln wir«. Es beinhaltet bei Aretino eine Aufforderung, die, an eine Frau adressiert, sich an alle Frauen und Männer der Erde richtet: »Komm, laß uns vögeln, Liebste, und zwar gleich, denn zum Vögeln wurden wir geschaffen, und wenn du den Schwanz so liebst wie ich die Scheide, wirst du verstehen, wie sich die Welt befände ohne Schwanz. Und wenn man nach dem Tod auch vögeln könnte, dann würd' ich sagen: Vögeln wir uns zu Tod. Wir werden dann mit Eva und Adam weitervögeln, die den Tod so ehrlos fanden.« Solche Obszönität war durchaus nicht ordinär gemeint. Aretino bediente sich der Sprache seiner Zeit, in der muntere Reden zur erwünschten Begleiterscheinung des Geschlechtsgenusses gehörten. Am Ende seines Lebens hatte der »Göttliche« mit allerlei Schwierigkeiten zu kämpfen. Sie bewahrheiteten sein Lieblingssprichwort: »Tu nichts Gutes, kommt nichts Böses.« Er wollte im Alter respektabel werden, aber da wurde er, »der Schrecken der Fürsten«, von einem ganz gewöhnlichen Edelmann vor den venezianischen Gerichten der Gotteslästerung und Sodomie angeklagt. Vor dem peinlichen Prozeß hatte er Angst, obwohl er in diesem Fall nicht mehr getan hatte, als die Gattin des Anklägers zu verführen. Außerdem glaubte ihm ein venezianisches Mädchen, das er besinnungslos liebte, nicht, daß er so unschuldig sei. Es war Aretino nie an der Meinung eines Menschen gelegen gewesen. Jetzt aber, da die Geliebte ihn verstieß, um sich einem jüngeren Liebhaber zu geben, war er überzeugt, daß das Glück von ihm gewichen sei. Aretino kam nicht vor Gericht, aber er verlor den Lebensmut. Seine Einkünfte ließen nach. Sein Einfluß ließ nach. Papst Julius III., von dem er die Ernennung zum Kardinal erbat, speiste ihn mit dem »Orden des heiligen Petrus« ab. Welche Enttäuschung: Er hatte es nicht zum Purpur gebracht! Aretino erlag einem Schlagfluß. Auf dem Grabstein des »Apostels der Unzucht«, der die Letzte Ölung und ein christliches Begräbnis erhalten hatte, stand: »Hier ruht der Dichter Aretin, der Übles sprach von jedem außer von Gott, denn diesen – so entschuldigte er sich – diesen kenne ich nicht.«

Der große Kanal, der England vom europäischen Kontinent trennt, hätte den »göttlichen« Erpresser vom Canal Grande nicht gehindert, auch die »Eingeweide« Heinrichs VIII., des in Bann und Verruf geratenen Königs von England, »auszuschlachten«. Aber nicht nur die örtliche Entfernung, sondern auch die Berichte über das wunderliche Wesen der Engländer ließen dem gewiegten Menschenkenner jede Bemühung als unergiebig erscheinen. Die Inselbewohner waren anders geartet als die Männer und Frauen Europas, über die er sich durch persönliche Begegnungen und überprüfbare Anekdoten ein Bild machen konnte. Im Archiv der »Signoria«, der venezianischen Ratsversammlung, die mit kaufmännischer Genauigkeit Nachrichten und Meldungen aus aller Welt sammelte, gab es auch Angaben über den Charakter jenes kriegerischen Handelsvolkes, dessen Frachtschiffe immer wieder zwischen den Lagunen Anker warfen: Die englischen Kauf- und Seeleute waren »landscheu«. Sie schreckten vor der Heiterkeit der lebensfreudigen Venezianer und Venezianerinnen zurück. Sie blieben an Bord. Die Zurückhaltung der Engländer war Selbstschutz, Folge ihrer eigenen Unsicherheit, die durch die Unausgeglichenheit ihres Wesens herbeigeführt war, durch den inneren Kampf, den die aus verschiedenen Völkern zusammengesetzte Bevölkerung so lange mit sich selbst hatte ausfechten müssen. Die Inselbewohner hatten sich im Verlauf ihrer Geschichte wiederholt fremden Lebensgewohnheiten und Bräuchen und neuen Glaubensbekenntnissen, wenn auch widerstrebend, fügen müssen, so daß vielerlei Spaltungen ihres Verhaltens unvermeidbar gewesen waren. Jede Besetzung und Beherrschung der Insel hatte unterschiedliche Sittlichkeitsbegriffe mit sich gebracht. Die Mischung von urwüchsiger Derbheit der ursprünglichen Bevölkerung, die durch den römischen Einfluß kaum gemildert worden war, und des sächsischen und dänischen Brauchtums mit den gezierten, aber doch gewalttätigen Manieren der normannischen Eroberer, kam in der Unebenheit der Charaktere zum Ausdruck. Immerhin: Die englischen Barone hatten als erste Adelige der westlichen Welt durch die »Magna Charta« ihren Königen Freiheitsrechte abgetrotzt. Erbetene oder erzwungene Bürgerrechte schützten die Einwohner der Städte vor Übergriffen der Machthaber. Und die katholische Kirche hatte als einzige geistliche und geistige Gewalt immerhin eine Glaubensgemeinschaft geschaffen. Aber die als besonders fromm gekennzeichneten englischen Ritter, die in Frankreich für ihre Könige gekämpft hatten, waren das Fluchen so gewohnt gewesen, daß Jeanne d'Arc, die Jungfrau von Orléans, von ihnen als von den »goddams«, den »Gottverdammern«, gesprochen hatte: Die Ritterlichkeit, die in den Sagen um die Tafelrunde des Königs Artus so idealisierten Ausdruck gefunden hatte, war doch nicht mehr als eine oberflächliche Kundgebung von Manieren, die die englischen Ritter während der Kreuzzüge angenommen hatten.

Während die Wissenschaft an den englischen Universitäten, besonders in Oxford, bedeutende Fortschritte hatte machen können, war die Lebenshaltung selbst bei den Adeligen rückständig geblieben. Was die Sitten anlangt, war vieles nicht anders als auf dem Kontinent: Einerseits galt die voreheliche Keuschheit im ganzen Land als unumstößliches Gebot, das den Zweck hatte, die Jungfräulichkeit vor den schier unbezähmbaren Begierden der Männer zu schützen, andererseits herrschte, wie ein Chronist berichtet, »allenthalben die häßliche Sünde der Wollust und Unzucht, begleitet von verabscheuungswürdigen Ehebrüchen, besonders beim König«. Geld aber war der Maßstab der englischen Moral. Wie es zu ergattern war, konnte den Hohen wie den Niedrigen gleich sein. Die englischen Kaufleute galten im Ausland als so unehrlich, daß ihre Gepflogenheit, falsche Gewichte zu benutzen, »hafenbekannt« war. Mit Warenmustern verstanden sie Käufer anzulocken, aber die Lieferung entsprach nur selten dem Muster. Trotz der allgemeinen Geldgier, als deren Zweck man eine Verbesserung der Lebensformen hätte vermuten können, beschränkte eine an Geiz grenzende Sparsamkeit die Ausgaben des Großteils der Bevölkerung. Man sparte an allem, auch an der Beleuchtung. Das führte zu einer vom europäischen Kontinent verschiedenen Tageseinteilung: Schon am frühen Vormittag nahmen die Engländer das Mittagsmahl ein, das »dinner«, und am frühen Nachmittag die Abendmahlzeit, das »supper«. Dabei war es üblich, daß die Männer ihre Hüte aufbehielten, um zu verhindern, daß die langen Haare in die Suppe fielen. Man aß mit den Fingern; ein Messer machte die Runde, und es galt als »anständig«, wenn ein Gast sein eigenes Messer mitbrachte. Die Anstandsregeln schrieben vor, daß man sich nicht mit der Hand schneuzte, die das Messer hielt, und sich mit dem Tischtuch nicht während des Essens die Zähne säuberte. Taschentücher, wie sie in Italien und Frankreich zum Naseputzen gebräuchlich geworden waren, galten in England als Luxus. Auch das, was man im Speiseraum (der »parlour« genannt wurde, da er in vornehmen Häusern auch Ort der Gespräche war) an Kost bot, war einfach genug, vor allem Fleisch, gebraten und gekocht, zumeist ohne Zutaten. Bier war das beliebteste Getränk. Man schätzte, daß jeder, der es sich leisten konnte, viereinhalb Liter täglich zu sich nahm. Zur dörflichen, städtischen und höfischen Geselligkeit wurde nur zugelassen, wer dazugehörte und sich in körperlicher Geschicklichkeit hervortat. Das Interesse für sportliche Spiele aller Art, für Fuß- und Handball, Kegeln und Scheibenschießen, ersetzte die Gemeinsamkeiten, die in jeder anderen Hinsicht fehlten. Hetzjagden auf Füchse und Hirsche waren so populär wie Box- und Ringkämpfe, die beliebtesten Attraktionen der Vorfastenzeit, in der die während des ganzen Jahres gehemmte Freude an geselligen Tänzen hemmungslos ausbrach.

Die Lust zur ehelichen oder außerehelichen Liebe, wie eben die Gelegenheit es bot, leitete das Handeln der englischen Frauen und verleitete besonders die vornehmen Damen zu unziemlichem Tun, über das die Hofnarren und Spaßmacher am Hof der Könige und in den Hallen der hohen Lords Zoten rissen, die sich kaum von den Schlüpfrigkeiten unterschieden, wie man sie auf dem Festland kannte. Die Könige ernannten vor dem Karneval einen »Lord of Misrule«, einen »Betreuer des anstößigen Benehmens«, das während der fröhlichen Zeitspanne nicht nur erlaubt, sondern erwünscht war. Der Alltag war tumultuös. Die Machtkämpfe der Herrscher in England und Schottland gegen Usurpatoren, Rebellen und deren ungestüme Anhänger führten immer wieder zu blutigen Unruhen, die, kaum beendet, durch neuerliche Streitigkeiten angefacht wurden. Macht allein genügte nicht, die aufbegehrenden Ehrgeizigen und Widerspenstigen in Schach zu halten – es mußte Übermacht sein.

Diese außerordentliche Gewalt bewies der als brutaler Wüstling verschriene König Heinrich VIII. aus dem Hause Tudor, der als Achtzehnjähriger den Thron bestieg. Sein Aussehen war ungewöhnlich ansprechend: Er hatte einen golden glänzenden Bart, und der Berichterstatter der venezianischen Signoria schrieb: »Man kann sich nichts Schöneres vorstellen, als den Schimmer seiner hellen Haut unter dem durchsichtigen Hemd.« Schon als Prinz hatte sich Heinrich in allen sportlichen Spielen so ausgezeichnet, daß es hieß, es komme ihm keiner im ganzen Königreich gleich. Er war sich der Wirkung seiner Erscheinung aber auch durchaus bewußt und unterließ nichts, sie durch die Pracht seiner farbenfreudigen Kleidung zu vervollkommnen. Und er war eitler als alle Frauen seines Hofes. Sich allein behielt er das Recht vor, Goldbrokat, seidenen und samtenen Purpur und Hermelin zum Verbrämen seines Wamses zu verwenden. Heinrich war so musikalisch, daß der Abgesandte des Heiligen Stuhles lobend berichtete: »Er spielt alle Arten von Instrumenten mit großer Virtuosität.« Und nicht nur musisch war er, sondern auch so gebildet, daß Thomas More, sein späterer Großkanzler und der weltberühmte Verfasser der »Utopia«, begeistert fragte: »Was läßt sich nicht alles von einem König erwarten, den die Neun Musen und die Philosophie genährt haben?« Thomas More hätte keinesfalls erwartet, daß Heinrich VIII. ihn dereinst wegen der Standhaftigkeit seiner Gesinnung werde hinrichten lassen. Völlig unvorstellbar wäre dies auch für Erasmus von Rotterdam gewesen, dem der König von England als Held in jeder Hinsicht so gepriesen wurde, daß er ihn von Angesicht zu Angesicht kennenlernen und sein Tun und Lassen kritisch beobachten wollte. Der große Humanist kam tatsächlich zu der Auffassung, daß dem glückverheißenden Herrscher die Gesellschaft von Männern wie Thomas More angenehmer war als die von dummen Jungen, Mädchen und Reichen. Weder Erasmus noch Thomas More konnten voraussehen, daß Heinrich VIII. sich durch eine früh erworbene Syphilis völlig wandeln und sich, statt den Wissenschaften und der Musik, einer unbändigen Freßlust und Sinnenlust ergeben sollte. Wo, wann und von wem der König von England mit der Lustseuche angesteckt wurde, ob von einer gelegentlichen Geliebten oder einer seiner vielen Frauen, konnte nie festgestellt werden. Es war zwar bekannt und Gegenstand höfischen Tratsches, daß er während seiner ihm aufgezwungenen Ehe mit Katharina von Aragon, der Tochter der »allerkatholischsten Könige« Ferdinand und Isabella, also der Tante Karls V., das Ehebett nur selten geteilt hatte. Seine Abscheu gegen Katharina, die als Sechzehnjährige mit seinem älteren, damals fünfzehnjährigen Bruder Arthur verheiratet gewesen war, blieb unüberwindlich. Nach Katharinas Brautnacht mit Arthur hatte der spanische Gesandte seinem Herrscher zwar die »Beweise« geschickt, das blutbefleckte Leintuch, aber Katharina war nach Arthurs Tod nicht davon abzubringen, daß ihre erste Ehe nicht vollzogen worden war, da sie das Beste in ihrer Ehe mit dem um sechs Jahre jüngeren Heinrich tun wollte. Katharina hatte eine Mitgift von zweihunderttausend Golddukaten erhalten. Die sollten im Lande bleiben, so wünschte es Heinrich VII., der Vater des achten Heinrich. Der Heilige Vater, Julius II., gab seinen päpstlichen Segen, obwohl es in der Heiligen Schrift hieß: »Wenn jemand eines Bruders Weib nimmt, das ist eine schändliche Tat, sie sollen ohne Kinder sein.« Aber noch als Prinz begehrte Heinrich die Annullierung der Ehe. Er war kaum fünfzehn Jahre alt und keineswegs gewillt, »zur Alten« ins Bett zu steigen. Schließlich gab er doch nach, unterzog sich der unleidlichen Pflicht und war entsetzt, als ihm Katharina nach siebenmonatiger Schwangerschaft ein totes Kind gebar.

Die Notwendigkeit, einen Stammhalter zu zeugen, veranlaßte Heinrich VIII., noch dreimal sein Glück bei Katharina zu versuchen. Sie brachte nacheinander drei Söhne zur Welt, die, einer nach dem andern, gleich nach der Geburt das Zeitliche segneten. Deshalb war Heinrich entschlossen, die Ehe für ungültig erklären zu lassen. Aber Katharinas Bitten und die Staatsraison überwanden seinen Widerwillen: Sie brachte eine Tochter zur Welt, Maria, die sogleich mit dem französischen Thronerben verlobt wurde. Das war eine überstürzte Unvorsichtigkeit, denn es stand zu befürchten, daß, falls Heinrich ohne männlichen Erben stürbe, der künftige französische König durch seine Frau auch Herr Englands sein werde. Englische Patrioten, mächtige Herzöge, beschlossen insgeheim, Maria aus dem Weg zu räumen. Der Herzog von Buckingham, der diesen Plan nicht bei sich behalten konnte, wurde enthauptet. Heinrich war verzweifelt. Er wollte mit der ausgemergelten, durch Geburten und Fehlgeburten verbrauchten Katharina, die ihm noch einmal einen toten Knaben beschert hatte, das »stinkende Lager« nicht mehr teilen. Zudem hatte er eine reizende Geliebte gefunden, Elisabeth Blount, die ihm neun Monate nach der ersten Nacht einen gesunden, kräftigen Sohn schenkte, den Heinrich VIII. unverzüglich zum Herzog von Richmond und Somerset machte. Es lag also gewiß die Schuld nicht an ihm, wenn seine Söhne mit Katharina nicht lebensfähig gewesen waren. So erachtete er es als sein Recht und seine Pflicht, seine Zeugungsfähigkeit erneut zu erproben. Er fand williges Gehör bei Maria Boleyn, deren Mutter, die Tochter des Herzogs von Norfolk, ihm schon ihre Gunst gewährt hatte. Aber weder mit der Mutter Boleyn noch mit Maria Boleyn war es Liebe, kaum Spielerei der Lust, die ihm überdies von sittenstrengen Höflingen übelgenommen wurde, da er seine unerlaubten Beziehungen zu den Damen Boleyn nicht verheimlichte. Es ging bei Hof nun einmal so zu – und deshalb verargte es auch niemand Anna Boleyn, der reizenden kleinen Schwester Marias, die am Hof der Margarete von Navarra »Artigkeit« gelernt hatte und Hofdame der Königin Katharina geworden war, daß sie heftige Liebschaften mit zahlreichen Kavalieren Heinrichs VIII. unterhielt. Später hieß es, sie sei mit dem Grafen von Northumberland heimlich verheiratet gewesen. Aber weder Gerüchte noch der Augenschein vermochten Heinrich VIII. abzuhalten, sich so leidenschaftlich in Anna zu verlieben, daß er entschlossen war, sie zu heiraten. Kein Preis erschien ihm zu hoch. Er wollte die Scheidung von Katharina und Anna zur Frau.

Wer ihn daran hinderte oder hindern wollte, den betrachtete Heinrich als seinen Feind – auch den Papst, der seine Zustimmung zur Ungültigkeitserklärung der Ehe um so umständlicher hinausschob, als Katharina doch die Tante des mächtigsten Monarchen der Erde, Karls V., war. Ein großer Teil der Bevölkerung war einig mit dem König, der die Autorität über die englische Kirche ablehnte, weil der Papst seinen Wunsch nicht erfüllte. Heinrich selbst sogar war vermutlich verantwortlich für ein Pamphlet, das ihm als »Bittschrift der Bettler« vorgelegt wurde und die Aufforderung enthielt, das Vermögen der katholischen Kirche zu beschlagnahmen.

Heinrich VIII. ließ sich nicht dadurch einschüchtern, daß der Papst ihn des Ehebruchs zieh. Er nahm Katharina die Kronjuwelen ab, schenkte sie seiner Anna, der er schrieb: »Ich wünsche mich in die Arme meiner Geliebten, deren hübsche Brüste ich bald zu küssen hoffe«, und erwirkte unter Androhung einer Beschlagnahme des Kirchenvermögens die Einberufung einer Bischofssynode, die ihm nahelegte, »durch das gegenwärtige Parlament proklamieren zu lassen, daß Eure Majestät und das Volk dem Heiligen Stuhl den Gehorsam aufkünden«. Der Papst mochte wettern, der Kaiser zetern – Katharina von Aragon wurde auf Schloß Kimbalton verbannt, ihre Tochter Maria in Gewahrsam gehalten. Der König aber heiratete Anna Boleyn, die von ihm schwanger war. Sie gebar eine Tochter, Elisabeth. Ihr zuliebe veranlaßte der König das Parlament, ein Thronfolgegesetz zu verabschieden, das seine Ehe mit Katharina für ungültig erklärte, Maria entrechtete und Elisabeth zur Thronerbin erhob. Das Parlament verkündete, daß, wer die Gültigkeit der Ehe des Königs mit Anna Boleyn oder die Legitimität der daraus zu erwartenden Nachkommen bestreite, mit dem Tod zu bestrafen sei; die gesamte Bevölkerung Englands, Frauen wie Männer, hatte Heinrich VIII. den Eid der Treue zu leisten – wer sich weigerte, verfiel der Strafe. Überdies bestätigte das Parlament die königliche Oberherrschaft über Staat und Kirche, übertrug alle Befugnisse des Stellvertreters Petri auf Heinrich VIII. und benannte die nunmehrige Nationalkirche Englands »Ecclesia anglicana«. Zum Hochverräter wurde erklärt, wer den König mündlich oder schriftlich als Usurpator, Tyrann oder »Kirchenspalter« bezeichnete. Das Henkerbeil, das Heinrich VIII. bedenkenlos einsetzte, um seinen Willen durchzusetzen, beseitigte jeden offenen Widerstand.

Das »englische Monstrum«, das »feiste, geile Ungeheuer auf dem Thron«, der »satanische König«, der seine Scharfrichter mit gezierter Handbewegung anwies, Köpfe wie Kugeln rollen zu lassen, bewirkte einen Wandel in den angelsächsischen Sitten nicht so sehr durch seine eigenwilligen und mutwilligen Handlungen als leidenschaftlicher Liebhaber und gehörnter Ehemann, sondern vor allem durch die Loslösung Englands von der katholischen Kirche und die reformatorische Gesetzgebung, die diese Trennung zur Folge hatte. Die Liebschaften Heinrichs VIII. unterschieden sich von den Passionen anderer geschlechtlich leicht erregbarer Herrscher dadurch, daß er seine Geliebten nicht nur im Bett genoß und zu Mätressen erhob, wie seine gekrönten Kollegen es taten, sondern sie heiratete. Er, der sich über die meisten Konventionen hinwegsetzte, war ein geradezu fanatischer Anhänger des legitimen Ehestandes. Daß er sich, um dies durchführen zu können, gegen Recht und Gesetz, gegen Anstand und Menschlichkeit gröblichst vergehen mußte, war ihm entweder einerlei oder nicht bewußt. Als er seiner zuerst so geliebten Anna Boleyn überdrüssig geworden war und sich in eine ihrer Hofdamen, Jane Seymour, verliebte, irritierte ihn Annas launenhafter Jähzorn und ihre scharfe Zunge. Er beauftragte den Kronrat, nachzuforschen, ob ihn Anna betrüge. Die ehrenwerten Lords, die es leid waren, einer Dame aus ihrem Geblüt königliche Ehren zu erweisen, warteten Heinrich VIII. mit fünf angeblichen Ehebrechern auf; darunter befand sich auch Annas hochmütiger Bruder, Lord Rochford, den sie beseitigen wollten. Anna und alle fünf Männer wurden des Ehebruchs schuldig erkannt. Einer von ihnen, ein Bürgerlicher, wurde gehenkt, die vier Adeligen sowie Anna kamen unter das Beil des Henkers. Vor der Hinrichtung rief Anna Boleyn, hysterisch lachend: »Der Scharfrichter ist, wie ich gehört habe, sehr gut. Und ich habe einen schlanken Hals.« Auf dem Schafott bat sie die Anwesenden, für den König zu beten: »Mir war er allezeit ein gnädiger, besorgter und erhabener Herr.«

Jane Seymour versöhnte unverzüglich nach ihrer Eheschließung mit Heinrich VIII. den König mit seiner Tochter Maria, die allerdings unterschreiben mußte, daß sie ihren Vater als Oberhaupt der englischen Kirche anerkenne und die Autorität des »Bischofs von Rom« ablehne. Damit war Maria wieder Prinzessin. Ihre kleine Stiefschwester Elisabeth, bis dahin erklärte Thronerbin, wurde entrechtet und schien alle Aussichten auf die ihr zugedachte erlauchte Zukunft verloren zu haben, als Königin Jane einen Sohn gebar. Doch zwölf Tage nach der Geburt starb Heinrichs dritte Königin. Jetzt wollte er standesgemäß heiraten: Anna von Cleve. Diese Ehe, die das Bündnis mit den deutschen protestantischen Fürsten, den Feinden Karls V., verstärken sollte, wurde nie körperlich vollzogen. Die melancholische Prinzessin war Heinrich zu häßlich – sie stieß ihn ab, wie Katharina von Aragon ihn abgestoßen hatte. Er heiratete eine andere Katharina, die schöne adelige Katharina Howard. Es störte ihn durchaus nicht, daß sie katholisch war. Im Gegenteil – er benützte ihre Religion als Köder für Karl V., mit dem er nun Frieden schloß. Alles schien gut und schön. Aber da erfuhr er, daß seine fünfte Frau mindestens drei voreheliche Liebhaber gehabt hatte. Das nahm er sich so zu Herzen, daß er sie köpfen ließ, was ihn freilich nicht hinderte, bald darauf eine dritte Katharina zu heiraten, die schon zweimal verwitwete Katharina Parr. Ihr war es zuzuschreiben, daß er sich mit seiner Tochter Elisabeth versöhnte und die Erbfolge so festlegte, daß erst Eduard, sein Sohn aus der Ehe mit Jane Seymour, dann Maria und schließlich Elisabeth die Krone tragen sollten.

Die Reformen, die Heinrich VIII. als Oberhaupt der anglikanischen Kirche durchführte, hatten eine heftig um sich greifende religiöse Unrast in England zur Folge. Hundertdreißig Abteien und fünfhundertachtundsiebzig Klöster hatte er geschlossen, ihren Besitz beschlagnahmt. Mehr als sechstausendfünfhundert Mönche und über fünfzehnhundert Nonnen waren um ihr Asyl gebracht. Der Glaube an Rom war erschüttert, der protestantische Glaube hatte noch nicht Fuß gefaßt. Dementsprechend unterschieden sich die Lebensgewohnheiten und Bräuche der englischen Männer und Frauen, die sich entweder der altüblichen Zuchtlosigkeit ergaben oder in übertriebener Form Zucht übten. Diese Spaltung des Volkes nach Glaube, Sitte und Moral fand ihren Niederschlag in der Reaktion unter der sich zu Rom bekennenden Tochter Katharinas von Aragon, der »Blutigen Maria«, die nach dem frühen Tod des jungen Eduard Königin wurde, die Protestanten verfolgte und sich mit dem Sohn Karls V., König Philipp II. von Spanien, verheiratete, wie in den protestantischen Neigungen der großen Elisabeth, die ihr auf den Thron folgte. Hie katholische Kirche – hie Reformation, ausgedrückt im Anglikanismus der Staatskirche oder in den mancherlei gegen Rom wie gegen die Kirche Heinrichs VIII. sich stellenden und von beiden bekämpften protestantischen Bewegungen der »Dissenters«: So war die Situation in England. Der geistige Kampf zog den Kampf mit den Waffen nach sich, unermeßliches Blutvergießen in vielerlei Scharmützeln und auf Schlachtfeldern – und all das hatte zur Folge jene Unausgeglichenheit der englischen Sitten, die sich der heiteren, leichtfertigen Lebensfreude des Rokoko nie ganz zu erschließen vermochten.

In Spanien hatte es die Inquisition erreicht, daß der »Ernst des Lebens im Glauben« nach außen hin mit allem Nachdruck demonstriert wurde. Aber hinter den von der Kirche errichteten düsteren

Kulissen der Abkehr von der Lust pulsierte das Bedürfnis des südlichen Volkes nach Spiel und Freude – es ließ sich wohl unterdrücken, aber nicht ausmerzen. In den Höfen der Gasthäuser, in den »Corrales«, wurden von fahrenden, zumeist aus Italien und Frankreich stammenden Schauspielern freche Komödien aufgeführt. Auf improvisierten Bühnen brachte man Szenen zur Schau, die im Alltagsleben strengstens verboten waren: Szenen aus dem Liebesleben, Verführung, Ehebruch und Kuppelei. Frauen allerdings waren vom Besuch der Gasthäuser ausgeschlossen. Nur der Kirchgang war ihnen erlaubt, sonst keinerlei Art von Zusammenkunft, die sie mit Männern in Berührung hätte bringen können. Anfangs wurden die Frauenrollen auf den Bühnen der »Corrales« durch Knaben in entsprechenden Kostümen dargestellt. Aber bald gab es Schauspielerinnen genug, abenteuernde Kurtisanen, die im reichen Spanien, das so arm an freier Liebe war, ihr Glück zu machen hofften. Und so reservierten die Gasthöfe Räume für die Hidalgos, die Adeligen, die sich insgeheim mit den Actricen vergnügen wollten. Wenn aber die fahrenden Truppen abzogen, blieben oft genug so viele »jugendliche Naive« zurück, daß die Versorgung regelrechter Bordelle mit entsprechender Besetzung mühelos gesichert werden konnte. Der Theaterbetrieb florierte so, daß regelmäßig zahlreiche Schauspielertruppen, sogenannte »Compañias«, in Kutschen und Sänften, begleitet von Gepäckwagen, in denen oft die Kostüme für fünfzig Komödien verladen waren, auf Gastspiel von Stadt zu Stadt zogen. Keine Schauspielertruppe durfte länger als einen Monat in einer Stadt bleiben. Der sittenstrenge Philipp II., Karls V. Sohn, entschied schließlich, es sei sittlicher, wenn die Frauenrollen von Frauen gespielt würden, als wenn Knaben als Frauen verkleidet auf die Bühne kämen. Immerhin setzte die Kirche durch, daß Schauspielerinnen sich auf der Bühne in keiner Weise entblößen und nicht in Männerkleidung auftreten durften. Das Theater spiegelte in Spanien, wie schon vorher in Italien und wie nicht viel später in England, Frankreich und in den deutschsprachigen Ländern, nicht nur die geltenden Gebräuche wider, sondern wurde durch seine magische Auswirkung auf die Einbildungskraft des Publikums zugleich sittenbildend. Was in den »Comedias de Capa y Espada«, den Vermummungs- und Degenkomödien, auf der Bühne zu sehen und zu hören war, wurde zum Beispiel des Alltags und beeinflußte die allgemeine Vorstellung von Gut und Böse. Aber nicht die Wirklichkeit forderte zur Nachahmung heraus, sondern die Illusion, obwohl Miguel Cervantes, der durch seinen Roman »Don Quijote« weltberühmt wurde, in einem seiner Stücke naturalistische Szenen vom Sklavenmarkt und von Folterungen zeigte und am Schluß des Dramas erklärte: »Nicht aus der Einbildung wurde dieses Stück gestaltet – die Wahrheit hat es geschmiedet.« Doch Wahrheit und Wirklichkeit waren am Königshof nicht erwünscht. Derselbe Philipp II., der bei den fahrenden Truppen zwar Frauen zugelassen hatte, untersagte allen Laien jegliche Darstellung nichtreligiösen Inhalts. Lope de Vega, erzogen in der geistlichen und geistigen Pflanzschule der spanischen Kirche zur Zeit der Inquisition, bei den Jesuiten, fand den gefährlichen Mittelweg. Er verfaßte religiöse Stücke und – im Schutze der Kutte, nach zahllosen Abenteuern

Degengriff-Verzierungen aus dem Jahr 1650, anonym

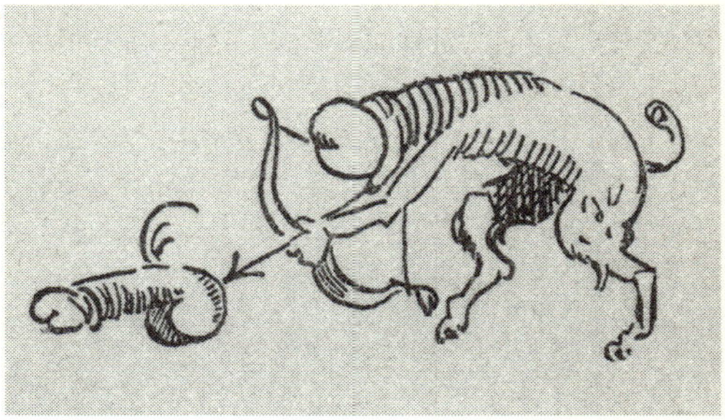

und sehr peinlichen Affären mit Schauspielerinnen und Bürgerfrauen, deren Liebhaber und Ehemänner dafür sorgten, daß er seine Stücke im Gefängnis schreiben mußte – Komödien, von denen er selbst sagte, daß er bemüht sei, die Handlungen der Menschen nachzuvollziehen und die Sitten seiner Zeit zu malen. Denn, so betonte er: »Alles Wissen ist Leben. Alles Leben ist Theater.« Lope de Vega schrieb alles in allem etwa fünfzehnhundert Komödien, sein Zeitgenosse Tirso de Molina »nur« dreihundert Stücke. Durch eines, das er »Der Verführer von Sevilla« betitelte, verewigte er seinen Namen als der erste, der den Don Juan gestaltete und dadurch den Typus des unersättlichen Verführers schuf: des liebesgierigen Mannes ohne Moral, des Liebenden um der Liebe willen, des Verliebten, der die Liebe sucht und nicht den geliebten Menschen.

Don Juan, der unermüdliche Jäger nach Liebesgenuß, der durch keine Frau die vollkommene Erfüllung seiner Sehnsucht zu erreichen vermag, weil er die Erfüllung nur in der geschlechtlichen Befriedigung sucht, wurde zum Sinnbild aller Triebbesessenen, die dem Geschlechtserlebnis um jeden Preis und unter Hinwegsetzung über alle Rücksichten huldigen. So aber waren die meisten spanischen Männer, die sich die Liebkosungen und den Besitz der nach den strengen Normen von Moral und Sitte abgesondert lebenden Frauen mit allen Mitteln erlisten und erkämpfen mußten. Der geistliche Herr Tirso de Molina, der in anderen Stücken zwar Frauen nicht durch Knaben spielen, aber Frauen in Männerkleidung auftreten ließ, scheint keineswegs überzeugt gewesen zu sein, daß sein Don Juan die Frauen wirklich liebte. Konnte dieser vom Geschlecht Besessene bei Frauen die Liebe finden, die er suchte, oder bedrängte ihn ein verbotener Trieb, der bei keiner Frau Erfüllung finden konnte, auch wenn sie Männerkleidung trug: der Trieb nach gleichgeschlechtlicher Liebe? Nur der Teufel, der im Schauspiel »Der Verführer von Sevilla« den Don Juan schließlich in die Hölle holen läßt, konnte seine Beichte hören. Die Symbolik, die der Dichter zum Ausdruck bringen wollte oder mußte, war jedenfalls das von der Kirche und der Inquisition geforderte böse Ende Don Juans, der, wie alle seinesgleichen, dem Teufel ausgeliefert werden mußte.

Die unerlaubte Liebe, der voreheliche, außereheliche und ehebrecherische Geschlechtsverkehr war nun einmal verdammt – und zwar in Ewigkeit. Das abschließende »Amen«, das »so sei es«, verkündeten die Priester der durch Ignatius von Loyola gegründeten »Gesellschaft Jesu«, die Jesuiten, die sich selbst auch als die »Soldaten der Legion Gottes« bezeichneten. Sie waren verpflichtet, »alles zu tun, was der jeweilige Papst befehlen werde, ohne Widerrede, ohne Bedingung, ohne Lohn«. Ihr Ziel sollte sein, »ihre Mitmenschen durch Beispiel und Überredung, durch List und Gewalt, auf geraden und krummen Wegen, zur alleinseligmachenden Kirche zu bekehren und so zur ewigen Seligkeit reif und fähig zu machen«. Die Macht, die die Jesuiten gewannen und durch sie die katholische Kirche, beschränkte sich nicht auf das Beherrschen des Gemütes der Untertanen jener Herrscher, in deren Hoheitsgebieten sie tätig waren; sie bezogen in ihren Seelenfang auch die Herrscher selbst ein, insbesondere die Habsburger und die mit ihnen verbündeten katholischen deutschen Fürsten, die nach blutigen Kriegen den Augsburger Religionsfrieden mit den protestantischen Fürsten des Römischen Reiches Deutscher Nation geschlossen hatten. Karl V., der, zeitgenössischen Berichten zufolge, die Absicht gehabt haben sollte, sich die dreifache Krone des Papstes aufs Haupt zu setzen, um als weltlicher und zugleich geistlicher Oberherr der Christenheit auf Erden zu herrschen, hatte seinen maßlosen Ehrgeiz aufgeben müssen.

Sein Sohn Philipp II., dem er seine spanischen Besitzungen überantwortet hatte, war vergeblich bemüht gewesen, als Ehemann der »Blutigen Maria« für habsburgischen Nachwuchs in England zu sorgen. Als sich herausgestellt hatte, daß ihre von ihm stolz verkündete Schwangerschaft nur Wassersucht gewesen war, und die Ärzte erklärten, daß die Königin von England nie in der Lage sein werde, einen Erben zu gebären, hatte sich Philipp entschlossen, der Ehe mit Maria und England den Rücken zu kehren, und das um so mehr, als das englische Parlament sich von vornherein grundsätzlich geweigert hatte, ihn nach dem etwaigen erbenlosen Ableben Marias als König von England anzuerkennen. Kein Wunder also, daß Philipp das ketzerische England haßte – und daß er diesem Haß schließlich die stolze Flotte Spaniens, die Armada, in einem sinnlosen Angriff auf das Inselreich opferte. Der Bruder Karls V., Ferdinand I., der die österreichischen habsburgischen Besitzungen erhalten hatte, war ausersehen, Kaiser des Römischen Reiches Deutscher Nation zu werden. Karl V. dankte feierlich ab. Er zog sich in das spanische Kloster San Yuste zurück, um seinen Lebensabend in gottgefälliger Abgeschiedenheit und Ruhe zu verbringen. Er war nicht mehr

Herr der Welt, der Erdkreis lag ihm nicht mehr zu Füßen, aber er hatte von seinem Standpunkt aus den höchsten irdischen Sieg errungen: Er hatte sich selbst überwunden. Als Karl V., der die Ausführung seines Letzten Willens noch zu seinen Lebzeiten überwacht hatte, starb, waren weder sein Sohn Philipp II. noch sein Bruder Ferdinand I. und dessen Sohn Maximilian die wirklichen Erben seiner Macht. Die tatsächliche Herrschaft über die Königreiche Philipps übernahmen die bescheiden in schwarze Kutten gekleideten Priester der »Gesellschaft Jesu«. Aber auch Zepter und Reichsapfel, die Sinnbilder kaiserlicher Macht im Heiligen Römischen Reich Deutscher Nation, wurden immer weniger wert für den, der sie in Händen hielt. Den deutschen Landesherren, ob groß, ob klein, galt die mit kostbaren Edelsteinen geschmückte Kaiserkrone kaum mehr als ein Schein, und der Rektor des neuerrichteten Kollegiums der Jesuiten in Wien, der kaiserlichen Hauptstadt, konnte dem General seines Ordens nach Rom berichten, daß der Kaiser und seine Familie »alles mit größter Freude ausführten, was die Patres ihnen vorschlügen«. In Deutschland allerdings galten die Bestimmungen des Augsburger Religionsfriedens, die im wesentlichen den Rechtssatz beinhalteten »Cuius regio, eius religio«: Das Bekenntnis der Landesherren war für den Glauben in ihrem Gebiet maßgebend und damit auch für die Sitten – und nicht anders war es in den Freien Reichsstädten, deren Ratsherren für die Bürger das bedeuteten, was der Fürst für seine Untertanen war.

Die Verschiedenheit des Glaubens in den deutschen Ländern und Städten brachte unweigerlich eine Verschiedenheit der Lebensgewohnheiten und Bräuche mit sich. Der Grad der Sittenstrenge hing von der Willkür der einzelnen Landesherren und Ratsversammlungen ab, die die Gebote nach ihrem Belieben auslegten. Diese Uneinheitlichkeit der Sitten innerhalb des gleichen Sprachraums wirkt sich noch bis in unsere Gegenwart aus, so sehr sich vieles auch im Laufe der Zeiten ausgeglichen hat. Damals aber war das einzig Verbindende und die Zucht Beeinflussende die Sorge um die Unzucht und die Angst vor ihren Folgen – die Angst insbesondere vor der Syphilis, die sich durch das eifrige Liebesleben der Landsknechte und Söldner während der Religionskriege in ganz Deutschland verbreitet hatte und nur die verschonte, die sich der außerehelichen Lust enthielten. Die Badehäuser, einst so beliebte Treffpunkte von Männern und Frauen, wurden entweder geschlossen oder ihr Besuch durch strenge Hausordnungen beschränkt. Und abermals lag es ganz im Sinne der zeitgenössischen Anschauung, daß nicht die Männer durch die Verbote getroffen wurden, denn sie galten ja als Opfer jener verderbten Verführerinnen, die den Keim der grauenhaften Krankheit in sich trugen und durch ihre Liebesbezeugungen oder ihr Gewähren vermittelten. Sie standen im Verdacht, sich dem »Teufel der Lust«, dem »Buhlteufel«, verschrieben zu haben. Der aber war eine der vielen Erscheinungen des Satans – und dieser hatte ja seine erste Beziehung zum Menschengeschlecht über Eva angeknüpft, über eine Frau. Das lateinische Wort für Frau, »femina«, wurde denn auch von einem Jesuiten einer »Untersuchung« unterzogen, die ergab, daß es aus den Silben »fe« – Glaube – und »minus« entstanden sei, also ein Wesen minderen Glaubens bezeichne.

Und zudem hatte Papst Innozenz VIII. die Christenheit in einer Bulle vor dem Umgang mit dem Teufel gewarnt: »Nicht ohne ungeheuren Schmerz ist jüngst zu meiner Kenntnis gekommen, daß in einigen Teilen Deutschlands, besonders in der Mainzer, Trierer, Salzburger und Bremer Gegend, sehr viele Personen beiderlei Geschlechts, uneingedenk ihres eigenen Heils und abirrend vom katholischen Glauben, sich mit Teufeln in Manns- und Weibsgestalt geschlechtlich versündigen.« Der Heilige Vater hatte, im wahren Sinn des Wortes, den Teufel heraufbeschworen. Er hatte die Hindernisse beim Erfüllen der ehelichen Pflichten, das Impotentwerden der Männer und Frauen als Hexenwerk angeprangert und dadurch der theologischen und wissenschaftlichen Anerkennung des »Mallëus maleficarum«, der als »Hexenhammer« weltberüchtigt gewordenen Schrift, vorgearbeitet, die Rechts- und Gottesgelehrten reichlich Anregung gab, sich über die fleischliche Vermischung mit dem Teufel und ihre Folgen in ausführlichen Abhandlungen auszulassen. Durch Beobachten des männlichen wie des weiblichen Geschlechts und durch Befragen der Betroffenen galt es zu ergründen, welche Gefühle die vom Teufel Beschlafenen bewegt hätten, ob der Teufel kalten oder warmen Samen von sich gegeben und dadurch die häßliche Plage hervorgerufen habe. In jener Zeit, »da das Reich der Finsternis auf das Höchste gestiegen war«, glaubte man allen Ernstes, der Teufel sei überall tätig: Jede Frau konnte er zur Lust und dadurch zur Unzucht verführen, zum Geschlechtsverkehr in allen Formen und Arten – so wie er Eva verführt hatte. Wie immer eine Frau auch war, ob arm oder reich, fromm oder gleichgültig, gesund oder krank, klug oder einfältig, schön oder häßlich, ob sie einen guten oder schlechten Ruf hatte, die Spürhunde der Kirche, die ausgesandt wurden, Hexen zu erkennen und zu überführen, konnten jedes Wort und jede Gebärde der ihnen verdächtig erscheinenden Frauen als Zeichen dafür auslegen, daß sie mit dem Teufel Umgang hatten oder gehabt hatten. Keine Frau in Deutschland war sicher, nicht als Hexe angezeigt, angeklagt und »prozessiert« zu werden. Die als Hexen Verhafteten wurden in »Hexentürmen« festgehalten, hilflos den Peinigern ausgeliefert, deren Amt es war, den Grad ihrer Sinnlichkeit und damit ihrer Empfänglichkeit für die »Teufelslust« mit allen Mitteln festzustellen. Die »Daumenschrauben«, die »Spanischen Stiefel«, der »Gespickte Hase« wurden angesetzt, zerquetschten die Knochen von Händen und Füßen, trieben in das »sündige Fleisch« Spieße oder Haken, bevor die offenen Wunden mit Säuren oder Schwefel ausgebrannt wurden. Auch die Unschuldigsten hielten solche Folter nicht aus. Die Gequälten gestanden, was die Peiniger ihnen vorsprachen. Viele Protokolle über die Vernehmung von Frauen, die man der Hexerei beschuldigt hatte, sind erhalten geblieben. Ihr Inhalt legt Zeugnis ab nicht nur von den gebräuchlichen geschlechtlichen Ausschweifungen, sondern auch von der bis zum Aberwitz erregten sexuellen Phantasie der Folterknechte und der Inquisitoren der geistlichen Gerichte.

Der Teufel konnte ein »Incubus« oder ein »Succubus« sein, er vermochte »Manns- oder Weibsgestalt« anzunehmen. Die Männer suchte er als »Succubus«, die Weiber als »Incubus« heim. »Es ist nun Sach, daß er sich bei einem Weibe verstellet und Mannen beywohnet, so blaset er sich auf, als sei er ein schwanger Frauw, und zur Zeit der Geburt legt er ein gestohlen Kind neben sich, als sey es von jm geboren. Ist er aber ein Incubus, so wohnet er Weybern bei und verblendet sie dermaßen, daß sie selbst meynen, sie gehen schwanger, und wenn die Geburtsstund da ist, legt er ein gestohlen Kind dahin.« Und wie sah der Teufel aus? In seiner wahren Erscheinung zeigte er sich nur am »Hexensabbat«. Sonst aber trat er als anständiger Mann auf, vorzüglich in der Maske eines Edelmanns, Jägers oder Reiters, und stellte sich unter Namen vor, die in den Protokollen festgehalten sind. Dort heißt er zum Beispiel »Federhans, Peterlein, Paperlen, Klaus, Grünhütl ...« – er führte alle Namen, die sich in der Einbildung der von der Folter Gequälten formten. Am Hexensabbat jedoch, bei der großen Hexenversammlung, die an einsamen Orten in wilder Einöde abgehalten wurde, zumeist in der ersten Mainacht, der Walpurgisnacht, dem Frühlings-Opferfest der germanischen Heiden, erschien der Teufel als buntgekleideter Tänzer, und jetzt präsentierte er sich als halb Mensch, halb Bock, am Kinn einen Ziegenbart und am nackten Hintern einen mächtigen Schwanz. Seine Stirn schmückte ein langes Horn, an dessen Spitze ein Licht leuchtete, »heller als der Mond«. Seine Eulenaugen strahlten in erschreckendem Glanz. Die Hexen, denen der Teufel auch in gewöhnlichen Nächten, wenn auch nicht in so prächtiger Erscheinung, begegnete, kamen zum großen Sabbat auf Ziegenböcken, Schweinen, Strohbündeln und Besenstielen durch die Luft geritten. Das Fliegen wurde ihnen möglich durch Salben ihres Körpers mit dem Fett ungetaufter Kinder und einem Absud von Giftpflanzen sowie durch das Aussprechen einer Zauberformel. Wenn sie sich um den Teufel beim Glockenschlag der Mitternacht versammelten, warfen sie sich vor den »Gottseibeiuns« in den Staub, riefen ihn unter Verleugnung Gottes als den wahren »Herrn und Meister« an, küßten ihm erst die linke Hand, den linken Fuß, die linke Seite, dann die Genitalien und den Hintern. Durch das »Blasen von Rauch aus dem Arsch« bekannte der Teufel die günstige Aufnahme der Huldigung. Es mußte nach Schwefel stinken, die ungebührliche Ausatmung den Geruch allen Unrats ausströmen. Dann erst konnte die »Teufelsmesse« beginnen. Die höllische Hostie war schwarz, zäh wie eine Schuhsohle und schmeckte wie faules Holz. Im höllischen Kelch blubberte ein bitterer, widerlicher Trank. Die Kost, die der »Vater der Lüge« den Hexen verabreichte, war abstoßend. Das Geld, das er ihnen schenkte, verwandelte sich in Kohlen oder Kot. Aber das Paradies, das er ihnen bot, entschädigte für alles – es war das Paradies geschlechtlicher Lust in allen Formen und Abarten. Jeder Wunschtraum des Triebes ging in Erfüllung: gleichgeschlechtliche Liebe, Geschlechtsverkehr zu dritt, zwei Männer und eine Frau, zwei Frauen und ein Mann, Männer und Frauen in Gruppen. Jede empfindsame Leibesöffnung wurde zur Lust erweckt und in jeder nur möglichen Stellung befriedigt. Die steife Zunge des Teufels half nach, wenn die Männlichkeit erschlaffte, er zog an seinen Fingern die Krallen ein, um sie als männliche Glieder benutzen zu können. Und wenn er als »Succubus« den Samen von Männern in sich aufgenommen hatte, so flößte er ihn als »Incubus« den Frauen ein, damit kein Tröpfchen verlorengehe. Auch Jungfrauen konnten der Buhlschaft mit dem Teufel angeklagt werden, denn, so stellten Juristen und Theologen fest, es bedürfe nicht der Zerreißung des Hymens, um Unzucht treiben zu können. Die Teufelsorgien, wie sie von den Hexen in ihren Geständnissen geschildert worden waren, bewiesen ja, daß die diabolische Lust auch anders zu genießen war.

Die Hexenprozesse, denen mehr als hunderttausend Frauen allein in Deutschland zum Opfer fielen, weil sie sowohl Unzucht getrieben als auch Liebestränke gebraut und Salben gemischt hätten, um Potenz oder Impotenz hervorzurufen, oder weil sie aus teuflischer Bosheit Vieh und Ernte verhext hätten, bedeuten den absoluten Tiefpunkt in der Abwertung des Geschlechtlichen. Nicht nur jede Variation der geschlechtlichen Vereinigung, die zur Erhöhung der Lust angewandt wurde, galt als Werk des Teufels – schon die leiseste Regung der Lust war verwerflich und gefährlich. Die christliche Anschauung, daß der Geschlechtsverkehr ausschließlich zur Erzeugung von Nachwuchs dienen dürfe und keineswegs als Erlustigung, setzte sich in der verängstigten Bevölkerung durch. Die Freude am Baden schwand dahin, aus Angst vor der Lust und aus Furcht vor Ansteckung. Der Körper, das »sündige Gehäuse« der allein für das Jenseits bestimmten Seele, konnte getrost der Reinlichkeit entbehren, da ja jede Waschung eine Entblößung nötig machte und jede Entblößung eine Versuchung mit sich bringen konnte.

Eine Freiheit allerdings ließen sich die deutschen Bauern und Bürger weder durch den Glauben noch durch den Aberglauben nehmen: Die Narrenfreiheit während der Kirchweihfeste und in der »tollen Zeit« vor der Fastnacht. Die Geistlichen schlossen die Augen oder sahen durch die Finger, um das schamlose Treiben, das nur während des Karnevals oder an den Gedenktagen der Erbauung ihrer Kirchen geduldet war, nicht zu sehen oder nachsichtig zu beobachten. Damit entsprachen sie einer in Jahrtausenden erprobten Erfahrung, daß die menschliche Natur wenigstens einige Tage und Nächte des Jahres zügelloser Freude bedarf, um die so straff gespannten Zügel des Alltags geduldig ertragen zu können. Wie bei den Frühlingsfesten des Zweistromlandes und den Saturnalien im alten Rom die Ungebundenheit der Männer und Frauen zur Feier gehört hatte, so war es in den christlichen Ländern Sitte geblieben, die erlaubten Feste mit Tanz und Mummenschanz, mit Freß- und Saufgelagen zu feiern. Uralte Bräuche wurden wiederbelebt, Masken und Kostüme aus den Truhen hervorgeholt, um sich in gespielter Anonymität den Vergnügungen zu ergeben. Die Entpersönlichung der Lust, die alle Hemmungen in maßlosem Essen und Trinken, wilden Tänzen und sinnlichem Beisammensein löste, war so allgemein, daß sie im Volksmund als unschuldig galt. Hieß es doch: »Küssen ist keine Sünd'«, und was darüber hinausging, war ein harmloser »Seitensprung« – über die Hecke, die nicht verriet, was in ihrem verbergenden Schutze geschah. Während der Fastnacht ging es so munter zu, daß man Kinder, die im November geboren wurden, allgemein als »Fastnachtskinder« bezeichnete und aus einer alten Erfahrung das Sprichwort prägte: »Novemberkinder haben immer zwei Väter.« Die Fastnachtsspiele, die zur Aufführung kamen, waren ursprünglich derb und heiter dramatisierte Legenden gewesen, »Faseleien«, die zur Belustigung des lachfreudigen Publikums mit Vorliebe Stuhlgang und Harnentleerung in den Dialog einbezogen. Der Verfasser des »Fastnachtsspiels vom Dreck« entschuldigte sich mit der Erklärung, »ob wir das han zu grob gemacht, so trifft es doch keine Unzucht an ...«

Auch die Fastnachtsspiele des Nürnberger Schusters Hans Sachs, volkstümliche Schwanke, die er in oft ungehobelten Versen dichtete, spielten nur auf Unzucht an, ohne die Schamhaftigkeit der Zuschauer und Zuschauerinnen allzu empfindlich zu verletzen. Seine Anprangerungen bauernfängerischer Mönche, die unschuldige Jungfrauen verführten, und sein Spiel, in dem er sich über die angebliche Päpstin Johanna lustig machte, den »Heiligen Vater im Weibskittel«, erregten den Unwillen der katholischen Priester so sehr, daß sie ihm zurufen ließen: »Schuster, bleib bei deinem Leisten.« Doch er nahm weder ihren Tadel noch das Lob der protestantischen Pfarrer ernst. Er griff auch die Reformatoren an: »Mit dem Fleischessen, Rumoren, Pfaffenschänden, Hadern, Spotten, Verachten und allem Unzuchtswandel habt ihr Lutherische der evangelischen Lehre selber eine große Verachtung gebracht.« Hans Sachs war ein freier Bürger einer Freien Reichsstadt, der seine ehrliche Meinung nicht zurückhielt, um die Sittenlosigkeit aufzudecken. Er selbst war kein Frauenverächter: Als nahezu Siebzigjähriger heiratete er zum zweiten Mal eine achtundzwanzigjährige »g'schmackige« Jungfrau. Und er war kein bloßer Possenreißer: Neben Handwerk, Ehe und Dichten fand er noch genug Zeit, sich mit der Literatur der Antike bekannt zu machen. Er starb berühmt und geachtet, zufrieden mit seiner eigenen Leistung, nicht aber mit den Unverschämtheiten, die seine Nachahmer für die Fastnachtsbühnen schrieben. Sie fanden ihre Befriedigung darin, leibliche Gebrechen und Entstellungen, Entblößungen und Unanständigkeiten, Mißverständnisse durch die Abwandlung obszöner Worte auf die Bühne zu bringen, Späße über den vorehelichen Geschlechtsverkehr der Mädchen, wie »Sie hatt' doch lang nach Mannsfleisch gelüst', ich hab' sie oft selbst gehalst und geküßt, so gab sie mir einen Schmatz hinwider, daß wir beide fielen nieder, so hatt' sie mir dann soviel bekannt, daß sie mir gern hätt' gelöscht meinen Brand, unten in ihrem Löschtrog ...« Sie spotteten über das Unvermögen der Ehemänner: »Das junge Weib hat einen alten Mann, der kann ir des nachts kain genug than, wenn sie ist gail, so ist er faul und ist ein alter, abgerittener Gaul, der weder traben mag, noch zelten, es muß ir stolzer Leib entgelten, wenn sie hat großen Mangel an Mannen, ain Junger trieb ihr die Kranckheit all von dannen.« Es wurden Gerichtsverhandlungen als Szenen dargestellt, in denen alle Arten von Klagen über Ehebruch zur Sprache kamen. Die Spottgerichte entschieden während des Karnevals zumeist zugunsten der Frau: Wenn die Schuld auf seiten des Mannes lag, wurde sie angewiesen, sich anderweitig schadlos zu halten, denn was sollte eine Frau mit einem Mann, »der scheißt und hust', der schnarcht und rasselt, der eifert, meult sich, zaunt und greint? Sie wird ihm abhold, so ist er ir Feint, er ist reudig, kretzig, runzlet und grob, alt, krank, gerupft und nimmer froh. Helf ir sein ab, pit sie durch Gott, gebt ir ein Jungen, den sie gern hot.« Im »Alttyrolischen Fastnachtsspiel« wurde eine Ehescheidung unverblümt abgehandelt – nicht nur zugunsten der Frau. Der »Precursor« schlug vor: »So, frommer Herr Richter, scheidet diese Leut'. Er hat's zu klein und sie zu weit. Es ist ein Spott derer Jungfrauen, daß man nur die Männer soll beschauen, warum beschaut man nit die Weib? Es ist doch oft seltsam um ihren Leib, und könnt' einem oft die Fut verleiden, darum tut sie voneinander scheiden.« Der Richter fällte einen salomonischen Spruch – er schied das Ehepaar: »… Du Mann, nimm dir eine, die eine enge hab'. Frau, sucht euch euren Genossen, habt ihr zu weit, so nehmt einen großen.«

Die derben Ausgelassenheiten, die aufgeführt und ausgesprochen wurden, sollten Männer und Frauen anregen, ihrer Lust freien Lauf zu lassen. Oft wurde den Umzügen ein riesiger Phallus auf einer Stange vorangetragen. Die Fastnacht war nicht dazu da, um zu fasten, sondern um zu »faseln« – hemmungslos zu tollen. Die Enthaltsamkeit begann erst wieder am Aschermittwoch – bis dahin war das Absingen von »Schandliedern« keine Schande. Es hieß zwar im Volksmund: »Wer seine Frau läßt gehen zu jedem Fest, sein Pferd aus jeder Pfütze trinken läßt, hat bald eine Mähr' im Stall und eine Hur' im Nest.« Aber welcher gute Mann ließ seine liebe Frau nicht zu einem Fest gehen, wenn doch schon jede gute Ehe mit einem großen Fest begann, das oft Tage und Nächte dauerte? Hochzeitsmahl und Taufschmaus – das bot oft genug Anlaß zu schamlosen Zoten und unmäßigen Gelagen, bei denen das »Probieren« der männlichen und weiblichen Gäste gebräuchlich war. In Wien wetterte der Prediger Abraham a Santa Clara vergeblich gegen die Duldsamkeit der Ehemänner gegenüber ihren Frauen. Er schalt sie »Pantoffelhelden«, die »ihre Gesundheit aus dem zinnernen Nachttopf trinken, welcher unter ihrem Bette steht … Oh, ihr wilden, garstigen Säu-Narren … ist dieses denn eine so anständige und zulässige Liebe gegen eure Weiber? Dieses ist ja mehr als eine viehische Blindheit.« Doch weder die deftigen Kanzelpredigten, in denen auch manche lutherische Pfarrherren brillierten, noch die unerbittlichen Inquisitionsgerichte vermochten die Unsittlichkeit in den katholischen und protestantischen Ländern des Römischen Reiches Deutscher Nation auszurotten. Sie tobte sich im kurzen Rausch von Fastnacht und Kirmes aus – sonst aber schwelte sie im geheimen, trüb und lustlos sogar in der Lust, da die Schuldgefühle der harmlos Unzüchtigen keine unbefangene Lebensfreude aufkommen ließen. Das Geschlechtsleben der von Sittenrichtern bedrängten und bedrohten deutschen Männer und Frauen verkümmerte in Scheinheiligkeit und unwillkommener Entsagung. Sie sollten schwerblütige Zaungäste des leichtlebigen Rokoko werden …

In Italien, besonders in Venedig, nützten die von Aretino so gepriesenen Kurtisanen ihre von ihm verkündete »Achtbarkeit der Unzucht« zu ihrem Vorteil aus. Sie waren zwar nicht die ungekrönten Königinnen der aristokratischen Städte, in denen man die Ehefrauen in Ehren hielt, aber die unumstrittene Zier aller Festlichkeiten, denen sie durch ihre gefällige Anwesenheit den Glanz der Elegance verliehen. Die Schönheit der Kurtisanen verglich man mit der Schönheit der Madonna. Die Mäntel, Kleider und Handschuhe, die sie trugen, bestimmten die Mode der großen Welt. Wenn sie Zobelhäublein aufhatten oder ihre Röcke mit Affenhaar oder Marderpelz verbrämten, dann ahmten die hohen Damen an den Königs- und Fürstenhöfen ihre modischen Einfälle nach. So hielt es auch die »große Frau« ihrer Zeit, Elisabeth I., Königin von England, der es gelungen war, sich nicht nur gegen ihren Erzfeind Philipp II. von Spanien zu behaupten, sondern ihm durch die von ihr begünstigten kühnen Seefahrer auch böse Schläge versetzen zu lassen.

Elisabeth I. galt den europäischen Männern auf dem Thron, in den Schlössern und in den Räten der Städte als ein Phänomen. Denn sie bewies, daß eine Frau, »nur eine Frau und nicht mehr«, ein Königreich zu beherrschen und sich aller Angriffe zu erwehren vermochte. Sie hatte keinen Ehemann, aber sie nahm sich die Freiheit, Liebhaber nach Belieben zu nehmen und fallenzulassen. Sie war in den Augen der Welt mehr als eine Frau. Aber, so fragten sich manche Zeitgenossen, konnte eine Frau tatsächlich mehr sein als ein Mann ? Elisabeth war die Tochter eines Wüstlings, der seine Macht durch das Henkersbeil gefestigt hatte. Sie jedoch zögerte jedes Todesurteil hinaus, selbst das gegen ihre unerbittliche Feindin, die liebeslustige Königin von Schottland, Maria Stuart, die ihr die Krone streitig machte und die sie wider Willen und gegen ihr besseres Gewissen hinrichten ließ. England erlebte eine glorreiche Zeit unter Elisabeth, die zwar die Protestanten förderte, es aber doch nicht auf sich nahm, die Katholiken, die sie anfeindeten, zu unterdrücken. Peinlich aber war sie berührt, als Papst Pius V. sie exkommunizierte. Jetzt mußte sie Stellung beziehen und erreichte dadurch, daß ihr Königreich, wenn auch nur vorübergehend, zum »Hort und Haupt des Protestantismus in der Welt« wurde. Auf ihrem Sterbebett deutete Elisabeth durch Zeichen an, daß Jakob VI. von Schottland, Maria Stuarts Sohn, ihr Nachfolger sein solle.

Aus England wanderte nach dem Tod der »jungfräulichen« Elisabeth eine Gruppe von Puritanern auf dem Schiff »Mayflower« nach Nordamerika aus. Diese frommen Pioniere in der Wildnis Neuenglands, die sie mit hartnäckiger Ausdauer urbar machten und besiedelten, haben mit ihren an die Gesetze und Gebote der Heiligen Schrift sich haltenden, unerbittlich strengen Lebensgewohnheiten und Bräuchen die Entwicklung der Sitten in Nordamerika entscheidend und bis heute fortwirkend beeinflußt: Mit den Puritanern begann sich die Neue Welt von der verachteten und geschmähten Alten Welt, dem »Sodom und Gomorrha der Neuzeit«, zu distanzieren.

Der verzagte Protest der europäischen Männer gegen die mit der Renaissance immer mehr sich steigernde Macht der Frauen, die sich schon vor dem Anbruch des galanten Zeitalters, vor der Vollblüte des Rokoko, besonders in Frankreich ankündigte, kam in der gezierten Männermode zum Ausdruck, die in einen eigentümlichen Wettbewerb mit der Mode der Frauen trat. Das von den italienischen Kurtisanen aus beruflichen Gründen zur Schau getragene Dekolleté, das die durch Mieder hochgedrängten Brüste fast nackt zeigte, fand ein Gegenstück in jenem Hosenlatz der Männer, den zuerst die Landsknechte so prahlerisch vorgewiesen hatten. Zwischen den enganliegenden Hosenbeinen aus schmucken, farbigen Stoffen aufgesetzt und prall gefüttert, war er alles andere denn ein »schamverhüllendes Feigenblatt«. Und alles Wettern sowohl der katholischen als auch der protestantischen Geistlichkeit nützte um so weniger, als sich auch Könige und Fürsten dem »Satan in der Hose« verschworen. Die großen Herren und ihre adeligen und bürgerlichen Nachahmer wünschten aber auch sonst reizvoll und begehrenswert zu erscheinen. Sie brüsteten sich damit, sowohl weiblich als auch männlich zu wirken. Diese Doppelrolle, in der sich die französischen Kavaliere gefielen, wurde nicht zuletzt durch die königlichen Söhne der Katharina von Medici gefördert, die in der Tat doppelgeschlechtliche Neigungen hatten. Die mit »allen Wassern gewaschene und mit allen Salben geschmierte« Königinmutter, die sich ihrer Feinde, wenn es nicht anders ging, durch freundliches Verabreichen von »florentinischen Giften« entledigte, blieb auch im Alter keinem Genuß abhold. In ihrer unverwüstlichen Sinnenfreude war sie gegen die Hugenotten, die französischen Protestanten, die drohend Ehrbarkeit und Anstand im ganzen Land verlangten, so eingenommen, daß sie ihren Sohn Karl IX. zur Ausrottung dieses »Gezüchts« überredete und ihn bewog, die »Nacht der langen Messer« zu veranstalten, jene grausame Bartholomäusnacht, in der die meisten führenden Hugenotten hingemetzelt wurden. Weder der Lebenswandel Karls IX. noch der seines Bruders und Nachfolgers Heinrich III. waren »katholisch« im Sinn der Kirche. Die beiden Brüder waren nur »allumfassend« in ihrem Geschlechtsleben. Heinrich III. liebte seine »Mignons«, seine süßen Lustknaben, gleichgesinnte und der gleichgeschlechtlichen Liebe frönende Edelleute, über alle Maßen. Und er haßte seinen Schwager, Heinrich von Navarra, den Enkel der Königin Margarete, die das »Heptameron« verfaßt hatte.

Heinrich III. war der letzte Valois, sein Schwager Heinrich der erste Bourbon auf dem Thron Frankreichs. Er war als Protestant erzogen worden und blieb so lange das Haupt der französischen Hugenotten, die der Bartholomäusnacht und den Verfolgungen entgangen waren, bis ihm – nach der Ermordung Heinrichs III. – die Nachfolge zustand. Heinrich IV., ein Meister des Kompromisses, hatte seine erste Frau, Margarete, die Tochter der Katharina von Medici, nur geheiratet, um königlicher Schwiegersohn zu werden und als solcher nicht wegen seines ererbten protestantischen Glaubens zu Schaden zu kommen. In zweiter Ehe vermählte er sich mit Maria von Medici, der reichsten Erbin seiner Zeit, die überdies unter dem Schutze des Heiligen Stuhles stand. Der König, der wünschte, daß jeder seiner Untertanen »am Sonntag sein Huhn im Topfe« habe, vergaß über dem Wohlleben seine königlichen Pflichten nie, seine ehelichen Pflichten immer. Er liebte die Frauen beinahe so sehr wie die Macht. Schon seine Vorgänger auf dem französischen Thron hatten sich nicht gescheut, mit ihren Liebschaften öffentlich zu prahlen. Der Zeitgenosse der Jungfrau von Orléans, Karl VII., hatte seine Agnes Sorel mit nackten Brüsten malen lassen, und Heinrich II., der Sohn des großnasigen Königs Franz I., dessen »Amusements« sprichwörtlich geworden waren, unterhielt eine offizielle Liebesbeziehung mit der hochgeborenen Diana von Poitiers, die ihm eine Tochter gebar, in ihrem fürstlichen Schloß oft dem Kronrat vorsaß und durch Heinrichs II. Geschenke so reich geworden war wie Katharina von Medici. Diese seine Gemahlin aber vernachlässigte König Heinrich um der geliebten Diana willen geradezu sträflich; geschlafen hatte er mit Katharina nur, wenn Diana ihn angespornt hatte, für legitime Erben der Krone zu sorgen. Und um ganz sicherzugehen, daß die Kinder, die er der Königin machte, auch seine eigenen seien, hatte er gewünscht, daß Katharina einen Keuschheitsgürtel trage, zu dem nur er den Schlüssel zu haben glaubte. Katharina allerdings hatte einen Kunstschlosser aus dem heimischen Florenz kommen lassen, der sie, wann immer sie es befohlen hatte, von dem »coffre« befreit hatte. Es hieß über sie: »Die Königin Katharina war ein böses Weib. Ihr Onkel, der Papst, hatte wohl recht, als er sagte, daß er sie als ein schlimmes Präsent an Frankreich gegeben habe. Sie soll ihren jüngsten Sohn vergiftet haben, weil er sie einmal in einem Bordell gefunden, wo sie sich incognito belustigte ...«

Heinrich IV., der weder seiner ersten noch seiner zweiten Frau die Treue hielt – und das um so weniger, als er um ihre unentwegten Ehebrüche wußte –, war toleranter. So schrieb Liselotte von der Pfalz, die Frau eines seiner Enkel, die sich den Spaß machte, über Skandalgeschichten aus der bourbonischen Familie zu berichten, in die sie unglücklich eingeheiratet hatte: »Heinrich IV. ist einmal gewarnt worden, daß eine von seinen Maîtressen ihm untreu wäre. Diese habe einmal den Herzog von Bellegarde zu sich kommen lassen, wie sie gemeinet, daß der König nicht zu ihr kommen würde. Der König ließ aufpassen, wann sein Rival' bei ihr sein würde. Wie man es dem König sagte, ging er zu ihr. Sie lag im Bett (unter dem sich Bellegarde voller Angst versteckt hatte) und klagte über große Hauptschmerzen. Der König sagte, sie solle ihm zu Nacht zu essen geben, er hätte großen Hunger. Sie sagte, sie hätte nicht gedacht, zu Nacht zu essen, man hätte ihr nur ein paar Feldhühner verwahret. Der König antwortete, es wäre gut, man solle sie bringen, er wolle sie mit ihr essen. Man brachte aber noch mehr, denn sie hatte ein Nachtessen für Bellegarde präparieret. Wie die Feldhühner kamen, nimmt der König ein Stück Broth, spaltet es entzwei und tut ein ganzes Feldhuhn hinein, hält es zusammen und wirft es unter das Bett. Die Maîtresse erschrak und sagte: ›Sire, was machen Sie denn?‹ Der König lachte und sagte: ›Madame, muß nicht alle Welt leben?‹ Er stand auf und vergnügte sich, ihr Angst gemacht zu haben.« Ob diese Mätresse die schöne Gabrielle d'Estrées war oder die noch schönere Marquise de Verneuil, berichtet die geschwätzige Chronistin nicht. Gewiß ist, daß Heinrich IV. beiden die Ehe versprochen hatte und vermutlich Gabrielle, die Mutter des von ihm anerkannten Herzogs von Vendôme, geheiratet hätte, wenn sie nicht zu seinem ehrlichen Schmerz plötzlich gestorben wäre. Und er hätte der von ihm geliebten Gabrielle gewiß auch den Seitensprung verziehen, falls sie ihm mit dem Herzog von Bellegarde Hörner aufgesetzt hätte. Er war in der Liebe großzügig. Eifersucht war überhaupt unmodern. Sie galt als Verstoß gegen höfischen Anstand und gutes Benehmen, und so war es ein französischer

Brauch geworden, Seitensprünge der Ehefrauen oder Mätressen gar nicht erst zur Kenntnis zu nehmen. In einem Flugblatt, das die zeitgenössischen Sitten schildert, findet sich ein charakteristisches Beispiel: »Kehrt der gefällige Ehemann vor der angegebenen Zeit zurück, so macht er einen solchen Lärm, daß seine Frau und ihr Liebhaber genügend unterrichtet sind und ihre galanten Spiele rechtzeitig abbrechen können, so daß sie durch seine Rückkehr nicht jäh überrascht werden und in unnötige Verlegenheit geraten.« Es galt auch keineswegs als schändlich oder unehrenhaft, wenn ein vornehmer Adliger seine Frau als Kaufpreis für die Gewährung einer königlichen Huld oder als Bestechung für ein günstiges Urteil in einem aussichtslosen Prozeß anbot. Auf die Warnung, die einem hohen Herrn zuging, er werde einen bedeutsamen Prozeß verlieren, denn sein Recht stehe doch auf recht schwachen Füßen, erwiderte der Herr von Stand und Rang lachend: »Gewiß, gewiß, aber es ruht dafür auf den um so stattlicheren Schenkeln meiner Frau.«

Man hatte nur äußerst wenig Schamgefühl in der großen Welt der Höfe und des Adels, und das französische Beispiel machte noch beim kleinsten Duodezfürsten Deutschlands Schule. Aber nicht nur dort, sondern sogar im bigotten Spanien. Auch in Madrid führten die Damen hinter ihren Fächern gern unzüchtige Gespräche. Eine Anekdote machte die Runde: »Der Anbeter einer Dame sagte ihr zum Gruß: ›Ich küsse ihre Hände und Füße, Madame.‹ Sie erwiderte: ›Mein Herr, in der Mitte finden Sie das Beste. Warum nicht dort?‹« Um die »goldene Mitte« der schönen Frauen ging das Spiel der Liebeslust, der zärtliche Kampf der Geschlechter, dessen Ziel der Schuß ins »unverhüllte Schwarze« blieb, so sehr auch die Schwermut des Glaubens die Lust zu leben am königlichen Hof in Aranjuez und Madrid belastete. Die Könige waren durch die Etikette, den Formenzwang der Zeremonie, der noch die leiseste Handbewegung der Majestäten und ihrer Familie regelte und jedes ihrer Worte vorschrieb, wie durch unübersteigbare Mauern vom alltäglichen Leben abgeschieden. Wie Marionetten lebten sie in einer Oase des prunkvollen Glanzes, so daß ihnen alles Menschliche fremd blieb. Die Erfüllung ihrer Triebe wurde vermittelt: Mannbar gewordene Prinzen wurden devoten, liebebeflissenen Frauen zugeführt, die sie im Geschlechtsverkehr unterrichteten, der dann seinerseits lediglich den »höheren Zwecken« des Staates dienen sollte, zur Herstellung von Familienbeziehungen, die dem erlauchten Haus von Nutzen sein könnten. Prinzen wurden wie Zuchtstiere bewertet: Das königliche Blut sollte sich mit königlichem Blut vermischen, um königliche Erben zu zeugen. Waren sie einmal verheiratet und ihrer Zeugungspflicht nachgekommen, dann konnten sie ihren Trieben freien Lauf lassen, sofern sie dadurch nicht öffentliches Ärgernis erregten. Die Prinzessinnen wurden wie Zuchtstuten behütet, damit kein unstandesgemäßer Same die blaublütige Rasse verderbe. Solange sie im erlauchten Elternhaus waren, mußten sie unschuldig sein. Königliche Brautnächte wurden vor Zeugen vollzogen, um die Unbeflecktheit der Braut und die erfolgte Kopulation zu bestätigen. Eigens dazu bestellte Hofwürdenträger versahen das hehre Amt des Zuschauens beim ersten Koitus der Habsburger und Bourbonen, die sich – um der »brüderlichen« Beziehungen der Monarchen willen – in bunter Reihe miteinander vermählten. Die Prinzessinnen behielten auch nach der Eheschließung ihre Familiennamen bei. So wurde der Bourbone Ludwig XIII. von Frankreich nach der Ermordung seines Vaters Heinrich IV. von seinem allmächtigen Minister Kardinal Richelieu mit Anna von Österreich verheiratet, einer Tochter des Königs Philipp III. von Spanien. Auch die spanischen Prinzessinnen aus dem Hause Habsburg trugen den Familiennamen »Österreich« zu Ehren ihrer Abstammung von dem »Erzhaus«. Diese Namengebung sollte eine Konzession gegenüber den kaiserlichen Nachkommen Ferdinands I., des Bruders Karls V., sein, die ihre verschleierte Abhängigkeit vom reichen und mächtigen Spanien auch durch die Annahme des spanischen Hofzeremoniells und der steifen spanischen Etikette bekundeten.

Das Hofzeremoniell Madrids paßte nicht in das lockere Wien. Die österreichischen Hochadeligen fügten sich nur unwillig in die ihnen aufgezwungene Würde. Aber es geschah ja nur nach außen hin, zum »Augenauswischen«, wie man in Wien sagte. Die Fürsten, Grafen und Barone, die, wie ihre spanischen Standesgenossen, neue prunkvolle Fassaden vor ihre Paläste bauten, trieben es wie zuvor. Ihre Hauskaplane erteilten ihnen die Absolution, wenn sie beichteten, und wenn sie nicht beichteten, ihren Segen. Kaiser Rudolf II. zog es vor, im Prager Hradschin zu residieren. Er war einer der wenigen Habsburger, die sich wissenschaftlich betätigten und ernsthaft für Kunst interessierten. Die alte Universitätsstadt Prag wurde von freiheitsliebenden und freigeistigen Adeligen und Bürgern bewohnt, die, kultiviert und reformationsfreudig, zum großen Teil für die Reformation waren. Den Jesuiten, die die österreichischen Erzherzöge erzogen und berieten, erschien der Besitz der böhmischen Wenzelskrone, des »Juwels der Habsburger«, um so mehr gefährdet, als der inzwischen verstorbene Kaiser Rudolf II. den böhmischen Protestanten in einem Majestätsbrief die Glaubensfreiheit gewährleistet hatte. In Österreich und in der Steiermark aber war bereits der Befehl erteilt worden, »Bürger und Bauern mit Prügeln zur Messe zu schlagen«. Der Grundsatz der Erzherzöge war: »Grausamkeit gegen Andersgläubige ist der höchste Grad der Frömmigkeit.«

Diesem Grundsatz wurde allerdings in beiden Lagern des Glaubenskrieges entsprochen, der volle dreißig Jahre dauerte und als politischer europäischer Krieg geführt wurde. In diesen dreißig Jahren waren die Länder des Heiligen Römischen Reiches Deutscher Nation ein einziger Kriegsschauplatz. Die einander bekämpfenden Heere wüteten mit Mord, Brand und Schändung, ließen ganze Landschaften zu Einöden werden, verminderten die Bevölkerung um zwei Drittel, brachten alles Recht außer Geltung und setzten sich über alle Zucht und Sitte hinweg.

Die grausame Zeit verschonte weder Frankreich noch England. In Frankreich brach Kardinal Richelieu mit Gewalt und Geschick die Selbständigkeit des französischen Adels, machte die Krone unabhängig von den Reichsständen und kämpfte den hugenottischen »Staat im Staate« nieder, um die einheitliche Macht eines »absoluten, eines unbedingten Königtums« zu schaffen. In England pochte Karl I. auf den Ausspruch seines Vaters, Jakobs I.: »Wie es Gotteslästerung ist zu erörtern,

»Le Miroir Curieux« – Kupferstich aus dem Jahr 1700, anonym

was Gott tun darf, so ist es Aufruhr, wenn Untertanen erörtern, was ein König tun darf.« Karl I. verlor seine Macht, seine Krone und seinen Kopf im Kampf gegen Oliver Cromwell, der mit der Erklärung: »Die Urquelle aller rechtmäßigen Gewalt ist beim Volk« die Macht in England mit seinen »Rundköpfen« ergriff, den Puritanern und Independenten, die sich zur Unterscheidung von den »Kavalieren«, den Anhängern Karls I., das Haar geschoren hatten. »Wenn du nur wüßtest, mein Sohn, mit wie wenig Verstand der Erdkreis regiert wird«, seufzte der schwedische Staatsmann Axel Oxenstjerna angesichts der Wirren und wilden Zustände. Er spielte nicht unmittelbar auf Ludwig XIII. an, den Kardinal Richelieu zum absoluten Herrscher gemacht hatte und der doch nicht in der Lage war, die leidenschaftliche Beziehung seiner Frau, Anna von Österreich, zu dem englischen Herzog von Buckingham zu verhindern. Er hätte es ohnehin nur aus gekränkter Eitelkeit und nicht aus Liebe getan, denn er war, wie Heinrich III., der letzte Valois, der gleichgeschlechtlichen Liebe ergeben. Auch zog er es vor, in seinem Ehebett mit Hunden zu kosen, statt seine ehelichen Pflichten mit der stolzen Anna allzuoft zu vollziehen. Sie gebar drei Kinder, zwei Söhne und eine Tochter. Ihr ältester Sohn wurde als Ludwig XIV. der »Sonnenkönig«.

Anna, die in voller Jugendkraft Witwe geworden war und ihren geliebten Buckingham durch Meuchelmord verloren hatte, verliebte sich in einen geistlichen Herrn, der Buckingham ähnlich sah. Dieser Priester, als Kardinal Mazarin ebenso berühmt wie berüchtigt geworden, war, wie seine Feinde verbreiteten, der Enkel eines pleite gegangenen Hutmachers aus Sizilien. Richelieu war es gewesen, der Mazarin der Königinwitwe Anna vorgestellt hatte. Sie war dem Charme und der Männlichkeit des hartgesottenen Spielers und Kartenkünstlers im geistlichen Gewand erlegen, der sich zudem als unvergleichlicher Liebhaber erwies, wenn er den priesterlichen Langrock ablegte. Mazarin wurde als Richelieus Nachfolger Staatsminister. Seine Liebesbeziehung zur Königin, die durch eine geheime Ehe besiegelt worden sein soll, verhalf ihm zu unermeßlichen Reichtümern. Und dadurch, daß er die Zuneigung des von ihm erzogenen Thronerben, Ludwigs XIV., gewonnen hatte, vermochte er seine Macht zu sichern und sogar seine durchaus nichtadeligen italienischen Nichten mit den vornehmsten Adeligen Frankreichs zu verheiraten. Eine dieser Nichten, Olympia Mancini, die den Grafen von Soissons aus dem Hause Savoyen heiratete und Mutter des berühmten Prinzen Eugen wurde, war die erste Geliebte des heranwachsenden Sonnenkönigs, der nach dem Tod seines Erziehers die feierliche Erklärung abgab: »l'état c'est moi – der Staat, das bin ich!«

Ludwig XIV. war so erfüllt von der Großartigkeit seiner Person und seiner königlichen Würde von Gottes Gnaden, daß er seine Hofhaltung und Lebensführung dem Glanz anpaßte, den er ausstrahlte und von dem er bestrahlt zu werden wünschte. Er erbaute Versailles, das gewaltige Vorbild aller königlichen und fürstlichen Residenzen Europas. Er stattete seine Jagdschlösser mit jeder nur erdenklichen Pracht aus, er vermehrte die Zahl seiner Höflinge und der Hofangestellten so, daß im Palast von Versailles zehntausend Frauen und Männer bereit waren, ihm in jeder Hinsicht zu Diensten zu sein. Er brauchte nur sein parfümiertes Taschentuch vor die Füße einer schönen Frau fallen zu lassen – und schon genügte dieses Signal seines sinnlichen Interesses, die so nachlässig Erwählte in Liebesbereitschaft zu versetzen. Ob sie verheiratet war oder nicht, was zählte das? Sie erwartete den König, nachdem sie in Essenzen gebadet hatte und mit duftenden Ölen gesalbt worden war, in ihrem für den Beischlaf mit Seiner Majestät gebührend geschmückten Bett. Der Ehemann wurde spazieren geschickt.

Ludwig XIV. war mit der spanisch-habsburgischen Prinzessin Maria Theresia vermählt. Da er auch ihr gegenüber seinen Mann stellte, beklagte sie sich nicht, daß er das sanfte und bescheidene Fräulein de Lavallière zu seiner offiziellen Geliebten machte und vier Kinder mit ihr zeugte. Aber daß er sich in die freche Marquise de Montespan verliebte und auch sie zur Mätresse erhob, während er den Herrn Marquis, der dagegen aufbegehrte, in die Bastille schickte, das verstimmte die Königin. Sie jammerte: »Diese Hure ist noch mein Tod.« Maria Theresia lebte nicht lange. Sie ersparte sich die Peinlichkeit, die Augen schließen zu müssen, als sich Ludwig XIV. in die Erzieherin der Kinder, die ihm die Marquise de Montespan geboren hatte, vergaffte. Dieser unsinnlichen Witwe des gelähmten, witzigen Dichters Scarron gelang es, den König, der sie nicht zum Orgasmus bringen konnte, in ihren Bann zu ziehen. Ihre Frigidität war stärker als die Heißblütigkeit ihres Liebhabers, der mit ihr eine heimliche Ehe schloß und ihr den Titel Marquise de Maintenon gab. Sie verstand es, dem König die Freude an den heiteren Lustbarkeiten, die sein Dasein so angenehm verschönt hatten, zu nehmen. Sie drohte ihm mit der Hölle. Hatte sich der Teufel nicht schon in den »Schwarzen Messen« gezeigt, in den Geschlechtsorgien, die die Marquise de Montespan nach Hexenart veranstaltet hatte? Der König, der dem Teufel der »Schwarzen Messen« die satanische Potenz geneidet und der Marquise ihre Willfährigkeit dem Teufel gegenüber verübelt hatte, begann mit den zunehmenden Jahren zu frömmeln. Er fühlte sich nicht mehr für die Liebe geschaffen, wie seine Untertanen, die er durch sein so glorreiches Beispiel verführt hatte, der Liebe zu leben. Er hatte auch Schwierigkeiten mit der Verdauung. Der »Vater des Rokoko«, der Vater zahlreicher ehelicher und natürlicher, von ihm legitimierter unehelicher Kinder, die später die Daseinsfreude des Rokoko auf die höchste Höhe hoben – er, der königliche Lehrmeister des Lebensgenusses, hatte für alle Bequemlichkeiten in seinen Palästen gesorgt, nur nicht für Aborte. Weder in Versailles noch in Fontainebleau, seinem Lieblingsjagdschloß, gab es »Örtchen«. Über diesen Mangel an »guten Gelegenheiten« beklagte sich die Schwägerin des »Sonnenkönigs«, Liselotte von der Pfalz, die als Gattin des der gleichgeschlechtlichen Liebe ergebenen Herzogs von Orléans nur selten ihren Humor verlor, in einem Brief an die Kurfürstin von Hannover. Sie schrieb wörtlich: »Ich liebe es, gemütlich zu scheißen, und ich scheiße nicht gemütlich, wenn mein Cul auf nichts ruht. Alle Welt sieht uns scheißen, Männer und Frauen gehen vorbei, Mädchen und Burschen, Abbés und Schweizergarden. Es gibt eben kein Vergnügen ohne Peinlichkeit, und wenn man überhaupt nicht mehr scheißen müßte, würde ich mich in Fontainebleau fühlen wie ein Fisch im Wasser ...« Sie verdamme das Scheißen, schrieb sie, sie wisse keine häßlichere Sache. Da sehe man eine schöne Person, sehr lieblich, sehr sauber – was tut sie? Scheißen! War die ganze Welt ein Scheißhaufen oder ein Haufen von Scheißern?

In ihrer deutschen Heimat nahmen Damen und Herren ebenfalls kein Blatt vor den Mund. Auch deutsche Adelige schrieben sinnliche »Sinngedichte«, wie die Herren von Lohenstein, von Hofmannswaldau und Friedrich von Logau, der seinen Lesern »die gute Diät« verschrieb: »Charlotte hat ihrem Arzt gesagt, daß ihr das Liebeswerk des Morgens sehr behagt, allein gesünder sei's, des Abends sich zu pflegen. Nun will sie aber mit Bedacht es täglich zweimal tun: des Morgens, weil's Vergnügen macht, des Abends der Gesundheit wegen.« Und Herr von Grimmelshausen beschrieb in seinem »Simplicius Simplicissimus« ohne Scheu und Scham die Abenteuer eines jungen Mannes, der »seiner adelichen Geburt gemäß auch adelich tat und lebte«. Er hurte bei jeder Gelegenheit, er soff, spielte und schlug sich den Bauch voll, wann immer sich ihm die Möglichkeit zum Trinken, Essen und zu »vornehmer Gaunerei« eröffnete. Seine vielfältigen Erlebnisse mit Damen und Dirnen, mit Herren und Hurentreibern sind typisch für die liederlichen Beziehungen der deutschen Frauen mit den Männern, die vom »Hosenteufel« besessen waren.

Grimmelshausen sprach sich unverblümter aus als sein großer französischer Zeitgenosse Jean Baptiste Molière, der das Ziel seiner Kunst als Dichter und Schauspieler in dem Wunsch zusammenfaßte, »sich mit der Lächerlichkeit der Menschen zu befassen und die Gebrechen aller Art auf dem Theater angenehm zur Schau zu stellen«. Molière kannte die Laster und Schwächen der Gesellschaft, in der er lebte: die Lüge und die Heuchelei, den Geiz und die Kurpfuscherei, die Erbschleicherei mit allen Methoden, mit schönen Worten und bösen Taten, das pompöse Protzentum der Neureichen und die selbstgefällige Beschränktheit der großen Herren, auch die Ludwigs XIV., der ihn zum Hofdichter erhob. Molière verschwieg allerdings seine unrühmliche Vergangenheit als Zuhälter einer Schauspielerin, mit der er in wilder Ehe gelebt und die mehr Liebhaber gehabt hatte als Finger an den Händen.

Ludwig XIV. war ein glorreicher König. Er hatte sein Land durch Raubkriege erweitert. Mit seiner Hilfe hatte sein Vetter Karl II. die Krone Englands, die dessen Vater Karl I. gleichzeitig mit seinem Kopf verloren hatte, wiedergewonnen und die Ausschweifungen, die er in Versailles gelernt hatte, an seinem Hof in London gebräuchlich gemacht. Allerdings gefiel es Ludwig nicht, daß Karl seiner Mätresse, der katholischen Herzogin von Portsmouth, ein »pretty witty« vorgezogen hatte, ein hübsches, witziges, leichtes Mädchen aus dem Volk, und es zu seiner offiziellen Mätresse gemacht hatte, und schon gar nicht gefiel ihm, daß diese Nell Gwynn Protestantin war und daraus kein Hehl machte. Der Protestantismus war Ludwig XIV. bis zu seinem Lebensende ein Dorn im Auge.

Aber noch mehr haßte er die Habsburger, die ihm, in Spanien und im Römischen Reich Deutscher Nation verschanzt, die Oberherrschaft über Europa streitig machten. Um sie zu bekämpfen, verbündete er sich insgeheim mit den Türken und ermunterte sie zum Angriff auf die österreichischen Habsburger. Die Türken marschierten gegen Wien, aber sie belagerten die Kaiserstadt vergeblich; ein Reichsheer schlug sie zurück. In den türkischen Zelten, die von den Siegern erobert wurden, fanden sich Säcke mit grünen Bohnen, die, wenn sie über Feuer geröstet und dann gemahlen und aufgebrüht wurden, ein köstlich belebendes Getränk ergaben: In Wien wurde nach dem Abzug der Türken das erste europäische Kaffeehaus eröffnet. Den Wienern und den Fremden

Rokoko-Zeichnung aus dem Jahr 1780, anonym

schmeckte das Gebräu. Die Franzosen, die den Brauch, Kaffee in öffentlichen Gaststätten auszuschenken, in Paris einführten, schufen dadurch die beliebtesten Zusammenkunftsorte und Rendezvousplätze der Pariser Bevölkerung. Die großen Damen und Herren tranken kostbare Schokolade aus zierlichen Tassen; sie trafen einander in den Spiegelsälen von Versailles und den Salons ihrer Paläste; sie verfügten über Boten, die ihre »billetdoux« austrugen, und Kammerfrauen und Lakaien, die die Rendezvous ihrer Herrschaften vermittelten. Das Kaffeehaus aber wurde das Stelldichein der kleinen Leute, die die Freuden des Lebens und der Liebe ebenso genießen wollten wie die leichtlebige Hofgesellschaft, die sich ihre Vergnügungssucht durch die Schicksalsschläge, die das Alter des »Sonnenkönigs« verdüsterten, nicht beeinträchtigen ließ. Obwohl er es nun durch seine überlegene Diplomatie erreicht hatte, daß ein Bourbone zum Erben der Königskronen des letzten spanischen Habsburgers geworden war, konnte er den frühen Tod seines Lieblingssohnes nicht verwinden. Er wurde schwermütig, während seine Untertanen im ausklingenden Barock zu heiteren Rokoko-Menschen geworden waren.

Das »Zeitalter der Frauen« hatte schon längst begonnen, als der älteste Sohn Liselottes von der Pfalz, der Herzog von Orléans, nach dem wenig betrauerten Tod Ludwigs XIV. die Regentschaft für den jungen Ludwig XV. übernahm. Seine Mutter schrieb über ihn, kurz nachdem er sein hohes Amt angetreten hatte: »Mein Sohn ist nicht delikat. Wenn die Damen nur von gutem Humor sein, brav fressen, saufen und auch frech sein, weiter bedürfen sie keiner Schönheit. Ich habe ihm oft vorgeworfen, daß er so viele Häßliche liebt ... Was man Verliebtsein heißt, kann er nicht begreifen, meint, es stehe nur in Romanen, finde sich aber nicht in der Tat.« Der Herzog von Orléans unterschied sich von den Edelleuten und Damen, die ihm den Hof machten, sehr wohl. Denn Schönheit war gefragt, und Verliebtheit wurde zum geliebten Sinnbild des Rokoko.

Teil 3

Von Paris bis zur Pille

Zeittafel

16. Jh. »Ananga ranga«
1610 »Kin P'ing Me«
1650–1702 Wilhelm von Oranien (1689 König von England)
1671–1729 John Law
1674–1723 Philipp II. Herzog von Orléans
1688–1740 Friedrich Wilhelm I. von Preußen (1713 König)
1689–1755 Charles de Montesquieu
1694–1778 Voltaire
1696–1788 Louis François Herzog von Richelieu
1703–1770 François Boucher
1708–1765 Franz I. Stephan von Lothringen (1745 deutscher Kaiser)
1709–1789 John Cleland
1709–1762 Elisabeth von Rußland (1741 Zarin)
1710–1774 Ludwig XV. von Frankreich (1715 König)
1712–1786 Friedrich II. von Preußen (1740 König)
1712–1778 Jean-Jacques Rousseau
1713–1784 Denis Diderot
1717–1780 Maria Theresia (1740 Königin von Ungarn und Böhmen, Erzherzogin von Österreich; 1745 deutsche Kaiserin)
1721–1764 Jeanne Antoinette Marquise de Pompadour
1725–1798 Giacomo Girolamo Casanova
1729–1796 Katharina II. (1762 Zarin)
1734–1806 Nicolas E. Restif de la Bretonne
1739–1791 Grigorij Fürst Potemkin
1741–1803 Pierre Choderlos de Laclos
1743–1793 Marie Jeanne Gräfin Dubarry
1749–1832 Johann Wolfgang von Goethe
1751–1780 Die »Encyclopédie«
1754–1793 Ludwig XVI. von Frankreich (1774–1792 König)
1755–1793 Marie Antoinette von Frankreich

1 »Die erlaubte Unzucht«

Das Zeitalter des Rokoko

Das Bett beherrschte Paris. Es war nicht nur das glorreiche Sinnbild des lustvollen Geschlechtsverkehrs, sondern auch des in Frankreich herrschenden Rechts: Das höchste Gericht wurde im »lit de justice«, im »Bett der Gerechtigkeit«, abgehalten. In jedem seiner Paläste und Schlösser hatte der Sonnenkönig ein pompöses Bett, das ihm weniger zum Schlafen und Beischlafen denn als Schauplatz seiner Machtentfaltung diente. Sein Neffe Philipp von Orléans, der die Regentschaft bis zur Großjährigkeit Ludwigs XV. führte, interessierte sich nicht für das traditionelle, steife »lit de justice«. Er war ein Liebhaber bequemer Betten, die er seine »Liebesnester« nannte. Liebe war für ihn allerdings nur ein höfisches, zeitgemäßes Schlagwort für die ungezügelte körperliche Vereinigung, das »faire l'amour«, dem er sich so ungeniert und ungehemmt ergab, daß seine Mutter, Liselotte von der Pfalz, ihm in ihrer derben Art vorhielt, er benütze die Frauen wie einen Nachtstuhl.

Die Damen und Herren, die Seine Königliche Hoheit einlud, wußten nie im voraus, ob sie zu einem formellen Souper gebeten waren oder zu einer Orgie. Der Regent feierte seine Feste in voller Gala – oder nackt. Die Evas und Adams in hohen Stöckelschuhen präsentierten ihre grazile Weiblichkeit oder stramme Männlichkeit dem Regenten Frankreichs, der seine geschulten Lakaien, die weder sehen noch reden oder hören durften, anwies, den »Paradiesvögeln«, wie er seine erlauchten Gäste nannte, Erfrischungen zu reichen. Man aß und trank, bevor man sich auf den bequemen Liegebetten der Wollust ergab. Schon das Zusehen verschaffte dem Regenten wollüstige Empfindungen: Wenn er nicht Akteur war, wollte er Voyeur sein. Er genoß mit den Augen, was er unter seiner Würde fand, coram publico mit der Haut zu genießen. Wer nicht an den Orgien des Philipp von Orléans teilnehmen wollte, in deren Ablauf es auch geschehen konnte, daß das Entkleiden und Entblößen erst nach dem festlichen Souper geschah, durfte sich nicht brüsten, zu seinem erlesenen Kreis zu gehören – kam aber als Freund bescheidenerer Gastgeber oft genug vom Regen in die Traufe. Denn die »fêtes d'amour« waren so in Mode gekommen, daß sie der Höhepunkt jeder Festlichkeit waren und in der guten Gesellschaft zur »Erhöhung« des geselligen Beisammenseins nicht selten auch im Freien veranstaltet wurden.

Kupferstiche aus den Jahren 1636–1780, anonym

Die ungeheuren Geldsummen, die für die Vergnügungssucht einer immer zahlreicher werdenden Schicht von Reichen aufgewandt werden mußten, rührten nur zum geringen Teil von den Einkünften ererbter Güter und Ämter her. Das von J. B. Colbert, dem Finanzminister Ludwigs XIV., eingeführte »Merkantilsystem« hatte die Wirtschaft so belebt, daß Frankreich wohlhabend genug geworden zu sein schien, sich den Luxus einer verschwenderischen Hofhaltung und das »süße Leben« der bevorrechteten Stände leisten zu können. Der Erwerb überseeischer Kolonien hatte neue Absatzmärkte erschlossen, und man hatte neue Rohstoffe zur Verwertung im Mutterland gewonnen. Die französischen Besitzungen in Nordamerika nahmen an Umfang zu; an der Mündung des Mississippi, dessen riesiges Stromgebiet zu Ehren des Sonnenkönigs Louisiana hieß, wurde Nouvelle Orléans (New Orleans) nach dem Regenten benannt. Die Erfolge der französischen Handelsflotte regten dazu an, mit dem englischen Handel in Indien in Wettbewerb zu treten.

John Law, ein schottischer Bankier, der in Paris reich werden wollte, gewann die Gunst Philipps von Orléans mit der raffiniert gestellten Frage, warum eigentlich nur Gold und Silber als Währung dienen sollten. An den großen Handelsplätzen der Erde zahle man doch die gelieferten Waren durchaus nicht immer mit barem Geld, sondern mit Wechseln als Anweisungen auf bares Geld. Diese Papiere, die die Unterschrift der Kaufherren trugen und deren Einlösung für unbedingt sicher galt, hatten in der Tat den vollen Wert der Münzen, die sie vertraten. Wenn, so argumentierte John Law, Frankreich diese kaufmännische Gepflogenheit auf den täglichen Gebrauch übertrage, werde es Geld in Hülle und Fülle haben – Papiergeld zwar; aber wenn diese »Münzscheine« durch Unterpfänder, wie Grund und Boden, sichergestellt seien, werde das Papiergeld beständiger sein als

Metallgeld, dessen Gewicht man verändern könne. Philipp von Orléans, von Law überzeugt, erteilte dem Schotten die Vollmacht auf Gründung einer »Generalbank«, die erst »Aktien« genannte Teilhaberscheine und dann Papiergeld ausgab. Bald wurden alle öffentlichen Kassen angewiesen, das Papiergeld der Generalbank auch bei der Entrichtung von Steuern in Zahlung zu nehmen. Das staatlich anerkannte Finanzunternehmen wirkte wie ein wahrer Wohltäter. Es zahlte Wechsel vor der Verfallszeit aus, es eröffnete laufende Konten für Kaufleute und erklärte sich jederzeit bereit, auch in klingenden »Banktalern« von bestimmtem Silbergehalt Zahlung für Papiergeld zu leisten. Die Pariser Rue Quincompoix, in der Bankiers, Geldwechsler und Makler aus aller Herren Ländern Geschäftsstuben eröffneten, wurde zur offenen Börse. Tausende und Abertausende von Franzosen und Fremden drängten sich in der engen Bankgasse darum, ihr Gold und Silber gegen Aktien einzutauschen, die nun von Stunde zu Stunde im Kurs stiegen. Kauf und Verkauf wurden schriftlich festgelegt. Der Flickschuster in der Rue Quincompoix, der seinen Schemel für die Abwicklung von Geschäften zur Verfügung stellte, wurde ebenso reich wie ein Buckliger, der sein »natürliches Schreibpult auf dem Rücken« als Unterlage zur schriftlichen Übertragung der Aktien anbot. Paris und ganz Frankreich verfielen in einen Geldtaumel. Doch gerade das, was den Taumel des Reichtums entfesselt hatte, die vielfache Überbewertung der Aktien, führte zum Krach. Die »Königliche Bank« mußte sich als zahlungsunfähig erklären. Tausende von Familien wurden über Nacht bettelarm. Es nützte nichts, daß der flüchtige John Law zum Sündenbock gemacht wurde. Der Haß und die Verzweiflung der Geschädigten richteten sich gegen den Regenten. Die Männer Frankreichs, besonders die Finanzmänner, machten sich Sorgen – die Frauen nicht. Sie waren die Nutznießerinnen des Rauschs der Verschwendung gewesen, die die finanzielle Schaumschlägerei zur Folge gehabt hatte. Sie machten sich keine Gedanken über die Geldquellen der Männer, solange sie mit dem Luxus versorgt wurden, an den sie sich gewöhnt hatten. Die zunehmende Verschuldung des Königreichs und der Ländereien, die von ihren adeligen Eigentümern bis zum äußersten belehnt wurden, um ihren ausschweifenden Lebenswandel bezahlen zu können, beunruhigte weder die vornehmen Damen noch die Kurtisanen, die nur ein Ziel im Auge hatten: »à la mode« zu leben und zu lieben. Der Tagesablauf dieser modischen Frauen bestand eigentlich nur in einer sorgfältig geplanten Vorbereitung für die galante Nacht. Das »Lever«, der Morgenempfang, den die adligen und bald auch die wohlhabenden bürgerlichen Frauen nach dem Muster des königlichen Levers veranstalteten, bot ihnen Gelegenheit, ihre Reize wie unabsichtlich zur Schau zu stellen. Sie empfingen erprobte und zu erprobende Verehrer im Bett und bei der Toilette. Man zeigte sich beim »Lever« mit Vorliebe Klappbilder, »kuriose Spiegel«, die aus dem Rahmen gehoben werden konnten, um obszöne Kupferstiche oder Aquarelle bloßzulegen. Die Bewerber um die Gunst demonstrierten auf diese Weise ihre speziellen Wünsche und priesen die »Stellungen« an, zu denen sie sich besonders befähigt fühlten. Die wortlose Werbung wurde ebenso gebräuchlich wie die wortlose Kundgebung des Unvermögens oder der Unlust von seiten des Kavaliers: Wenn er seinen Degen unvermittelt in die Ecke stellte oder auf den Boden legte, teilte er dadurch mit, daß er nicht mehr könne oder nicht mehr wolle. Es wäre unhöflich von seiten der Dame gewesen, nach einer solchen Kundgebung auf der Fortsetzung der Liebesbeziehung zu bestehen. Sie wußte, der zumeist aufrecht getragene Degen eines anderen Herrn würde sie für Verlust oder Unlust entschädigen.

Es war »fi donc« – pfui Teufel! –, es gehörte sich ganz und gar nicht, die Sonntagsmesse zu versäumen. »Andächtig gingen alle Schloßherrschaften in die Kirche«, so berichtete der Herzog von Choiseuil, »man wundere sich nicht, wenn man hie und da ein Lächeln die Lippen der Betenden umspielen sieht. Jeder hat ein Buch in der Hand, aus dem er eifrig liest. Dem Einband nach ist das Buch ein Gebetbuch, sein Inhalt aber besteht aus einer Sammlung schlüpfriger skandalöser Geschichten. Daraus macht niemand ein Geheimnis. Alle diese Bücher bleiben die Woche hindurch in der Kapelle zur Verfügung der Lakaien und der Bodenwachser, die sich nach Belieben daran ergötzen können.« Besonders die Damen der großen Welt waren begierig, durch die schamlose Lektüre das »Einmaleins des Obszönen« und die Vokabeln zu erlernen, die zur möglichst drastischen Beschreibung des Geschlechtsverkehrs nötig waren. Schamlose Ausdrucksweise war gefragt, besonders bei Hof und in höfischen Kreisen, da der Kontrast des unverblümt Derben im Gespräch mit der gezierten Manieriertheit des Benehmens aufreizend wirkte. Und wenn die eigene Phantasie nicht hinreichende Variationen der Liebeständelei und des Geschlechtsverkehrs ermöglichte, dann halfen die Schriftsteller und Spezialisten der Liebe nach, die keine Möglichkeit des Genusses in ihren oft nur um des Vergnügens der Mitteilung willen verfaßten Romanen, Pamphleten und Gedichten außer acht ließen. Die mit allen Mitteln nach wollüstiger Zweisamkeit strebenden Frauen und Männer der galanten Epoche besorgten sich um jeden Preis kleine, kokett ausgestattete Bändchen, »Almanache«, in denen gehörnte Ehemänner und plump entjungferte Mädchen verspottet wurden, während das »trou-Madame«, das »Damenloch«, in seiner sinnlichen Wirksamkeit alle Ehre – Ehre, wem Ehre gebührt! – erfuhr. Um der geschlechtlichen Gerechtigkeit willen wurde in gelenkigen Versen auch dem Priapus, dem »griechischen Gartengott«, Tribut gezollt. Der Abbé de Grécourt veröffentlichte mit der tätigen Hilfe der Prinzessin de Conti eine Sammlung galanter Gedichte, die in den allerhöchsten Kreisen die Runde machten. Andere hohe Herren verfaßten in gemeinsamer Arbeit zur Verhöhnung der »Gesellschaft Jesu« die »Lustige Gesellschaft«, die, wie nachzulesen, eine neue Ordnung des Kalenders zur Ordensregel machte: Die Monate und Tage sollten nicht mehr den Heiligen geweiht sein, sondern der Lust. Für jeden Monat gab es einen Leitfaden der geschlechtlichen Zerstreuung, die keine Stelle der genußfreudigen Körper ausließ. Die in allen Einzelheiten beschriebenen Stellungen der Liebesvereinigung wurden durch Namensgebung katalogisiert: der »postilion« des August wies auf die erogenen Zonen träger Männer hin, die doch erregt werden könnten, der Dezember war die Jahreszeit der »voyeurs« und »voyeuses«, der lustvollen

Zuseher und Zuseherinnen. Der Kalender der »Lustigen Gesellschaft« endete mit einer besonders üblen Blasphemie: Der 25. Dezember wurde als »Fest der Hahnreie« begangen – zu Ehren des heiligen Josef.

Gotteslästerung und Schamlosigkeit – darum ging es den adeligen Verseschmieden, deren Gedichte durch die Vermittlung indiskreter Lakaien in Gast- und Kaffeehäusern wiederholt, in Ton gesetzt und von Bürgern und Bürgerinnen bei ausgelassenen Zusammenkünften gesungen wurden. Das war nicht nur in Paris üblich. In Wien und Berlin wurde durch kaiserliche und königliche Verordnungen gegen »alles, was unsittliche und ungereimte Zoten enthält«, vorgegangen – man verbot, daß »verschiedene scandaleuse, theils wider die Religion, theils wider die Sitten anlaufende Bücher und Schriften in Unseren Landen verfertiget, verleget und debitiret werden«. Die sittenpolizeiliche Zensur griff zu, und sie verhinderte auch, wo sie nur konnte, die Drucklegung der Werke von »boshaften Schriftstellern«. Diese Maßnahmen beschränkten wohl die Zahl der Leser,

Kolorierter Stich aus dem Jahr 1810, anonym

aber nicht die der Schriften, die gerade durch die Verbote Raritätswert erlangten, von Liebhabern gehortet und im engsten Kreis verbreitet wurden. Es war überall, in allen Großstädten, das gleiche: Skandalöse Begebenheiten, anrüchige Nachrede und üble Gerüchte erregten zwar öffentliches Ärgernis, aber auch die verzückte Neugier der Bevölkerung, die doch, wenn auch indirekt, am so beneidenswerten Leben der Großen und Reichen teilnehmen wollte. Wer nur einige armselige Kupfermünzen mit harter Arbeit verdiente, konnte es sich kaum leisten, teure Kupferstiche zur Belebung seiner Sinnlichkeit zu erstehen. Das »Geschlechtsleben im Bild« kaufen zu können, war Privileg der Bevorrechteten, die davon so eifrig Gebrauch machten, daß spezialisierte Handwerker ausgebildet wurden, um dem immens wachsenden Bedarf zu genügen. Auch Schauspielerinnen und Schauspieler durften, um ein anspruchsvolles Publikum zufriedenzustellen, weder mit ihren angeborenen Reizen noch mit denen erlernter Worte sparen. Ihr Beruf war seit langem schon und wurde noch lange nicht als »ehrbar« eingestuft: Komödianten galten als unsittliches Gesindel, die Frauen als Huren, die Männer als Zuhälter, auch in England – trotz der Achtung, die Shakespeare gewonnen hatte.

Bei öffentlichen Aufführungen mußten die Schauspielerinnen und Schauspieler sich begreiflicherweise den Vollzug des Geschlechtsakts auf der Bühne versagen. Aber bei Privataufführungen, wie hohe Herrschaften sie veranstalteten, gab es keine »undue«, keine »unpassende« Schamhaftigkeit. Die erfinderischen Spielleiter ließen keine Möglichkeit außer acht. Das zeigt unter vielen anderen ein Bild, in dem ein Kavalier seiner Dame sich in frecher Zudringlichkeit nähert, aber doch nicht zum Ziel kommt, weil ein Knabe mit unverschämter Hand sein erregtes Glied verfrüht zum Erguß bringt, den das verschämt hingehaltene Käppchen des lustigen Knaben auffängt, während der sich seinerseits geschickt mit dem Finger seiner anderen Hand an der Scham der Dame ergötzt.

Die deutschen Fürsten, die den brennenden Ehrgeiz hatten, die Hofhaltung von Versailles und die »grande vie«, das »große Leben«, der französischen Herzöge und Marquis zu kopieren, konnten es allerdings nicht wagen, solche Szenen auf den Bühnen ihrer Hoftheater zu zeigen. Sie waren weder so ungebunden wie ihre französischen Standesgenossen, noch verfügten sie über phantasiereiche Spielleiter und ungehemmte Gäste, die das Leben und die Liebe ebenso leichtnahmen. Ihre wirtschaftlichen Verhältnisse waren beengt. Bedenkenloses Schuldenmachen, um für die extravaganten Zerstreuungen flüssig zu sein, war nicht so in Mode wie an Seine, Loire oder Rhone – der Rhein war nicht deutsch, und die Macht war zersplittert.

Die Mischung französisch-leichtfertiger Mode mit der überlieferten, mittelalterlichen Courtoisie, die an den deutschen Fürstenhöfen herrschte, ließ keine innere Fröhlichkeit aufkommen. Roheit und Schamlosigkeit verbanden sich zu einer ungeschlachten Lebensform, die weder durch den Zopf, in den das lange Haar der Herren geflochten, noch durch den Puder, mit dem es bestäubt wurde, galanter und eleganter wurde. Den Zwiespalt des Glaubens und der Sitten, der in den Herzen und Hirnen der deutschen Fürsten nicht zur Ruhe kam, den inneren Kampf zwischen besinnlicher Vernunft und sinnlicher Freude charakterisierte der Ausspruch des preußischen Königs Friedrich Wilhelm I.: »Meine Frau Mutter war eine kluge Frau, aber eine böse Christin.« Philosophisch geschult zu sein, Musikinstrumente und Sprachen zu beherrschen, das war doch zuviel des Guten für eine fürstliche Frau, die, wie alle deutschen Frauen, den Herd, wenn auch mittelbar durch ihre Mägde, zu betreuen und im Ehebett willig zu sein hatte und nicht mehr. Für ihre geschlechtlichen Lüste, für die sie ihre Ehefrauen als zu ehrbar erachteten, hielten sich die »Serenissimi«, die durchlauchtigsten Fürsten und Hoheiten, Mätressen. Der Standesunterschied, dem die Fürsten und – in der Hierarchie abwärts – die Adeligen, die Bürger und die Bauern mit ausgesuchter Pedanterie Rechnung trugen, ließ es nicht zu, daß sich edle Damen unerlaubten Zerstreuungen ergaben. »Gleich und gleich gesellt sich gern« – oder ungern, denn es scheint, daß die gesellschaftlichen Schranken von den deutschen Damen und Frauen nur selten durchbrochen wurden. Die Männer ja – die Frauen nein: Die doppelte Moral, zu der die deutsche Weltanschauung ohnehin neigte, wurde durch die deutschen Fürsten nach Tunlichkeit bestätigt. Nur die Dichter gaben ihren spärlichen Lesern und Leserinnen einen poetischen Ausblick auf eine heiterere, lustvollere Zeit. Sie verherrlichten den »Schoß der Jungfrauen und Frauen« in gespreizten Versen und waren, wenn auch unbeholfen, so doch ehrlich bemüht, »die wonnigen Klammern der Glückseligkeit« anzupreisen. Sie ermunterten die Frauen: »Schäm Dich Deiner Schönheit nicht, nicht des nackten feinen Baues Deines Körpers, nicht des Taues, der Dianens Gärtchen tränkt …« Sie verstiegen sich in Allegorien, um nur ja nicht vulgär zu werden. Während in den Fastnachtsspielen nach wie vor, wenigstens in der kurzen Zeitspanne des Karnevals, Lust und Liebe zur Schaustellung kamen, bequemten sich die vorsichtigen deutschen Schriftsteller zur Anerkennung des Feigenblatts – allerdings nicht ohne einen scheuen Blick darunter zu wagen. Mit Feigenblättern sittsam kaschierte Statuen nackter Jünglinge und Mädchen – frei der Antike nachgebildet – zierten die Alleen und Rondelle der Parks der nach dem großartigen Muster von Versailles – wenn auch meist in bescheideneren Ausmaßen – errichteten fürstlichen Residenzen Deutschlands. In den ummauerten Gartenanlagen von Schönbrunn bei Wien und Nymphenburg bei München, hinter Gebüschen oder Baumgruppen, standen zierliche Pavillons, die zu verschwiegenen Rendezvous einluden: Die Serenissimi, die sich ihrer eigenen Zügellosigkeit schämten, ahmten den in Frankreich üblichen Gebrauch von verborgenen Lusthäusern nach, um sich insgeheim ihrer gelegentlichen Ausschweifungen zu erfreuen.

Die »petites maisons« in Paris und in der Umgebung von Paris, die den Verliebten die Ungestörtheit gewährleisteten, waren echte Zufluchtsstätten. In diesen »petites maisons«, die von den Lebemännern mit allem nur erdenklichen Luxus ausgestattet wurden, herrschten die Frauen, für die sie erbaut und möbliert worden waren. Je reicher ein Liebhaber war, desto köstlicher ausgestattet war die »petite maison«, deren Besitz zur Selbstverständlichkeit jedes in der Liebe engagierten Mannes von Stand und Rang wurde. Einige dieser Schauplätze der Lust waren zudem private Bühnen ihrer Besitzer: Um die Spiegelwände der Schlafzimmer waren Logen so eingebaut, daß man das, was im Bette geschah, durch Gucklöcher beobachten konnte. Die Lust zu schauen ging der ausübenden Lust der Übersättigten voran, die eines aufmunternden Beispiels bedurften, um noch »spielen« zu können. Manche hochadelige Herren hatten sogar mehrere »petites maisons«, um jeder ihrer oft zahlreichen Geliebten, deren Gunst sie zu gleicher Zeit genossen, den Eindruck geben zu können, sie sei die einzige, die in einem ausschließlich ihr gehörenden Bett mit ihm schlief. Aber nicht nur die großen Herren, auch die leichten Damen nahmen an der Mode, eine »petite maison« zu haben, teil. Die Schlüssel zu den kleinen Lusthäusern wurden den bevorzugten Liebhabern, die ihren Preis dafür zahlten, für Tage, Wochen oder Monate überantwortet. Die Schlüssel hatten eine ähnliche Bedeutung wie die Keuschheitsgürtel. Nur wer sie besaß, hatte das Recht, die Türe des kleinen Hauses zu öffnen und die Umarmung der Besitzerin zu genießen.

Es war kein Zufall, daß in diesen gezierten Jahrzehnten die »Chinoiserien«, aus dem Fernen Osten importierte kunstgewerbliche Arbeiten, in keinem eleganten Pariser Haushalt fehlen durften. Nur wenige stolze Eigentümer der köstlich bemalten Lackkästchen und -schränke, der glänzenden Vasen, Schalen und grotesken Plastiken waren sich dessen bewußt, daß das fremdartige Zierwerk ihrer Salons und Schlafzimmer unerläßliche Bestandteile der Sitten Ostasiens waren. Der Wunsch, sich an solchen exotischen Gegenständen zu erfreuen und sie als Gebrauchsgegenstände zu verwenden, war seit der Ausweitung des Handels mit Fernost und dem Wachstum der Faktoreien und Kolonien dort durch Druckwerke angeregt worden, die als »Kunst-, Kultur- und Sitten-Spiegel« angeboten wurden.

Das »Li-Ching«, das »Buch der Riten«, das als unentbehrliche Grundlage der Erziehung die Sitten Chinas entscheidend beeinflußt hatte, war eine Sammlung von Anstandsregeln, von Geboten des Benehmens, die sich nicht nur auf das Einhalten der äußeren Formen im alltäglichen Umgang der Menschen miteinander und bei öffentlichen Veranstaltungen bezogen, sondern auch auf ihre innere Haltung und Gesinnung. Wer die »gute Sitte« beachte, auf Schicklichkeit in der Kleidung und auf die Kontrolle des Mienenspiels achte, wer seine Rede sorgfältig setze, der entspreche den Gesetzmäßigkeiten des Lebens. Die Wahrung des Zeremoniells bei allen Gelegenheiten eine die Menschen und sei die Voraussetzung der würdigen Bestattung der Toten und der gebotenen Verehrung des Himmels. Der Ausspruch des von den Jesuiten »Konfuzius« genannten »Großen Meisters« Kung-fu-tse: »Was du nicht willst, das dir angetan werde, das tue niemand anderm an«, war das Grundgesetz der chinesischen Moral. Seine Lehren vom »richtigen Benehmen« beeinflußten die Gewohnheiten des täglichen Lebens und bestimmten den Brauch so stark, daß sogar die Einfachsten und Ärmsten von der unerläßlichen Notwendigkeit schicklicher Manieren überzeugt waren und sich noch in den ungezwungensten Situationen, auch im Geschlechtsverkehr, daran hielten. Für jede Verrichtung gab es ein Zeremoniell, das von hoch und niedrig, von Mann und Frau beobachtet werden mußte, denn wer die Gebote übertrat, wurde unwiderruflich aus der Gemeinschaft ausgestoßen – aus der Gemeinschaft der Familie, des Dorfes, der Stadt, des Reiches. Die zusätzlichen Strafen waren hart. Bambusstab und Peitsche verschonten weder Rücken noch Gesäß der Frau oder des Mannes, die sich schuldig gemacht hatten gegen den Glauben, den Staat, das Eigentum und die Sitte. Wann, wo, wie oft und wem gegenüber man Kotau machte, wie und bei welcher Gelegenheit man Tee trank, wie ein Mann sich seiner Hauptfrau und den Nebenfrauen gegenüber benahm, wie die Hauptfrau, die Nebenfrauen und die »Blumenmädchen« sich den Männern gegenüber verhielten beziehungsweise unterwarfen – all das war in jeder nur möglichen Variation ebenso festgelegt wie die Handelsbräuche und die wirtschaftlichen Abhängigkeiten der unteren Bevölkerungsschichten. Das waren Notwendigkeiten, aber schließlich doch nur Äußerlichkeiten im geregelten Ablauf des Daseins. Eine andere Lehre, die Konfuzius gekannt, sich aber nur zum Teil zu eigen gemacht hatte, erfüllte das Innenleben jener Chinesen und Chinesinnen, die sich nicht zum Glauben Buddhas und damit zur bedingungslosen Abkehr von den irdischen Freuden bekannten. Es war die Lehre des Lao-tse, der den Begriff des »Tao« so volkstümlich gemacht hatte, daß er für den größten Teil der Chinesen Grundlage ihres Glaubens und Denkens wurde und ihre Art zu leben nicht minder beeinflußte als die Regeln des Kung-fu-tse. Die einfachsten Erklärungen für das Wort »Tao« sind: »Der Weg zur Natur«, allerdings auch »Der Sinn« schlechthin.

»Der Weg zur Natur« des »Tao« wurde von Chuang-tse, der mit dem Rufnamen »Chu« hieß, als Glaubenssatz mit philosophischen Darlegungen untermauert. Er predigte damit jenes »Zurück zur Natur«, von dem Jahrhunderte später im Frankreich des Rokoko Jean-Jacques Rousseau schwärmte, der mit diesem Schlagwort eine geistige Revolution hervorrief. Chuang-tse war nicht nur Philosoph, er war auch Dichter und dialektischer Spötter, wenn es galt, seine Lehre von der Relativität, der »variierenden Betrachtungsweise«, volkstümlich zu machen. So sagte er: »Wenn die Gestalt einer schönen Frau, die von allen Männern bewundert wird, sich im Wasser widerspiegelt, schwimmen die Fische erschreckt davon.« War der Mensch auch wirklich körperhaft, oder war er nur eine Traumgestalt? Das Spiel der menschlichen Einbildungskraft zwischen Schein und Wirklichkeit scheint die chinesischen Frauen und Männer in ihrem alltäglichen Umgang mit ihren Mitmenschen, im Geschäftsleben und im Bett, ebenso beängstigt wie beglückt zu haben. Die Umgangssprache war poetisch überhaucht. Selbst die ärmsten und niedrigsten Handlanger verbrämten das, was sie sagten, mit Gleichnissen und Wortbildern, die sie den volkstümlichen Dichtungen entlehnten.

Die Verwendung empfindsam schwärmerischer Redensarten bei jeder passenden oder unpassenden Gelegenheit war durch die hochsinnigen, verfeinerten chinesischen Kaiser zum Brauch geworden, die darauf bestanden, daß Ansprachen und Berichte ihrer Würdenträger in klingenden und vollendeten Reimen vorzutragen seien. Der Reichtum des »Reiches der Mitte«, an dem die gesamte Bevölkerung teilnehmen konnte, und die emsige Kunstfertigkeit der Handwerker hatte eine allgemein gehobene Lebensführung zur Folge gehabt, die den Luxus des Alltags selbstverständlich werden ließ. Die Verschönerung des Daseins in jeder Hinsicht wurde zur lebendigen Gewohnheit aller Gesellschaftsschichten – im Verhältnis zu ihren Möglichkeiten. Als schön galt eine Frau, wenn ihr Gesicht breit war, »voll wie der Mond«. Es war Sitte, die Füße von Mädchen aus guten Familien schon in der Kindheit so fest einzubinden, daß sie verkrüppelten: Je kleiner der Fuß, desto reizvoller die Frau, die als »Goldene Lilie« mit ihrem trippelnden Gang die Sinnlichkeit der Männer erregte. Der Fuß einer Frau war ihr einziger Körperteil, von dem nicht gesprochen werden durfte – es galt als unanständig, sich über Zehen oder Schuhe in Gegenwart einer Frau zu äußern. Wenn aber ein Mädchen einen ganz besonders kleinen Fuß hatte, durfte diese Eigenschaft im Ehevertrag erwähnt werden, denn ein winziger Fuß wurde höher bewertet als eine hohe Mitgift. Wenn es sich jedoch in der Ehe herausstellte, daß der Fuß größer war, als der Mann angenommen hatte, so war das ein Scheidungsgrund. Die Moral, die als die »gesunde Grundlage des Hauses« bewertet wurde, war, was das Geschlechtliche betraf, nach europäischen Begriffen locker. Es galt wohl als ethischer Grundsatz, möglichst viele Kinder in die Welt zu setzen, aber nicht mit der gleichen Frau. Mädchen sollten keusch in die Ehe treten, sogar eine zufällige Berührung mit einem Mann galt als unkeusch; aber die Männer mußten, wenn sie ihren Mann in der Ehe stellen wollten, lernen, wie man »es« am besten tat. Bordelle, die mit einladenden Namen lockten, gab es in jeder Ortschaft, denn der Geschlechtstrieb des Mannes wurde, wie der Appetit, als eine natürliche Gegebenheit angenommen. Wenn ein Mann sich nicht mit »Blumenmädchen« vergnügte, machte er sich lächerlich oder galt als geheimer Päderast, der sich unverständlicherweise scheute, sein Verlangen nach Knabenliebe offen zu gestehen, und dadurch Tscheou-Wang, den »Göttlichen Schutzherrn der erlaubten Unzucht«, beleidigte. Unter Frauen wurde die gleichgeschlechtliche Liebe als »natürliches Übel« angesehen – die chinesischen Männer liebten es, dem Vollzug dieses »Übels« zuzuschauen. Was immer die Sinne anregen oder die Erregung steigern konnte, war wünschenswert: bildhafte Darstellungen des Geschlechtsverkehrs, Pillen und Salben zur Stärkung der Männlichkeit, aufreizende Lieder über jede einzelne Stellung des intimen Beisammenseins. Als guter Durchschnitt galt es, wenn ein Mann mit vierundzwanzig Abwandlungen des köstlichen Spieles verwöhnt wurde, die zum »Wolkenbruch« führten, dem Samenerguß. Konnte ein Mann es sich leisten, seine Kinder gebührend zu versorgen, dann konnte und sollte der Wolkenbruch die »träufelnde Saat des Himmels« sein. Wenn er aber zu arm war oder sich dem »Tao« weihte, mußte er »unterbrechen«. Der Coitus interruptus, der die Zeugung und damit unerwünschten Kindersegen unmöglich machte, unterbrach den Rhythmus des Tao, »die Kette des menschlichen Lebens«.

Das Familien- und Liebesleben eines reichen, typisch ausschweifenden Kaufmanns namens Hsi-Men-K'ing schildert der chinesische Sittenroman »Kin P'ing Me«, dessen Titel wörtlich übersetzt »Pflaumenblüte in goldener Vase« bedeutet, aber auch »Schöne Frauen in reichem Haushalt«. Das Buch war wegen der Offenheit, mit der sexuelle Szenen geschildert werden, in China zwar behördlich verboten, wurde aber von gewissenhaften Erziehern sowohl zur Belehrung als auch zur Warnung empfohlen. Im »Kin P'ing Me« gibt es keinerlei geschlechtliche Hemmungen. Die Vielseitigkeit der Männer, die sich nie mit einer einzigen Frau begnügten, führt sie in die Häuser der »Blumenmädchen«, von dort in die Nachbarhäuser zum heimlichen Genuß des Ehebruchs. Wer zahlt, darf lieben. Wessen Frau einen einträglichen Liebhaber hat, darf betrügen. Die poetischen Zwischentexte, die den Ablauf der Handlung des »Kin P'ing Me« unterbrechen, sollten die wirklichkeitsnahen Schilderungen und Dialoge durch ihren allegorischen Inhalt nicht verschleiern, sondern durch die gehobene Sprache verallgemeinern und erläutern. Die »Goldene Lotusblüte« und Herr Hsi-Men-K'ing verkörpern die typische Nebenfrau und den typischen Herrn des Hauses und Mann von Welt, die sich in jeder Provinzstadt Chinas und gewiß auch in Peking unverschämt miteinander vergnügten. Die Lust des Liebesspiels bei jeder sich bietenden Gelegenheit war im »Reich der Mitte« kein Laster. Vielfach variierter Geschlechtsverkehr und raffinierte Seitensprünge gehörten zu den Lebensgewohnheiten der Chinesen genauso wie alle Bräuche, die damit verbunden waren. Wohlhabende Hausväter besaßen das »Hua-Yung-Chin-Chen«, das »Bilderbuch der verschiedenen Stellungen im Kampf der Geschlechter«. Man las den belehrenden »Traktat aus dem Schlafzimmer« des »Fang-nei-chi«, einer Sammlung medizinischer Hinweise, oder »Die Frau auf dem Mond«, den Roman einer Kaiserin, die sich mit ihrem »Herrn des Himmels« aller Spielarten der Liebe erfreute.

Trotz der in allen Gesellschaftsschichten Chinas mit so kunstvollem Eifer betriebenen Liebeslust scheint es kein umfassendes chinesisches Lehrbuch des Geschlechtsverkehrs gegeben zu haben, wie etwa die Anleitungen des indischen »Kamasutra« oder des »Ananga ranga«, des indischen »Theaters der Liebe«, das auch »Das Schiff auf dem Ozean der Liebe« genannt wurde und eine modernisierte Ausgabe des »Kamasutra« ist. Im wesentlichen enthält das »Ananga ranga« außer Anweisungen für den Geschlechtsverkehr auch Ratschläge und Rezepte zur besseren Vorbereitung und zur Erhöhung des Genusses. War es nicht für jeden »Beflissenen« wichtig, wie er den Erguß verzögern und dadurch die Lust verlängern, welche Mittel er zur Steigerung seiner Gefühle anwenden konnte? Die Frauen sollten belehrt werden, wie sie ihre Yoni verengen könnten und parfümieren sollten. Sie erfuhren, mit welchen Maßnahmen sich die Pein der monatlichen Regel mindern, wie sich ihre Brüste festigen und die lieblichen Spitzen heben lassen. Die natürliche Anziehung der Geschlechter reiche nicht hin und halte nicht an, so heißt es im »Ananga ranga«, wenn Frauen und Männer nicht erführen, wie sie einander reizen, bezaubern und aneinander binden könnten. Da gab es Liebestränke und den betörenden Duft von Weihrauch, und wenn die berauschenden Getränke und Düfte nicht genügten, gab es Zaubersprüche, die ihre Wirkung nur selten verfehlten.

Der indische Lingam-Kult, die rituelle Anbetung des erregten männlichen Gliedes als Sinnbild der Zeugungskraft, blieb mit dem Glauben an die großen Gottheiten (Schiwa, Krischna, Brahma) verbunden, der sich trotz der Ausbreitung des Buddhismus in einem großen Teil der Bevölkerung behauptet hatte. Im kleinsten Dorf huldigte man dem Lingam ebenso wie an den luxuriösen Höfen der Fürsten, die ihr ausschweifendes Geschlechtsleben von Generation zu Generation durch »Neuerungen« zu stimulieren bemüht waren. Die angeblichen Neuerungen waren jedoch lediglich Umgestaltungen überlieferter Bräuche, Vervielfältigung und Abwandlung der ursprünglich kultischen Orgien, denen sich ihre Vorfahren schon ergeben hatten.

Die Fürsten lebten abgesondert von den Massen der Bevölkerung. Solange sie ihren Luxus ungestört beibehalten konnten, wehrten sie sich kaum oder nicht gegen die bewaffneten Scharen der britischen Kaufleute von der Ostindischen Kompanie, die den Handel Indiens an sich rissen. Jeden außerberuflichen Kontakt mit den Eingeborenen vermieden die Engländer. Ihnen waren die Inder, ob hoch oder niedrig, lediglich Objekte der Ausbeutung, und dementsprechend geringschätzig wurden sie behandelt. Ihre Lebensgewohnheiten und Bräuche, besonders die des Geschlechtlichen, galten den Weißen als verächtlich. Aber diese Attitüde nahmen die Briten nicht nur in Indien ein, sondern auch in allen Gebieten Asiens, Afrikas und Amerikas, in denen sie Handelsniederlassungen oder Kolonien errichtet hatten. Was den Eingeborenen als natürlich galt, erschien ihnen als lasziv – es wurde als »orientalisch« verworfen. Aber wie sah es denn im Mutterland aus? Die zeitgenössischen englischen Pamphletisten machten sich in ihren unzüchtigen Broschüren über das »roll up and down« lustig, die so primitive Art des Geschlechtsverkehrs der englischen Adligen und Bürger, sie verhöhnten die verlogene Prüderie der oft genug wider ihren frommen Willen sexuell bedrängten, puritanisch scheinheiligen »Hüter der Sittlichkeit«, die doch zugleich ihre besten Kunden waren. Weder die Regierung noch die Polizei wollte es wahrhaben, daß an der Themse »die verborgene Schamlosigkeit bis zum äußersten« betrieben wurde. So war die gute Gesellschaft der City auf das peinlichste berührt, als ein Gentleman aus ihrer Mitte, Sohn eines Obersten und Mitglied des exklusiven Spectator-Clubs, Zögling des vornehmen Westminster Colleges, der Seiner Britischen Majestät Konsul in Smyrna und Bombay gewesen war, ein skandalöses Buch veröffentlichte mit dem Titel »Memoirs of a Woman of Pleasure – Die Memoiren einer Kurtisane«. John Cleland Esqu., der alle diesbezüglichen Erfahrungen im Orient gesammelt und in London vervollständigt hatte, war nicht aus freien Stücken zu dem Entschluß gelangt, dieses englische Sittenbild seiner Zeit zu schreiben. Er saß wegen der Schulden, die er zur Bestreitung seines allzu lustigen Lebenswandels gemacht hatte, im Gefängnis. Die einzige Aussicht, freizukommen,

Fanny Hill – Heliogravur aus dem Jahr 1909 von Paul Avril (1843/49 (?)–1928)

THE CEREMONIAL OF FANNY'S INITIATION

bot ihm der Vorschlag eines Herausgebers obszöner Druckschriften, er werde die Schulden bezahlen, wenn Cleland einen »sinnlichen Roman« schreibe. Der wohlgeborene Exkonsul wählte sich das Mädchen Fanny Hill zur Heldin, die als »woman of pleasure« den kurzen Ruhm ihres literarischen Schöpfers bis heute überlebt hat. Cleland, nun auf freiem Fuß, wurde aufgefordert, sich für den Skandal, den sein Buch verursachte, vor dem »privy council« zu verantworten. Der hochgeborene Lord Granville jedoch sprach den Angeklagten nicht nur frei, sondern verfügte sogar, daß ihm von Staats wegen eine jährliche Pension von einhundert Pfund Sterling auszuzahlen sei, damit er in Zukunft nicht durch seine Armut verführt werde, ähnliche »Schundwerke« zu verfassen. Cleland erfreute sich der Pension und eines langen Lebens, das er, wie es einem Gentleman geziemte, in ländlicher Zurückgezogenheit verbrachte. Seine Fanny Hill aber eroberte im Sturm Tausende und aber Tausende Leser in aller Welt, die sie mit der naiven Unbekümmertheit ihres hemmungslosen, in allen intimen Details erzählten Liebes- und Geschlechtslebens entzückte. Fanny Hills Schicksal ist typisch für das, was mit den vielen jungen Mädchen vom Lande geschah, die in London von Bordellwirtinnen unter falschen Vorspiegelungen der Prostitution zugeführt wurden. Fanny muß alle Techniken des Geschlechtsverkehrs erlernen, um in dem »Schandberuf« erfolgreich zu werden: Eine erfahrene Dirne unterrichtet sie in der Zungenfertigkeit der lesbischen Liebe, bevor sie einem alten, abscheulichen Lüstling ihre Jungfernschaft preisgeben soll. Sie erwehrt sich der Überrumpelung. Aber die Liebesspiele der Bordellhalterin mit einem Soldaten sowie einem andern Freudenmädchen und deren Liebhaber, denen Fanny in neugieriger Unschuld zusah, erregen ihre Sinnlichkeit und ihre Phantasie. Sie wird endlich von Charles, einem jungen Gentleman und häufigen Besucher des Bordells, entjungfert. Die unwahrscheinliche Sensation, die Reize einer unverfälschten Jungfrau ohne entsprechenden Gebührenzuschlag in einem Freudenhaus genossen zu haben, entzückt Charles so sehr, daß er Fanny, die sich in ihn verliebte, entführt und so lange glücklich mit ihr lebt, bis sein vornehmer Vater das Idyll dadurch unterbricht, daß er den liederlichen Sohn auf eine Handelsniederlassung in die Südsee schickt. Die verlassene, an dem Schmerz der Trennung erkrankte, mittellose Fanny muß sich nun von ihrer Hauswirtin an einen Lebemann verkuppeln lassen, um existieren zu können. Ihr neuer Liebhaber betrügt sie mit ihrem Dienstmädchen, und sie ihn aus Rache mit einem Bediensteten. Da für die verschiedenen Geschlechter keineswegs gleiches Recht gilt, weist ihr empörter Gönner sie kurzerhand aus dem Haus. Als einzig sichere Zuflucht für das gefallene Mädchen bleibt ein Bordell. Sie erlernt den Trick, wie ein Mädchen, das seine Jungfernschaft verloren hat, es anstellt, sich mit Hilfe eines künstlichen Hymens von einem zahlungskräftigen Besucher die nichtexistente Jungfräulichkeit rauben zu lassen, und sie lernt auch, welche reizvoll vielfältigen Möglichkeiten es gibt, den Geschlechtsverkehr zu zweit oder zu dritt auszuüben, je nach den gelüstigen Wünschen der Kunden. Übung macht auch hier die Meisterin. Aber die freundliche Bordellhalterin, in deren öffentlichem Haus Fanny und ihre ebenso eifrigen Kolleginnen bequeme Ruhe und Sicherheit gefunden haben, ist ihrer Tätigkeit müde und schließt ihr menschenfreundliches Institut. Abermals ist Fanny auf sich allein gestellt, doch nun nicht mehr mittellos. Sie kann sich als »Witwe eines Matrosen« auf das Land zurückziehen und abwarten, was das Leben ihr bringen wird. Es bringt ihr einen alten Junggesellen, der sie als Haushälterin anstellt und liebevoll behandelt, wenn sie sich seinem sexuellen Verlangen fügt, sie aus Liebe und nach Belieben zu prügeln. Fannys Bedürfnis nach Seßhaftigkeit macht ihr Sitzfleisch unempfindlich. Sie harrt aus, bis der Alte stirbt und ihr zum Dank für ihre gefällige Gefügigkeit sein Vermögen hinterläßt. Die kleine Prostituierte Fanny ist nun eine große Dame. So oft war sie gezwungen gewesen, Liebe zu heucheln, daß sie endlich Liebe empfinden will – mit ihrem Charles. Sie macht sich auf die Suche nach ihm und findet ihn tatsächlich in einem Wirtshaus. Charles hat in der Südsee kein Glück gehabt – und jetzt wird Fanny sein »Hafen«. Sie hält mit keinem ihrer Erlebnisse zurück, sie

Radierung aus dem Jahr 1810 von Vivan Denon (1747–1825)

gesteht dem Geliebten alles, und er versteht, daß sie kein wahres Vergnügen an all den Männern, mit denen sie hat schlafen müssen, gefunden hat. Sie will nur ihn und er nur sie … Die Moral der Unmoral bestach die Leser der schlüpfrigen »Memoirs of a Woman of Pleasure«. Geschäftstüchtige »Verleger« und Druckereibesitzer brachten »sinnliche Bücher« in den meisten europäischen Sprachen heraus. Die Unkeuschheit in Wort und Bild wurde ein beinahe ebenso einträgliches Geschäft wie die bezahlte Zuchtlosigkeit im Bett. Die allgemeine Auflösung von Sitte und Ordnung machte sich so deutlich bemerkbar, wie der deutsche Philosoph Gottfried Wilhelm Leibniz es kurz vor seinem Tode befürchtet hatte: »Da die Sittenverderbnis in Europa ins Unermeßliche anschwillt, halte ich es fast für notwendig, daß chinesische Missionare zu uns geschickt werden.« Leibniz hatte allerdings nicht vorausgesehen, daß die »Mission« aus China und Indien sich in der Art bewähren würde, wie es tatsächlich geschehen war.

Der wesentliche Unterschied zwischen den Ausschweifungen Asiens und denen Europas lag allerdings im Verhältnis der Geschlechter zueinander: Die Macht der Männer über das weibliche Geschlecht ging im Rokoko so weitgehend verloren, daß die Zeitgenossen von einem »Jahrhundert der Frauen« sprachen, ja, von einer »Weiberherrschaft«. Dieser von den »Herren der Schöpfung« bekrittelte und beklagte Zustand war allerdings nicht nur auf die allgemeine »Entfesselung der Frauen« zurückzuführen, sondern vor allem auf die Tatsache, daß Frauen das kaiserliche oder königliche Zepter führten. In den österreichischen Erblanden und in Ungarn war Maria Theresia, die letzte Erbin der Habsburger, gekrönt worden und beherrschte nicht nur ihre Reiche, sondern auch ihren zum Wohlleben neigenden, ursprünglich bettelarmen, später durch geschickte Geschäftspraktiken unermeßlich reich gewordenen Gatten Franz von Lothringen, den sie zum Kaiser des Heiligen Römischen Reiches Deutscher Nation hatte krönen lassen. In Rußland wurde Elisabeth, die Tochter Peters des Großen und Katharina I., Kaiserin; sie förderte die deutsche Prinzessin Katharina, die ehrgeizige Gemahlin ihres Neffen Peter, der als Peter III. von eben dieser Katharina II. ermordet wurde, die als ebenso geniale wie wollüstige »Semiramis des Nordens« in die Weltgeschichte und in die Historie der Liebessitten eingegangen ist. Der »legitime Unterrock« verbarg kaum die Hosen, die von den selbstherrlichen Monarchinnen getragen wurden, um den Männern in ihren Ländern den Respekt einzuflößen, der bis dahin nur männlichen Herrschern entgegengebracht worden war.

In Frankreich hingegen camouflierte sich die Macht des weiblichen Geschlechts nicht mit Purpur und Hermelin. Eher unbekleidet, kam sie durch die überlegene Haltung der in der Liebe scheinbar unterlegenen Frauen zu gefälligem Ausdruck. Ludwig XV., der den Beinamen »der Vielgeliebte« für sich beanspruchte, war ein vielliebender König. Man sagte ihm nach, seine einzigen männlichen Fähigkeiten bestünden darin, sich als Mann zu erweisen. Von dieser Fähigkeit allerdings machte er bei jeder passenden und unpassenden Gelegenheit Gebrauch. Er hatte viele hundert Geliebte für eine Nacht oder für wenige Nächte, da es weder seiner Frau noch seiner offiziellen Mätresse, Marie Anne de Châteauroux, gelang, den leichtfertigen Schürzenjäger an sich zu binden. Erst die von ihm zur Marquise von Pompadour erhobene Madame Lenormand d'Etioles, die reizvolle Tochter des unbedeutenden Beamten Poisson, die immerhin schon die Frau eines königlichen Unterfinanzpächters gewesen war, als sie sich selbst dem König angeboten hatte, vermochte sowohl als Geliebte als auch als Kupplerin die Sinne Ludwigs XV. zu fesseln. Sie fungierte als seine offizielle Mätresse und nicht nur im Bett, sondern auch im Ministeramt. Diese Jeanne Antoinette, die Frankreich regierte, wurde das Vorbild der großen Damen, die zu leben und zu lieben verstanden. Sie hatte, in Kenntnis der Männer ihrer Zeit, die Kunst gelernt, die Seitensprünge ihres hohen Liebhabers nicht durch Eifersüchteleien zu erschweren, sondern, soweit es in ihren Kräften stand, zu erleichtern. Ihr König fand in ihren köstlich ausgestatteten Gemächern alle Bequemlichkeit, die ein Mann sich nur wünschen konnte. An den mit Brokat und Seide bespannten Wänden des Schlafzimmers hingen zauberhafte Bilder von Liebesszenen, die sie von François Boucher hatte malen lassen, damit Seine Majestät alle Möglichkeiten der Liebesfreuden vor Augen habe, wenn er sie besuchte, und Anregungen mitnehmen konnte, wenn er es vorzog, mit anderen Frauen zu schlafen. Er wußte nicht immer, daß diese Gefährtinnen seiner Nächte von der Pompadour ausgesucht und vorbereitet worden waren, um den König zufriedenzustellen. Sie sorgte allerdings vorsichtig und umsichtig dafür, daß die Damen, die ihn beglückten (wobei er annahm, daß er sie beglückte), keine höheren Ansprüche stellten, als sie selbst sie ihnen zugedacht hatte. Zu ihrer ganz systematisch aufgebauten Vertraulichkeit mit Ludwig XV. gehörte es, daß er ihr Bericht über seine »Eroberungen« in allen Einzelheiten gab; so wußte sie, was geschehen war, und konnte bestimmen, was zu geschehen hatte. Ihre Macht über den Hof von Versailles und die Höflinge war so vollkommen, daß sie mögliche Ansätze dieser oder jener gefälligen Dame zu einem Wettbewerb mit ihr gar nicht persönlich zunichte zu machen brauchte. Ein Wort des Herzogs von Choiseul, ihres Freundes, den sie zum Premierminister hatte erheben lassen, oder des Polizeiministers, der allen Grund hatte, ihr ergeben zu sein, genügte vollauf, eine vorlaute, zudringliche Bettgenossin des Königs für immer ungefährlich zu machen. Es gab ja doch die Bastille, in die unbequeme Zeitgenossen und -genossinnen verschwanden, und geschlossene Nonnenklöster, in denen die auf ihre Schönheit und ihre Reize allzu selbstbewußt pochenden Frauen den Schleier so lange tragen mußten, bis sie von ihrem Hochmut geheilt waren.

Während die gekrönte Königin ein Schattendasein führte, wurde die Marquise de Pompadour in allen Ehren als die eigentliche Königin von Frankreich anerkannt. Ihrem »Lever« beizuwohnen war eine Gunst, um die sich alle Damen und Herren des Hofes rissen, denn jede Gnade, die der König erteilen konnte, hing vom Gutdünken seiner Mätresse ab. Sie nützte ihre hohe Stellung dazu aus, sich und ihre Familie maßlos zu bereichern, aber auch um in Schönheit zu leben und der Welt das Beispiel ihres Luxus zu geben. Die Pompadour tat aber auch alles dazu, sich, wie es dem Zeitgeist entsprach, zu bilden. Sie kreierte nicht nur die raffinierte und prächtige Kleidermode der galanten Damen, die sich danach richteten, was sie trug und wie sie sich frisierte, sondern auch die Mode der literarischen Salons, in denen, dem Zeitgeist entsprechend, die »Aufklärung« diskutiert wurde. Sie begünstigte Voltaire und förderte die Entstehung der Enzyklopädie, jener Zusammenfassung des gesamten Wissens, deren Herausgabe der Schriftsteller und Kritiker Diderot und der Mathematiker und Philosoph d'Alembert unternommen hatten und an deren Zusammenstellung auch Quesnay, der Begründer der Physiokratie, teilnahm. Das Verlangen nach Veränderung und

Verbesserung der Staatsgewalt und der Gesellschaftsordnung wurde immer lauter. J.-J. Rousseaus Erziehungsroman »Emile« wurde das meistgelesene Buch, sein »Zurück zur Natur« brachte ganz Frankreich in Gärung und wurde oft mißverstanden, besonders von der großen Gesellschaft, die sich in bäuerlichen Verkleidungen gefiel, um in Schäferspielen und »arkadischen Vergnügungen« der Natur nahe zu sein. In »Emile« bekannte sich ein Priester zur »natürlichen Religion«, die keine Vermittlung zwischen Gott und den Menschen nötig habe. Diese Verinnerlichung entfremdete die Gläubigen der Kirche. Rousseaus etwas später erschienener »Contrat social«, der »Gesellschaftsvertrag«, der die Beziehung des Einzelwillens zum Gesamtwillen festlegt, mußte zur »Volkssouveränität« führen, die der französischen Bevölkerung von Montesquieu in seinen »Persischen Briefen« und von Voltaire in seinen »Philosophischen Briefen« durch den Vergleich mit den politischen Verhältnissen in Ländern größerer Freiheit mundgerecht gemacht worden war. Wenn Philosophen und Dichter wie Voltaire und Diderot ehrende Einladungen an fremde Fürstenhöfe erhielten, so wurde dies von der französischen Öffentlichkeit als Zeichen dafür gewertet, daß die »Aufklärung« überall an allerhöchster Stelle anerkannt wurde, nur nicht in Frankreich selbst. Sogar der »gefährliche König in Preußen« sprach sich für die politischen Grundsätze der Aufklärung aus. Er erklärte, »nur der erste Diener des Staates« zu sein, schaffte die Folter ab und proklamierte Religionsfreiheit.

Nicht ohne weiteres zugänglich waren der breiten Öffentlichkeit die sittengeschichtlich bedeutsamen Werke Diderots, Voltaires und anderer zeitgenössischer Dichter und Schriftsteller, die behaupteten, es sei unmöglich, »wirkliche Liebesgeschichten« zu schreiben, ohne »unanständige« Worte zu gebrauchen. So schrieb Diderot nicht nur die frivol-satirischen »Bijoux indiscrets – Die geschwätzigen Kleinode«, sondern auch ein durchaus als unzüchtig beurteiltes Werk unter dem Titel »Le chevalier qui faisait parler les cons et les culs – Der Kavalier, der die Scheiden und Ärsche zum Reden brachte«. Diderot wollte die Wirklichkeit lachend verkünden, aber seine derbe Wirklichkeit war zärtlich verschleiert und kaum eines Lächelns wert. Deutlicher war da schon Voltaire in seiner von ihm als »Schwank« bezeichneten Dichtung »La pucelle d'Orléans«, in der die »Nationaljungfrau« der Franzosen, die heilige Johanna, ihre Jungfernschaft an einen Esel verliert. Voltaires zugleich ungehemmte und elegante Frivolität war eine Persiflage auf Ludwig XV., seinen pompösen Hof, seine Favoritinnen, die Kirche – und den verlogenen Begriff der »Heiligkeit um der Heiligkeit willen«: Im »Grand Siècle«, dem großen Jahrhundert der fleischlichen Lust und der Sinnlichkeit, konnte die »vorgebliche jungfräuliche Reinheit« der Jungfrau von Orléans nur als Heuchelei gelten. Wer in der verderbten Umgebung von Versailles lebte, vermochte nicht an heldisch-jungfräuliche Enthaltsamkeit zu glauben. Die eitle Putzsucht und das leichtfertig nonchalante Verhalten dem Ernst des Lebens gegenüber, das der König von Frankreich zur Schau trug, wurden beispielgebend für die Herren seines Hofes und, die Stufenleiter abwärts, für den Adel und die wohlsituierten Bürger des Landes. Paris war eine Reise wert, wenn man genug Geld in den Beutel tat. Wer aber sich in deutschen Landen mit heimischer Kost begnügte und es nicht darauf anlegte, die Pariser »Meisterinnen im Genuß« kennenzulernen, deren Reizen und deren wollüstiger Gang die Vergnügungen andeuteten, die der Liebhaber in ihrem Schoße finden würde, der konnte in Berlin oder Wien beinahe vollwertigen Ersatz für die »französische Liebe« finden. Zugegeben, die Berlinerinnen waren, wie es hieß, »bei weitem nicht so schön als die benachbarten Braunschweigerinnen, Sächsinnen oder Hannoveranerinnen«, aber »die freche, ausgelassene Miene, mit der einem fast jedes Frauenzimmer (nicht bloß Freudenmädchen) ins Gesicht guckt, den affektierten, sich auf gar nichts gründenden, höchst lächerlichen Ton der Selbstgenügsamkeit und vermeintlichen Wichtigkeit bei den Mannspersonen« hatten auch die Berlinerinnen. Sie waren, so hieß es, jedoch nicht so lüstern wie die Wienerinnen, die »braunen und schwarzen Jungfrauen, welchen Cupidos Pfeil weit lieber ist als der Kochlöffel«; diejenigen allerdings, die zwar keineswegs keusch sind, jedoch »die Wollust ins Abscheuliche und Unnatürliche ausschweifen lassen«, finde man, wie der Chronist einschränkend feststellt, »seltener als in anderen mir bekannten Städten«. Dem außerehelichen Geschlechtsleben wurde in Wien weniger kompliziert, dafür aber um so unverfrorener gehuldigt. Man spöttelte in den zahlreichen Kaffeehäusern und auf der Bühne ungeniert über die Ehe: »Was ist der Eh'stand denn? Er ist ein Vogelhaus, die draußen, wollen rein, die drinnen, wollen raus.« Die Wiener Bürgerinnen, aber auch adlige Frauen wurden nicht über die Achsel angesehen, wenn sie Liebesbeziehungen unterhielten. Sie konnten sogar dadurch an Achtung gewinnen, wenn der Rang ihrer Liebhaber den ihrer Ehemänner übertraf. Allgemein jedenfalls galt der Grundsatz: »Wenn die Frau rechts geht, darf der Mann links marschieren, nimmt sie sich einen Aufwärter, so sucht er sich eine Freundin.«

Maria Theresia, die Kaiserin, die Schönbrunn, das bescheidene Schloß ihrer Vorfahren, zu einem prachtvollen Sommerpalast umbauen und das langgestreckte Gebäude mit ockergelber Farbe festlich hatte anstreichen lassen, genoß den Ruf der »kaiserlichen Hausfrau«. Sie war eine schöne Frau mit feurigen Augen – ein Musterbeispiel weiblicher Gesundheit. Ihre staatsmännische Tatkraft und ihre entschlossene Abwehr der Angriffe und Übergriffe Friedrichs II. von Preußen hatten ihr die Bewunderung und Anhänglichkeit eines großen Teiles der von ihr mit charaktervoller Sicherheit beherrschten Erblande eingetragen. Sie erfreute sich einer uneingeschränkten Beliebtheit, bis sie, die selbst nie vom »rechten Weg der Sittsamkeit« abwich, den Kampf gegen die Unsittlichkeit durch »Keuschheitsvorschriften« und die Einsetzung einer »Sittenkommission« aufnahm. So verfügte sie, daß die Huren durch überaus strenge Strafen – Haarabschneiden, In-Ketten-Legen, Verurteilung zum öffentlichen Gassenkehren und zum Karrenschieben – in Zucht zu bringen seien. Wurde ein Mann mit einer Dirne ertappt, so drohte ihm eine öffentliche Klage wegen Ehebruchs, wenn er verheiratet war – ein lediger Mann aber wurde »stehenden Fußes« mit der Hure getraut, mit der er »kopuliert« hatte. Eine Unzahl von Spitzeln war bei Tag und bei Nacht unterwegs, Sittlichkeitsdelikte aufzuspüren und anzuzeigen. Zeitgenössische Schmähschriften brandmarkten die so gar nicht zeitgemäße »Moralität« Maria Theresias. Sie verlor an Popularität. Die in ihrer Liebesfreiheit behinderten Wiener erklärten bissig, die strenge Sittlichkeit der Kaiserin sei die Folge ihrer Erbitterung über den leichtsinnigen Lebenswandel ihres »Franzl«, des Kaisers Franz I. Man höhnte: »Er ist ein Schürzenjäger – was sonst soll er tun, da seine Frau die Hosen anhat?« Die Keuschheit war nicht nach dem Sinn der Wienerinnen. Sie taten im geheimen, was öffentlich verboten war. Diese unverrückbare Tatsache mochte auch Maria Theresia zu Bewußtsein gekommen sein, denn als sie, vom Sterbebett ihres geliebten Kaisers kommend, seine Mätresse, die Fürstin Auersperg, von den Höflingen verlassen und gemieden, in einer Zimmerecke weinen sah, drückte sie ihr die Hand und sagte: »Meine liebe Fürstin, wir beide haben wahrlich viel verloren.«

Nicht Friedrich II., der Gegenspieler Maria Theresias, hatte den bis heute bestehenden Gegensatz zwischen Preußen und Österreichern verursacht, sondern sein Vater, Friedrich Wilhelm I., König von Preußen, der sein verhältnismäßig kleines Reich in einen einheitlichen Militär- und Beamtenstaat verwandelte. Die persönliche Haltung dieses eingefleischten Despoten hat die deutschen Sitten bis in unsere Gegenwart beeinflußt. Als Erbe eines relativ armen Landes mit nur zweieinhalb Millionen Untertanen war sich Friedrich Wilhelm I. im klaren, daß sein Hof weder mit dem französischen oder dem kaiserlichen noch mit dem englischen Hof wetteifern könne. Seine Folgerung war: Schluß mit dem Luxus! Preußen sollte keinen wie immer auch gearteten höfischen Aufwand treiben. Sein Leitgedanke war: »Preußen muß unabhängig sein, die Armee muß ihren Montierungsbedarf aus den heimischen Manufakturen entnehmen können.« Das ganze Königreich lebte und arbeitete für seine Armee. Die Exerzierplätze von Potsdam und Halle waren Experimentierfelder für alle militärischen Fortschritte. Hier wie dort wurde der neue preußische Gleichschritt mit Geschwindfeuer geübt, so als seien Hände und Füße der Soldaten Bestandteile einer Maschine. Mehr als tausend preußische Werbeoffiziere bereisten das Römische Reich Deutscher Nation, Ungarn, Siebenbürgen und die nordischen Königreiche auf der Jagd nach »langen Kerlen«. Sie fragten weder nach Glauben noch nach Herkunft. Sie suchten hochgewachsene, kräftige Burschen, die sich gegen ein Handgeld zur königlich-preußischen Armee anwerben ließen. Hungernde leibeigene Bauern, Landstreicher, entlaufene Priester, vorbestrafte Diebe aus aller Herren Ländern bildeten bald die »Elite« des Heeres Friedrich Wilhelms. In die Zucht der Offiziere und Unteroffiziere genommen, hörten sie auf, Wesen mit eigenem Willen, Denken und Fühlen zu sein. Sie waren Preußen geworden. So wie ihr König es befahl, fürchteten sie »den Offizier mehr als den Tod«. Wer sich gegen die Disziplin verging, mußte »Spießruten laufen«, eine barbarische Strafe, die allerdings auch in den anderen, aus »Gepreßten« oder mit Lug, Trug und Gewalt »Geworbenen« bestehenden Armeen üblich war. Als Friedrich Wilhelm starb, hinterließ er seinem Sohn Friedrich II. eine volle Schatzkammer und eine schlagkräftige Armee von dreiundachtzigtausend Mann. Mit diesem Erbe und dem imaginären Stock des Vaters im Rücken erweiterte und festigte Friedrich II. nicht nur das Königreich, sondern auch den Begriff des aggressiven Preußentums. Die militärischen Siege gegen die Übermacht seiner Feinde, die er sich oft vorsätzlich zu Feinden gemacht hatte, gewannen dem in seinem Wesen so widerspruchsvollen Sohn eines Vaters, der keinen Widerspruch duldete, den ehrenden Beinamen »der Große«. Er hatte nichts vor Augen als die Vergrößerung der Macht Preußens und jenen nüchternen preußischen Lebensstil, den er seinen Untertanen aufoktroyierte, wenn er ihn auch nicht für sich selbst gelten ließ. Wie alle Potentaten seiner Zeit hatte auch Friedrich, dem von der Nachwelt völlig mißverständlich eine »deutsche Sendung« zugesprochen wurde, den persönlichen Ehrgeiz, weltmännisch wie ein Franzose zu sein und dementsprechend zu leben. Nach französischen Vorbildern erbaute er sein Rokokoschloß, das er charakteristischerweise »Sanssouci« nannte. Im Geistigen war sein Vorbild Voltaire. Der große Franzose weilte als Kammerherr und Ritter des Ordens Pour le mérite zwei Jahre am Potsdamer Hof, um seinem Verehrer bei der endgültigen Fassung der »Denkwürdigkeiten des Hauses Brandenburg«, die Friedrich französisch schrieb, behilflich zu sein. Voltaire, der Preußen »das Königreich der Grenzstriche« nannte, schrieb aus Potsdam nach Paris: »Ich bin hier in Frankreich. Man spricht nur unsere Sprache. Das Deutsche ist für die Soldaten und Pferde. Nötig hat man es nur für die Reise.«

In Potsdam gab es keine Mätressen, keine Weiberherrschaft, es war eine ausschließlich männliche Welt. Der König, den Maria Theresia den »lebendig gewordenen Satan« nannte, hatte gewiß die Vorliebe seines Vaters für die »langen Kerle«, aber auch, wie Zeitgenossen ihm gehässig nachsagten, für »zarte Knaben«. Er war im Geistigen vorurteilsfrei, inwieweit er es auch im Körperlichen war, wurde nicht urkundlich festgestellt. In seiner frühen Jugend unterhielt er eine so vertrauliche Freundschaft mit dem Gardeleutnant von Katte, daß der unerbittlich strenge König Friedrich Wilhelm I. den Freund seines Sohnes vor dessen Augen hinrichten ließ, weil Katte dem Kronprinzen, der von seinem Vater gefangengesetzt wurde, zur Flucht hatte verhelfen wollen.

Friedrich II. war Männern gegenüber nicht so mißtrauisch wie Frauen. Er glaubte genau zu wissen oder doch voraussehen zu können, was er von Generälen und Diplomaten zu gewärtigen habe. Unsicher war er angesichts weiblicher Gegenspieler. Die größte Unruhe verursachte ihm die deutsche Prinzessin Auguste Friederike von Anhalt-Zerbst, die als Katharina II. Zarin aller Reußen geworden war. Die »Semiramis des Nordens« hatte im »Jahrhundert der Frauen« die größte Karriere einer Frau gemacht, und das nicht durch Ausnützen ihrer weiblichen Reize, wie es etwa die Pompadour und die Dubarry getan hatten, die durch das Bett zur Macht gekommen waren. Katharina II. war durch das Ausnützen der Macht ins Bett gekommen – und ihre Macht hatte sie durch das Ausnützen ihres Verstandes und der Gegebenheiten und Gelegenheiten gewonnen. Mit fünfzehn Jahren war sie an den Hof der trunksüchtigen und mannstollen Zarin Elisabeth gekommen – ein unwissendes Mädchen, das sich nur durch geschickte Heuchelei, durch »Horchen und Aushorchen« behaupten konnte. Ihr Gatte Peter III. war schlimmer noch als dumm, er war kindisch. Das gemeinsame Schlafzimmer gebrauchte er nicht zum ehelichen Beischlaf, sondern zum Spielen, wie Katharina II. selbst berichtet: »Madame Kruse verschaffte ihm Spielzeugpuppen und andere Kindereien, die er bis zur Narrheit liebte. Während des Tages verbarg man sie in und unter seinem Bett. Er legte sich zuerst nach dem Abendessen nieder, und wenn wir beide zu Bette waren, schloß Madame Kruse die Türe, und er spielte bis ein oder zwei Uhr morgens. Wohl oder übel mußte ich an diesen herrlichen Vergnügungen teilnehmen. Oft lachte ich darüber, aber häufig war es mir zuwider.« Wie die meisten vornehmen deutschen Frauen schrieb Katharina französisch: »Es scheint mir, daß ich im Bett doch für eine andere Sache gut gewesen wäre!« Aber Peter, der, wie die Zarin Elisabeth, dem Trunk verfallen war, schlief nicht mit ihr, sondern nur bei ihr und zwang sie manchmal durch Faustschläge, zuzuhören, welcher Art die Reize seiner gelegentlichen Mätressen waren. Ein Thronfolger war nötig. Katharina war aus Anhalt-Zerbst als »kaiserliche Zuchtstute« geholt worden. Da Peter nicht »den Hengst mit ihr spielte«, wurde auf Befehl der Zarin Elisabeth dafür gesorgt, daß zeugungskräftige junge Adelige einsprangen. Ob Sergius Soltikoff, Zacharias Tschernitscheff oder Leo Narischkin es gewesen sind, darüber berichtet Katharina in ihren Memoiren nicht. Die Damen und Herren des Hofes jedoch nahmen an, daß alle drei ihr Glück bei Katharina versucht hatten, um Peter mit einem Thronerben zu beglücken. Er selbst sagte: »Der Himmel weiß, woher meine Frau schwanger geworden ist. Ich bin durchaus nicht gewiß, daß dieses Kind mir gehört.« Als Peter sich die Zarenkrone aufs Haupt setzte, war er entschlossen, sich Katharinas zu entledigen. Sie kam ihm zuvor und entledigte sich seiner – an der Spitze der zu ihr übergetretenen kaiserlichen Garden, in Offiziersuniform, wenn auch im Damensitz auf einem weißgrauen Tigerhengst, auf den flatternden Haaren einen Soldatenhut mit einem Eichenzweig.

Katharina II. war als Herrscherin mehr als eine Frau. Sie regierte das ungeheure Kaiserreich mit der Tatkraft eines Mannes. Aber sie genoß ihr Leben als Frau vermutlich intensiver als jede andere Frau ihrer Epoche. Ein Mann zur gleichen Zeit war dieser Frau, die weit mehr als eine Frau war und sein wollte, nicht genug. Es war ihr auch nicht genug, ihr Kaiserreich zu verwalten und zu vergrößern. Sie wünschte Dichterin und Schauspielerin zu sein, Komödien zu schreiben und in ihnen aufzutreten. Sie lebte nicht nur in der Wirklichkeit, sondern auch in der Phantasie. Sie nahm es nicht übel, daß ihr Liebhaber, Fürst Potemkin, der, um seiner hohen Geliebten zu gefallen, Paläste und fruchtbare Gärten wie Attrappen in der nackten Ebene errichtete und bevölkerte Städte und Dörfer in unwirtliche Gegenden stellte, um die Überzeugung Katharinas zu stärken, daß sie Rußland Glück und Wohlstand gebracht hatte – noch weit mehr, als sie es tatsächlich getan hat. Nicht alle »Potemkinschen Dörfer« blieben für den flüchtigen Augenblick verwirklichte Phantasmagorien Katharinas. Sie tat alles, was in ihren übermenschlichen Kräften stand, um die selbst erwählte Mission Peters des Großen zu verwirklichen: Rußland europäisch zu machen. Das russische Rokoko

Katharinas II. allerdings war nicht so zierlich, so leichtlebig und so elegant wie das französische, dem sie so gerne entsprochen hätte.

Die durch ihre zärtliche Tätigkeit im königlichen Bett Ludwigs XV. zu Rang und Ansehen gekommenen Frauen machten durch die Liebe Geschichte. Die bevorzugten Dichter der galanten Zeit schrieben mit Vorliebe Liebesgeschichten, deren Querschnitt das farbenfreudige Sittenbild dieser Epoche ergibt. Mit verlogener Devotion schilderten sie und wahrheitsgetreu kritisierten sie die lockeren Zustände am Versailler Hof, in den Schlössern und Palästen des hohen Adels und in den Häusern der wohlhabenden Bürger, die nur einen Ehrgeiz hatten: ihre Lebensführung der Grandeur von Herzögen, Marquis und Grafen anzugleichen. Reich gewordene Kauf- und Finanzleute, Handwerker und Geschäftemacher erwarben die käuflichen Adelstitel, die sie berechtigten, einen Degen zu tragen und das »de« vor ihren Namen zu setzen oder vor den einer Besitzung, die sie erworben hatten. Nur wer »adlig« war, galt. Und noch mehr galt, wer zu dem Adelsrang noch einen Titel als Inhaber eines Amtes im Hofstaat Seiner Majestät erwarb, der zur Anwesenheit in Versailles berechtigte. Mehr als zehntausend Titel wurden bei Hof feilgeboten und mit barer Münze bezahlt. Versailles war der Nabel der Welt für die Hochgeborenen und die Emporkömmlinge, die es ihnen gleichtun wollten. Der Luxus in der Kleidung, in der Ausstattung der Häuser und Jagdschlösser, der Wohnräume und Kutschen verschlang die größten Vermögen, die nur durch königliche Zuwendungen gestützt werden konnten. Woher das Geld kam, wie es aufgebracht wurde, um Ludwigs persönliche Launen und die Launen der von ihm Begünstigten zu befriedigen, darum scherte der König sich nicht. Er bereitete gedankenlos oder bedenkenlos den Zusammenbruch der französischen Wirtschaft vor – nicht in böser Absicht, sondern weil ihm nichts gut genug erschien, den Glanz seiner Hofhaltung zu erhalten und in allen nur möglichen Facetten leuchten zu lassen. Er wollte nur eines nicht, sich langweilen. Von allen seinen Geliebten vertrieb ihm die Dubarry die Zeit am besten. Von den liebedienerischen, speichelleckerischen Frauen, die er zu lieben gewohnt gewesen war, unterschied sie sich durch ihre ordinäre Frechheit. Sie war weder gebildet noch geziert wie die verblichene Marquise de Pompadour, die ihm nicht nur selbst schöne Stunden bereitet hatte, sondern auch durch das so raffinierte »Unterschieben« anderer Schönen. Die Dubarry war ein Mädchen aus dem Volk, ein von »Galanen zurechtgeschliffener Diamant« – eine mit allen parfümierten Wassern gewaschene und mit erregenden Salben geschmierte, zauberhaft reizvolle Frau, die in der harten Schule der Kokotten gelernt hatte, »Liebe zu machen«. Sie war an den König verkuppelt worden, um ihm zu »einer guten Nacht zu verhelfen«. Sie verschönte seinen Lebensabend dadurch, daß er endlich mit einer Frau Zusammensein konnte, die ihm auch Grobheiten sagte. Im Bett, beim intimen Frühstück und wenn sie mit dem König nicht als offizielle »Maîtresse en titre« an Empfängen oder festlichen Diners teilnehmen mußte, war er für sie »wie jeder andere Mann«. Er mußte um sie werben, um sie in der guten Stimmung zu erhalten, die ihm zugute kam. Sie ließ sich nicht mit gelegentlichen Geschenken abfinden. In ihrer frühen Jugend hatte sie sich zu billig verkaufen müssen, um nicht jetzt, da sie so »hoch gefallen« war, den höchsten Preis für ihre raffinierten Liebkosungen zu fordern. Sie verschwendete, weil es ihr Vergnügen machte, nicht sparen zu müssen und verschwenden zu können.

Der Komet – Tuschzeichnung aus dem Jahr 1820, anonym

Der Dubarry genügte es nicht, in Versailles zu brillieren. Sie ließ ihr eigenes kleines Schloß Louvecienne, das ihr der König geschenkt hatte, so köstlich umbauen, daß sie den luxuriösesten und bequemsten Wohnsitz für ihre Rendezvous mit dem König – und mit anderen Herren – zur Verfügung hatte. Wer die charmante Dubarry persönlich kannte und mit eigenen Augen ihr silberblondes Haar, ihre lieblich geschwungenen Lippen und ihren knabenhaften Körper mit den zartgeschwungenen, durch Schleier kaum verdeckten Brüsten gesehen hatte, verfiel ihrer sinnlichen Ausstrahlung. Ihre Unbekümmertheit erhielt sie unverändert jung. Sie ließ nach Tunlichkeit ihre Finger aus der Politik, sie wollte den König belustigen und nicht belästigen. Sie, die alle Ausschweifungen erlebt und genossen hatte, neidete ihm seine immer heftiger werdende Neigung für unreife Mädchen nicht. Der Marquis d'Argenson schrieb in seinen Memoiren: »Der König kehrt zur Natur zurück und versucht sich wieder Anregung zu verschaffen mit kleinen Mädchen, die noch ganz unschuldig sind und die man aus Paris kommen läßt. Es kitzelt ihn, fünfzehnjährige Mädchen zu entjungfern. Vor einiger Zeit führte man ihm ein kleines Mädchen von diesem Alter zu, das kaum bekleidet war. Als er es im Bett und außerhalb desselben verfolgte, erkältete er sich. Trotzdem hat er diesen armen Kreaturen Gutes getan, und wenn er sich als Wollüstling betätigt, so verstößt er damit ja nicht gegen die Sitten eines anständigen Mannes ... Wer ihn aber diesem Laster zugeführt, weiß man nicht.« War es die Dubarry oder der »Zutreiber« des Königs, sein Kammerdiener Lebel? Tatsache ist, daß sich Ludwig XV. durch das hautnahe Beisammensein während des Geschlechtsverkehrs mit einem jungen, rothaarigen Bauernmädchen die Pocken holte, an denen er starb.

Mit Ludwig XV. endete das Rokoko nicht. Es überlebte sich selbst erst unter Ludwig XVI. und der »Österreicherin«, Maria Theresias Tochter Marie Antoinette, die zwar nicht nur mit einem Dutzend Hemden nach Frankreich gekommen war wie Katharina II. nach Rußland, aber ebenso unwissend gewesen war. Der in Schönbrunn aufgewachsenen Erzherzogin fehlte es an Geist und an der gutmütigen Großzügigkeit, die ihrer Mutter, der Kaiserin, alle Ehre machte. Marie Antoinette wurde die Schutzpatronin der höfischen Leichtlebigkeit und stach durch ihre Putz- und Vergnügungssucht allzu deutlich von ihrem schwerfälligen Gatten, dem unbeholfenen König Ludwig XVI., ab. Sie wurde die Königin der Feste, die Schutzherrin der schlüpfrigen, bukolischen Veranstaltungen, bei denen sich die hohen Damen und Herren unter dem Rousseauschen Schlagwort »Zurück zur Natur«, als Schäferinnen und Schäfer verkleidet, ungenierten Liebesspielen im Park von Trianon ergaben. Sie gab den Ton an, wenn sie auch selbst nicht in die Melodien der Lust einstimmte, die ganz Frankreich erfüllten und die von Choderlos de Laclos, Louvet de Couvray und Restif de la Bretonne in ihren Büchern textlich unterlegt wurden.

In großer Auflage erschienen die »Liaisons dangereuses« der Chevalier Choderlos de Laclos, der in diesen »Gefährlichen Liebschaften« die Frauen höher einschätzte als die Männer. Der Austausch von Briefen, deren Inhalt er romanhaft verwob, erregte die zeitgenössischen Damen und Herren so sehr, daß der Offizier, der Schriftsteller geworden war, um der Langeweile der Garnison zu entgehen, als »Apostel der Liebe« legendär wurde. Die »Gefährlichen Liebschaften« wurden schon zu seiner Zeit »als eine glänzende Schilderung der allgemeinen Sitten einer gewissen hohen Klasse« bewertet und als »eine der tausend Wogen im revolutionären Ozean, die den Hof verschlungen haben, einen der tausend Blitze im Ungewitter, das den Thron zerschmettert hat«. Das Aufzeigen und Darstellen der Laster und leichtfertigen Liebeleien der hochadeligen Privilegierten war an und für sich gleichbedeutend mit dem Bereiten des Weges zur großen Revolution. Und Louvet de Couvray, dessen »Abenteuer des Chevalier Faublas« Sensation machten, wurde auch nach der Veröffentlichung seines Werkes in den Revolutionären Konvent aufgenommen. Der Autor, der als Buchhändlergehilfe tätig gewesen war, hatte zwar nicht selbst erlebt, was er schrieb, aber mit unvergleichlicher Präzision die Gesellschaft beschrieben, für die der Geschlechtsverkehr Lebensinhalt war, um dessentwillen kein Betrug, kein Hinwegsetzen über Recht und Moral als unerlaubt angesehen wurde. Man lebte, um zu lieben, und wenn man sich nicht geschlechtlich vergnügte, sprach man von den sinnlichen Freuden und Vergnügungen, die als das einzig Höhere des Daseins geschätzt wurden.

Restif de la Bretonne schrieb laszive Erzählungen und Sittenschilderungen. Im Jahr des Ausbruches der Französischen Revolution wurde er von Johann Wolfgang von Goethe in einem Brief an Friedrich Schiller kritisiert und gelobt zugleich. Goethe schrieb: »Haben Sie vielleicht das seltsame Buch von Restif ›Cœur humain dévoilé‹ je gelesen oder davon gehört? Ich habe es nun gelesen und, ungeachtet alles Widerwärtigen, Platten und Revoltanten, mich sehr daran ergötzt. Denn eine so heftige, sinnliche Natur ist mir nicht vorgekommen, und die Mannigfaltigkeit der Gestalten, besonders weiblicher, durch die man geführt wird, das Leben und die Gegenwart der Beschreibung, das Charakteristische der Sitten und die Darstellung des französischen Lebens in einer gewissen Volksklasse, muß interessieren. Mir, der so wenig Gelegenheit hat, von außen zu schöpfen und die Menschen im Leben zu studieren, hat ein solches Buch unschätzbaren Wert.«

Goethe war nicht so weltfremd, wie er sich in diesem Brief gab, und hatte kaum Anlaß, durch die »heftige, sinnliche Natur« eines Schriftstellers in Erstaunen versetzt zu werden. Auch er war ein Rokokodichter, den das Liebesleben zur Niederschrift erotischer Epigramme anregte. In den einem weiten Publikum zugänglichen Ausgaben seines »Urfaust« und seines »Faust« fehlen die »Paralipomena«, das »Ausgelassene«, das er ohne Hemmung dichtete, um das Gespräch des Mephistopheles mit einem Mädchen zu verdeutlichen:

»Mädchen: ›Ach nun, der Herr dort spricht so gar kurios
von Gold und Schwanz, von Gold und Schoß,
und Alles freut sich, wie es scheint,
doch das verstehen nur die Großen‹ …

Mephisto: ›Mein liebes Kind, nur nicht geweint,
denn willst Du wissen, was der Teufel meint,
so greife nur dem Nachbar in die Hosen.‹«

In seinen »Venezianischen Epigrammen« gesteht Goethe:

»Knaben liebt' ich wohl auch,
doch lieber sind mir die Mädchen:
Hab' ich als Mädchen sie satt,
dient sie als Knabe mir noch.«

Und sein Gedicht »Das Tagebuch« vom »Meister Iste, der seine Grillen hat«, weil sein Besitzer fremdgeht, gehört zu den Meisterstücken der erotischen Literatur.

Die Sinnlichkeit des Rokoko erkannte keine Grenzen im europäischen Raum an. Sie wurde durch Schriften verbreitet und durch freiwillige »Missionare des Geschlechtsverkehrs«, wie vor allem Giacomo Casanova, der sich Chevalier de Seingalt nannte und als Hochstapler und Gelegenheitsliebhaber die Börsen der Männer auf seinen Reisen ebenso unsicher machte wie die lustbereiten Leiber der Frauen. Seine Memoiren, die erst nach seinem Tode veröffentlicht wurden, schildern in voller Offenheit nicht nur die Schwächen der Frauen aller Art, die er verführte und von denen er sich verführen ließ, sondern auch die Stärke seiner nie versagenden Männlichkeit. Casanova war ein wandernder Priapus auf zwei Beinen, der seine Lieblingstätigkeit nur unterbrach, um seiner chronischen Geldnot als Spieler oder als Gelegenheits-Geschäftemacher abzuhelfen. Er war reich oder arm – je nachdem, ob das Glück ihn begünstigte oder ob ihn eine Pechsträhne verfolgte. Er konnte alles, nur eines nicht: bürgerlich sein. Er hatte Glück in der Liebe, denn jede Art von Frauen gefiel ihm, wenn sie nur mit ihm schliefen. Das Bett war sein Königreich, und sein Zepter scheint in diesem vielseitigen Machtbereich seiner Persönlichkeit nie in Gefahr gewesen zu sein. Allerdings machte er ein Geständnis, das erst in unserer medizinisch so fortschrittlichen Gegenwart auf seine wahre Bedeutung hin untersucht und ausgelegt wurde. Dieses Geständnis scheint von ihm als Prahlerei gemeint gewesen zu sein, als Protzerei mit seiner schier unerschöpflichen Manneskraft. Mit geradezu naiver Selbstzufriedenheit be-

Heiliger Priapus – Radierung aus dem Jahr 1927 von Fritz Erler (1868–1940)

schreibt er, daß er nach einem langen Liebeskampf nicht die natürliche Samenflüssigkeit ausgeschieden habe, sondern Blut. Die einzige klinische Erklärung des körperlichen Zustandes, der seine ununterbrochene Fähigkeit im Geschlechtsverkehr ermöglichte und einen blutigen Erguß zur Folge hatte, ist die prosaische Diagnose einer chronischen Prostatitis, einer Entzündung der Vorsteherdrüse, an der dieser Großmeister der Liebe des Rokoko gelitten haben muß – falls er die Wahrheit über sich selbst geschrieben hat. Giacomo Casanova, der beredt Klage darüber führt, daß die Liebe sein Blut manchmal vergiftet habe, aber immer wieder durch ärztlichen Beistand gesundet war, ist ein Liebling der Frauen gewesen, die ihn genossen haben wie er sie. Nach der Veröffentlichung seiner Memoiren, die er, der einst so sonnige Venezianer, als einsamer, alter Mann im kalten Böhmen, sich als Bibliothekar eines Grafen Waldstein langweilend, zu Papier brachte, wurde er das männliche Symbol des Rokoko.

Im Paris des Rokoko, dem eleganten »Hexenkessel der Triebe«, erfuhr nicht nur Ovids »Ars amatoria« eine glorreiche Wiederbelebung, sondern auch das »bel parlare«, die Kunst der Konversation der Renaissance. Die Salons geistreicher Damen der Hofgesellschaft, die es als Ehre empfanden, von Philosophen und Dichtern besucht zu werden, waren die gesuchten Stätten der Zusammenkunft von Damen und Herren, die einander durch anregende Gespräche über die Liebe ermunterten, die Erfüllung ihrer Wünsche in den »petites maisons« zu suchen und zu finden. Diese »Antichambres der Leidenschaften«, in denen raffinierte Wortspiele den raffinierten Liebesspielen vorangingen, waren den »Aristokraten« vorbehalten. Die Bürger und Bürgerinnen, die, wie ihre adligen Vorbilder, nach der Mode agierten, trafen einander in Kaffeehäusern und den Pavillons der öffentlichen Gärten, bevor sie zur Kurzweil in »Absteigequartieren« verschwanden, dem bescheidenen, aber nicht minder wollüstigen Ersatz der kostbaren »petites maisons«. In den Kaffeehäusern wurde wohl über die Liebe konversiert, mehr aber noch über die Politik. Die Begriffe von Menschenrecht und Bürgerrecht waren durch die Enzyklopädisten auch in den nach Adel und Klerus »dritten Stand« eingedrungen und zu Forderungen geworden, die immer weitere Kreise zogen. Man sprach von den großen Idealen Freiheit, Gleichheit und Brüderlichkeit schon lange, bevor sie zu politischen Schlagwörtern wurden. In Paris und in den größeren Provinzstädten entstanden Debattierklubs, deren Mitglieder sich mit der »Aufklärung« auseinandersetzten. Aber es gab noch andere Arten von Klubs, so den »Orden der Aphroditen«, den der in allen Abarten der geschlechtlichen Freuden bewanderte Romancier de Nerciat in seinem Roman »Les Aphrodites« in allen schamlosen Einzelheiten aufregend beschrieben hat. Man traf sich in diesem oder in anderen Klubs, um Anschluß und liebhaberische Ausbildung in der Liebe zu finden. Es gab außerdem lesbische Klubs und Klubs für homosexuelle Männer, die mit Statuen der Sappho und des Priapus geschmückt waren. Das gegenseitige Animieren der Geschlechter wurde zum Fieber, das bei den Frauen und Männern in Frankreich das Blut zum Sieden brachte – bevor der Blutrausch der Großen Revolution begann.

Zeittafel

1740–1814 Donatien Alphonse François Marquis de Sade

1744–1797 Friedrich Wilhelm II. v. Preußen (1786 König)

1747–1793 Louis Philippe (Herzog von Orléans) Egalité

1749–1791 Honoré Graf v. Mirabeau

1754–1828 Charles Maurice de Talleyrand

1755–1824 Ludwig XVIII. von Frankreich (1814 König)

1757–1836 Karl X. von Frankreich (1824–1830 König)

1758–1794 Maximilien de Robespierre

1758–1805 Horatio Nelson

1759–1794 Georges Jacques Danton

1762–1830 Georg IV. von England (1820 König)

1763–1814 Josephine Beauharnais (verh. mit Napoleon I. 1796–1809)

1765–1815 Emma Hamilton

1768–1835 Franz II. von Österreich (1792–1806 als Franz I. deutscher Kaiser)

1769–1821 Napoleon Bonaparte (1799 I. Konsul, 1804–1815 Kaiser der Franzosen)

1770–1840 Friedrich Wilhelm III. von Preußen (1797 König)

1773–1859 Clemens Wenzel Fürst von Metternich

1773–1850 Louis Philippe (1830–1848 »Bürgerkönig«)

1784–1844 Ernst III. (I.) von Sachsen-Coburg und Gotha

1786–1868 Ludwig I. von Bayern (1826–1848 König)

1789–1799 Große Französische Revolution

1790–1865 Leopold I. von Belgien (1831 König)

1791–1847 Marie Louise (1810–1815 Kaiserin der Franzosen)

1793–1875 Ferdinand I. von Österreich (1835–1848 Kaiser)

1795–1861 Friedrich Wilhelm IV. (1840 König)

1797–1856 Heinrich Heine

1799–1850 Honoré de Balzac

1808–1879 Honoré Daumier

1808–1573 Louis Napoleon (1848 Präsident, 1852–1870 Kaiser Napoleon III.)

1810–1857 Alfred de Musset

1818–1883 Karl Marx

1818–1861 Lola Montez

1819–1901 Victoria v. Großbritannien (1837 Königin, 1876 Kaiserin v. Indien)

1819–1861 Albert von Sachsen-Coburg und Gotha (1840 Prinzgemahl)

1820–1895 Friedrich Engels

1848 Kommunistisches Manifest. Revolutionen: Februar und Juni Paris, März Deutschland, Oktober Österreich

2 »Blut muss fliessen ...«

Von 1789 bis 1848

»Der Huren bedarf man in unserer glücklichen Epoche nicht, weil man so viel geneigte Willfährigkeit bei anständigen Frauen findet.« Diese befriedigte Feststellung des erlebnisreichen, berühmt-berüchtigten Casanova kennzeichnet die freudige Bereitschaft nicht nur der vornehmsten Damen des Hofes von Versailles, sondern auch der bescheidensten Bürgerinnen Frankreichs, mit Leib und Seele am großen »Liebesfest der galanten Zeit« teilzunehmen. Die »holde Weiblichkeit« gab sich liebend gern preis, wenn sich der Preis lohnte: die kraftvolle Männlichkeit oder die raffinierte Zärtlichkeit des starken Geschlechts. Der Grundsatz: Im Krieg ist alles erlaubt, erfuhr die Erweiterung: Im Krieg – und in der Liebe ist alles erlaubt. Allen Frauen war alles erlaubt, nur einer nicht: der Königin Marie Antoinette. Als zum erstenmal in aller Öffentlichkeit davon gesprochen wurde, daß Marie Antoinette ihren Schoß nicht nur ihrem Gatten, König Ludwig XVI., dem Nachkommen des heiligen Ludwig, zum Geschlechtsverkehr dargeboten habe, wirkte das Gerücht als »Skandal der Entheiligung«. Ob Marie Antoinette schuldig oder unschuldig war, ob sie sich tatsächlich als Gegenleistung für ein Diamantenhalsband dem Kardinal Rohan hingegeben hatte – das war nicht so bedeutsam wie die Tatsache, daß in einer öffentlich geführten Untersuchung das Problem der Keuschheit der Königin überhaupt erörtert wurde.

Die Erörterung der peinlichen Ereignisse im Gerichtssaal, in dem die hohen Damen und Herren der Hofgesellschaft bloßgestellt wurden, erschütterte das Königtum, obwohl eindeutig klargestellt werden konnte, daß man Marie Antoinettes Namen verbrecherisch mißbraucht hatte. Die wahren Schuldigen der Halsbandaffäre wurden zu harten Strafen verurteilt, aber in den achtzehnhundert Kaffeehäusern von Paris nahm man das Urteil des Königlichen Gerichtshofes nicht ernst. Der Nimbus der Krone und der Unnahbarkeit des königlichen Bettes waren befleckt. Man sang in den Straßen von Paris freche Gassenhauer, in denen Marie Antoinettes Scheide in den ordinärsten Redewendungen gemein gemacht wurde. Man sang sie, bis das aufrührerische Lied »Ça ira ...« mit der Aufforderung, die Aristokraten an die Laterne zu knüpfen, die obszönen Verunglimpfungen der weiblichen Merkmale Marie Antoinettes übertönte.

Der Stier – Aquarell aus dem Jahr 1830, anonym

Die frivolen Redensarten des in der sinnenfreudigen adligen Gesellschaft so populären Almanachs »trou-madame – Das Damenloch« wurden während der »terreur«, der Schreckenszeiten der Französischen Revolution, grausig abgewandelt: »Le grand trou« – das war die runde Öffnung, die, vom Blut beschmiert, sichtbar war, nachdem das Fallbeil der Guillotine dem unglücklichen Opfer den Kopf abgeschnitten hatte. Der Blutrausch, in dem die Massen alles Maß und Ziel verloren, ertränkte die Gier nach geschlechtlicher Ausschweifung nicht. Aber in der verhältnismäßig kurzen Zeit, in der die hemmungslose Volkswut das französische Königtum und die graziöse Lebensart des »ancien régime« ausmerzte, hatte eine brutale Vergröberung der erotischen Annäherung und der Formen des Geschlechtsverkehrs stattgefunden. Die wollüstige Zartheit war einer handgreiflichen Derbheit gewichen. Die guten Sitten, die Frankreich Ehre gemacht und den Lebensstil der benachbarten Völker so nachhaltig beeinflußt hatten, verrotteten. Das abschreckende Beispiel, das die entfesselte Volksmenge setzte, diskreditierte die Revolution und ihre Maximen. Die Devise: »Freiheit, Gleichheit, Brüderlichkeit« schien im Massenmord nur ein Schlagwort zu sein, die »Erklärung der Menschenrechte« eine Blasphemie, wenn sie verkündet wurde, während man Menschen hinschlachtete, nur weil sie sich, wie es im »Tollen Tag« von Beaumarchais hieß, »die Mühe genommen hatten, geboren zu werden«. Die Privilegien des Adels waren abgeschafft worden, aber daß die Adeligen darüber hinaus aus der Welt geschafft werden sollten, hatte keineswegs im Sinne der Männer gelegen, die jene Proklamation verfaßt und erlassen hatten.

Auch Revolutionäre wie der große Demagoge Mirabeau, der gebildetste und beste Redner der Revolution, der gebürtige Graf, der sich gegen die Vorrechte des Adels und für die Rechte des Volkes eingesetzt hatte, waren entsetzt über den bedenkenlosen Mißbrauch der absoluten Gewalt durch das Volk. Er war, wie die meisten Abgeordneten, gegen den Absolutismus des Königtums aufgetreten, er hatte Reformen gewünscht, Beschränkungen der Privilegien, nicht aber das Chaos, das ausgebrochen war. Mirabeau war für die Freiheit – auch in der Liebe, er verachtete alle Beschränkungen, auch die des Geschlechtstriebs. Sein Zeitgenosse, ebenso hochgeboren wie Mirabeau, war der Marquis de Sade, der nicht nur gegen den Despotismus des Königtums war, sondern gegen die Gesellschaft schlechthin – gegen die »Perversität der Gesellschaft«. Mirabeau wurde ein entscheidender Schrittmacher der blutigen »Volksdespotie«, der Marquis de Sade der Vorkämpfer der Perversionen, die nach ihm benannt werden sollten. De Sade verbrachte etwa siebenundzwanzig Jahre in elf verschiedenen Gefängnissen und verfaßte die meisten seiner Schriften, durch die er das Geschlechtsleben revolutionieren wollte, hinter Kerkermauern, während der Revolutionär Mirabeau seinerseits im Kerker Bücher über das Geschlechtsleben schrieb. Mirabeau wurde wegen seiner Liebesaffären eingesperrt, de Sade, weil er Frauen unmenschlich blutig geschlagen hatte und ihm überdies Betrügereien, aufrührerisches Verhalten und politische Aufwiegelei nachgewiesen worden waren. Im Juni 1780, neun Jahre vor der historischen Erstürmung der Bastille, saßen Mirabeau und de Sade im gleichen Gefängnis. Mirabeau, den es vor de Sade graute, war gewiß kein Unschuldslamm; er war ein »libertin«, ein liederlicher Wüstling. Aber es lag ihm fern, Frauen körperliche Leiden zuzufügen. Im Gegenteil, er wollte ihnen Vergnügen bereiten – zur Erhöhung seines eigenen Vergnügens. In der Einsamkeit der Zelle ließ er seiner Phantasie freien Lauf und schrieb Traktate über die Variationen des Liebesgenusses und sinnliche Romane. Mirabeau, der de Sade ablehnte, predigte deshalb noch keineswegs die Gutmütigkeit in der Liebe – er war nicht dagegen, »die gute Beute, die Frauen, die sich in unseren Schlingen gefangen haben, zu verhöhnen«. Mirabeaus Rebellion richtete sich durchaus nicht gegen die lockeren Sitten des »ancien régime«, das er bis zu seinem frühen Tod bekämpfte, da ihm wegen seines schlechten Rufes vom König keine Gelegenheit gegeben worden war, es zu retten, sondern gegen die Beschränkungen, die ihm seine persönlichen Umstände auferlegten, so daß es ihm daher unmöglich war, ungehindert seiner Lust zu leben. Er war einer von vielen, die nicht wußten, was sie taten, als sie, wie er proklamierte, »nicht der Gewalt der königlichen Bajonette wichen«.

Die Unzucht anzupreisen, ihre Hintergründe und Abgründe zugänglich zu machen, jene inneren Notwendigkeiten zu erklären, die Frauen und Männer der Blutschande oder gleichgeschlechtlichen Liebesbeziehung verfallen ließen, sie dazu trieben, sich ihrer Geilheit durch Masturbation zu entledigen, widernatürliche Sodomie mit Tieren zu treiben oder den Geschlechtsverkehr lediglich mit der Zunge auszuüben – all das galt den Umstürzlern der bestehenden Ordnung als Mittel im Kampf gegen die überlieferten, zur Schau getragenen Normen aristokratischen Verhaltens. Mit dem Königtum sollten alle Schranken der scheinheiligen Wohlanständigkeit fallen. Aber die Verkündigung der ungehemmten Geschlechtsfreiheit in allen Abarten, die in Wort und Schrift der Bevölkerung anempfohlen wurde, war zu dekadent, als daß sie von den einfachen Frauen und Männern des Revolutions-Mobs verstanden worden wäre. Die Perversion als natürliche Folge der Übersättigung erschien der Mehrzahl der Französinnen und Franzosen, die sich zur Unterscheidung von den Adligen stolz »Bürger und Bürgerinnen« nannten, abwegig und unnatürlich. Sie lehnten sie als Auswüchse aristokratischer Lebensweise ab und scharten sich um die Demagogen, die eine »neue«, eine »bürgerliche Sittlichkeit« predigten. Die Begriffe der Tugend waren variabel.

Karikatur – Lithographie aus dem Jahr 1835, anonym

Sie wurden umstritten. Den ausschweifenden Mitgliedern des Nationalkonvents, der vorübergehend die Herrschaft über Frankreich gewann, wurde ihre lockere, wollüstige Lebensweise vorgehalten, den allzu Enthaltsamen ihre »menschenfeindliche« Sittenstrenge. Während dieser Widerstreit in den sittlichen Auffassungen unter Einsatz der Guillotine auf politischer Ebene ausgetragen wurde, lebte die Prostitution, die angesichts der von Casanova gerühmten Willfährigkeit der anständigen Frauen verkümmert war, wieder auf. Das Palais Royal, die fürstliche Residenz des Herzogs von Orléans, der mit den Revolutionären sympathisierte und seinem Vornamen Philippe den populären Namen »Egalité« hinzufügte, war von ihm in einen Rummelplatz verwandelt worden. Es gab in den Arkaden Vergnügungsetablissements, Theater, Kaffee- und Speisehäuser. Restif de la Bretonne, der den beliebten Treffpunkt der Pariser schilderte, schrieb: »Man weiß, daß das neue Palais Royal das allgemeine Rendezvous der Leidenschaften ... der Wollust, der Prostitution ... geworden ist.« Der volkstümliche Sittenschilderer war ein leidenschaftlicher Verfechter und Verehrer der Huren, die er ermahnte: »Vergeßt nicht, daß Mädchen eurer Art eine Erholung für den Mann sind. Ihr seid wahre Priesterinnen der Lust, achtet euch.« Nicht nur die Huren achteten sich selbst. Auch der Nationalkonvent achtete sie, als der Präsident eine Hure anläßlich der Abschaffung der Religion zur Göttin der Vernunft erhob und mit einem Bruderkuß umarmte. Das geschah nach der Hinrichtung Ludwigs XVI. und Marie Antoinettes, die von der Menge als »königliche Dirne« geringgeschätzt worden war. Jetzt war es eine Ehre, Hure zu sein, und wer Anstoß daran nahm, daß sich die Freudenmädchen schamlos und unzüchtig benahmen, verging sich gegen die Vernunft, die zur sinnlichen Gottheit, »zu einer Vielheit von menschlichen Göttinnen oder Gottesweibern« erhoben und angebetet werden sollte.

Die Paläste der käuflichen Liebe hatte man während der Revolution ihres Luxus beraubt. Die Bürger, als die neue, zahlungskräftige Schicht der Bevölkerung, begnügten sich mit schlichteren Räumlichkeiten. Aber die Unternehmer konnten sich nicht beklagen. Die Preise für die Prostitution hatten abgenommen, die Kunden jedoch in gewaltigem Ausmaß zugenommen. Sie trugen nicht mehr spitzenbesetzte Jabots und in Gold gefaßte Edelsteine als Knöpfe, sie trugen keine Degen mit ziselierten Griffen und kleideten sich nicht in Atlas und Seide, sie zahlten nicht mit Louisdors, sondern mit Assignaten, aber sie zahlten, und sie enthielten sich der Stöcke und Peitschen, mit denen man die »gute Ware«, die Huren, hätte beschädigen können. Wenn sie die Mädchen doch schlugen und peitschten, zahlten sie Überpreise – anders als der »ci-devant« Marquis de Sade, der als Bürger de Sade seine Schriften veröffentlichte, deren Inhalt er später so formulierte: »Der einzigartige und höchste Genuß der Liebe liegt in der Gewißheit, Schmerz zu bereiten.« De Sade selbst hatte keineswegs den Plan, ein Programm für die Lust durch Leiden zu schaffen oder gar eine Lehre. Der Begriff des Sadismus als der Trieb-Perversion, bei der die Geschlechtslust mit dem Zufügen von Schlägen, Grausamkeiten und Erniedrigungen aller Art verbunden ist, entstand erst

Der Mörser – Lithographie aus dem Jahr 1900 von Otto Greiner (1869–1916)

durch die Deutung der Schriften de Sades und seiner gerichtsnotorischen Handlungen. Ihm bereitete die Obszönität als solche Vergnügen, ebenso wie die Verkündigung, daß die Tugend immer von Unglück verfolgt werde und dadurch das Laster gedeihen müsse. Das liege in den »Absichten der Natur«. Es sei unendlich besser, es mit den Bösewichtern zu halten, die begünstigt seien, als mit den Tugendhaften zugrunde zu gehen. Den Roman »Justine« schrieb er mit dem Zweck, die Öffentlichkeit zu belehren, damit die Dummköpfe endlich aufhörten, »jenes lächerliche Götzenbild der Tugend anzubeten, das sie nur mit Undankbarkeit belohnt, und damit Leute mit Verstand sich um so sicherer fühlten, wenn sie die verblüffenden Beispiele von Glück und Wohlfahrt sähen, die das Laster und die Ausschweifung fast mit unumstößlicher Gewißheit begleiten«. Die Frauen und Männer, die de Sade in seinen Büchern agieren ließ, waren in verirrter Schändlichkeit beharrende Zyniker, die an jeder Abart des Geschlechtsverkehrs Gefallen fanden, Verführer von Minderjährigen, Päderasten und gottlose Außenseiter der Gesellschaft. Die bestialisch-diabolischen Handlungen, die er seine Akteure begehen ließ, zielten darauf hin, leibliche und seelische Qualen im äußersten Exzeß zu verursachen. Liebe wurde zum Haß, zur Machtergreifung in vollem Ausmaß: mit Leib und Seele.

De Sade fühlte sich berufen, die Verderbnis der Gesellschaft, der er durch Geburt und Erziehung angehörte, zu demaskieren, indem er sein eigenes verderbtes Triebleben bloßlegte; durch die Revolution auf freien Fuß gesetzt, fühlte er sich angesichts des Blutrausches der »terreur« in seiner Überzeugung bestätigt, daß jegliche Art des Blutvergießens und der Zufügung von Qualen ein der menschlichen Natur angeborener Trieb sei. Die Selbstzerstörung der Revolution, »die ihre eigenen

Kinder frißt«, mußte ihm als folgerichtiges Geschehen erscheinen, wenn er beobachten konnte, daß das Fallbeil der Guillotine weder den lebensfreudigen Danton noch den »tugendhaften« Robespierre verschonte. Die blutrünstigen Darstellungen im Roman »Justine«, den de Sade durch die Erlebnisse ihrer Schwester Juliette erweiterte, fanden, ebenso wie die später veröffentlichten »Hundertzwanzig Tage von Sodom oder die Schule der Ausschweifung«, nur ein beschränktes Publikum, obwohl der aristokratische Wüstling nicht weniger als sechshundert geschlechtliche Perversitäten seinen Lesern in allen Einzelheiten vorführte. Der Marquis de Sade hatte, seiner Lebensauffassung und Weltanschauung zum Trotz, kein Glück mit seiner bedenkenlosen Schlechtigkeit. Er schätzte die Zeit, die angebrochen war, falsch ein, als er in einem Schlüsselroman den neuen Machthaber, Konsul Napoleon Bonaparte, satirisch verunglimpfte. Er wurde abermals eingekerkert und starb im Gefängnis im gleichen Jahr, in dem der Kaiser der Franzosen abgesetzt und nach Elba verbannt wurde. Erst die Nachwelt verlieh de Sade durch die wissenschaftliche Analyse seines schriftstellerischen und unmenschlichen Daseins den zweifelhaften Ruhm, der seinen Namen mit der Deutung verband, »daß Grausamkeit und Genuß zwei identische Empfindungen sind«.

Frankreich hatte die Grausamkeit satt. Die feine Gesellschaft nach der Revolution war zwar nicht mehr »fein« im Sinne des »grand monde«, jener großen Welt, die vernichtet worden war. Aber die neuen Emporkömmlinge der Politik und der Wirtschaft, erfolgreiche Spekulanten und Wucherer, verschwendeten das erraffte, erpreßte, oft von Bestechungen herrührende Geld, um sich ihrerseits den Lebensstil zu ergattern, der durch die Revolution abgeschafft worden war. Der Versuch der neureichen Plebejer, wie die großen Herren von einst zu leben, erschöpfte sich in protzigem Aufwand. Anstatt der glanzvollen Hoffeste gab es rauschende Lustbarkeiten, bei denen es rüpelhaft hoch herging; der Champagner floß in Strömen, aber im Rausch machten die Parvenues den Frauen nicht den Hof, sie schliefen mit ihnen – und zahlten dafür. Es gab »Gesellschaftsbälle«, an denen jedermann teilnehmen durfte. Man wollte sich ohne Unterschied von Rang und Stand amüsieren und nach Tunlichkeit die schlechten Zeiten vergessen. Die berühmtesten und berüchtigtsten Frauen des sogenannten »directoire«, der Direktorialregierung, die das Erbe der Revolution angetreten hatte, waren Madame Tereza Tallien und Josephine Beauharnais. Tereza war vor ihrer Eheschließung mit Tallien, dem Helden des »Thermidor«, des Monats, in dem Robespierre gestürzt und geköpft worden war, Marquise de Fontenoy gewesen und führte den Ehrennamen »Notre-Dame du Thermidor«, Josephine, die ehemalige Vicomtesse und als Gattin Napoleons spätere Kaiserin der Franzosen, war die anerkannte Geliebte von Paul Barras, dem einflußreichsten und bedeutendsten der fünf Direktoren der Regierung. Barras war ein wollüstiger Schlemmer, ein ehemaliger Vicomte, der die Sitten des »ancien régime« in seinem Privatleben zu erneuern beabsichtigte.

Köstliches Essen und erlesenes Trinken war eine gegebene Selbstverständlichkeit in den Palästen und Schlössern des hohen Adels gewesen. Die meisten Herrensitze Frankreichs hatte man geplündert, und ihre neuen Besitzer waren »gourmands«, nicht »gourmets« – Vielesser und nicht Feinschmecker. Aber sie kümmerten sich ebensowenig wie ihre Vorgängerinnen und Vorgänger an den bestellten Tafeln um die Bedürfnisse der Ärmeren und Armen. Während sie sich mästeten, darbte das Volk. Nur durch militärische Gewalt konnte man es in Schranken halten, die Männer nur durch den Aufruf »Das Vaterland ist in Gefahr« zu den militärischen Leistungen veranlassen, die nötig waren, Frankreich gegen die Koalition der Monarchen Europas zu verteidigen. Das Militär war noch nicht, durch Napoleon verkörpert, zur Macht gekommen, aber die einzelnen Soldaten hatten begonnen, sich ihrer Macht bewußt zu werden. Sie wurden die fleißigsten Besucher des Palais Royal und die eifrigsten Kunden der Prostitution, die sich auf den Champs-Élysées, auf den Boulevards und in den Straßen breitmachte, welche an die Theater grenzten. Die »crapule« in Uniform besetzte Paris, obwohl der Kriegsminister Carnot die Zügel straffzog und den ruhmreichen Titel »Organisator des Sieges« gewann, den Napoleon I. schließlich erringen sollte.

Die große Chance zu seiner weltgeschichtlichen Karriere verdankte der kleine Korse, den seine Soldaten zärtlich »den kleinen Korporal« nannten, nicht seiner militärischen Eignung, sondern der geschlechtlichen Übersättigung Barras', der seine Geliebte, Josephine Beauharnais, elegant loswerden und an einen Ehemann bringen wollte. Gegen das Versprechen, ihm das Oberkommando der italienischen Armee zu übertragen, war der ebenso bettelarme wie ehrgeizige General Bonaparte, der in Barras' Auftrag einen Volksaufstand mit Kartätschen niedergeschlagen hatte, bereit, um die Hand der verbrauchten Mätresse des mächtigen Direktors anzuhalten. Er verliebte sich bis über beide Ohren in Josephine und nahm es ihr nicht übel, daß ihr Schoßhündchen Fortune ihn während der Brautnacht in den Hintern biß. Er mußte sich damit abfinden, daß es im Volksmund von seiner Frau hieß: »Sie ging von einem Bett ins andere, bis sie Kaiserin wurde.« In Napoleons Bett war Josephine von Anfang an Kaiserin. Ihre Erfahrung in der Liebe bezauberte den als »häßlich« verspotteten, von Machthunger zerfressenen jungen Offizier, dem seine Spötter nachsagten, er schnalle nicht einmal beim Geschlechtsverkehr den Säbel ab. Josephine, der er nach seinen so erfolgreichen italienischen Feldzügen den Ehrentitel »Notre-Dame de la victoire« verliehen hatte, betrog ihn bei jeder sich ihr bietenden Gelegenheit. Er schrieb ihr glühende Liebesbriefe und beklagte sich mit der gleichen Feder bei Barras: »Meine Frau hat offenbar irgendeinen Liebhaber … ich hasse die Weiber …« Seine Geringschätzung der Frauen war vermutlich darauf zurückzuführen, daß ein Gerücht im Umlauf war, er sei nicht der Sohn seines legitimen Vaters Carlos Buonaparte, sondern des korsischen Generals Paoli, mit dem seine strenge Mutter Letizia eine Liebesbeziehung unterhalten habe – vielleicht aber auch darauf, daß er, der größte Mann seiner Zeit, ein überaus kleines, ja beinahe verkümmertes Genitale gehabt habe, wie die Autopsie nach seinem Tod auf St. Helena erwies. Das quälende Gefühl der geschlechtlichen Unzulänglichkeit mochte ihn, der seinen Trieb nicht zufriedenstellend befriedigen konnte, dazu angetrieben haben, den

Krieg dem Frieden vorzuziehen, da er den Liebesrausch im Bett nicht in eitler Männlichkeit bewußt genießen konnte.

Nicht die Revolution oder das Directoire verbürgerlichten das adelige Frankreich des Rokoko, sondern der ruhelose Emporkömmling, der sich mit einer Königskrone nicht begnügte und als Kaiser Oberherr der europäischen Herrscher sein wollte. Der Stil und die Lebensformen des »Empire«, das er schuf, waren steif und protzig. Der Etikette, die er an seinem Hof einführte, um die zeremoniellen Sitten der Bourbonen zu überbieten, fehlte die Überlegenheit der Tradition. Der napoleonische Prunk war Aufmachung, gekünstelte Fassade, der es an überlieferter Lebenskunst mangelte. Es nützte nichts, daß der Kaiser versuchte, durch allerlei Gnadenbeweise hochadelige Damen und Herren, die die Revolution überlebt hatten, an seinen Hof zu ziehen. Sie fühlten sich im Milieu des gekrönten Parvenus ebenso unbehaglich wie er selbst. Talleyrand, der einzige Lebenskünstler des alten Regimes, dem Napoleon ein hohes Amt in der Regierung und in der kaiserlichen Hofhaltung gönnte, sagte achselzuckend über seinen Monarchen, den er bei jeder Gelegenheit verriet: »Schade, daß ein so großer Mann ein so schlechtes Benehmen hat.«

Das schlechte Benehmen Napoleons war in seinem schlechten Charakter begründet. Er scheute kein Mittel, seine Macht zu behaupten. Wenn er nicht gerade im Krieg seine genialen Pläne zu genialer Ausführung brachte, sah er sich bemüßigt, durch ein Heer von Spitzeln in die Geheimnisse der Frauen und Männer einzudringen, die er durch seine Kenntnis ihres Tuns und Lassens beherrschen wollte. Sein Polizeiminister Fouché, der das Bespitzelungswesen leitete, bediente sich vieler Herren und Damen der Gesellschaft, die er dafür bezahlte, daß sie Gespräche belauschten oder Äußerungen provozierten. Er errichtete solche »Mausefallen«, um seinen Kaiser auf dem laufenden halten zu können. Aber auch Madame de Genlis, eine Dame des Hofes, mußte ihm gegen eine Jahresrente und freie Wohnung Bericht erstatten. In den vornehmsten Salons, die nach der alten Mode neu erstanden, wenn auch nicht mit der leichten Frivolität, die Hausfrau wie Gäste entzückt hatte, waren »Mausefallen« gang und gäbe. Der Ton und die Stimmung in diesen Salons des Empire blieben gekünstelt, die charmante Lebensart von Paris, die der übrigen Welt als Beispiel gegolten hatte, war einer äußerlich korrekten, bürgerlichen Wohlanständigkeit gewichen, in der schlüpfrige Redewendungen und geistreiche Ungehörigkeiten als verpönt galten.

Napoleon befreite sich nie aus der Kleinbürgerlichkeit seiner Familie, der es bis zu seinem Aufstieg an dem Nötigsten gefehlt hatte. Er rechnete, wenn auch mit immer größeren Zahlen, seiner Mutter, seinen Schwestern und Brüdern nach und vor, was sie ausgaben, und maßte sich als Familienchef von eigenen Gnaden die Kontrolle ihrer Lebensführung nach kleinbürgerlichen Prinzipien an – wenn er sie auch mit hochtrabenden Titeln und Würden überhäufte. Die neue Aristokratie, die Napoleon schuf, entstammte zum größten Teil dem Kleinbürgerstand wie er selbst. Sie waren Emporkömmlinge und lebten wie Emporkömmlinge. So beeinflußten die zu Hoheiten avancierten

Militärs die Sitten Frankreichs und der Völker, die anfangs die Freiheit der Französischen Revolution begeistert begrüßt hatten und die Napoleon nun mit blutiger Gewalt in seinen Machtbereich einbezog. Die Einstufung nach Rang und Vermögen bestimmte die förmliche Geselligkeit. Außenseiter dieser gesellschaftlichen Hierarchie wurden diskreditiert, außereheliche Seitensprünge der Frauen waren verpönt und wurden als »unmoralisch« gebrandmarkt, während man es den im Felde stehenden oder in Garnisonen tätigen Männern nachsah, wenn sie ihrer Natur freien Lauf ließen. Die doppelte Moral, die Männern erlaubt, was Frauen verboten ist, beherrschte Napoleons Offizierskorps, das sich aus bürgerlichen Kreisen rekrutierte und dem Bürgertum seinen Stempel aufprägte. Als die Frau eines Marschalls von Frankreich sich bei Napoleon beklagte, daß ihr Mann sie betrogen habe, erwiderte er trocken: »Der Ehebruch geht nur das Sofa etwas an.« Er selbst machte keine Umstände mit den Frauen, die er auserwählt hatte, ein Liebesstündchen mit ihm zu verbringen. Seinem Kammerdiener befahl er, der jeweiligen Schönen zu sagen: »Ziehen Sie sich aus, Madame«, dann ließ er die für den eiligen Geschlechtsverkehr Bereite oft mehr als eine Stunde warten, bis er sich ihrer besann und seine un-ehelichen Pflichten erfüllte. Manches Mal ließ er die Bestellte auch durch seinen Kammerdiener einfach mit der Bemerkung fortschicken: »Sie soll gehen, in Gottes Namen!« Er gab auch keine großzügigen Geschenke für die ihm zumeist unter moralischem Zwang geschenkten Liebesbezeugungen – der Vollzug des Geschlechtsakts war ihm nicht so viel wert, als daß er sich in größere Ausgaben gestürzt hätte, obwohl es bei seinen gewaltigen Ausgaben für den kaiserlichen Prunk keine Rolle gespielt hätte. Sogar Josephine mußte mit ihm feilschen, wenn sie wünschte, daß ihre Schulden bezahlt werden sollten, die sie in ihrer unbezähmbaren Verschwendungssucht unaufhörlich machte. Er handelte auch mit seiner schönen und ausschweifenden Schwester Pauline, der Fürstin Borghese, der man nachsagte, sie sei Nymphomanin gewesen; es hieß, Napoleon habe ihr die geschlechtliche Unersättlichkeit als eine unheilbare Krankheit nachgesehen. Aber selbst die vorsichtigste Geheimnistuerei konnte nicht verhüten, daß die Lieblingsschwester Napoleons in Verruf kam. In den wenigen friedlichen Jahren des Empire ersetzte der Champagnerrausch den Blutrausch und das Zerschlagen von Möbeln, das Zertrümmern von Spiegeln die Freuden des Handgemenges, für das die napoleonischen Offiziere und Soldaten vorsorglich ausgebildet wurden. Die Brutalität der Militärs, die als Heroen gefeiert wurden, bestimmte die Sitten Frankreichs und überlebte in ihrer Auswirkung auf die Länder, die Napoleon besiegt oder bekämpft hatte, die napoleonische Ära.

Die moralische Erniedrigung, die Kaiser Franz II. von Österreich hinnehmen mußte, als er gezwungen war, seine Tochter Marie-Louise dem »Korsischen Blutgeneral« zur Frau zu geben, erschütterte das Ansehen des Herrschers so sehr, daß seine Untertanen der Erhabenheit der Kaiserwürde nicht mehr den alten Respekt zollten, und zwar um so weniger, als der Monarch, der auf die Kaiserkrone des Römischen Reiches Deutscher Nation hatte verzichten müssen, sich aus persönlicher Neigung oder aus Popularitätshascherei gern als schlichter Bürger gebärdete und, vermutlich in beabsichtigtem Gegensatz zum napoleonischen Prunk, für eine einfachere, gemütliche Lebensform eintrat, die dann als »Biedermeier« zum Lebensstil wurde. Die Freuden des bequemen Ehestandes, die Lust am Familienleben – diese Verbürgerlichung sollte die Freude und die Lust an den französischen Unsitten entwerten. Schon während des Wiener Kongresses zeigte es sich jedoch, daß die Unzucht weder durch wohlmeinende Erlasse noch durch gutes Beispiel auszurotten war. Die Zusammenkunft der Herrscher und Staatsmänner mit ihrem Gefolge verwandelte Wien in ein einziges großes Bordell, in dem mehr getrunken, getanzt und geliebt wurde als beraten. Es ging den hohen Gästen der Donaustadt, die sich ihren Hang zur Hurerei trotz der strengen Sittengesetzgebung Maria Theresias mannhaft und mit weiblicher Hartnäckigkeit erhalten hatte, bald nicht mehr so sehr darum, wer wessen Land oder Krone besitzen, sondern wer mit wem die Nacht verbringen sollte. Über die Liebesbeziehungen, die geknüpft und aufgelöst wurden, führte man sorgfältig Protokoll, während die lebenslustigen Könige und Fürsten und nicht zuletzt der Zar von Rußland lebensfreudig gegen das Protokoll verstießen, das durch die spanische Etikette des habsburgischen Kaiserhofes hätte geregelt sein sollen. Den Hoheiten aus der Fremde dienten die ihnen vom Hof zugeteilten österreichischen Grafen als Kammerherren und Kuppler. Da der Kaiser seine Tochter um des lieben Vorteils willen dem verachteten Usurpator ins Bett gelegt hatte, verstieß es nicht gegen die Ehrbegriffe des Adels, Töchter und selbst Gattinnen zu »verwerten«. »Einmal ist keinmal, und zweimal ist nicht für immer …« – man sah durch die Finger oder beiseite: Der »Tanzende Kongreß« sollte doch nicht aus dem Dreivierteltakt kommen – und wer jetzt nicht sündigte, verpaßte am Ende die gute Gelegenheit.

Die Annalen und Polizeiberichte des Wiener Kongresses vermelden ein lebhaft-lustiges Kreuz und Quer von passionierten Liebesabenteuern, die ein jähes Ende fanden, als Napoleon sein unglücklichstes »Abenteuer der hundert Tage« begann. Die Korrespondenz der verliebten, verlassenen Frauen, deren Liebhaber wieder ins Feld ziehen mußten, wurde von der übereifrigen Zensur beschlagnahmt, die Fürst Metternich, der »Kutscher Europas«, installiert hatte, um den gefährlichen Austausch revolutionärer Gedanken zu unterbinden – und beschlagnahmt wurden auch die gegenseitigen Liebesbeteuerungen der durch den letzten napoleonischen Krieg so schmerzlich Getrennten. Das Waterloo des Kaisers der Franzosen bedeutete gleichzeitig eine Kapitulation der österreichischen Frauen, die sich nun der heuchlerischen Moralität des österreichischen Staatskanzlers fügen mußten, der seiner libertinischen Vergangenheit als liederlicher Botschafter in Paris und gelegentlicher Liebhaber der Karoline Murat und der Pauline Borghese abschwor. Der in den Fürstenstand erhobene, von seinen Schulden entlastete Metternich wurde der Vorkämpfer der Reaktion, die es sich zum Ziele setzte, die Begriffe Freiheit, Gleichheit und Brüderlichkeit weltweit zu ächten. Daß er in die Ächtung auch die Freiheit der Liebe, die Gleichwertigkeit der Geschlechter und die Verschwägerung der Sinne einbezog, machte die Schlagworte der Revolution selbst bei denjenigen Frauen und Männern populär, die gegen den Schrecken der Revolution gewesen waren. Unter dem Einfluß Metternichs und seiner Sbirren wurde auch die Mode des Biedermeier prüde. Es galt als unschicklich, die Beine zu zeigen und die Brüste nur lässig verschleiert oder gar entblößt zur Schau zu stellen. Rüschen und Seidentücher bedeckten den Ansatz der Brüste. Es galt als modern, undurchsichtige Stoffe zu verwenden. Das Muckertum breitete sich im gesamten Machtbereich des Kaisers von Österreich aus, auch in den italienischen Besitzungen des Erzhauses. Wer auf den Obstmärkten Feigen kaufte und statt »fico«, die Feige, »fica« sagte, galt als ordinär, denn »fica« bedeutete im Volksmund auch die Scheide, und die, so spöttelten die unfreiwilligen Untertanen der habsburg-lothringischen Monarchie, »nimmt man in Österreich nicht in den Mund«. Das Geschlechtsleben sollte nur so vor sich gehen, wie es von der katholischen Kirche gutgeheißen wurde: Es war nur zulässig als Mittel zum Zweck der ehelichen Zeugung von Kindern. Was darüber hinausging, war verpönt, eine Sünde, die besser vermied, wer in der Beichte die Absolution gewinnen wollte.

Die Italiener waren gezwungen, sich die Fremdherrschaft, die ihre Freizügigkeit eindämmte, gefallen zu lassen, obwohl durch die propagandistische Werbung Napoleons für eine italienische Nation der Keim zu einem Nationalgefühl gelegt worden war. Aber auch die außerhalb der Grenzen des österreichischen Kaiserreiches lebenden Deutschen hatten im Befreiungskampf gegen Napoleon nationale Gefühle entdeckt, die von den größeren und kleineren Herrschern innerhalb des ehemaligen Römischen Reiches Deutscher Nation angefacht wurden, um die Untertanen gegen den »Erbfeind« Frankreich aufzustacheln. Die gleiche, wenn auch in ihren Dialekten so verschiedene deutsche Sprache wurde zum Anlaß genommen, nationale Einheitsbestrebungen zu züchten. Aber gegen die Durchführung der Vereinheitlichung sprach die Verschiedenheit der Sitten in den einzelnen Herrschaftsgebieten. Diese Verschiedenheit der Lebensgewohnheiten und Bräuche beruhte noch immer auf dem Grundsatz des Westfälischen Friedens: »Cuius regio, eius religio« – wessen Herrschaftsgebiet, dessen Glaube. So war Bayern katholisch geblieben und Preußen protestantisch. Der bayerische Katholizismus freilich war bei weitem liberaler als der österreichische. Die Lebenslust der Bayern wurde von den Königen aus dem Hause Wittelsbach nicht ernstlich eingedämmt, und in Preußen war die Lebensregel des zweiten Friedrich erhalten geblieben: »Es soll jeder nach seiner Façon selig werden.« Die Bürger von Berlin waren nicht vergnügungssüchtiger als die Kavaliere und Junker am Hofe des Königs von Preußen. »Ganz Potsdam war wie ein Bordell. Alle Familien dort suchten nur mit dem König, mit dem Hof zu tun zu haben. Frauen und Töchter bot man um die Wette an, die größten Adlichen waren am eifrigsten.« In den Berliner Salons, die immer noch den Pariser Salons des »ancien régime« nachzueifern bemüht

»Vie de Fabulas« – Lithographie aus dem Jahr 1840 von Achille Deveria (1800–1857)

waren, herrschte aber auch ein reges, literarisches Leben. Der Ton, den Rahel von Varnhagen und Henriette Herz angaben, hatte nichts mit dem Geschwätz der Offizierskaste gemein, deren Themen die »Weiber« waren, »Pferde, Jägerlatein und allenfalls die Roggenpreise, wegen deren väterlicher Klitsche«. Wer etwas von Geistigkeit hielt, ging den Offizieren aus dem Weg »und war froh, wenn man nichts mit ihnen zu tun hatte«. Man wußte: »Alle jungen Leute, die gute Gesellschaft sehen wollen, ohne Gêne, lassen sich bei den Juden einführen.« Aber schon damals waren die Nationalisten gegen die »Intellektuellen«. Ernst Moritz Arndt, der in den Befreiungskriegen den »Gott, der Eisen wachsen ließ«, besungen hatte, schrieb: »... unaufgeklärte Gesellen sind es, ohne Vaterland, Religion und Zorn, die nur von Barbaren für etwas Großes gehalten wurden ...« Vergebens hatte Goethe gedichtet: »Ein garstig Lied! Pfui! ein politisch Lied.« Turnvater Jahn war in seinem Franzosenhaß für die Absonderung der Deutschen, die zu einer geschlossenen Nation vereint werden müßten. Er schlug vor, eine Wüste zwischen Deutschland und Frankreich zu legen. Dazu müßten die Deutschen »Marschen vermorasten, Auen einsumpfen, Höhen versuren, Niederungen verbruchen, gewässerte Täler durch Wall und Mauer zu Seen stauen«. Die deutschen Studenten, die Jahn mit Erfolg zum Turnen anregte, ließen sich trotz allem Werben für die körperliche Ertüchtigung nicht ermuntern, den Freuden des Geschlechtslebens zu entsagen. Sie sangen frohgemut in der Hoffnung auf das Ende des Duckmäusertums, das sie zu verdummen drohte: »Wißt ihr nicht, wo Jena liegt, Jena liegt im Tale, wo so viele Jungfrau'n sind wie Walfisch' in der Saale.« Der Trieb ließ sich knebeln, nicht aber unterdrücken. Die Bewahrung der Jungfräulichkeit vor der Ehe war zwar ein unabdingbares Gebot des Anstands der deutschen Weiblichkeit, aber die so oft beklagte »Verwilderung« der Liebessitten, die mit den französischen Enzyklopädisten und durch das napoleonische Militär in Deutschland eingeführt worden war, war keineswegs überwunden. Der Sieg der geheuchelten Moral über die offenherzige Unmoral blieb dem sich ausbreitenden Einfluß der Romantik vorbehalten: der Erhebung des Gefühls über das Geschlecht.

Auch in England, das mit kurzer Unterbrechung seit der Hinrichtung Ludwigs XVI. bis zum endgültigen Sturz Napoleons mit Frankreich im Krieg gelegen war, wirkte sich die Verbürgerlichung der Sitten auf dem Kontinent aus, wenn auch nur mittelbar. Während der durch Napoleon verhängten »Kontinentalsperre«, dem Verbot der Einfuhr englischer Waren auf das europäische Festland, war England in seinem Handel auf die Seeschiffahrt und in seiner Erzeugung von Gütern auf sich selbst angewiesen. Während die Große Revolution den gesellschaftlichen Umsturz in Frankreich herbeiführte, der durch die Restauration, die Wiedereinsetzung der Bourbonen, die »alles vergessen und nichts hinzugelernt hatten«, nur unwesentlich beeinflußt wurde, brachte die Industrielle Revolution in England durchgreifende Änderungen mit sich. Arbeitgeber und Arbeitnehmer, die Vertreter des »Kapitals« und des »Proletariats«, standen einander feindlich gegenüber, der »Klassenkampf« hatte begonnen. Aber keine der beiden Gruppen hatte unmittelbaren Einfluß auf die Handlungen der britischen Regierung, die sich aus Mitgliedern des Adels und der Kaufmannschaft zusammensetzte, jener Bevorrechtigten, die, gemäß der Verfassung, allein das Recht auf Wahl ins Parlament innehatten und die soziale Verwirrung der Gemüter mit überlegener Ruhe für ihre Zwecke gebrauchten.

Das Streben nach Reichtum für den einzelnen wie für das ganze Volk war schon seit den Zeiten Elisabeths I. wesentlicher Inhalt der englischen Politik geworden. Die Beherrschung der Seeschiffahrt, die Errichtung von Handelsgesellschaften an allen Ecken und Enden des Erdkreises, die Einrichtung von Kolonialregierungen, die nicht nur der Beschaffung von Rohstoffen, sondern auch dem Absatz der heimischen Industrieerzeugnisse dienten, hatten England zum reichsten Land der Erde werden lassen. Und im Überfluß des Wohlstands war London die sittenloseste Stadt der Erde geworden. Während in den Slums bitterste Not herrschte und es in den Elendsvierteln der Industriestädte keine Kanalisation gab, so daß die Armen inmitten von stinkigem Unrat hungerten, suchten die im Luxus schwelgenden Wohlhabenden in ihrer gelangweilten Übersättigung nach immer neuen Zerstreuungen, nach einer Stimulierung ihrer Sinne.

Die besitzende Klasse war exklusiv, man blieb unter sich – ob bei Tisch oder im Bett, war nicht so wesentlich, wenn nur kein Außenseiter sich indiskret bemerkbar machte. Nicht so sehr für außereheliche als für außergesellschaftliche Seitensprünge gab es mehr als genug Bordelle und Kurtisanen. Sie boten in ihren eleganten Häusern den Männern die Freuden, die ihre Ehefrauen oder vornehmen Freundinnen ihnen vorenthielten. Es wirkte auf die Gentry überaus peinlich, als Sir William Hamilton, der hocharistokratische britische Gesandte am Hof zu Neapel, die schöne Emma heiratete, die ihre Laufbahn als Dienstmädchen begonnen und sich von Bett zu Bett emporgearbeitet hatte, bis sie, von ihren zahlreichen Liebhabern zur Dame erzogen, mit allem Luxus überschüttet, von einem Tag zum andern dem Elend preisgegeben, die Bekanntschaft des berüchtigten Dr. Graham machte, der sie in seinem »Tempel der Gesundheit« in einem animierenden »Bett der Wollust« zur Schau stellte. Emmas hinreißender Körper in seiner reizvollen Nacktheit hatte eine so aufreizende Wirkung auf die Besucher des »Tempels der Gesundheit«, daß sie bereit waren, fünfzig Guineen für die einmalige Benützung des Bettes zu bezahlen. Emma war so makellos gebaut, daß George Romney, der berühmteste Porträtmaler seiner Zeit, sich in sie vergaffte. Aber Romneys Pinsel konnte ihr weder den Aufwand noch die Lust bieten, nach der sie sich sehnte. So wurde sie die Geliebte des Neffen Sir William Hamiltons, Sir Charles Greville, der sie schließlich seinem Onkel verkaufte, um seine durch Verschwendung mißlich gewordenen Vermögensverhältnisse zu sanieren. Nun wurde Emma Lady Hamilton – zur Förderung der britisch-neapolitanischen diplomatischen Beziehungen – die Geliebte der Königin Karoline von Neapel, der leidenschaftlichen Schwester Napoleons, die sich in gleichgeschlechtlicher Liebe mit Emma von ihren Ausschweifungen mit Männern erholen wollte. Als der englische Admiral Horatio Nelson seine Aufwartung am Hofe von Neapel machte, verliebte er sich in Emma und sie in ihn. Sie waren unzertrennlich bei den rauschenden Festen, die Karoline und ihr Gatte, Joachim Murat, von Napoleons Gnaden König, veranstalteten. Als Emma in Hamiltons Begleitung nach London zurückkehrte, teilte Nelson die gemeinschaftliche Wohnung des Ehepaares. Das Idyll zu dritt, dem ein Knabe entsproß, wurde durch Hamiltons Tod beendigt. Nelson, dessen Ehe nicht geschieden werden konnte, lebte mit der verwitweten Geliebten, als sei sie seine Frau. Er bezahlte seinen historischen Sieg bei Trafalgar mit dem Leben. Emma blieb mittellos zurück. Vergeblich versuchte sie durch die Ausübung ihres alten Gewerbes wieder zu Geld und Ansehen zu kommen. Der verblühenden Lady zogen die Gentlemen das junge Fleisch vor, das in den fünfzehnhundert Bordellen Londons zu bürgerlichen Preisen angeboten wurde. Die verarmte Emma kam ins Schuldgefängnis und starb im Elend. Sie wäre nicht mehr und nicht weniger als eines von vielen englischen Freudenmädchen gewesen, die in ihrer Jugend zu Ansehen gekommen und im Alter in Dürftigkeit verkommen waren, hätte George Romney sie nicht in seinen Gemälden verewigt. Der Wettbewerb der liebeswilligen Damen der Gesellschaft beeinträchtigte die Chancen der Prostituierten, die sich freilich keineswegs über mangelnden Zulauf beklagen konnten.

Die Steigerung der Lust in jeder Form wurde zum äußerst einträglichen Geschäftszweig ausgeweitet. Am beliebtesten waren die geheimen Häuser und Absteigequartiere, in denen die Flagellation ausgeübt wurde. Eine »strong governess« bediente gegen hohes Entgelt Männer mit Ruten, Peitschen, Stöcken und Geißeln, um den freiwillig Gepeinigten den Genuß des sinnlichen Schmerzes zuteil werden zu lassen. Um das Auspeitschen der Kunden kunstgerecht vollziehen zu können, erfanden geschickte Unternehmerinnen das »Pferd«, einen Apparat, auf den die »freiwilligen Delinquenten« angeschnallt wurden, um sich widerstandslos prügeln lassen zu können. Zu den Besuchern des berüchtigten Flagellations-Instituts der Miß Collett gehörte auch König George IV. von England, der schon als Prince of Wales der fashionabelste der extravaganten »Fashionables« war, die die modischen Geschmacksrichtungen der Zeit, ihrem Spitznamen entsprechend, bestimmten. Die königliche Familie gab dem Hof und der Lebewelt überhaupt das Beispiel zügelloser Schamlosigkeit. Alle Prinzen hielten erklärte Mätressen aus und waren Stammgäste der berüchtigtsten Häuser. Als geschworene Ehefeinde »scherten sie sich einen Teufel darum«, ob das Königshaus legitimen Nachwuchs bekäme oder nicht.

»Die Ehe ist das Vorspiel zum Skandal«, jammerten die »Fashionables«, die sich nicht an das Vorbild des Königs George, sondern an das des Modekönigs George Brummell hielten, der alles Überflüssige, Vielfarbige in der Herrenkleidung für unschicklich und unmännlich, die Schlichtheit des Anzugs hingegen für vornehm erklärte. Die neue aristokratische Mode verbürgerlichte die distinguierten Herren in ihrem Aussehen. Es fiel den Bürgern leichter, sie nachzuahmen. Wenn sie auch nicht bei festlichen Gelegenheiten die altertümliche Prunkgewandung der Lords anlegen durften, waren sie doch bald im Alltagsleben kaum noch von den erlauchten Herrschaften zu unterscheiden. Auch die Frauen der »guten Gesellschaft« verminderten den Prunk ihrer Kleider. Ihr Motiv war ein beinahe einheitlicher Protest gegen die gefallsüchtige, mit Schmuck überladene Prinzessin von Wales, eine Tochter des Herzogs von Braunschweig-Wolfenbüttel, Karoline, die der spätere König George IV. nur wider Willen geheiratet hatte. Alle Damen des britischen Hofes rümpften die Nase, wenn der Name Karolines fiel. Die persönlichen Liebesbeziehungen der Hofdamen waren diskret, ihre Liebhaber Gentlemen. Die Prinzessin von Wales jedoch trieb Unzucht mit einem Bediensteten, mit einem Bereiter, der mit dem Titel »Kurier« großtat, obwohl er nicht mehr und nichts anderes als ein »prick auf zwei Beinen« war. So zeigte sich der königliche Hof ganz und gar damit einverstanden, als der Prinz von Wales die Scheidung von Karoline verlangte und ihr skandalöses Herumtreiben zum Anlaß der Klage nahm. Prinzessin Charlotte, die Thronerbin, war durch den schlechten Ruf ihrer Mutter in Mitleidenschaft gezogen, und deshalb schien es an der Zeit zu sein, einen Ehemann für die reichste Erbin der Welt zu finden. Wem sollte sie ihre Hand reichen? Welchem Bewerber würde der künftige König von England das Jawort geben?

Auf dem Wiener Kongreß machte sich ein deutscher Fürst, Herzog Ernst von Sachsen-Coburg und Gotha, bei dem beliebtesten Besucher des Kongresses, dem Prinzen von Ligne, unbeliebt. Er hatte eine junge Griechin in unanständigster Weise verführt und in peinlichster Weise sitzenlassen. Sie veröffentlichte mit Befürwortung des Prinzen von Ligne die »Memoiren einer jungen Griechin«, um den Coburger unmöglich zu machen. Aber die in der kleinen Schrift gewürdigte Männlichkeit des Herzogs kam nur seinem Ruf zugute – und zugleich dem seiner beiden Brüder Ferdinand und Leopold.

Durch geeignete Empfehlungen gelang es Leopold von Coburg, in London bei Hofe vorgestellt zu werden. Die als Aschenputtel behandelte Prinzessin Charlotte zog ihn allen anderen Ehekandidaten vor. Sie war eine große Prinzessin, er nur ein kleiner Prinz. Ihn konnte sie also ungeniert beherrschen, wenn er ihr »Prinzgemahl« wurde. Ein Jahr lang war Leopold von Sachsen-Coburg und Gotha Ehemann der Thronerbin Charlotte von England, dann starb sie im Kindbett und das Neugeborene mit ihr. Der Prinz, der die »Inselfrau« in der Hochzeitsnacht nicht zu erwärmen vermocht und dem vertrauten Freund seiner Kinderzeit, dem Arzt Dr. Stockmar, geschrieben hatte: »Ich glaube, daß eine Wärmeflasche, die sie sich abends mit ins Bett nimmt, des Morgens gefroren sein müsse«, trauerte der »Frau aus Eis« nicht nach, um so mehr aber dem fehlgeschlagenen Plan, durch sie zu Macht und Reichtum zu kommen. In seiner ehrgeizigen Beschränktheit war er sich nicht bewußt, daß er in dem einen Jahr zwei Handlungen vollzogen hatte, die die Entwicklung der Welt- und Sittengeschichte ganz wesentlich beeinflussen sollten: Er hatte den Onkel seiner Frau, den Herzog Edward von Kent, mit seiner hausmütterlichen Schwester Victoria Marie Luise, einer verwitweten deutschen Fürstin, verheiratet und das »Royal Coburg Theatre« gegründet, um in London eine »gute Bühne« zu schaffen, auf der gute Stücke aufgeführt werden könnten. Seine Schwester, »die deutsche Dickmadam«, wurde die Mutter der Königin Victoria von England, des anglikanisierten Ideals deutscher Züchtigkeit und Mütterlichkeit, deren Moral durch bauschige Unterröcke und gestärkte Beinkleider aus Barchent behütet war. Und das »Royal Coburg Theatre«, zu Ehren von Leopolds Nichte auf »Royal Victoria« umgetauft, wurde ein ehrbares Schauspielhaus.

Leopold von Coburg entsprach den Vorstellungen der Engländer keineswegs. Aber dank der Ratschläge Dr. Stockmars erreichte er es, eine Rente zugesichert zu bekommen, mit der er den Aufenthalt seiner abermals verwitweten Schwester (deren Gatte dem Whisky allzu leidenschaftlich zugesprochen hatte) und den seiner Nichte Victoria (die eine Chance hatte, Thronfolgerin zu werden) in England finanzierte. Das Familienleben mit seiner Schwester und der pummeligen kleinen Victoria, »dem fetten Rebhuhn«, wie sie vom inzwischen als Georg IV. König gewordenen Bruder ihres Vaters genannt wurde, genügte Leopold freilich nicht. Dr. Stockmar, der sich als Erzieher Alberts von Coburg, des späteren Prinzgemahls seiner Cousine Königin Victoria, bemüßigt sah, seinem Zögling unbedingte Keuschheit und biedere Ehrbarkeit als Grundlagen der männlichen Moral zu predigen, verkuppelte die begabte, anerkannte Schauspielerin Caroline Bauer an Leopold. Die Enttäuschte schildert in ihren Memoiren das jämmerliche Beisammensein mit dem Prinzen, der sich nach einer vermutlich nur vorgetäuschten Eheschließung und ihrer unbestätigten Erhebung zur Gräfin Montgomery ihrer kurzerhand entledigte, als er mit Unterstützung Georgs IV. (der sich seinerseits des kurzfristigen Schwiegersohns entledigen wollte) und durch Vermittlung des Dr. Stockmar zum König der Belgier erhoben wurde. Ein Monarch mußte standesgemäß heiraten, Leopold nahm eine Tochter des »Bürgerkönigs« der Franzosen Louis Philippe aus dem Hause Orléans zur Frau.

»Die Birne«, wie Louis Philippe, der Nachfolger seines entthronten Vetters Karl X., von seinen Untertanen mit gutmütigem Spott seiner sich verjüngenden Kopfform wegen genannt wurde, fühlte sich so unsicher auf dem nach der dreitägigen Revolution des Jahres 1830 ergatterten Thron, daß er einerseits dynastischen Anschluß suchte, andererseits aber sich trotz der Krone als »Bürger unter Bürgern« geben wollte. Er konnte den Franzosen weder die »gloire« geben, noch wollte er den Sozialismus begünstigen. Immerhin hatte er einen Hang nach unten, eine »nostalgie de la boue«. Nachdem er erst eine Rebellion der »Legitimisten«, der Anhänger des Verbannten Karl X., niedergeschlagen und einen dilettantischen Aufstand des Prinzen Louis Napoleon – er war der Sohn von Hortense Beauharnais und König Louis von Holland, also Stiefenkel und Neffe des Kaisers Napoleon – mühelos hatte unterdrücken können, unternahm er es, sich als Bewunderer des großen Korsen um die Gunst der Bonapartisten zu bewerben. Er ließ Napoleons Leiche von St. Helena nach Paris bringen und mit feierlichem Pomp beisetzen. Diese Geste half Louis Philippe, die Zeit ein wenig zu überdauern. Der Friede schien Louis Philippe gesichert, denn Victoria, die Nichte seines Schwiegersohnes Leopold I. von Belgien, war Königin von England geworden und dessen Neffe

Albert von Coburg ihr Prinzgemahl. Ein solides Ehepaar beherrschte das britische Weltreich. Die zunehmende Verbürgerlichung der Erde schien dem Bürgerkönig Louis Philippe gesichert zu sein.

Die Bemühungen und Schachzüge, die Leopold von Belgien hatte aufwenden müssen, um die Ehe seiner Nichte mit seinem Neffen zu stiften, waren und blieben nur wenigen Vertrauten bekannt. Die Lebensführung der Monarchen, die den Untertanen als nachahmenswertes Beispiel dienen sollte, bestimmte die Sitten und Bräuche. Es wäre daher peinlich und ärgerniserregend gewesen, wenn die zerrütteten Familienverhältnisse im Palast der Coburger öffentlich bekannt geworden wären. Da die Ehe die Grundlage der Familie und die Familie die Grundlage der menschlichen Gemeinschaft sei, da das geordnete Familienleben der Bürger die Ordnung im Staate gewährleiste, propagierte Leopold selbst sowie durch seinen Neffen Albert das »bürgerliche Familienglück«. Das Viktorianische Zeitalter hatte begonnen. Seine Grundsätze der bürgerlichen Wohlanständigkeit nach außen wirkten sich nicht nur in England aus. Was von den königlichen Sittlichkeitsaposteln als »unanständig« oder »unsittlich« bezeichnet wurde, konnte nur im Verborgenen blühen. Das verpönte Laster ging in den Untergrund. Aber die Prostitution starb nicht aus – im Gegenteil: Sie wucherte mehr denn je. Die Homosexualität verbreitete sich im geheimen. Besonders in England, wo die Ehemänner es vorzogen, sich mit gleichgesinnten Männern gleichgeschlechtlich zu unterhalten, anstatt sich mit ihren Frauen zu langweilen, die von der Liebe schwärmten, aber im Ehebett frigid waren. Die Zensur tat das Ihre, die unfreiwillige Moralität der Bürger zu erzwingen. Die vornehme Gesellschaft unterwarf sich, um nicht Anstoß zu erregen. Dennoch hatten sich weder Bordellbesitzerinnen noch Spielhöllenunternehmer oder Schankwirte über einen Mangel an Kundschaft zu beklagen. Es wurde im London des Viktorianischen Zeitalters ebenso unmäßig, wenn nicht mehr, gehurt, gespielt und gesoffen als vorher, aber man sprach nicht davon, man schrieb nicht darüber. Das geschlechtliche und gesellschaftliche Leben hatte einen doppelten Boden. Die rechte, zum treuherzigen Schwur erhobene Hand leugnete zu wissen, daß die linke sich die Lust in jeder Art nicht versagt habe.

»Nie stand Frankreich so tief in den Augen des Auslands, nicht einmal zur Zeit der Pompadour und der Dubarry«, schrieb der deutsche Dichter Heinrich Heine in seinen »Pariser Briefen«: »Man merkt jetzt, daß es noch etwas Kläglicheres gibt als eine Mätressen-Herrschaft. In dem Boudoir einer galanten Dame ist noch immer mehr Ehre zu finden als in dem Comptoir eines Banquiers.« Daß die unter Louis Philippe von den Franzosen so getreulich befolgte Aufforderung »enrichez-vous!« – bereichert Euch! – die Profitgier der Geschäftemacher, die Korruption der Rechtsprechung und die Unterwerfung der Politik unter die Botmäßigkeit der Finanzleute herbeigeführt hatte, mißfiel Heine, dem zärtlichen Verehrer der Frauen, weitaus mehr als der Hang zu unkeuschem Treiben. Er spottete über sich selbst: »Mein Kopf ist ein zwitscherndes Vogelnest von konfiszierten Büchern.«

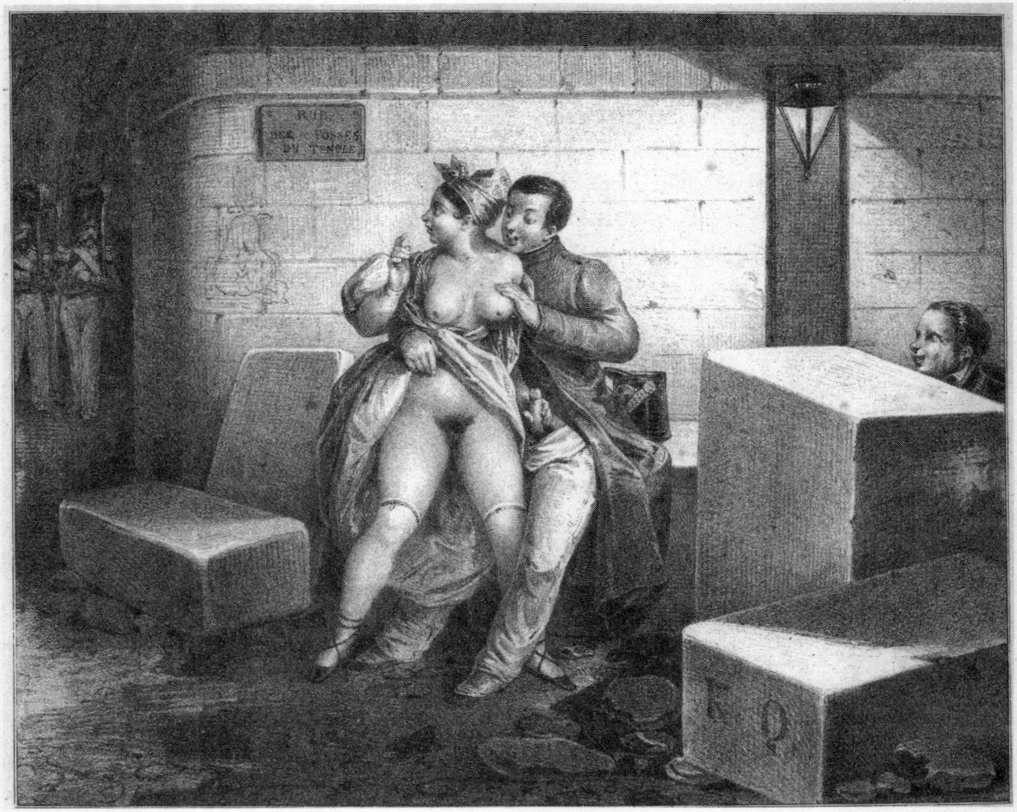

Pariser Straßen – Lithographie aus dem Jahr 1835, anonym

Die deutschen Dichter, die sich von den Sittenrichtern der Zensur nicht verbieten lassen wollten, den »Podex der Natur« in ihren Versen zu streicheln, mußten sich Striche gefallen lassen, so Christian Dietrich Grabbe, der sich in den Dialogen seines Dramas »Herzog Theodor von Gothland« keinen Zwang auferlegte, etwa in einem Gespräch zweier Männer: »Wie geht es Eurem hübschen Nachtgeschirr?« … – »Ihr meint das blonde Mielchen?« … – »Da habt Ihr recht, die ist ein Nachttopf. Sie sitzt in meinem Zelte, wenn Ihr pissen wollt, so steht sie Euch zu Diensten.« – »Was treibt sie denn?« – »Sie melkt die Männer … Wo sie vorbeigeht, springen die Hosenknöpfe los.« Die französischen Dichter der Zeit waren nicht so ausgesprochen deutlich. Sie verschwiegen lieber ihre Autorschaft, wenn sie geschlechtliche Szenen zu eindeutig deutlich schilderten, wie Alfred de

Musset in dem ihm zugeschriebenen Buch »Gamiani oder Zwei Nächte der Ausschweifung«, das die lesbische Liebe zum Thema hatte. Der feinfühlige Lyriker Alfred de Musset scheute nicht davor zurück, grob-sinnliche Szenen darzustellen, so den Geschlechtsverkehr der Gamiani mit einem Orang-Utan und einem Esel oder ihre Sodomie mit einem Hund und ihre Selbstbefriedigung mit einem »Godemiché«, einem kunstvoll nachgeahmten, erregten männlichen Glied, das in Pariser Läden unter dem Tisch zu kaufen war. Ebenfalls anonym schrieb auch ein deutscher Romantiker seinen pornographischen Roman »Monica«: Ernst Theodor Amadeus Hoffmann.

Unter Vermeidung obszöner Redensarten erzählte Honoré de Balzac seine »Contes drolatiques«, die lustigen Geschichten, die, an Rabelais und den frechen Fabliaux geschult, gewagte Erlebnisse schildern und die Sitten »entschleiern« sollten. Es sind Geschichten heiterer Art, die Darstellung von frivolen Situationen, die Balzac nicht in seine »Comédie humaine« eingefügt hatte, durch die er die menschliche Gesellschaft in ihren Begierden und Ausschreitungen der Beobachtung seiner Leser preisgab, wie in »Glanz und Elend der Kurtisanen«. Er wollte unbarmherziger Realist sein, Zurschausteller der Wirklichkeit, der Korruption, des Geizes, der Sinnlichkeit und der bourgeoisen Heuchelei seiner Zeit, aber er war doch in seinem Gebaren und in seiner exzentrischen Lebensführung Romantiker, wenn auch wider Willen. Er nannte nicht alle Dinge bei ihren Namen, um nicht seinen Namen zu gefährden, den er brauchte, um genug Geld zur oft nur allzu vergeblichen Verwirklichung seiner erotischen Träume und verliebten Launen zu verdienen. Balzac überschaute nicht ganz die Strömungen seiner Zeit. Er war von der bürgerlichen Gewinnsucht der Reichen, der Geldgier und Habsucht seiner Epoche fasziniert, mochte er sie noch so geißeln und ironisieren. Er erkannte nicht, daß die Ränke und Intrigen der Bankiers und Bourgeois, die er bloßstellte, nur ein Vorspiel der Epoche waren, die sich ankündigte.

Im griechischen Altertum hatte Aristoteles formuliert, der Mensch sei ein »zoon politikon«, ein »politisches Lebewesen«. Der in all seinem kaiserlichen Glanz als Heros habilitierte Napoleon hatte erklärt: »La politique c'est la fatalité moderne – Die Politik ist das moderne Schicksal«. Daß die Politik das bestimmende Element im menschlichen Schicksal und daher auch das bestimmende Element der Sitten sei, sagten die sozialpolitischen Schriftsteller Fourier und Proudhon voraus. Das durch Flugblätter, Zeitungen und Agitatoren erweckte »Bewußtsein des bedenklichen Notstandes der Arbeiterschaft« erregte die Massen. Druckschriften und Parolen gingen von Hand zu Hand und von Mund zu Mund. Zum gesprochenen und geschriebenen Wort trat das Bild: Die Zeitungen wurden illustriert – man wollte den Lesern die Zeitgedanken veranschaulichen. Die hervorragendsten Meister der bildhaften Kritik ihrer Zeit waren Gavarni und Honoré Daumier. Wer ihre Karikaturen sah, war durch die lebendige Bezüglichkeit der Zeichnungen zum Denken gezwungen. Die Mißstände wurden augenfällig. Sie waren offenkundige Anklagen gegen die bestehenden Zustände. Sie schrien nach Änderung. Da erschien das »Kommunistische Manifest« von Karl Marx, der sich als Mitarbeiter der liberalen »Rheinischen Zeitung«, durch die Herausgabe der »Deutsch-französischen Jahrbücher« und durch seine Artikel im »Vorwärts« bekanntgemacht hatte. Er veröffentlichte es mit Friedrich Engels in Brüssel. Das ›Manifest‹ war nicht nur ein unverhüllter Angriff gegen die bestehende Gesellschaftsordnung der Gegenwart und der Vergangenheit, sondern auch ein drohender, von neuartig geprägten Gedanken erfüllter Wegweiser in die Zukunft für die Massen. Das »Kommunistische Manifest« begann mit den Worten: »Ein Gespenst geht um in Europa – das Gespenst des Kommunismus ...« Karl Marx und Friedrich Engels erwarteten den Zusammenbruch des kapitalistischen Wirtschaftssystems und eine neue Gesellschaft unter Führung des als herrschende Klasse organisierten Proletariats – sie erwarteten »die Diktatur des Proletariats« schon als Ergebnis der Revolutionen, die im Jahre 1848 in den großen europäischen Hauptstädten tatsächlich ausbrachen.

Der Aufruhr der aufgewiegelten Massen wurde kein Klassenkampf. Die Rebellion der Völker wandte sich nicht gegen die Bourgeoisie, nicht gegen das Bürgertum der reichen Finanziers und Industriellen, sondern gegen die Dynasten und ihre unmittelbaren Ratgeber, gegen Militär und Mätressen. In Berlin sangen die Aufständischen: »Friedrich Wilhelm, Preußens König, hat der Grütze viel zu wenig, darum soll das dicke Schwein Preußens König nicht mehr sein.« Der als »dickes Schwein« bezeichnete Friedrich Wilhelm IV. war von Haus aus höchst begabt und gebildet. Er hatte jedoch weder die Sittenstrenge und sparsame Haltung seines Vaters Friedrich Wilhelm III. geerbt noch den Leichtsinn und Liberalismus seines Großvaters Friedrich Wilhelm II., der das dünkelhaft aufgeblasene »Er« in der Ansprache seiner Landeskinder durch das vertraulichere »Sie« ersetzt und den schlichten blauen Bürgerrock der königlich-preußischen Uniform vorgezogen hatte.

Friedrich Wilhelm II. war der erste deutsche Herrscher, der die Geistigkeit und Moral der Juden so hoch einschätzte, daß er sie an seinen Hof einlud und darauf bestand, daß sie von seinen Höflingen nicht wegen ihrer Religion über die Achsel angesehen wurden. Er hatte den Krieg verabscheut und die Frauen geliebt. Seine Affäre mit der »preußischen Pompadour«, der »kessen« Wilhelmine, verwitweten Enke, wiederverheirateten Rietz, die der König zur Gräfin von Lichtenau erhob, hatte sie und ihn so in Verruf gebracht, daß seine Eheschließungen zur linken Hand mit der Gräfin Voß und, nach deren Tod, mit der Gräfin Dönhoff von den Prüden der Hofgesellschaft (nicht alle waren es!) nicht allzu scharf beurteilt wurden. Die gebürtigen deutschen Gräfinnen und Freifrauen waren der Königin Luise, der Gattin Friedrich Wilhelms III., die, obwohl eine heitere, schöne Frau, auf Zucht und Ordnung gesehen hatte, nicht gewogen. Das Verlangen nach Galanterie war ihnen in Fleisch und Blut übergegangen, seit sie die »Courschneiderei« der napoleonischen Offiziere und Soldaten genossen hatten, die ihre Keuschheit unsicher machte. Da sich auch die großen und kleinen Fürsten in ihren Gefühlen und Trieben keinen Zwang antaten, ließen es die Frauen der während der Kriege gegen Napoleon im Felde stehenden Männer zu, daß ihre Liebsten auch im Bett aus dem Felde geschlagen wurden. Die französischen Besatzungstruppen, Offiziere und Mannschaften, hatten sich nicht über den Widerstand der deutschen Frauen zu beklagen gehabt, ebensowenig wie Napoleon selbst über mangelnde Willfährigkeit deutscher Herrscher.

Nachhaltiges Ärgernis erregte sowohl bei den deutschen Frauen als auch bei denjenigen deutschen Männern, die nicht von ihrer einmaligen Schönheit bezaubert waren, die schwarzhaarige, blauäugige Tänzerin Lola Montez, von der es hieß, daß sie »die schönste Frau war, die es jemals auf Erden gegeben habe«. Sie wurde die Geliebte so vieler Männer in so vielen Ländern und Städten, daß sie selbst es für sinnlos befand, den wollüstigen Sinnentaumel aller zu erwähnen oder zu schildern, die sie umworben und besessen hatten oder die sie erobert hatte. Die Skandale, die die schöne Lola mit der Lust am Skandal provozierte, bewiesen der sensationslüsternen Öffentlichkeit, daß die »graziöse Tänzerin mit der Peitsche« sich auch im Verkehr, nicht nur im Geschlechtsverkehr, mit den hohen und höchsten Herren ihrer Zeit keine Hemmungen auferlegte. Sie hatte den Ehrgeiz, sich »einen Fürsten zu angeln«. Der erste Fürst, den Lola an die Kandare nahm, war Heinrich Fürst von Reuß. Aber der Herrscher über einige Tausend Seelen bekam es mit der Angst um seine eigene Seele zu tun. Er sagte sich von ihr mit der Erklärung los, sie sei »ein weiblicher Teufel«. Lola hatte nachhaltigeres Glück mit Ludwig I. von Bayern, der nach der ersten Begegnung mit ihr gestand: »… ich bin wie behext.« Die Hörigkeit des Königs, der sie besinnungslos verwöhnte, mit Juwelen und Ehren überschüttete, nützte Lola dazu aus, die eingeschworenen Feinde ihres leichten Lebenswandels, die Jesuiten, zu bekämpfen. Sie, die nun zur Gräfin von Landsfeld Erhobene, wurde in den der Kirche nahestehenden Zeitungen beschuldigt, eine Spionin der Engländer zu sein, von den Freimaurern dafür bezahlt zu werden, den päpstlichen Einfluß in Bayern zu vernichten, sie wurde als die »apokalyptische Hure« gebrandmarkt und – schlug zurück. Sie erwirkte, daß Ludwig seine Minister entließ und ein neues Ministerium ernannte, das von ihren Gegnern das »Lola-Ministerium« genannt wurde. Als durch ihren Einfluß die Pressefreiheit erklärt wurde und man in München offen Luther als Gegenspieler der Jesuiten feierte, ließen die Liberalen und Protestanten Lola hochleben.

Als die ersten öffentlichen Unruhen gegen die Willkür der Gräfin Landsfeld ausbrachen, beschwor ein Bischof den König, sich von der Montez zu trennen. Ludwig I. rief ihm zu: »Bleiben Sie bei Ihrer Stola, ich bleib' bei meiner Lola.« Und an den Preußenkönig Friedrich Wilhelm IV. schrieb Ludwig, ein nimmermüder Förderer der Kunst, der auch dichtete (allerdings meist unfreiwillig komisch): »… gönn mir doch die Lola Montez, selber haben nicht gekonnt es.« Die Revolution von 1848 vertrieb die »Tänzerin mit der Peitsche« aus München. Der König hätte wohl eine soziale Revolution vorgezogen und sich taubstellen mögen, als die Münchner auf ihren Barrikaden aus Karren und Bierfässern ebenso wie die Revolutionäre in anderen deutschen Städten drohend sangen: »Reißt die Konkubine aus des Fürsten Bett, schmiert die Guillotine mit des Fürsten Fett. Blut muß fließen …«

Zeittafel

1788–1860 Arthur Schopenhauer
1791–1872 Samuel Morse
1808–1873 Louis Napoleon (1852–1870 als Napoleon III. Kaiser der Franzosen)
1809–1882 Charles Darwin
1815–1887 Johann Jakob Bachofen
1818–1883 Karl Marx
1820–1895 Friedrich Engels
1822–1861 Henri Murger (La Bohéme)
1824–1895 Alexandre Dumas der Jüngere
1824–1847 Marie Duplessis, die Kameliendame
1825–1895 Th. H. Huxley
1826–1920 Eugenie, Gemahlin Napoleons III.
1830–1916 Franz Joseph I. (1848 Kaiser von Österreich)
1851 Erste Weltausstellung in London
1852–1870 Zweites Kaiserreich der Franzosen
1853–1856 Krimkrieg: Frankreich, England und Türkei gegen Rußland
1854 Japan öffnet sich unter Zwang dem Handel und dem Einfluß der Amerikaner und Europäer
1859 Darwin: Über die Entstehung der Arten durch natürliche Zuchtwahl
1859 Marx: Zur Kritik der politischen Ökonomie
1861 Bachofen: Das Mutterrecht
1861 Bürgerkrieg in Japan ersetzt Feudalordnung durch zentrale Kaisergewalt
1864 Gründung der »Ersten Internationale« in London durch Karl Marx
1867 Marx: Das Kapital
1871 Darwin: Die Abstammung des Menschen und die geschlechtliche Zuchtwahl
1877 Lewis H. Morgan: Ancient Society

3 »Karawanserei der Liebe«

Die Jahrhundertmitte

Das moralische Vorbild der vollkommenen Ehe Victorias und Alberts, die betont schroffe Ablehnung aller Unzucht und Ausschweifung durch das königliche Ehepaar, beeinflußte nicht nur die englischen Sitten, sondern auch die Mode. Nichts in der äußeren Erscheinung sollte daran erinnern, daß die Frauen unterhalb der Hüften nicht »wie aus einem Guß« seien. Ein einziger Rock genügte nicht, die ungeschriebenen Gesetze der königlich privilegierten Prüderie zu sichern. Nur mehrere Röcke, übereinander getragen, konnten die umsichtig verborgenen Beine vor indiskreten Blicken schützen. Durch die bei jedem Schritt wallenden Gewänder, die sich zwar an den Hüften mächtig bauschten, aber die Fersen bedeckten, ersparten die Frauen es sich, die langen Spitzenunterhosen zu tragen, die ihre Schenkel und Waden bis zu den Knöcheln kaschiert hätten. Aber die Nacktheit unter der schamhaften Vermummung hätte die eigene Lüsternheit anregen können, und so wurde es zum schicklichen Zwang, die Scham durch kurze Beinkleider zu verhüllen. Zur Verhütung der Unkeuschheit erschien es den Schöpferinnen oder Schöpfern der »Damenmode ohne Unterleib« verläßlicher, jeden Anreiz zur Begehrlichkeit auszuschalten. Es galt sogar für schamlos, wenn unverheiratete Frauen ihre Geschlechtsteile wuschen, denn eine wenn auch noch so harmlose Berührung konnte doch zu verderbten Gelüsten verführen, zum Laster der Selbstbefriedigung oder zu zügellosen Wünschen.

Außerhalb des Ehebettes war der Geschlechtstrieb verwerflich. Wer davon auch nur andeutungsweise sprach, erregte Anstoß und wurde als unflätig zurechtgewiesen. Jedes Wort, das einen geschlechtlichen Doppelsinn hatte, jede Redensart, die als Anspielung auf die körperliche Vereinigung ausgelegt werden konnte, mußte vermieden werden. Wer sich nicht daran hielt, geriet in den Ruf eines Wüstlings und wurde aus der guten Gesellschaft ausgestoßen. Mit einer Frau, sogar mit der eigenen, über das Geschlechtsleben zu sprechen, wurde als Indiskretion verabscheut. Die von den Tugendwächtern erzwungene Zimperlichkeit ging so weit, daß es als »undelikat« mißbilligt wurde, wenn man gar von weiblichen Schenkeln oder Waden sprach, deren Existenz so sorgfältig verheimlicht wurde. Die Regeln des neuen Anstands geboten auch die Umschreibung des Zustandes, der die natürliche Folge des Geschlechtsverkehrs war, der Schwangerschaft: Man erklärte ver-

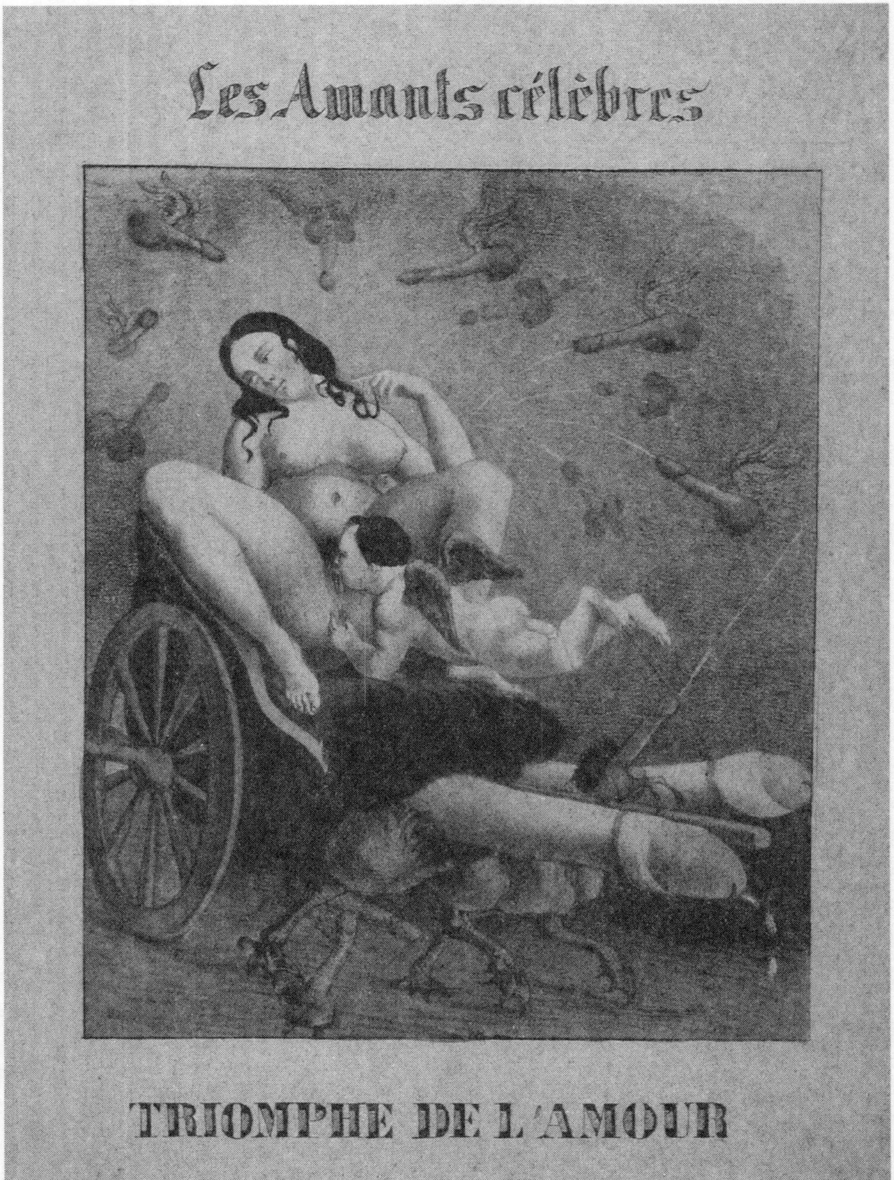
Les Amants célèbres
TRIOMPHE DE L'AMOUR

schämt, eine Frau sei »in anderen Umständen«. Um nach Möglichkeit zu verhindern, daß die »gute Hoffnung« außerhalb des ehelichen Schlafzimmers entstehen könne, wurde von Müttern und Anstandsdamen dafür gesorgt, daß junge Mädchen sich mit Männern nicht allein in einem Zimmer aufhielten. Lediglich ein flüchtiger, keineswegs aber sinnlicher Kuß war Brautleuten zur Begrüßung und zum Abschied gestattet. Wenn ein junges Mädchen aber schon von einem anderen Mann geküßt worden war, hielt es ein ehrenwerter Mann für unehrenhaft, das »leichtsinnige Wesen« zu seiner Frau zu machen. Vorehelicher Geschlechtsverkehr wurde als Unzucht gebrandmarkt. Wenn es einem jungen Mädchen passierte, daß es schwanger wurde, verlor es die Achtung der Familie, die dadurch »in Schande« kam – und diese »Schande« erstreckte sich auf das unehelich Geborene, dem zeitlebens ein Makel anhaftete.

Auch die Männer waren gezwungen, sich der allgemeinen Verleugnung des Geschlechtlichen bedingungslos zu fügen. Sie genossen im geheimen, was sie sich öffentlich versagen mußten. Wer es sich leisten konnte, hielt sich eine Mätresse oder nahm Verbindung zur geheimen Prostitution auf, zu berufsmäßigen Kupplerinnen, die mit »geeigneter Ware« aufwarten konnten. Mit einer Straßendirne gesehen oder gar von Polizeistreifen überrascht zu werden, bedeutete für einen Gentleman den bürgerlichen Tod. Er durfte sich auch mit seiner Mätresse nicht zeigen. Wenn es doch unglückseligerweise geschah, daß er in ihrer Gesellschaft Bekannten begegnete, mußte er so tun, als kenne er diese nicht: Er mußte seine Existenz gewissermaßen verneinen und durfte unter keinen Umständen grüßen. Wie die Herren des Rokoko ihre »petites maisons« eingerichtet hatten, um sich der Liebe ungestört ergeben zu können, so besorgten sich die Männer jetzt »Absteigequartiere«, kleine Wohnungen, in denen sie ihre großen Freuden genießen konnten. In verschwiegenen Gassen, oft in Geschäftshäusern, deren Betreten unverdächtig war, unterhielten die Wohlhabenden Appartements, deren wichtigste, oft einzige Einrichtung das Bett war, in dem sie sich mit ihren Geliebten für die ihnen auferlegte Moral unmoralisch entschädigen konnten.

Die Absteigequartiere waren die einzige Zuflucht verliebter Männer und Frauen, die nach außen hin den Schein der keuschen Wohlanständigkeit wahren mußten, wenn sie nicht deklassiert werden wollten. Im Schutz der Abgeschiedenheit konnten die Frauen ihre in Mode gekommenen Dessous zeigen, die bestickten, mit Spitzen besetzten Hemden und Höschen, deren Anblick allein den Ehemännern in der Intimität zuerkannt wurde. Nur bei festlichen Anlässen, im Ballsaal, war es den Frauen auch in England erlaubt, den Busen, wenn auch mit Schleiern verhüllt, zur Schau zu stellen, aber doch nicht, ohne die Frivolität der Robe durch lange Ärmel schicklich zu begrenzen. Volle, schwere Brüste, durch das Korsett gestützt und zur Geltung gebracht, wurden zum begehrten Schönheitsideal. Allerdings mußte die kunstvolle Schnürung der Mieder dafür sorgen, daß die Taille so schlank als nur möglich erschien, damit die durch die

»Les Amants célèbres« – Lithographie aus dem Jahr 1840 von Achille Deveria (1800–1857)

Anhäufung von Röcken begünstigte Wölbung des Gesäßes auch zur Geltung komme. Das umständliche Übereinandertragen von Röcken wurde von erfinderischen Modekünstlern durch die Krinoline ersetzt – den Reifrock, der, glockenförmig gespannt, die dezente Verheimlichung des weiblichen Unterleibs von den Hüften abwärts besorgte und bequemer zu tragen war. Der deutsche Philosoph Arthur Schopenhauer hingegen kritisierte die Krinoline unerbittlich: »Das Widerwärtigste ist die heutige Kleidung der ›Damen‹ genannten Weiber, welche die Möglichkeit großer Entstellung der Menschengestalt liefert und dazu noch unter dem Gepäck des Reifrocks, der ihre Breite der Höhe gleichmacht, eine Anhäufung unsauberer Evaporationen vermuten läßt, wodurch sie nicht nur häßlich und widerwärtig, sondern auch ekelhaft sind.«

Auch Paris beugte sich fürs erste der scheinheiligen Duckmäuserei. Der nach dem Sturz König Louis Philipps zum Prinzpräsidenten erwählte, in London wegen seiner »Libertinage« von der guten Gesellschaft über die Achsel angesehene Prinz Louis Napoleon hatte aus den revolutionären Bewegungen gegen die Mätressenwirtschaft an den europäischen Höfen die Lehre gezogen, mit seiner Mätresse, Miß Harriet Howard, nicht unter einem Dach zu wohnen, obwohl sie ihr ganzes, nicht unbeträchtliches Vermögen darangewandt hatte, den abenteuerlichen Aufstieg des nach dem Kaiserthron schielenden Abenteurers zu ermöglichen. Nach seiner Wahl, die er auch ihrer Freigebigkeit seinen Anhängern gegenüber und nicht zuletzt ihrer diplomatischen Geschicklichkeit verdankte, errichtete er seinen Haushalt im prachtvollen Élysée-Palast und brachte Miß Howard in einem benachbarten Haus so unter, daß er sie durch eine Gartentür unbeobachtet besuchen und die Nächte mit ihr verbringen konnte. Er sorgte dafür, daß »die schönste Frau von Paris« nie offiziell an seiner Seite zu sehen war, obwohl sie in ihrem Salon geheime Politik machte, um die einflußreichsten Männer für ihn zu gewinnen. Er brauchte ihre Hilfe noch: Mit dem Geld aus dem Verkauf ihrer Diamanten konnte er die Tamboure der Regimenter bestechen, nicht Alarm zu schlagen, wenn er durch einen Staatsstreich die republikanische Verfassung annullierte. Er machte sich mit dem Schlagwort »L'empire, c'est la paix – Das Kaiserreich ist der Friede« zum Kaiser und ließ sich durch ein Plebiszit als Napoleon III. bestätigen.

Der Neffe des großen Napoleon war in menschlichen Dingen ebenso rücksichtslos wie der erste Kaiser der Franzosen. Er entledigte sich bedenkenlos der »lieben und treuen Harriet«, wie sein Onkel sich Josephines entledigt hatte, um durch die Ehe mit der Gräfin Eugenie de Montijo das Glück im Bett zu finden, das ihm die angeblich jungfräuliche Spanierin außerehelich verweigert hatte. Eugenie, die in den Tuilerien hofhielt, wurde auch Kaiserin der Mode. Ihrer zur Schau getragenen Tugendhaftigkeit sagte die Krinoline zu. Sie trug ihren »Käfig« so selbstbewußt natürlich, daß ihre Haltung zum Nachahmen einlud. Auch die Kokotten, die während des Zweiten Kaiserreiches in Paris zu Geld, Geltung und Macht kamen, trugen den »Käfig der Kaiserin«, der nicht so ohne weiteres zu öffnen war und vor zudringlichen Blicken schützte. Jeder Bewerber um die Gunst wußte, daß er die Begehrte wie die »Katz' im Sack« kaufen mußte: Bevor sie aus der Krinoline ins Bett stieg und ihre geheimen Reize preisgab, mußte erst das Geld auf dem Tisch liegen. Die leichtfertige Grisette, wie sie Henri Murger in seinen »Scènes de la vie de bohème« geschildert hatte, das liebeslustige Mädchen, das sich, unbekümmert um den Liebeslohn, in aufwallender Sinnlichkeit und überströmendem Gefühl niemals hingab, ohne die Illusion der Liebe zu empfinden, wenn auch nur der Liebe für eine Nacht, war zur Legende geworden. Ihr Milieu – die lockere Welt der von den Erfolgreichen mit mitleidiger Verachtung gestraften, gegen die Verbürgerlichung protestierenden Maler und Dichter – war in dieser Epoche, in der nur noch Erfolg galt, zur Kuriosität geworden. Die nach Wohlstand und Wohlleben strebenden Bürger verachteten die Außenseiter des bürgerlichen Aufstiegs, die in ihrer Lebensführung der Scheinheiligkeit der geltenden Moral widersprachen, schlechthin als »Bohèmiens«. Die Wohlanständigkeit blieb die zur Schau getragene Fassade, und das um so mehr, als Napoleon III. bemüht war, die moralische Anerkennung der europäischen Monarchen zu gewinnen, vor allem des so moralischen englischen Königspaares. Er erreichte es, mit seiner Kaiserin Eugenie von Victoria und Albert festlich empfangen zu werden. Er erzwang durch den Krimkrieg und durch seine militärische Intervention zugunsten des Königs von Sardinien, der mit seiner Hilfe König von Italien wurde, den Respekt Franz Josephs I., des Kaisers von Österreich, der den Anforderungen der Macht nicht gewachsen war. Napoleon III. schien nicht nur die Glorie seines Onkels wiederhergestellt zu haben, er hatte auch Paris neuen Glanz gegeben, die alte Stadt durch breite Boulevards modernisiert und durch den von ihm protegierten wirtschaftlichen Aufschwung dafür gesorgt, daß Paris wieder die Hauptstadt des Vergnügens wurde – und der Ausgangspunkt der Revolution gegen die öffentliche »Verheimlichung des weiblichen Unterleibes«.

Der Aufruhr begann in den Tanzlokalen, und er begann mit dem Cancan. Die schöne Rigolboche, eine Meisterin des »wildesten und schamlosesten« Tanzes, zu dem es gehörte, daß die Röcke gelüftet, die Beine und das »Ziel der männlichen Wünsche« demonstriert wurden, gestand ihre Empfindungen beim Tanzen zwei Schriftstellern, die sie in diese Worte faßten: »Für den Cancan gibt es nur einen einzigen erklärenden Ausdruck: die Wut. Der Cancan ist alles oder nichts. Er ist eine Welt oder ein Dorf, eine Tragödie oder ein Liedchen. Er ist der Wahnsinn der Beine.« Der volkstümlichste Protest der französischen Tänzerinnen gegen die »Camouflage des Unterleibs«, die »Wut der Beine«, beendigte die Herrschaft der Krinoline freilich nicht, aber die Pariser Modeschöpfer, die nach einer sinnlicheren Wirkung der allzu verhüllenden Reifröcke suchten, erfanden den »Cul de Paris«, eine durch eingenähte Kissen oder Wülste herbeigeführte künstliche Vergrößerung des weiblichen Gesäßes. Nun war der mächtig gewölbte Busen nicht mehr das alleinige Schönheitsideal. Die ausgebuchtete Schwellung des Hinterteils der Frauen regte die Phantasie der Männer an.

Die großen Kokotten allerdings, die sich, um besser bezahlt zu werden, zurückhaltender zeigten und besser benahmen als die ausgelassenen Bürgerinnen, die den Cancan auch bei Familienfestlichkeiten tanzten, hoben die Röcke nur in der Intimität. Sie wahrten den Anstand in der Öffentlichkeit, um es zu Ansehen zu bringen. Sie waren die Aristokratie der »Demimonde«, der Halbwelt, die Paris unter der ihnen wohlgesinnten Oberherrschaft Napoleons III. beherrschte. Alexandre Dumas fils, ein Sohn des Romanciers Alexandre Dumas, der durch »Die drei Musketiere« und »Der Graf von Monte Christo« berühmt geworden war, hatte mit seinem Schauspiel »Die Kameliendame« das Leben und Lieben der großen Kokotte Marie Duplessis volkstümlich gemacht. Er nannte sie Marguerite Gautier, aber ganz Paris wußte, daß das Schicksal der »Kameliendame«, das auf der Bühne zu sehen war, aus dem Leben gegriffen war. Die Eingeweihten wußten, daß der Dichter sie geliebt hatte und sie ihn, daß aber seine Mittel nicht hingereicht hatten, ihr den für sie unentbehrlichen Luxus zu bieten. Von ihren Konkurrentinnen in der Lebewelt, die in den mondänen Restaurants und Theaterlogen Ausschau nach zahlungskräftigen Bewerbern hielten, unterschied sie sich durch eine weiße Kamelie, die ihr Kennzeichen wurde – sie trug sie unter dem Vorwand, daß ihr der Duft anderer Blumen Kopfschmerzen verursache. Nur einige Tage in jedem Monat steckte sie freimütig eine rote Kamelie an und tat so durch die Blume kund, daß sie »arbeitsunfähig« war. Marie Duplessis verschwendete nicht nur bedenkenlos Geld, sondern auch ihre Gesundheit. Sie wurde lungenkrank und starb, erst dreiundzwanzig Jahre alt. Im Schauspiel war das Ende dramatischer: Hier hätte die Kameliendame ihr hektisches Leben endgültig aufgegeben, um fern von Paris das große Glück der Liebe mit Armand Duval zu genießen, dem einzigen Mann, dem sie echte Gefühle entgegenbrachte, wenn nicht Duvals Vater sie im Interesse des Geliebten bewogen hätte, sich von ihm zu trennen: Die Heirat mit einer »Gefallenen« werde Armand zugrunde richten. Deshalb gibt die Kameliendame der Bühne vor, unwiderstehlich in ihre alte Liederlichkeit zurückgesunken zu sein; sie nimmt die Verbindung zu einem früheren Verehrer wieder auf und wird von Armand im Salon einer ihrer Freundinnen beim Glücksspiel öffentlich beschimpft und erniedrigt. Schon ist sie schwer krank. Sie hat sich für die Zukunft ihres Geliebten aufgeopfert, obwohl sie weiß, daß sie daran sterben wird. Zu spät teilt Duvals Vater seinem Sohn mit, daß sie ihm zuliebe »wieder in den Sumpf« geraten ist. Armand kann sie nur noch auf dem Totenbett ein letztes Mal wiedersehen. Sie ist gestorben in dem Bewußtsein, daß ihr früher Tod die Sühne für ihr verfehltes Leben war, und beseligt über die Aussöhnung mit dem Geliebten.

Alexandre Dumas, der dem Namen des Helden die Initialen seines Namens gegeben hatte, um ihn mit sich zu identifizieren, hatte die »Kameliendame« wohl zur Erinnerung an die so früh dahingesiechte Marie Duplessis geschrieben, aber auch, um Kritik zu üben an der unerbittlichen Gesellschaft seiner Zeit, die einer »Gefallenen den Schmutz ihrer Vergan-

Bleistiftzeichnung aus dem Jahr 1928 von Max von Szczygielski-Rogala (1886–?)

genheit« nicht verzieh, auch wenn sie in sich ging. Die Kameliendame war eine Ausnahme gewesen. Sie hatte leidenschaftlich gerne Klavier gespielt und sich über Literatur auf dem laufenden gehalten. Die meisten anderen Kokotten hingegen beschränkten ihre Liebhaberei für die Kunst auf die Liebeskunst. Sie wurden begehrt wegen ihrer wendigen Geschicklichkeit im Bett, die sich herumsprach. Und je höher im Rang die Männer waren, die sie aushielten oder gelegentlich besuchten, desto eifriger wurden sie umworben, desto größer wurde ihr Ansehen. Die Adresse der Hortense Schneider, einer der beliebtesten Kurtisanen, hieß im Volksmund die »Passage des princes«; eine andere »grande cocotte«, Cora Pearl, die sich durch eine laute Stimme und grobe Manieren unliebsam bemerkbar machte, fand gerade wegen ihres gemeinen Benehmens so zahlungskräftige Kunden, daß sie für eine Nacht zehntausend Francs verlangen konnte und von einem deutschen Großherzog als Geschenk ein massiv silbernes Bidet, gefüllt mit Juwelen und Goldstücken, erhielt. Cora, die zwölf Pferde in den Stallungen ihres Hauses hatte, war ursprünglich Sängerin gewesen – eine von vielen Künstlerinnen, die das Bett der Bühne vorzogen, um Karriere und Geld zu machen.

Die glänzende Lebensführung der großen Kokotten, die ihren köstlichen Schmuck, ihre fabelhaften Kleider, ihre Equipagen und die Pracht ihrer Salons der berufsmäßigen Unkeuschheit verdankten, erweckte den Neid bürgerlicher Ehefrauen und den Wunsch, ihrerseits durch das Bett an die »reichbestellte Tafel des Lebens« zu kommen, wenn auch nur, um einige bescheidene Krumen zu ergattern. Die Flucht aus der Langeweile der Ehe für einige Stunden war ein Wagnis, aber flüchtige Verliebtheiten, das Abenteuer um des Abenteuers willen und zudem noch mit der Aussicht, das bescheidene Nadelgeld aufbessern zu können, veranlaßte genug verheiratete Frauen, sich nach den Männern umzusehen, die sich nach ihnen umsahen. Die Zahl der im geheimen gegen die geltenden Moralgesetze verstoßenden Ehegattinnen nahm so zu, daß es wiederholt zu Skandalen kam, die Alexandre Dumas fils anregten, sein Schauspiel »Le Demimonde« zu schreiben, um mit der Darstellung der Halbwelt, die »da beginnt, wo die legale Gattin aufhört, und da endet, wo die legale Gattin beginnt«, ein Sittenbild zu schaffen, das zur Nachdenklichkeit anregen sollte. Die Gesellschaft, die mit Bewunderung zu den so erfolgreichen großen Kokotten aufsah, deren freies Tun und Lassen in den Klatschspalten der Zeitungen Beachtung fand, deklassierte die harmlosen Sünderinnen: Sie wurden als »Halbwelt« gebrandmarkt. Die Rückkehr in die Bürgerlichkeit war ihnen versperrt, während die Damen der großen Welt des Zweiten Kaiserreiches die Verschwendung der Kokotten zu überbieten versuchten und sich ebenso frei zu benehmen begannen. Auch sie trafen sich mit Kavalieren in den mondänen Restaurants, aber sie legten Wert darauf, ihre Zechen selbst zu bezahlen, um auch nur den entferntesten Anschein der Käuflichkeit zu vermeiden. Die Tugend und der Anstand nach außen hin wurden um so mehr gewahrt, als Napoleon III. und seine Kaiserin größten Wert auf strengste Einhaltung der Etikette legten, um ihren improvisierten Hofstaat nicht durch »lässiges Benehmen« zu kompromittieren. Der Kaiser und Eugenie wollten vermeiden, als

»Parvenüs auf dem Thron« lächerlich gemacht zu werden. Aber im geschlossenen Kreis waren die Sitten keineswegs so streng, wie es nach außen hin schien. Diskretion war Ehrensache – schließlich blieb man unter sich. Jeder bekanntwerdende Ehebruch hätte sich zum Skandal ausgewachsen, und die Schande, der die beteiligte Frau anheimgefallen wäre, wäre nie wiedergutzumachen gewesen.

Für die Gelegenheit, außerhalb des Ehebettes die lustvolle Abwechslung und Zerstreuung zu finden, die Männer und Frauen sich um der Moral willen im Ehebett versagten, wurde durch die Einrichtung von »maisons de rendezvous« gesorgt, die in Paris zur Institution wurden. Die Inhaberinnen dieser Freudenhäuser, die den eiligen Liebesabenteuern dienten, waren berufsmäßige Kupplerinnen, die für die geschlechtliche Befriedigung ihrer Kunden sorgten. Die Damen, die sie für Stunden zur Verfügung stellten, waren jedoch nicht Dirnen, sondern in der Mehrzahl verheiratete Frauen, die ihre Reize verwerten wollten. Oft waren es die Ehefrauen von Männern, die selbst Kunden der »maisons de rendezvous« waren und das Geld, das sie nicht für ihre eigenen Frauen ausgeben wollten, für den Besitz fremder Frauen verwandten. Die meisten Männer zogen es sogar vor, sich bei der Gelegenheitsliebe anstatt mit einer Prostituierten mit einer verheirateten Frau zu vergnügen, und sie waren bereit, dafür mehr zu bezahlen. Die hohen Preise verleiteten die Frauen, die zudem meinten, nicht mehr als die Tugend aufs Spiel zu setzen, denn ihre Ehe erschien nicht gefährdet, wenn sie unauffällig in einem unscheinbaren Haus verschwanden, das keineswegs verdächtig war. Gesellschaftskritische Studien über das Treiben in den zahlreichen »maisons de rendezvous« ergaben, »daß viel mehr verheiratete Frauen in die ›maisons de rendezvous‹ gehen, als man gemeinhin ahnt«.

Um unerwünschte Folgen zu vermeiden, unterzogen sich zahlreiche Frauen, oft mit Zustimmung ihrer Ehemänner, die keine Kinder wünschten oder nach ihrer Auffassung schon genug Kinder hatten, der Ovariotomie, der Ausschneidung der Eierstöcke: Sie wollten ungehindert und ungefährdet genießen – in der Ehe und außerhalb der Ehe. Aber solchen Eingriffen unterzogen sich doch nur erfahrene, lebensgewandte Frauen, die sich über das zeitgemäße Vorurteil hinwegsetzten, das der Frau jegliches Recht auf Befriedigung ihrer geschlechtlichen Wünsche absprach. Galt es doch als Regel, daß eine Frau nur zwei Gründe haben könne, sich einem Mann willig hinzugeben: die Erfüllung der ehelichen Pflichten oder Habgier in außerehelichen Beziehungen. Die Verliebtheit junger Mädchen wurde als »romantisch« abgetan. Wenn ein Mädchen verzweifelt erklärte, daß es den ihm zugedachten Ehemann doch nicht liebe, wurde es überlegen zurechtgewiesen und mit dem Gemeinplatz beschwichtigt: »Die Liebe kommt in der Ehe.« So wurde der genehmigte Geschlechtsverkehr in seiner Wirkung als ehefördernd hingestellt, obwohl man den Geschlechtsverkehr der Frauen als eine zwar für die Gründung einer Familie unerläßliche, im Grunde aber unwürdige und peinliche Handlung abtat. Bräute wurden nicht aufgeklärt. Die Mütter entzogen sich der Vorbereitung ihrer Töchter auf das Geschlechtsleben aus Scham, die Väter, weil es sich nicht schickte, mit weiblichen Wesen über »derartige Dinge« zu sprechen. Wesentlich für die Eheschließung war, daß das Mädchen jungfräulich und mit den entsprechenden Geldmitteln ausgestattet war und daß der Bewerber das hatte, was man »einen gediegenen Charakter« nannte, und außerdem natürlich gute Aussichten in seinem Beruf. Und dann kam für die meisten Frauen die Hochzeitsnacht, eine schmerzende und qualvolle Enttäuschung, die ihr weiteres Eheleben tief beeinflußte und sie trotz allen Gewöhnens an die Wiederholung des Geschlechtsverkehrs den Widerwillen nicht vergessen ließ, den sie im Brautbett empfunden hatten. Durch die Mutterschaft und die häusliche Gemeinsamkeit entstand allmählich jene Gemeinschaft, die als »bürgerliche Ehe« gekennzeichnet wurde, eine distanzierte Fremdheit, die sich auch darin äußerte, daß es ungehörig war, sich voreinander sogar in der Intimität ganz zu entkleiden, die Nachthemden auch während des Geschlechtsaktes abzulegen. Die Prüderie verbot jede geschlechtliche Berührung, die nicht der unmittelbaren körperlichen Vereinigung diente; deren einziger anerkannter Zweck sollte es sein, Kinder zu zeugen. Kinder, Küche und Kirche – dies allein war der Bereich der Frau, und im übrigen hatte sie sich unterzuordnen.

Auch das liederliche, freizügige Paris, die »Karawanserei der Liebe«, wie es ein volkstümlicher Schriftsteller in seinen »Ratschlägen für Junggesellen« nannte, legte den Ehefrauen Beschränkungen auf, wenn auch nicht so strenge, eng begrenzte, wie die Moral der anderen europäischen Städte, in denen die bürgerliche Sittlichkeit unerbittlich war und keinerlei Kompromisse duldete. Weder ein deutscher noch ein englischer oder italienischer Ehemann, der auf Anstand hielt, hätte die Pariser Ratschläge gelten lassen. Die Ehe war abgestempelt als moralische Institution. Die Frauen, die als acht- und ehrbar angesehen sein wollten, mußten sich bedingungslos den Vorschriften fügen, die sie zur geschlechtlichen Hemmung verdammten, während die Männer ihre unmoralischen Gelüste außerhalb der Ehe befriedigen und ausleben konnten. Gab es nicht genug Prostituierte? Gab es nicht genug leichtsinnige, leichtlebige Frauen, mit denen sie sich vergnügen konnten? Viele dieser von den bürgerlichen Ehefrauen abfällig beurteilten und geringgeschätzten Rebellinnen gegen die doppelte Moral wurden, oft unabsichtlich und unfreiwillig, Vorkämpferinnen für die Gleichberechtigung der Frauen. In ihren als unsittlich verschrienen Betten bereiteten sie die Revolution der Sitten vor, die unsere Gegenwart bewegt.

Die gesellschaftlichen Wandlungen, die zur geschlechtlichen Gleichberechtigung der Frauen führen sollten, wurden hervorgerufen und gefördert nicht zuletzt durch die Wissenschaften und die rapide sich entfaltende Technik: Schon auf den ersten Weltausstellungen in London und Paris wurden nicht nur Erzeugnisse der Industrie und des Handwerks zur Schau gestellt, um die wirtschaftliche Macht Englands beziehungsweise Frankreichs und die Möglichkeiten zur Verbesserung der Lebenshaltung kundzutun, sondern auch neue Erfindungen, deren

»L' Interessant Examen« – Tuschzeichnung aus dem Jahr 1880, anonym

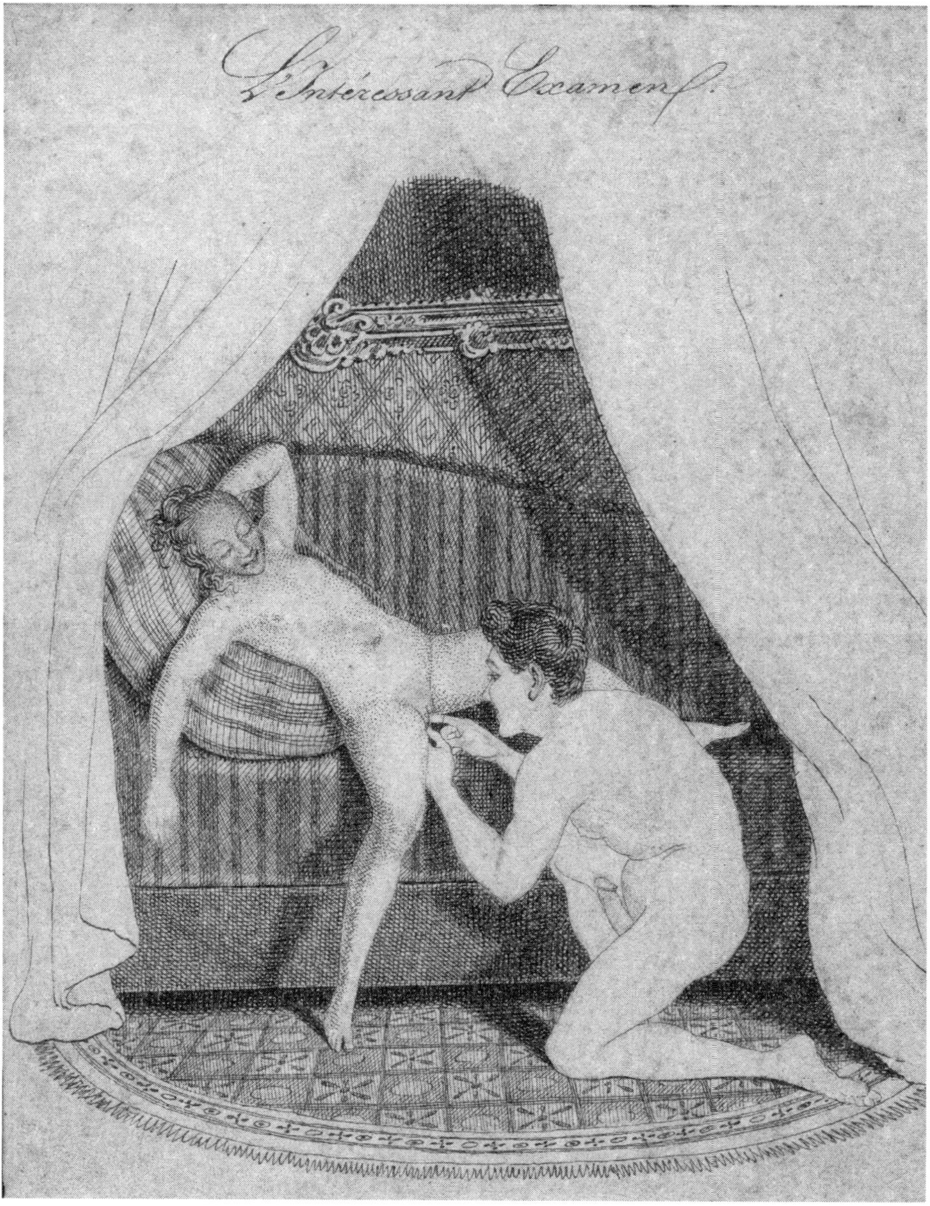
L'Intéressant Examen.

Auswertung die Lebensgewohnheiten und Bräuche allenthalben auf Erden entscheidend beeinflussen sollten. In New York hatte Samuel Morse den Schreibtelegraphen erfunden, das erste Unterseekabel verband bereits das englische Dover mit dem französischen Calais. Eisenbahnen für den Personen- und Güterverkehr überwanden den Raum. Städte und Häuser wurden mit Gaslicht erhellt. Die rasch fortschreitende Entwicklung brachte es mit sich, daß Erfinder und Forscher auf allen Gebieten Anschluß aneinander suchten und einander ihre Kenntnisse übermittelten. Das große Publikum, durch Zeitungen und durch allgemeinbildende Zeitschriften auf dem laufenden gehalten, begann sich daran zu gewöhnen, daß Naturwissenschaftler und Mediziner die altüberlieferten Grenzen der Erkenntnis überschritten und Neuland erschlossen, und war doch überrascht und zum größten Teil schockiert, als Charles Darwin sein Werk »Über die Entstehung der Arten durch natürliche Zuchtwahl« veröffentlichte. Vor allem den Laien, die mit der neuen Lehre vom Werden im Reich des Lebendigen so überraschend konfrontiert wurden, verursachten seine Untersuchungen erhebliches Unbehagen. Man brachte sein kompliziertes Gedankengebäude auf die simple Formel: Der Mensch stammt vom Affen ab. Und das wirkte begreiflicherweise als Beleidigung. Hatte man nicht jahrhundertelang gelehrt und gelernt, daß alles Tierische geringzuschätzen sei? Kein Wunder also, daß man sich nun in seiner menschlichen Ehre gekränkt fühlte, wenn man zugeben sollte, nicht nur von Tieren abzustammen, sondern auch tierische Eigenschaften, allerdings verbessert und vervollkommnet, in sich zu tragen. Der Glaube an die Erschaffung des Menschen durch Gott am sechsten Tage der Schöpfung erschien gefährdet und mit ihm die Gültigkeit der Heiligen Schrift und der Sittengesetze, die Er durch Mose verkündigt hatte. Darwin selbst erklärte in seinem zweiten, nicht minder aufsehenerregenden Werk »Die Abstammung des Menschen«: »Ich weiß, daß manche Schlüsse, zu denen dieses Werk gelangt, als höchst irreligiös bezeichnet werden; allein wer dies tut, muß zeigen, warum es irreligiöser ist, den Ursprung des Menschen als einer unterschiedlichen Art durch die Abstammung von einer niederen Form zu erklären (mittels der Gesetze von Variation und natürlicher Zuchtwahl), als wenn man die Entstehung des Individuums durch die Gesetze der Fortpflanzung erklärt.« Er gab zu, »das bedeutungsvollste Resultat dieses Buches, daß der Mensch von einer niedrig organisierten Form abstammt, wird für viele ein großes Ärgernis sein. Ich bedaure das.« Darwin hatte nahezu zwanzig Jahre gezögert, bevor er seine Abstammungslehre veröffentlichte. Er wußte, daß er einen krassen Bruch mit den überlieferten Vorstellungen, wonach die Arten als einmal geschaffen und damit unveränderlich galten, herbeiführte. Aber er hielt es für seine wissenschaftliche Pflicht und für sein menschliches Recht, »Licht auf den Ursprung des Menschen und seine Geschichte fallen zu lassen«. Es ging nicht nur darum, die anatomischen Entsprechungen von Affen und Mensch festzustellen, wie es Thomas Huxley in seinen »Bemerkungen über die Ähnlichkeiten und Unterschiede im Bau und in der Entwicklung des Gehirnes beim Menschen und bei den Affen« tat, sondern auch um die Ähnlichkeiten im Verhalten der Menschen und Affen.

Die Erforschung der Motive, die menschlichen und tierischen Handlungen zugrunde liegen, veranlaßte Darwin, die Grundbegriffe von Moral und Unmoral auch in geschlechtlicher Hinsicht zu umreißen: »Moralisch nennen wir ein Wesen, das imstande ist, seine früheren und künftigen Handlungen und deren Motive zu vergleichen und sie zu billigen oder zu verwerfen. Wir haben keinen Beweis zugunsten der Annahme, daß irgendein Tier diese Fähigkeiten besitzt.« Die naturwissenschaftliche Feststellung, daß »der ganze Verlauf der Fortpflanzung, jener höchst wichtigen Funktion, bei allen Säugetieren auffallend gleich ist, angefangen von der Werbung des Männchens bis zur Geburt und Aufzucht der Jungen«, hätte den Schluß zugelassen, daß auch die gesellschaftlichen Formen des geschlechtlichen Zusammenlebens die gleichen wären. Aber im Zuge der stetigen Entwicklung entstand, sobald die Ehe – ob polygam oder monogam – eine allgemeine Einrichtung wurde, »durch die Eifersucht eine erhöhte Aufmerksamkeit auf die speziell weiblichen Tugenden. Da diese dann geehrt werden, dehnt sie sich naturgemäß auch auf unverheiratete Frauen aus.« Darwin war überzeugt, daß der Besitz eines bestimmten Eigentums, ein fester Wohnsitz und die Vereinigung vieler Familien unter einem Führer die unentbehrlichen Grundlagen der Zivilisation – und der Moral seien. Aber die Wertbemessung der Moral variiere, je nach dem Grad der Entwicklung, wenn auch der Mensch jeder Rasse grundsätzlich ein moralisches Wesen sei und sich dadurch von den in der Entwicklungsreihe unter ihm stehenden Tieren unterscheide. »Als größter und bedeutsamster Unterschied zwischen den Menschen und den Tieren ist häufig der Glaube an Gott dargestellt worden.« Aber war dieser Glaube dem Menschen angeboren oder instinktiv? »Da der Glaube an alles durchdringende geistige Kräfte universal zu sein scheint«, bedeutete er, so Darwin, einen bedeutenden Fortschritt der menschlichen Vernunft und einen noch größeren Fortschritt seiner Einbildungskraft, Neugierde und seines Wissendranges. Man habe den behaupteten instinktiven Glauben an Gott als einen Beweis für seine Existenz betrachtet. Darwin bezeichnete das als »ein etwas unvorsichtiges Argument, denn wir würden dadurch gezwungen, auch an die Existenz grausamer und übelwollender Geister zu glauben; der Glaube an solche ist nämlich noch allgemeiner als der Glaube an eine gütige Gottheit ... Wer an die Entwicklung des Menschen aus einer niederen Form glaubt, wird natürlich auch fragen, was dies für den Glauben an die Unsterblichkeit der Seele bedeutet ... Manche Personen fühlen sich bedrückt durch die Unmöglichkeit, zu bestimmen, auf welcher Stufe der individuellen Entwicklung, von der ersten Spur eines winzigen Keimbläschens an, der Mensch zu einem unsterblichen Wesen wird; aber ebenso unmöglich ist eine solche Bestimmung bei der allmählich aufsteigenden organischen Stufenleiter ... Die Entstehung der Art wie die des Individuums sind beide gleiche Teile jener großen Folge von Ereignissen, die unser Geist unmöglich als das Resultat bloßen Zufalls ansehen kann – ob wir nun fähig sind oder nicht, zu begreifen, daß jedes geringfügige Variieren der Struktur, die Vereinigung eines jeden Paares in der Ehe, die Verbreitung eines jeden Samenkorns und andere derartige Ereignisse samt und sonders einem speziellen Zwecke dienen.«

Darwins Evolutionslehre wurde von den Kirchen und ihren Gläubigen als gotteslästerlich verurteilt und erbittert bekämpft. Heute ist das anders geworden, denn man hat eingesehen, daß keine wissenschaftliche Erkenntnis dem wahren Glauben etwas anhaben kann, wie allerdings auch umgekehrt aus dem Glauben heraus keinerlei wissenschaftliche Aussage gemacht werden kann. Damals aber hat der Darwinismus in der Tat dazu beigetragen, den naiven Gottesglauben zu erschüttern und die Atheisten zu bestärken, die Zweifler an der Übereinstimmung von naturwissenschaftlichen Erkenntnissen mit den Überlieferungen der Religion. Folgerichtig entstand durch die Verbreitung der Lehren Darwins und seiner Anhänger ein immer weiter um sich greifendes Mißtrauen gegen die überkommenen Sittengesetze, die auf den Glaubensbekenntnissen beruhten. Wenn die Moralgesetze, so schloß man, nicht als Gebot einer Gottheit zu werten seien, mußten sie durch das gesellschaftliche Zusammenleben der Menschen entstanden und ebenso veränderlich und den Einflüssen einer Entwicklung unterworfen sein wie die sich wandelnden Sitten und Bräuche.

Diese Auffassung wurde durch mancherlei neue, bedeutsame Forschungen unterstützt, nicht zuletzt durch das, was der Schweizer Rechtshistoriker und Kulturphilosoph Johann Jakob Bachofen über das »Mutterrecht« veröffentlichte. Bachofens Werk war eine Kampfansage gegen den Glauben an die natürliche Überlegenheit des Mannes. Das Recht der bestehenden Gesellschaftsordnung, die die Frauen mit Pflichten überbürde, während die Männer Vorrechte genössen, sei angemaßt, bedeute den gefährlichen Sieg des Geistes über den Leib, der »Natur« sei. Als Mütter hätten die Frauen in der Promiskuität, im hemmungslosen Geschlechtsverkehr der Urzeit, die Herrschaft über die Familie um so mehr behauptet, als die Vaterschaft unbekannt gewesen sei. Diese Weiberherrschaft habe bestanden, bis die Einehe entstanden sei, die monogame Familie, und der Mann das »Vaterrecht« geltend gemacht habe. Bachofen beanstandete auch, daß die Geschichtsforschung einen Trennungsstrich ziehe zwischen geschichtlicher und mythischer Vergangenheit, denn, so betonte er, alle bekannten gesellschaftlichen Zustände hätten bereits vorhergegangene unerforschte Stufen des Daseins zur Voraussetzung. Nirgends sei ein Anfang bekannt, überall Fortsetzung. Das wissenschaftliche Erkennen sei erst vollkommen, wenn es das »Woher« zu entdecken vermöge und dadurch das »Wohin« aufzeige. Bachofens theoretische Ausführungen, die den Beginn aller Entwicklung in der Deutung des Mythos zu erkennen suchten und durch Angaben über die Bräuche »wilder« Völker ergänzt wurden, bei denen noch in der Gegenwart die Namensgebung und auch die Erbfolge von der Mutter her üblich waren, erhielten bald nach der Veröffentlichung des »Mutterrechts« eine Stütze durch die Forschungen zeitgenössischer Völkerkundler, besonders des Nordamerikaners Lewis H. Morgan. Das im Laufe der Jahrtausende vergessene und verjährte »Mutterrecht« (das freilich, wie wir heute wissen, nicht gleichbedeutend ist mit dem Matriarchat, der Frauenherrschaft) wurde dann von Karl Marx und Friedrich Engels als Beweis für die notwendige Emanzipation der Frau volkstümlich gemacht. Die Forderung, daß die ungerechte Stellung der Frau in der Gesellschaft ein Ende finden müsse, setzte sich in immer weiteren Kreisen durch.

Wie aber ging es bei »wilden« Völkern tatsächlich zu? Galt das Mutterrecht noch bei den unzivilisierten Stämmen im inneren Afrika? Wie lebten Frauen und Männer in den unerforschten Gebieten Asiens? Forschungsdrang und Neugier regten zu Expeditionen an, die den Zweck hatten, die Lebensgewohnheiten und Bräuche überall auf der Erde zu untersuchen und die Entstehung und Entwicklung menschlichen Verhaltens zu ergründen. Das Ergebnis war eine Vielfalt von Entdekkungen mit den verschiedensten Ergebnissen: »Ein uneinheitliches Bild der Sitten«, deren gemeinsamer Nenner bis heute problematisch geblieben ist. Die Berichte über die Forschungsreisen in alle Erdteile und ihre Auswertung ermöglichen immerhin einen Vergleich der Lebensformen und des geschlechtlichen Verhaltens der Naturvölker. Das Wesentliche ist in unserer Gegenwart von dem amerikanischen Anthropologen Edward Weyer zu einem Querschnitt zusammengefaßt worden.

Bei den Eskimos waren die Ehesitten locker. Unter besonderen Umständen liehen oder tauschten, wie Weyer erkundete, »alle Eskimogruppen ihre Frauen untereinander aus. Ist zum Beispiel eine Ehefrau nicht in der Lage, eine längere, beschwerliche Reise ihres Mannes mitzumachen, so geht sie bis zu dessen Rückkehr gegebenenfalls in den Besitz seines Bruders über. Der Mann hingegen leiht sich für die Reise eine andere Frau aus. Sollte er aber doch einmal ohne Frau losfahren, wird ihm am Ziel der Gastgeber bereitwillig seine eigene Frau zur Verfügung stellen.« Die Ehegesetze der Aleuten beruhten auf der Anerkennung der Gleichberechtigung von Mann und Frau. »Jedem Manne stand es frei, so viele Frauen zu nehmen, wie er von seiner Jagdbeute ernähren konnte. Ähnliches galt auch für die Frau. War sie in der Lage, mehreren Männern das Haus zu führen, so hatte niemand etwas gegen eine Vielehe einzuwenden.« Die Lappen, die farbenfreudige Kleidung lieben, achten ihre Frauen. »Die Mädchen heiraten im Alter von ungefähr zwanzig Jahren, behalten ihren ursprünglichen Familiennamen und bleiben im Besitz ihrer Rentiere und des anderen Eigentums. Vom Freier erwartet man, wie es bei vielen Völkern üblich ist, Geschenke. Das jungverheiratete Paar wohnt ungefähr ein Jahr lang bei den Eltern der Frau, damit der Mann sich seine Frau verdienen kann.«

Die Navahos, nordamerikanische Indianer, die sich selbst »diné«, die Menschen, nennen, verbergen die Nacktheit fremden Blicken. Sie verhalten sich in Geschlechtsfragen widerspruchsvoll: »Einer gewissen Lüsternheit, die sie sogar in Anwesenheit des andern Geschlechts zu Zoten hinreißt, stehen auf der andern Seite strenge Anstandsregeln in bezug auf Kleidung gegenüber. Jungen werden im Alter von drei oder vier Jahren zur Bedeckung ihrer Blöße erzogen, Mädchen noch viel früher. Männer ziehen sich voreinander nicht aus ... Anthropologen berichten von einem Brauch ... er wird ›Stöbern‹ genannt. In den überfüllten Quartieren ... nutzt häufig der eine oder andere (beziehungsweise die eine oder andere) die Dunkelheit der Nacht aus, um den Körper einer Person des andern

Geschlechts zu untersuchen.« Es wurde festgestellt, »daß Jungfräulichkeit bei den Navahos nicht als Tugend angesehen und Enthaltsamkeit nicht geübt wurde«. Es heißt, »daß die Navahos normalerweise kein Schuldgefühl bei außerehelichem Geschlechtsverkehr empfinden. Vergewaltigungen werden kaum als solche angesehen, weil sich die Frauen, ihrer Meinung nach, selbst schützen können.« Obgleich die Vielehe gebräuchlich ist, sei es doch selten, daß ein Mann mit mehr als drei Frauen gleichzeitig zusammengelebt habe. »Eheliche Treue wird bei den Navahos nicht sehr ernst genommen, und ein uneheliches Kind ist keine große Schande.«

Die als Kopfjäger verrufenen Jivaros der östlichen Anden gelten als besonders eifersüchtig, obwohl sie viele Frauen heimführen und auf Jungfräulichkeit keinen Wert legen. Aber der Erwerb der Frau bedeutet für sie den Gewinn einer Arbeitskraft, die jene Tätigkeiten verrichtet, die nur von Frauen ausgeübt werden dürfen, wie den Anbau der Maniok-Pflanze, der eine »weibliche Seele« zugesprochen wird. Männer pflanzen den Mais und die Sträucher, die zur Herstellung der Narkotika und des Pfeilgiftes Curare nötig sind. Bevor sich die Männer an das Pflanzen machen, dürfen sie einige Nächte lang nicht bei ihren Frauen schlafen. Wenn ein Mann mit einer Frau zufrieden ist, kann er eine »pro-forma-Ehe« mit ihrer jüngeren Schwester eingehen. Erst wenn die Erkorene in die Pubertät gekommen ist, wird die Ehe vollzogen, und der Bräutigam verlegt seinen Wohnsitz in den Haushalt seiner Schwiegereltern, um den Kaufpreis abzuarbeiten. »Beim Tod eines Mannes gehen dessen Frauen in den Besitz seines Bruders über, es sei denn, der Bruder erlaube ihnen, andere Männer zu nehmen.«

Die Arunta Australiens sind nach Weyer »das vollkommenste Beispiel eines Steinzeitvolkes« – sie waren es zumindest »zur Zeit der ersten Beobachtungen durch Europäer um die Jahrhundertwende«. Sie stellten Steinmesser, Holzspeere und andere Geräte her, ganz wie die Steinzeitmenschen, hatten außerdem allerdings noch den von ihnen erfundenen Bumerang. Die Arunta glauben nicht an natürliche Zeugung. »Bemerkt eine Aruntafrau, daß sie schwanger ist, so beginnt sie ihre Umgebung zu beobachten, um herauszubekommen, welcher der zahlreichen Totem-Geister … der Vater des Kindes sein könnte. Diese Geister sind die Ahnen des Stammes … Der wirkliche Vater des Kindes weiß nicht, daß er etwas mit der Vaterschaft zu tun hat, sondern glaubt höchstens, daß er seine Frau für das Eindringen des Ahnengeistes vorbereitet hat. Sobald sie ihm sagt, daß sie schwanger sei, berät er sich mit den Ältesten des Stammes, um festzustellen, welcher Geist verantwortlich ist, das heißt, sie suchen innerhalb ihres Gebietes den in Frage kommenden Totem heraus und bestimmen ihn zum Vater … Da die Ahnen nicht menschliche Wesen, sondern Tiere, Pflanzen und andere Dinge waren, kann der Vatergeist des Kindes ein Känguruh, ein Insekt oder eine Baumart sein, ja sogar ein Naturphänomen wie Wasser, Feuer oder ein Himmelskörper.« Ein Junge darf nur in die Verwandtschaft der Mutter einheiraten. Wer dagegen verstößt, kann vom Stamm ausgestoßen oder zum Tode verurteilt werden. »Kurz vor der Hochzeit bringt der zukünftige Ehemann das Mädchen zu seinen Vettern und verschiedenen anderen Männern. Sie schleppen es in den Busch und deflorieren es mit einem Steinmesser. Drei oder mehreren Männern steht sodann das ›ius primae noctis‹ zu. Anschließend wird die Braut für die Hochzeit geschmückt. Oft nützen aber die Männer ihr Recht auf die Frau nochmals aus, bevor das Paar zusammengegeben wird … Die Braut verbringt die erste Nacht bei ihrer Mutter. In der zweiten Nacht schläft sie neben ihrem Mann am gleichen Lagerfeuer; aber sie berühren einander nicht. Jeder Annäherungsversuch während der nächsten Nächte kann sie veranlassen, zu ihrer Mutter zurückzukehren. Schließlich gewöhnen sie sich aber doch aneinander und werden wirklich Mann und Frau. Die Arunta glauben, daß ein Mann mit Hilfe von Zaubermitteln einem anderen die Frau abspenstig machen könne … Muschelornamente und andere Amulette hätten die Kraft, selbst aus der Entfernung Liebe zu erwecken. Eine Frau aber, die auf das Drängen eines Liebhabers ihren Mann verläßt, geht ein beträchtliches Risiko ein. Da sie bei Nacht fliehen muß, ist sie, ihrem Glauben entsprechend, Nachtgeistern ausgeliefert, die besonders gern Frauen rauben. Außerdem kann ihr Mann die Untreue schwer bestrafen. Andererseits finden die Männer aber nichts dabei, ihre Frauen an Gäste auszuleihen.« Ein Mann kann sich der Treue eines Gefährten durch das Öffnen von Einschnittnarben und das gegenseitige Bespritzen mit Blut vergewissern, der Treue der Frau nicht, denn wenn ein Mann, der sie begehrt, ein magisches Stirnband trägt, werden »ihre Eingeweide vor Verlangen nach ihm geschüttelt«.

An den Zauber der Liebe durch Magie glauben auch die Bewohner und Bewohnerinnen Afrikas, aber sie hatten und haben eine natürlichere, weniger von Geistern abhängige Beziehung zum Geschlechtsverkehr. In seinem Werk »Schwarzer Eros«, einem Bericht über afrikanische Sexbräuche, erzählt Boris Rachewiltz eine charakteristische Legende über die Einführung des Beischlafs auf Erden: »In längst vergangenen Zeiten lebten die Frauen alle zusammen in einem Land und kannten keine Männer. Und die Männer lebten allein in einem andern Land und wußten nichts von den Frauen. Oku, der Penis, schweifte auf der Suche nach etwas, das er verschlingen will.« Die Jalode, die Königin der Frauen, wurde von dem göttlichen Ahun, dem Trommler, aufgerufen, mit den Frauen in den Busch zu kommen und vor ihm nach dem Schlag der Trommeln zu tanzen. Als er im Busch die Trommel schlug, sang Ahun: »Hier sind viele Obo (Vaginen). Dort sind viele Oku. Die Oku wollen die Obo essen. Die Obo wollen große, große Oku. Die Obo werden sehr befriedigt sein.« Als die Frauen die Grenze des Landes der Männer erreichten, sang er wieder: »Heute werden die Oku die Obo verschlingen. Die Oku werden tanzen. Die Obo werden tanzen … Später werden Kinder geboren werden. Oku und Obo werden sich nicht mehr verlassen …« Aus dem Busch heraus sahen die Männer die Frauen tanzen. Die Oku begannen sich zu erheben … Die Männer tanzten hinter den Büschen … Alle tanzten den Tanz des Geschlechts, den »idikire«. Die Frauen tanzten mit den Männern. Die Männer tanzten so, als sähen sie die Obo nicht. Aber die Frauen tanzten auf eine bestimmte Weise und zeigten sich dadurch den Oku. »Als die anderen Frauen sie nicht sehen konnten, nahm die Jalode den Oku eines Mannes in die Hand. Die Frauen tanzten nur mit den Männern, die einen kleinen Oku hatten. Die Frauen hatten Angst vor den großen Oku. Aber die Jalode suchte einen Mann mit einem großen Oku. Die Frauen schliefen im Busch bei den Männern mit einem kleinen Oku. Aber die Jalode schlief bei einem Mann mit einem großen Oku. Die Jalode sagte zu den anderen Frauen: ›Ihr seid dumm, ihr wißt nicht, was gut ist.‹«

Die afrikanischen Frauen werden von den Männern als »unmittelbar mit der Natur verbunden« geachtet. Dennoch werden auch sie zum Zeichen ihrer Geschlechtsreife, wenn ihnen die Schamhaare wachsen, oft wie die Männer beschnitten. Bei einigen Stämmen wird die Notwendigkeit der Beschneidung durch den Ausspruch erklärt: »Der Knabe ist weiblich in seiner Vorhaut, das Mädchen ist männlich in seiner Klitoris.« Die Beschneidung entfernt diese Organe des entgegengesetzten Geschlechts und gibt so den Mädchen und Jungen das Geschlecht, zu dem sie schicksalhaft bestimmt seien. Nur bei wenigen afrikanischen Stämmen ermahnen die Väter ihre heranwachsenden Söhne, nicht zu masturbieren. Die meisten Gruppen halten es für nötig, daß sich junge Menschen geschlechtlich üben sollten, um als Erwachsene fähig zu sein, Kinder zu zeugen. Sie lassen ihre Söhne und Töchter ihrem Geschlechtsverkehr zusehen, um sie zu unterrichten. Die Masturbation, das Reiben des Geschlechtsteils, wird in vielen Fällen so weit gefördert, daß sich die Jungen zusammentun und dabei singen: »Werde groß, und ich werde dir etwas zu essen geben.« Wenn sie die Vorhaut zurückziehen, sind sie stolz darauf, wie schon beschnittene Jungen auszusehen. Junge Mädchen werden von ihren Müttern belehrt, wie sie das mancherorts übliche Schönheitsideal, die Verlängerung der Schamlippen und die Erweiterung der Vagina, herbeiführen können. Mit Maiskolben und in Stoff eingehüllten Tierhörnern hantieren die jungen Mädchen, um sich einen »mfuli« machen zu können; sie unterziehen die Schamlippen mit Hilfe einer Handvoll Gras einem Streckverfahren, bis der »mfuli« wie der »Kamm eines Truthahns« wird. Während der Periode dürfen die Frauen weder kochen noch ihren Männern die Mahlzeiten reichen. Die Angst vor dem unheimlichen Blut erweckt sogar die Vorstellung, daß ein Mann, der in der Anwesenheit einer menstruierenden Frau esse, seine Männlichkeit verlieren müsse. Der Geschlechtsverkehr mit einer Frau während der Menstruation erzeuge unheilbares Siechtum und unverbesserliche Feigheit. Wenn Frauen ihre Tage haben, ist es ihnen verboten, das Vieh zu versorgen, Milch zu trinken oder Gefäße zu berühren, die Milch enthalten sollen, da allein schon eine solche Berührung die Kühe unfruchtbar machen könnte. Wenn eine Frau »sich nicht wohl fühlt«, kann sie sicher sein, von keinem Mann belästigt zu werden, nur der »Hexenmeister« des Stammes ist vor den Folgen der Annäherung an eine Frau »in ihren Tagen« gefeit. Bei den männlichen Initiationszeremonien dürfen die Frauen nicht anwesend sein, außer wenn sie hoffnungslos unfruchtbar sind – dann mag das vergossene männliche Blut helfen. Ein junger Mann, der sich den Qualen und Lehren der Initiation ergeben hat, soll sich keinen geschlechtlichen Wunsch versagen, außer denen, die durch die besonderen Vorschriften seines Stammes verboten sind. Er darf sich wohl bei keinem Ehebruch ertappen lassen, aber unter unverheirateten Mädchen hat er freie Wahl. Wenn er allerdings ein Mädchen geschwängert hat, muß er es heiraten. Das gilt besonders bei den Stämmen, die den Mädchen alles erlauben, nur nicht die Jungfräulichkeit zu verlieren. Sie dürfen mit einem Liebhaber die Nacht verbringen, wenn er nicht ihr Verlobter ist und vor dem »Letzten« zurückscheut.

Unverletztheit des Hymens wird nur selten durch künstliche Mittel, wie durch die »Infibulation«, durch das Vernähen der großen Schamlippen, garantiert. Die Jungfräulichkeit gilt auch nur bei wenigen Stämmen als »Vorbedingung der Achtbarkeit«; bei manchen werden Mädchen, die sich jungfräulich verheiraten, als nicht begehrenswert verachtet. Wenn der Bräutigam Wert auf die Jungfräulichkeit der Braut legt, muß sie sich von ihm, ihrem Vater oder einer Großtante untersuchen lassen. Wenn festgestellt wird, daß sie nicht mehr jungfräulich ist, bedeutet das nicht immer, daß sie die ihrer Familie gebrachte Schande mit dem Leben bezahlen muß. Zumeist verkauft ihr Vater sie dann als zweite oder dritte Frau an einen anderen Bewerber. Wenn ein Mädchen Jungfrau und infibuliert ist, kann der Mann die Defloration nicht ohne Messer vornehmen. Diese grausame Handlung wird in Gegenwart von vier Frauen vorgenommen, die die Braut festhalten, während eine fünfte den Zeigefinger des Mannes so lenkt, daß er das Messer richtig ansetzen kann.

Je nach der örtlichen Sitte wird der Ehebruch der Frau auf das strengste bestraft oder so weit geduldet, daß es der Frau gestattet ist, sich Liebhaber zu halten, allerdings nur, wenn diese dem Ehemann Geschenke bringen oder Arbeiten für ihn verrichten. Bei einem Stamm ist es üblich, daß Ehemänner ihren Freunden oder Verwandten geschlechtliche Gastfreundschaft einräumen. Die Frauen empfinden es nicht als beleidigend, sondern als eine Ehre, wenn sie einem Gast angeboten werden. Sie tun ihr Bestes und werden belohnt. Aber Frauen, die bei einem in ihrem Stamm verpönten Ehebruch ertappt worden sind, werden nackt zur Schau gestellt und müssen ihre Scheide einer Reinigung mit Brennesseln und durch Ameisenbisse aussetzen. Bei den meisten Stämmen muß der Ehebruch der Frau als eine wirtschaftliche Schädigung durch wirtschaftliche Leistungen gutgemacht werden. In manchen Gebieten wird ein Mann verlacht, wenn er auf den Geschlechtsgenuß mit einer Frau verzichtet, die er in der Verborgenheit des Dickichts unbeobachtet »nehmen« könnte. Die Bereitschaft der Frauen zum Geschlechtsverkehr wird als natürliche Gegebenheit angenommen. Viele beantworteten die diesbezüglichen Fragen von Anthropologen: »Sind wir im Grunde nicht genauso wie die Ziegen? Die paaren sich überall.« Die Sodomie, die Unzucht mit Tieren, gilt bei bestimmten Stämmen nicht als verrucht, sondern wird als ritueller Brauch ausgeübt. Nicht nur Antilopen und Schafe werden beschlafen, um den Jagderfolg magisch zu sichern; an den Meeresküsten treiben die abergläubischen Fischer sogar Sodomie mit eben getöteten Seekühen, um zu verhüten, daß eine lebende Meerkuh sie in die Wellen hinabzieht. Sofern der Geschlechtsverkehr mit Tieren jedoch ohne sinnbildliche Bezüglichkeit oder zu erwartende Wirksamkeit ist, gilt er als verpönt. Hirtenjungen, die sich an den Tieren der eigenen Herde vergehen, werden, wenn man sie entdeckt, gezüchtigt. Die gleichgeschlechtliche männliche Annäherung vor der Initiation ist allgemein gebräuchlich. Die Ausübung der gegenseitigen Masturbation wird als natürliche Übung hingenommen. Bei den Bewohnern einer Oase wird die Bereitschaft für den gleichgeschlechtlichen Verkehr als selbstverständliche, geradezu gesellschaftliche Verpflichtung angesehen. Väter leihen sich gegenseitig ihre Söhne aus, und wer sich dem entzieht, wird als »seltsam« bezeichnet. Viele afri-

Bleistiftzeichnung aus dem Jahr 1901 von Otto Seitz (1846–1912)

kanische Frauen, die harte Gegenstände zur Erweiterung der Vagina benützen, finden nichts dabei, ihre Sinnlichkeit durch einen künstlichen Phallus zu befriedigen und sich dabei von ihren Freundinnen bedienen zu lassen, die wiederum sie gleichfalls bedienen. Aber sie dürfen sich bei der gegenseitigen Selbstbefriedigung nicht von ihren Männern ertappen lassen: Sie bekommen Schläge, nicht weil sie es tun, sondern weil dadurch der Ruf der Leistungsfähigkeit ihrer Männer geschädigt werden könnte.

Die völkerkundlichen und anthropologischen Untersuchungen mit dem Zweck, den Ursprung der menschlichen Sitten durch die Beobachtung der Lebensgewohnheiten und Bräuche sogenannter primitiver Völker zu klären, erbrachten kein eindeutiges Ergebnis; sie ermöglichten jedoch die Erkenntnis der wenn auch ungleichmäßigen, so doch allmählichen Entwicklung der gesamten Menschheit, die sich in den verschiedenen Gebieten aufgrund der dortigen Gegebenheiten, etwa des Klimas oder der Wirtschaftsform – Jagd, Fischerei, Landbau, Viehzucht –, unterschiedlich vollzogen hat. Die rapide Anpassung »unterentwickelter« Völker an Neuerungen, ihr Eifer, andere Lebensformen anzunehmen, ihre Willigkeit, sich neuen sittlichen Grundsätzen unterzuordnen – all das deutet darauf hin, daß sie sich lediglich aus Mangel an Gelegenheit nicht in der gleichen Weise fortentwickelt hatten wie ihre Lehrmeister. Das ihnen an allgemein Menschlichem Zugrundeliegende war, allen Beobachtungen zufolge, das gleiche gewesen wie bei den Europäern (und Amerikanern), die bemüht sind, ihr gesellschaftliches Niveau durch Erziehung, Belehrung und wirtschaftliche Unterstützung zu heben und dem ihren anzugleichen.

Das überzeugende Beispiel für den Erfolg solcher Bemühungen liefert das Inselreich Japan, das im Jahre 1853 von einer amerikanischen Flotte erschlossen wurde und in wenigen Jahrzehnten Eisenbahn, Post, Telegraph, Heeres- und Schuleinrichtungen von Europa übernahm und sich die europäischen Lebensgewohnheiten und Bräuche zu eigen machte. Bevor amerikanische Händler das Niederlassungsrecht erhielten und zu berichten wußten, wie ungeheuer schwierig es sei, zu erkennen und zu verstehen, was unter der Oberfläche des japanischen Lebens verborgen liege, war das Kaiserreich ein Feudalstaat ähnlich dem mittelalterlichen Europa gewesen, in dem die »Shogun«, die Generäle, die Macht innehatten. Sie stützten sich auf die Samurai, die »schwerttragenden Garden«, die im wesentlichen den europäischen Rittern gleichzusetzen sind. Das Schwert war »die Seele des Samurai«. Die oberste Verpflichtung war die Treue gegenüber ihrem Shogun. Sie waren aber auch willens, ihr Leben für eine »gerechte Sache« zu wagen, wenn es ihnen richtig erschien. Dabei handelten sie nach dem Grundsatz ihrer ritterlichen Tugend, die sie als die Fähigkeit auslegten, »sich ohne zu zögern für eine Verhaltensweise zu entscheiden, die mit der Vernunft im Einklang steht: zu sterben, wenn es recht ist zu sterben, zu schlagen, wenn es recht ist zu schlagen«. Die Samurai unterschieden sich von den europäischen Rittern dadurch, daß sie jeglichen Luxus in ihrer Lebensführung ablehnten und alle Gefühlsregungen unterdrückten. Den Katzenjammer ihres freudlosen Daseins schliefen die Samurai selten bei Frauen aus. Das Weib war für den Samurai ein Werkzeug, die Familie fortzusetzen, ein geringgeschätzter Besitz, der »Schatten des Mannes«, die »gefällige Scheide für seinen Geschlechtsteil«, wenn es ihn danach verlangte und sein glänzendes Schwert in der mit Edelsteinen geschmückten Scheide ruhen mußte. Ob es seine eigene Frau war, die seinen Trieb befriedigte, oder eine fremde, die er für ihre Gunst bezahlen mußte, war dem Samurai einerlei, wenn ihm die Willige nur die Lust spendete, die er begehrte. Er war erzogen worden, seine Leidenschaftlichkeit zu beherrschen, Empfindungen zu unterdrücken und seinem irdischen Dasein, auf Befehl seines Herrn oder, wenn er Schande auf sich geladen hatte, durch »Harakiri«, das Aufschlitzen des eigenen Bauches, ein Ende zu setzen. Der grausame Selbstmord, bei dem sich der Samurai mit einem dazu bestimmten Dolch den Bauch von links nach rechts und dann bis zum Becken aufriß, stand Frauen und »niedrigen Männern« nicht zu. Vornehme Frauen lernten »Jigaki« verüben. Sie durften mit ihrem Dolch die Adern des Halses mit einem einzigen Schnitt durchtrennen; allerdings wurden sie ermahnt, dazu vorher ihre Beine zusammenzubinden, damit sie nicht im Tod eine unschickliche Lage einnähmen.

Die unerbittlichen Bräuche der Samurai waren die Folge der zunehmenden Militarisierung des Kaiserreichs durch die Shogun, die ihrerseits keineswegs so enthaltsam und anspruchslos lebten wie ihre »schwerttragenden Garden«. Sie hielten hof wie der Mikado oder Tenno. Er, der Kaiser, war die »erhabene Pforte« zum »Weg der Götter«, dem »Shinto«, den die göttlichen Urväter des Kaisergeschlechts gewiesen hatten. Zum »Shintoismus«, der ohne Priester und Altäre der Verehrung des Kaisergeschlechts und der Ahnen diente, gehörte auch der Phalluskult, die Anbetung alles Schöpferischen, das symbolisiert war durch das erregte männliche, Fruchtbarkeit spendende Glied. Es gab Prozessionen, in denen ein mehrere Meter hoher Phallus aus glänzendem Lack auf einem Schrein durch die Straßen getragen wurde, zur Aufmunterung der Männer, den Geschlechtsverkehr nicht zu vernachlässigen. Den Shogun, die sich in ihren Palästen keine Lebensfreude versagten, war es darum zu tun, daß die Bevölkerung sich vermehrte. Denn je mehr Hände für sie arbeiteten, desto reicher wurden sie, desto leichter konnten sie ihren aufwendigen Lebenswandel finanzieren, das Heer der Samurai unterhalten, für das standesgemäße Dasein ihrer Familien sorgen und für den Luxus der Damen, die sie zu ihrer Lust und Belustigung, auch auf Reisen, in ihrem Gefolge hatten. Diese »Damen« waren nicht Damen im üblichen Sinn, es waren auserlesene »Geishas« – Frauen, die zu künstlerischen Leistungen befähigt waren. Sie mußten Musikinstrumente spielen, singen, tanzen und in der Literatur bewandert sein; vor allem aber mußten sie die Kunstfertigkeiten der Liebe beherrschen.

Diese Priesterinnen der berufsmäßigen Unsittlichkeit entstammten zumeist überaus sittlichen Familien, denen der Vater mit unbeschränkter Macht vorstand. Zu der gebräuchlichen Erziehung eines Mädchens gehörte der Unterricht in gutem Benehmen und die Weisung, ihrem künftigen Ehemann, falls er liederlich und grob sein sollte, mit doppelter Sanftheit und Zärtlichkeit entgegenzukommen. Überraschte ein Ehemann seine Frau beim Ehebruch, gab ihm das Gesetz das Recht, sie und ihren Liebhaber unverzüglich zu töten. Der Familienvater konnte sich Nebenfrauen halten, wenn es seine Mittel erlaubten. Und wenn er in dem »Blumendistrikt«, dem »Yoshiwara«, Abwechslung suchte, traf er Tausende andere Männer, denen das Ehebett zu langweilig war und die ihre natürliche Fleischeslust genießen wollten. Jede größere Stadt hatte ihren eigenen »Blumendistrikt«. Die Freudenhäuser, in denen die keineswegs geringgeschätzten oder verachteten »gefallenen Mädchen« ihre Liebe und Geselligkeit darboten, waren freundliche Gaststätten für die nach den Freuden des Lebens sehnsüchtig Ausschau haltenden Männer. Sie liebten die Blumen mehr als die Frauen und trieben einen Kult mit Blüten, Blättern und Zweigen. Die alljährliche Kirschenblüte war ein Volksfest. Die Kunst, Blumen zu ziehen und nach Farben und Formen zu ordnen, wurde ebenso hochgeschätzt wie die Tanzkunst oder die Fertigkeit, »Worte und Töne zu Dichtung und Musik zu binden«. Für jede Handlung im täglichen Leben gab es eine Vorschrift, die die allgemeinen Regeln der vollkommenen Höflichkeit gewährleisten sollte. Auch bei den Mahlzeiten einfacher Leute wurde die Einhaltung der Tischsitten sorgfältig beachtet. Das Hauptnahrungsmittel war Reis; wer es sich leisten konnte, genoß dazu Fisch, Gemüse, Seetang und Obst. Fleisch war nur eine Zutat für die Reichen. Man trank Reiswein oder in vornehmen Kreisen Tee, der, aus China nach Japan importiert, zum Lieblingsgetränk der Frauen und Männer geworden war, die einen klaren Kopf haben wollten.

Obwohl den Japanern jeder Verkehr mit dem chinesischen Festland verboten war – auch um zu verhindern, daß die »chinesische Liederlichkeit« eingeführt werde –, stand das japanische Geistesleben unter chinesischem Einfluß. Die Lehren und Anstandsregeln des Konfuzius waren vor der »Sperre« durch seine Anhänger verbreitet und durch japanische Weise den Teilen der Bevölkerung nahegebracht worden, die sich nicht bereits dem Buddhismus verschrieben hatten. In Japan veranstalteten die Buddhisten fröhliche Feste. In ihrer Vorstellung lebten Dämonen und Heilige, es gab sogar einen »Teufel«, den Repräsentanten des Bösen, der Männer und Frauen zur Unzucht an sich lockte. Die Qualen einer grausamen Hölle beängstigten die Gläubigen, die, um das Grauen der Seelenwanderung zu vermeiden, Buddhisten geworden waren. Aber um die Verängstigten nicht allzusehr abzuschrecken, milderten die Priester, die in ihren Klöstern wohlhabend geworden waren, die strengen Vorschriften und verschmolzen ihre Gotteslehre mit dem Shintoismus. Die Geistlichen wurden weltlich. Sie warben zum Schutz ihres wachsenden Reichtums Söldner an und machten sich zu Nutznießern des irdischen Lebens, während sie den Gläubigen das überirdische verhießen. Die Faulheit und Gefräßigkeit der Bonzen wurde sprichwörtlich. Unter dem Vorwand, Erfahrungen im Interesse der Gläubigen zu sammeln, die sie doch vor gefährlichen Lastern bewahren müßten, unterhielten sie Konkubinen und kauften Knaben, um die gleichgeschlechtliche Liebe mit ihnen zu versuchen. Dem religiösen Unfug setzten die Shogun ein Ende. Sie wurden Konfuzianer und ließen die Lehren des chinesischen Weisen für ihre Zwecke so abwandeln, wie es ihnen richtig erschien. Der Philosoph Ekiken, der, wie Konfuzius, »die Vervollkommnung des Charakters« predigte, veröffentlichte die »Große Unterweisung für Frauen«. Er verschönte ihre trübe Vorstellungswelt durch ermunternde Ratschläge und lehrte, nicht jedes Vergnügen sei Sünde. Dennoch kam es nicht zur Auflockerung der strengen Lebensgewohnheiten und Bräuche. Die Stellung der

Ehefrauen verbesserte sich um so weniger, als den Männern die Aphorismen Yoshi Kenkos gefielen. Er schrieb: »Eine Frau ist nichts, was ein Mann haben sollte. Mag eine Frau sein, wie sie will, Tag für Tag sie in der Nähe zu sehen, muß höchst unerfreulich und widerwärtig sein … Getrennt leben und von Zeit zu Zeit auf Besuch beieinander wohnen – das dürfte viel eher zu einem guten Verhältnis führen, das die Jahre überdauert. Kommt man plötzlich daher und bleibt über eine Nacht, so ist es eine seltene Überraschung…« Kenkôs Warnungen vor den unzulänglichen Freuden der Ehe und sein Hinweis auf die Freuden der Gelegenheitswollust waren im Grunde eine Aufmunterung der Männer zum Besuch der Blumendistrikte. Er setzte durch seine Sprüche nicht die Frauen als solche herab, sondern die Ehefrauen und empfahl den Besuch der »Oiran«, der käuflichen Mädchen, »der verwehten Blüten des gefüllten Kirschbaums«. Sie waren zwar keine Geishas wie die »Damen« der Shogun, wohl aber nach feststehenden Regeln ausgebildete Meisterinnen der Liebe. Ihre Besucher regten sie durch Gesang und Tanz zu leidenschaftlicher Sinnlichkeit an, der sie sich zu gemeinsamem Genuß ergaben. Eine Oiran präsentierte sich dem Mann, dem sie sich hingeben sollte, nicht nackt – das wäre unschicklich gewesen. Sie legte den Kimono nicht ab, sie entblößte lediglich ihre Scham, um den Geschlechtsverkehr ausüben zu können. Es war auch für den Besucher unpassend, sich seiner Kleider zu entledigen. Die Frauen und Männer, die sich körperlich vereinigten, sollten einander nur insoweit hautnahe sein, als es nach den Anstandsregeln für das Verhalten im Freudenhaus unerläßlich war.

Die wahre Liebeskunst Japans bestand darin, den Akt durch leichte Wendungen und rhythmische Bewegungen des Körpers lustvoll zu gestalten und zu verlängern. Für »gemeine Berührungen oder Zärtlichkeiten« standen den Männern die »Kamuros« zur Verfügung, junge Gehilfinnen, die zur Liebe erzogen werden sollten. Diesen Schülerinnen oblag es, ohne daß sie freilich dazu gezwungen werden konnten, den Besuchern ihre Lippen darzubieten oder sie sogar so zu berühren, wie es die Lehrerin aus beruflicher Zurückhaltung ablehnte. In ihren Lehrjahren lernte die Kamuro nicht nur die Spiele des Geschlechts, sondern auch Blumen zu arrangieren, zu singen und zu tanzen und vor allem, sich gut zu benehmen. Wenn sie zur »Shinzo« avanciert war, weihte sie ihre Herrin in die Kunst ein, »die Maske der Schönheit« durch geschicktes Schminken herzustellen, die Haare zu türmen, und brachte ihr die gezierten Manieren bei, die beim Empfang und der Bewirtung eines Besuchers üblich waren. Die langjährige Erziehung eines Mädchens zur Oiran war durch die feierliche Entjungferung noch nicht abgeschlossen. Seine Lehrzeit war erst zu Ende, nachdem es von seiner Herrin nun, da es die Praxis hatte, auch in den Praktiken unterrichtet worden war. Erst wenn es sich einer endgültigen Prüfung unterzogen hatte, die erwies, daß es ihre Scham schamhaft entblößen könne, daß es genau wisse, welche Handreichung es vornehmen müsse, um das erregte Glied eines Besuchers »in sich zu bergen«, und wie es sich zu wenden und zu bewegen habe, um ihm den höchsten Genuß zu gewähren, wurde das Mädchen »freigesprochen«. Es konnte sich bei den zustehenden Behörden um das Recht bewerben, sich von einem Wirt als Oiran anwerben zu lassen. Wenn das Mädchen ehrgeizig war und sich in seinem Beruf bewährte, hatte es Aussicht, als Geisha erkoren zu werden und sich selbständig machen zu können.

Der Rangunterschied unter den käuflichen Mädchen Japans ging mit der Zeit verloren: Alle Tausende und Abertausende sittsamen Lustspenderinnen sorgten unter dem Sammelnamen »Geisha« dafür, daß der Besuch der Blumendistrikte den japanischen Männern unentbehrlich wurde. Die gebildeten Geishas aber taten sich viel darauf zugute, daß zwei Frauen die volkstümlichsten japanischen Bücher geschrieben hatten, obwohl das nahezu tausend Jahre zurücklag. Den berühmtesten Roman schrieb die kaiserliche Hofdame Murasaki. Er trug den Titel »Genji Monogatari« – Gerede um Genji – und beschrieb in allen Einzelheiten die Liebesabenteuer eines kaiserlichen Prinzen, um mit natürlicher Leichtigkeit darzutun, daß sie über die Wankelmütigkeit der Männer und die Schwäche und Stärke der Frauen Bescheid wisse. Ihre Zeitgenossin, die Hofdame Shei Shonagon, verfaßte das »Skizzenbuch unterm Kopfkissen«, geistvolle Bemerkungen über die Welt und ihre Umwelt. Sie liebte die Männer, war aber keine Männerfreundin. Sie kannte ihre Fehler und bekannte es sachlich: »Man hat die Dummheit begangen und einen Mann heimlich bei sich schlafen lassen, und da fängt er an zu schnarchen. Wie unangenehm ist das.« Sie fand die Männer »merkwürdig sonderbar« und klagte: »Der Mann hat für all den Jammer auf Erden kein Gefühl und keine Ahnung.« Diesen Ausspruch der eleganten Hofdame Shei Shonagon zitierten die Japanerinnen, Ehefrauen und Geishas, aus vollem Herzen, wenn sie über die Männer sprachen.

Zeittafel

1752–1796 Adolf von Knigge
1797–1888 Wilhelm I. (1871 Deutscher Kaiser)
1811–1872 Theophile Gautier
1813–1883 Richard Wagner
1815–1898 Otto von Bismarck
1821–1880 Gustave Flaubert
1821–1867 Charles Baudelaire
1822–1884 Gregor Mendel
1827–1875 Jean-Baptiste Carpeaux
1830–1903 Camille Pissarro
1831–1888 Friedrich III. (1888 Deutscher Kaiser)
1832–1867 Maximilian von Habsburg (1864 Kaiser von Mexiko)
1832–1883 Edouard Manet
1834–1917 Edgar Degas
1835–1909 Leopold II. (1865 König von Belgien)
1836–1895 Leopold von Sacher-Masoch
1837–1898 Elisabeth, Kaiserin von Österreich
1840–1884 Hans Makart
1840–1902 Émile Zola
1840–1926 Claude Monet
1841–1919 Auguste Renoir
1841–1910 Eduard VII. (1901 König von England)
1844–1900 Friedrich Nietzsche
1844–1923 Sarah Bernhardt
1849–1912 August Strindberg
1850–1893 Guy de Maupassant
1854–1900 Oscar Wilde
1858–1889 Erzherzog Rudolf, österreichischer Thronfolger
1859–1941 Wilhelm II. (1888–1918 Deutscher Kaiser)
1862–1941 Marcel Prévost
1864–1901 Henri de Toulouse-Lautrec
1870–1871 Deutsch-Französischer Krieg
um 1880 Aufkommen der Tournure (Cul de Paris)
1889 Tragödie von Mayerling

4 »Den Trieb musst du auf Erden regeln …«

Die Wende vom 19. zum 20. Jahrhundert

Die Maskerade der scheinheilig zur Schau getragenen Moral im Zweiten Kaiserreich ging so weit, daß die galanten Damen und Herren am Hof Napoleons III. die Nacktheit in der bildenden Kunst als unmoralisch verdammten und die Zensurbehörden des Kaisers die nackte Wahrheit in der Literatur verboten, Bücher beschlagnahmten und Schriftsteller anklagten, sich unzüchtig gegen Moral und Sitte vergangen zu haben. Der Satz: »Sie gab sich ihm hin …« im Roman »Madame Bovary« des schon zu seiner Zeit berühmten Dichters Gustave Flaubert war Anlaß für den kaiserlichen Staatsanwalt, gegen Flaubert und seinen Verleger Anklage wegen »Vergehens gegen öffentliche und religiöse Moral« zu erheben. Der wahre Grund für die Anklage war allerdings gewichtiger: Flaubert hatte in seinem Roman das Leben, Lieben und Sterben einer in ihrer bürgerlichen Ehe unbefriedigten Frau in allen Einzelheiten dargestellt. Sein Freund, der damals ebenfalls bereits anerkannte Romanschriftsteller Émile Zola faßte den Inhalt des inkriminierten Buches kurz wie folgt zusammen: »Das Sujet ist wenig romantisch und läßt sich in dreißig Zeilen beschreiben: Charles Bovary, mittelmäßiger Landarzt, heiratet nach erster Ehe die Pächterstochter Emma, die eine über ihren Stand hinausgehende Erziehung genossen hat. Das junge Paar lebt in Yonville nahe Rouen. Hier wird Emma von Langeweile geplagt, sieht die geistige Armseligkeit ihres Mannes, geht zugrunde am eintönigen Provinzleben. Ehebruch ist das Ende. Trotzdem kämpft sie. Zuerst liebt sie einen jungen Mann, Léon de Puis, Schreiber eines Notars, später gibt sie sich, als Léon Yonville verlassen hat, einem Grundbesitzer, Rudolf Boulanger, hin. Stolz auf ihre Tat, wird sie anspruchsvoll, herrisch, denkt an Flucht mit ihm, träumt von Abenteuern und ewiger Liebe, bis Rudolf sie sitzenläßt. Ihr Sturz ist ungeheuer. Mühsam schleppt sie sich durchs Leben, versucht es vergeblich mit der Religion, bis sie Léon in Rouen wiederfindet. Der Ehebruch beginnt von neuem. Emma macht Schulden, nimmt schließlich Arsenik, stirbt. Ihr Dummkopf von Mann beweint sie. Später erfährt er von ihren Fehltritten, beweint sie noch immer. Eines Tages trifft er Rudolf und sagt: ›Ich zürne Ihnen nicht.‹ Das ist alles. In einer Zeitung würde das zehn Zeilen Lokalnotiz abgeben, aber … man sagt: ›Eine Bovary …‹ Sie findet sich in Frankreich in allen Klassen, in allen Kreisen. Sie ist das Weib, das eine über ihren Stand hinausgehende Erziehung genossen hat, zum Ehebruch getrieben wird. Endlich der Ehebruch selbst ..., schüchterne ..., dann triumphierende Schuld. Flaubert hat nicht einen Zug vergessen: ihre Kindheit, ihre ersten Sinnesempfindungen, ihre Kämpfe – denn ihre Umgebung ist ebenso schuldig. Sie stirbt eigentlich an der sie einengenden Dummheit.« Die Verurteilung der bürgerlichen Moral durch Flaubert war also der eigentliche Grund für die Anklage, von der er schließlich freigesprochen wurde.

Flauberts Besorgnis über den Prozeß und »die allgemeine Dummheit« wirkte trotz des Freispruchs auf die mit ihm befreundeten Schriftsteller entmutigend. Mit Ausnahme von Émile Zola riskierten sie nicht, die Wahrheit zu schreiben und die »unreine Wirklichkeit« darzustellen, zumal Charles Baudelaire wegen seiner Gedichte »Fleurs du mal – Die Blumen des Bösen« von der »police correctionelle« zu einer Geldstrafe verurteilt wurde und Theophile Gautiers Roman »Diese und Jene« wegen der Schilderung erotischer Begebenheiten der Beschlagnahme durch die Zensur anheimfiel. Guy de Maupassant, den Flaubert entdeckt und gefördert hatte, wagte es erst später, das Geschlechtsleben zu schildern, allerdings als idealisierender Realist, der in seinen Novellen mit köstlicher Leichtigkeit menschliche Schwächen aufzeigte – so in der Erzählung »Am Bettrand«: Eine von ihrem Mann vernachlässigte Frau erregt ihn durch eine verführerische Entkleidungsszene so, daß er sich ihrer Bedingung fügt, mit ihr nur dann den ehelichen Beischlaf ausüben zu dürfen, wenn er sie wie seine Geliebte bezahlt. Maupassant führt seinen Lesern die Brüchigkeit und die Unzulänglichkeiten des »grand monde« vor, der Herren und Damen der großen Welt, über die er ebenso Bescheid wußte wie über die Jagd der Bürger und Bürgerinnen der kleinen Welt nach Lust und Geld. Keine Unsittlichkeit, kein Verstoß gegen die landläufige Tugend war Maupassant fremd; aber es gelang ihm, die schlüpfrigsten Vorgänge lediglich anzudeuten und jede Derbheit und Obszönität zu vermeiden. Wie alle anderen Schriftsteller seiner Zeit mied Maupassant die Gefahr, verboten zu werden. Wenn es sie doch drängte, sich gegen die Zensur zu vergehen, versteckten sie sich hinter Pseudonymen und ließen ihre allzu unverhohlen deutlichen Werke im Ausland drucken. Aber das geschah nur in beschränkten Auflagen, die nur wenigen Sammlern zugänglich wurden. Noch während des Zweiten Kaiserreiches wurden in dem eigens dazu gegründeten »Theater in der Rue de la Santé« freche, zotige Stücke zur Aufführung gebracht. Die Unternehmer versprachen sich eine Sensation mit der Ankündigung, daß die für diese Bühne arbeitenden, anonym bleibenden Schriftsteller ihrer Phantasie keine Fesseln angelegt hätten. Fünfundzwanzig junge Schriftsteller, Verleger und Künstler waren bei der Premiere anwesend. Aber die Sensation blieb aus. Die dramatisierten Zoten fanden um so weniger Beachtung, als auch in den handfesten Komödien Scribes, Sardous und anderer zeitgenössischer Theaterdichter Kurtisanen auf der Bühne standen und Ehebrüche die Handlung belebten. Das Publikum lehnte das Ordinäre ab. Es wünschte witzige Dialoge und galante Anspielungen – man zog es vor, das Laster und die Ausschweifung beschönigt mitzuerleben. Wer sich an Zoten oder unanständigen Szenen ergötzen wollte, kam in den Singspiel- und

Musikhallen auf seine Kosten. Während des Zweiten Kaiserreiches wurde das Tingeltangel, der Vorläufer des Varietés, populär. Es war die Bühne des Couplets, des zweideutigen Liedes, dessen Texte nur durch die Gebärden und die Betonung bestimmter Worte und Wendungen zotenhaft wirkten, von der Zensur aber nicht beanstandet werden konnten. Die frechen Lieder wurden geschickt vertont, selbst in guter Gesellschaft gesungen und galten nur denen als unanständig, die den

»Vie Parisienne« – Radierung aus dem Jahr 1890 von Fredillo

Doppelsinn der Pointen erkannten. Nach dem Deutsch-Französischen Krieg, der das Ende des napoleonischen Kaiserreiches brachte, eroberte das Tingeltangel auch Berlin. Die Pariser Leichtfertigkeit hatte den siegreichen preußischen Offizieren und Soldaten zugesagt. Das nun kaiserliche Berlin sollte dem gedemütigten Paris in keiner Weise nachstehen. Es fanden sich auch bald Unternehmer, die an der Spree die an der Seine so erfolgreichen Musikhallen kopierten, wenn auch nicht in so prunkvoller Aufmachung. Dafür fehlte das Publikum. Es gab in der neuen Reichshauptstadt noch nicht genug elegante Lebemänner und Halbweltdamen, die sich einen vergnügten, durch Champagner animierten Abend machen konnten, um frivolen Liedern zuzuhören und schamlosen Tänzen zuzusehen. Die guten Berliner Bürger hüteten sich, ihre Ehefrauen in solche verrufene Gaststätten mitzunehmen. Sie wollten es gar nicht erst darauf ankommen lassen, daß die Mütter ihrer Kinder errieten oder fragten, warum die anwesenden Männer sich vor Lachen schüttelten, wenn ein scheinbar harmloses Lied gesungen wurde. Nicht nur in Berlin, sondern in nahezu allen deutschen Städten kam das Tingeltangel in Mode und erregte Ärgernis bei den Hütern der öffentlichen Moral. Die Derbheit der Tingeltangel war jedoch für die Bürger, denen der Anstand untersagte, in den vier Wänden ihrer ehelichen Schlafzimmer geschlechtsbezügliche Worte zu gebrauchen, ein willkommenes Ventil, eine Möglichkeit, ihrer aufgestauten Sinnlichkeit Luft zu machen. War die anstößige Geselligkeit in den Bierlokalen nicht weniger gefährlich als der Besuch eines Bordells oder das Beisammensein mit einer Prostituierten, mit der man frei von der Leber weg sprechen konnte?

Die den Ehefrauen von der Sitte auferlegte Zurückhaltung im Geschlechtsleben hatte ein Aufblühen der Prostitution zur Folge. Der natürliche Trieb nach ungehemmtem geschlechtlichem Verkehr bewog die Männer aller Schichten immer wieder, in öffentlichen Häusern oder bei Straßenmädchen die Befriedigung zu suchen, die sie im Ehebett nicht finden konnten. In Paris waren die leichten Mädchen, die, wie man in Deutschland sagte, »auf den Strich gingen« oder den »Straßenpendel machten«, zu einer nächtlichen Macht geworden. Sie, »die früher nur vor den Barrieren der eigentlichen Gesellschaft umherschweiften«, waren, wie ein Publizist schrieb, »in ihre innigste Mitte vorgedrungen, und das in einem Grad, wie es bisher noch nie der Fall gewesen«. Nur selten konnten die Straßendirnen ihr Gewerbe ohne Beschützer, ohne »Zuhälter«, ausüben. Sie brauchten die Hilfe starker Männer, um sich im Wettbewerb des schwachen Geschlechts behaupten zu können. Diese in Frankreich »Alphonse« oder »Louis«, in Deutschland »Lude« genannten »Partner« waren (und sind) zumeist Liebhaber der Mädchen, die von ihnen in jeder Hinsicht ausgenützt werden. Polizeiliche und gerichtliche Verhöre von Straßendirnen und Zuhältern ergaben immer wieder, daß die Zuhälter unbeschränkte Macht über die Mädchen hatten, obwohl sie diese bei jeder Gelegenheit unbarmherzig mißhandelten, besonders, wenn sie nicht genug Geld nach Hause brachten. Die Hörigkeit der Mädchen wurde (und wird) damit erklärt, daß ihr Zuhälter beinahe in allen Fällen der einzige Mann ist, mit dem sie im Geschlechtsverkehr Lust empfinden, mit wieviel Männern sie auch geschlafen haben mochten. Alle Befragten erklärten, daß die Ausübung ihres Berufes ein Geschäft sei, das sie völlig gefühllos absolvierten, auch wenn sie ihren Kunden manchmal das Gegenteil vortäuschten, um besser bezahlt zu werden. Ihre Sinnlichkeit werde nur durch die Berührung oder Umarmung »ihres« Mannes geweckt. Was sie mit anderen getan oder erlebt hatten, zähle nicht, er allein stille »das Menschliche in ihnen«, ihre Liebessehnsucht, ihr Anlehnungsbedürfnis.

Um der Brutalität der Zuhälter und dem so zweifelhaften Schutz der Polizei zu entgehen, gaben zahlreiche Straßenmädchen die Freiheit des »Strichs« auf und suchten Zuflucht in der »Sicherheit« des Bordells. Dort hatten sie ein Dach über dem Kopf und brauchten nicht auf den Kundenfang auszugehen. Doch sie kamen vom Regen in die Traufe. Denn schon mit dem ersten Tag ihres Aufenthalts im Bordell begann ihre vollkommene Abhängigkeit vom Bordellwirt, der sie aufgenommen hatte. Sie mußten für Wohnung und Verköstigung mit barer Münze zahlen oder die für sie erstatteten Ausgaben mit ihren Einnahmen verrechnen. Da ihnen auch die Kosten für die »Berufskleidung« – Spitzenhöschen, Hemden und Schlafröcke – sowie Kosmetika und Parfums angelastet wurden, gerieten die Bordelldirnen unweigerlich in die Schuld des Wirtes, der ihre Straßenkleidung in Verwahrung nahm, um ihnen die Flucht aus der Gefangenschaft, in die sie sich freiwillig begeben hatten, unmöglich zu machen. Wenn ein Mädchen sich dem Hausgesetz nicht fügte, wurde es kurzgehalten. Es wurde in eine Dachkammer eingeschlossen und bekam so lange Wasser statt Wein und Brot statt Fleisch, bis es in sich ging und »gehorchte«. Die Wirte vergewisserten sich, daß die »Reue« auch echt war, um zu verhüten, daß die Mädchen den Kunden ihre Nöte ausplauderten und dadurch die Stimmung der Männer verdarben oder gar eine polizeiliche Kontrolle heraufbeschworen, die den Entzug der dem Bordellwirt erteilten Konzession zum »Betrieb eines Freudenhauses« hätte nach sich ziehen können. Gegen solche Kontrollen sicherten die Unternehmer sich vorsorglich durch Bestechung der Polizisten. Die in den von den Behörden geduldeten oder geförderten öffentlichen Häusern tätigen Mädchen waren rechtlose Sklavinnen, deren Behandlung von der Laune des Bordellwirts oder der Bordellmutter, der »Madame«, abhängig war. Wenn ein Mädchen bei den Kunden beliebt war und den Umsatz steigerte, geschah alles nur Mögliche, um es bei guter Laune zu halten. Seine Heiterkeit war immerhin ein Anreiz für die Kunden, es für das intime Beisammensein zu wählen. Diese Wahl fand im »Salon« statt. Dort präsentierten sich die Mädchen, meist nur mit einem durchsichtigen, mit Spitzen besetzten Hemdchen bekleidet, in Strümpfen und Pantoffeln den Gästen und machten so lange leichte Konversation, bis sie sich endlich mit dem Mann, der sie für begehrenswert befunden hatte, zurückziehen konnten. Je mehr Kunden ein Mädchen in einer Nacht »erledigen« konnte, desto höher stand es im Ansehen des Hauses. Wenn ein Gast darauf bestand, die ganze Nacht mit einer Auserkorenen zu verbringen, mußte er den Betrag, der der Durchschnittsleistung eines Mädchens während einer Nacht entsprach, für die Ausschließlichkeit bezahlen. Da es in einem gutbesuchten Bordell die Regel war, daß jedes Mädchen in jeder Nacht zwischen zehn und zwanzig Männer befriedigte, war eine solche »Beschlagnahme« selten. Häufig geschah es, daß eine Anzahl von Männern das reizvollste Mädchen gemeinsam erwarben und ihm in das »gute Zimmer mit dem großen Bett« folgten, in dem es, in bunter Reihe, einem

Französische Postkarte –
Lithographie aus dem Jahr 1890, anonym

nach dem andern »gehörte«. Perversionen aller Art waren nicht nur erlaubt, sie waren üblich, sie gehörten zum Geschäft. Besonders Männer, die der Langeweile ihrer Ehebetten entflohen waren und Abwechslung suchten, begnügten sich nicht mit dem als »natürlich« gekennzeichneten Geschlechtsverkehr. Denn »dazu geht man nicht ins Bordell«.

Je nach dem Preis der Mädchen, die angeboten, und der Getränke, die ausgeschenkt wurden, war die Einrichtung der öffentlichen Häuser luxuriös oder einfach. In den Pariser und Londoner Bordellen, die den Lebemännern oft auch nur als Stätten geselliger Zusammenkünfte dienten, gab es bequeme Sitzgelegenheiten, der Champagner wurde in geschliffenen Kristallgläsern serviert, die Wände waren mit Spiegeln ausgelegt oder mit lebensgroßen Bildern aller möglichen Stellungen des Geschlechtsverkehrs farbig bemalt – wie einst in Pompeji. Auch in den bescheideneren Etablissements waren die Salons und Zimmer mit galanten Zeichnungen geschmückt – das Milieu sollte zur Lust animieren. Für Raucher standen Aschenschalen mit sitzenden, ordentlich gekleideten Frauengestalten aus Porzellan bereit, die, wenn man sie umdrehte, das entblößte Gesäß zeigten. Es gab Zigarrenscheren, deren Griffe mit ziselierten Frauen- und Männergestalten verziert waren – sie vereinigten sich wie im Geschlechtsakt, wenn man die Schere benützte. Zigarrenanzünder waren wie ein Penis geformt. In den Zimmern lagen für die Gäste aufklappbare Stiefelknechte; wenn man die beiden Teile zusammenklappte, vollzogen die daran angebrachten Figuren den Geschlechtsakt, so wie es sich das bereitwillige Mädchen von seinem Kunden erwartete. Beliefert wurden die öffentlichen Häuser mit solchen Gegenständen zur Anregung der Triebe von den gleichen Leuten, die auch für »frische Ware« sorgten – von den Mädchenhändlern, die den »Bestand« der Bordelle ergänzten. Denn Abwechslung mußte sein. Die Stammkunden wünschten neue Gesichter und neue Körper. Der Austausch der Mädchen zwischen den einzelnen Freudenhäusern reichte um so weniger hin, den wachsenden Bedarf zu decken, als die anstrengende Tätigkeit die Jugendlichkeit und Anziehungskraft der Mädchen verbrauchte. Ein Bordellbesitzer, der auf den Ruf seines Hauses hielt, behielt seine »Damen« selten länger als zwei oder drei Jahre. Dann gab er sie an minderwertigere Unternehmungen weiter. Was mit ihnen nachher geschah, war ihm einerlei – er brauchte Nachschub. Diesem steigenden Bedarf konnten die Mädchenhändler, die sich zum guten Teil aus erfahrenen Zuhälterkreisen rekrutierten, nur durch Betrug und verbrecherische Täuschung nachkommen. Zumeist machten sie sich an Dienst- und Ladenmädchen heran, denen sie gutbezahlte Stellungen im Ausland versprachen, oder an Pflegeeltern, die sie für die Überlassung der heranwachsenden Mädchen bezahlten. Sie schlichen sich auch in das Vertrauen unzufriedener Frauen oder Witwen ein, verführten sie und verschleppten sie in betrunkenem Zustand. Mädchenhandel und Bordellwesen nahmen in Deutschland einen so gewaltigen Umfang an, daß Konferenzen zur Bekämpfung des Mädchenhandels abgehalten wurden.

Die entrüstete Erklärung der inzwischen verwitweten Königin Victoria: »Es ist eine Majestätsbeleidigung, daß es Sklaven der Liebe gibt, die demselben Geschlecht angehören wie die Königin«, führte in England wohl zum Verbot des Betriebes von Bordellen, aber anstelle der öffentlichen Häuser, die geschlossen worden waren, öffneten nun private Häuser ihre geheimen Türen. In der Gaunersprache der Mädchenhändler hießen solche und ähnliche Anstalten »kaschierte« Bordelle. Es gab sie nicht nur in England. Gewissenlose Unternehmer und Unternehmerinnen, die erkannt hatten, daß »die Verwertung der blühenden Ware« ein sehr einträgliches Geschäft war, machten in beinahe allen Ländern und Städten Europas den konzessionierten Bordellen Konkurrenz: in Wohnungen, die als Schneiderinnen- und Modistinnen-Ateliers eingerichtet wurden, in Absteigequartieren, die sie für ihre »Damen« möblierten, und – mit Einverständnis der Besitzer von Restaurants – in »Chambres séparées«, die für das unbeobachtete Beisammensein von »Damen« mit zahlungskräftigen Herren vermietet wurden. Zuhälter und berufsmäßige Kupplerinnen arrangierten und vermittelten die Geschäfte, die nach außen hin unter Wahrung des Scheins der Wohlanständigkeit abgewickelt wurden.

Während die Zahl der öffentlichen und der »kaschierten« Bordelle zunahm, während die Prostituierten der Straße von den Behörden der meisten Städte in bestimmten Stadtteilen stillschweigend geduldet wurden, entwickelte sich die Prüderie des Bürgertums zu einem scheinbar unverrückbaren Brauch. Und es mag der gewiß unbewußte Wunsch der Bürger (und Bürgerinnen), sich über die freudlose Wirklichkeit ihres Sinnenlebens hinwegzutäuschen, die Veranlassung dazu gegeben haben, daß sie ihre Häuser und Wohnungen üppig herausputzten: Die in den Jahren der sogenannten »Gründerzeit« reich gewordenen Emporkömmlinge bemühten sich, den Lebensstil der Aristokraten zu kopieren. In ihren Räumen sollten wie in den Schlössern der Fürsten und Grafen, der Lords und Marquis Möbel und Zimmerschmuck aus vergangenen Epochen prunken, ihr »trautes Heim« sollte wie der Flügel eines Palastes wirken. Ein Herren- oder Speisezimmer im Stil der Renaissance, ein Damenboudoir in Rokokomanier und ein orientalischer Rauchsalon gehörten zum standesgemäßen Interieur wohlhabender Bürger. Einer wollte den andern im Besitz von Prachtstücken überbieten. Da es nicht genug echte Stücke gab, den wachsenden Bedarf zu decken, stellten Kunsttischler Kopien her, und die Möbelfabriken lieferten serienweise »echten Barock«. Um der neuen Geschmacksrichtung entgegenzukommen, besorgten Antiquitätenhändler alle Arten von Dekorationsstücken, die den Glanz der mit Portieren aus Plüsch und Samt verhangenen Räume erhöhen sollten. An den mit vielfarbigen Tapeten bedeckten Wänden hingen goldgerahmte Spiegel und Etageren, vollgestellt mit venezianischen Gläsern, altdeutschen Tellern und Krügen. Nach dem Grundsatz »Haste was, biste was« wurden die Wohnungen mit unnützen Scheußlichkeiten überladen. Wer sich den Luxus vieler Gesellschaftsräume nicht leisten konnte, hatte zumindest »die gute Stube«, mit allem nur erdenklichen Krimskrams überfüllt, mit Staubfängern aller Art, die sauberzuhalten zum Stolz der Hausfrauen zählte. Es wurde modern, in den Fenstern statt Glas Butzenscheiben zu verwenden, die das Licht so »romantisch« weiterleiteten wie in der Kemenate einer Burg.

Die durch die geltende Moral den Frauen und Männern auferlegten geschlechtlichen Hemmungen veranlaßten sie, Ersatz für das Versagte nicht nur im protzigen Makartstil ihrer Behausungen zu suchen, sondern auch im Essen und Trinken. Die Spießbürgerlichkeit führte zur Gefräßigkeit, die Völlerei zu Schwerleibigkeit, die nun auch in der Frauenmode zum Ausdruck kam. Es war nicht mehr nötig, durch den »Cul de Paris« ein abnorm entwickeltes Gesäß vorzutäuschen. Die ausladenden Hinterteile der sich der Genäschigkeit und der Völlerei hingebenden Frauen hatten sich von selbst so geformt, daß die Roßhaar-Unterlage, die in dem modernen engen Rock eingenäht wurde, sich bald als unnötig erweisen sollte. Von hinten gesehen, ähnelten die Röcke mit ihren gerafften, schweren Stoffen den Vorhängen und Portieren, die Fenster und Türen der Wohnungen verhängten. Das enggeschnürte Mieder hob den mächtig gewölbten Busen, der als würdiges Gegenstück der prall vergrößerten Hinteransicht wirken sollte. So umfangreich die Röcke um die Hüften waren, so eng waren sie um die Füße. Diese Beengung behinderte die Frauen beim Gehen um so mehr, als es nach wie vor als unschicklich galt, die Knöchel oder gar den Ansatz der Waden zu zeigen. Zwar waren Seebäder in Mode gekommen, nicht nur in Frankreich, sondern auch an der

Radierung aus dem Jahr 1890 von Félicien Rops (1833–1898)

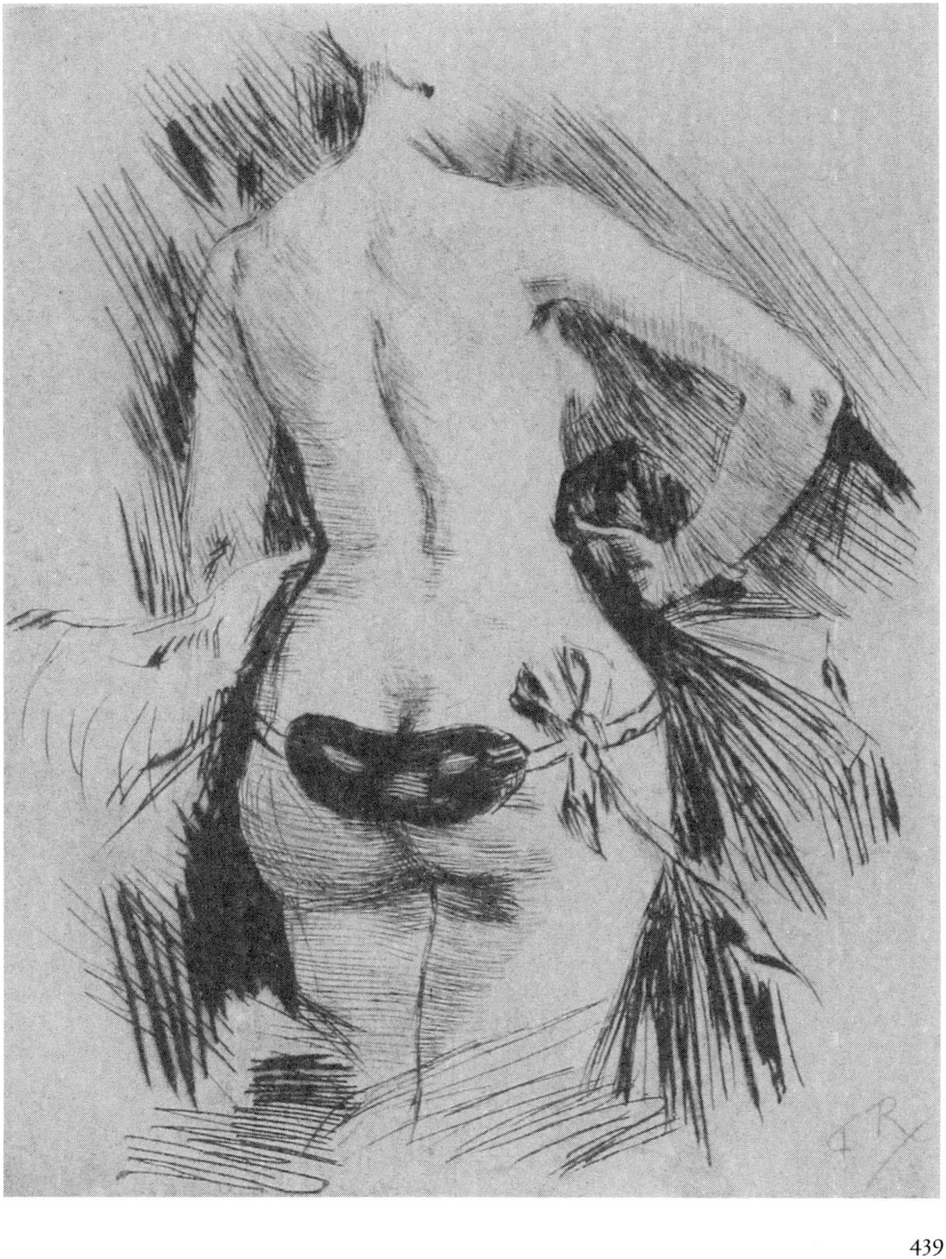

Nord- und Ostsee und den österreichischen Gebirgsseen. Aber einer anständigen Frau war es aufs strengste untersagt, anders als von Kopf bis Fuß bekleidet ins Wasser zu gehen, sollte sie nicht als verrucht gelten.

Die Technik ging mit Riesenschritten vorwärts: Es kam das Telephon, der »Fernhörer«, die Gas-Glühlampe und Edisons elektrisches Licht, und schon waren Fahrräder in Gebrauch. Doch die Stellung der Frauen blieb nach außen hin unverändert. Der von der bürgerlichen Moral geforderte »reservierte Abstand zwischen den Geschlechtern« verringerte sich nicht. Der Wunsch, die »guten alten Sitten« zu wahren, sich an überlieferte Regeln zu halten, führte in deutschen Landen dazu, daß der beliebteste Ratgeber für das richtige Verhalten in allen wichtigen Lebenslagen, Adolf von Knigges »Über den Umgang mit Menschen«, zum unerläßlichen Nachschlagewerk wurde, obwohl es damals schon das respektable Alter von über hundert Jahren hatte. Die ehrbaren Bürger hielten sich an seine Anweisungen und Ermahnungen, besonders im Umgang mit Frauen. Wenn Männer unter sich waren oder wenn sie sich bei gesellschaftlichen Zusammenkünften, wie es der Brauch war, nach den Mahlzeiten von den Frauen absonderten, konnte man schon gegen Knigge verstoßen, »an schmutzigeren Gesprächen beifälligen Anteil nehmen, Zoten und Zweideutigkeiten austauschen«. Denn wer als »agréable debauché«, als »angenehmer Wüstling«, eine glänzende Rolle spielen und sich mit seinen Liebesabenteuern brüsten konnte, galt als »Mann von Welt«, aber eben nur unter Männern. Ganz und gar unstatthaft war es, in der Gegenwart von Frauen auch nur eine Andeutung über schlüpfrige Dinge zu machen, wie sie in Männergesprächen gang und gäbe waren. Der bedingungslose Ausschluß der Frauen von leichtfertiger Konversation war eine eiserne Regel guten Anstands und im viktorianischen England so gebräuchlich, daß vorurteilsfreie Damen der guten Gesellschaft dagegen protestierten, wenn auch vergeblich. Man wies sie mit der Erklärung zurecht, daß dieser Brauch der Wunsch Ihrer Majestät sei. In Deutschland gab es keine regierende Herrscherin, der Respekt gezollt werden mußte, aber es gab den Knigge, der das Betragen der Männer den Frauen gegenüber vorschrieb: in der Ehe und außerhalb der Ehe.

Die Angst vor öffentlichem Ärgernis, das man ihnen, auch wenn sie unschuldig waren, zur Last legen würde, veranlaßte die meisten bürgerlichen Ehefrauen, die Seitensprünge ihrer Männer nach Tunlichkeit nicht zur Kenntnis zu nehmen, nicht aufzubegehren dagegen, daß man sie vernachlässigte. In der Mehrzahl lebten sie ja in verhältnismäßig erträglichen Ehen, nicht mit, sondern neben ihren Männern, die sich nach Knigge verhielten und der »Lust am Unechten« genügten. Den Frauen wollte man die rosarote Brille, durch die sie ins Leben schauen sollten, nicht verdunkeln. Da Frauen an Männern »keine Unsicherheit lieben«, hatten dem schwachen Geschlecht alle Schwächen verheimlicht zu werden, auch eingebildetes, unverschuldetes oder selbstgeschaffenes Unglück. Ein Mann, der die Rolle eines Hausvaters nicht gehörig zu spielen, nicht Herr in seinem Hause zu sein vermöge, tue besser, Hagestolz zu bleiben. Nichts sei erbärmlicher für einen Mann, als sich der

Herrschaft einer Frau zu unterwerfen. Selbständig denkende Frauen waren Knigge und den von ihm belehrten Bürgern der Gründerzeit zuwider. Schon der Gedanke, daß ihre Frauen sich der Botmäßigkeit entziehen könnten, erschien den Männern wie die Vorstellung des Umsturzes jeder gesellschaftlichen Ordnung überhaupt, und das um so mehr, als sie bei Knigge nachlesen konnten, daß jedes Weib »zu verführen« sei. Er erwähnte das zwar in dem Abschnitt »Über den Umgang mit leichtfertigen Weibern«. Aber konnte nicht jeder Mann feststellen, daß Schmeichelei, Eitelkeit, Neugier, Temperament auf die »feineren Sinne der Frauenzimmer« mächtigen Einfluß haben? Vorsicht war geboten. Und so schlossen die bürgerlichen Ehemänner ihre Frauen nach Tunlichkeit von der Außenwelt ab und schlossen sie aus der männlichen Geselligkeit aus. Sie sollten sich bei Tee-Kränzchen, bei Kuchen und Kaffee miteinander unterhalten und sich von ernsthaften Dingen fernhalten, ansonsten aber mit anmutiger Schönheit den Mund halten. Die Kniggeschen Anstandsregeln, die zum Codex der bürgerlichen Gesellschaft erhoben wurden, ergänzten den Ehrencodex der Offiziere und den in Studentenkreisen geltenden »Komment« für das richtige Verhalten. Die auf gemeinsamen Benehmen beruhende Gemeinsamkeit der auf ihre »Erziehung und Bildung« Pochenden bestimmte die Lebensgewohnheiten und Bräuche der Gründerzeit, in der sich, von den Bürgern gar nicht oder als sehr unliebsam bemerkt, jener soziale Umschwung vorbereitete, der die Entwicklung der Sitten entscheidend beeinflussen sollte.

Der »Großmutter Europas«, wie Königin Victoria von England zärtlich oder spöttisch von den Bewunderern oder Gegnern ihrer moralischen Anschauungen genannt wurde, war es gelungen, durch geschicktes Verheiraten der Angehörigen des Hauses Coburg mit beinahe allen europäischen Herrscherfamilien verwandtschaftliche Bande zu knüpfen. Ihre Hoffnung auf die Eintracht aller gekrönten Häupter, die sie hatte erzielen wollen, erfüllte sich freilich nicht. Die Ehen, die sie gefördert hatte, brachten kein Glück. Schon mit dem Schwager ihrer Nichte Charlotte, dem Kaiser Franz Joseph von Österreich, hatte sie Ungelegenheiten gehabt, als dessen Gattin, Kaiserin Elisabeth, den Wunsch geäußert hatte, von ihrem Mann getrennt zu leben: Königin Victoria hatte ihr die eigene Yacht vermietet, damit die junge Frau sich auf hoher See besinne und zur Einsicht komme. Denn schließlich ging es darum, die beispielhafte Makellosigkeit der Lebensführung der Monarchen nicht durch einen Skandal irgendwelcher Art zu gefährden. Kaiser und Könige sollten, wenn es nicht anders ging, Kriege miteinander führen und sich in Friedensschlüssen besser oder schlechter einigen, Länder verlieren oder gewinnen, Schwierigkeiten mit ihren Untertanen oder Parlamenten haben, auch einmal klein beigeben müssen, wenn es nötig war, aber eines durften sie nicht: Unstimmigkeiten oder Zwistigkeiten in ihrem Familienleben oder peinliche Neigungen zur Ausschweifung der Öffentlichkeit preisgeben und dadurch die dynastische Würde erschüttern! Es war schon ein unverantwortlicher Verstoß gegen die geltende Moral, wenn eine unverstandene, unbefriedigte Bürgersfrau die Gesellschaft ihres Mannes mied und dem Gefängnis der Ehe entfloh, aber daß eine Kaiserin die Freiheit suchte, war ein unverzeihlicher Affront, wenn ihr auch niemand nachsagen oder nachweisen konnte, daß sie, wie Madame Bovary, Liebhaber gehabt hätte. Der Wiener Hof vertuschte Franz Josephs Ehestreit mit Elisabeth, die nach ihrer Hochzeit wegen ihrer zarten Schönheit vom Volk als »Feenkind« verehrt worden war. Offiziell hieß es, daß Ihre Majestät aus Gesundheitsgründen sich auf Reisen begeben habe. Aber die unentwegten Kritiker des Kaisers, der die übertriebene »Moralität« seines Polizeiministers gutgeheißen und einen Erlaß unterzeichnet hatte, nach dem »alle Frauenzimmer, die sich ohne entsprechende Begleitung sehen ließen, verhaftet werden sollten«, spotteten: »Warum bleibt dann die Kaiserin auf freiem Fuß?« Den der Bevölkerung auferlegten strengen Sittengesetzen, die bei »wilden Ehen« die betreffenden Partner gewaltsam trennten, hatte es freilich auch nicht entsprochen, daß sich Franz Joseph vor seiner Ehe »hygienischer« Damen bedient hatte, die ihm in die Hofburg und nach Schönbrunn zugeführt worden waren. Daß diese »kleinen Abenteuer« Seiner Majestät bekanntgeworden waren, hatte seine Ursache in der Indiskretion der nach Tausenden zählenden kaiserlichen Hofangestellten und Lakaien. Und so lästerten die Wiener, Franz Joseph habe seine junge Frau mit einer venerischen Krankheit angesteckt, und sie habe ihn deshalb mit den drei kleinen Töchtern und dem Sohn, die sie ihm geboren hatte, »sitzen«gelassen. Der wahre Grund des Zerwürfnisses wurde nicht aufgedeckt. Es blieben die Gerüchte, die es unmöglich machten, die doch so sehr gewünschte Vorstellung einer mustergültigen, nur durch Krankheit geschädigten Ehe aufrechtzuerhalten. Von seiten des Kaisers war es jedenfalls eine Liebesheirat gewesen. Daß seine Cousine, die blutjunge Elisabeth, das fröhliche Naturkind, ihrerseits von Liebe verzehrt gewesen sei, wurde auch von ihren nächsten Angehörigen bezweifelt, obwohl man die Romanze der kaiserlichen Brautschau und Ehe so oft, so vielfarbig und so rührend dargestellt hatte. Die Wirklichkeit war ernüchternd.

Die im Verhalten der bürgerlichen Ehefrauen gebräuchlichen Beschränkungen – das »Man tut« oder »Man tut nicht« – waren im kaiserlichen Haushalt ins Maßlose gesteigert: Sie sollten als beispielgebende Symbole wirken. Daß Elisabeth, eine Kaiserin, dagegen aufbegehrte, wurde ebenfalls zu einer symbolischen Handlung, die zu ihrer Zeit allerdings nur von den Eingeweihten verstanden und je nach ihrer Einstellung gebilligt oder mißbilligt wurde. Entgegen der Auffassung der ebenfalls von Knigge beeinflußten Hofgesellschaft, daß eine Ehefrau sich nicht mit Politik befassen oder gar in Staatsgeschäfte einmengen dürfe, vermittelte Elisabeth überdies nach ihrer Flucht und vorübergehenden Rückkehr zwischen dem Kaiser und ungarischen Aristokraten, als der Verlust der Krone Ungarns drohte. Die liebenswürdige, gebildete Frau bewegte den Wortführer des ungarischen Adels, Graf Julius Andrassy, dazu, einen Ausgleich zwischen dem Kaiser und den Ungarn herbeizuführen: die Anerkennung Ungarns als selbständiges Königreich unter der Doppelkrone, die der Kaiser von Österreich als König von Ungarn trug. So entstand die »Österreichisch-Ungarische Monarchie«, in der sich die eigenartige Verschmelzung der Sitten vieler Völker vollzog, wie sie in

Die vier Jahreszeiten – Lithographien aus dem Jahr 1850 von Edouard de Beaumont (1819–1888)

den als »österreichisch« gekennzeichneten, widerspruchsvollen Lebensgewohnheiten und Bräuchen fortlebten. Elisabeth aber, die so mutig aus der Ehe ausgebrochen war und getrennt von ihrem Ehemann lebte, wurde von den Ungarn »das edelste Wesen der Erde« genannt. Mit Vorliebe lebte sie in ihrem ungarischen Schloß Gödöllö; sie verließ es immer wieder nur, um »die Erziehung ihres Sohnes Rudolf wenigstens vorübergehend in die Hand zu bekommen«. Sie wollte den Kronprinzen auflockern, menschlich machen, zu einem wirklichen Mann erziehen. Das war nicht leicht, denn Franz Joseph gab zwar, durch die Umstände gezwungen, in politischen und staatsmännischen Fragen nach, wich aber nicht um Haaresbreite von seiner Lebensauffassung ab, die im wesentlichen darin bestand, daß er, sowie er sich dem Volk und auch seiner nächsten Umgebung zeigte, eben »jeder Zoll ein Kaiser« war – wie aus der Antwort hervorgeht, die seine jüngste Tochter, Erzherzogin Valerie, ihrer Erzieherin gab, als diese fragte, warum sie sich ihrem Vater gegenüber nicht herzlicher und zärtlicher verhalte: »Wie kann ich das, da ich doch an ihn immer als Seine Majestät denke!« Und doch wurde der Kaiser auch das Symbol der Vaterschaft: das respektheischende Sinnbild des bürgerlichen Familienvaters, der erhaben und unnahbar war. Die Fassade vollkommener Makellosigkeit der Moral Franz Josephs I. und seiner Epoche erlitt allerdings einen empfindlichen Sprung, als es stadtbekannt wurde, daß er Katharina Schratt, eine Schauspielerin, die zum Ensemble des Burgtheaters gehörte und ein Liebling der Wiener war, mit seiner besonderen Aufmerksamkeit auszeichnete und mit großzügigen Geschenken überhäufte. Eine Schauspielerin!

Hinter der Fassade von Moral und Anstand aber wurden die strengen Sitten in Wien und in den österreichisch-ungarischen Provinzstädten lockerer, vorerst zwar nicht im Bürgertum, wohl aber in der Aristokratie und im »Allerhöchsten Kaiserhaus«. Die Liebesabenteuer der jungen Erzherzöge, vor denen keine Frau sicher war, konnten nicht immer verheimlicht werden. Wenn sie Militärdienst versahen, wurden sie schnell Stammgäste in den Bordellen der Provinzstädte, in denen sie stationiert waren. Sie veranstalteten Festlichkeiten, die in Ausschweifungen ausarteten. Im Übermut ihrer Unantastbarkeit versäumten sie keine Gelegenheit, jeder Laune nachzugeben und, wie es hieß, »mit schlechtem Beispiel voranzugehen«. Wie seine hohen Vettern wurde auch der inzwischen herangewachsene Kronprinz Rudolf, der einzige Sohn des Kaisers, der ihn anläßlich seiner Geburt zum Oberst und zum Ritter des Ordens vom Goldenen Vließ ernannt hatte, von berufsmäßigen Kupplerinnen mit »Amouren« versorgt. Nach seinem tragischen Tod erfuhren die Eingeweihten, daß Rudolf über seine Liebschaften genau Buch geführt hatte: Die Namen, Eigenschaften und Eigenarten der Frauen, die er besessen hatte, waren in seiner Liebesbuchhaltung vermerkt; wenn die Gewährende eine Jungfrau gewesen war, hatte er die Eintragung mit roter Tinte vorgenommen – so auch die Notiz über die Entjungferung seiner eigenen Ehefrau.

Als Ehemann änderte Rudolf sein leichtfertiges Leben nicht. Zu alledem brachte Prinzessin Stephanie, die Tochter Leopolds II. von Belgien, nur eine Tochter zur Welt, und die Ärzte erklärten, daß sie kein Kind mehr bekommen könne. Die Prinzessin hatte als »kaiserliche Zuchtstute« versagt, und die Ehe, die Rudolf, dem künftigen Kaiser und König der Österreichisch-Ungarischen Monarchie, keinen Thronerben bescheren konnte, wurde ihm lästig. Obwohl niemand es mit Gewißheit behaupten konnte, wurde in Hofkreisen darüber gesprochen, daß der Bruder der von Rudolf verführten Prinzessin von Auersperg beim Kaiser Klage geführt und Rechenschaft für die Schändung der Familienehre gefordert habe. Ein Zweikampf des so empfindlich Beleidigten mit dem Thronfolger kam nicht in Frage. Denn wie immer ein solches Duell ausging, mußte es für die Monarchie untragbaren Schaden anrichten – schließlich stand der gute Ruf des »Allerhöchsten Kaiserhauses« auf dem Spiel. Daraufhin habe, so hieß es, Fürst Auersperg ein »amerikanisches Duell« vorgeschlagen und Franz Joseph angeblich zugestimmt: Nicht ein Kugelwechsel sollte über Tod und Leben des Kronprinzen und des Oberhauptes der beleidigten Familie entscheiden, sondern der blinde Zufall, der den einen der beiden eine schwarze, den andern eine weiße Kugel ziehen lasse. Wer die schwarze ziehe, müsse innerhalb von sechs Monaten sein Leben durch Selbstmord beenden. Man wollte in Hofkreisen wissen, daß Rudolf die schwarze Kugel gezogen habe.

War Rudolf tatsächlich ein Selbstmordkandidat, durch die Ehre gezwungen, sich zu töten? Es erscheint undenkbar, daß Kaiser Franz Joseph mit einer solchen Erledigung der überaus peinlichen Affäre einverstanden gewesen sein sollte. Aber da der Kaiser nach dem Tod des Kronprinzen alle Dokumente, die sich auf seinen Sohn bezogen, persönlich beanspruchte oder beschlagnahmen ließ, ist niemals ganz eindeutig festgestellt worden, warum Rudolf seinem Leben ein Ende setzte, wenn er tatsächlich Hand an sich gelegt hatte, was schließlich die offizielle Erklärung seines Todes war. Später angestellte Untersuchungen ergaben, daß Rudolf ein Doppelleben geführt hatte: Als Lebemann ergab er sich alkoholischen und geschlechtlichen Ausschweifungen derart maßlos, daß er selbst fürchtete, impotent zu werden. Im nüchternen Zustand hingegen stillte er mit der gleichen Leidenschaft seinen Wissensdurst und umgab sich – der steifen Hofetikette überdrüssig – mit bürgerlichen Freunden. Diese liberale Gesinnung seines Sohnes war dem Kaiser wohl bekannt; sie erschien ihm bedenklicher als dessen libertinistische Neigungen. Denn Franz Joseph hatte Angst um die Zukunft der Monarchie. Vor allem fürchtete der Kaiser die beiden neuen Mächte, die sich in seinen Kronländern regten: die in der Sozialdemokratie sich zusammenschließende Arbeiterschaft, die nichts mehr wissen wollte von Kaisern, Erzherzögen und Adligen, und die unabhängige Presse. Am unerfreulichsten jedoch, ja geradezu widerwärtig war ihm die Tatsache, daß sein einziger Sohn sich nicht nur mit Journalisten umgab, sondern sogar mit ihnen befreundet war. Die Namen Moriz Szeps und Berthold Frischauer – zwei Journalisten, die Kronprinz Rudolf nahestanden und ihn mit dem französischen Politiker Clemenceau in Verbindung brachten – waren Franz Joseph geradezu verhaßt. Die beiden bemühten sich im Auftrag des Thronerben um die Vorbereitung einer Allianz Österreichs mit Frankreich und Rußland anstelle des vom Kaiser geschmiedeten »gepanzerten Bündnisses« mit Deutschland und Italien. Wie konnte sein eigener Sohn es wagen, seine »allerhöchste« Weisheit als Staatenlenker zu bezweifeln? Er, der Kaiser, hatte Preußens militärische Überlegenheit erfahren müssen, er war ein deutscher Fürst gewesen. Warum sollte er sich mit dem neuen deutschen Kaiser nicht auf Tod und Leben verbünden? Riet die Kirche nicht zur Versöhnlichkeit? So war es kein Wunder, daß die Beziehungen zwischen Vater und Sohn immer gespannter wurden. Es gab sogar Gerüchte, daß Kronprinz Rudolf den Kaiser zur Abdankung zwingen wolle oder zumindest zu der Zusage, daß er, Rudolf, unabhängiger König von Ungarn werde. So lag es auch im Interesse des Kaisers und der ihm nahestehenden politischen Kreise, wenn nach dem Ende des Thronfolgers verbreitet wurde, der Tod des Kronprinzen habe keine politischen Hintergründe, sondern sei einzig und allein zurückzuführen auf seinen Lebenswandel. Was wurde nicht alles von Berufenen und Unberufenen erzählt! Rudolf habe den Papst insgeheim gebeten, seine Ehe mit Stephanie zu annullieren, damit er die von ihm geschändete Prinzessin Aglaja von Auersperg heiraten und dadurch dem amerikanischen Duell entgehen könne. Andere wollten wissen, die Gräfin Larisch-Wallersee, eine Nichte der Kaiserin (also Rudolfs Cousine), habe ihn mit einem siebzehnjährigen Mädchen, der Baronesse Marie Vetsera, bekannt gemacht, um ihm seine verzweifelte Todesangst zu erleichtern. Rudolf begann eine Liebschaft mit der Vetsera. Wiederholt wurde sie durch eine Geheimtür in die Hofburg geführt. Entgegen dem Brauch verschwieg sie ihre Liebesbeziehung zum Kronprinzen nicht. Aber sie war keineswegs die einzige Frau, die Rudolf in diesen Monaten zu sich kommen ließ. Dafür, daß die galanten Besucherinnen des hohen Herrn ungehindert in die Hofburg gelangten, sorgte der Fiakerkutscher Bratfisch, dessen Gefährt Rudolf für derlei Zwecke und zu eigenen diskreten Fahrten benützte, um nicht in seiner Hofkutsche erkannt zu werden. Bratfisch stand auch am Morgen des 28. Januar 1889, am Tag vor der »Tragödie von Mayerling«, an vereinbarter Stelle bereit, um die Schauspielerin Mitzi Kaspar, eine Geliebte des Kronprinzen, nach Mayerling in Rudolfs Jagdschloß zu bringen. Erst während der Fahrt, so sagte Bratfisch später aus, habe er entdeckt, daß statt der Kaspar die Baronesse Vetsera in seinen Wagen geschlüpft war.

In Mayerling traf erst der Kronprinz in seinem eigenen Wagen ein, einige Stunden später Bratfisch mit der Vetsera. Der Fiakerkutscher, der nicht nur seine zwei »harben Rappen«, wie man die Fiakerpferde in Wien zärtlich nannte, besser als jeder andere kutschierte, sondern auch Volkslieder singen und Melodien kunstvoll pfeifen konnte, unterhielt den Kronprinzen und die Baronesse beim Abendessen mit seinen »Gstanzln«. Er wußte nichts davon, daß Rudolf, wie später behauptet wurde, »jedem Menschen seiner Umgebung gegenüber« Selbstmordabsichten geäußert hätte – auch der Kaspar gegenüber, mit der er die Nacht vor der Fahrt nach Mayerling verbracht und der er einen namhaften Geldbetrag geschenkt hatte. Was die Gedanken an Selbstmord betraf, so erklärte später der Polizeipräsident von Wien, Mitzi habe ihn aufgesucht, um ihm zu sagen, daß der Kronprinz sie gebeten habe, mit ihm gemeinsam zu sterben. Warum hat dann aber Rudolf, den man nach seinem Tode als Selbstmordkandidaten bezeichnete, nicht getan, wozu er wiederholt Gelegenheit hatte, nämlich die Kaspar mit seinem Dienstrevolver erschossen, so, wie er es, der offiziellen Verlautbarung zufolge, mit Marie Vetsera getan hat? Warum hatte er es nicht vorgezogen, mit der Frau zu sterben, die er lieber hatte als jeden anderen Menschen auf dieser Welt, anstatt mit der Gelegenheitsgeliebten, die er, trotz der Intimität, nur flüchtig kannte? Da es aber keine Möglichkeit gab, das tödliche Ende Rudolfs und der Vetsera in einem Schlafzimmer anders zu erklären als mit gemeinsamem Selbstmord, brachte man das Gerücht von der schon seit langem vorhandenen Selbstmordabsicht »unter die Leute«. Von einem möglichen Unfall oder von einem Mord von dritter Hand sprachen nur die Zweifler, denen die politischen Pläne und Absichten des Kronprinzen bekannt waren. Sie waren es auch, die entschieden abstritten, daß er Grund und Anlaß gehabt habe, seine Geliebte und sich selbst zu töten.

Anfangs hieß es in den offiziellen Mitteilungen, Kronprinz Rudolf sei einem Herzschlag erlegen, dann, er habe einen Jagdunfall erlitten. Als es nicht mehr möglich war, den gewaltsamen Tod zu bemänteln, wurde die Bevölkerung davon in Kenntnis gesetzt, daß der Kronprinz Selbstmord begangen habe. Die tote Geliebte wurde verschwiegen. Damit Rudolf in der Kapuzinergruft neben seinen Vorfahren beigesetzt werden konnte, mußten Ärzte sein Gehirn untersuchen, die Spuren einer Geisteskrankheit feststellen und erklären, er habe sich in einem Zustand der Verwirrung getötet. Der Heilige Vater in Rom gab sich mit dieser Erklärung zufrieden und gestattete das feierliche Begräbnis des Sohnes Seiner Apostolischen Majestät des Kaisers, der erklärt haben soll: »Mein Sohn starb wie ein Schneidergeselle.« Die Leiche der unglücklichen Baronesse Vetsera aber wurde auf dem Friedhof des nahen Stiftes Heiligenkreuz in Eile heimlich begraben. Ihre Mutter verbannte man. Es war verboten, den Namen Vetsera in der Österreichisch-Ungarischen Monarchie öffentlich zu nennen. In und von der gleichen männlichen Welt, in der Marie Vetsera – bewußt oder unbewußt – als Lockvogel mißbraucht worden war, wurde sie verurteilt: Sie hatte sich gegen die geltenden Sitten vergangen, indem sie einen verheirateten Mann verführte oder sich von ihm verführen ließ, der noch dazu der einzige Sohn des Kaisers gewesen war.

Auch die aristokratischen Damen verziehen der Vetsera ihre »Entgleisung« nicht. Die Baronesse, die sich in die höchste Gesellschaftsschicht Wiens eingeschlichen hatte, war den Anforderungen, die sie an sich selbst gestellt hatte, nicht gewachsen gewesen. Sie hatte sich als schwach erwiesen und den Kronprinzen, dessen Schwäche Frauen gegenüber doch notorisch gewesen war, nicht beherrscht. Wäre sie eine echte Frau ihrer Zeit gewesen, hätte er sich nicht seinen Launen ergeben, sondern ihren Launen gefügt, er wäre ihr Sklave geworden – und am Leben geblieben. Die selbstbewußten österreichisch-ungarischen Fürstinnen, Gräfinnen und Baroninnen stützten diese ihre Meinung auf die eigenen Erfahrungen mit ihren Ehemännern (denen sie die Erfüllung der ehelichen Pflichten nicht ohne weiteres gewährten) oder mit den Männern, die sie umwarben (und denen sie ihre Gunst nicht ohne weiteres schenkten) – und auf die Lektüre der Bücher Leopolds von Sacher-Masoch. Die meisten von ihnen hatten mit bewundernder Anerkennung die »Venus im Pelz« gelesen, den Roman von der Frau Wanda von Dunajew, die ihren Liebhaber mit bestrickender Herzlosigkeit nicht nur an sich zu fesseln vermocht, sondern ihn auch dazu gebracht hatte, sich tatsächlich von ihr fesseln zu lassen, um ihr völlig ausgeliefert zu sein. Diese Frau hatte – zumindest im Roman – die natürliche weibliche Herrschsucht, die durch die Jahrtausende von den Männern geknebelt worden war, endlich Wirklichkeit werden lassen und bewiesen, daß die Frau im Kampf der Geschlechter die Herrin war. Nicht das Weib, so legte der Roman dar, ist gefügiges Wachs in den Händen des Mannes, sondern der Mann ein willenloses Spielzeug, wenn das Weib ihn durch die Macht der Weiblichkeit dazu zwinge. Er kann zu ihrem Körper und ihrem Herzen nur gelangen, wenn er sich seiner selbst in jeder Hinsicht entäußert. Auch dann, wenn er seine Bereitschaft, sich zu ergeben und alles zu geben, vollkommen bekundet hat, darf er nicht gewiß sein, daß er auch genommen wird. Das schmerzliche Verlangen, die quälende Unsicherheit, trotz der erduldeten Leiden nicht zur ersehnten geschlechtlichen Vereinigung gelangen zu können, müssen sein ganzes Sein erfüllen. Die Erniedrigung muß das Lustbegehren erhöhen.

Die in allen erdenklichen Einzelheiten dargestellte Unterwerfung des Mannes unter die Frau war in Sacher-Masochs Roman übertrieben ausgemalt. Aber die innere Wahrheit kam trotz der Übertreibungen zur Geltung. Gewiß – die »Venus im Pelz« war ein Phantasiegebilde ebenso wie ihre und Severins Erlebnisse. Gewiß – man hat später Sacher-Masochs Bücher als Machwerke bezeichnet. Und doch führte das Irreale, das er erzählte, zu der Erkenntnis, daß es in der Realität des täglichen Lebens tatsächlich Männer und Frauen der Art und mit den Neigungen gab, wie er sie geschildert hatte. Seine eigenen Erfahrungen hatten Sacher-Masoch »die Lust der Qual« empfinden und an anderen Menschen beobachten gelehrt. Er verwertete diese Erfahrungen in seinen Romanen – und er wünschte mit Leidenschaft, die Lust der Qual am eigenen Leib zu erleben. Wie er sich den Wunsch tatsächlich erfüllen konnte, hat seine erste Frau in ihrer »Lebensbeichte« beschrieben. Sie war in Wirklichkeit Wanda, die er anbettelte, sie solle ihn peitschen. Erst ließ sie ihn – so wie später im Roman »Venus im Pelz« Wanda ihren Severin von ihrer Negerin peitschen läßt – durch ihr Dienstmädchen schlagen, dann tat sie es selbst. Und er wollte immer mehr und mehr Qualen erleiden. Aber er begehrte nicht nur die körperliche Züchtigung, er wünschte auch seelisch bis zum äußersten erniedrigt zu werden. Seine Frau sollte ihn betrügen, einerlei, mit wem, er wollte sich selbst als Zuschauer des von ihm inszenierten Ehebruchs entwürdigen und in demütiger Eifersucht vergehen.

Die Motive des Masochismus, wie man die von Sacher-Masoch beschriebene sexuelle Abirrung von nun an nannte, sind von zeitgenössischen und späteren Psychologen ebenso untersucht worden wie der nach dem Marquis de Sade benannte Sadismus. Das Ergebnis der Analysen war, daß die »Lust zu leiden« und die »Lust des Zufügens von Schmerzen« in stärkerem oder geringerem Ausmaß ein Bestandteil der menschlichen Natur seien wie auch alle anderen krankhaften Abweichungen von der als »normal« gekennzeichneten »natürlichen« Veranlagung der Mehrzahl von Männern und Frauen. So war und blieb es in England Brauch, daß in den Schulen die Knaben und Mädchen bei jeder Gelegenheit mit Ruten gezüchtigt wurden. Auch in den vornehmen Privatschulen Englands war es Brauch, daß der Stubenälteste das Züchtigungsrecht hatte und »neue« Zöglinge mit dem Stock bestrafen durfte. Die meisten willkürlich wegen kleiner Vergehen zu Prügeln Verurteilten mußten ihr Gesäß entblößen und die Schläge »auf den nackten Hintern« in Anwesenheit ihrer Stubengenossen hinnehmen. Wer dabei schrie, wurde als »unmännlich« verachtet und in kurzen Abständen so lange aufs neue gezüchtigt, bis er den Schmerz »verbeißen« konnte. Durch diese auch in anderen Ländern üblichen Schul- und Schulungspraktiken wurde der Flagellantismus, die Lust zu schlagen oder geschlagen zu werden, zu einer so verbreiteten Passion, daß es z. B. in London zahlreiche als Massage-Institute getarnte Unternehmen gab, in denen man sich gegen entsprechende Bezahlung nach Belieben auspeitschen lassen oder andere schlagen konnte. Viele der dieser sexuellen Abirrung Verfallenen hatten ihre ersten sinnlichen Erregungen während der Züchtigung durch Angehörige des eigenen Geschlechts erfahren. Sie verknüpften in ihrer Vorstellung die empfangene Lust mit dem gleichen Geschlecht, auch wenn ihre gleichgeschlechtliche Veranlagung nicht durch gegenseitiges Onanieren (was in Schulen Englands ebenso Gepflogenheit war wie an den Internaten des Kontinents) geweckt oder gefördert worden war. Die Homosexualität war im England des Viktorianischen Zeitalters so verbreitet, daß die sittenstrenge Regierung gegen die »grobe Indezenz« der widernatürlichen Unzucht mit aller Schärfe vorging, um »Wüstlinge« abzuschrecken: Wenn es den Gesetzgebern auch unmöglich schien, »das Laster« auszurotten, so sollte es doch gezwungen werden, sich nicht öffentlich ruchbar zu machen.

Zeitkritiker begründeten das Umsichgreifen der Homosexualität im Jahrzehnt um die Wende vom 19. zum 20. Jahrhundert als Folge der Entwertung der Ehefrau, die nicht als ebenbürtige geschlechtliche Partnerin galt, oder als Folge einer Idealisierung der Frauen, in deren Gegenwart geschlechtliche Regungen nicht gezeigt oder erwähnt werden durften. Unter sich waren die Männer ungebunden, sie brauchten sich keinen Zwang aufzuerlegen, sie konnten sich gehenlassen, ihren Neigungen nachgeben, miteinander gegen den Anstand verstoßen, wenn sie die Lust dazu ankam. Gewiß – die Gesellschaft verurteilte die als widernatürlich gebrandmarkten Handlungen. Aber wenn die Anhänger der gleichgeschlechtlichen Liebe in Gesellschaft Gleichgesinnter unter sich blieben und sich nicht auffällig machten, war man bereit, über ihre geheimen Beziehungen ebenso hinwegzusehen wie über die Ehebrüche der Männer, die fremde Betten ihren Ehebetten, fremde Frauen ihren Ehefrauen vorzogen.

In Frankreich gab es überhaupt kein Gesetz, das die strafrechtliche Verfolgung der Homosexualität forderte, außer bei einem »outrage public a la pudeur«, einem groben öffentlichen Verstoß gegen die Schamhaftigkeit. Das Liebesleben beider Geschlechter in der französischen Republik war nun zum größten Teil von den so widerspruchsvollen gesellschaftlichen Beschränkungen des zugleich prüden und liederlichen Kaiserreichs befreit worden. Man vergnügte sich in Paris wieder so hemmungslos wie eh und je. Es gab mehr Tanzcafés als zuvor, das Tingeltangel war vom Varieté abgelöst worden, in dem zwar noch nicht völlige Nacktheit der Tänzerinnen, Sängerinnen und

Schauspielerinnen zulässig war, aber Entkleidungsszenen bis aufs Hemd mit der Hilfe des Gatten oder Freundes in der Rolle des Kammerdieners – nicht der Kammerfrau – waren »en vogue«. Die Darstellerinnen auf den Bühnen verbargen ihre Reize nicht mehr, sie stellten sie zur Schau, um das Publikum zur Sinnlichkeit aufzureizen. Die »Folies Bergères«, in deren Revuen nur mit Schleiern bekleidete Mädchen tanzten und Posen stellten, waren so lange das beliebteste Varieté, bis das »Moulin Rouge« eröffnet wurde und das aufreizende Plakat von Toulouse-Lautrec die Massen anregte und anzog. Der kleine verkrüppelte Maler aus dem vornehmen Grafengeschlecht vertrank seine Nächte mit den freundlichen Mädchen der Pariser Bordelle, deren zutunliche Gesellschaft er der lieblosen Einsamkeit vorzog. Er und die anderen Maler der »belle époque«: Degas, der die graziösen Bewegungen und Gesten der Pariser Tänzerinnen verewigte, Vincent van Gogh, Gauguin, Seurrat, Renoir, Monet und Pissaro waren Stammgäste der munteren Cafés und des Moulin Rouge, in dem der Cancan seine ungehemmte Wiedergeburt feierte. Die schöne Rigoleboche, die Meisterin des »wildesten und schamlosesten« Tanzes, hatte in der La Goule eine begeisterte Nachfolgerin gefunden, die mit ihrem ungezügelten Temperament Männer und Frauen hinriß. Das Nachtleben war so anziehend und aufregend, daß Paris zum unvergleichlichen Mittelpunkt der großen Welt des Vergnügens wurde.

Der populärste Besucher der »einzigen zivilisierten Stadt der Erde« war der Prinz von Wales, ältester Sohn der Königin Victoria, die das vergnügungssüchtige »enfant terrible« ihres Hofes, den schon in die Jahre gekommenen, dickleibigen Erben ihrer Krone, zwar in England am Gängelband ihrer Moral halten, ihn aber nicht hindern konnte, sich in Paris für die Langeweile daheim zu entschädigen. In allen bekannten Nachtlokalen, eleganten Bordellen und »Spelunken à la mode« war der spätere König Eduard VII. ein gerngesehener, freigebiger Gast, den die zeitgenössischen Karikaturisten mit einer enormen Zigarre im Mund und mit einer enormen Blume im Knopfloch als heiteren Genießer darstellten. Obwohl in England keine Zeile über sein munteres Treiben in Paris veröffentlicht werden durfte, kopierten es die Lords und Gentlemen, denen einige Nächte in Paris die kostspielige Reise wert waren. Es galt als »fashionable«, sich zu Hause steif, förmlich und zurückhaltend zu benehmen, aber in Paris über die Stränge zu schlagen, sich zu betrinken, am besten mit Champagner, und »in der Gosse« zu lieben. Die »nostalgie de la boue«, die Sehnsucht nach dem Schmutz und der Ausschweifung – als Reaktion auf die erzwungene Sittlichkeit –, erfaßte immer weitere Kreise. Das Gegensätzliche zog die zur Demonstration des Anstands Genötigten an. Sittliche Verirrungen und Zuchtlosigkeit wurden geradezu populär. Wer in zynischer Konversation brillierte, wurde als »Salonlöwe« bewundert. Prototyp dieser »Lieblinge der Gesellschaft« war der Dichter Oscar Wilde, der, als junger Mann aus Irland nach London gekommen, sich durch sein exzentrisches Auftreten in kurzer Zeit eine überragende Stellung in der »society« geschaffen hatte. Noch bevor er durch seinen Roman »Das Bildnis des Dorian Gray« berühmt geworden war, nahm ihn die Pariser Nobel-Bohème in ihre exklusive Gesellschaft auf. Toulouse-Lautrec porträtierte ihn, die große Tragödin Sarah Bernhardt lud ihn ein. Niemand ahnte, daß er gleichgeschlechtliche Neigungen hatte. Seine Freundschaft mit dem schönen Lord Alfred Douglas war unverdächtig, denn Wilde hatte eine reiche Erbin geheiratet und war Vater zweier Söhne geworden. Lord Alfred Douglas, den Wilde zärtlich »Bosie« nannte, hatte schriftstellerische Interessen – das erklärte den Neugierigen die magische Anziehungskraft, die Wilde auf den ehrgeizigen jungen Lord ausübte. Als der Dichter in Paris seine »Salome« auf französisch schrieb, war Sarah Bernhardt von der Rolle der »perversen Prinzessin« so entzückt, daß sie die Salome zu spielen wünschte, und zwar in der Comédie Française. Aber die Direktion des ehrwürdigen Theaters lehnte das Stück als zu gewagt ab. Das Palace Theatre in London war bereit, es mit der Sarah Bernhardt in der Hauptrolle und in französischer Sprache herauszubringen. Doch obwohl (oder gerade weil) sich Wilde mit leichten gesellschaftskritischen Stücken einen Namen gemacht hatte, verbot der Lordkämmerer als oberster Zensor die Aufführung mit der Begründung, in der »Salome« würden biblische Gestalten verunglimpft. Wenn Oscar Wilde oder Lord Alfred Douglas sich gefügt und nicht eine englische Buchausgabe der »Salome«, illustriert von Aubrey Beardsley, hätten erscheinen lassen, wäre die peinliche Angelegenheit vergessen worden, obwohl ein bedeutender englischer Kritiker geklagt hatte: »Ein ernsthaftes Kunstwerk, das die größte Schauspielerin unserer Zeit annahm, wird diktatorisch unterdrückt.« Doch das Interesse, das die Buchausgabe in der Übersetzung aus dem Französischen ins Englische von Lord Alfred Douglas fand, wurde der mittelbare Anlaß zu einem Skandal, der sich bald nicht mehr auf die »Salome« bezog, sondern auf den Dichter und seinen Übersetzer. Die intime Freundschaft zwischen Wilde und seinem »Bosie« erregte den Unwillen der Familie des jungen Lords. Sein Vater, der Marquis of Queensburry, dem man Berichte über Ausschweifungen Wildes mit Matrosen und Hotelboys zugetragen hatte, erklärte erst in Clubs und dann öffentlich, daß Oscar Wilde ein »Päderast« sei. Wilde war auf Reisen. Er traf in Algier den französischen Dichter André Gide, der sich zu seinen homosexuellen Neigungen bekannte und ihn warnte, nach London zurückzukehren. Wilde schlug die Warnung in den Wind; er war entschlossen, den Marquis of Queensburry wegen Verleumdung zu verklagen. In einem sensationellen Prozeß wurde die Beleidigungsklage abgewiesen. Und Wilde, der erklärt hatte, daß der Zensor der »Salome« vor der Vulgarität und Scheinheiligkeit des englischen Volkes schimpflich kapituliert habe, stand auf der Abschußliste der Moralisten. Die Polizei fand Strichjungen, die gegen ihn, der nun als »der Homosexualität verdächtig« angeklagt wurde, vor Gericht aussagten. Lord Alfred Douglas hatte sich allen möglichen Peinlichkeiten durch die Flucht entzogen; aber Wildes eindeutige Liebessonette an »Bosie« wurden den Geschworenen vorgelesen. Das Gericht verurteilte den Dichter wegen widernatürlicher Unzucht zu zwei Jahren Zwangsarbeit; schon im Gerichtssaal wurde Wilde verhaftet. Er war nicht geflohen, obwohl er die Möglichkeit dazu gehabt hätte. Wilde war in England verfemt. Seine Frau und seine

Söhne nahmen den Namen Holland an, sein Name war verflucht, nichts sollte an ihn erinnern. Seine Frau setzte ihm eine Rente aus, die nur so lange gezahlt werden sollte, als er Lord Alfred Douglas nicht mehr sah. Wilde übersiedelte unter dem Namen Sebastian Melmoth nach Frankreich und lebte dort wieder einige Zeit mit seinem »Bosie« zusammen. Daraufhin lehnte Mrs. Wilde alias Mrs. Holland es ab, die Rente weiter zu bezahlen. Der bedeutende Dichter, dessen Theaterstücke in England nicht mehr aufgeführt, dessen Bücher nicht mehr verkauft wurden, lebte kärglich von Unterstützungen und starb im Elend.

Während in England der »Sieg der Moral über die Unsittlichkeit« gefeiert wurde und die Scheinheiligkeit triumphierte, machte sich in Frankreich die Lockerung der Sitten nicht nur im Nachtleben bemerkbar, sondern auch im alltäglichen Leben. Die französischen Ehefrauen, auf deren zunehmende Auflehnung gegen die aufgezwungene Sittlichkeit schon Maupassant hingewiesen hatte, waren nicht mehr geneigt, auf die geschlechtlichen Freuden zu verzichten, die von ihren Männern außerhalb der Ehebetten genossen wurden. Und die Ehefrauen, die »unwissend« in die Ehe getreten waren, wollten nicht mehr unwissend bleiben. Sie waren entschlossen, das, was sie nicht von ihren Ehemännern erlernen würden, von Liebhabern zu erlernen. Die Männer glaubten sich der Treue ihrer Frauen versichern zu können, wenn sie die vor Jahrzehnten noch zögernd gestellte Frage: »Darf man seine eigene Frau im Bett wie eine Mätresse behandeln?« nun energisch bejahten.

Die Prüderie, »die zum Krankhaften gesteigerte Empfindlichkeit des weiblichen Schamgefühls«, kritisierte der deutsche Rechtsgelehrte Rudolf von Ihering in seinem Werk »Der Zweck im Recht«. Obwohl er »die Verpönung des Indezenten« guthieß, erklärte er: »Die Abneigung des Weibes gegenüber dem Obszönen beruht nicht auf einem angeborenen Instinkt oder Widerwillen, sondern auf der ihr durch die Erziehung zugute gekommenen Übertragung der Erfahrungen des ganzen Geschlechts. Das Schamgefühl des Weibes ist anerzogen … Es ist das Weib, um das es sich beim Indezenten handelt. Nur das Weib ist gefährdet, nicht der Mann, das Weib ist der angegriffene, der Mann der angreifende Teil …« Die Verteidigung der Frauen gegen ordinäre Worte und ungebührliche Ausdrücke, ihre Ablehnung obszöner Geschlechtsbezüglichkeiten im Gespräch war nur eine zeitgebundene Einstellung, die mit den Grundsätzen der bürgerlichen Moral im Einklang stand. In der »gesitteten« Gesellschaft blieb man dabei, daß derbe Redensarten und Anspielungen auf unkeusche Handlungen nicht in der Gegenwart von Frauen geäußert werden durften, und schon gar nicht im Familienkreis. Die geschlechtliche Aufklärung der Mädchen sollte nach wie vor den Ehemännern überlassen sein. Aber was die Eltern und sonstigen Erziehungsberechtigten verabsäumten, ersetzte nur allzuoft die Unterhaltung der Mädchen unter sich, der Freundinnen, die insgeheim »davon« erfahren oder »es« selbst beobachtet hatten. Die erlauschten, als »unanständig« gekennzeichneten Worte gingen von Mund

Der Torso – Tuschzeichnung aus dem Jahr 1909 von Willi Geiger (1878–1971)

zu Mund, der im eigenen Heim oder im Nachbarhaus zufällig oder absichtlich erspähte Vollzug des Geschlechtsverkehrs oder des zärtlichen Vorspiels wurde in allen Einzelheiten kommentiert. Dinge des Geschlechtlichen vor heranwachsenden Frauen verschweigen und geheimhalten zu wollen wurde zudem dadurch schwieriger, daß man nun Wert auf »gebildete« junge Mädchen legte. Es genügte nicht mehr, daß sie Klavier spielten und ein Liedchen trällerten, um Anklang bei Männern zu finden. Sie mußten nicht nur – im zunehmenden Konkurrenzkampf um den Mann – gefällig aussehen und sich graziös bewegen, sie mußten auch belesen sein, um im geselligen Beisammensein Rede und Antwort stehen zu können. Durch die modische Lektüre französischer Romane, deren Inhalt der wachsenden Freizügigkeit in der Liebe gewidmet war, lernten die jungen Mädchen der europäischen Länder die Liebe kennen, noch bevor sie selbst sie kannten. Ihre Phantasie war angeregt, sie waren in Gedanken unkeusch, noch bevor sie Gelegenheit hatten, in Wirklichkeit unkeusch zu sein.

Die Lüsternheit der Bürgermädchen war offenkundig. Sie blieb weder den Studenten noch den Offizieren verborgen, die als Schürzenjäger auf Mädchenfang aus waren. Dennoch wagten sie sich in der Mehrzahl nicht an das »Freiwild« heran. Immer noch war die Jungfräulichkeit ein unverletzliches Tabu. Einerseits setzte die Entjungferung das Mädchen der Schande aus und hatte unweigerlich die Rache der betroffenen Familie zur Folge, andererseits verpflichtete sie den Mann zur Liebe, zumindest aber, um der Rache zu entgehen, zur ehelichen Verbindung. Der Verführer eines anständigen Bürgermädchens war ehrlos, wenn er sich nicht zum Duell stellte, mit dem er sein Leben als Lohn für die genossene Lust riskierte. So war der Zwang zur Erhaltung der Jungfräulichkeit der Mädchen eine Garantie gegen den vorehelichen Geschlechtsverkehr, der überdies die Gefahr barg, daß ein uneheliches Kind gezeugt werden konnte. Junggesellen und solche, die es bleiben wollten, halfen sich deshalb in ihren geschlechtlichen Nöten nach wie vor mit dem Besuch von Bordellen oder unterhielten Liebesbeziehungen mit erwerbstätigen Frauen, mit Dienstmädchen, Verkäuferinnen oder Fabrikarbeiterinnen, die man den Prostituierten vorzog. Die Hoffnung auf eine ständige Bindung, das Verlangen nach Erlebnis und Liebe bewog die meisten dieser aus ärmlichen Verhältnissen kommenden Mädchen, keine Umstände zu machen, wenn die Sinnlichkeit sie trieb. Sie gaben sich ohne Widerstand und bedingungslos hin, um Freude und Lust zu genießen. Die freie Liebe galt ihnen nicht als Sünde. Auch für diejenigen Mädchen aus sogenannten »einfachen« oder »niedrigeren« Ständen, die später eine Ehe schließen wollten, war der voreheliche Geschlechtsverkehr eine Selbstverständlichkeit. Ihre Eltern oder sie selbst waren vom Lande in die Stadt zugewandert. Auf dem Lande nahmen weder Mädchen noch Burschen ein Blatt vor den Mund, wenn es sich um den Geschlechtsverkehr handelte. Kein Bauernmädchen nahm ihrem Burschen übel, wenn er seine frechen, schamlosen Lieder sang. Sie sangen mit: »Der Vater, der schickt mich ins Heu, juhe, die Mutter, die schickt mich in' Klee, da kommen die lustigen Jagersbuam, Jagersbuam, heb'n ma die Kittel in d'Höh. Der erste, der hat ja kein Pulver net, der zweite, der hat ja kein Blei, der dritte, dem steht seine Nudel net, leckt's mi am Arsch alle drei.« Mädchen und Burschen stimmten in den Chor ein: »Mein Vater ist a Stieglitz, mei' Mutter is a Zeisl, mein Vater springt eini, pledert d'Mutter im Häusl.« Es gab kein Versteckenspiel des Geschlechts auf dem Land. Man sagte, was man dachte, und man machte keine Sprüch' um die Dinge. Es war so, wie es im Volkslied hieß – und die Mädchen wußten, daß die Burschen, die es sangen, genau das meinten, was sie sangen: »Und willst mir's nicht leihn und willst mich nicht hörn, dort drunt' unsere Nachbarin, die leiht mir's recht gern.« Oder: »... Unterhalb'm Nabl, da geht der Bauch aus, da sitzt a schwarz' Katzerl und paßt auf a Maus ...« Die Mädchen wollten das gleiche wie die Burschen. Sie taten sich keinen Zwang an, wenn es ihnen beiden behagte. Die einzigen, die gelegentlich gegen das allzu muntere Treiben im Dorf Einspruch erhoben, waren der Pfarrer und im sonst durchaus sinnenfrohen bäuerlichen Oberbayern die sogenannten Haberer, die zumeist aus Hetz', Tollerei und Eifersucht allzu schamlos hurende Burschen und Mädchen anstänkerten.

Ungeschlacht roher, bäuerlicher Ausdrücke bedienten sich gern auch die Offiziere auf den Exerzierplätzen und beim Reitunterricht, um sich, wie sie vorgaben, den Rekruten in ihrer Sprache verständlich zu machen. Der Kasernenhof wurde in Deutschland und Österreich geradezu eine Schule für den Gebrauch von unflätigen Worten und Obszönitäten. Es galt als »schneidig« oder »fesch«, sich in gemeinen Redensarten zu überbieten und seine Kenntnisse des Geschlechtlichen durch schlüpfrige Hinweise bei der körperlichen Ausbildung der Rekruten darzutun. Die dem Drill ausgelieferten Männer wurden barsch angefahren, sich beim Reiten rascher zu bewegen, so wie zu Hause beim Coitus, und beim Traben hieß es, sie sollten vor- und zurückschwingen, wie sie es bei ihren Mädchen gewohnt seien – ohne »vorne anzustoßen«, sonst »beschädigten sie ihr bestes Stück« –, und sich nicht in den Sattel fallen lassen, damit sie »ihre künftigen Kinder nicht zertrümmerten«. Und wie die Bauern gaben auch die Studenten und Offiziere ihrer Lust nach, schamlose Lieder zu singen. Wenn sie genügend angetrunken waren und ihre Hemmungen verloren hatten, variierten sie die Gesänge, die, wie sie einander prahlerisch gestanden, »schweinischen« Inhalts waren. In der übermütigen Freude an der »Sauerei«, im Bewußtsein, gröblich gegen die kurz vorher noch in feierlicher Rede auf dem Kommers oder im Kasino gepriesene Zucht und Sitte zu verstoßen, gröhlten sie mit Vorliebe die unzähligen Verse und Versionen des Liedes von der »Wirtin an der Lahn«, dessen Texte von saufenden Dichtern immer wieder abgewandelt wurden. Für besonders vergnüglich hielt man die Fassungen, in der die Sittsamkeit oder Keuschheit der Frauen verunglimpft wurde. Denn die Frauen und Mädchen, davon war man überzeugt, wußten schon, worauf es ankam. Wenn die jungen Offiziere und Studenten das zum Ausdruck bringen wollten, sangen sie: »Frau Wirtin hat auch eine Bas', die hat ein gutes Augenmaß, die sagt auf tausend Meter mit kolossaler Sicherheit: ›Dem, der da kommt, dem steht er‹.«

Die ebenso unbefriedigte wie ungesunde Sinnlichkeit der bürgerlichen Jugend beunruhigte die Mädchen und brachte die Männer gegen die Moralheuchelei ihres Zeitalters auf. Sie wurden voreinander und miteinander blasphemisch, sie lästerten Gott, in dessen Namen die Kirchen die Unzucht als unverzeihliche Sünde brandmarkten. Sie spotteten über den Himmel, in dem es keine Orgien gab. In verwegener Ketzerei erfanden sie die Gestalt des unverschämten Bonifazius Kiesewetter, der weder Anstand noch Moral hatte und sich hemmungslos schlecht benahm, wenn ihn sein grillenhaftes Wesen dazu anregte. Beinahe jeder junge Offizier, beinahe jeder Student hielt sich insgeheim für einen Bonifazius Kiesewetter (der, wenn man der Fama glauben darf, ein Breslauer Corpsstudent und dann ein Amtsrichter gewesen ist), für einen Verächter des Hergebrachten, einen zynischen Spötter, dem nichts heilig war und der seinen Trieben freien Lauf ließ, einerlei, wo er sich befand. Kiesewetters realistische Erkenntnis, daß das Geschlechtsleben von den geltenden Beschränkungen befreit werden müsse, war niedergelegt in den gotteslästerlichen Versen, die man in allen Offizierskasinos und Studentenkneipen rezitierte: »Bonifaz kam in den Himmel, Petrus kannte ihn bereits, und so war denn die Begrüßung äußerst förmlich beiderseits. Als er dann im Himmelssaale sich ein wenig umgetan, fragt er gleich den nächsten Engel: ›Wo fickt hier der feine Mann?‹ Jäh verstummten die Choräle, alle Lichter gingen aus, Bonifazius aber warf man unsanft aus dem Himmel raus. Moral und schöne Nutzanwendung: Den Trieb mußt du auf Erden regeln, im Himmel gibt es nichts zu vögeln.«

Den Trieb auf Erden regelten um die Wende des Jahrhunderts die Pariser Bürgermädchen auf ihre eigene Art – und sie fanden Nachahmerinnen in allen Städten und Ländern der Erde. Mit weiblicher Beharrlichkeit hielten sie an den ihnen von der Moral und der Gesellschaft vorgeschriebenen Grundsätzen fest: Sie bewahrten ihre Jungfernschaft. Aber sie gingen doch voreheliche Geschlechtsbeziehungen ein. Wenn das Hymen dabei unversehrt blieb, konnte kein künftiger Ehemann sie einer vorehelichen Verfehlung überführen – sie waren Jungfrauen geblieben, auch wenn sie das Bett mit Männern geteilt und die Freuden der Liebe genossen hatten. Zärtliche Berührungen, die die Lust auslösten, galten bei den »Demi-vierges«, den Halb-Jungfrauen, deren eingeschränkte Hingabe Marcel Prévost in seinem gleichnamigen Roman geschildert hatte, nicht als unerlaubt. Ihre Ausschweifungen waren in die Tat umgesetzte Phantasien, die ihre durch die Enthaltsamkeit erregten Sinne doch viel natürlicher befriedigten als die Selbstbefriedigung, der sie sich in der Mehrzahl ergeben hatten. Die Demi-vierges brachten weder Schande über sich noch über ihre Familien, sie fügten sich der Vorschrift, bis zur Ehe unberührt zu bleiben, wenn sie ihren Liebhabern zugestanden: »Alles kannst du von mir haben, nur das Eine nicht ...«

Zeittafel

1847–1921 Fürst Philipp zu Eulenburg
1849–1926 Ellen Key
1854–1902 Friedrich Alfred Krupp
1856–1939 Sigmund Freud
1858–1929 Heinrich Zille
1859–1941 Wilhelm II. (1888–1918 Deutscher Kaiser)
1861–1927 Maximilian Harden
1862–1931 Arthur Schnitzler
1865 Gründung des »Allgemeinen deutschen Frauenvereins« in Leipzig
1868–1935 Magnus Hirschfeld
1869–1945 Felix Salten
1870–1937 Alfred Adler
1872–1898 Aubrey Beardsley
1874–1929 Hugo von Hofmannsthal
1875–1961 Carl Gustav Jung
1900 Freud: Die Traumdeutung
1903–1914 Englische Frauenwahlrechtsbewegung unter Sylvia Pankhurst (Suffragetten)
1905 Freud: Drei Abhandlungen zur Sexualtheorie
1906 Wassermannsche Reaktion (Serumdiagnose der Syphilis)
1906–1907 »Hofkamarilla«-Prozesse (Maximilian Harden – Fürst Eulenburg)
1909 Paul Ehrlich erfindet das Salvarsan
1909–1912 Eduard Fuchs: Illustrierte Sittengeschichte vom Mittelalter bis zur Gegenwart
1912–1913 Balkankriege
1914–1918 Erster Weltkrieg
1917 Oktober-Revolution in Rußland
1918 Waffenstillstand; November-Revolution in Deutschland

5 »Krieg und Liebe passen nicht zueinander«

Von 1890 bis 1918

Schon ausgangs des 18. Jahrhunderts war in Frankreich mit einer »Erklärung der Frauenrechte«, in England mit einer »Verteidigung der Rechte der Frauen« und in Deutschland mit einem Buch »Über die bürgerliche Verbesserung der Weiber« der Versuch unternommen worden, der Frau zur freien Entfaltung ihrer Persönlichkeit und ihrer gesellschaftlichen und politischen Rechte zu verhelfen. Seit der Mitte des 19. Jahrhunderts hatten die »Frauenrechtlerinnen« ihre Forderungen mit wachsendem Nachdruck verkündet, und nun, um die Jahrhundertwende, verlangten in England die zum Äußersten entschlossenen »Suffragetten« mit lautstarken Reden, radikalen Petitionen und militanten Demonstrationen die politische Gleichberechtigung. In Frankreich hingegen (und nicht nur dort) waren die Ehemänner und die Väter unverheirateter Töchter nach wie vor in Sorge, wie sie Frauen und Jungfrauen vor unkeuschen Fehltritten bewahren könnten. Ein Pariser Unternehmer machte sich die Kümmernis seiner Mitbürger zunutze. Indem er sich als Beschützer der guten Sitten aufspielte, bot er Ehemännern und Vätern eine »Erfindung« an, die, so schrieb er, »in einer Zeit der Unordnung, wie die, in der wir leben, in der es so viele betrogene Gatten und so viele hintergangene Mütter gibt«, unvergleichliche Dienste leisten werde. Die »neue« Erfindung war nichts anderes als ein nach altem Muster in Silber oder Gold hergestellter Keuschheitsgürtel, ein »Schutz-Apparat für die Treue«. Alle Fährnisse der Geschlechtlichkeit seien durch diesen Apparat um so mehr ausgeschlossen, als er nicht nur zum Schutz der Scheide hergestellt werden könne, sondern auch – unabhängig davon – zum Schutze des Anus vor perversem Mißbrauch.

Die Pariser Industrie zur mechanischen Verhinderung des außer- und vorehelichen Geschlechtsverkehrs war nur kurzlebig. Weltweit aber und gewaltig war der Aufschwung der Industrie zur Förderung des Geschlechtsverkehrs durch die Erzeugung von empfängnisverhütenden Mitteln. Das Kondom, auch »Präservativ« genannt, eine Schutzhülle des männlichen Gliedes, wurde als das beste und zuverlässigste künstliche Verhütungsmittel angepriesen. Es war keine neue Erfindung. Schon im 16. Jahrhundert waren Schutzhüllen von dem italienischen Arzt Gabriele Falloppio als Vorbeugung gegen die Ansteckung mit der grassierenden Syphilis empfohlen worden. Statt der Leinen-

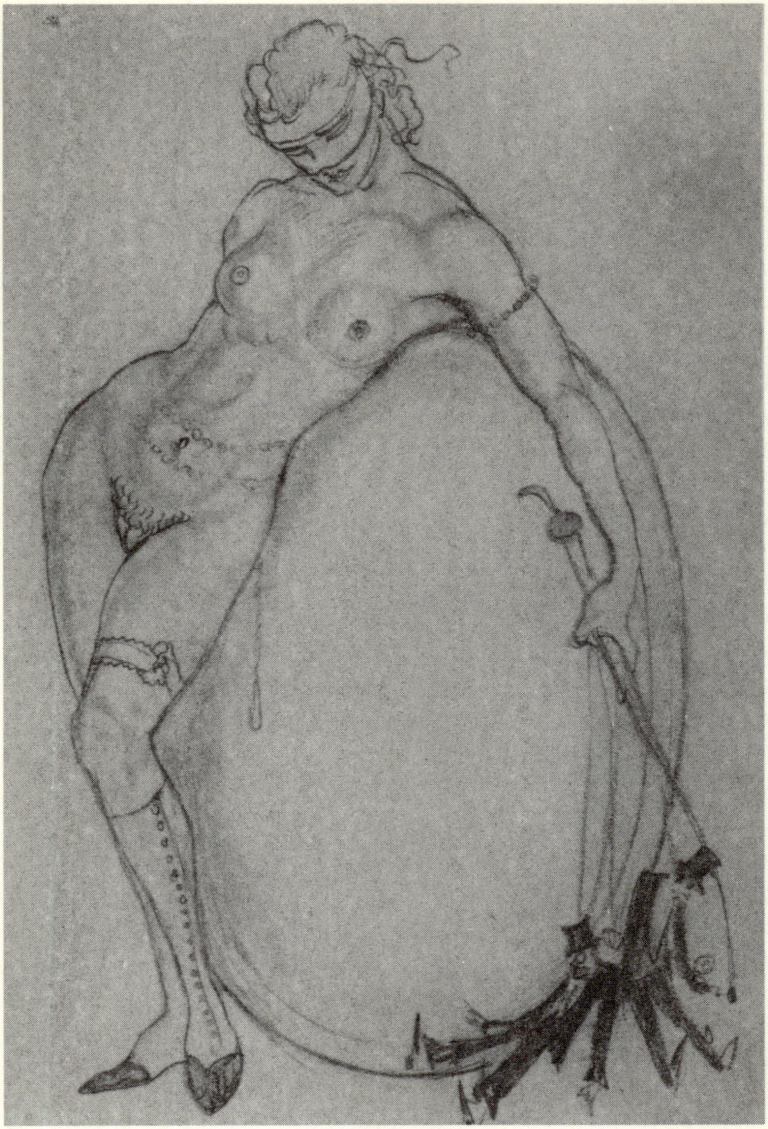

Marionetten – Bleistiftzeichnung aus dem Jahr 1923 von Richard Hegemann (1880–?)

säckchen, die man damals verwendet hatte, waren später Kondome aus den Därmen von Ziegen in Gebrauch gekommen. Die »französischen Blasen«, aus den Blinddärmen junger Schafe gefertigt, waren bis zur Herstellung der Kondome aus Gummi die beliebtesten. Die Reklame, die ursprünglich den Hauptwert auf den Schutz vor Geschlechtskrankheiten gelegt hatte, pries nun ihre elastische Nützlichkeit zur Verhütung von ehelicher und außerehelicher Schwangerschaft an. Wer aber kein Kondom benützen konnte oder wollte und unerwünschten Nachwuchs zu vermeiden wünschte, mußte sich auf den »Coitus interruptus« verlassen, den vor der Ejakulation des Samens unterbrochenen Beischlaf. Doch galt diese Methode als ungesund und schädlich. Die Angst der Männer vor den »nervösen« Folgen des »Zurückziehens« und die der Frauen vor der Unzuverlässigkeit der Männer konnte allerdings beschwichtigt werden, durch Schutzhüllen nämlich, die von den Frauen getragen wurden, um den Eintritt der Samenfäden in die Gebärmutter zu blockieren und so eine Befruchtung zu verhindern. Der Flensburger Arzt Dr. Mensinga erfand unter dem Pseudonym C. Hasse das sogenannte Okklusiv-Pessar, eine von einem Stahlring umfaßte Halbkugel aus Gummi, die vor dem Koitus eingeführt wurde und die Öffnung des Muttermundes verschloß. Es wurden auch Pessare aus Silber verwendet. Die Unbequemlichkeit des Einführens, die Furcht vor dem Verschieben des Pessars während des Geschlechtsverkehrs und das Auftreten von Entzündungen – all das verminderte freilich die Lust der Frauen, sich dieses Verhütungsmittels zu bedienen. Die Mehrzahl zog es vor, daß die Männer sie und sich vor den Folgen des Verkehrs durch Kondome schützten.

Kinderreichtum bedeutete für Ehepaare, die in beschränkten Verhältnissen lebten, Armut, für Bessersituierte Einschränkung. Aber auch Wohlhabende, die sich den Luxus von Kindern leisten konnten, hielten es in den meisten Fällen für geraten, ihr Familienleben nicht durch eine Überzahl von Kindern zu belasten. Zuerst in Frankreich kam es durch den systematischen Gebrauch von empfängnisverhütenden Mitteln zu einer Geburtenbeschränkung, die man als »Zwei-Kinder-System« bezeichnete. Nicht so sehr die französischen Männer als vielmehr ihre Frauen bestanden auf dieser Regelung des Nachwuchses. Sie wehrten sich dagegen, »Gebärmaschinen« zu sein und sich die Freude an der Geschlechtslust durch unaufhörlich aufeinanderfolgende Schwangerschaften und Geburten vergällen zu lassen. Auch in anderen europäischen Ländern und in Amerika stieg die Tendenz zur Geburtenbeschränkung nicht nur durch Verhütungsmittel, sondern auch durch künstlich herbeigeführte Abortionen, durch Abtreibungen. Derlei Eingriffe waren nach wie vor gesetzlich verboten und wurden auf das strengste bestraft, wenn sie zur Anzeige kamen. Aber die Frauen, die sich der in den ersten Monaten der Schwangerschaft verhältnismäßig ungefährlichen Operation unterzogen, bewerteten die Folgen der Entdeckung und Verfolgung geringer als die Peinlichkeiten, die das Austragen der Leibesfrucht und die Geburt mit sich bringen würden. Gewissenlose Hebammen, die man zynisch als »Engelmacherinnen« bezeichnete, da sie dem keimenden Leben ein

Ende setzten, spezialisierten sich in beinahe allen größeren Städten auf Abtreibungen, die in der Mehrzahl glimpflich verliefen. Ihre Kundinnen waren zum größten Teil unverheiratete oder erwerbstätige Frauen, für die das Gebären eines Kindes den Ruin ihrer gesellschaftlichen oder wirtschaftlichen Existenz bedeutet hätte.

Die zunehmende Freizügigkeit des außer- und vorehelichen Geschlechtsverkehrs in Europa wurde keineswegs durch das Gewissen beschränkt, auch nicht durch den Verfall der bürgerlichen Moral des Viktorianischen und Wilhelminischen Zeitalters, sondern durch die Angst vor den Geschlechtskrankheiten, die sich geradezu besorgniserregend ausgebreitet hatten. Der deutsche Sexualforscher Iwan Bloch, einer der ersten Vorkämpfer gegen die Tabus des Geschlechtlichen, veröffentlichte in seinem volkstümlichen Werk »Das Sexualleben unserer Zeit« erschreckende Zahlen über die Verbreitung der venerischen Krankheiten aufgrund einer am 30. April 1900 in Preußen erhobenen Statistik. Danach wurden an diesem Tag allein in Preußen 41 000 Geschlechtskranke, darunter 11 000 mit frischer Syphilis behandelt, in Berlin 11 600, darunter 3000 frische Syphilitische. Bloch stützte sich auch auf die Angaben von A. Blaschko, der es unternommen hatte, die Ausbreitung der Lustseuchen zu untersuchen. In der männlichen Bevölkerung Preußens waren 28 vom Tausend geschlechtskrank, in Berlin 142 vom Tausend, in Städten über 100 000 Einwohner 100 vom Tausend, in Städten über 30 000 Einwohner 58 vom Tausend, in Städten unter 30 000 Einwohnern 45 vom Tausend, in der Armee 15 vom Tausend. Von den Erkrankten gehörten 30 % der geheimen Prostitution an, 25 % waren Studenten, 16 % Kaufleute, 9 % Arbeiter, 4 % Soldaten.

Solche Zahlen waren alarmierend für alle Frauen, am meisten aber für die bürgerlichen Ehefrauen, die den Anstand wahrten – hatten die Zählungen doch ergeben, daß von 106 Ehemännern nur 7 die Erkrankung sich von ihren Gattinnen zugezogen hatten, die anderen 99 durch außerehelichen Geschlechtsverkehr vor und nach der Verheiratung. Iwan Bloch, der auch ein grundlegendes Werk über den »Ursprung der Syphilis« verfaßt hat, berichtete: »Es gibt in Europa sicher keinen Menschen, von dessen Ahnen, die er innerhalb der vier Jahrhunderte« (seit der Entdeckung Amerikas, von wo, Bloch zufolge, die Syphilis eingeschleppt worden war) »gehabt hat, nicht zahlreiche mit dieser Erkrankung zu kämpfen gehabt haben, sosehr sich auch das Gefühl mancher gegen diese ihm unangenehme, aber ganz zweifellose Tatsache sträuben mag.« Entgegen den Urteilen zeitgenössischer Fachleute behauptete Bloch, daß die Syphilis heilbar sei durch gründliche Behandlung mit Quecksilber, die jedoch mehrere Jahre in Anspruch nehme. Er behauptete auch, daß die Gonorrhöe, der infektiöse, durch Gonokokken hervorgerufene Harnröhren-Tripper, erfolgreich bekämpft werden könne. Sein Zeitgenosse Professor Finger, ein bedeutender Wiener Facharzt für Geschlechtskrankheiten, formulierte allerdings die Aussichten einer Heilung des Trippers in seinen Vorlesungen anders. Er nämlich erklärte: »Jeder Tripper ist heilbar, nur der erste nicht.«

Liebesspiele – Linolschnitt aus dem Jahr 1917 von Daniel Greiner (1872–1943)

Den ersten Sieg im Kampf gegen die Syphilis errang der Zoologe Fritz Schaudinn: Er fand unter dem Mikroskop die »Spirochaeta pallida«, eine blasse, wie ein Korkenzieher gewundene Mikrobe, die nur bei Lueskranken festzustellen war. Dann arbeitete der Bakteriologe August Wassermann eine Methode zur Blutuntersuchung aus, die als »Wassermannsche Reaktion« in die Geschichte der Medizin einging; war die Reaktion »positiv«, so erwies dies das Vorhandensein einer Syphilis. Und durch die Erfindung des Salvarsans schuf schließlich Paul Ehrlich das erste voll wirksame Heilmittel gegen die Lustseuche. 606 Versuche hatte er anstellen müssen, um zum Ziel zu kommen. So hieß das Ergebnis seiner Bemühungen zunächst »Ehrlich 606«, bis es als Salvarsan weltweit bekannt wurde.

Nicht nur Geschlechtskrankheiten bedrohten die Menschheit, sondern auch »Krankheiten des Geschlechts«, wie Richard von Krafft-Ebing in seiner grundlegenden »Psychopathia sexualis« und in weiteren Schriften, die nicht nur von Ärzten, sondern auch von Laien gelesen wurden, die Abweichungen von dem als normal geltenden Geschlechtsempfinden bezeichnete. Seine Gutachten, die er über die vom Gesetz und von der Gesellschaft verurteilten »Abirrungen« verfaßte, beruhten auf Krankheitsgeschichten, die er zu dem Zweck gesammelt hatte, den Geisteszustand seiner freiwilligen oder unfreiwilligen Patienten zu untersuchen. Daß eine ständig wachsende Zahl von psychisch Erkrankten die menschliche Ordnung mit »abnormen« geschlechtlichen Handlungen gefährdete, erschreckte die Öffentlichkeit. Gewiß – die meisten solcher Vergehen waren in den Strafgesetzbüchern verzeichnet. Die Fragen aber, die sich jetzt stellten, waren, ob diese Akte »Zwangshandlungen« seien, die Täter daher nicht »zurechnungsfähig«, und in welcher Form man die so Erkrankten behandeln und heilen könne oder aber verurteilen müsse. Die Liste der von Krafft-Ebing angeführten und kommentierten »Abirrungen« erstreckte sich von der »Verletzung der Sittlichkeit in Form des Exhibitionierens« (also der Entblößung und Zurschaustellung der Genitalien vor Personen des anderen Geschlechts) über »Notzucht und Lustmord«, »Körperverletzung, Sachbeschädigung, Tierquälerei aufgrund von Sadismus«, »Unzucht wider die Natur durch Tierschändung und mit Personen des gleichen Geschlechts« bis zu »Nekrophilie« (die Perversion, an der sexuellen Vermischung mit einem Kadaver Gefallen zu finden) und »Inzest« (den Geschlechtsverkehr zwischen Mitgliedern der engeren Familie).

Krafft-Ebings Ausführungen über die Homosexuellen, die er (nach den Schriften des von ihm zitierten Assessors Ulrich, der unter dem Pseudonym Numa Numantius geschrieben hatte) »Urninge« nannte, erregten im Hinblick auf die gerade in Berlin deutlich erkennbare Verbreitung der gleichgeschlechtlichen Liebe besonderes Aufsehen. Es hatten sich, über die Männerbälle hinaus, in Cafés, Konditoreien und Kneipen gesellige Vereinigungen gebildet, in denen sich ohne Scham und Scheu Urninge und »Uranierinnen« (weibliche Homosexuelle) versammelten. Es gab Klubs, wie die nur aus Frauen bestehende »Gesellschaft der Eigenen«. Die Homosexuellen trafen einander bei

Hausbällen und Sommerfesten und unterhielten »Jours fixes«. Es gab einen »Männerstrich«, auf dem es ähnlich zuging wie auf dem Strich der Prostituierten. »Berlins drittes Geschlecht«, wie der Sexualforscher Magnus Hirschfeld die von der übrigen Gesellschaft äußerst abfällig beurteilten gleichgeschlechtlichen Männer bezeichnete, ließ sich durch den berüchtigten Paragraphen 175, in dem stand, daß die widernatürliche Unzucht, welche von Personen männlichen Geschlechts oder von Menschen mit Tieren begangen wird, mit Gefängnis zu bestrafen sei und den Verlust der bürgerlichen Ehrenrechte mit sich ziehen könne, nicht einschüchtern – und das um so weniger, als in der Berliner Zeitschrift »Die Zukunft« behauptet wurde, daß es am Hof Wilhelms II. eine Kamarilla gebe, eine einflußreiche Gruppe von Homosexuellen, die als »Nebenregierung« zu beurteilen sei, da der Kaiser diesen Urningen mehr Vertrauen schenke als seinen Ministern.

In der öffentlichen Meinung Berlins kam es zu heftigen Auseinandersetzungen, als der Herausgeber der Zeitschrift »Die Zukunft«, Maximilian Harden, in einem erneuten Angriff auf die angeblich homosexuelle Hof-Kamarilla sich gerade auf die »schwärmerisch brünstige« gleichgeschlechtliche Liebe bezog und eine Gefahr darin erkennen wollte, daß die Männerfreundschaft stärker sein könne als der Patriotismus und daß die von den Franzosen als »le vice allemand – das deutsche Laster« gebrandmarkte Homosexualität keine Grenzen des Vaterlandes kenne. Auf Hardens Abschußliste stand Fürst Philipp zu Eulenburg und Hertefeld, der deutscher Botschafter in Wien gewesen war und als guter Freund der Katharina Schratt, der »Freundin« Kaiser Franz Josephs, gegolten hatte. Eulenburg stand in dem Ruf, gleichgeschlechtlichen Neigungen zu frönen. Er genoß aber das unbedingte Vertrauen Wilhelms II. so sehr, daß der Kaiser sich von ihm auch auf seinen Reisen nicht trennte. Waren die Angriffe Hardens gegen Wilhelm II. gerichtet, dessen Politik er verurteilte? Die prominentesten Namen auf Hardens Liste, die später auch der Öffentlichkeit bekannt wurden, waren Prinz Friedrich Heinrich von Braunschweig, die Grafen Wilhelm und Fritz von Hohenau, Kuno von Moltke, der Berliner Stadtkommandant und, nebst anderen bei Hofe ein und aus gehenden Persönlichkeiten, der Waffenkönig Krupp.

Als Maximilian Harden in der »Zukunft« Eulenburg offen beschuldigte, sich homosexuell betätigt zu haben, klagte der Fürst und leugnete unter Eid jegliches Vergehen gegen den Paragraphen 175. Harden wurde wegen Verleumdung zu vier Monaten Gefängnis verurteilt. Erst als ihn eine Münchner Zeitung angriff, konnte er zurückschlagen. Ein bayerischer Milchmann hatte dem Verteidiger Hardens freiwillig mitgeteilt, daß Eulenburg mit ihm gleichgeschlechtliche Beziehungen unterhalten habe. Dieser Mann erklärte: »Mit mir hat er ja die Kramilla gemacht«; vor Gericht gab er an, daß er mit dem Wort »Kramilla« nicht eine »einflußreiche Hofpartei« gemeint habe, sondern ein geschlechtliches Erlebnis aus seiner Jugend, als ein feiner Herr ihn »mißbraucht habe«. Der feine Herr, Fürst Eulenburg, habe ihn mit 1500 Mark entlohnt und auf seinem Schloß »fürstlich« bewirtet. Ein anderer Mann, der als Fischer am Starnberger See tätig war, bezeugte ähnliche Vorgänge.

Fürst Eulenburg wurde wegen Meineids angeklagt, jedoch erklärten ihn drei medizinische Sachverständige für »verhandlungsunfähig«. Er leistete eine Kaution von 500 000 Mark und blieb bis zu seinem Tod auf Schloß Liebenberg, von Berliner Polizeibeamten bewacht, unter Hausarrest. Als im sozialdemokratischen »Vorwärts« ein Artikel mit dem Titel »Krupp auf Capri« erschien, in dem die homosexuellen Neigungen des Großindustriellen offen dargelegt wurden, strengte Krupp, der gerade im engsten Kreis um Wilhelm II. an der Segelregatta der Kieler Woche teilnahm, keine Beleidigungsklage an. Nach seiner Rückkehr in die Villa Hügel aber nahm er eine Überdosis von Schlafmitteln. Er wurde mit den höchsten Ehren zu Grabe getragen. Der Kaiser folgte seinem Sarg.

Vielleicht wegen dieser Skandale lehnte ein großer Teil der Bevölkerung die Homosexuellen noch stärker ab als zuvor. Gleichzeitig aber wurden immer mehr Stimmen laut, die forderten, daß man die Gleichgeschlechtlichen nicht wie Verbrecher verfolgen sollte. Es war dies die Folge der Tatsache, daß jetzt Fachgelehrte wie Iwan Bloch und Magnus Hirschfeld sich mit allgemeinverständlichen Schriften an die Öffentlichkeit wandten und immer weitere Kreise mit den natürlichen, bis dahin so sorglich geheimgehaltenen Gegebenheiten ebenso wie mit den unterschiedlichen Möglichkeiten und Abarten des Geschlechtslebens bekanntmachten. Aber die allgemeine Aufmerksamkeit wandte sich doch jener gefährlichen Krise zu, in welche die in allen zivilisierten Ländern anerkannte Institution der Ehe geraten war. Hatte die mehr oder weniger offene Revolte der Frauen gegen die doppelte Moral den Anlaß gegeben für die Schwierigkeiten im ehelichen Zusammenleben, die so unüberwindbar schienen, daß man in Frankreich ein »Komitee für Ehereform« bildete, dem nicht nur für ihre Rechte eintretende Frauen angehörten, sondern auch angesehene Juristen und Publizisten. Zu den Persönlichkeiten, die eine Änderung der bestehenden Ehegesetze forderten, zählte auch Marcel Prévost, dessen Roman »Les Demi-vierges« die liebeslustigen Jungfrauen von Paris aufgerührt und die Ehemänner in Angst und Bange versetzt hatte. Sein gesellschaftskritisches Buch beeinflußte die Sitten ganz erheblich, denn nicht nur die Mädchen, die ihre Jungfernschaft trotz aller Ausschweifungen zu bewahren wußten, sondern auch die von ihren Männern vernachlässigten Ehefrauen suchten die Gelegenheit nach außerehelicher Liebe – die unbefriedigten Gattinnen natürlich, um dem »Grünzeug« nicht das Feld räumen zu müssen. Der Ehebruch wurde zur gesellschaftlichen Zerstreuung, die allen Männern, mit Ausnahme der gehörnten (die freilich ihrerseits auch jede Möglichkeit eines Seitensprungs wahrnahmen), als Selbstverständlichkeit galt. In der Petition, die der französischen Deputiertenkammer und dem Senat von dem Komitee überreicht werden sollte, hieß es: »Es wäre kindisch, verhehlen zu wollen, daß die Einrichtung der Ehe in eine kritische Phase getreten ist. Philosophen und Romanciers verkünden um die Wette den Zusammenbruch dieser Institution.« Sie sei vielleicht zu retten, wenn den Gatten gleiche Rechte, gleiche Pflichten, gleiche Verantwortlichkeit bewilligt würden. Die Ehe könne da-

Vision – Radierung aus dem Jahr 1915 von Michel Fingesten (1883–1943)

VISION

durch praktischer und weniger unmoralisch gestaltet werden, »als sie es jetzt ist«. Es erscheine als angemessen, die Scheidung zu erleichtern, »denn selbst die unlösliche Ehe ist kein Band für die, die es zerreißen wollen, deren Sitten liederlich geworden sind«. Die Scheidung sei zwar kein Glück, sondern nur ein Hilfsmittel, »aber das Zusammenleben zweier Menschen, die sich hassen, ist ein größeres Übel als die Scheidung«. Die bürgerliche Gleichheit der beiden Geschlechter müsse ein Grundgesetz des modernen Rechts bilden. »Wir fordern die Abschaffung der Strafen für Ehebruch.« Der Ehebruch dürfe nur als Scheidungsgrund angesehen, nicht aber strafrechtlich verfolgt werden.

Auch die schwedische Schriftstellerin Ellen Key forderte in ihrem Buch »Über Liebe und Ehe« die freie Scheidung. Sie nannte die Anhänger der freien Liebe, die sie bevorzugte, »Eheprotestanten«. Sie befürwortete die Bestätigung einer in Schweden damals erwogenen gesetzlichen Bestimmung: »Wenn ein Mann seine Verlobte schwängert, dann ist das eine Ehe … Entzieht er sich der Trauung und beharrt er auf seiner Weigerung, dann sei sie als seine Ehefrau erklärt und genieße volle eheliche Rechte in seinem Haus.« Und Ellen Key forderte außerdem, daß die ökonomisch und rechtlich untergeordnete Stellung der Frau nicht nur in förmlichen Ehen, sondern auch in freien »Gewissensehen« beseitigt werde; über den Vater hinaus müsse die Gesellschaft durch Mutterschaftsunterstützungen für den Unterhalt der Kinder sorgen. Der »unsittlichen« Unterscheidung zwischen legitimen und illegitimen Kindern sei ein Ende zu setzen. Ellen Keys Erklärung, daß die Liebe »immer mehr eine Privatsache der Menschen, die Kinder dagegen immer mehr eine Lebensfrage der Gesellschaft« seien, gab in Deutschland die Anregung zur Gründung eines »Bundes für Mutterschutz«, der den Zweck hatte, den einhundertachtzigtausend unehelichen Kindern, die alljährlich in Deutschland geboren wurden, Hilfe zu spenden. Vor allem müsse man die Mütter dadurch absichern, daß sie zu wirtschaftlicher Selbständigkeit gelangen könnten, und es sei Schluß zu machen mit der »sittlichen Verfemung« der ledigen Mütter: Es gehe nicht an, daß »die unverehelichte Frau, die einem Kind das Leben gibt, als verworfen gleich dem niedrigsten Verbrecher aus der Gesellschaft ausgestoßen und der Verzweiflung preisgegeben wird«. Der Bund schlug die Schaffung einer »allgemeinen Mutterschafts-Versicherung« vor, deren Kosten durch Beiträge beider Geschlechter sowie durch Zuschüsse aus öffentlichen Mitteln aufzubringen seien.

Das Problem der »freien Liebe« wurde bald auch Gegenstand politischer Erörterungen. In Frankreich propagierte Charles Albert die freie Liebe vom sozialistisch-kommunistischen Standpunkt aus. Er erklärte, daß die bürgerliche Gesellschaft einen Kampf gegen die Liebe führe, da lediglich das Geld ihr Denken und Fühlen beherrsche und die »soziale Ökonomie« nur Geschlechtsbeziehungen kenne, aber kein höheres Liebesgefühl. Nicht nur die Prostitution, auch die meisten Ehen seien nichts als »sexuelle Märkte«. Charles Albert proklamierte die völlige Gleichstellung von Mann und Frau als die Vorbedingung freier Liebe. Die ökonomische Umwälzung als der einzige Weg zur »höheren Liebe zwischen den Geschlechtern« war ein politisches Postulat. Es versprach den damals wirkenden Sexualforschern, die nach einer Festigung der erschütterten Geschlechtsmoral und deshalb nach den Gründen für diese Erschütterung suchten, keine Lösung. Würde die völlige Gleichstellung von Mann und Frau das Gleichgewicht wiederherstellen? Gegen die nun auch schon von fortschrittlichen Männern (unter dem Einfluß von Frauen) ungestüm verfochtene Gleichberechtigung der Frauen sprach sich der als führender Fachgelehrter anerkannte Havelock Ellis in seinem Werk »Mann und Weib«, das als Grundlage für alle weiteren Forschungen diente, wenn auch indirekt aus. Er schrieb: »Solange die Frauen sich durch primär sexuelle Charaktere und dadurch, daß sie empfangen und gebären, vom Mann unterscheiden, so lange werden sie ihm in den höchsten psychischen Prozessen niemals gleich sein.« Aber war diese Einschätzung nicht ein Vorurteil? Havelock Ellis hatte eine Bestandsaufnahme der psychischen Unterschiede zwischen Mann und Frau vorgenommen, soweit dies mit den damaligen Methoden möglich war, und seine Schlüsse aus anthropologischen Untersuchungen gezogen, dabei aber nicht an die Möglichkeiten einer künftigen Erziehung gedacht. Immerhin war er schon auf die Idee gekommen, die Fähigkeiten der in jener Zeit noch verhältnismäßig wenigen berufstätigen Frauen durch Umfragen zu überprüfen. Im Gegensatz zu Havelock Ellis stellten jedoch andere zeitgenössische Forscher fest, daß Frauen rascher zu lesen und besser über das Gelesene zu berichten vermögen als Männer und wenn Kinder beider Geschlechter gemeinsam erzogen wurden, die Mädchen »durch die Lebhaftigkeit ihrer Eindrücke und ihr Gedächtnis ihre männliche Umgebung in den Schatten stellen«. Auch die großartigen Entdeckungen der Madame Curie, die Nachfolgerin ihres Mannes auf dem Lehrstuhl der Sorbonne wurde, widersprachen der Ansicht von Havelock Ellis, der dennoch auf seinem Standpunkt verharrte; immerhin schränkte er seine Thesen dadurch ein, daß er sagte, die Entwicklung einer gleichen Freiheit für Mann und Frau (die noch lange Zeit unter dem schädlichen Einfluß der Jahrtausende währenden Unterdrückung des weiblichen Geschlechts leiden würde) könne erst die Qualifikation des weiblichen Geschlechts für alle Arbeitsgebiete erbringen. Im ersten Jahrzehnt des zwanzigsten Jahrhunderts hatte es den Anschein, als ob die Mehrzahl der Frauen sich weniger um ihre völlige Gleichberechtigung kümmerte, als die Männer es taten. Die Frauen beschäftigten sich wohl voller Eifer mit ihrer gesellschaftlichen Gleichstellung, nicht aber, von wenigen Ausnahmen abgesehen, mit politischen oder ökonomischen Problemen. Sofern die wirtschaftliche Abhängigkeit sie nicht empfindlich bedrückte, genossen sie die Tatsache, daß ihre Ehemänner für sie sorgten, und wenn sie in ihren Zerstreuungen und ihrem außerehelichen Zeitvertreib nicht gehemmt wurden, verlangte es sie nicht nach einer Unabhängigkeit, die Verantwortung mit sich brachte. Sie erfreuten sich der neuen Mode der »Reformkleider«, die sie von dem Panzer des Korsetts befreiten und nicht mehr zur »engen Taille« zwangen. Sie waren nicht von sportlichen Spielen ausgeschlossen. Auf den Tennisplätzen durften sie nun schon eine Handbreit kürzere Röcke tragen, und es galt nicht mehr als ungehörig, die Knöchel zu zeigen. Die »Dame der Gesellschaft«, die Pferderennen besuchte, trug ein locker sitzendes zweiteiliges Kleid mit einer Pelzstola, einen Hut mit Federn, eine Handtasche, um so ihre Selbständigkeit kundzutun, und einen Sonnenschirm. Wenn sie im Seebad ins Wasser stieg, war dies freilich immer noch nur dann schicklich, wenn es im hochgeschlossenen Badekostüm geschah mit Ärmeln, die an den Handgelenken, und mit Pluderhosen, die unter den Knöcheln zugebunden waren. Im Ballsaal aber und bei Empfängen waren das einladende Dekolleté, das die Fülle der Brüste umrandete, und kurze Ärmel modern, doch gehörte es sich, die Arme durch hochreichende Handschuhe zu kaschieren. Das Leben der wohlhabenden Frauen in den europäischen Großstädten war von einem einzigen Zweck geleitet: Sie wollten schön sein und sich schön erhalten. Aber sie fühlten sich unfrei, da sie gezwungen waren, den Anstand zu wahren, und den einzigen Vergnügungen, die sie interessierten, nur im geheimen nachgehen konnten. Nur eine berufstätige Frau konnte unabhängig sein. Aber es gehörte nun einmal nicht zum guten Ton der guten Gesellschaft, daß eine Dame eine praktische Tätigkeit ausübte. Hingegen machten immer mehr Mädchen aus bürgerlichen Familien von der Möglichkeit Gebrauch, zu studieren und sich für Berufe auszubilden, die bisher nur Männern zugänglich gewesen waren. Diese künftigen Lehrerinnen, Ärztinnen und Rechtsanwältinnen wurden von ihren männlichen Kollegen mit mißtrauischem Spott verfolgt. Nur selten fanden sie in höheren Schulen, Krankenhäusern und Anwaltskanzleien entsprechende Stellungen. Das Vorurteil, die Frauen seien in geistiger Hinsicht minderwertig, hielt sich auch noch über den Ersten Weltkrieg hinaus, der dann allerdings die Stellung der bürgerlichen Frauen auch vom sittengeschichtlichen Standpunkt aus entscheidend beeinflussen sollte.

Schon in den letzten Jahrzehnten des neunzehnten Jahrhunderts hatte sich infolge der gewaltig zunehmenden Industrialisierung und der enormen Ausweitung des Handels, die Hand in Hand gingen mit dem rapiden Wachstum der Städte und der Schaffung von immer mehr Arbeitsplätzen, eine neue Schicht von Frauen gebildet: Diese unabhängigen, berufstätigen Mädchen hatten, auch wenn sie unverheiratet waren, keinerlei Bedenken, geschlechtlichen Verkehr zu haben und in freier Liebe zu leben. Die freie Liebe war mit den Mädchen vom Lande in die übervölkerten Städte eingewandert. Die uralten Bräuche geschlechtlicher Freiheit, die sie im Dorf genossen hatten, wollten sie in den Mietskasernen nicht missen. Daß es in der Stadt Gaslicht gab oder gar die neue Erfindung der Elektrizität, daß sie das Wasser nicht in Eimern vom Brunnen holen mußten – all das bedeutete für sie keinen Ersatz für die unbeschwerte Geselligkeit zwischen Mann und Frau, an die sie gewöhnt gewesen waren.

Die geschlechtliche Freizügigkeit der Bauernburschen und Bauernmädchen verursachte besonders jetzt, da die sexuelle Aufklärung immer weitere Kreise zog, den kirchlichen Behörden Sorge. Protestantische Pastoren ebenso wie katholische Pfarrer waren bemüht, der Hemmungslosigkeit durch erzieherische Maßnahmen entgegenzuwirken. In einer Arbeit über »die geschlechtlichen sittlichen Verhältnisse der evangelischen Landbewohner im Deutschen Reich« prangerte ein Pastor die unbezähmbare Sinnlichkeit der Landmädchen an. Im Bericht eines englischen Polizeibeamten über die Mädchen seines Heimatdorfes stand: »Ihre grobe Immoralität im frühen Alter, ihre Frechheit und Schamlosigkeit habe ich niemals während meines Polizistenlebens in den schlechtesten Teilen von London erreicht gesehen. Sie leben wie die Schweine, große Jungen und Mädchen, Mütter und Väter, alles schläft zusammen.« Und in Wien machte ein von der Zensur verbotenes Buch »Josefine Mutzenbacher, die Geschichte einer wienerischen Dirne, von ihr selbst erzählt« die Runde. Es wurde, trotz des Verbots, unter dem Ladentisch verkauft, ging von Hand zu Hand und fand in allen deutschsprachigen Ländern weite Verbreitung, obwohl oder weil es in dem Text von unzüchtigen Worten wimmelte und schamlose Situationen ohne Scheu vor den schlüpfrigsten Details dargestellt waren. War das Buch ein pornographisches Machwerk oder eine auf Tatsachen beruhende Dokumentation? Handelte es sich hier vielleicht um die echten Erinnerungen einer Dirne, die auch im Leben und in der Ausübung ihres Berufs kein Blatt vor den Mund genommen hatte? Die meisten Männer, die es lasen, wußten schließlich, daß die Prostituierten weder von den Vorgängen der fleischlichen Lust noch von den für den Geschlechtsverkehr unentbehrlichen Körperstellen und Körperteilen in medizinischen Fachausdrücken sprachen. Die unflätigen Worte gehörten zum gebräuchlichen Hurenjargon. Wer daran Anstoß nahm, durfte sich weder mit Prostituierten ungeniert unterhalten noch dieses Buch lesen. Trotz der rückhaltlosen Aufrichtigkeit, mit der es geschrieben war, trotz der bekenntnishaften Offenheit, die bestrebt zu sein schien, nichts, auch das Übelste nicht, zu verheimlichen, entstanden Zweifel an der Urheberschaft. Die Schreibweise war – abgesehen von dem unglaublich ordinären Wortschatz – zu kunstvoll, als daß ein ungebildetes Mädchen von der Straße sie hätte beherrschen können. Neugierige Leser und sittenpolizeiliche Behörden versuchten, den Autor zu ermitteln. Der Verdacht (der übrigens nie offiziell bestätigt wurde) fiel schließlich auf den durch sein Tierbuch »Bambi« berühmt gewordenen Wiener Schriftsteller Felix Salten, der zum engsten Freundeskreis Hugo von Hofmannsthals und Arthur Schnitzlers gehörte. Es hieß, er habe die »Josefine Mutzenbacher« für einen unternehmungslustigen Verleger, der ein deutsches Gegenstück zur »Fanny Hill« herausbringen wollte, aus »künstlerischem Spaß« verfaßt, aber keine Mühe gescheut, den Ablauf der Handlungen und die Einzelheiten zu verifizieren. Das Buch sollte eine Urkunde sein, sollte glaubwürdig darstellen, wie die armen Leute seiner Zeit lebten und liebten – von Kindheit an. Die Josefine Mutzenbacher, die ihre Erinnerungen selbst schrieb oder für sich schreiben ließ, starb, wie der Herausgeber ihrer Geschichte in einer Vorbemerkung erklärte, als wohlhabende Frau in einem Sanatorium.

Die Mutzenbacher erzählt von ihrem Vater, einem Sattlergehilfen, der mit seiner Familie in einer Zinskaserne wohnte, »die von oben bis unten mit armen Leuten angefüllt war. Diese Leute hatten viele Kinder.« Die Kinder spielten miteinander und mit den Nachbarkindern »Vater und Mutter«. Sie taten »es« genauso wie die Erwachsenen, denen sie »es« abgeguckt hatten, sie lehrten einander den Geschlechtsverkehr und übten das lustvolle Spiel, noch vor der Pubertät, mit Erwachsenen. Sie waren Zeugen der geschlechtlichen Fehltritte ihrer Eltern und Nachbarn. Schon als junges Mädchen wurde Josefine Mutzenbacher eine gelehrige Schülerin und Praktikantin der geschlechtlichen Lust in allen Formen und Abarten. Sie empfand Vergnügen an der Unzucht und tat, was sie tat, mit unbeschwertem Gewissen und mit um so weniger Vorbehalten, als sie im Grunde nur nachahmte,

Die Beute – Farbstiftzeichnung aus dem Jahr 1915 von Michel Fingesten (1883–1943)

was sie in ihrer engsten Umgebung sah. Nachdem die Mutter frühzeitig gestorben war, mißbrauchte der Vater Josefine im ehemaligen Ehebett. Wo immer er ihrer habhaft wurde, mußte sie ihm »aus Respekt vor dem Herrn Vater« willens sein, zu jeder Perversion, die er begehrte. Sie wäre vielleicht nicht Straßenhure geworden, sondern nur ein sündhaftes Mädchen geblieben und eine unverbesserlich verworfene Frau geworden, wenn nicht Herr Rudolf, der neue Untermieter, ihre Blutschande mit dem Vater beobachtet hätte. Rudolfs Beruf war Zuhälter. Er erpreßte den Sattlergehilfen und Josefine: Sie sollte für ihn auf den Strich gehen. Aber vorher probierte er ihre Fähigkeiten im Geschlechtsverkehr aus und belehrte sie mit einem andern Mädchen, das für ihn »lief«, wie sie die »Hurenbeutel« am vorteilhaftesten ausbeuten müsse. Männer erniedrigten sich, um lustvoll zu leiden, sie fügten ihr Schmerzen zu, um sich Freude zu bereiten, sie waren unfähig im Ehebett, stellten jedoch ihren Mann in der Gosse des Hurenviertels. Große Herren und arme Teufel waren in der Intimität des Bettes einander erbärmlich ähnlich. Sie hatten alle die gleichen Gelüste, die sie ein wenig variierten, die gleichen Begierden, deren sie sich schämten und für deren Erfüllung sie es vorzogen, mit barer Münze zu bezahlen.

Die Triebe und die Denkart der Josefine Mutzenbacher – einerlei, ob sie eine dem Leben abgelauschte Romanfigur ist oder ob sie tatsächlich gelebt hat – waren typisch für die Tausende und Abertausende von Prostituierten, die auf den nächtlichen Gehsteigen der europäischen Großstädte auf Männerfang aus waren. Ebenso typisch war das Milieu der Mietskasernen und die frühreife Unzucht der verwahrlosten Kinder in den dunklen Lichthöfen, Kellern und Speichern und in den winkeligen, unhygienischen Wohnräumen, in denen die Angehörigen männlichen und weiblichen Geschlechts, eng zusammengepfercht, lebten. So hielt man es in der katholischen Kirche für unerläßlich, seelsorgerisch einzugreifen. Um das Ärgernis der Sünde gegen das sechste Gebot ausrotten zu können, mußte bei den Kindern begonnen werden. Die Aus- und Zusprache im Beichtstuhl erschien als das zuverlässigste Mittel. Zur unmißverständlichen Instruktion wurde ein Handbuch herausgegeben, in dem die Beichtväter die Fragen finden sollten, mit denen sie die Jugendlichen zum Geständnis ihrer sinnlichen Vergehen bringen und ihnen dann die Sündhaftigkeit klarmachen konnten. Wer viel fragt, kriegt viel Antwort – die katholische Kirche wußte sich keinen Rat, wie sie dem offenbar mit dem Wechsel des Jahrhunderts ausgebrochenen »Sodom und Gomorrha« begegnen könnte. Die immer deutlicher erkennbare Lockerung der Moral in geschlechtlichen Dingen hing mit dem sozialen und wirtschaftlichen Umbruch zusammen, der die Lebensformen veränderte. Nach außen hin schien, vom Standpunkt der Religion aus gesehen, alles beim alten geblieben zu sein. Die Neugeborenen wurden getauft, die Heranwachsenden gefirmt, die Erwachsenen gingen zur Beichte und zur Kommunion. Es war gewiß zu bedauern, daß die Zahl der kirchlich Getrauten abnahm und sich schon viele Ehepaare mit der standesamtlichen Trauung begnügten. Aber die meisten, auch solche, deren Glaube brüchig geworden war, wurden mit der Letzten Ölung versehen und waren besorgt, in geweihten Gräbern die letzte Ruhe zu finden. Die äußeren Formen wurden wohl eingehalten, aber der Sittenverfall breitete sich weiter und weiter aus.

Die junge Sexualforschung unternahm es zu beweisen, daß der Geschlechtstrieb, und zwar seine Grundlagen und seine Ausübung, nicht vom Willen des Individuums und der ihm auferlegten Zucht abhängig sei, und trat dadurch in Widerspruch zu den Kirchen, die diese neue Wissenschaft ächteten und schon im Keime zu unterdrücken versuchten. Die Lehre des in Wien tätigen Nervenarztes Dr. Sigmund Freud, daß der Sexualtrieb den Werdegang und das Leben des Menschen über das Verlangen nach Geschlechtsverkehr und über diesen selbst hinaus nicht nur beeinflusse, sondern entscheidend bestimme, bot den Rückschrittlichen eine willkommene Angriffsfläche. Sie protestierten gegen Freuds Ausführungen in seinen »Drei Abhandlungen zur Sexualtheorie«, in deren erster, »Die sexuellen Verirrungen«, er sich auf die »nun erkannte große Verbreitung der Perversionsneigungen« bezog und die Ansicht vertrat, »daß die Anlage zu den Perversionen die ursprünglich allgemeine Anlage des menschlichen Geschlechtstriebes sei, aus welcher das normale Sexualverhalten infolge organischer Veränderungen und psychischer Hemmungen im Laufe der Reifung entwickelt werde«. Die Empörung, die diese Theorie hervorrief, war, wenn sie auch damals noch nicht so weite Kreise zog, ähnlich der Entrüstung, die sich an Darwins Abstammungslehre entzündet hatte. Wie die Laien-Gegner der inzwischen anerkannten Evolutionslehre die Zumutung, daß auch sie von Ahnen aus dem Tierreich abstammen sollten, unwillig zurückgewiesen hatten, so wehrten sich nun die Gegner Freuds gegen die Zumutung, auch in ihnen sei die Wahrscheinlichkeit oder die Möglichkeit gleichgeschlechtlicher Neigungen, inzestuöser Gefühle und abartiger oder widernatürlicher Wünsche zumindest von der Anlage her gegeben. Der von Freud aus dem Lateinischen übernommene Begriff »libido«, die Lustbegierde des Geschlechtstriebs, der allem menschlichen Streben zugrunde liege, wurde als »absonderliche Formulierung« verspottet. Man beschimpfte ihn als »Lustlümmel«, die »seriösen« Kollegen mieden ihn. Verschüttete sexuelle Kindheitserlebnisse für Krankheiten verantwortlich zu machen, das erschien den frühen Gegnern Freuds als »spiegelfechterische Phantasterei«: Mit Wissenschaft habe so etwas nichts gemeinsam. Derlei Ansichten seien bestenfalls geistige Spielereien, die man unter Gelehrten um so eher abtun müsse, als niemand daran zweifeln könne, daß das Sexualleben von Männern und Frauen erst mit der Geschlechtsreife einsetze. Wie sollte der Geschlechtstrieb von Mädchen vor der Menstruation und von Knaben vor der Fähigkeit zur Erektion erwacht sein können? Wenn die körperlichen Voraussetzungen fehlten, könne von seelischer Auswirkung keine Rede sein. Freud habe sich, so hieß es, in einem unlogischen und unwissenschaftlichen Gedankengang festgefahren.

Freud jedoch gab nicht auf. Hatte er seine von der offiziellen Wissenschaft bestrittene Theorie zunächst auf die Auslegung von Kindheitserinnerungen Kranker gestützt, so ließ er sich nun die Erinnerungen von Gesunden berichten, ihre frühen Vorstellungen und Träume. Er erforschte nicht nur andere Menschen, sondern auch sich selbst und entdeckte, daß das Geschlechtliche im Bewußtsein oder Unterbewußtsein aller Befragten und seiner selbst eine entscheidende, zumeist verwirrende Rolle gespielt habe und spiele. Aus Erinnerungen, Träumen und Gedankenverbindungen legte er verborgene seelische Zusammenhänge und ins Unterbewußtsein verdrängte seelische Erlebnisse bloß, die er »Komplexe« nannte. Die von ihm angewandte Methode nannte Freud »Psychoanalyse« und bezeichnete sie als »Naturwissenschaft vom Seelischen«. Die vom Psychoanalytiker gelenkte Feststellung von Tatsachen, zu der die von Neurosen Belasteten gelangten, führe durch das Aussprechen und die Selbsterkenntnis zur Entlastung, zur Läuterung und sei die Voraussetzung der Heilung.

Mit seiner Abhandlung »Die infantile Sexualität« schuf Freud wissenschaftliches Neuland. Vor dieser Veröffentlichung, die leidenschaftlichen Widerspruch hervorrief, war die »geschlechtliche Betätigung von Kindern«, das Spielen schon von Säuglingen mit ihrem Penis und von Mädchen an ihrer Klitoris, als »bedenkliche Unart« diagnostiziert worden. Ärzte oder Hebammen hatten die Eltern angewiesen, die Kinder an solchen Manipulationen zu hindern, damit eine »gesundheitsschädliche Frühreife« vermieden werde. Freud hingegen stellte fest, daß solche kindliche Erregungen »normal« seien. Das Bedürfnis nach »Lustgewinn«, die »Libido«, der Sexualtrieb, wohne dem Menschen schon von Geburt an inne. Die infantile Sexualität suche nicht nur in der Berührung der Geschlechtsteile Genuß. Der Mund, die Lippen und die Zunge seien, ebenso wie der After des Kindes, »erogene Zonen«, die Lust vermitteln könnten. Die Brustwarzen der Mutter oder der Amme, der Sauger der Milchflasche, sie seien die begehrten Ziele des Lustverlangens der Säuglinge in der von Freud als »oral«, den Mund betreffend, gekennzeichneten frühesten Phase. Wenn das Nahrungsverlangen nach dem Absetzen von der Brust oder Flasche nicht mehr die Lust am Saugen anrege, werde das Vergnügen, das Säuglinge am Lutschen der Daumen zeigten, offenkundig: Es sei ein geschlechtliches Vergnügen.

Mit noch anderen Thesen schockierte Freud seine Umwelt und seine Zeitgenossen: Kinder fixieren schon frühe leidenschaftliche Zuneigung zu Personen ihrer Umgebung. Die häufigsten Fixationen sind der »Ödipuskomplex«, die sinnliche Liebe des Sohnes zu seiner Mutter, und der »Elektrakomplex«, die geschlechtlich betonte Beziehung der Tochter zu ihrem Vater. In beiden Komplexen komme es zu Eifersucht, wobei das männliche Kind den Vater der Mutter fernzuhalten wünsche, das weibliche die Mutter beim Vater zu ersetzen und seine Annäherung an die Mutter zu verhindern sucht. Mädchen wollen »vom Vater ein Kind als Geschenk erhalten, ihm ein Kind gebären, Knaben ihre Mutter geschlechtlich besitzen«. In der zumeist von der Realität des Geschlechtsaktes unbeschwerten Vorstellung von Kindern spiele das Liebesleben mit Eltern und Geschwistern eine bedeutende Rolle, deren Auswirkungen Neurosen hervorrufen könne.

Anfänglich konnte Sigmund Freud sich nur auf wenige Beobachtungen und Krankheitsgeschichten als Beweismaterial stützen – Grund genug, ihn heftig zu attackieren. Die Tatsache gar, daß er die »kindliche Unschuld« verneinte und die Kindesliebe in Beziehung zur verpönten Geschlechtlichkeit brachte, wurde von seinen konservativen Fachgenossen geradezu wütend bestritten. Man sprach von ihm als einem Scharlatan, der wissenschaftlich nicht ernst genommen werden könne, denn wo seien die physiologischen Beweise für seine psychologischen Thesen? Freud erwiderte, er könne nicht darauf warten, daß die Wissenschaft die Wechselbeziehung zwischen

Körper und Seele ergründe, die Psychoanalyse »müsse sich von jeder ihr fremden Voraussetzung anatomischer, chemischer und physiologischer Natur freihalten«.

Die Bemühungen der Psychologen und Psychiater, das von der geltenden Moral und von der angeblichen Norm so augenfällig abweichende geschlechtliche Verhalten der Menschen zu ergründen, wurden durch Soziologen unterstützt, die ihrerseits in den gesellschaftlichen Zuständen und Wandlungen nach Erklärungen für die Umwälzung in den sittlichen Anschauungen suchten. Die Lebensgewohnheiten und Bräuche in Europa, aber auch in Amerika, begannen sich immer schneller zu ändern. Erfindungen, die als utopisch gegolten hatten, waren verwirklicht worden. Das Zeitalter des Flugzeugs hatte begonnen, der überlieferte Respekt vor Kaisern und Königen wurde brüchig, der Wunsch nach Geld nicht allein zur Sicherung des Wohlstands, sondern darüber hinaus auch als Garantie für ein Wohlleben neuer Art hatte immer weitere Kreise erfaßt, während sozialistisch-kommunistische Agitatoren das unmittelbar bevorstehende Ende des Kapitalismus prophezeiten. Gleichzeitig aber hatte ein Wettbewerb der europäischen Nationen eingesetzt – ein Machtkampf, der den Ersten Weltkrieg auslösen sollte.

Der großen Katastrophe gingen, auf einem verhältnismäßig kleinen Kriegsschauplatz, die Balkankriege voran, deren Greuel zwar in allen zivilisierten Ländern der Erde bekannt wurden, die Herrscher und Staatsmänner der europäischen Länder jedoch nicht so berührten, daß sie das Wettrüsten aufgegeben und sich zu friedlichen Verhandlungen bereit erklärt hätten. Sie behielten nur ihre unmittelbaren Machtziele vor Augen in der Annahme, daß Grausamkeiten, wie sie während des Balkankrieges verübt worden waren, bei ihren Nationen selbstverständlich niemals vorkommen könnten. Doch gerade im Ersten Weltkrieg wurden mit Morden, Schänden, Brandstiften und hemmungslosem Plündern all die eben noch friedlichen Gegenden, die nun zum Kriegsschauplatz geworden waren, heimgesucht. Was die Menschen, die in ihrem zivilen Leben sich den Zehn Geboten Gottes oder den gesellschaftlichen Anstandsregeln ohne weiteres fügten, von einem Tag zum nächsten, von einer Stunde zur nächsten – von dem Moment an nämlich, in dem sie Uniform trugen – veranlaßt haben konnte, eine ihnen selbst zuvor gar nicht vorstellbare Brutalität hemmungslos auszuleben, erklärte Sigmund Freud so: »Der Krieg streift uns die späteren Kultur-Auflagerungen ab und läßt den Urmenschen in uns wieder zum Vorschein kommen.« Der Krieg sei, in psychoanalytischer Formulierung, eine Regression, »ein unbarmherziges Zurückgleiten in eine unendlich lange Generationsreihe von Mördern, denen die Mordlust, wie vielleicht noch uns selbst, im Blut lag. Die ethischen Strebungen der Menschheit, an deren Stärke und Bedeutsamkeit man nicht zu nörgeln braucht, sind ein Erwerb der Menschheitsgeschichte.« Diesen »Erwerb« warfen Millionen von Menschen in beiden Kriegslagern bedenkenlos über Bord, als sie zu den Waffen gerufen wurden. Sie zogen zum großen Teil begeistert in den Krieg, um zu töten, obwohl sie sich dadurch gegen das fundamentale Sittengesetz der Zivilisation vergingen.

Legende des Sexes – aus dem Jahr 1910 von Martin van Maele (geb. ?–1926)

Die unverkennbare Verrohung der Männer in Uniform während des Ersten Weltkriegs wurde auch als »Empörung der Triebe gegen die Zucht der Gesittung« bezeichnet. Es war nicht nur eine Verrohung, die sich in brutalen Handlungen auswirkte, sondern auch eine seelische Verrohung, ein umstürzlerisches Aufbegehren gegen die überlieferte alltägliche Ordnung, die aufgehört hatte, verbindlich zu sein, und eine Revolte gegen die ohnehin aus den Fugen geratene Moral, deren grundsätzliche Geltung mehr denn je in Frage gestellt werden mußte. Die jungen und bald auch die älteren Männer, die Elternhaus und Familien hatten verlassen müssen, lebten jahrelang in einer uniformierten Gemeinschaft, die jedem – je nach Rang – ihre Gesetze aufzwang und genauestens vorschrieb, was er zu tun oder zu lassen hatte. Der Druck, dem sie alle ausgesetzt waren, vergewaltigte oder unterdrückte ihr persönliches Gefühlsleben und nötigte sie so, auch mit ihrem Geschlechtsleben fertigzuwerden, jeder auf seine Art. Die Mehrzahl der Männer, die bald in den Schützengräben des Stellungskrieges ein erbärmliches Dasein führten und nicht mehr durch die abenteuerlich-gefährliche Triumphstimmung eines Vormarsches oder die Niedergeschlagenheit eines Rückzuges von ihren Trieben abgelenkt wurden, mußte sich mit der Selbstbefriedigung begnügen. Die hohen Militärbehörden, die sich bald nicht nur mit Fragen von Strategie, Taktik, Nachschub und Verpflegung zu befassen hatten, sondern auch mit dem Problem des Geschlechtlichen bei ihren Soldaten, empfahlen anfangs die Enthaltsamkeit der Männer als »gesunde Lebensführung«: Der Krieg werde ja nicht lange dauern. Dann hieß es, es gebe doch Urlaub, in dem der »Bedarf« aufgeholt werden könne. Erst als es sich erwies, daß das kurze Glück des Urlaubs die Männer noch unglücklicher werden ließ, wurde die Einrichtung von Kriegsbordellen ins Auge gefaßt. Diese »Aushilfsstationen des Geschlechtlichen« wurden allerdings von eingefleischten Militärbürokraten als widersinnig abgelehnt: »Krieg und Liebe passen nicht zueinander«, hieß es, und zudem sei es auch nur möglich, der Verbreitung von Geschlechtserkrankungen vorzubeugen, wenn man den Mannschaften nahelege, daß sie die »Entbehrungsmaßregel der Enthaltsamkeit« mitsamt den übrigen Entbehrungen hinzunehmen hätten, da es sich ja doch um ihr eigenes persönliches Wohl handele. Wenn nicht andere ärztliche Gutachten die »Etablierung mobiler Freudenhäuser«, ähnlich denen in den französischen und englischen Armeen, befürwortet hätten, da man ja die Gesundheit und Kriegsmoral der Offiziere und Mannschaften berücksichtigen müsse, wäre die Eröffnung von Feldbordellen für die österreichisch-ungarischen und deutschen Heere unterblieben. Die deutschen und die österreichischen Soldaten nannten die Feldbordelle »Feldpuffs«. Über die strengen Bestimmungen, die den militärisch geregelten Geschlechtsverkehr in diesen Etablissements betrafen, machten sich einige Witzbolde mit bitterem Humor lustig, indem sie »Organische Bestimmungen über die Aufstellung, Organisation, den Betrieb und militärische Leitung, Unterstellung und Verwaltung von mobilen Feld- und Reserve-Freudenhäusern (Feldbordellen resp. Feldpuffs)« verfaßten. Diese von Magnus Hirschfeld in seiner »Sittengeschichte des Weltkriegs« veröffentlichten »Bestimmungen« waren »in unzähligen Maschinenabschriften bei allen Truppen der österreichisch-ungarischen Armee verbreitet«. Mit grimmigem Lachen wurde hier die so traurig-ernste Geschlechtsnot der »Schützengrabenschweine« überspielt. Die Bestimmung für den »Betrieb der Feldpuffs« lautete: »Als Grundsatz hat zu gelten, daß ein Offiziers-Mädchen innerhalb vierundzwanzig Stunden durchschnittlich sechs-, eine Mannschafts-Hure zwölfmal zur Ausgabe behufs Füllung an die Bezugsberechtigten zu gelangen hat. Die zulässige Benützungsdauer wird für Mannschaftspersonen mit fünfzehn Minuten, für Ober-Offiziere mit dreißig Minuten, für Stabs-Offiziere mit sechzig Minuten und für Generäle mit hundertzwanzig Minuten normiert. Bei Benützung ist das hechtgraue Feld-Präservativ M 14–15, Marke Neo-Salvarsan unzerreißbar, zu benützen … Bemerkt wird, daß infolge des übermäßig starken Verbrauchs der genannten Marke und der derzeitigen Unmöglichkeit, einen ähnlichen Artikel aus Paris zu erhalten, die größte Sparsamkeit geboten erscheint, da sonst der Nachschub dieses Artikels, welcher auch im Hinterlande einer erhöhten Nachfrage unterliegt, bald überhaupt unmöglich werden könnte.«

Aus dem übermütig-gehässigen Spaß der in der Öde und im Dreck des Stellungskrieges demoralisierten Männer sprach nicht nur ihr Zynismus, sondern auch die Zersetzung des Respekts vor der militärischen Obrigkeit, die Verachtung der Generäle und die Verdammung des Krieges, der die Menschen physisch und moralisch zugrunde richtete. Im übrigen entsprachen die satirischen »Bestimmungen« weitgehend den solchermaßen persiflierten tatsächlichen Anordnungen, die das »Feldbordellwesen« regelten. Es ging den Militärbehörden aller Heere in erster Linie darum, der Verbreitung von Geschlechtskrankheiten durch hygienische Maßnahmen entgegenzuwirken. Die Militärpolizei agierte in den öffentlichen Häusern als Sittenpolizei. Die Prostituierten mußten sich ärztlichen Untersuchungen unterziehen und die militärischen Vorschriften beachten. In Bordellen waren Verordnungen angeschlagen, die den Prostituierten und den sie besuchenden Soldaten ihre Handlungsweise genauestens vorschrieben. Da standen nun die Männer, in Reihen angestellt, um die militärisch genehmigte gewerbsmäßige Unzucht zu »genießen«. Ob es verheiratete oder ledige Männer waren, tat nichts zur Sache. Die Moral des organisierten Geschlechtsverkehrs war nicht das Problem. Die Männer sollten ihren Trieb stillen, damit sie ihren Dienst nicht vernachlässigten, indem sie »auf Gedanken« kamen und unruhig wurden. Bei den Einheiten nahmen Sanitätssoldaten oder Sanitätsunteroffiziere sogenannte »Schwanzparaden« vor, um festzustellen, ob sich an den Gliedern der Männer Merkmale venerischer Krankheiten zeigten. Erkrankten wurde der Besuch der Bordelle verboten. Die demütigende Herabwürdigung des Geschlechtlichen erzeugte in sensibleren Männern schwere Neurosen. In vielen Fällen war die Impotenz die Folge.

Viele Frauen von Urlaubern, die aus dem Feld geschrieben hatten, wie sehr sie sich nach der ehelichen Umarmung sehnten, waren überrascht und verzweifelt, wenn ihre Männer nach langer Abwesenheit im Bett versagten. Diejenigen, die den Abwesenden die Treue in der Hoffnung auf das Wiedersehen gehalten hatten, wurden unsicher und gaben der ersten sich bietenden Versuchung nach. Sie wurden ihren Männern untreu, wie so viele der Nachbarinnen, denen die geschlechtliche Enthaltsamkeit unerträglich geworden war. Wie an der Front und in der Etappe bei den Männern, so wirkte sich auch in der Heimat bei den Frauen der Krieg verheerend aus. Der Taumel der Begeisterung, der zu Beginn des Krieges in allen kriegführenden Ländern nahezu alle Frauen erfaßt hatte, war nach wenigen Monaten einer Niedergeschlagenheit gewichen. Die Steigerung des Lustempfindens der Frauen beim Abschied der Männer, ihre durch die Kriegspropaganda geweckte patriotische Befriedigung, dem Vaterland ihr Liebstes gegeben zu haben, der Stolz auf die Uniform, der sich die Männer als »Helden« würdig erweisen würden – all das hatte eine Hochstimmung entstehen lassen, die in sich zusammenbrach, als die Verlustlisten immer länger wurden und sich in den Feldpostbriefen der gedrückte Gemütszustand der Männer kundtat. Die Angst vor der eigenen Zukunft und die Angst um das Leben der an den Fronten in jedem Augenblick tödlichen Gefahren ausgesetzten Männer verbanden sich mit der beängstigenden Einsamkeit der Frauen, die ihre Lebensgefährten vermißten, auch wenn sie zuvor ihre Nähe als belästigend und störend empfunden hatten. Die Gewöhnung an die Lebensgemeinschaft in Liebe, Haß oder Gleichgültigkeit hatte die

Schicksale so eng aneinandergeknüpft, daß sie die unfreiwillige Trennung unerträglich erscheinen ließ. Der Zwang zur Verantwortlichkeit, die der Mehrzahl der bürgerlichen Frauen durch ihre Männer abgenommen worden war, wirkte sich bedrückend aus. Sie waren bemüht, den Haushalt mit beschränkten Mitteln möglichst unverändert aufrechtzuerhalten, den Kindern den Vater zu ersetzen und gute Miene zum bösen Spiel zu machen, wenn sie nicht als »unpatriotisch« verschrien werden wollten. Denn es galt als unabweisliche Pflicht der Frauen, die körperlichen und seelischen Entbehrungen des Krieges gelassen auf sich zu nehmen: In allen Ländern schrieb ihnen die Propaganda in gleicher Weise vor, sich zum Wohle des Vaterlands zu jedem Opfer bereitzuhalten. Bald erwies es sich auch als nötig, daß sich Frauen in männlichen Berufen betätigten, um die Lücken in der Industrie, in Handel und Gewerbe und in den öffentlichen Dienststellen zu füllen, die durch die jäh anwachsenden Einberufungen von Männern entstanden. Die wirtschaftliche Unabhängigkeit, die nicht wenige Frauen dadurch gewannen, gab ihnen zwar die Genugtuung, selbständig zu sein, ihren Mann stellen zu können – aber es fehlte ihnen die Möglichkeit, sich weiblich zu betätigen: Die Lebensmittel und Genußgüter wurden mit dem Fortschreiten des Krieges immer knapper, die Kosmetika zur Seltenheit. Gute Kleiderstoffe gab es nicht mehr, denn die Textilindustrie hatte ja Uniformtuch zu fabrizieren. Und im blockierten Mitteleuropa trat infolge des Mangels an Rohstoffen allenthalben »Ersatz« an die Stelle des Altgewohnten. Doch auch in den anderen Ländern fehlten den Frauen die kleinen Freuden, die Möglichkeit, sich zu verschönern. Sie vermännlichten sich nicht nur durch die männlichen Berufe, die sie versahen, sondern auch im Aussehen – eine Entwicklung, die dann nach dem Ersten Weltkrieg rapide weiterging: Die Frauen schnitten die langen Haare ab und trugen »Tituskopf«- oder »Bubikopf«-Frisuren, und die Röcke wurden immer kürzer.

Noch aber war Krieg, und von Tag zu Tag wuchs die Geschlechtsnot, bei den Männern »draußen« und bei den Frauen in der Heimat. Zeitgenössische Berichte aus allen europäischen Ländern stimmen darin überein, daß die Fälle von Ehebruch seitens der Frauen geradezu bestürzende Ausmaße annahmen. Auffallend dagegen sind die verhältnismäßig seltenen Berichte über Selbstmorde von Frauen während des Krieges: Nur vereinzelte machten ihrer Verzweiflung über Einsamkeit und Geschlechtsnot ein Ende, indem sie sich das Leben nahmen. Wohl aber haben die Sexualforscher bei ihren Untersuchungen über »die völlige Umwälzung, die der Krieg auf geschlechtlichem Gebiet hervorrief«, festgestellt, daß sich viele Frauen der Selbstbefriedigung ergaben, »mit ihren nervösen Folgezuständen, bisweilen auch Perversionen, unter denen der ›amor lesbicus‹ wohl die Hauptrolle spielt«. Die vermännlichte Frau, die keinen Liebhaber fand oder finden wollte, suchte eine Geliebte, um sich selbst und ihr den fehlenden Mann körperlich oder seelisch zu ersetzen. Solche gleichgeschlechtlichen Beziehungen der Frauen zueinander waren ein Gegenstück zu der Homosexualität der Männer im Felde, die nicht nur bei den deutschen, sondern auch bei den französischen und englischen Einheiten so gebräuchlich war, daß an die Soldaten Flugzettel mit der Warnung vor der »Schandbarkeit widernatürlicher Unzucht« verteilt wurden. Schon engere Freundschaften unter Offizieren oder Mannschaften galten nicht selten als verdächtig. Und wer sich nicht zur »natürlichen Befriedigung« im Feldbordell meldete, konnte in den Ruf kommen, »pervers« zu sein. Gab es nicht für jeden »gesunden Bock eine Ziege«? Die als »Ehe-Piraten« bezeichneten Urlauber, die sich brüsteten, mit wie vielen Frauen sie außer der eigenen Geschlechtsverkehr gehabt hätten, standen hoch im Ansehen; besorgte Kameraden hüteten sich allerdings, ihnen beim nächsten Urlaub Nachrichten für die Ehefrauen oder Bräute mitzugeben: Prahlereien von Urlaubern und vielerlei Gerüchte hatte die Soldaten hinsichtlich der weiblichen Treue sehr mißtrauisch werden lassen. Verstärkt wurde solches Mißtrauen noch durch den Einsatz von »Stoßtrupp-Mädels«, wie man in der deutschen Armee die in der Etappe zur Dienstleistung verpflichteten Frauen wegen ihres oft genug sehr lockeren Lebenswandels nannte. In Paris hatten sich mehr als hunderttausend Ehefrauen aus der Provinz angesiedelt, von denen viele sich der Prostitution ergaben, um sich und ihre Kinder ernähren zu können. Während die allgemeine Not immer größer wurde, entstanden Hunderte von Klubs, in denen, möglichst geheimgehalten, ein wüstes nächtliches Treiben herrschte. In Frankreich hatte, wie überall, der Krieg zur Verarmung der Massen geführt, aber auch eine maßlose Bereicherung von Kriegslieferanten und Spekulanten mit sich gebracht, die willige Soldatenfrauen an ihren Kriegsgewinnen teilnehmen ließen. Bei den Festen, die sie feierten, wurde so schamlos geliebt, so hemmungslos gespielt und getrunken, daß die Sittenpolizei wiederholt einschritt – freilich ohne Erfolg, denn der Klub, der in dem einen Haus geschlossen worden war, eröffnete in der nächsten Nacht in einem andern Haus. Magnus Hirschfeld berichtet, daß ähnliche Orgien wie in Paris zur gleichen Zeit auch in London und Berlin stattgefunden haben, und zitiert in diesem Zusammenhang die Untersuchung eines Dr. Huot über die »durch den Krieg hervorgerufene soziale Umwälzung, die in allen Geistern erregte Verwirrung und auch die vollkommene Unabhängigkeit, die infolge der langen Abwesenheit der Männer in gewissen Frauenkreisen eine Art Aufhebung der sittlichen Verpflichtungen und einen Zustand wahrhaft sittlicher Anarchie zur Folge gehabt hat«.

Es nützte nichts, daß in London ein »Kontrollrat für die öffentlichen Sitten«, geschaffen wurde, um die »sexuelle Mißwirtschaft« zu bekämpfen und eine wirksame Überwachung jener Stätten zu erreichen, an denen die »Einleitung des wahllosen Geschlechtsverkehrs und die Anbahnung wilder Beziehungen« erfolgten, »wo Liebe verkauft und verschenkt wird«. In den Zeitungen stand: »Die Unsittlichkeit in London ist einfach haarsträubend geworden.« Es wurde während des Ersten Weltkriegs in London und St. Petersburg, in Paris, Berlin und Wien in gleicher Weise gehurt und getrunken, während der »Kriegsrausch« der Fronttruppen sich in einen verzweifelten Katzenjammer verwandelte.

Zeittafel

1918–1921 Bürgerkrieg in Rußland, endet mit dem Sieg der Bolschewisten unter Lenin und Trotzki

1918 November-Revolution in Deutschland, Abdankung Wilhelms II. und aller regierenden Fürsten

1918 Abdankung Kaiser Karls I. von Österreich

1919 Bei den Wahlen zur Nationalversammlung haben in Deutschland die Frauen zum erstenmal Stimmrecht

1919–1933 Weimarer Republik

1919–1933 Prohibition in den USA

1922 »Marsch auf Rom«: Machtübernahme Mussolinis (*1883) in Italien

1922 Wladimir Iljitsch Lenin (*1870) erster Regierungschef der Sowjetunion (bis 1924)

1923 Besetzung des Ruhrgebiets durch die Franzosen

1923 Höhepunkt der Inflation in Deutschland

1924 Jossif Wissarionowitsch Stalin (*1879) wird Nachfolger Lenins

1924–1929 »Die Goldenen Zwanziger Jahre« in Deutschland

1925 Paul von Hindenburg (*1847) wird deutscher Reichspräsident (bis 1934)

1926 Theodor Hendrik van de Velde: Die vollkommene Ehe

1926 Tod Rudolf Valentinos, des berühmtesten Filmschauspielers seiner Zeit

1927 Charles A. Lindbergh überfliegt den Nordatlantik

1927 Die ersten erfolgreichen Tonfilme kommen aus Hollywood

1927 Josephine Bakers sensationelle Auftritte in Paris

1928 Uraufführung von Bert Brechts »Dreigroschenoper« in Berlin

1929 Beginn der Weltwirtschaftskrise

1929 Die Lateranverträge zwischen dem italienischen Staat und dem Heiligen Stuhl sichern die Unauflösbarkeit der Ehe

1932 Höhepunkt der Arbeitslosigkeit in Deutschland: Über 6 Millionen Arbeitslose

1933–1945 »Drittes Reich« unter der Herrschaft Adolf Hitlers (*1889) und der Nationalsozialisten

1933–1945 Franklin D. Roosevelt (*1882) Präsident der USA

1936 Gründung des »Lebensborn« durch Heinrich Himmler

1936–1939 Spanischer Bürgerkrieg, endet mit dem Sieg der Falange unter Franco

1939–1945 Zweiter Weltkrieg

1945 Zusammenbruch des »Dritten Reiches«, Selbstmord Hitlers

6 »Vermehret euch!«

Von 1918 bis 1945

Die Friedensverträge, die das Ende des Blutvergießens besiegeln sollten, brachten weder den ersehnten Frieden noch die erhoffte Stabilisierung der erschütterten Moral – den Siegermächten ebensowenig wie den Besiegten. Das sittliche Verhalten der Männer und der Frauen wurde in den schnellebigen Zeitläufen bis in unsere Gegenwart entweder von diktatorischen Machthabern den jeweiligen Bedürfnissen ihrer politischen Systeme zwangsläufig angepaßt oder aber von jener individuellen, oft geradezu anarchischen Selbstbestimmung gelenkt, die sich schon während des Weltkriegs angekündigt hatte. Die einzige Gemeinsamkeit in beinahe allen europäischen Staaten (und in Amerika) war die allmähliche Anerkennung der Gleichberechtigung der Frauen.

In Rußland erhielten sie unverzüglich das Stimmrecht nach dem Ausbruch der Revolution, die einen vollkommenen Umsturz der bestehenden Gesellschaftsordnung bezweckte und erreichte. Da nun nicht mehr die Kirche, sondern der Staat auch die äußeren Formen des menschlichen Zusammenlebens regeln sollte, wurde die kirchliche Trauung, ohne die bisher eine Eheschließung unmöglich gewesen war, abgeschafft; die standesamtliche Eintragung der Ehewilligen genügte, und Eheschließungen wurden als gültig anerkannt, sobald Mann und Frau sie gemeinsam registrieren ließen; auch wenn sich einer der beiden nunmehr gleichberechtigten Ehepartner gegen die Scheidung stellte, sprachen die angerufenen Gerichte sie mit seltenen Ausnahmen aus. Diese gesetzlichen Bestimmungen, die zwar die Bindung wie die Lösung des ehelichen Zusammenlebens erleichterten, erkannten jedoch die Institution der Ehe als die natürliche Lebensgemeinschaft beider Geschlechter nach wie vor an. Die Ehe der bürgerlichen Gesellschaft hingegen war nach kommunistischer Auffassung unmoralisch, weil nur in den seltensten Fällen aus gegenseitiger geschlechtlicher Liebe geschlossen, vielmehr aus wirtschaftlichen Gründen, wobei die Männer ihre Frauen als »Haus-Sklavinnen« und »Heim-Prostituierte« ausgebeutet und erniedrigt, sich selbst aber geschlechtliche Freiheit vorbehalten hätten. Nun jedoch, so argumentierten die revolutionären Gesetzgeber, nun, da die Ehefrauen durch die Abschaffung des Privateigentums und die Gewährung voller Gleichberechtigung wirtschaftlich und politisch von den Ehemännern unabhängig seien, würden sie die Ehe nicht mehr als untragbares Joch empfinden und ihre unzweifelhaften Vorteile genießen, und dies um so mehr, als Engels doch prophezeit hatte, daß die Männer in der kommunistischen Gesell-

schaftsordnung von ihren geschlechtlichen Seitensprüngen ablassen würden, denn: »Fallen die ökonomischen Rücksichten weg, infolge deren die Frauen sich die gewohnheitsmäßige Untreue der Männer gefallen ließen – die Sorge um ihre eigene Existenz und noch mehr um die Zukunft der Kinder –, so wird die damit erreichte Gleichstellung der Frauen, allen bisherigen Erfahrungen nach, in unendlich stärkerem Maß dahin wirken, daß die Männer monogam, als dahin, daß die Frauen polyandrisch werden.«

Die Voraussetzungen dafür, daß diese Theorie sich als richtig erwiesen hat und mit Erfolg in die Praxis umsetzen ließ, waren einmal die ökonomische Selbständigkeit der Frauen und zum zweiten die Bestätigung ihrer monogamen Veranlagung, ihrer eindeutigen Neigung zu geschlechtlicher Ausschließlichkeit. Nach dem Tod von mehr als 1700000 Russen auf den Schlachtfeldern und nach der gewaltsamen Ausschaltung der Bourgeoisie aus dem Wirtschaftsleben gab es genug Arbeitsplätze für Frauen. Wie amtlich festgestellt wurde, verdoppelte sich, im Verhältnis zur Vorkriegszeit, die Zahl der in Rußland geschlossenen Ehen während der ersten Jahre nach der Revolution, und die Scheidungen verringerten sich nach einer vorübergehenden Zunahme auf fünf vom Hundert der Eheschließungen. Genau das aber brauchte Lenin, denn er wollte für die Sowjetunion mehr Menschen – und das hieß Geburtenzuwachs. Diesen wiederum glaubte der Gründer des Sowjetstaates nur durch die Familienbildung in der Einehe erreichen zu können. Und so förderte er die von den Gegnern der »bürgerlichen Institution« bekämpfte Ehe. Die unter der Diktatur des Proletariats lebenden Männer und Frauen entzogen sich jedoch bald, wenn auch nur vorübergehend, der Bevormundung durch den Staat. Eheleute, die durch äußere Umstände getrennt worden waren, unterließen es nur allzuoft, die Scheidung registrieren zu lassen. Männer und Frauen, die es zueinanderzog, lebten in bunter Reihe kurzfristig miteinander, ohne zu heiraten. Die »freie Liebe« wurde so populär, daß eine neue Ehegesetzgebung notwendig erschien, durch die man die Gemeinschaft der freien Liebe der Ordnung halber der Ehe gleichsetzte. Wenn ein Mann oder eine Frau verheiratet gewesen war, genügte jetzt eine schriftliche Mitteilung an das Standesamt, das die Ehe registriert hatte, eine »Scheidungs-Postkarte«, um die Ehe zu lösen. Die theoretischen Fragen, ob die Männer wirklich monogam seien und die Frauen nicht doch polyandrisch, kamen längere Zeit nicht mehr zur Sprache – sie waren für den Aufbau der Sowjetunion nicht so wesentlich wie die Folgeerscheinungen der Promiskuität: In freier Liebe wurden weniger Kinder gezeugt. Das aber hieß, daß wilde Ehen dem so notwendigen wirtschaftlichen Aufbau nicht zuträglich waren. Zudem demoralisierte der häufige Wechsel von Geschlechtspartnern die Bevölkerung, die schon durch die Schließung der Kirchen, Synagogen und Moscheen und durch die Verneinung der Existenz Gottes um den Halt gekommen war, den die »bourgeoise Moral« ihr geboten hatte, und so griff die Sowjetregierung ein, »um die Dauerehe zu stützen«: Sie erschwerte die Scheidungen. Wer sich

Lithographie aus dem Jahr 1925 von Charles Martin

scheiden lassen wollte, mußte eine Gebühr bezahlen, die sich mit jeder neuerlichen Scheidung erhöhte. Überdies entwickelte sich bei der Mehrzahl der nun in verbesserten wirtschaftlichen Verhältnissen lebenden Frauen ein verstärktes Verlangen nach der Beständigkeit geschlechtlicher Beziehungen – sie neigten dem gesicherten Familienleben zu. War es also dem Einfluß der offenbar keineswegs polyandrischen Veranlagung der russischen Frauen zuzuschreiben, daß die Scheidung durch hohe Gebühren so erschwert wurde, daß sich nur wenige Sowjetbürger die geschlechtliche Freiheit erkaufen konnten? Die meisten ließen es jedenfalls gerne gelten, daß der Staat die Institution der Ehe nicht nur guthieß, sondern sogar förderte – um der Vermehrung willen, denn die Sowjetunion brauchte Menschen, Menschen, Menschen – für ihre wirtschaftliche und militärische Stärkung. Ein Jahr nach der Russischen Revolution mußten das Deutsche Reich und seine Verbündeten die Waffen strecken. Die verhältnismäßig geringfügigen Revolten und Aufstände, die in Deutschland nach dem militärischen Zusammenbruch mit dem Ziel ausbrachen, auch hier die »kommunistische Weltordnung« einzuführen, wurden gewaltsam unterdrückt. Die soziale Unruhe, die unvermindert weiterschwelte, hatte lediglich die Abschaffung der Monarchie zur Folge. Kaiser Wilhelm II. entzog sich der Verantwortung durch die Flucht; die anderen deutschen Herrscher widersetzten sich ihrer Entthronung nicht. Charakteristisch für ihre Haltung war die Aufforderung des Königs von Sachsen an seine Untertanen, künftig »ihren Dreck alleene zu machen«. Die gekrönten Vorbilder der Deutschen verschwanden ohne Sang und Klang. Statt des Kaisers, der Fürsten, des Adels und der Großbourgeoisie gab nun eine neue Schicht den Ton an: die Schieber, rücksichtslose Geschäftemacher, die über Nacht reich wurden.

Nicht nur in Deutschland und bei den Völkern des ehemaligen Österreich-Ungarn wirkten sich die Folgen des Krieges auf das Verhalten der Männer verheerend aus. Auch in England und Frankreich fanden sich Millionen Heimkehrer in der veränderten Gegenwart nicht zurecht. Die »Landser«, »Poilus« und »Tommys« waren zu lange Soldaten gewesen, als daß sie sich reibungslos wieder in ein Familienleben hätten einfügen können. Sie vermißten die Vertraulichkeit der Schicksalsgemeinschaft mit ihren Kriegskameraden – jene männliche Welt, in der man weder Worte auf die Waagschale legen noch Gebärden zügeln mußte. Mit Bitterkeit empfanden sie, daß die Wertungen im zivilen Leben so ganz anders waren als in der Welt der Soldaten. Die Heimkehr war für die meisten Männer eine Qual, die sie um so mehr bedrückte, als sie oft jahrelang nichts mehr ersehnt hatten.

Die Enttäuschung, die Familienzerwürfnisse auslöste und Ehen zerstörte, trieb die Männer auf die Suche nach Erlebnissen, die das ihnen verpfuscht erscheinende Leben lebenswert machen könnten. Die Prostitution, die schon während des Krieges so sehr zugenommen hatte, blühte allenthalben gewaltig auf. Die Bars waren mit Heimkehrern überfüllt. Nur der Alkohol konnte

Kolorierte ungarische Tuschzeichnung aus dem Jahr 1925, anonym

die Niedergeschlagenheit betäuben, die Stimmung heben – der Alkohol und Rauschgifte. Niemand wußte, woher die »heiße Ware« mit einemmal in den Handel gekommen war. In den Bars boten Kellner, an den Straßenecken Zuhälter unterderhand Morphium, Kokain und Heroin jedem an, in dem man einen möglichen Kunden witterte. Die Süchtigen aber kannten die Quellen und gaben ihre Kenntnis an Freunde und Bekannte weiter, die ihrerseits oft genug dem Laster verfielen. Manche der von der Sucht nach Rauschgift Besessenen hatten während des Krieges als Verwundete oder Erkrankte die so wohltuend schmerzlindernde und euphorisierende Wirkung von Morphium erfahren – jetzt konnten sie auf die künstliche Hebung ihres Lebensmuts nicht mehr verzichten. Die Prostituierten hatten gelernt, daß Kokain den Geschlechtstrieb steigerte. Sie selbst nahmen »Koks«, und sie verkauften ihn an ihre Besucher, um den profanen Geschlechtsakt zum Rausch zu erhöhen. Hunderttausende Männer und Frauen in Mitteleuropa wie in England und Frankreich wurden Opfer der Rauschgiftseuche, die sich so ausbreitete, daß die Behörden, fürs erste meist vergeblich, die geheimen internationalen Organisationen der Rauschgifthändler und -schmuggler aufzuspüren begannen.

Das für die Zeit nach dem gewonnenen Krieg verheißene Glück war den Völkern der alliierten Mächte nicht beschieden. Deutschland war zwar als »allein am Krieg schuldig« und zur Zahlung von enormen Reparationen verurteilt worden, und in Frankreich hieß es: »Le boche payera tout« – aber das war Zukunftsmusik. Wem würden die Reparations-Milliarden der Deutschen zugute kommen? Wer würde Nutznießer sein? Keineswegs doch wohl diejenigen, die durch den Krieg Haus und Hof, den Ernährer, die Existenz verloren hatten! Das Mißtrauen der Franzosen gegen ihre Regierung, die mit dem »Sieg der Nation« prahlte und zuwenig tat, die Not zu lindern, machte sie störrisch. Und daß sich in »ihrem« Paris mehr fremde Staatsmänner breitmachten als eigene, verdroß die Bürger der Hauptstadt. Die exotischen Fremden wurden von dem hemmungslosen Vergnügungstaumel mitgerissen, in den sich die Pariser und Pariserinnen gestürzt hatten. Die Nachtlokale waren übervölkert. Nur mit Straußenfedern bekleidete Tänzerinnen boten auf den Revue-Bühnen ihre Nacktheit in obszönen Stellungen an, halbbekleidete Sängerinnen produzierten sich mit schlüpfrigen Chansons. In den Tanz-Cafés auf dem Montparnasse und dem Montmartre vergaßen Männer und Frauen beim Foxtrott und bei den modernen »Schiebe-Tänzen« ihr Elend. Die Gier nach Belustigung und Lust in jeder Form, um sich schadlos zu halten für die erlittenen Entbehrungen, riß alle Schranken nieder. Lebens- und liebeshungrige Frauen warteten nicht darauf, daß Männer, die ihnen gefielen, sie zum Tanzen aufforderten. Die Bescheidenheit der »Mauerblümchen« war längst vergessen. Jetzt wählten sich die Frauen ihre Partner nach ihrem Belieben zum Tanz und zur Liebe.

Bei den in Deutschland vom »Rat der Volksbeauftragten« ausgeschriebenen Wahlen zur Nationalversammlung hatten die Frauen zum erstenmal Stimmrecht. »Aus dem Geist der Humanität und des warmen, mitfühlenden Lebens« sollte eine Erneuerung des politischen und sittlichen Lebens erwachsen, und daran sollten die nunmehr wahlberechtigten Frauen mitwirken. In diesem Sinne stellte die von der Weimarer Nationalversammlung beschlossene Verfassung »die Ehe als Grundlage des Familienlebens und der Erhaltung und Vermehrung der Nation« unter ihren besonderen Schutz. Diese Proklamation sollte all die Frauen und Männer zur Besinnung bringen, die an der Bedeutung und am Wert überlieferter Sitte und Moral zweifelten. Die Zahl der Ehescheidungen hatte in Deutschland in erschreckendem Ausmaß zugenommen: Nicht nur Männer, die von ihren Frauen während des Krieges »betrogen« worden waren, auch Frauen, die sich ihren Ehemännern entfremdet und andere Männer kennengelernt hatten, zogen es vor, die »Scheinehen« nicht mehr fortzusetzen. Und der verlorene Krieg hatte so manche Frau, die aus Vaterlandsliebe an der Tradition der »deutschen Frauenmoral« festgehalten hatte, um diese Illusion gebracht. Das Vaterland – war es nicht ein Spielball der Siegermächte geworden, die es mit der Eintreibung von Reparationen ausplünderten? Nationalistische Hetzer machten sich diese Stimmung zunutze: Lautstark verkündeten sie, das stolze deutsche, »im Kriege unbesiegte« Heer sei durch einen »Dolchstoß von hinten« in die Knie gezwungen worden. Die Weimarer Verfassung rufe zwar zur Völkerversöhnung auf. Aber wie sei es denn mit der »schwarzen Schmach« im besetzten Rheinland, wo Frankreich auch farbige Soldaten stationiert hatte?

Als die Franzosen das Ruhrgebiet besetzten, um verzögerte Kohlenlieferungen aus den Reparationsverpflichtungen zu erzwingen, rief die Reichsregierung zum passiven Widerstand auf, sah sich dadurch aber gezwungen, viele Hunderttausende von Streikenden zu unterstützen, und das bei einer ohnehin denkbar schlechten Finanzlage infolge einer äußerst geschwächten Wirtschaft: Das Reich hatte kein Geld. Es half sich mit dem bequemsten Mittel: Es druckte Geld, immer mehr und ohne jede Deckung. So wurde aus der schleichenden Geldentwertung die galoppierende Schwindsucht der Inflation: Konnte man sich gestern noch für eine Million Mark einen Laib Brot kaufen, so reichte bald eine Milliarde und dann eine Billion nicht einmal mehr dafür. »Ein papierener Wasserfall überschwemmte das Reich.« Die Angehörigen des deutschen Mittelstandes und alle kleinen Sparer wurden über Nacht zu Bettlern. Mark-Milliardäre konnten sich in den Volksküchen kaum eine Wassersuppe kaufen. Nur wer Sachwerte hatte, war nicht völlig verarmt. Für Warengüter konnte alles nur Erdenkliche erworben werden. Es gab nichts, das nicht feil war und von gewissenlosen Geschäftemachern zu Spottpreisen erstanden wurde. Die »Raffkes«, die großen und kleinen Schieber der Inflation, waren Stammgäste der prosperierenden Nachtlokale. Sie konnten sich alles leisten, hielten sich Rennställe – und Frauen.

Die Entwertung des Geldes durch die Inflation brachte mit der gesellschaftlichen Umschichtung auch eine Entwertung dessen mit sich, was traditionell für Anstand, Sitte und Moral gegolten hatte, soweit das nicht schon durch den Krieg geschehen war. Selbst die Hungernden und Frierenden, die

Radierung aus dem Jahr 1917 von Michel Fingesten (1883–1943)

ausgeschlossen waren vom wilden »Tanz auf dem Vulkan«, drängte es zum Geschlechtsverkehr als dem einzigen »billigen« Vergnügen: »dem Brot der Armen«.

In der benachbarten kleinen Republik Österreich, die nach dem Zerfall der in Nationalstaaten aufgeteilten Österreich-Ungarischen Monarchie mit ihrer Selbständigkeit allein wirtschaftlich nicht fertig zu werden vermochte, hatte die Entwertung des Geldes einen ähnlichen Verfall zur Folge wie in Deutschland. Die Inflation vernichtete Existenzen und korrumpierte die schon während des Krieges empfindlich gelockerte Moral. Die wahre Stimmung der Frauen und Mädchen gab ein Chanson wieder, das man in den Bars und Nachtlokalen sang: »Will ein Mann, der was kann, meine Gunst erringen, muß er außer Dollars noch den Beweis erbringen, daß er mich auch irgendwo ..., Kellner, einen Curaçao, Curaçao für Mister Brown, ja, so sind wir Wiener Frau'n.«

Mister Brown – der Name stand für alle Amerikaner – war der umworbenste Mann, nicht nur in Wien, auch in Berlin und Paris. Er bezahlte, was immer er auch genießen wollte, mit Dollarnoten, die, jede einzelne, ein kleines Vermögen wert waren. Das Grün der Scheine war das Grün der Hoffnung auf den Besitz von Dingen, die mit der wertlos gewordenen heimischen Währung nicht erstanden werden konnten. Jeder Amerikaner galt als Krösus, er war ein Pascha, der sich »im europäischen Harem der Käuflichkeit« so viele und so verschiedene Frauen leisten konnte, als ihn die Lust ankam.

Die geradezu aggressive Willfährigkeit der europäischen Frauen überraschte und entzückte die Amerikaner, die noch an die vom Puritanismus geprägte Zurückhaltung ihrer Frauen glaubten. Vor der »Prohibition«, dem Verbot der Herstellung und des Ausschanks alkoholischer Getränke (das gleichzeitig mit der Gewährung des Frauenstimmrechts in den Vereinigten Staaten erlassen wurde), war die geschlechtliche Moral der Frauen von den Männern so hoch eingeschätzt worden, daß es für verwerflich gegolten hatte, günstige Gelegenheiten zum vorehelichen oder außerehelichen Geschlechtsverkehr auszunützen. Denn noch immer hielt man sich an die strengen Sittengesetze aus der Zeit, da die frühen calvinistisch-puritanischen Einwanderer in die Neue Welt gekommen waren. Im Mittelwesten ging die Achtung des vorehelichen Geschlechtsverkehrs – mit dem Zweck, die Frauen vor der Begierde der Männer zu schützen – so weit, daß in einem Gesetzesparagraphen jedem Mann, der ein Mädchen erfolgreich ins Bett lockte, eine Strafe von fünf Jahren Zuchthaus und schon für den Versuch zweieinhalb Jahre angedroht wurden. Auf jede Ausübung von »Sodomie«, zu der man auch den als widernatürlich beurteilten Geschlechtsverkehr »per anum« zwischen Eheleuten rechnete, stand schwere Strafe. Nur im kosmopolitischen New York war es Eheleuten freigestellt, sich miteinander geschlechtlich so zu betätigen, wie es ihnen gefiel.

Die alten puritanischen Sittengesetze wurden auch nicht gemildert, als es offenkundig wurde, wie sehr die Prohibition die Moral Amerikas untergraben hatte. Die »Trockenlegung«, mit der man den durch die Heimkehrer des Weltkriegs verstärkten Alkoholismus bekämpfen und die Gesundheit der Bevölkerung schützen wollte, rottete die Trunksucht keineswegs aus. Illegale Untergrund-Organisationen schossen wie Pilze aus dem Boden und sorgten für die geheime Herstellung und Verbreitung der verbotenen Spirituosen zu Überpreisen. In beinahe allen Städten gab es versteckte Lager, in denen Fässer mit »Mondschein«-Whisky gestapelt waren, und verschwiegene Bars, in denen der verpönte Trunk ausgeschenkt wurde. Die Revolte der Trinker gegen die Prohibition vereinigte zahllose Männer und Frauen im unterirdischen Widerstand gegen das Gesetz. Schlimmer aber noch war, was das Alkoholverbot an Verbrechen zur Folge hatte. Konkurrierende »Gangs« kämpften mit der Waffe in der Hand um ihre Absatzgebiete. Die blutigen Gewalttätigkeiten des

»Wilden Westens«, nach der Erschließung des ganzen Landes vor allem durch den Film zur volkstümlichen Legende hochgelobt, tobten nun in den Straßen der Millionenstädte. Die Keller und Bars, in denen es »schwarz« gebrannten oder geschmuggelten Whisky gab, wurden zu Sammelplätzen von Männern und Frauen, die sich nicht nur gegen die Prohibition vergingen, sondern auch gegen die Sittengesetze. Während sich in Europa Mädchen und Frauen für Valuta hingaben, waren in Amerika Mädchen und Frauen bereit, ihre Gunst für einen Schluck Whisky zu verkaufen. Unter der Oberfläche des scheinbar ungestörten täglichen Lebens fraßen sich Trunksucht und Unsittlichkeit wie eine Krebsgeschwulst weiter und weiter. Und noch etwas kam hinzu: Die amerikanische Wirtschaft, die schon während des Krieges einen gewaltigen Aufschwung genommen hatte, gewann immer mehr Konsumenten für eine Vielfalt neuer Erzeugnisse, deren Gebrauch die Sitten veränderte. So hatte man es als unschicklich abgelehnt, wenn sich Frauen schminkten oder die Lippen rot färbten. Nur bei »billigen« Mädchen war dies üblich gewesen. Jetzt aber pries mit einemmal eine immer intensiver werdende Werbung Lippenstifte so überzeugend an, daß sich auch bürgerliche Frauen und Mädchen anfangs noch zögernd, dann aber bald ohne jedes Bedenken die Lippen in allen Nuancen färbten. Daß dieses Verschönerungsmittel, das nun als unerläßlich für das ebenso schnell sich durchsetzende »Make-up« galt, mittelbar ein Produkt der Prohibition war, wurde nur wenigen bekannt: Zur Erzeugung von Coca-Cola, das den verpönten Alkohol ersetzen sollte, benötigte man Koffein. Dieses Stimulans wurde aus Teeblättern, Kaffee- oder Kakaobohnen gewonnen. Wenn man es aus Kakaobohnen extrahierte, blieb Kakaobutter übrig, für die Verwendung gefunden werden mußte, damit die Erzeugung gewinnbringend sein konnte. Die Grundsubstanz der Lippenstifte aber war Kakaobutter, die nun in veredelter Form, gefärbt und parfümiert, auf den Markt kam. Auch für die neu erfundenen, mit Gummi verwobenen elastischen Trikotagen, die den Körper so faltenlos wie die Haut bedeckten, mußte Absatz geschaffen werden. Daß Revue-Girls sie in Fleischfarbe benützten, um durch die simulierte Nacktheit aufreizend zu wirken, genügte den Erzeugern und ihren Werbefachleuten nicht. Also propagierten sie Badetrikots aus einem Stück – allerdings nicht, ohne auf den energischen Widerspruch der Moralhüter zu stoßen: Zwar war es meist noch üblich, daß Männer und Frauen in Badeanstalten und Seebädern getrennt voneinander blieben, doch wetterten die Sittenrichter, es gehöre sich nicht, daß sich Frauen einander »wie nackt« zeigten. Die Frauen und Mädchen aber, die ihre Lippen anmalten, die auch keinen Anstoß mehr daran nahmen, ihre Beine unter den kürzer gewordenen Röcken der Alltags- und Abendkleider sehen zu lassen, gewannen die Schlacht gegen die Prüden, die bald vergeblich dagegen protestierten, daß es »nackten« Frauen in Trikots nicht untersagt wurde, nun auch in Familienbädern und an öffentlichen Stränden in der Gesellschaft von Männern zu baden.

Die Doppelschichtigkeit der amerikanischen Moral – hemmungslose Trunksucht und geschlechtliche Zügellosigkeit im geheimen, während man gleichzeitig Abstinenz und züchtige Zurückhaltung als »traditionelles Verhalten« pries – wurde nur von wenigen zeitgenössischen Gesellschaftskritikern erkannt und angeprangert, die man als »Sensationshascher« abtat. Es schien alles in bester Ordnung zu sein. Brachte die gemeinsame Teilnahme von Frauen und Männern an sportlichen Spielen nicht eine zwanglose Unbefangenheit der Geschlechter mit sich, eine spannungslose Kameradschaft, die nur auf ausdrücklichen Wunsch der Mädchen und Frauen zu Liebesbeziehungen führte? Der jahrhundertealte amerikanische Brauch, daß man die Frau umwarb, um ihre Zuneigung bitten mußte und nicht zu Gunstbezeigungen nötigen durfte – er stammte noch aus der Kolonialzeit, als Frauen rar waren –, hatte seit eh und je dem weiblichen Geschlecht die Initiative zuerkannt. Die Ladys waren es, die den von ihnen für würdig befundenen Männern offen erklärten: »I like you«, oder: »I love you« – nicht umgekehrt. Sie fragten die Männer, ob sie heiraten wollten, und warteten nicht verschämt auf den Antrag, um scheu ihr Jawort zu geben. Das »steady«-Gehen, das ausschließliche, jedoch den Geschlechtsverkehr ausschließende, ständige Beisammensein von Mädchen und Burschen in ihrer Freizeit, war ein »Vorverlöbnis auf Probe«, das ein besseres Kennenlernen und Einanderverstehen ermöglichen sollte. In solchen Beziehungen war den Burschen jede zärtliche Berührung oberhalb des Gürtels erlaubt. Die Mädchen ließen sich küssen und ihre Brüste streicheln – zu mehr aber durfte es nicht kommen. Dieses »petting« genannte Vorspiel der Liebe galt als durchaus zulässige geschlechtliche Annäherung, war aber nur im Freien üblich, da ein Mädchen, das sich im Elternhaus oder im Hause des Burschen dazu herbeiließ, als »Hure« diskriminiert wurde. Im Auto allerdings konnte man sich ungeniert dem »petting« widmen – das Auto war ein neutraler Zusammenkunftsort und schützte zudem gegen Wind und Wetter; gegenüber einer Kammer hatte es nur den einen Nachteil, daß es polizeilich verboten war, den Einblick durch Vorhänge zu verhindern. Die Behörden, die über Sitte und Anstand wachten, hatten gegen ein »dezentes petting« nichts einzuwenden. Es war nun einmal eine gute alte Sitte – man war davon überzeugt, daß kein Bursche weitergehen und kein Mädchen so etwas zulassen würde, wenn sie dabei gesehen werden könnten. Wie es früher am Rande jeder Stadt »lover lanes« – Wege für Verliebte – gegeben hatte, entstanden nun in dem von Henry Ford heraufgeführten Zeitalter des Autos für alle »lover lots«, Parkplätze, an denen zärtliche Paare ihre Körpernähe genossen, ohne von den sich in nebenan parkenden Autos am »petting« Ergötzenden Kenntnis zu nehmen. Das bequeme Beisammensein im Auto lockerte die Hemmungen, der Rücksitz wurde zum Sofa, der Gürtel blieb nicht mehr die Grenze der Handgreiflichkeiten. Aber die Jungfräulichkeit wurde in den weitesten Schichten der amerikanischen Jugend fürs erste noch ebenso respektiert wie im Frankreich der Demi-vierges, und das um so mehr, als die Entjungferung eines Mädchens dem »Übeltäter« als zwingender Grund zur Eheschließung vorgehalten werden konnte. Wer sich nicht vorzeitig binden wollte, mußte sich »vorsehen«, denn Schwangerschaftsunterbrechungen galten als »gemeines Verbrechen«.

Die bekannten Methoden der Empfängnisverhütung – Pessare und Kondome – waren in den Vereinigten Staaten ebenso gebräuchlich wie in Europa. Ihr Besitz und ihre Verwendung wurden freilich in Italien strafrechtlich verfolgt, nachdem Mussolini die Macht durch den »Marsch auf Rom« an sich gerissen hatte. Sein Staatsstreich wurde von den ehemaligen Alliierten, besonders von Amerika, als ein nur Italien betreffendes Ereignis gleichmütig zur Kenntnis genommen. Washington erhob keinen Einspruch gegen die faschistische Diktatur. Der »Duce« hatte den Ruf, ein »entschlossener Gegenspieler der kommunistischen Weltrevolution« zu sein. Das genügte den westlichen Staatsmännern zur Anerkennung seiner »Respektabilität«. Die den demokratischen Grundsätzen der Vereinigten Staaten widersprechende Gewaltherrschaft Mussolinis wurde zwar immer wieder von der Presse verdammt, aber erst als ernstzunehmende Gefahr erkannt, als er seine Politik gewaltsamer Eroberungen begann – nicht um den Absatz italienischer Waren zu sichern, wie er vorgab, sondern um seinen Traum von der Renaissance des Römischen Weltreichs zu verwirklichen. Das aber erschien Mussolini nur möglich, wenn er eine gesellschaftliche Umschichtung Italiens zuwege brachte, die eine – wenn auch modernisierte – Belebung der altrömischen Lebensgewohnheiten und Bräuche in sich schloß. Im Namen der »Gemeinschaft und des Gemeinwohls« verfügte er den »Wiederaufbau der Familie« als der »Zelle einer festgefügten patriarchalischen Gesellschaft«. Die italienische Ehefrau sollte in die »Nur-Hausfrau« zurückverwandelt werden. Während in der Sowjetunion von Fanatikern gefordert worden war, daß der Geschlechtstrieb allein der Klasse (also dem Staat) zu dienen habe, stellte Mussolini die bereits vollzogene Ehe in den Dienst des Staates. Er ließ verkünden: »Die Ehe ist keine Einrichtung zugunsten des Ehepaares … Die Ehe ist ein Akt der Ergebenheit und der Selbstaufopferung von Mann und Frau im Interesse der Gesellschaft. Wir verurteilen entschieden den Kampf um die Lösbarkeit der Ehe, weil dies unweigerlich zur Auflösung der Gesellschaft führt. Das Interesse und das Wohlergehen des einzelnen müssen der Integrität der Familie aufgeopfert werden, auch wenn Opfer grausam erscheinen sollten.« Die faschistischen Ehegesetze wurden dem Kanonischen Eherecht angepaßt, gestatteten also weder Scheidung noch Trennung. Aber Mussolini war noch päpstlicher als der Heilige Stuhl, mit dem er ein Konkordat schloß. Er ließ den Ehebruch, den die Kirche als Sünde verdammte, zum »gemeinen Verbrechen« stempeln. Die Polizei wurde angewiesen, Männer und Frauen, die man beim außerehelichen Geschlechtsverkehr ertappte, als »gesellschaftsfeindliche Individuen« festzunehmen. Auch wenn der Mann oder die Frau, die sich der »Unzucht« ergeben hatten, nicht wußte, daß seine Partnerin oder ihr Partner verheiratet war, machten sie sich strafbar. Nur in der Ehe sollten sich die Geschlechter vereinen: zur Zeugung des Nachwuchses für ein Italien, das »Raum und Brot für noch zehn Millionen Menschen« habe. »Vermehret euch!« war die Parole.

Um ledige Männer zur Ehe zu zwingen, wurde eine »Junggesellensteuer« eingeführt. Auch durch die Abschaffung der Prostitution und die behördliche Schließung der Bordelle sollten die Unverheirateten auf den »rechten Weg« gebracht werden: Die Geschlechtsnot würde sie schon, wenn es gar keine andere Möglichkeit gab, in den »Hafen der Ehe« treiben und zu Vätern machen. Die unausbleibliche Folge dieser gesetzlichen Bestimmungen war, daß die Prostitution und die freie Liebe in Italien ebenso in den Untergrund gingen wie der Alkoholismus in Amerika.

Das Gespenst des Kommunismus schien in Italien gebannt zu sein. Um es auch aus Frankreich und Deutschland zu verscheuchen, stabilisierte amerikanisches Kapital den gleichfalls von der Inflation heimgesuchten französischen Franken und trug zur Sanierung der »Rentenmark«, der neuen deutschen Währung, bei. Die Amerikaner investierten gewaltige Summen mit dem eindeutigen Zweck, die Wirtschaft des vom Kommunismus unterwühlten Deutschen Reiches zu stärken. »Bei dem amerikanischen Kapital herrschte geradezu eine Leidenschaft, in Deutschland Anlage zu finden«, berichtet der Historiker Freund. »Die Abgesandten deutscher Städte, die in Amerika Anleihen für die deutschen Großstädte suchten, wurden wie Könige empfangen und nahmen Anleihen sonder Zahl mit nach Hause. Sportanlagen, Theater, Verkehrsverbesserungen, Rationalisierung in der Industrie usw., neue Produktionsmethoden, alles wurde durch amerikanisches Kapital aus dem Boden gestampft. Es waren die goldenen Jahre der Weimarer Republik ...« Während dieses Aufbaus der deutschen Wirtschaft, der allerdings schon nach wenigen Jahren ein jähes Ende fand, nahm die Zahl der erwerbstätigen Frauen in Deutschland noch erheblich mehr zu als in Amerika. »Jede vierte verheiratete Frau wurde durch Ausübung eines Gewerbes Mitverdienerin für den Unterhalt der Familie.« Besonders die Kriegswitwen, die aus der Not eine Tugend gemacht hatten, stellten einen hohen Prozentsatz an berufstätigen Frauen. Sie alle, die ihren Lebensunterhalt selbst zu bestreiten vermochten und ihre Familien allein oder mit ihren Männern versorgten, wehrten sich immer heftiger gegen die bevorzugte Stellung der Männer in geschlechtlicher Hinsicht. Und wenn unverheiratete, auf eigenen Füßen stehende Frauen jetzt ihr Recht auf »freie Liebe« forderten, so wurde das nicht mehr als »durchaus unmoralisch« verurteilt: Die Frauen waren den Männern politisch gleichgestellt worden. Nun wünschten sie auch sonst die gleichen Rechte, und das hieß Abbau der doppelten Moral, bedeutete aber auch, daß die unterschiedliche Behandlung im Beruf ein Ende finden sollte. Und ganz und gar Schluß mußte gemacht werden mit der unwürdigen Behandlung der weiblichen Arbeitskräfte, wie sie ihren Ausdruck fand in jener unverschämten Frage eines Chefs: »Was brauchen Sie, Lohnerhöhung? Sie haben ja Kapital unterm Rock.« Vieles hatte sich gewandelt. So bedeutete auch die Jungfräulichkeit nicht mehr ein unabdingbares Gebot der bürgerlichen Ehe. Typisch dafür war ein Prozeß, in dem ein Großindustrieller auf Scheidung mit der Begründung klagte, er habe nicht gewußt, daß seine ihm angetraute Ehefrau vor ihrer Ehe mit ihm fünfzehn Liebhaber gehabt habe, dabei aber durch seinen Anwalt erklären ließ, daß »nach den Grundsätzen der geltenden Moral« eine Frau der Gesellschaft wohl zwei oder drei voreheliche Verhältnisse gehabt haben könne. Fünfzehn jedoch – dürfe eine solch hohe Zahl galanter Abenteuer einem anständigen Menschen zugemutet werden? Das Oberlandesgericht entschied, daß ein Ehemann, der von mehreren Liebhabern seiner Frau vor der Ehe

Kenntnis gehabt habe, die Ehe nicht anfechten könne, wenn ihm nachträglich noch einige mehr zur Kenntnis gelangten.

Französische und deutsche Mädchen und Frauen der wohlhabenden Schichten gefielen sich damals in der Rolle der »garçonne«, der »Junggesellin«, die tat und ließ und liebte wie ihr männliches Gegenstück. Die »garçonne« wurde auch bei den berufstätigen Amerikanerinnen ein populärer Begriff. Und ihnen allen sagte zu, was der französische Schriftsteller Victor Margueritte in seinem

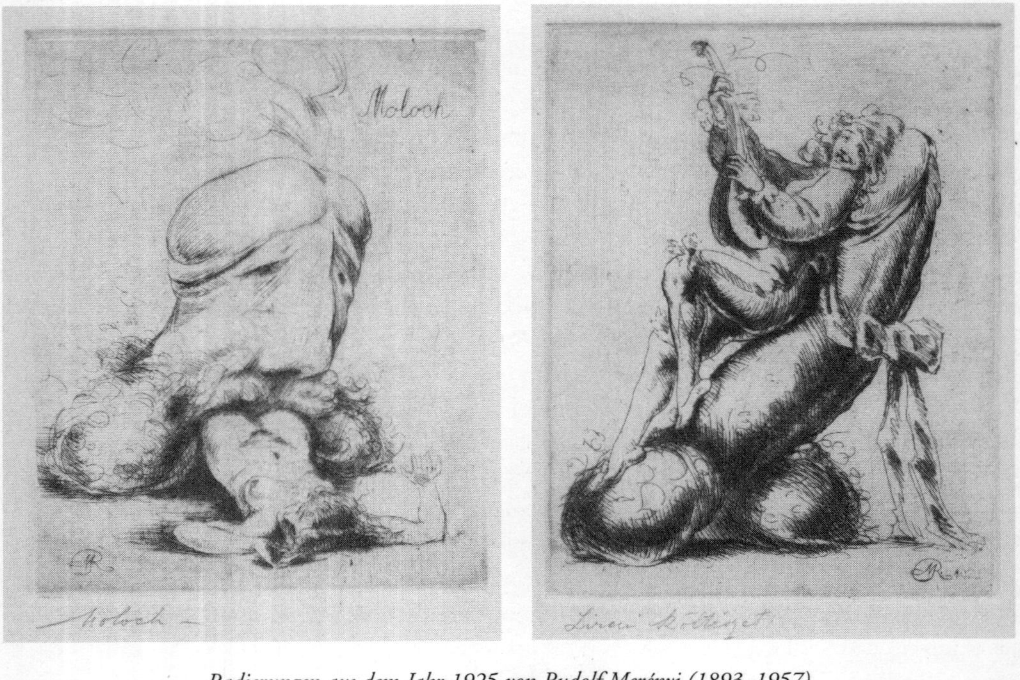

Radierungen aus dem Jahr 1925 von Rudolf Merényi (1893–1957)

Roman »La garçonne« über die Zukunft der Frauen geschrieben hatte: Die Frau von morgen werde nicht mehr die vermännlichte Frau sein wie die »garçonne«, sondern ein dem Mann ebenbürtiger, unabhängiger Mensch, ihm nicht nur rechtlich und körperlich, sondern auch seelisch gleichgestellt. Aber war eine völlige Gleichstellung der Frau auch in der Ehe möglich? Der niederländische Arzt Theodor Hendrik van de Velde bejahte diese Frage in einem Bekenntnis, das er unter dem Titel »Die vollkommene Ehe« veröffentlichte. Das Buch, das in Hunderttausenden Exemplaren in allen

Sprachen Verbreitung fand, war ein Lehrbuch für den Geschlechtsverkehr, verfaßt unter der Voraussetzung, daß das Geschlechtsleben der Grund und die Grundlage der Ehe sei und bleiben müsse. Van de Velde gab zu, daß die Psychologie der Ehe nicht sein eigentliches Thema sei; was er an Ratschlägen gebe, beziehe sich im wesentlichen auf die körperliche Erfüllung. Und so schilderte er mit nüchterner Deutlichkeit, wie der beiderseitige Lustgewinn von Mann und Frau erreicht und Unlust vermieden werden könne. Aufklären wollte van de Velde: Beschaffenheit und Funktion der männlichen und weiblichen Geschlechtsorgane dürften kein gehütetes Geheimnis mehr sein – im Gegenteil, Mann und Frau müßten die »Physiologie des Geschlechts«, des eigenen und des entgegengesetzten, kennen und zur Erhöhung der Lust gebrauchen lernen. Im großen und ganzen war »Die vollkommene Ehe« ein modernisiertes Kamasutra, besonders in den Abschnitten, in denen »Stellung und Haltung beim Coitus« behandelt wurden. Die Intensität der Lustgefühle sei, so erklärte van de Velde, in bedeutendem Grade abhängig von der »Art der Vergattung«, und »genügende geschlechtliche Abwechslung« habe eine erhebliche Bedeutung für das Glück der Ehe. Ohne aufreizendes Vorspiel gebe es kein befriedigendes Liebesspiel. Er zitierte, von Ovid bis Havelock Ellis, Aussprüche von Philosophen und Dichtern über die Kunst der Liebe. Frivolitäten ebenso wie ernste Betrachtungen, um so seinen Leitgedanken zu stützen, den schon Seneca formuliert hatte: »Willst du geliebt werden, so liebe.«

Van de Velde hatte seine wohlgemeinten Anregungen mit der Absicht geschrieben, das eheliche Geschlechtsleben zu reformieren – durch besseres Verständnis der sexuellen Vorgänge und durch muntere Variationen des Coitus. Sehr viel mehr als von Ehepaaren aber wurde »Die vollkommene Ehe« von Liebespaaren gelesen; bald war diese neuzeitliche »ars amandi«, die so überzeugend sachlich und übersichtlich angepriesene Liebeskunst, das Brevier vor- und außerehelicher Geschlechtsbeziehungen. Junge Mädchen, die nicht mehr vor dem »Nur das nicht!« haltmachten, und unbefriedigte Ehefrauen, deren Männer die guten Ratschläge nicht in die Tat umsetzen konnten oder wollten, beherzigten die Lektionen, wie sie die Lust steigern könnten, und vervollkommneten ihre Kenntnisse außerhalb des Ehebettes mit gelehrigen Partnern oder mit Liebhabern, die durch van de Veldes Schule gegangen waren. Der hurtige Geschlechtsverkehr, die von den Engländern »roll up, roll down« genannte, sich mit einem raschen »Auf und Ab« begnügende Geschlechtsbefriedigung, wurde nicht mehr als zureichende Erfüllung ehelicher Pflichten oder außerehelicher Leistungen anerkannt. Die Männer verlangten nun mehr als die passive Hingabe der Frauen, die Frauen mehr als die nur die Ejakulation bezweckende Geschlechtstätigkeit der Männer. Die grobsinnliche, durch keinerlei Raffinesse geschickt gesteigerte geschlechtliche Vereinigung galt als entwürdigend, als »tierische Kopulation« in England, und in Amerika sprach man vom »dirty business«, vom »schmutzigen Geschäft«. Männer, die keine Variationen in der Liebe versuchten, wurden geringgeschätzt und betrogen, Frauen, die solche Variationen verweigerten, vernachlässigt und betrogen.

Zur gleichen Zeit etwa, da, dank van de Velde, die Kenntnis der geschlechtlichen Abwechslungsmöglichkeiten zum Gemeingut wurde, entstand in Amerika eine neue Art der Prostitution. Der »Strich«, das Sich-Anbieten der Dirnen auf offener Straße, war in den USA seit eh und je strikt verboten gewesen, ebenso wie die zur Schau getragene Willfährigkeit von Frauen in Bars oder Nachtlokalen von den Behörden als unsittlich unterbunden und geahndet wurde. Die Prostitution hatte in Amerika vor der Prohibition keinen goldenen Boden. Durch die »Trockenlegung« aber und dadurch, daß die amerikanische Wirtschaft ungewöhnlich florierte, floß sehr viel Geld in sehr viele Taschen. Kein Wunder also, daß sich bei den oft maßlos Verdienenden auch das Bedürfnis nach Lust und Liebe entsprechend verstärkte. Kurze Reisen in die für ihre Vergnügungen bekannten Städte Europas vermochten den Drang nach erregenden Erlebnissen nicht mehr zu befriedigen. Da kamen unternehmungslustige Kupplerinnen auf die Idee, dem Mangel an heimischen Zerstreuungen dadurch abzuhelfen, daß sie sich den in Europa und Amerika nach dem Krieg entstandenen Frauenüberschuß zunutze machten. Zuerst vor allem in New York und Chicago, dann auch in anderen Städten rekrutierten sie lebens- und liebeslustige Mädchen und Frauen, die sich nicht scheuten, von »günstigen Gelegenheiten« zu profitieren: Durch unverbindliche Zusammenkünfte mit »netten Herren«, die dafür reichlich zahlten, lasse sich das Angenehme mit dem Nützlichen verbinden. Die jeweilige Unterbrechung des Tagesablaufs oder die Abwesenheit von zu Hause während einiger Stunden der Nacht werde weder Ehemännern noch Freunden oder Eltern Anlaß zur Beanstandung geben, sofern man nur die nötige Vorsicht walten lasse und geeignete Ausreden zur Hand habe. Es sei auch nicht erforderlich, jederzeit bereit zu sein, sondern nur, wenn es ohne Schwierigkeiten gehe. Die Frauen oder Mädchen, die willens waren, ihr Einkommen zu erhöhen oder sich ein Einkommen zu schaffen, müßten nur »on call« sein – auf telefonischen Anruf hin kurz und bündig erklären, ob sie zu einem Rendezvous kommen könnten oder nicht. Der Erfolg solcher Angebote blieb nicht aus: Tausende Frauen ließen sich allein in New York und Chicago als »callgirls« anwerben. Die Vermittlerinnen verständigten sie telefonisch, daß ihre Gesellschaft gewünscht werde, und gaben Adresse und Zeit bekannt – mehr nicht. Der Liebeslohn war im vorhinein festgelegt. Aktfotos, die den Kunden auf Wunsch vorgelegt wurden, bürgten für Qualität. Es sollte auf beiden Seiten keine Enttäuschungen geben. Die durch das Telefon Zusammengeführten wußten, wenn sie miteinander ins Bett gingen, nicht, wie der Partner hieß und wer er war. Das Geheimnis des erfreulichen Beisammenseins blieb gesichert – ohne üblen Nachgeschmack, denn von Geld wurde nicht gesprochen, das hatte die Vermittlerin vorsorglich einkassiert. Sie sorgte auch für ein Wiedersehen, wenn beide Partner es so wollten. War ein »callgirl« verhindert oder anderweitig besetzt, ließ sich Ersatz leicht finden. Den wachsenden Bedarf an willigen Frauen deckten professionelle Mädchenhändler, die Agenturen in den europäischen Großstädten unterhielten, um unter den in Übersee nach Stellen suchenden Frauen die geeignete Auswahl treffen zu können. Die Magie des Dollars lockte. Die Aussicht, Verdienst statt oder Nebenverdienst nach harter Arbeit erwerben zu können – in wenigen Stunden mehr als in einer langen Woche –, veranlaßte zahlreiche europäische Frauen, sich dem »Schandgewerbe« zu verschreiben, das in Amerika so diskret ausgeübt werden konnte. Der amerikanische Brauch, Geheimprostitution per Telefon anzubahnen, wurde nach Europa importiert. Die Unternehmer hatten leichtes Spiel. In Berlin allein gab es vor dem Beginn der Weltwirtschaftskrise mehr als dreitausend Frauen, die auf telefonischen Abruf zu »haben« waren. Die Einrichtung von Callgirl-Ringen war nur eines der Symptome, an denen sich die immer weiter um sich greifende Zersetzung der alten bürgerlichen Geschlechtsmoral ablesen ließ. Nach außen hin freilich wahrte man das Gesicht – da ging alles noch autoritär patriarchalisch zu. Vor allem aber in den großen europäischen Städten wurde die auf die Ehe beschränkte »Ausschließlichkeit der Geschlechtsliebe« zur Ausnahme, ein spöttisch belächeltes Relikt aus der Vorkriegszeit. »Fremd gehen« – das war modern, der Seitensprung ein selbstverständlicher Zeitvertreib. Und die geschlechtlichen Freuden zu zweit genügten vielen Ehepaaren nicht mehr. Man fragte sich in Berlin ebenso wie in Wien und Paris: »Sollen wir uns einen Hausfreund, eine Freundin oder ein partnertauschwilliges Ehepaar anschaffen?« Die »ehelichen Nothilfen« wurden durch Zeitungsanzeigen oder in vorsichtiger Annäherung angeworben. »Ehen zu dritt« und »zu viert« waren keineswegs ungewöhnlich, es gab »Geselligkeits-Klubs« mit »Partnertausch« und entsprechenden Orgien. Und die Jugend ging ihre eigenen Wege – teils, nach dem Vorbild der Älteren, in die Tanzlokale und Bars, teils aber auch, seit der Rebellion des »Wandervogels« gegen Muff und Mief des wilhelminischen Deutschlands, »auf Fahrt«: Aus der bourgeoisen Trugwelt ausgebrochene Gymnasiasten, Studenten, junge Angestellte und unzufriedene junge Arbeiter wanderten mit ihren Mädchen hinaus in die Freiheit der Natur und fanden hier, bei gemeinsamem Nacktbaden und in der Selbstverständlichkeit des nächtlichen Beieinanders im Zelt oder im Stroh der Scheune, ein gesünderes, unverkrampftes Verhältnis zum Geschlechtlichen.

Die Weltwirtschaftskrise, ausgelöst durch Überproduktion und wilde Spekulation in den Vereinigten Staaten, beendigte auch die wenigen Jahre der Hochkonjunktur in Europa und brachte die Seifenblasen des Wohlstands und des Übermuts zum Platzen. In Amerika dämpfte die Depression die Lebensfreude. In Europa, besonders in Deutschland und in Österreich, kam es schnell zu katastrophalen Zuständen. Millionen von Arbeitslosen vegetierten bei kärglichster Unterstützung durch die öffentliche Hand dahin. Extrem linke und rechte Parteien radikalisierten die verzweifelten Massen in den Städten. Und auf dem Land rebellierten die Bauern. Mit dem munteren Treiben in den Nachtlokalen war es vorbei, die meisten Bars hatten ihre Kunden verloren. Trist und grau war das Leben geworden. Und so flüchtete man sich in eine Welt des Scheins: Wer seine drückenden Sorgen wenigstens für Stunden vergessen wollte, ging ins Kino.

Die zum größten Teil in Hollywood gedrehten Filme ließen die Zuschauer ein anderes, besseres Dasein erleben. Auf der flimmernden Leinwand gab es kein Elend. Hier war alles heiter, hier lebte man in Luxus, und alle Schwierigkeiten, die man schließlich der Spannung wegen brauchte, lösten sich dank der Geschicklichkeit der Drehbuchautoren am Ende in Wohlgefallen auf. Die wunderschönen Frauen in ihren eleganten Kleidern hatten, wie Sigmund Freud es formulierte, nur »seidene Sorgen« mit den eleganten Herren, trotz aller Versuchungen machte sich niemand eines Ehebruchs schuldig, und jede Liebesgeschichte fand ihr »happy end«. Das Gute wurde belohnt, das Böse bestraft. Und die Filmstars waren die angebeteten Idole der Massen. Mehr noch: Man identifizierte sich mit ihnen, kopierte ihre Art zu sprechen, sich zu bewegen und zu kleiden. So beeinflußte der Film Mode, Haartracht und Kosmetik ebenso wie das Verhalten. Die Frauen und Mädchen wollten aussehen wie die von ihnen bewunderten Filmstars, um ebenso bezaubernd wirken zu können. Die Männer kauften sich von der Stange Anzüge nach den Modellen, in denen die Salonlöwen und Helden der Leinwand so verführerisch aufgetreten waren. Der Wunsch, so sicher allen Lebenslagen gewachsen zu sein wie die Leitbilder, bestimmte das Verhalten der Männer und die Art ihrer Annäherung an die Frauen, die ihrerseits nach den von den Produzenten für richtig befundenen Anstandsregeln des Films keine zu offenkundige Initiative den Männern gegenüber ergreifen durften. Die Moral der Leinwand, die auf die Moral der Zuschauer abfärben sollte, wurde von offiziellen und inoffiziellen Zensoren festgelegt, die strikt darauf sahen, daß kein »Ärgernis« durch eine die Sinnlichkeit aufreizende Zurschaustellung oder durch gewagte Situationen erregt wurde. Besonders religiöse Gruppen und Frauenvereine, denen die überhandnehmende Freizügigkeit im Verkehr der Geschlechter ein Dorn im Auge war, setzten sich energisch für die »Reinhaltung« des Massenmediums Film ein – mit der Drohung, daß sie »unschickliche« Filme boykottieren und überdies in den Sonntagspredigten verdammen würden. Diese Vorkämpfer und Vorkämpferinnen der Prüderie konnten allerdings nicht verhindern, daß in den amerikanischen Großstädten Revuen nach »Pariser Art« über die Bühne gingen und Tänzerinnen, wie etwa die Ziegfield-Girls, ihre Reize freigebig präsentierten. Wohl aber konnten sie Einspruch gegen »Lüsternheit« und Nacktheit im Film erheben, und damit waren sie auch erfolgreich. Denn das große Geschäft der Filmgesellschaften wurde nicht so sehr in den Großstädten gemacht als vielmehr in den kleineren und kleinen Provinzstädten, in denen es zu den unbestrittenen Regeln des Anstands gehörte, am Sonntagsgottesdienst teilzunehmen. Wer dieser traditionellen »Bürgerpflicht« nicht nachkam, riskierte, als »unsolide und menschlich unzuverlässig« in Verruf zu kommen, was sich vor allem berufsschädigend auswirkte. Die Filmgesellschaften, angewiesen auf das Wohlwollen der Gruppen, die so außerordentlich starken Einfluß auf die öffentliche Meinung und die Behörden hatten, mußten also nicht nur darauf sehen, daß ihre Filme keinen Anstoß erregten, sondern auch auf den guten Ruf ihrer Darsteller und Darstellerinnen. Die Stars wurden angewiesen, alle Skandale zu vermeiden und, da sie im Brennpunkt des allgemeinen Interesses ständen und Vorbilder seien und sein müßten, ein vorbildliches Leben zu führen. Ihr »Image«, mit gewaltigen Werbekosten aufgebaut, mußte, wenn sich der Aufwand rentieren sollte, unangetastet erhalten bleiben. Wenn denen, die die öffentliche Meinung steuerten, auch nur das mindeste an »Unmoral« zur Kenntnis kam, war das Image gefährdet, und damit das Geschäft. Und so mußten sich die Idole des Publikums unter Androhung immens hoher Konventionalstrafen vertraglich verpflichten, sich weder im betrunkenen Zustand sehen zu lassen noch durch provokantes geschlechtliches Verhalten Anstoß zu erregen. Was sie in ihren vier Wänden taten, ob sie sich bis zur Bewußtlosigkeit vollsoffen oder bis zur Erschöpfung hurten, war belanglos – wenn nur die Meinungsmacher und das zahlende Publikum nichts davon erfuhren. In Hollywood wurde die Doppelbödigkeit der amerikanischen Moral zur äußersten Perfektion gebracht.

Wie weit das Image der Film-Idole von der Wirklichkeit entfernt war, wußte in ihrer großen Zeit nur ihre nächste Umgebung. Auf die Illusionen des Publikums, das zum Beispiel Rudolf Valentino als den unvergleichlichen Liebhaber der Frauen vergötterte, fielen erst später tiefe Schatten. Der Held der Träume Hunderttausender von Frauen, deren Sinnlichkeit er mit dem Blick seiner dunklen Schlafzimmeraugen erregt hatte, bewohnte ein prunkvolles Schloß, das er nach eigenen Plänen hatte erbauen und einrichten lassen. Es entsprach ganz der Vorstellung, die sich die von seiner Männlichkeit Entzückten von der Lüsternheit des Milieus machten, in dem sie nur allzu bereit gewesen wären, sich ihm hinzugeben, wenn er ihnen die Gelegenheit gegeben hätte. Die silbernen Ritterrüstungen in der Halle, die seidenen Vorhänge, die mit tiefrotem Brokat gepolsterten Sitzbänke und die zierlichen Möbel – all das war so, als sei es aus den Filmen, in denen man ihn bewundert hatte, in seine persönliche Behausung verpflanzt worden. Valentino schien im Leben der gleiche großartig männliche Genießer zu sein wie auf der Leinwand. Wer war die Glückliche, die das schwellende Lager mit ihm teilte? Die bestrickende Jean Acker, die er zur Frau nahm? Aber da er nur vier Wochen mit ihr verheiratet geblieben war, konnte sie doch nicht so »bestrickend« gewesen sein, wie er es wohl von ihr erwartet hatte. Auch seine zweite Ehefrau, Natascha Rambova, schien seinen Ansprüchen nicht zu genügen. Er zeigte sich nur selten mit ihr. Stimmte es, daß sie eine Lesbierin war? Der Filmgesellschaft, die Rudolfo Guglielmi den klangvollen Namen »Valentino« gegeben und ihn zum großen Star gemacht hatte, waren die Indiskretionen, die über den Kassenmagneten im Umlauf waren, einerlei, solange er alles dazu tat, daß die Fassade erhalten blieb. Er hatte zweimal geheiratet, um das Image zu bewahren. Daß der Liebling der Frauen zu seiner Zerstreuung den »Torch-Club« besuchte, einen berüchtigten Zusammenkunftsort Homosexueller, sich mit Goldschmuck behängte und starke Parfums gebrauchte, mochte wohl für böswillige Neider ein Hinweis sein, bedeutete aber durchaus keinen Beweis einer »widernatürlichen« Veranlagung, wie sie nicht eine einzige seiner zahllosen Anbeterinnen für möglich gehalten hätte. Rudolf Valentino blieb in ihren Gedanken als unvergleichlicher »homme a femme« – ein Liebhaber, wie sie sich ihn in ihren begehrlichsten Träumen wünschten. Und wie war es mit dem so unschuldsvoll-harmlos wirkenden Charlie Chaplin, dessen genialisch-komische Unbeholfenheit (auch Frauen gegenüber) ihn weltberühmt gemacht hatte? Stimmte es, was seine zweite Ehefrau Lita Grey in ihrem Buch »My Life with Chaplin« erzählte? (Es erschien allerdings erst 1966, und da waren in den USA die einst als so sicher geltenden Dämme der puritanischen Tabus längst geborsten, und eine Sexwelle sondergleichen überschwemmte das Land.) Lita Grey jedenfalls hielt es für richtig – und sie allein hat es zu verantworten –, von Charlie Chaplin zu erzählen, er sei »eine menschliche Sex-Maschine, der als Mittdreißiger jede Nacht ein dutzendmal ›Liebe‹ machte und beim sechstenmal genauso stürmisch war wie beim ersten ...« Sie habe ihn, so berichtet Lita mit schöner Offenheit, gefragt: »Machen alle Männer es so wie du, eins nach dem andern?«, und die Antwort sei gewesen: »Nein, die meisten Männer brauchen eine Pause ...« Nicht minder unbefangen erzählt sie: »Er zog mich über sich, schob seinen Penis an meinen Mund und drängte mich, etwas zu tun, was ich schon einige Male abgelehnt hatte ...« In ihrer Scheidungsklage brachte sie vor, Chaplin habe von ihr verlangt, daß sie sich mit ihm gegen den § 288 a des im Bundesstaat Kalifornien geltenden Strafgesetzes vergehe. Der Paragraph lautet: »Jede Person, die an Akten teilnimmt, in denen der Mund einer Person mit den Sexualorganen einer anderen Person in Verbindung gebracht wird, wird mit Haft bis zu einer Dauer von fünfzehn Jahren bestraft.« Die Ehe mit Lita Grey wurde geschieden, obwohl Chaplin alle Beschuldigungen bestritt, auch die, daß er mit sechs prominenten Frauen Hollywoods Ehebruch verübt habe. Er wurde auch nicht bestraft, hielt es aber doch für richtig, Hollywood eine Zeitlang den Rücken zu kehren.

Trotz aller Bemühungen um das rechte Image ließ es sich oft genug nicht verhehlen, daß Filmschauspielerinnen, die gern tugendhafte Rollen spielten, ein recht lockeres Privatleben führten. Aber der von den Filmgesellschaften so befürchtete Umschwung in der öffentlichen Meinung fand nicht statt, auch nicht, als zum Beispiel bekannt wurde, daß Mary Astor eine leidenschaftliche ehebrecherische Liebesbeziehung zu einem Theaterschriftsteller unterhalten hatte. Marys Mann legte bei dem Scheidungsprozeß ihr Tagebuch vor. Der Richter schloß das Beweisstück jedoch vom Verfahren aus mit der Erklärung, daß es seinem sittlichen Empfinden widerstrebe, es öffentlich verlesen zu lassen. Der Inhalt dieses »Blauen Tagebuches« wurde dann aber durch den betrogenen Ehemann publik gemacht. Mary Astors Bekenntnisse waren mehr als eindeutig. So hatte sie über ihren Liebhaber geschrieben: »Er empfing mich im Pyjama ... Noch nie bin ich so schnell ausgezogen worden wie durch ihn. Es war wunderbar, so den süßen Nachmittag dahinzuvögeln ...« Mit ihrer unverblümten Anerkennung der »Härte« ihres Liebhabers und ihrem Entzücken, »es auf die französische Tour zu machen«, hatte sie ihre Schuld bewiesen. Da sie aber ihrerseits durch die Zeugenaussagen von Detektiven nachweisen konnte, daß ihr Mann auch sie betrogen hatte, wurde die

Schloß der Jugend – Lithographie aus dem Jahr 1925 von Wilhelm Kohlhoff (1893–1971)

Scheidung aus beiderseitigem Verschulden ausgesprochen. Trotz der Empörung, die von kirchlichen Kreisen und den einflußreichen Frauenvereinen lautstark geäußert wurde, bewahrte sich Mary Astor, wie nicht wenige andere Stars, die Gunst des Publikums, das den Sünderinnen aus der Welt des Scheins ihre geschlechtlichen Exzesse gnädig verzieh, wenn ihre reizvolle Erscheinung die

Sinne ansprach. Überhaupt setzte sich immer mehr die Auffassung durch, daß das private Leben der Kinolieblinge keineswegs identisch sein müsse mit den von ihnen verkörperten Rollen – was wiederum eine Folge der Tatsache war, daß es mit der »Tugendwelle« zu Ende ging. Die Verniedlichung und Verharmlosung der Beziehungen zwischen Mann und Frau fand keinen Anklang mehr. Die Zuschauer wollten stärkere Kost, denn der Druck der wirtschaftlichen Depression hatte in den USA zu weichen begonnen, der erneut einsetzende wirtschaftliche Aufschwung entlastete die Gemüter und löste die Hemmungen. Wie man sich im Alltag nicht mehr mit »petting« und »steady«-Gehen begnügte, sondern darauf aus war, die solchermaßen gesammelten ersten Erfahrungen in der Liebe zu erweitern, indem man die Partner wechselte, so verlangte man auch vom Film mehr, und prompt rollte eine neue Welle heran, der ein neues Traumgeschöpf entstieg: der Vamp – nichts anderes übrigens als die nunmehr auf das Zelluloid gebannte männerfressende »femme fatale« aus der Literatur der Jahrhundertwende. Der Vamp-Welle folgte sehr bald eine weitere, die Busenwelle: Damen mit wahrhaft kolossalen Brustweiten waren nun die Fetische der amerikanischen Männer (und nicht nur dieser) und gaben den Psychoanalytikern immer neuen Anlaß zu tiefschürfenden Betrachtungen, was im Unterbewußtsein wohl der wahre Grund sei für ein Schönheitsideal, das seine Entsprechungen allenfalls in den riesenbrüstigen »Urmüttern« und »Großen Göttinnen« frühester Kulturen hatte. Die Prohibition aber, die so entscheidenden Einfluß gehabt hatte auf die Demoralisierung der USA, verschwand sang- und klanglos in der Versenkung, als Präsident Franklin D. Roosevelt mit der Gesetzgebung des »New Deal« eine »gerechte soziale Ordnung« herbeiführen wollte. Die große Krise im Fernen Osten, die Entschlossenheit Japans (das sich in kaum siebzig Jahren zu einem modernen Staat entwickelt und die westlichen Lebensgewohnheiten und Bräuche angenommen hatte), sich China mit Waffengewalt botmäßig zu machen, hatte die Großmächte, die den Ausbruch eines asiatischen Krieges mit allen Mitteln verhindern wollten, die Gefahr unterschätzen lassen, die in Mitteleuropa heraufzog: Hitlers Nationalsozialismus. Die warnenden Stimmen, die auf das radikale Programm der NSDAP und auf die Parallelen zu Mussolinis Faschismus hinwiesen, wurden überhört. Statt dessen ließ man sich beeindrucken davon, daß Hitler und seine »braunen Kolonnen«, die militärisch organisierte SA und SS, wütend den Kommunismus bekämpften, in dem man nicht nur in Deutschland »die Weltgefahr« sah. Und im übrigen beruhigte man sich mit dem Gedanken, die konservativen Kräfte würden schon dafür sorgen, daß die »unrealistischen« Forderungen des »Trommlers«, der sich selbst zum »Führer« ernannt hatte, niemals verwirklicht würden. Hauptsache war erst einmal, den Kommunismus in Deutschland niederzuwerfen. Hitler, getragen vor allem von den Ressentiments des Kleinbürgertums, versprach in seinen Reden allen alles: den Millionen Arbeitslosen »Arbeit und Brot«, dem Mittelstand »Brechung der Zinsknechtschaft«, den unverbesserlichen Nationalisten »Schluß mit dem Schandvertrag von Versailles«, ein »stolzes neues deutsches Heer« und ein »freies starkes Großdeutschland«. Und weil man

Massen am besten aufhetzen kann, indem man ihnen einen Feind schafft, den man für alles Übel verantwortlich machen kann, wütete er gegen die »November-Verbrecher« von 1918, »die Bonzen des Weimarer Systems« und die »Verschwörung des internationalen Judentums«. Er selbst aber träumte in seinem Wahn von einem »Tausendjährigen Reich« als der Vormacht »nordischer Rasse« in Europa, von »Lebensraum« in den Weiten Osteuropas für »Herrenmenschen« und von der »Ausrottung der geltenden Moral«. Im vertrauten Kreis verkündete er: »Die Vorsehung hat mich zu dem größten Befreier der Menschheit vorbestimmt. Ich befreie den Menschen von dem Zwang eines Selbstzweck gewordenen Geistes, von den schmutzigen und erniedrigenden Selbstpeinigungen einer Gewissen und Moral genannten Chimäre und von den Ansprüchen einer Freiheit und persönlichen Selbständigkeit, denen immer nur ganz wenige gewachsen sein können. Der christlichen Lehre von der unendlichen Bedeutung der menschlichen Einzelseele und der persönlichen Verantwortung setze ich mit eiskalter Klarheit die erlösende Lehre von der Nichtigkeit und Unbedeutendheit des einzelnen Menschen und seines Vorlebens in der sichtbaren Unsterblichkeit der Nation gegenüber.«

»Nation, Volk, Rasse« – unaufhörlich dröhnte es aus den Lautsprechern, mit Riesenlettern schrie es von den Plakaten, und die fanatischen Massen antworteten in tobenden Sprechchören: »Ein Volk – ein Reich – ein Führer!« und »Führer, befiehl, wir folgen«, denn man wußte es ja aus tausendfacher Wiederholung: »Der Führer hat immer recht.« Und dieser Führer redete zwar von »Zucht und Ordnung«, aber das bedeutete sehr bald Gestapo und Folter und KZ und Mord – selbst an den »Treuesten der Treuen«, der homosexuellen Führungsclique um den »Stabschef der SA« Röhm. Dieser Führer redete von der »Heiligkeit der deutschen Ehe« und von der »Sauberkeit des Familienlebens« und davon, daß der »Augiasstall der Korruption« ausgemistet werden müsse. Aber er selbst war nicht verheiratet, sondern hatte eine Geliebte, Eva Braun, und seine »Paladine«, durch die »Machtergreifung« in hohe und höchste Ämter katapultierte Nonvaleurs und verkrachte Existenzen, führten ein Satrapenleben in Saus und Braus, durch und durch korrumpiert. Dieser Führer wütete gegen die moderne Kunst und Literatur als einen »Sumpf der Entartung«. Und das Volk hatte sich zu erbauen an Bildern und Büchern von »Blut und Boden« und von »Arbeitern und Soldaten« – und als Zuckerguß darauf konnte man in den Kunstausstellungen »edle nackte nordische Schönheit« bewundern – böse Zungen nannten den, von dem diese Machwerke stammten, den »Meister des deutschen Schamhaars«.

Hinter allem aber stand das eine Ziel dieses Wahnwitzigen: die von ihm selbst verkündete »ungeheure Umwälzung der Moralbegriffe«, denn: »Die Tafeln vom Berge Sinai haben ihre Gültigkeit verloren.« Die Abschaffung all dessen, was bisher gegolten hatte, konnte freilich nur schrittweise vor sich gehen. Mit den Kirchen wollte Hitler sich fürs erste nicht allzusehr anlegen, um nicht einen namhaften Teil seiner Anhänger vor den Kopf zu stoßen, die immer noch an »Zucht und Sitte und

Anstand« glaubten, denn hatte das der Führer nicht selbst gefordert? Der war sogar bereit, zunächst »in Gottes Namen Frieden zu machen« mit der Kirche – hatte das nicht auch Mussolini getan? –, sein Fernziel aber blieb: »mit Stumpf und Stiel, mit allen seinen Wurzeln und Fasern das Christentum in Deutschland auszurotten«. Vorher aber galt es, den »Weltfeind Nummer Eins« zu vernichten, das Judentum: »Das auserwählte Volk der Verbrecher« müsse »aus dem Leben des deutschen Volkes ausgeschaltet« werden. Der Kampf gegen die Juden hatte schon lange vor der »Machtergreifung« begonnen.

Führend gewesen war die Nürnberger Wochenzeitung »Der Stürmer« des Psychopathen Julius Streicher, der sich nicht genug tun konnte in wüsten pornographischen Schilderungen »jüdischer Rassenschande«. Hier (und nicht nur hier) stand auch zu lesen, daß das Alte Testament eine schauerlich-schaurige Chronik des Verbrechens sei – es wimmele dort nur so von Mord und Blutschande, Betrug, Diebstahl und Unsittlichkeit. Hunderttausende lasen den »Stürmer«, und Millionen sahen tatenlos zu, was dann den Juden geschah: Mit dem Boykott jüdischer Geschäfte und mit der Verbrennung der Bücher von »Juden und Judengenossen« begann es. Es folgte die Vertreibung aller Juden (und sonstiger »politisch Unerwünschter«) aus allen Ämtern, aus Schulen und Hochschulen, Kunst und Wissenschaft, Justiz, Medizin, Presse, Kultur. Es folgten die »Nürnberger Gesetze« zum »Schutze des deutschen Blutes«. Es folgten der Gelbe Stern, Deportation, Ghetto, »Endlösung«, Auschwitz …

Es war Hitler tatsächlich binnen weniger Jahre gelungen, zumindest das Gewissen der ihm fanatisch ergebenen Nationalsozialisten von den »Vorurteilen der christlichen Lehren« und des »humanitären Schwachsinns« zu befreien. Für sie gab es nur noch das »Sittengesetz der Nation«. Das Gebot: »Du sollst nicht töten« – eine »jüdische Erfindung« – galt nicht, wenn der »nordische Herrenmensch« jüdische und slawische »Untermenschen« vor sich hatte. Und es galt nicht im »totalen Krieg«. Die Millionen und Abermillionen Männer und Frauen, die auf den Schlachtfeldern, in Gaskammern und im Bombenkrieg ihr Leben ließen, waren die Opfer des »Führers der Masse«, der, wie Sigmund Freud es formuliert hatte, als der »gefürchtete Ur-Vater« das »Wiederaufleben der Ur-Horde« erreicht hatte und sie mit »unbeschränkter Gewalt« beherrschte.

Die »unbeschränkte Gewalt« des in Bildern und Büsten und, mit seiner Stimme, im Rundfunk allgegenwärtigen »geliebten Führers« erstreckte sich keineswegs nur auf die Männer, sondern nicht minder auf die Frauen. Auch sie hatten mit ihren »Taten, Gedanken und Gefühlen bedingungslos der Nation, dem Volke, der Rasse, dem Führer zu dienen« – vor allem als »Mutter deutscher Söhne«, stolz abgewandt von allen »artfremden« Einflüssen des »dekadenten Westens« und der »jüdischen Zersetzung«. Ihr Lebenszweck wurde »ausgerichtet« auf das eine »Zuchtziel«: die »Erhaltung und Mehrung des nordischen Blutanteils«. Denn »nordische Heldensöhne« sollten ja im »Reich von Burgund bis zum Ural« herrschen. So gab es für die deutsche Frau nur die Aufgabe,

»empfängnisbereite und zur Empfängnis verpflichtete Gebärerin« zu sein, und in diesem Sinne wurde sie belehrt, wurden die Mädchen erzogen. Die »Rassenschande«, jeder Geschlechtsverkehr mit »artfremden« Männern, galt als schlimmstes Verbrechen. Und man hatte dafür sogar eine ebenso falsche wie widerwärtige »wissenschaftliche« Begründung parat: »Artfremdes Eiweiß ist der Same eines Mannes von anderer Rasse. Der männliche Same wird bei der Begattung ganz oder teilweise von dem weiblichen Mutterboden aufgesaugt und geht so in das Blut über. Ein einziger Beischlaf eines Juden bei einer arischen Frau genügt, um deren Blut für immer zu vergiften. Sie hat mit dem ›artfremden Eiweiß‹ auch die fremde Seele in sich aufgenommen. Sie kann nie mehr, auch wenn sie einen arischen Mann heiratet, rein arische Kinder bekommen, sondern nur Bastarde …«

Das deutsche Mädchen, durch den »Ariernachweis« berechtigt und verpflichtet, das Zuchtziel des Nationalsozialismus zu verwirklichen, bekam eine »Kluft«. Die in den »Bund Deutscher Mädel« zwangsläufig Eingereihten wurden in schwarze Röcke, weiße Blusen mit schwarzem Dreieck-Tuch und Lederknoten eingekleidet. Sie trugen SA-braune Jacken, geschmückt mit der Raute der »Hitler-Jugend«. In weißen Strümpfen und derben Schuhen, die Haare in Zöpfe geflochten, dienten sie ihr Pflichtjahr und den Arbeitsdienst ab und wurden für ihre erhabene Zukunft gedrillt. Sie versammelten sich in Heimabenden und unternahmen Wanderungen: »Kraft« kam »durch Freude«. Wenn eine Frau oder ein Mädchen sich schminkte oder gar rauchte, galt sie als »entartet«. Vorbildlich deutsch war es, empfängnisbereit zu sein – freilich nur mit dem geeigneten Partner, der ebenso »rassisch rein« sein mußte wie die Frau selbst, geeignet zur »Mehrung deutschen Volkstums« und zur »Aufzucht der Rasse«.

Schon im Jahre 1936 wurde der Verein »Lebensborn e. V.« gegründet. Heinrich Himmler, der Reichsführer der SS (»eines nach besonderen Gesichtspunkten ausgewählten Verbandes deutscher nordisch bestimmter Männer«), verkündete: »Die Frage vieler Kinder ist nicht Privatangelegenheit des einzelnen, sondern Pflicht gegenüber seinen Ahnen und unserem Volk … Als Mindestkinderzahl einer guten und gesunden Ehe sind vier Kinder erforderlich … Für die Auslese und Zuweisung geeigneter Kinder steht den SS-Führern (die keine eigenen Kinder haben) der Verein ›Lebensborn e. V.‹ zur Verfügung, der unter meiner persönlichen Führung steht.« Ursprünglich hatte der »Reichsheini« offenbar vor allem die Förderung »gesunder Ehen« beabsichtigt. Aber bald erschien ihm die Ehe nicht mehr die alleinige Voraussetzung der Rassenzüchtung zu sein. Ob ein für den »Lebensborn« taugliches weibliches Wesen verheiratet war oder nicht, war belanglos, wenn sie nur »ein gebärfreudiges Becken« aufzuweisen hatte und willens war, sich mit SS-Männern geschlechtlich zu vereinigen, die sie für »Volk, Reich und Führer« begatteten. Der »Lebensborn e. V.« hatte seinen Sitz in Berlin. In seinen Satzungen stand: »Seine Aufgaben liegen auf dem bevölkerungspolitischen Gebiet. ›Lebensborn‹ hat den Kinderreichtum in der SS zu unterstützen, jede Mutter guten Blutes zu schützen und zu betreuen und für hilfsbedürftige Mütter und Kinder guten Blutes

zu sorgen. Aus dieser Art soll eine auserlesene Jugend hervorgehen, gleich wertvoll an Körper und Geist, der Adel der Zukunft.« Zur brünstigen Vereinigung in »volksbewußter Verschmelzung« wurden deutsche Frauen und Mädchen aufgerufen und auserlesen, wenn ihre körperlichen Eigenschaften mit Hitlers Schönheits-Ideal übereinstimmten: blondes Haar, breite Hüften und üppiger Busen. Wenn die »callgirls« der NSDAP sich vor der Potenz des unbekannten SS-Mannes entkleideten, erfüllten sie ihr patriotisches Soll – das durch den Geschlechtsverkehr erworbene Haben war für die Nation bestimmt: der Nachwuchs, freudige Kämpfer für das »Tausendjährige Reich«, notfalls »in stolzer Trauer« dargebracht auf dem »Altar des Vaterlandes«.

»Vermehret euch!« – so hieß die Parole der Zeit. Es war gewiß nicht jeder Frau Sache, sich um der Vermehrung der deutschen Rasse willen bei jeder Gelegenheit zu paaren. Aber die Abwesenheit der Männer zersetzte, im Zweiten Weltkrieg noch mehr als im Ersten, die eheliche Moral. Die deutschen Frauen wurden zur Arbeit in Ämtern und in der Rüstungsarbeit dienstverpflichtet oder mußten sich in aufgezwungener Selbständigkeit erhalten. Ihre Männer, ihre Verlobten, ihre Freunde waren fort, oft auf Nimmerwiedersehen. Die Jahre gingen dahin, die Paare waren einander entfremdet, die kurzen Urlaubstage reichten nicht aus, die unterbrochene Vertrautheit wiederherzustellen. Die Kinder wußten nichts mit dem »fremden Mann« anzufangen, der für einige Nächte das Bett ihrer Mutter teilte. »Urlaubsonkel« nahmen oft die Stelle der fernen Ehemänner ein, die sich – immer wieder hörte man es ja! – mit »Blitzmädels« amüsierten, den uniformierten »Nachrichtenhelferinnen« der Wehrmacht, wenn nicht gar mit Französinnen oder Polinnen (die ihrerseits häufig ihre Gunstbeweise in den Dienst der Widerstandsbewegung stellten). Die Frauen holten sich vom Leben, was sie bekamen. Die »UK-Gestellten«, die für die Kriegswirtschaft unabkömmlichen Männer, waren heißbegehrt und umworben. Die Liebe war knapp, die Geschlechtsnot schlimm, noch schlimmer als der Mangel an Lebensmitteln, die, wenn auch spärlich, auf Karten zu erhalten waren oder auf dem Schwarzen Markt eingetauscht wurden – wenn es sein mußte, gegen »kleine Gefälligkeiten« im Bett.

Den schmetternden Fanfarenstößen der »Sondermeldungen« über Siege folgte das Heulen der Sirenen des Fliegeralarms. Und nun wiederholte sich, vertausendfacht, was neutrale Abgesandte des Roten Kreuzes in der englischen Stadt Coventry – der ersten von Bomben »ausradierten« Stadt – erlebt hatten: daß Verzweiflung und Todesangst die meisten der solchermaßen Heimgesuchten buchstäblich über Nacht um ihre Lebensform brachten. Mit ihrem Hab und Gut verloren sie auch die Manieren und Gewohnheiten, die zuvor ihren Alltag bestimmt hatten: Frauen und Männer entblößten und wuschen sich ungeniert voreinander, tauschten ohne Scheu oder Scham Zärtlichkeiten aus, aßen mit den Fingern und streckten begehrlich die Hände nach Zigaretten oder Schokolade aus. Die Zwangsjacke der Erziehung hatte sich gelockert, durch Un-

Toiletten-Uniform, Frauenabteilung – Aquarell aus dem Jahr 1936, anonym

glück und Schock waren die Sitten von Grund auf verändert worden. Eines aber fiel besonders auf: Die uralte naturhafte Lust zu leben, das ganz primitive Verlangen nach Genuß, überwog alle Trauer über die Verluste. Das große Entsetzen wurde durch kleine Freuden kompensiert. Der Maßstab der Werte war durch eine neue Skala gekennzeichnet, deren Grade durch die Unmittelbarkeit des Vergnügens bestimmt waren, durch die augenblickliche Existenz – durch das Jetzt. In zwei Redewendungen fand diese Einstellung typischen Ausdruck: Bei Fliegeralarm verabschiedete man sich mit »Bleib übrig!«, und im übrigen lebte man nach dem Motto: »Genießt den Krieg – der Frieden wird furchtbar.«

Bei allen Völkern, die unter den Schrecken des Krieges mittelbar oder unmittelbar zu leiden hatten, waren die Lebensgewohnheiten und Bräuche tiefgreifenden Umschichtungen unterworfen, deren ganzes Ausmaß sich erst abzeichnete, als das tatsächliche Leben sich wieder normalisiert hatte: Auch wenn es äußerlich scheinen mochte, als sei man nun zum »Alten« zurückgekehrt, war doch vieles so ganz anders geworden, nicht zuletzt im Verhältnis der Geschlechter zueinander. Das gilt für Deutschland, das nach Bombenchaos, Flüchtlingselend und Hungerwintern sein »Wirtschaftswunder« erlebte, ebenso wie für die Länder, die unter deutscher Besatzung und dem Terror der allmächtigen SS gelitten hatten. Auch am »American way of life« war der Krieg nicht spurlos vorübergegangen. Mit dem ganzen Riesenpotential ihrer Industrie hatten die USA zunächst den gegen Hitlerdeutschland und seine Verbündeten kämpfenden Mächten beigestanden. Die Umstellung auf die Produktion von Kriegsgerät löste gewaltige Menschenwanderungen innerhalb Amerikas aus. Die modernen Nomaden, die von Stadt zu Stadt, von Staat zu Staat umzogen, verloren die Verbundenheit zum Geburtsort und zur Familie. Sie richteten sich in ihrem Verhalten nun nicht mehr nach der Tradition ortsbedingter gesellschaftlicher und religiöser Vorschriften, und sie entwickelten einen durch keine überlieferten Rücksichten beschränkten Lebenshunger.

Dann waren die Vereinigten Staaten selbst in den weltweiten Kampf von der Atlantikküste bis zu den Inseln der Südsee eingetreten. Durch die Einführung der allgemeinen Wehrpflicht für Männer von zwanzig bis vierundzwanzig Jahren wurde die vermehrte Einstellung von Frauen in den auf Hochtouren arbeitenden Betrieben unerläßlich. Dadurch verstärkte sich ihre ohnehin nie schwache Position noch mehr, denn wirtschaftliche Unabhängigkeit bedeutete gesteigerten Einfluß auf die Lebensformen. Während Millionen Männer an die Fronten verschifft wurden, stellten die amerikanischen Frauen ihren Mann, aber betonten, um ihre männliche Tätigkeit zu kompensieren, nach außen hin die Reize ihrer Weiblichkeit: Sie verwandelten sich nach getaner Arbeit in »glamour girls«. Die nicht vom Krieg beanspruchten Industrien hatten einen enorm anschwellenden Bedarf an Kosmetika und vielerlei modischen Dingen zu befriedigen, denn die Frauen bestanden darauf, die Strümpfe und die Wäsche aus den neuen Chemiefasern nach der Art des Nylons, die Schönheitsmittel und die Haushaltsgeräte mit dem überschüssigen Geld, das sie verdienten, kaufen zu können. Sie modernisierten ihre Heime und Wohnungen – entschlossen, einen neuen Lebensstil zu kreieren, in dem sie die Rolle der »Frau des Hauses« mit der einer »Herrin des Hauses« vertauschten. Und in Amerika brachen dann die Dämme puritanischer Sexual-Tabus: Die »sexuelle Revolution« begann …

Zeittafel

1945 Abwurf der ersten Atombomben auf Hiroshima und Nagasaki
1948 Alfred C. Kinsey: Das sexuelle Verhalten des Mannes
1949–1964 Konrad Adenauer erster Bundeskanzler der Bundesrepublik (1876–1967)
1950–1953 Koreakrieg
1951 Marilyn Monroe beginnt ihren Aufstieg als internationaler Sex-Star
1952–1960 Dwight D. Eisenhower Präsident der USA (1890–1969)
1953 Tod Stalins
1953 Kinsey: Das sexuelle Verhalten der Frau
1957 Ermordung der Rosemarie Nitribitt
1958 Charles de Gaulle (*1890) Präsident der Französischen Republik
1961–1963 John F. Kennedy Präsident der USA (1917–1963)
1961 Erstes öffentliches Auftreten der Beatles
1962 Kuba-Krise
seit 1964 Ausweitung des Krieges in Vietnam
1966 W. H. Masters und V. E. Johnson: Die sexuelle Reaktion
seit 1966 »Swinging London« wird zum Begriff für Beat, Sex und Mini-Mode
1968 Aufklärungsserien und -filme von Oswalt Kolle
1969 Die ersten Menschen betreten den Mond
1973 Waffenstillstand in Vietnam

7 »Besser leben – besser lieben«

Die sexuelle Revolution

Die sogenannte »sexuelle Revolution«, die heute in der westlichen Welt die altüberkommenen Anschauungen und Verhaltensweisen für fragwürdig erklärt oder gar über Bord werfen will – diese Sexrevolution, deren weitere Entwicklung und Auswirkung noch gar nicht abzuschätzen ist, begann in Amerika. Etwa zwei Millionen junger Amerikaner, von den Kriegsschauplätzen in Europa und im Pazifik zurückgekehrt, drängten, im Gefühl des »Überlebthabens«, in die Ehe, in die menschliche und geschlechtliche Bindung. In der Ehe, so meinten sie, könne sich der Wunsch nicht nur nach dem so lange vermißten regelmäßigen Geschlechtsverkehr, sondern auch nach Fortpflanzung verwirklichen. Die Frauen und Mädchen, oft schon nach einer einzigen Begegnung mit einem Heiratsantrag überrumpelt, ließen sich willig überreden: Sie wagten die Ehe in dem Bewußtsein, daß die Bindung nur so lange dauern würde, als sie es wünschten. Denn um geschieden zu werden, genügte es in den meisten Staaten der USA bereits, wenn man als Scheidungsgrund »seelische Grausamkeit« vorbrachte – unter diesen vagen Begriff fielen schlechtes Benehmen, Vernachlässigung oder auch einfach nur ein paar Gewohnheiten, die der Gattin nicht paßten. In den ersten Jahren nach dem Zweiten Weltkrieg wurden denn auch mehr als sechshunderttausend Frauen geschieden.

Für die amerikanischen Ehemänner ist die Scheidung zwar ähnlich unproblematisch, doch werden sie dadurch nur die Ehefrau los, nicht aber ihre finanziellen Verpflichtungen. Sie müssen der Geschiedenen, ihren Einkommensverhältnissen entsprechend, Unterhalt bezahlen – nach den oft allzu kurzen Freuden der Ehe ein ganzes Leben lang. Diese den Männern aufgebürdete Verpflichtung gibt den amerikanischen Frauen das Gefühl einer Überlegenheit, das sie ganz bewußt genießen und einsetzen. Die Ehe bedeutet für sie sowohl wirtschaftliche Versorgung als auch, da sie zumeist ihre hoch versicherten Männer überleben, eine Quelle von Wohlstand, ja sogar Reichtum. Mehr als 80 Prozent des amerikanischen Volksvermögens befinden sich heute in den Händen dieser nutznießenden »Erbinnen«. Die Ehe sichert der Frau nicht nur die gesellschaftliche Position und das damit verbundene Ansehen, sie prägt auch ihre Einstellung den Männern gegenüber: In Erkenntnis ihrer schwächeren Position verrichten die Männer willig Haus- und Gartenarbeit, brin-

Radierung aus dem Jahr 1940 von Maurice Uzelac (1897–1929)

gen die Kinder zur Schule und dürfen, zum Lohn für ihre »handyman«- und »gentlemen«-Leistungen, den ehelichen Pflichten nachkommen. Diese Unterordnung in der Ehe, verbunden mit einem »Mutterkomplex«, ist die Hauptursache für die latenten Eheprobleme der amerikanischen Männer, die sich der erniedrigenden Frauenherrschaft nach Möglichkeit durch Alkohol, Onanie, außereheliche und homosexuelle Kontakte entziehen, und für die Schwierigkeiten der Frauen, die ihre oft unbewußte Enttäuschung über die Schlappheit ihrer Männer und ihre eigene Frigidität mit Hilfe von Alkohol, Selbstbefriedigung und Ehebruch zu kompensieren versuchen. Die immer deutlicher zutage tretende Disharmonie im Geschlechtsleben der Amerikaner legte Alfred C. Kinsey in seinen aufsehenerregenden Werken über »Das sexuelle Verhalten des Mannes« und über »Das sexuelle Verhalten der Frau« bloß. Seine auf der Befragung von mehr als sechzehntausend Männern und Frauen beruhenden Statistiken über die Arten und Abarten geschlechtlicher Beziehungen ermöglichten es den Amerikanern und Amerikanerinnen, ihr eigenes sexuelles Verhalten vor, außer und in der Ehe mit Durchschnittswerten zu vergleichen. Kinseys trockene Zahlen bekamen auf einmal Leben. Die Männer, die sich auch noch in der Ehe in Selbstbefriedigung flüchteten, erfuhren, daß etwa 88 Prozent aller verheirateten Männer zwischen sechzehn und zwanzig Jahren regelmäßig onanieren, »von den Unverheirateten … 54,8 Prozent noch im Alter von fünfzig Jahren, bei den Verheirateten liegt die größte Verbreitung – 42,1 Prozent – zwischen einundzwanzig und fünfundzwanzig Jahren. Danach fallen die Zahlen in ähnlicher Stetigkeit bis ins hohe Alter ab, Mitte der fünfziger Jahre ist kaum noch mehr als ein Zehntel der Verheirateten beteiligt.« Die als Laster empfundene Triebbefriedigung durch Onanie war also eine »normale« Gewohnheit und keine Perversität, die damit verbundenen Traum- oder Wunschvorstellungen waren beinahe allen Männer gemeinsam. Die durchschnittliche Zahl der Frauen, die sich durch Onanie zum Orgasmus verhalf, betrug etwa 62 Prozent der von Kinsey Befragten. Kinsey bestritt, wie schon andere Sexualforscher vor ihm, daß die Selbstbefriedigung zu körperlichen Schäden führe, und erklärte, daß die Onanie sogar die Reaktionsfähigkeit der Frau im ehelichen Verkehr steigern könne. In den ersten fünf Ehejahren erlebten »von denjenigen, die vor der Ehe bis zum Orgasmus onaniert hatten, nur 13 bis 16 Prozent keinen Orgasmus«.

Etwa 86 Prozent der befragten Männer hatten vorehelichen Geschlechtsverkehr. »Männer der unteren Schichten haben eine gewisse Hochachtung vor der Jungfräulichkeit.« Dennoch üben auch »die Angehörigen der unteren Schichten den Geschlechtsverkehr sehr bald, nachdem sie ihn in der Pubertät oder mit fünfzehn bis sechzehn Jahren begonnen haben, mit wöchentlicher oder noch größerer Häufigkeit aus«. Die Zahl der Frauen, die vorehelichen Geschlechtsverkehr haben, macht nach Kinsey knapp 40 Prozent aus.

Etwa 92 Prozent aller männlichen Jugendlichen hatten beim »petting« irgendeine Art des Liebesspiels geübt. Aber »die durch Petting erlangte Befriedigung macht nie mehr als 3 Prozent der

Gesamt-Triebbefriedigung aus … Der größte Teil der Betätigung in einer Petting-Beziehung geht vom Manne aus. Das Petting dient in der Hauptsache der Stimulierung des weiblichen Partners … Petting-Techniken erfahren im Laufe einer sich vertiefenden Bekanntschaft eine … Intensivierung; beginnend mit allgemeinem Körperkontakt, Lippenkuß und tiefem Kuß schreiten diese Techniken fort zu vorsätzlicher Manipulation der weiblichen Brust … manueller Stimulierung der weiblichen Genitalien, weniger häufig zu manueller Stimulierung der männlichen Genitalien, zum Aneinanderbringen der nackten Genitalien und schließlich zur oralen Stimulierung der weiblichen Genitalien.«

Orale Genitalkontakte wurden – laut Kinsey – nur von Männern und Frauen höherer Schichten gesucht. Etwa 60 Prozent aller Männer wünschten sie, während kaum 43 Prozent der Frauen orale Kontakte mit den männlichen Genitalien anstrebten, hingegen etwa der gleiche Prozentsatz von Frauen orale Stimulierung der eigenen Genitalien begehrte. Frauen und Männer der unteren Schichten lehnten eine orale Reizung der Genitalien überhaupt ab. Sie betrachteten »die Einführung des Gliedes als die wesentliche Betätigung und als die einzig gerechtfertigte in einer normalen sexuellen Beziehung«. Die getesteten Männer und Frauen der unteren Schichten waren auch gegen die völlige Nacktheit während des Geschlechtsverkehrs. Sie empfanden Nacktheit als etwas »Unanständiges – unanständig in der Gegenwart von Fremden und in Gegenwart des Ehepartners«. Einige ältere Frauen und Männer bekannten stolz, »daß sie ihren Ehepartner niemals nackt gesehen haben«.

Etwa 40 Prozent der verheirateten Männer betrogen ihre Ehefrauen mit anderen Frauen, etwa 25 Prozent der Frauen ihre Männer. Die Hälfte der Ehefrauen, die sich »wegen der Abwechslung« außerehelichen Coitus leisteten, berichtete, daß der Orgasmus häufiger war als in der Ehe. Es ist nicht immer Verliebtheit, was die Frauen zum Seitensprung veranlaßt. In vielen Fällen hatten sich sowohl Mann als auch Frau erhofft, durch sexuelle Beziehungen eine verbesserte gesellschaftliche Stellung zu erreichen … Manchmal hatte sich die Frau oder der Mann als Vergeltung einer ähnlichen Betätigung des Ehepartners auf außerehelichen Coitus eingelassen … Oft war es ein Mittel, um die Unabhängigkeit zu betonen … Manchmal war der außereheliche Coitus einem Geschäftsfreund zuliebe bejaht worden, obgleich die Frau selbst nicht sonderlich an der Beziehung interessiert war. Viel häufiger fand sich der Geschlechtsverkehr bei Männern aus der Stadt, weniger häufig bei der Landbevölkerung.

Die auf den Statistiken basierende Feststellung Kinseys, daß etwa 37 Prozent der männlichen Bevölkerung Amerikas (also nahezu zwei von fünf Männern) »zumindest einige physische homosexuelle Erlebnisse bis zum Orgasmus zwischen Pubertät und Greisenalter erlebt hatten«, schockierte die Öffentlichkeit deshalb, weil es sich bei etwa der Hälfte dieser Männer um Verhei-

Lithographie aus dem Jahr 1952 von Willi Geiger (1878–1971)

ratete handelte und nur etwa 4 Prozent der Befragten ihr ganzes Leben hindurch ausschließlich homosexuell waren.

Mit aller Deutlichkeit zeigten die Kinsey-Reports, daß eine beachtliche Anzahl amerikanischer Männer und Frauen in ihrem geschlechtlichen Verhalten gegen bestehende sittliche Normen verstoßen hatten, also gegen das, was als »gut« galt. Was aber war denn eigentlich – und nicht nur im Hinblick auf die Kinsey-Statistiken – »gut« oder »schlecht«, was »normal« oder »anormal«? Die bisherigen Kategorien genügten nicht mehr. Das hatten Psychologie, Verhaltensforschung und Ethnologie längst bewiesen. Von der Norm abweichendes Sexualverhalten dürfe daher nicht einfach als »verwerflich« oder »pervers« abgeurteilt werden. Hatten hier also schon wissenschaftliche Erkenntnisse zum Abbau von Vorurteilen geführt, so trug zu einer weiteren Lockerung der Anschauungen bei, daß man nun beiden Geschlechtern das Recht auf uneingeschränkte Triebbefriedigung zugestand, sofern dadurch nicht das Individuum geschädigt oder die Gesellschaftsordnung gestört wurde. Allenthalben wurde ungeniert gegen das »Tabu der Intimsphäre« verstoßen, und es waren nicht nur die Sex-Magazine, die Schluß machten mit dem als heuchlerisch empfundenen Versteckspiel mit dem Geschlechtlichen; auch eine ganze Anzahl renommierter Autoren schilderte in aller Ausführlichkeit und oftmals mit einem Vokabular, das bisher der Pornographie vorbehalten gewesen war, sexuelle Vorgänge und Praktiken und fand damit vor allem bei den jüngeren Lesern begeisterten Beifall. Wer solche Freizügigkeit als »schamlose Provokation« ablehnte und die sich vollziehende Umwälzung auf dem Gebiet der Moral nicht als Gegebenheit anerkennen wollte, mußte sich von den Befürwortern einer schrankenlosen Toleranz einen »verstaubten Moralisten« schelten lassen, der altmodisch und unfähig sei, sich dem rasanten Tempo des Fortschritts anzupassen.

Amerika war in zwei Lager gespalten: Die Älteren wünschten, alles möge so bleiben, wie es war, die Vorkämpfer einer sexuellen Revolution hingegen waren entschlossen, die Sitten von Grund auf zu ändern. Man hatte die romantische Idealisierung der Liebe satt. Man wollte sich nach vorehelichem oder außerehelichem Geschlechtsverkehr nicht von Schuldgefühlen plagen lassen. Liebe – was bisher so genannt worden war, bedeutete nun, jeglichen romantischen Flairs entkleidet, nichts weiter als eine Sexualbeziehung, bei der beide Partner auf ihre Kosten kamen. Diese Einstellung vereinfachte natürlich auch vieles im Umgang der Geschlechter. Der Mann brauchte nicht mehr zu werben. Wenn man miteinander ins Bett gehen wollte, sagte man geradeheraus »Let's fuck«, nicht mehr wie früher in sanfter Umschreibung »Let's make love«. Diese Direktheit der Ausdrucksweise drang auch in die Umgangssprache ein: Das Wort »fuck«, das wie das deutsche »ficken« als äußerst vulgär gegolten hatte, gehörte nun zum allgemeinen Vokabular. Und Zweck und Ziel der Annäherung der Geschlechter sprachlich diskret zu kaschieren galt nun in manchen Kreisen sogar als schlechter Geschmack. Wer dennoch die direkte Aufforderung vermeiden wollte, konnte sich auf die Eindeutigkeit gewisser Situationen verlassen, die keiner Worte bedurften. Eine Frau, die einen Mann in seiner Wohnung besuchte oder ihn allein empfing, gab damit zu verstehen, daß sie bereit war, mit ihm ins Bett zu gehen. Angst vor unerwünschten Folgen einer Geschlechtsbeziehung hatte man nicht mehr. Die sogenannte »Pille«, ein Ovulationshemmer, bot sicheren Schutz und hatte keinen der Nachteile der früher zur Empfängnisverhütung benutzten Kondome und Pessare.

Der Chauffeur – Lithographie aus dem Jahr 1930, anonym

Die Jagd nach sexuellen Erlebnissen wurde immer intensiver. Noch lag der Zweite Weltkrieg mit seinen Schrecken nicht allzu weit zurück, da begann der »schmutzige Krieg« in Korea. Zudem fühlte sich Amerika zum erstenmal unmittelbar bedroht, denn auch Rußland besaß die »Bombe«. Kein Wunder, daß jedermann versuchte, aus diesem Leben, das so kurz und gefährdet schien, ein Höchstmaß an Genuß herauszuholen. Wer keine Gelegenheit oder nicht den Mut hatte, an dem hektischen Sextreiben teilzunehmen, das sich vorzugsweise in den »country clubs« der *suburbs* abspielte, der befriedigte seine Sinne wenigstens in der Phantasie. Kurvenreiche »playmates« in den zahlreichen Sex-Magazinen und die Sexbomben des Films, wie Marylin Monroe und Jayne Mansfield, boten dafür reichliches Anschauungsmaterial. Frauen, die wegen mangelnder Praxis auf die Theorie angewiesen waren, genossen im Geiste Liebeswonnen, wenn sie sich als Partnerinnen internationaler Playboys wie Rubirosa oder Rafael Trujillo fühlten, die im Ruf unerschöpflicher männlicher Leistungsfähigkeit standen.

Unter der Dauerüberflutung mit sexuellen Reizen durch Bücher, Filme und Magazine litt das geschäftliche Leben jedoch keineswegs. Die Devise hieß immer noch »business first«. Aber man schuftete, um sich den Luxus der Lust leisten zu können. Alles eben zu seiner Zeit: Erst die Arbeit, dann das Vergnügen, das heißt, der Sex.

Es war bereits die Rede davon, daß sich auch in Europa als Folge des Krieges die Sitten, was das Verhältnis der Geschlechter zueinander betraf, zunehmend gelockert hatten. Objektive Beobachter, die europäische und asiatische Sitten mit den amerikanischen verglichen, erkannten London sogar den Titel der »verderbtesten Stadt der Welt« zu. Natürlich fehlte es nicht an Stimmen, die sich mit aller Schärfe gegen das wandten, was man Auflösung von Zucht und Sitte nannte. Wortführer jener konservativen Briten, die sich vergeblich bemühten, das Rad der Zeit zurückzudrehen, war Lord Samuel, der im Oberhaus die englische Zügellosigkeit anprangerte und warnend seine Stimme erhob: »Die Laster von Sodom und Gomorrha drohen das Gift der Unmoral über das ganze Land zu verbreiten.« Doch die Zustimmung der Lords ging unter im ekstatischen Rhythmus der pilzköpfigen Beatles, einer Gruppe »Kellerkinder« aus Liverpool, die damals ihren Siegeszug um die Welt antraten. Die jungen Engländer kopierten die neuen Idole, ließen sich die Haare wachsen und kleideten sich bunt, phantastisch und gänzlich unbürgerlich. Die Wandlungen in der weiblichen Mode waren nicht weniger radikal. Die Röcke rutschten so hoch wie noch nie, sie bedeckten nur noch die Hälfte der Oberschenkel, und bisweilen glichen sie eher einem breiten Gürtel als einem richtigen Kleidungsstück. Dadurch sollte, wie die Schöpferin des »Mini«-Rocks, Mary Quant, sich ausdrückte, der Blick ganz bewußt auf den Schoß gelenkt werden als dem natürlichen Zentrum weiblicher Sexualität.

Wer aber wirklich modern, wer »in« sein wollte, für den genügte es nicht, nur sein Äußeres zu verändern. Die Geisteshaltung, die Einstellung beispielsweise zu dem, was bisher als Perversität gegolten hatte, mußte einer gründlichen Revision unterzogen werden. Homosexualität etwa galt in London als »smart«. Die Lesbierinnen besaßen einen eigenen Klub in der Orange Street und boten sich auch ungeniert den Schwestern im Geiste an – Seite an Seite mit den Strichmädchen vom Leicester Square und Piccadilly Zirkus. Die Schar der Callgirls hatte sich so vermehrt, daß die »Berufsmäßigen«, hart bedrängt durch die Konkurrenz, genötigt waren, ihren Kunden etwas Besonderes zu bieten. Sie gingen nackt unter dem Mantel auf den Strich und zeigten Interessenten bereits bei den einleitenden Verhandlungen ohne Scheu alles, was sie zu bieten hatten. (Neu scheint diese

Methode des Kundenfangs jedoch nur in England gewesen zu sein. Auf dem Kontinent waren diese Praktiken schon vor dem Ersten Weltkrieg bekannt.) Nicht nur in London, sondern auch in der Provinz waren Sex-Orgien nichts Neues. Aus dem in Klein- und Mittelstädten vorhandenen, schier unerschöpflichen Reservoir hübscher Mädchen erhielt die Hauptstadt ständig Zuzug an Playgirls, die in den Betten und auf den Festen der Society verschlissen wurden oder zu schnellem, fragwürdigem Ruhm gelangten. Über eines dieser Mädchen stolperte sogar einmal ein Minister.

Es gab zwar keine Freudenhäuser in England, dafür aber glichen die Abteile gewisser Züge fahrenden Bordellen. Unternehmungslustige Mädchen aus Birmingham benutzten regelmäßig die berüchtigten »Spezial-Boudoir-Züge«, deren schlechter Ruf sich durchaus mit dem ihrer weiblichen Passagiere messen konnte. Der Bischof von Cork in Irland wetterte: »Es gibt keinen sichereren Weg, ein Mädchen in die Schande zu schicken, als ihm eine Fahrkarte nach England zu kaufen.«

»L'Amour et Gastronomie« – Lithographie aus dem Jahr 1925 von Charles Martin

Paris hingegen war, verglichen mit London, eine Enttäuschung. Es schien – zumindest nach außen – solide geworden, eine Stadt von Bürgern, die zwar in den eigenen vier Wänden ebenso unbürgerlich lebten wie die Amerikaner, und von Fremden, die vergeblich danach trachteten, ein Stück der alten sündigen Tradition wiederzuentdecken. Aber das Laster zeigte sich nicht mehr öffentlich, es hatte sich in private Zirkel zurückgezogen. Der Markt der käuflichen Liebe, noch vor wenigen Jahrzehnten in luxuriöser Umgebung abgehalten, war in schäbige Quartiere abgewandert, die Pariser Dirnen waren zu billigen Huren geworden, die ihre Kundschaft ausbeuteten. Die Eleganz der ehedem berühmten Etablissements war verblaßt. Nachtleben fand vorzugsweise für Touristen mit bescheidenen Ansprüchen und bescheidenem Geldbeutel statt. Paris hatte seinen einzigartigen Zauber, den Reiz des Frivolen, so ganz und gar Unbürgerlichen verloren, es hatte aufgehört, die Stadt der Verruchtheit und der süßen Sünden zu sein.

Da wehte im kühlen Norden, in Kopenhagen, ein sehr viel freundlicherer Wind. Den Dänen war, was das Geschlechtsleben betraf, nichts verboten, nicht einmal die vulgärste Pornographie, und das Erlaubte wirkte selbstverständlich. Die Geschlechter waren völlig gleichberechtigt. Die Mädchen warteten nicht mehr darauf, daß sie »erwählt« wurden, sondern suchten sich ihre Geschlechtspartner selbst. Die Natürlichkeit der Beziehungen zwischen den Geschlechtspartnern hatte zur Folge, daß es viel weniger Triebverbrecher gab und daß Straßenmädchen und Callgirls kaum noch Kunden fanden. Gesucht hingegen waren »Callboys«, und zwar von Männern wie von Frauen, oder auch als Modelle für obszöne Photos. Die Skandinavier waren ganz gewiß nicht prüde – so wenig, daß heute Gegner der allzu freizügigen sexuellen Betätigung von Dänemark als »Pornomark« sprechen. Eine Sexmesse in Kopenhagen, auf der pornographische Bilder, Bücher und Filme erstmals einer breiten Öffentlichkeit frei zugänglich gemacht wurden, hatte Scharen von Besuchern, natürlich auch aus der Bundesrepublik, zu verzeichnen. Ganz am Rande sei hier allerdings vermerkt, daß bei manchem Beschauer dieses massierte Sexangebot weniger Lust als Langeweile erzeugte.

In Dänemark war es auch, wo man die ersten Versuche mit der »Großfamilie« machte, einem Zusammenschluß junger Ehepaare und Unverheirateter, die gemeinsam – und daher auch billiger – wohnten, wirtschafteten und lebten. Die herkömmliche Form der Ehe sollte dadurch abgelöst, dem Individuum größere Freiheit und Entfaltung der Persönlichkeit verschafft werden. Im Gegensatz zur weltanschaulich orientierten »Sex-Kommune«, wie sie auch in Deutschland praktiziert wird, wurde jedoch nicht völlige Promiskuität gefordert, galt aber als schwer zu verwirklichendes Endziel.

In Schweden wurden die ersten Sexfilme gedreht. Schwedische Regisseure, unter denen Ingmar Bergman als der bedeutendste herausragte, schockierten ihr Publikum mit Coitus- und Masturbationsszenen.

Im deutschen Wirtschaftswunderland zögerte man noch, sich so offen wie die Skandinavier zum eigenen Körper und dessen sexuellen Bedürfnissen zu bekennen. Man hielt es ähnlich wie in Paris: wenn Laster, dann unter Ausschluß der Öffentlichkeit. Und hier war man nicht prüde – es blühten Gruppensex und Partnertausch. Es gab natürlich auch einen reichbestückten Sexmarkt mit Mädchen aller Preisklassen. Wer erinnert sich nicht an Rosemarie Nitribitt, »des deutschen Wunders liebstes Kind«, die in Frankfurt nicht etwa auf den Strich ging, sondern mit einem Mecedes 190 SL fuhr und auf so mysteriöse Weise zu Tode kam? Rosemarie war eine der zahlreichen Edelhuren, die ihren festen Kundenstamm hatten – nur Herren aus den »ersten Kreisen«! – und bisweilen mehr verdienten als ein Minister.

Hamburg, als Hafenstadt auch früher schon vom Ruch der Verderbtheit umweht, konnte außer mit den Amüsierkneipen auf St. Pauli, gewagten Sexdarbietungen, einem Heer von Prostituierten, Strichjungen und Lesbierinnen noch mit einem kuriosen Presseerzeugnis aufwarten, das inzwischen nicht nur in Hamburg, sondern auch in München Nachahmer gefunden hat: den »St. Pauli Nachrichten«, einem Sexblättchen mit einem Annoncenteil eindeutigster Art, in dem von der »strengen Erzieherin« bis zum »gleichgesinnten Ehepaar« alles gesucht und angeboten wird.

Demgegenüber herrschten in Italien vergleichsweise sittsame Zustände. Sogar die Bordelle waren offiziell abgeschafft worden – und natürlich als Massagesalons oder ähnliche Einrichtungen wiedererstanden, wie nicht anders zu erwarten in einem Lande, in dem noch immer Jungfräulichkeit strikte gefordert wurde, sexuelle Beziehungen vor der Ehe unmöglich und das Reich der Frau auf Küche und Kinderzimmer beschränkt waren. Nur eine dünne Oberschicht führte, mit Vorliebe in Gesellschaft von amerikanischen Filmstars und Busenköniginnen, ein recht munteres Leben. Federico Fellini hat die Hektik und Überdrehtheit dieses Lebensstils und als Kehrseite die Öde und Langeweile in seinem Film »La dolce vita« unvergleichlich dargestellt. Nicht vergessen werden darf natürlich die bunte Schar der Papagalli – was wörtlich »Papageien« heißt –, junge Männer durchaus nicht nur der unteren Schichten, die sich der allein reisenden Touristinnen, vorzugsweise der deutschen und skandinavischen, annehmen und durch feurige Komplimente und handfeste »amore« sich bemühen, die Träume erlebnishungriger jüngerer und bereits etwas angewelkter älterer Weiblichkeit von romantischer Liebe und südländischem Temperament Wahrheit werden zu lassen.

Der amerikanische Journalist Lee Mortimer, der Osteuropa sowie den Nahen und den Fernen Osten bereist hatte, berichtete, daß in Athen wie in Kairo jede Perversität angeboten wurde – zu kulanten Preisen. Gegen ein geringes Entgelt entledigten sich die Bauchtänzerinnen in Istanbul und Kairo willig ihrer letzten Hüllen: »Seit die Ägypterinnen und Türkinnen nicht mehr den Schleier tragen müssen, zeigen sie sich gerne ganz nackt.«

In Indien war die Zahl der Prostituierten so angewachsen, daß man eine Einteilung in verschiedene Klassen vornahm: Es gab Huren, die auf eigene Rechnung arbeiteten, »Tanzmädchen«, die in

Lokalen den Gästen zur Verfügung standen, »private« Mädchen, das heißt Mädchen, die zwar bei ihren Familien lebten, aber von mehreren Männern eine Art Gehalt dafür bezogen, daß sie ihnen an bestimmten Tagen stundenweise zur Verfügung standen, »Massagemädchen«, die ihre Kunden nicht nur massierten, sondern ihnen auch im Bett gefällig waren, es gab die von Tempelpriestern vermittelten »Devdasi« und »Gastprostituierte«, die Töchter oder Schwestern eines Gastgebers, die dieser seinen Gästen anbot.

Die besseren Lokale in Hongkong priesen ihre Vergnügungen vielversprechend als das »Tor zu den hundert Genüssen« an. In Japan hatte man zwar die Prostitution durch Gesetz verboten, doch wurden die Geishas, da nicht als Prostituierte geltend, nicht davon betroffen. Die unvergleichlich graziösen und anschmiegsamen Geschöpfe bezahlte man nur für die Unterhaltung bei Tisch. Wer allerdings bereit war, etwas tiefer in die Tasche zu greifen, durfte sie auch im Bett genießen. Wohlfeilere Vergnügungen bot der »Blumendistrikt« Yoshiwara. Der Besucher konnte dort unter Tausenden von Mädchen seine Wahl treffen – den Butterfly-Girls, die für jeden Mann zu haben waren, und den »Onlies«, die einem einzigen treu blieben – gegen Geld, versteht sich. Trotz amerikanischer Besatzung und ungezählter europäischer Besucher hatten die Geishas jedoch keineswegs ihre sittlichen Vorstellungen aufgegeben. Nacktheit zum Beispiel empfanden sie noch immer als ungehörig und unerlaubt. Wer verlangte, daß sie sich entkleideten, verstieß gegen den Anstand. Dieses Festhalten an überlieferten Vorstellungen ist aber in Japan durchaus nicht die Regel. Unter westlichem Einfluß haben sich vor allem die jungen Frauen von der Bevormundung durch die Familie freigemacht. Nicht mehr wie früher wird der Ehemann für sie durch die Eltern bestimmt; sie treffen ihre Wahl selbst. Wie ihre Schwestern im Westen sucht auch die junge Japanerin die Liebesheirat, und in ihrer Ehe will sie nicht mehr die gehorsame, sanfte Sklavin des Mannes sein, die alle seine Entscheidungen – und natürlich auch seine ständigen Seitensprünge – stillschweigend und lächelnd hinnimmt, sondern gleichberechtigte Partnerin – eine Einstellung, die für Japan so umwälzend ist wie der europäische Drang zur Gruppenehe.

Alte Welt, Neue Welt, Orient und Okzident – wohin wir auch blicken, begegnen wir der Loslösung von überkommenen Geschlechtssitten und sexuellen Verhaltensweisen. Was aber ist nun die sexuelle Revolution: Vorspiel einer Weltrevolution, die eine vollkommene Veränderung der Lebensgewohnheiten und Bräuche der Menschheit mit sich bringen wird? Oder nur Nachspiel der sozialen Umwälzungen im Gefolge der beiden Weltkriege? Wird die von Sexualpädagogen geforderte Unbefangenheit und Natürlichkeit im Geschlechtsleben den Eros töten, wird sie die Jugend zur Promiskuität verleiten, wie manche Soziologen befürchten, zur Lösung von jeglicher menschlicher Bindung und Gemeinschaft, die im Drange nach immer größerer Freiheit als Fesseln empfunden werden könnten? Wird man, durch die Überschwem-

Der Schuhfetischist – Lithographie aus dem Jahr 1920 von Miklos Vadász (1884–1927)

mung mit Sex- und Pornoschriften abgestumpft, nicht nach immer stärkeren Reizen verlangen, die zuletzt Ekel und Überdruß auf der einen Seite, scheußlichste Verrohung auf der anderen Seite zur Folge haben?

Wie immer man diese Fragen beantwortet, eines kann schon heute mit einiger Sicherheit gesagt werden: daß Sex- und Pornowelle wohl doch nur Durchgangsstationen sind auf dem Wege der Befreiung des Menschen zu sich selbst und daß Freiheit des Sexus nicht Zügellosigkeit bedeuten muß, sondern eine unerhörte Erweiterung und Vertiefung des Lebensgefühls bringen kann – daß wir also besser leben werden, wenn wir besser zu lieben verstehen.

Register